"十二五"普通高等教育本科国家级规划教材

教育部2011年度普通高等教育精品教材

高校土木工程专业指导委员会规划推荐教材

（经典精品系列教材）

地下建筑结构
（第二版）

朱合华	主　编
张子新　廖少明	副主编
杨林德	主　审

中国建筑工业出版社

图书在版编目（CIP）数据

地下建筑结构/朱合华主编．—2版．—北京：中国建
筑工业出版社，2010.11

"十二五"普通高等教育本科国家级规划教材．教育
部2011年度普通高等教育精品教材．高校土木工程专
业指导委员会规划推荐教材（经典精品系列教材）

ISBN 978-7-112-12686-6

Ⅰ.①地…　Ⅱ.①朱…　Ⅲ.①地下建筑物-建筑结构
Ⅳ.①TU93

中国版本图书馆 CIP 数据核字（2010）第 226982 号

"十二五"普通高等教育本科国家级规划教材
教育部2011年度普通高等教育精品教材
高校土木工程专业指导委员会规划推荐教材
（经典精品系列教材）

地下建筑结构（第二版）

朱合华　　　　　　主　编
张子新　廖少明　副主编
杨林德　　　　　　主　审

*

中国建筑工业出版社出版、发行（北京西郊百万庄）
各地新华书店、建筑书店经销
北京红光制版公司制版
北京建筑工业印刷厂印刷

*

开本：787×960毫米　1/16　印张：28¾　字数：580千字
2011年1月第二版　　2015年7月第十六次印刷
定价：**45.00**元（赠送课件）
ISBN 978-7-112-12686-6
（19939）

本书参考国内外相关文献，并结合新规范，着重从基本概念、基本理论和方法介绍了地下建筑结构的成熟成果与观点。全书重点突出，各篇章相互衔接，每章均附有思考题及习题。

本书主要内容包括：绪论、地下建筑结构的荷载、弹性地基梁理论、地下建筑结构的计算方法、地下建筑结构可靠度理论、浅埋式结构、附建式地下结构、沉井与沉箱结构、地下连续墙结构、盾构法隧道结构、沉管结构、基坑围护结构、顶管、管幕及箱涵结构、整体式隧道结构、喷锚支护、特殊结构等。

本教材适用于地下工程、建筑工程、公路工程、铁路工程、桥梁与隧道工程、水利水电工程等专业的本科教学使用，也可供相关专业工程技术人员参考。

读者若需要本书教学课件（PPT），请到同济大学隧道一室网站作者主页页下载，网址为：http：//www.sinotunnel.org/。

          *   *   *

责任编辑：王　跃　吉万旺
责任设计：张　虹
责任校对：姜小莲　王　颖

出 版 说 明

　　1998 年教育部颁布普通高等学校本科专业目录，将原建筑工程、交通土建工程等多个专业合并为土木工程专业。为适应大土木的教学需要，高等学校土木工程学科专业指导委员会编制出版了《高等学校土木工程专业本科教育培养目标和培养方案及课程教学大纲》，并组织我国土木工程专业教育领域的优秀专家编写了《高校土木工程专业指导委员会规划推荐教材》。该系列教材 2002 年起陆续出版，共 40 余册，十余年来多次修订，在土木工程专业教学中起到了积极的指导作用。

　　本系列教材从宽口径、大土木的概念出发，根据教育部有关高等教育土木工程专业课程设置的教学要求编写，经过多年的建设和发展，逐步形成了自己的特色。本系列教材投入使用之后，学生、教师以及教育和行业行政主管部门对教材给予了很高评价。本系列教材曾被教育部评为面向 21 世纪课程教材，其中大多数曾被评为普通高等教育"十一五"国家级规划教材和普通高等教育土建学科专业"十五"、"十一五"、"十二五"规划教材，并有 11 种入选教育部普通高等教育精品教材。2012 年，本系列教材全部入选第一批"十二五"普通高等教育本科国家级规划教材。

　　2011 年，高等学校土木工程学科专业指导委员会根据国家教育行政主管部门的要求以及新时期我国土木工程专业教学现状，编制了《高等学校土木工程本科指导性专业规范》。在此基础上，高等学校土木工程学科专业指导委员会及时规划出版了高等学校土木工程本科指导性专业规范配套教材。为区分两套教材，特在原系列教材丛书名《高校土木工程专业指导委员会规划推荐教材》后加上经典精品系列教材。各位主编将根据教育部《关于印发第一批"十二五"普通高等教育本科国家级规划教材书目的通知》要求，及时对教材进行修订完善，补充反映土木工程学科及行业发展的最新知识和技术内容，与时俱进。

高等学校土木工程学科专业指导委员会

中国建筑工业出版社

2013 年 2 月

第 二 版 前 言

《地下建筑结构》最初于 2005 年在中国建筑工业出版社出版。2009 年中国建筑工业出版社建议作者进行修订，作为"普通高等教育'十一五'国家级规划教材"出版。该教材的英文教材"Underground Structures"也于 2009 年由中国建筑工业出版社出版，为"普通高等教育土建学科专业'十一五'规划教材"。

基于对地下建筑结构范畴的理解，在第二版的内容安排上遵循了第一版的基本框架结构，主要内容包括绪论、地下建筑结构的荷载、弹性地基梁理论、地下建筑结构的计算方法、地下建筑结构可靠度理论、浅埋式结构、附建式地下结构、沉井与沉箱结构、地下连续墙结构、盾构法隧道结构、沉管结构、基坑围护结构、顶管、管幕及箱涵结构、整体式隧道结构、喷锚支护、特殊结构等。通过介绍地下建筑构架，希望能够引领读者对地下建筑结构的构架和理论体系产生一个基本认识。

与第一版相比，本书在修订过程作了相当幅度谬误的改动，这些改动主要根据本人教学实践需要进行调整的。自 1996 年以来，一直承担本科生和研究生的《地下建筑结构》课程的教学工作，在教学实践中体验到《地下建筑结构》第一版的部分理论内容需要和工程实际紧密结合，从而提高教学效果。为此，在《地下建筑结构》第二版修订过程中，结合该课程国家级精品课程的建设，提供了相关章节的教学课件（PPT），供教师和读者参考使用。

本书的组织和设计，由朱合华和张子新负责，并承担主要编写与修订工作。在本版的修订中，总论中的第一章朱合华编写，第二章张子新、王军编写，第三章徐干成、张子新编写，第四章朱合华、张子新编写，第五章黄宏伟编写；第二篇土层地下建筑结构中的第六章李增福、陆继赟、李树信和彭芳乐编写，第七章张立平、廖少明编写，第八章彭芳乐、陆同寿编写，第九章廖少明、钱福元编写，第十章廖少明、董云德编写，第十一章廖少明、郑汉璋编写，第十二章、第十三章廖少明编写；第三篇岩石地下建筑结构中第十四章由张子新、罗济章、徐干成编写，第十五章由张子新、吴兆兴、王桐封编写，第十六章由张子新、罗济章编写。张子新对本书进行了统一校正。此外，闫静雅、胡欣雨、贺伟莲、高文杰、刘长祥、雷庆华、李佳宇等研究生为本书修订和出版付出了辛勤劳动，在此表示衷心谢意。

本书在内容设计上，注重系统理论分析和工程实践结合；在结构安排上，将国际上主流的经典理论和数值方法相结合，有利于学生或读者对地下建筑结构理论的学习和掌握。本教材可作为高年级本科生和研究生教材，以及理论研究和土木工程工作者的参考书。

　　由于编者水平有限，不当和错漏之处在所难免，敬请广大读者谅解，欢迎批评指正，作者的电子邮箱为：zxzhang@tongji.edu.cn。同时，若需要本书教学课件（PPT），请到同济大学隧道一室网站作者主页下载，网址为：http：//www.sinotunnel.org/。

作　者

2010 年仲秋于上海同济大学求实斋

第 一 版 前 言

随着我国国民经济的飞速发展，高速公路、水电、城市地铁、铁路、矿山、国防建设、市政通道及地下商业建筑等都有很大的发展，因此，各种形式的地下建筑结构也越来越多，地下建筑的设计、施工水平也取得了长足的进步，但与世界先进水平相比，尚有一定差距。

地下建筑结构是原建筑工程、交通土建工程、桥梁工程、地下工程等多个专业合并的土木工程专业主干课程之一。地下建筑结构所处的环境条件与上部建筑结构有本质区别，但长期以来大多沿用适用于地面工程的理论和方法解决地下建筑结构的问题，因而常常不能准确地描述地下建筑结构中出现的各种力学行为，使地下建筑结构的设计和施工更多地依赖于经验设计和施工，这种局面与飞速发展的地下空间开发极不和谐，也不能满足目前地下建筑方向本科教学的要求和工程技术人员的需要。本教材就是在汲取了国内外地下建筑结构方向相关教材和文献的基础上，为适应上述要求而编写的。本教材适用于地下工程、工民建、公路工程、铁路工程、桥梁与隧道工程、水利水电工程等专业的本科生，也适用于大专院校师生，关可供相关专业工程技术人员参考。

本书共分为三篇，第一篇为总论，包括第 1 章至第 5 章，重点介绍了地下建筑结构的基本概念、荷载类型及确定方法、弹性地基梁理论、地下结构的荷载法和地层结构法及可靠度理论；第二篇为土层地下建筑结构，包括第 6 章至第 13 章。该篇主要介绍了浅埋矩形框架结构、附建式的梁板结构和口部结构、沉井与沉箱结构、地下连续墙结构、盾构法隧道结构、沉管结构、基坑围护结构、顶管管幕及箱涵结构；第三篇为岩石地下建筑结构，包括第 14 章至第 16 章。重点介绍了整体式隧道结构、喷锚支护结构与特殊结构。本书力图考虑学科的最新发展，结合新规范，着重从基本概念、基本理论和方法介绍地下建筑结构的成熟成果与观点。全书系统完全，重点突出，各篇章相互衔接，每章均附有思考题及习题。同时，书中列出了相关参考书籍或文献，学习时可供课外参考。

本书由朱合华主编，张子新、廖少明副主编，杨林德主审。总论中的第 1 章由朱合华编写，第 2 章由张子新、王军编写，第 3 章由徐干成、张子新编写，第 4 章由朱合华、张子新编写，第 5 章由黄宏伟编写；第二篇土层地下建筑结构中的第 6 章由李增福、陆继贽、李树信和彭芳东编写，第 7 章由张立平、廖少明编写，第 8 章由彭芳乐、陆同寿编写，第 9 章由廖少明、钱福元编写，第 10 章由廖少明、董云德编写，第 11 章由廖少明、郑汉璋编写；第 12 章、第 13 章由谬少明编写；第三篇岩石地下建筑结构中的 14 章由张子新、罗济章、徐干成编写，第 15 章由张子新、吴兆兴、王桐封编写，第 16 章由张子新、罗济章编写。张子新对本书进行了统一校阅。中国建筑工业出版社的领导、编辑、校审人员为本书的出版付出了辛勤劳动。此外，闫静雅、胡欣雨、贺伟莲、高文杰、刘长祥、郭建刚、张占荣等研究生为本书打印、校对、编排做了许多工作。鉴于此，在本书付梓之日，作者对于为本书编写出版给予支持和帮助的所有同仁表示衷心的感谢。

特别应该强调的是本教材是在《岩石地下建筑结构》（中国建筑工业出版社，1979 年）和《土层地下建筑结构》（中国建筑工业出版社，1982 年）这两本教材的基础上编写而成的，在此衷心感谢为上述教材的编写作出贡献的单位与个人。

在本书编写过程中，作者虽然力求突出重点，内容系统而精炼，兼顾科学性和实用性，但因时间和水平有限，书中必然存在一些缺点和错误，敬请读者批评指正。

作者

目　　录

第一篇　总　　论

第一篇 总 论

第1章 绪 论

1.1 地下建筑结构的概念及其作用

地下建筑是修建在地层中的建筑物，它可以分为两大类：一类是修建在土层中的地下建筑结构；另一类是修建在岩层中的地下建筑结构。地下建筑通常包括在地下开挖的各种隧道与洞室。铁路、公路、矿山、水电、国防、市政等许多领域，都有大量的地下工程。随着科学技术和国民经济的发展，地下建筑将会有更为广泛的新用途，如地下储气库、地下储热库及地下核废料密闭储藏库等。

地下建筑结构，即埋置于地层内部的结构。修建地下建筑物时，首先按照使用要求在地层中挖掘洞室，然后沿洞室周边修建永久性支护结构——衬砌。为了满足使用要求，在衬砌内部尚需浇筑或修建必要的梁、板、柱、墙体等内部结构。所以，地下建筑结构包括衬砌结构和内部结构两部分，如图1-1所示。

衬砌结构主要是起承重和围护两方面的作用。承重，即承受岩土体压力、结构自重以及其他荷载的作用；围护，即防止岩土体风化、坍塌、防水、防潮等。

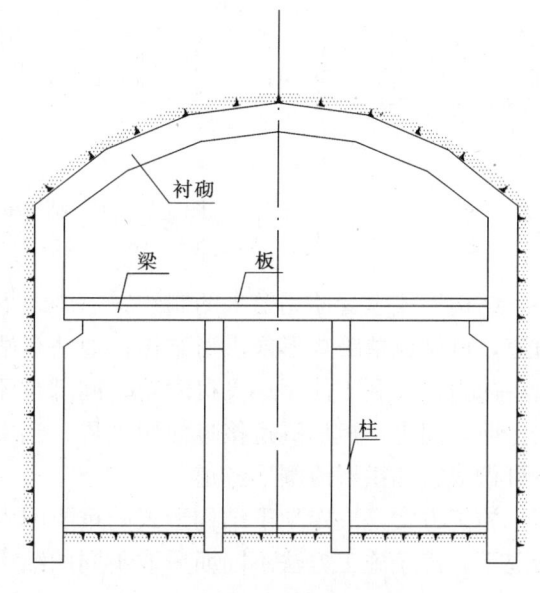

图1-1 地下建筑结构示意图

本书所研究的地下建筑结构主要指衬砌结构和一些基础结构，而内部结构与地面建筑的设计基本相同。

地下建筑与地面建筑结构相比，在计算理论和施工方法两方面都有许多不同之处。其中，最主要的是地下建筑结构所承受的荷载比地面结构复杂。这是因为地下建筑结构埋置于地下，其周围的岩土体不仅作为荷载作用于地下建筑结构上，而且约束着结构的移动和变形。所以，在地下建筑结构设计中除了要计算因素多变的岩土体压力之外，还要考虑地下结构与周围岩土体的共同作用。这一点乃是地下建筑结构在计算理论上与地面建筑结构最主要的差别。

1.2　地下建筑结构的形式

地下建筑结构的形式主要由使用功能、地质条件和施工技术等因素确定。要注意施工方法对地下结构的形式会起重要影响。

结构形式首先由受力条件来控制，即在一定条件下的围岩压力、水土压力和一定的爆炸与地震等动载下求出最合理和经济的结构形式。地下结构断面可以有如图 1-2 的几种形式：矩形隧道，适用于工业、民用、交通等建筑物的使用限界，但直线构件不利于抗弯，故在荷载较小，即地质较好、跨度较小或埋深较浅时常被采用；圆形隧道，当受到均匀法向压力时，弯矩为零，可充分发挥混凝土结构的抗压强度，当地质条件较差时应优先采用。其余五种形式系介于以上两者的中间情况，按具体荷载和尺寸决定，例如顶压较大时，则可用直墙拱形结构。大跨度结构需用落地拱，底板常做成仰拱式。

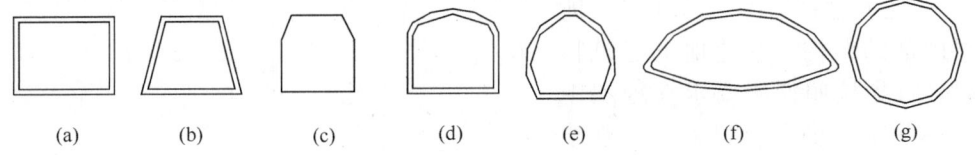

(a)　　(b)　　(c)　　(d)　　(e)　　(f)　　(g)

图 1-2　地下结构断面形式

(a) 矩形；(b) 梯形；(c) 多边形；(d) 直墙拱形；(e) 曲墙拱形；(f) 扁圆形；(g) 圆形

结构形式也受使用要求的制约，一个地下建筑物必须考虑使用需要。如人行通道，可做成单跨矩形或拱形结构；地铁车站或地下车库等应采用多跨结构，既减小内力，又利于使用；飞机库则中间部位不能设置柱，而常用大跨度落地拱；在工业车间中，矩形隧道接近使用限界；当欲利用拱形空间放置通风等管道时，亦可做成直墙拱形或圆形隧道。

施工方案是决定地下结构形式的重要因素之一，在使用要求和地质条件相同情况下，由于施工方法不同而采取不同的结构形式。

综合地质条件、使用要求、施工技术等因素，地下建筑结构形式根据地质情况的差异，可分土层和岩层内的两种形式。本书拟按土层和岩层分别介绍地下建筑结构形式如下：

1.2.1　土层地下建筑结构

(1) 浅埋式结构：平面成方形或长方形，当顶板做成平顶时，常用梁板式结构。浅埋地下道路通道常采用板式、梁板式、矩形结构、浅拱形结构、多边形结构。地下指挥所可以采用平面呈条形的单跨或多跨结构。为节省材料及使结构受力合理,顶部可做成拱形;如一般人员掩蔽部常做成直墙拱形结构;如平面为条形的地铁等大中型结构,常做成矩形框架结构。

（2）附建式结构:是房屋下面的地下室,一般有承重的外墙、内墙（地下室作为大厅用时则为内柱）和板式或梁板式顶底板结构。

（3）沉井（沉箱）结构:沉井施工时需要在沉井底部挖土,顶部出土,故施工时沉井为一开口的井筒结构,水平断面一般做成方形,也有圆形,可以单孔也可以多孔,下沉到位后再做底顶板。与沉井施工不同的是,沉箱内部为一封闭结构,充满气压,以控制地下水的作用。其出土有专用通道。

（4）地下连续墙结构:先建造两条连续墙,然后在中间挖土,修建底板、顶板和中间楼层。

（5）盾构结构:盾构推进时,以圆形最适宜,故常采用装配式圆形衬砌,也有做成方形、半圆形、椭圆形、双圆形、三圆形的。

（6）沉管结构:一般做成箱形结构,两端加以临时封墙,托运至预定水面处,沉放至设计位置。

（7）其他结构:除上述地下结构之外,还包括顶管结构和箱涵结构等。在城市管道埋深较大、交通干线附近和周围环境对位移、地下水有严格限制的地段常采用顶管结构,施工更为安全和经济。而在铁路和公路交叉口,为了不影响交通,需修建下立交地道,一般采用箱涵结构。对于大断面的浅埋通道,一般先采用管幕围护,再采用箱涵结构。

1.2.2　岩石地下建筑结构

岩石地下建筑结构形式主要包括直墙拱形、圆形、曲墙拱形等。此外,还有一些其他类型的结构,如喷锚结构、穹顶结构、复合结构等。最常用的是拱形结构,这是因为它具有以下优点:

（1）地下结构的荷载比地面结构大,且主要承受竖向荷载。因此,拱形结构就受力性能而言比平顶结构优（例如在竖向荷载作用下弯矩小）。

（2）拱形结构的内轮廓比较平滑,只要适当调整拱曲率,一般都能满足地下建筑的使用要求,并且建筑布置比圆形结构方便,净空浪费也比圆形结构少。

（3）拱主要是承压结构。因此,适用于采用抗拉性能较差,抗压性能较好的砖、石、混凝土等材料构筑。这些材料造价低,耐久性良好,易维护。

以下简单介绍常用的几种拱形结构、喷锚结构以及穹顶结构等。

（一）拱形结构

1. 贴壁式拱形结构

贴壁式拱形结构是指衬砌结构与围岩之间的超挖部分应进行回填的衬砌结

构，其包括拱形半衬砌结构、厚拱薄墙衬砌结构、直墙拱形衬砌结构及曲墙拱形衬砌结构。

（1）半衬砌结构

当岩层较坚硬，岩石整体性好而节理又不发育的稳定或基本稳定的围岩，通常采用半衬砌结构，即只做拱圈，不做边墙。

（2）厚拱薄墙衬砌结构

厚拱薄墙衬砌结构的构造形式是它的拱脚较厚，边墙较薄。这样，可将拱圈所受的力通过拱脚大部分传给围岩，充分利用了围岩的强度，使边墙受力大为减少，从而减少了边墙的厚度。

（3）直墙拱形衬砌结构

贴壁式直墙拱形衬砌结构由拱圈、竖直边墙和底板组成，衬砌结构与围岩的超挖部分都进行密实回填。一般适用于洞室口部或有水平压力的岩层中，在稳定性较差的岩层中亦可采用。

（4）曲墙拱形衬砌结构

当遇到较大的竖向压力和水平压力时，可采用曲墙式衬砌。若洞室底部为较软弱地层，有涌水现象或遇到膨胀性岩层时，则应采用有底板或带仰拱的曲墙式衬砌。

2. 离壁式拱形衬砌结构

离壁式拱形衬砌结构是指与岩壁相离，其间空隙不做回填，仅拱脚处扩大延伸与岩壁顶紧的衬砌结构。离壁式衬砌结构防水、排水和防潮效果均较好，一般用于防潮要求较高的各类贮库，稳定的或基本稳定的围岩均可采用离壁式衬砌结构。

（二）喷锚支护

在地下建筑中，可采用喷混凝土、钢筋网喷混凝土、锚杆喷混凝土或锚杆钢筋网喷混凝土加固围岩。这些加固形式统称为喷锚支护。喷锚支护可以做临时支护，也可作为永久衬砌。目前，在公路、铁路、矿山、市政、水电、国防各部门中已被广泛采用。

（三）穹顶结构

穹顶结构是一种圆形空间薄壁结构。它可以做成顶、墙整体连接的整体式结构；也可以做成顶、墙互不联系的分离式结构。穹顶结构受力性能较好，但施工比较复杂，一般用于地下油罐、地下回车场等。它较适用于无水平压力或侧壁围岩稳定的岩层。

（四）连拱衬砌结构

连拱隧道结构主要适用于洞口地形狭窄，或对两洞间距有特殊要求的中短隧道，按中墙结构形式不同可分为整体式中墙和复合式中墙两种形式。

（五）复合衬砌结构

复合衬砌结构通常由初期支护和二次支护组成，为满足防水要求须在初期支护和二次支护间增设防水层。一般认为复合衬砌结构围岩具有自支承能力，支护的作用首先是加固和稳定围岩，使围岩的自支承能力可充分发挥，从而可允许围岩发生一定的变形和由此减薄支护结构的厚度。

1.3　地下建筑结构的设计程序及内容

地下建筑结构的程序设计，应做到技术先进、经济合理、安全适用。

设计工作一般分为初步设计和技术设计（包括施工图）两个阶段。

初步设计中的结构设计部分，主要是在满足使用要求下，解决设计方案技术上的可行性与经济上的合理性，并提出投资、材料、施工等指标。

初步设计的内容主要包括：

（1）工程等级和要求，以及静、动荷载标准的确定；

（2）确定埋置深度与施工方法；

（3）初步设计荷载值；

（4）选择建筑材料；

（5）选定结构形式和布置；

（6）估算结构跨度、高度、顶底板及边墙厚度等主要尺寸；

（7）绘制初步设计结构图；

（8）估算工程材料数量及财务概算。

结构形式及主要尺寸的确定，一般可通过同类工程的类比法，吸取国内外已建工程的经验教训，提出设计数据。必要时可用近似计算方法求出内力，并按经济合理的含钢率初步配置钢筋。

将地下建筑的初步设计图纸附以说明书后，送交有关主管部门审定批准后，才可进行下一步的技术设计。

技术设计主要是解决结构的承载力、刚度和稳定、抗裂性等问题，并提供施工时结构各部件的具体细节尺寸及连接大样。

技术细节的主要内容是：

（1）计算荷载：按地层介质类别、建筑用途、防护等级、地震级别、埋置深度等求出作用在结构上的各种荷载值；

（2）计算简图：根据实际结构和计算的具体情况，拟出恰当的计算图式；

（3）内力分析：选择结构内力计算方法，得出结构各控制设计截面的内力；

（4）内力组合：在分别计算各种荷载内力的基础上，对最不利的可能情况进行内力组合，求出各控制界面的最大设计内力值；

（5）配筋设计：通过截面承载力和裂缝计算得出受力钢筋，并确定必要的分布钢筋与架立钢筋；

（6）绘制结构施工详图：如结构平面图、结构构件配筋图及节点详图。还有风、水、电和其他内部设备的预埋件图；

（7）材料、工程数量和工程财务预算。

思　考　题

1. 简述地下建筑结构的概念及其形式。
2. 简述地下建筑结构设计程序及内容。

第2章　地下建筑结构的荷载

地下建筑结构承受的荷载是比较复杂的。到目前为止，其确定方法还不够完善，有待进一步研究。

2.1　荷载种类和组合

2.1.1　荷　载　种　类

作用在地下建筑结构上的荷载，按其存在的状态，可以分为静荷载、动荷载和活荷载等三大类。

（1）静荷载：又称恒载，是指长期作用在结构上且大小、方向和作用点不变的荷载，如结构自重、岩土体压力和地下水压力等。

（2）动荷载：要求具有一定防护能力的地下建筑物，需考虑原子武器和常规武器（炸弹、火箭）爆炸冲击波压力荷载，这是瞬时作用的动荷载；在抗震区进行地下结构设计时，应按不同类型计算地震波作用下的动荷载作用。

（3）活荷载：是指在结构物施工和使用期间可能存在的变动荷载，其大小和作用位置都可能变化，如地下建筑物内部的楼面荷载（人群物件和设备重量）、吊车荷载、落石荷载、地面附近的堆积物和车辆对地下结构作用的荷载以及施工安装过程中的临时性荷载等。

（4）其他荷载：使结构产生内力和变形的各种因素中，除有以上主要荷载的作用外，通常还有：混凝土材料收缩（包括早期混凝土的凝缩与日后的干缩）受到约束而产生的内力；温度变化使地下结构产生内力，例如浅埋结构受土层温度梯度的影响，浇灌混凝土时的水化热温升和散热阶段的温降；软弱地基当结构刚度差异较大时，由于结构不均匀沉降而引起的内力。

材料收缩、温度变化、结构沉降以及装配式结构尺寸制作上的误差等因素对结构内力的影响都比较复杂，往往难以进行确切计算，一般以加大安全系数和在施工、构造上采取措施来解决。中小型工程在计算结构内力时可不计上述因素，大型结构应予以估计。

2.1.2　荷　载　组　合

上述几类荷载对结构可能不是同时作用，需进行最不利情况的组合。先计算个别荷载单独作用下的结构各部件截面的内力，再进行最不利的内力组合，得出各设计控制截面的最大内力。最不利的荷载组合一般有以下几种情况：

(1) 静载；

(2) 静载与活载组合；

(3) 静载与动载（原子爆炸动载、炮（炸）弹动载）组合。

一般岩石地下建筑的荷载以作用在衬砌结构上的静荷载为主。地面建筑下的地下室（即附建式结构），考虑动载作用时，地面部分房屋有被冲击波吹倒的可能，结构计算时是否考虑房屋的倒塌荷载需按有关规定确定。

2.2　荷　载　确　定　方　法

荷载的确定一般按其所在行业的规范和设计标准确定。

2.2.1　使　用　规　范

当前在地下建筑结构设计中试行的规范、技术措施、条例等有多种。有的仍沿用地面建筑的设计规范，设计时应遵守各有关规范。

2.2.2　设　计　标　准

(1) 根据建筑用途、防护等级、地震等级等确定作用在地下建筑物的荷载。此外，各种地下建筑结构均应承受正常使用时的静力荷载。

(2) 地下建筑结构材料的选用，一般应满足规范和工程实际要求。

(3) 地下衬砌结构一般为超静定结构，其内力在弹性阶段可按结构力学计算。考虑抗爆动载时，允许考虑由塑性变形引起的内力重分布。

(4) 截面计算原则。结构截面计算时，按总安全系数法进行，一般进行强度、裂缝（抗裂度或裂缝宽度）和变形的验算等。混凝土和砖石结构仅需进行强度计算，并在必要时验算结构的稳定性。

钢筋混凝土结构在施工和正常使用阶段的静荷载作用下，除强度计算外，一般应验算裂缝宽度，根据工程的重要性，限制裂缝宽度小于 $0.10\sim0.20$mm，但不允许出现通透裂缝。对较重要的结构则不能开裂，即需要验算抗裂度。

钢筋混凝土结构在爆炸动载作用下只需进行强度计算，不作裂缝验算，因在爆炸情况下，只要求结构不倒塌，允许出现裂缝，日后再修固。

(5) 安全系数。结构在静载作用下的安全系数可参照有关规范确定。

对于地下建筑结构，如施工条件差，不易保证质量和荷载变异大时，对混凝土和钢筋混凝土结构需考虑采用附加安全系数 1.1。

静载下的抗裂安全系数不小于 1.25，视工程重要性，可予提高。

结构在爆炸荷载作用下，由于爆炸时间较短，而荷载很大，为使结构设计经济和配筋合理，其安全系数可以适当降低。

（6）材料强度指标。一般采用工业与民用建筑规范中的规定值，亦可根据实际情况，参照水利、交通、人防和国防等专门规范。

结构在动载作用下，材料强度可以提高；提高系数见有关规定。

2.3　岩土体压力的计算

荷载的确定是工程结构计算的先决条件。地下建筑结构上所承受的荷载有结构自重、地层压力、弹性抗力、地下水静水压力、车辆和设备重量及其他使用荷载等。对于兼作上部建筑基础的地下结构，上部建筑传下来的垂直荷载也是必须考虑的主要荷载。另外还可能受到一些附加荷载，如灌浆压力、局部落石荷载（对于岩石地下工程）、施工荷载、温度变化或混凝土收缩引起的温度应力和收缩应力；有时还需要考虑偶然发生的特殊荷载，如地震作用或爆炸作用。上述这些荷载中，有些荷载虽然对地下结构的设计和计算影响很大（如上部建筑自重），但计算方法比较简单明确；有些荷载（例如温度和收缩应力）虽然分析计算比较复杂，但对地下结构的安全并不起控制作用；结构本身的自重必须计算在内，但等直杆件，如墙、梁、板、柱的自重，计算简单，拱圈结构为等截面或变截面时，计算稍复杂，后面将作简单介绍。

而其中地层压力（包括土压力和围岩压力）对大多数地下工程而言，是至关重要的荷载。一是因为地层压力往往成为地下结构设计计算的控制因素；二是因为地层压力计算的复杂性和不确定性，使得岩土工程师对其不敢掉以轻心。作用于地下建筑结构的地层压力包括竖向压力和水平压力。

2.3.1　土　压　力　的　计　算

土压力是土与挡土结构之间相互作用的结果，它与结构的变位有着密切关系。以挡土墙为例，作用在挡土墙墙背上的土压力可以分为静止土压力、主动土压力（往往简称土压力）和被动土压力（往往简称土抗力）三种，其中主动土压力值最小，被动土压力值最大，而静止土压力值介于两者之间，它们与墙的位移关系，如图 2-1 所示：

如果墙体的刚度很大，墙身不产生任何移动或转动，这时墙后土对墙背所产生的土压力称为静止土压力，其值可以根据弹性变形体无侧向变形理论或近似方法求得，土体内相应的应力状态称为弹性平衡状态。

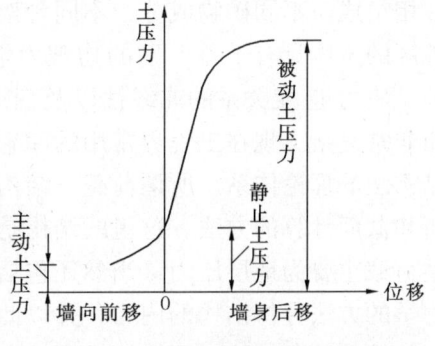

图 2-1　墙身位移与土压力关系

如刚性墙身受墙后土的作用绕墙背底部向外转动（图 2-2a）或平行移动，作用在墙背上的土压力从静止土压力值逐渐减小，直到土体内出现滑动面，滑动面以上的土体（滑动楔体）将沿着这一滑动面向下向前滑动。在这个滑动楔体即将发生滑动的一瞬间，作用在墙背上土压力减小到最小值，称为主动土压力，而土体内相应的应力状态称为主动极限平衡状态。相反，如墙身受外力作用（图 2-2b）而挤压墙后的填土，则土压力从静止压力逐渐增大，直到土内出现滑动面，滑动楔体将沿着某一滑动面向上向后推出，发生破坏。在这一瞬间作用在墙背上的土压力增加到最大值，称为被动土压力，而土体内相应的应力状态称为被动极限平衡状态。所以，主动土压力和被动土压力是墙后填土处于两种不同极限平衡状态时，作用在墙背上的两种土压力。

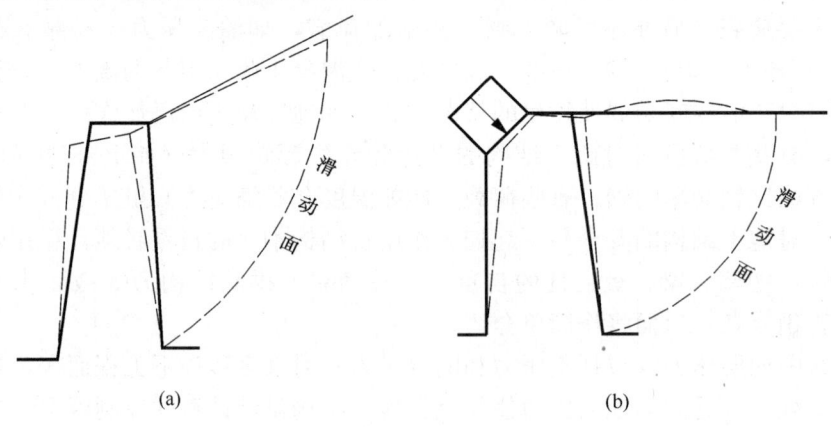

图 2-2   土体极限平衡状态
(a) 主动土压力；(b) 被动土压力

土压力的精确计算是相当困难和复杂的，在引入一定的简化假定后，可以计算得到两种极限平衡状态的土压力值。但对介于这两个极限平衡状态间的情况，若按经典土压力理论，仅用静力平衡条件还无法计算其相应的土压力值，因为这是一个超静定问题。土压力计算的复杂性还在于土体是由土骨架、孔隙水和气体三相组成，不同矿物成分、不同骨架结构以及不同孔隙水成分的组合，使得不同地区的土体具有千差万别的物理力学性质。由于天然土体的不均匀性、各向异性，应力-应变关系的非线性以及变形随时间变化的黏滞性，使得土体本身的性质非常复杂。现在工程界常用的库仑土压力理论和朗肯土压力理论从属于荷载—结构法的理论体系。所谓荷载—结构法，即为已知外荷载前提下进行结构内力分析和截面计算的方法。这里的结构是指隧道的衬砌结构、挡土的支护结构等。所谓荷载主要为地层压力，当然还包括其他荷载，在已知外荷载的前提下，用结构力学的方法分析结构的内力，并以此进行截面配筋或截面验算。显然这一计算方法与计算地面结构时所习惯采用的方法一致。然而，作为土层地下结构上最主要的荷载——土压力是变化的，是不确定的。用荷载—结构法的思想，把土压力看做是与结构无关的和不变的荷载，这是一种近似的解法。虽然如此，库仑理论和朗肯理论至今仍然为使用最广泛、最实用的侧向土压力计算方法，受到工程界的青睐。

随着计算机技术的发展和计算手段的改进，矩阵位移法、有限元法等数值计算方法得到了长足的发展，地下工程的计算理论也从原先的荷载—结构法向前迈了一大步，进入了地层—结构法理论阶段。地层—结构法与荷载—结构法不同，它不再把地层仅仅看做是荷载，而是把地层作为结构的一部分，地层本身也能承受一部分荷载。地下结构安全与否不仅取决于结构本身的承载力和刚度，而且还与地下结构周围地层的稳定情况有关。作用于地下结构上的土层压力，与结构—地层之间的相对刚度有关。例如在黄土高原地区，开挖隧洞后即使不做衬砌，洞室也不一定会倒塌。如果施筑衬砌结构，作用于衬砌结构上的土层压力一定也是很小的，这说明土层本身具有自承能力。

（一）经典土压力理论

软土地区浅埋的地下工程，作用于结构上的竖向土压力的计算是比较容易的，可采用"土柱理论"计算。竖向土压力即为结构顶盖上整个土柱的全部重量。

侧向土压力经典理论主要是库仑（Coulomb）土压力理论和朗肯（Rankine）土压力理论，这些理论在地下工程的设计中一直沿用至今。另外，计算静止土压力一般采用弹性理论，它也可以称为经典理论。尽管上述经典土压力理论存在许多不足之处，但是在工程界仍然得到广泛应用。

1. 静止土压力

当挡土结构在土压力作用下，结构不发生变形和任何位移（移动或转动）时，背后填土处于弹性平衡状态，则作用于结构上的侧向土压力，称为静止土压力，并用 P_0 表示。

静止土压力可根据半无限弹性体的应力状态求解。图 2-3 中，在填土表面以下任意深度 z 处 M 点取一单元体（在 M 点附近一微小正方体），作用于单元体上的力如图所示，其中竖向土的自重应力为 σ_c，其值等于土柱的重量。

$$\sigma_c = \gamma z \tag{2-1}$$

式中　γ——土的重度；

z——由地表面算起至 M 点的深度。

另一个是侧向压应力，填土受到挡土墙的阻挡而不能侧向移动，这时土体对墙体的作用力就是静止土压力。半无限弹性体在无侧移的条件下，其侧向压力与竖直方向压力之间的关系为：

$$p_0 = k_0 \sigma_c = k_0 \gamma z \tag{2-2}$$

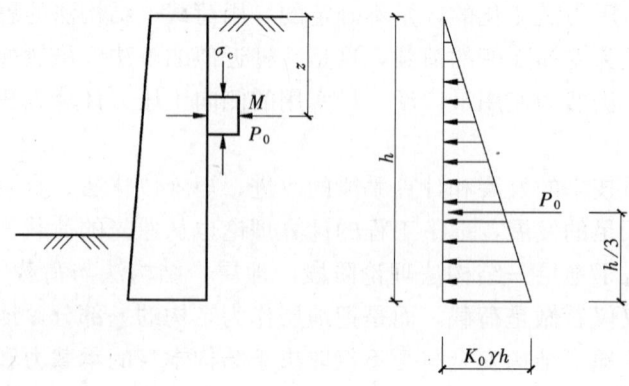

图 2-3　静止土压力计算图式

$$k_0 = \frac{\nu}{1 - \nu} \tag{2-3}$$

式中　k_0——静止土压力系数；

　　　ν——土的泊松比，其值通常由试验来确定。

　　静止土压力系数 k_0 与土的种类有关，而同一种土的 k_0 还与其孔隙比、含水量、加压条件、压缩程度有关。工程中通常不是用土的泊松比来确定土压力系数，而是根据经验直接给出它的值。如黏土 $k_0 = 0.5 \sim 0.7$；砂土 $k_0 = 0.34 \sim 0.45$，也可根据经验公式（2-4）计算确定：

$$k_0 = \alpha - \sin\varphi' \tag{2-4}$$

式中　φ'——土的有效内摩擦角；

　　　α——经验系数，砂土、粉土取 1.0；黏性土、淤泥质土取 0.95。

　　土的有效内摩擦角应由三轴固结不排水剪切试验测定，在无条件试验时也可由下列经验公式计算：

$$\varphi' = \varphi + c \tag{2-5}$$

式中　φ，c——土的内摩擦角和黏聚力，黏聚力单位为"kPa"。

　　墙后填土表面为水平时，静止土压力按三角形分布，静止土压力由式（2-6）计算可得，合力作用点位于距墙踵 $h/3$ 处。

$$P_0 = \frac{1}{2}\gamma h^2 k_0 \tag{2-6}$$

式中　h——挡土墙的高度。

　　上述公式适用于正常固结土。如果属超固结土时，侧向静止土压力会增加，静止土压力可按以下半经验公式估算：

$$k_0 = \sqrt{R}(\alpha - \sin\varphi) \tag{2-7}$$

$$R = \frac{p_c}{p}$$

式中　α，φ'——同式（2-4）；

　　　　R——超固结比；

　　　　p_c——土的前期固结压力；

　　　　p——土的自重压力。

2. 库仑土压力理论

（1）库仑理论的基本假定

库仑理论是由法国科学家库仑（Coulomb，C. A.）于 1773 年提出的，主要是用于挡土墙的计算，其计算的基本假定为（图 2-4）：

①挡土墙墙后土体为均质各向同性的无黏性土；

②挡土墙是刚性的且长度很长，属于平面应变问题；

③挡土墙后土体产生主动土压力或被动土压力时，土体形成滑动楔体，滑裂面为通过墙踵的平面；

④墙顶处土体表面可以是水平面，也可以为倾斜面，倾斜面与水平面的夹角为 β 角；

⑤在滑裂面 $\overline{BC}$ 和墙背面 $\overline{AB}$ 上的切向力分别满足极限平衡条件，即：

$$T = N\tan\varphi$$
$$T' = N'\tan\delta$$

式中　T，T'——分别为土体滑裂面上和墙背面上的切向摩阻力；

　　　　N，N'——分别为土体滑裂面上和墙背面上的法向土压力；

　　　　φ——土的内摩擦角；

　　　　δ——土与墙背之间的摩擦角。

（2）库仑理论的土压力计算方式

当土体滑动楔体处于极限平衡状态，应用静力平衡条件，不难得到作用于挡土墙上的主动土压力 P_a 和被动土压力 P_p 的计算式为：

$$P_a = \frac{\sin(\theta-\varphi)}{\sin(\alpha+\theta-\varphi-\delta)}W \tag{2-8}$$

$$P_p = \frac{\sin(\theta+\varphi)}{\sin(\alpha+\theta-\varphi-\delta)}W \tag{2-9}$$

$$W = \frac{1}{2}\gamma\overline{AB}\cdot\overline{AC}\cdot\sin(\alpha+\beta) \tag{2-10}$$

式中　W——滑楔自重。

其中 $\overline{AC}$ 是 θ 的函数。所以上式 P_a、P_p 都是 θ 的函数。随着 θ 的变化，其主动土压力必然产生在使 P_a 为最大的滑楔面上；而被动土压力必然产生在使 P_p 为最小的滑裂面上。由此，将 P_a、P_p 分别对 θ 求导，根据 $\frac{\mathrm{d}p}{\mathrm{d}\theta}=0$ 求出最危险的滑裂面与水平面的夹角 θ，即可得到库仑主动与被动土压力，即

$$P_a = \frac{1}{2}\gamma h^2 K_a \tag{2-11}$$

$$P_\mathrm{p} = \frac{1}{2}\gamma h^2 K_\mathrm{p} \tag{2-12}$$

$$K_\mathrm{a} = \frac{\sin^2(\alpha + \varphi)}{\sin^2\alpha\sin(\alpha - \delta)\left[1 + \sqrt{\dfrac{\sin(\varphi - \beta)\sin(\varphi + \delta)}{\sin(\alpha + \beta)\sin(\alpha - \delta)}}\right]^2} \tag{2-13}$$

$$K_\mathrm{p} = \frac{\sin^2(\alpha - \varphi)}{\sin^2\alpha\sin(\alpha + \delta)\left[1 - \sqrt{\dfrac{\sin(\varphi + \beta)\sin(\varphi + \delta)}{\sin(\alpha + \beta)\sin(\alpha + \delta)}}\right]^2} \tag{2-14}$$

式中 γ——土体的重量;

h——挡土墙的高度;

K_a——库仑主动土压力系数;

K_p——库仑被动土压力系数。

库仑主动土压力系数 K_a 和被动土压力系数 K_p 均为几何参数和土层物性参数 α, β, φ 和 δ 的函数。

库仑土压力的方向均与墙背法线成 δ 角。但必须注意主动与被动土压力与法线所成的 δ 角方向相反,见图 2-4。作用点在没有地面超载的情况时,均为离墙踵 $h/3$ 处。

当墙顶的土体表面作用有分布荷载 q,如图 2-5 所示,则滑楔自重部分应增加地面超载项。即:

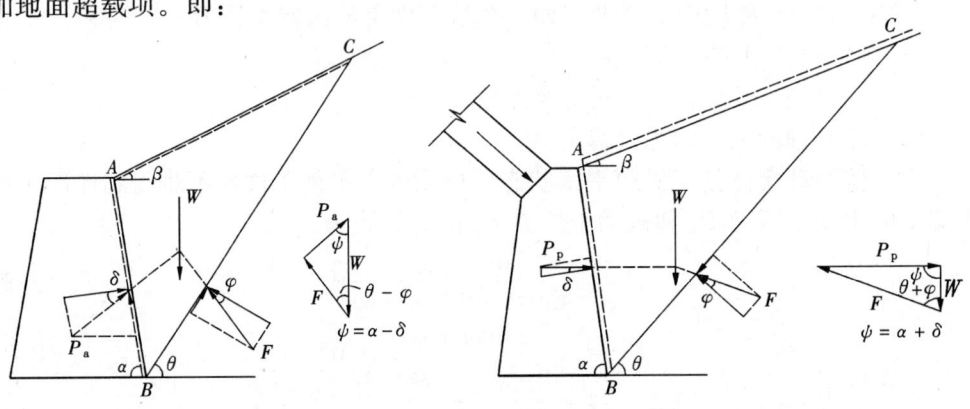

(a)   (b)

图 2-4   库仑土压力计算图式

$$W = \frac{1}{2}\gamma\,\overline{AB} \cdot \overline{AC} \cdot \sin(\alpha + \beta) + q\,\overline{AC} \cdot \cos\beta$$

$$= \frac{1}{2}\gamma\,\overline{AB} \cdot \overline{AC} \cdot \sin(\alpha + \beta) \cdot \left[1 + \frac{2q\sin\alpha \cdot \cos\beta}{\gamma h\sin(\alpha + \beta)}\right] \tag{2-15}$$

引入系数 K_q,使上式 (2-15) 简化后,写成与式 (2-10) 相似的形式:

$$K_\mathrm{q} = 1 + \frac{2q\sin\alpha \cdot \cos\beta}{\gamma h\sin(\alpha + \beta)} \tag{2-16}$$

$$W = \frac{1}{2}\gamma K_q \overline{AB} \cdot \overline{AC} \cdot \sin(\alpha + \beta) \tag{2-17}$$

同样，根据静力平衡条件，可导出考虑了地面超载后的主动和被动土压力：

$$P_a = \frac{1}{2}\gamma h^2 K_a K_q \tag{2-18}$$

$$P_p = \frac{1}{2}\gamma h^2 K_p K_q \tag{2-19}$$

其土压力的方向仍与墙背法线成 δ 角。由于土压力呈梯形分布，因此作用点位于梯形的形心，离墙踵高为：

$$Z_E = \frac{h}{3} \cdot \frac{2p_a + p_b}{p_a + p_b} \tag{2-20}$$

式中　p_a、p_b 分别为墙顶与墙踵处的土压力强度值。

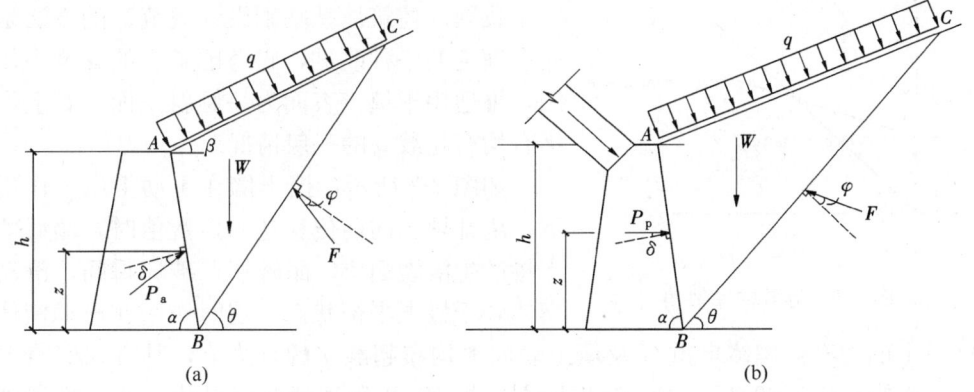

图 2-5　具有地表分布荷载的情况

（3）黏性土中等效内摩擦角

库仑土压力理论是根据无黏性土的情况导出，没有考虑黏性土的黏聚力 c。因此，当挡土结构处于黏性土层时，应该考虑黏聚力的有利影响。在工程实践中可采用换算的等效内摩擦角 φ_D 来进行计算。如图 2-6 所示。采用等效内摩擦角的方法，实际上是通过提高内摩擦角值来考虑黏聚力的有利影响。

等效内摩擦角的换算方法有多种，有人根据经验提出，当黏聚力每增加 10kPa 时，内摩擦角可提高 3°～7°，平均提高 5°。另外，也可根据土的抗剪强度相等的原则进行换算：

$$\varphi_D = \arctan\left(\tan\varphi + \frac{c}{\gamma h}\right) \tag{2-21}$$

除此之外，又可借助朗肯土压力理论进行换算，按朗肯理论同时考虑 c，φ 值得到的土压力值要和已换算成等效内摩擦角 φ_D 后得到的土压力值相等，推算得到等效内摩擦角 φ_D，即：

$$\gamma h \tan^2\left(45° - \frac{\varphi_D}{2}\right) = \gamma h \tan^2\left(45° - \frac{\varphi}{2}\right) - 2c \cdot \tan\left(45° - \frac{\varphi}{2}\right) \quad (2\text{-}22)$$

由式（2-22）可得等效内摩擦角：

$$\varphi_D = 90° - 2\arctan\left[\tan\left(45° - \frac{\varphi}{2}\right) \cdot \sqrt{1 - \frac{2c}{\gamma h}\tan\left(45° + \frac{\varphi}{2}\right)}\right] \quad (2\text{-}23)$$

　　上述三种换算方法得到的等效内摩擦角互不相同，且每种换算方法都有其缺点。从图 2-6 也可看出，按换算后的等效内摩擦角计算，其强度值只有一点与原曲线相重合。而在该点之前，换算强度偏低；该点之后，换算强度偏高，从而造成低墙保守，高墙危险的结果。因此，对于黏性土的库仑土压力计算可以不采用等效内摩擦角的方法，而改用下述的方法直接计算。

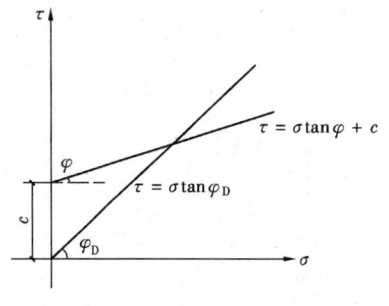

图 2-6　等效内摩擦角

　　（4）黏性土库仑主动土压力公式

　　我国《建筑地基基础设计规范》的方法是库仑理论的一种改进，它考虑了土的黏聚力作用，可适用于填土表面为一倾斜平面，其上作用有均布超载 q 的一般情况。

　　如图 2-7 所示，挡土墙在主动土压力作用下，离开填土向前位移达一定数值时，墙后填土将产生滑裂面 BC 而破坏，破坏瞬间，滑动楔体处于极限平衡状态。这时作用在滑动楔体

ABC 上的力有：楔体自重 G 及填土表面上均布超载 q 的合力 F，其方向竖直向下；滑裂面 BC 上的反力 R，其作用方向与 BC 平面法线顺时针成 φ 角，在滑裂面 BC 上还有黏聚力 $c \cdot L_{BC}$，其方向与楔体下滑方向相反，墙背 AB 对楔体的反力 P_a，作用方向与墙法线逆时针成 δ 角。按照库仑土压力公式推导过程，可求得地基基础规范推荐的主动土压力计算公式：

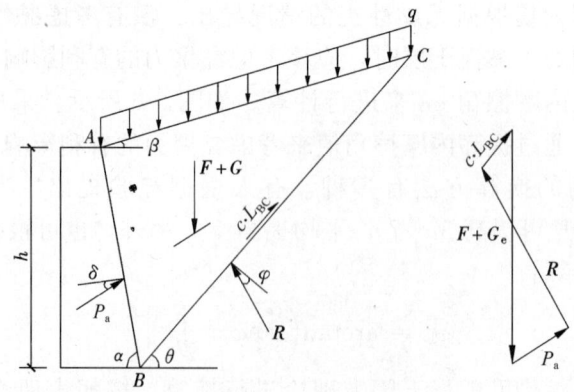

图 2-7　考虑了黏聚力的计算图式

$$P_a = \frac{1}{2} \gamma h^2 K_a \tag{2-24}$$

$$K_a = \frac{\sin(\alpha+\beta)}{\sin^2\alpha \cdot \sin^2(\alpha+\beta-\varphi-\delta)} \{K_q[\sin(\alpha+\beta) \cdot \sin(\alpha-\delta) + \sin(\varphi+\delta) \cdot$$
$$\sin(\varphi-\beta)] + 2\eta\sin\alpha \cdot \cos\varphi \cdot \cos(\alpha+\beta-\varphi-\delta) - 2[(K_q\sin(\alpha+\beta) \cdot$$
$$\sin(\varphi-\beta) + \eta \cdot \sin\alpha \cdot \cos\varphi) \times (K_q\sin(\alpha-\delta) \cdot \sin(\varphi+\delta) + \eta\sin\alpha \cdot$$
$$\cos\varphi)]^{\frac{1}{2}} \} \tag{2-25}$$

$$\eta = \frac{2c}{\gamma h} \tag{2-26}$$

式中　P_a——主动土压力的合力；

　　　K_a——黏性土、粉土主动土压力系数，按式（2-25）计算；

　　　α——墙背与水平面的夹角；

　　　β——填土表面与水平面之间的夹角；

　　　δ——墙背与填土之间的摩擦角；

　　　φ——土的内摩擦角；

　　　c——土的黏聚力；

　　　γ——土的重度；

　　　h——挡土墙高度；

　　　q——填土表面均布超载（以单位水平投影面上荷载强度计）；

　　　K_q——考虑填土表面均布超载影响的系数。

$$K_q = 1 + \frac{2q}{\gamma h} \cdot \frac{\sin\alpha \cdot \cos\beta}{\sin(\alpha+\beta)} \tag{2-27}$$

按式（2-24）计算主动土压力时，破裂面与水平面的倾角为：

$$\theta = \arctan\left\{\frac{\sin\beta \cdot S_q + \sin(\alpha-\varphi-\delta)}{\cos\beta \cdot S_q - \cos(\alpha-\varphi-\delta)}\right\} \tag{2-28}$$

$$S_q = \sqrt{\frac{K_q \cdot \sin(\alpha-\delta) \cdot \sin(\varphi+\delta) + \eta\sin\alpha \cdot \cos\varphi}{K_q \cdot \sin(\alpha+\delta) \cdot \sin(\varphi-\delta) + \eta\sin\alpha \cdot \cos\varphi}} \tag{2-29}$$

3. 朗肯土压力理论

朗肯土压力理论是由英国科学家朗肯（Rankine）于 1857 年提出。朗肯理论的基本假定为：

（1）挡土墙背竖直，墙面为光滑，不计墙面和土体之间的摩擦力；

（2）挡土墙后填土的表面为水平面，土体向下和沿水平方向都能伸展到无穷，即为半无限空间；

（3）挡土墙后填土处于极限平衡状态。

朗肯理论是从弹性半空间的应力状态出发，由土的极限平衡理论推导得到。在弹性均质的半空间体中，离开地表面深度为 z 处的任一点的竖向应力和水平应力分别为：

$$\sigma_z = \gamma z \tag{2-30}$$

$$\sigma_x = k_0 \sigma_z \tag{2-31}$$

如果在弹性均质空间体中，插入一竖直且光滑的墙面，由于它既无摩擦又无位移，则不会影响土中原来的应力状态，如图 2-8（b）所示。此时公式（2-30）、式（2-31）仍然适用于计算墙面处土体的垂直应力和水平应力，这时式中的 σ_x 即为静止土压力值。在非超固结的一般情况下，侧压系数 k_0 小于 1.0，也即 $\sigma_z >$ σ_x。所以竖向应力 σ_z 为最大主应力，侧向水平应力 σ_x 为最小主应力。在摩尔应力圆中处于弹性平衡状态，见图 2-8（d）中的圆 II。

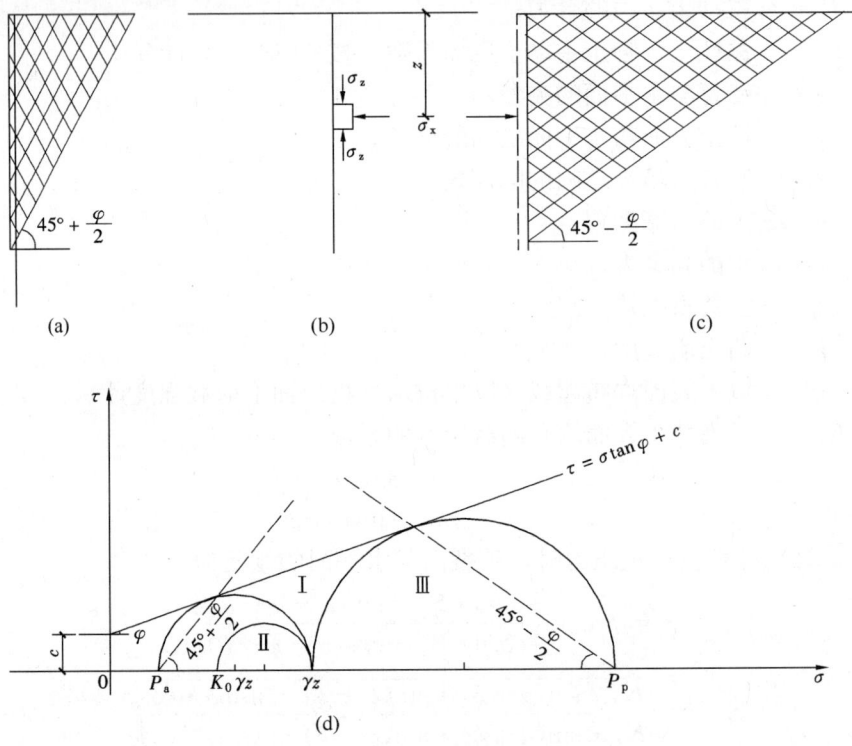

图 2-8 朗肯极限平衡状态

当墙面向左移动（图 2-8a），则将使右半边土体处于拉伸状态，作用于墙背的土压力逐渐减小，摩尔应力圆逐渐扩大而达到极限平衡，土体进入朗肯主动土压力状态。这时图 2-8（d）中摩尔圆 I 与土的抗剪强度包线相切。这时作用于墙背的侧向土压力 σ_x 小于初始的静止土压力，更小于竖向土压力 σ_z，而成为最小主应力 P_a。竖向土压力 σ_z 为最大主应力，其值仍可由式（2-30）计算得到。墙后的土体产生剪切破坏，其剪切破坏面与水平面的夹角为 $45° + \varphi/2$。

同样，当墙面向右移动（图 2-8c），则将使右半边土体处于挤压状态，作用于墙背的土压力增加，开始进入朗肯被动土压力状态。对应于图 2-8（d）中摩尔圆Ⅲ与土的抗剪强度包线相切，这时作用于墙背的侧向土压力 σ_x 超过竖向土压力 σ_z，而成为最大主应力 p_p。而竖向土压力 σ_z 则变成最小主应力。墙后土体的剪切破坏面与水平的夹角为 $45° - \varphi/2$。

根据土体的极限平衡条件，并参照摩尔圆的相互关系，不难得到：

$$\tau = \tau_f \tag{2-32}$$

$$\sin\varphi = \frac{\sigma_1 - \sigma_3}{\sigma_1 + \sigma_3 + 2c \cdot \cot\varphi} \tag{2-33}$$

将式（2-33）改写成最大主应力和最小主应力的关系式：

$$\sigma_1 = \frac{1 + \sin\varphi}{1 - \sin\varphi}\sigma_3 + 2c\frac{\cos\varphi}{1 - \sin\varphi} \tag{2-34}$$

$$\sigma_3 = \frac{1 - \sin\varphi}{1 + \sin\varphi}\sigma_1 - 2c\frac{\cos\varphi}{1 + \sin\varphi} \tag{2-35}$$

式中　τ——土体某一斜面上的剪应力；

　　　τ_f——土体在正应力 σ 条件下，破坏时的剪应力；

　σ_1、σ_3——最大、最小主应力；

　c、φ——土的抗剪强度参数，其中 c 为土体黏聚力，φ 为内摩擦角。

在朗肯主动土压力状态下，最大主应力为竖向土压力 $\sigma_1 = \gamma \cdot z$，最小主应力即为主动土压力；将 $\sigma_3 = p_a$ 代入式（2-35）可得：

$$p_a = \gamma z \tan^2\left(45° - \frac{\varphi}{2}\right) - 2c \cdot \tan\left(45° - \frac{\varphi}{2}\right) \tag{2-36a}$$

同理，在朗肯被动土压力状态时，最大主应力为被动土压力 $\sigma_1 = p_p$，而最小主应力为竖向压力 $\sigma_3 = \sigma_z = \gamma z$，代入式（2-34）可得：

$$p_p = \gamma z \cdot \tan^2\left(45° + \frac{\varphi}{2}\right) + 2c \cdot \tan\left(45° + \frac{\varphi}{2}\right) \tag{2-36b}$$

引入主动土压力系数 K_a 和被动土压力系数 K_p，并令：

$$K_a = \tan^2\left(45° - \frac{\varphi}{2}\right) \tag{2-37}$$

$$K_p = \tan^2\left(45° + \frac{\varphi}{2}\right) \tag{2-38}$$

将式（2-37）、式（2-38）分别代入式（2-36a）和式（2-36b）可得

$$p_a = \gamma z K_a - 2c\sqrt{K_a} \tag{2-39}$$

$$p_p = \gamma z K_p + 2c\sqrt{K_p} \tag{2-40}$$

由式（2-36a）可知，黏性土的主动土压力强度包括两部分，前一项为土自重 γz 引起的侧压力，与深度 z 成正比，呈三角形分布；后一项由黏聚力 c 产生的，使侧向土压力减小的"负"侧压力。

在主动状态，当 $z \leqslant z_0 = \frac{2c}{\gamma}\tan\left(45° + \frac{\varphi}{2}\right)$ 时，则 $P_a \leqslant 0$，为拉力。若不考

虑墙背与土体之间有拉应力存在的可能，则可求得墙背上总的主动土压力为：

$$P_a = \frac{1}{2}\gamma h^2 K_a - 2ch\sqrt{K_a} + \frac{2c^2}{\gamma} \tag{2-41}$$

式中　h——墙背的高度。

如挡墙后为成层土层，仍可按式（2-39）计算主动土压力。但应注意在土层分界面上，由于两层土的抗剪强度指标不同，使土压力的分布有突变（见图 2-9）。其计算方法如下：

a 点：$p_{a1} = -2c_1\sqrt{K_{a1}}$

b 点上（在第一层土中）：$p'_{a2} = \gamma_1 h_1 K_{a1} - 2c_1\sqrt{K_{a1}}$

b 点下（在第二层土中）：$p''_{a2} = \gamma_1 h_1 K_{a2} - 2c_2\sqrt{K_{a2}}$

其中：$K_{a1} = \tan^2\left(45° - \dfrac{\varphi_1}{2}\right)$

$\qquad\quad K_{a2} = \tan^2\left(45° - \dfrac{\varphi_2}{2}\right)$

其余符号意义见图 2-9。

如图 2-10 所示，挡墙填土表面作用着连续均布荷载 q 时，计算时可以将在深度 z 处竖向应力 σ_z 增加一个 q 值，将式（2-39）、式（2—40）中 γz 代之以 $(\gamma z + q)$，就能得到填土表面超载时主应力土压力计算公式（黏性土）：

$$p_a = (\gamma z + q)K_a - 2c_1\sqrt{K_a} \tag{2-42}$$

式中　q——地面超载。

当无固定超载时，考虑到随时发生的施工堆载、车辆行驶动载（如基坑等）等因素，一般可取均布荷载 $q = 10\sim20\text{kPa}$。

土压力水平作用点离墙踵的高度为：

$$z_E = \frac{1}{3}\left[h - \frac{2c}{\gamma}\tan\left(45° + \frac{\varphi}{2}\right)\right] \tag{2-43}$$

在被动状态，土压力呈梯形分布，其总的被动土压力为：

$$P_p = \frac{1}{2}\gamma h^2 K_p + 2ch\sqrt{K_p} \tag{2-44}$$

土压力的水平作用点为梯形心，离墙踵高为：

$$z_E = \frac{1}{3}\left[\frac{1 + 3\times\dfrac{2c}{\gamma h}\tan\left(45° - \dfrac{\varphi}{2}\right)}{1 + 2\times\dfrac{2c}{\gamma h}\tan\left(45° - \dfrac{\varphi}{2}\right)}\right]h \tag{2-45}$$

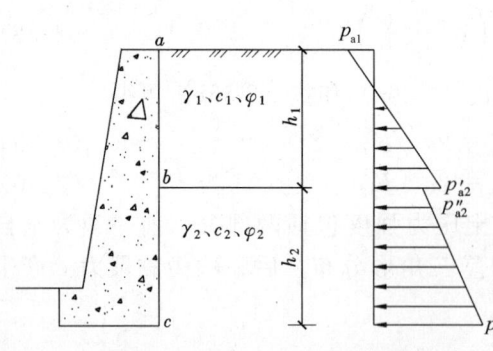

图 2-9　成层土的主动土压力计算

在朗肯土压力计算理论中，假定墙背是垂直光滑的，填土表面为水平。因此，与实际情况有一定的出入。由于墙背摩擦角 $\varphi=0$，则将使计算土压力 P_a 偏大，而 P_p 偏小。

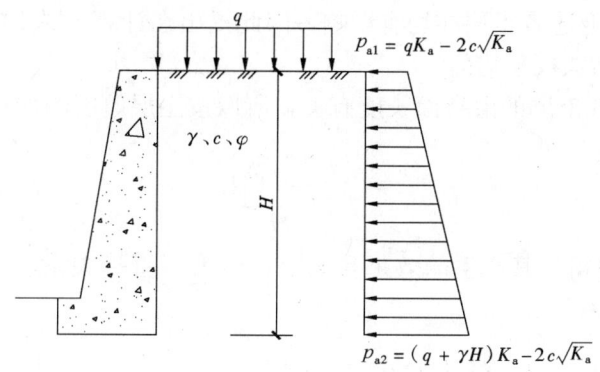

图 2-10　填土上有超载时主动土压力计算

（二）特殊情况下的土压力

1. 分层土的土压力计算

在工程实践中，土体常常是由不同的土层组成，而单一均质的土层只是特殊的情况。前面所述的各种土压力计算理论都是对单一均质土体的情况。为了解决分层土的土压力计算，通常是采用凑合的方法，按转换成相应的当量土层。具体计算还分为两种情况。

（1）按 i 层土的物理力学指标计算第 i 层的土压力

把 i 层以上的土层按重度 γ 转换成相应的当量土层高：

$$\begin{cases} h'_1 = h_1 \cdot \dfrac{\gamma_1}{\gamma_i} \\[2mm] h'_2 = h_2 \cdot \dfrac{\gamma_2}{\gamma_i} \\[2mm] \quad\vdots \\[2mm] h'_{i-1} = h_{i-1} \cdot \dfrac{\gamma_{i-1}}{\gamma_i} \\[2mm] h'_i = h_i \cdot \dfrac{\gamma_i}{\gamma_i} = h_i \end{cases} \tag{2-46}$$

则 $1\sim i$ 层土的总当量高度为：

$$H_i = \sum_{j=1}^{i} h'_j \tag{2-47}$$

再按 c_i、φ_i、γ_i 和 H_i 来计算土压力，把求得的土压力取 H_{i-1} 至 H_i 这段的分布土压力，即为第 i 层土的土压力，按此求得的土压力可反映出各土层的分布规律。

(2) 按第 $1 \sim i$ 层土的加权平均指标进行计算

因为土压力的值不仅与各土层的厚度有关，而且第 $1 \sim i$ 层土的 c、φ 值，由于滑裂面要穿过上述各土层亦均有影响，因此提出在计算 i 层土的土压力时，取 $1 \sim i$ 层土 c、φ 的加权平均值。

$\overline{c_i}$ 是与穿过各土层的滑裂面长度有关，所以按土层厚度的加权平均值，即

$$\overline{c_i} = \frac{\sum\limits_{j=1}^{i} c_j h'_j}{H_i} \tag{2-48}$$

而 φ_i 是摩擦角，其产生的效果与面上正压力有直接关系，也可认为与重力 $\gamma \cdot z$ 有关，因此有：

$$\int_0^{h'_1} \gamma_i z \tan\varphi_1 \mathrm{d}z + \int_{h'_1}^{h'_2} \gamma_i z \tan\varphi_2 \mathrm{d}z + \cdots + \int_{h'_{i-1}}^{h'_i} \gamma_i z \tan\varphi_i \mathrm{d}z = \int_0^{H_i} \gamma_i z \tan\overline{\varphi} \mathrm{d}z_i \tag{2-49}$$

即：$\dfrac{1}{2}\gamma_i \tan\varphi_1 h'^2_1 + \dfrac{1}{2}\gamma_i \tan\varphi_2 (h'^2_2 - h'^2_1) + \cdots + \dfrac{1}{2}\gamma_i \tan\varphi_i (h'^2_i - h'^2_{i-1}) = \dfrac{1}{2}\gamma_i \tan\overline{\varphi_i} H_i^2 \tag{2-50}$

因为 $h'_0 = 0$

所以 $$\tan\overline{\varphi_i} = \frac{\sum\limits_{j=1}^{i} \tan\varphi_j (h'^2_j - h'^2_{j-1})}{H_i^2} \tag{2-51}$$

由此求得第 $1 \sim i$ 层土的内摩擦角的加权平均值为：

$$\overline{\varphi_i} = \arctan \frac{\sum\limits_{j=1}^{i} \tan\varphi_j (h'^2_j - h'^2_{j-1})}{H_i^2} \tag{2-52}$$

再按 γ_i、$\overline{c_i}$、$\overline{\varphi_i}$ 和 H_i 来计算第 i 层土的土压力，这样使土压力计算能反映上面各土层的综合平均效果。采用平均指标进行土压力计算的方法不能反映土层特性对土压力大小的影响。为了反映这种影响，可采用将求得的土压力值乘以采用加权平均参数计算得到的强度极限值除以该土层的实际强度极限值 τ_{f1}。

$$\tau_f = \sigma \tan\overline{\varphi_i} + \overline{c_i} \tag{2-53}$$

$$\tau_{f1} = \sigma \cdot \tan\varphi_i + c_i \tag{2-54}$$

其中的 σ 值可采用 i 层土中的点的自重应力，当有地面超载时，还应考虑地面超载引起的影响。

2. 地面超载作用下的土压力计算

(1) 地面超载作用下产生的侧压力

对于均匀和局部均匀超载作用下在围护结构上的侧压力可采用图 2-11 所示的图示计算。

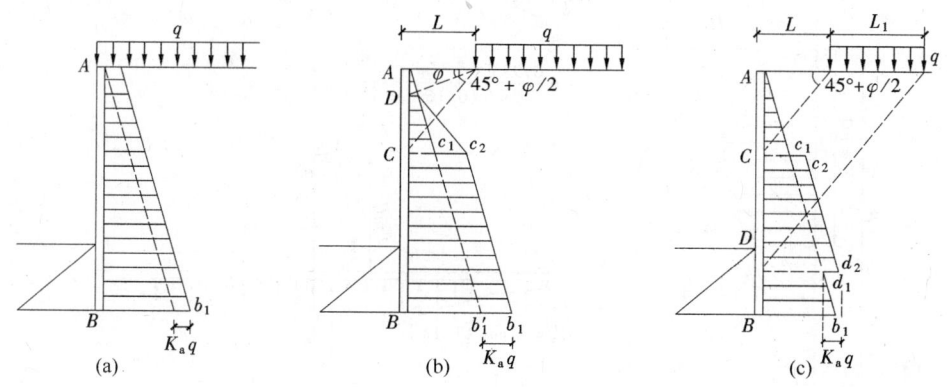

图 2-11 均匀和局部均匀超载作用下的主动土压力

（a）坑壁顶满布均匀超载；（b）距离墙顶 L 处开始作用均匀超载；

（c）距离墙顶 L 处作用 L_1 宽的均布超载

（2）集中荷载作用下产生的侧压力

对于集中荷载在围护结构上产生的侧压力，可按图 2-12 所示计算。

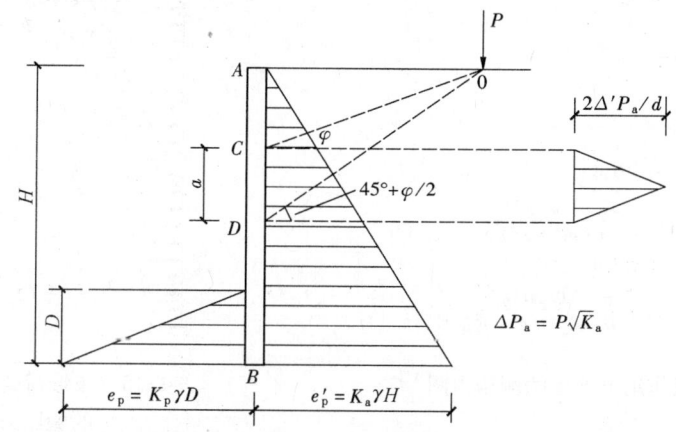

$$\Delta P_a = P\sqrt{K_a}$$

图 2-12 集中荷载作用下的主动土压力

（3）弹性理论确定超载侧压力

1）集中荷载作用下，采用弹性理论时侧压力按图 2-13 所示计算；

2）线荷载作用下，采用弹性理论时侧压力按图 2-14 所示计算；

3）条形荷载下，采用弹性理论时侧压力按图 2-15 所示计算。

（4）各种地面荷载作用下的黏性土压力

当土体抗剪强度参数为 c、φ，墙背与土体间抗剪强度参数为 c'、φ' 时，主动土压力 p_a 和主动土压力倾斜角 δ 有下列关系：

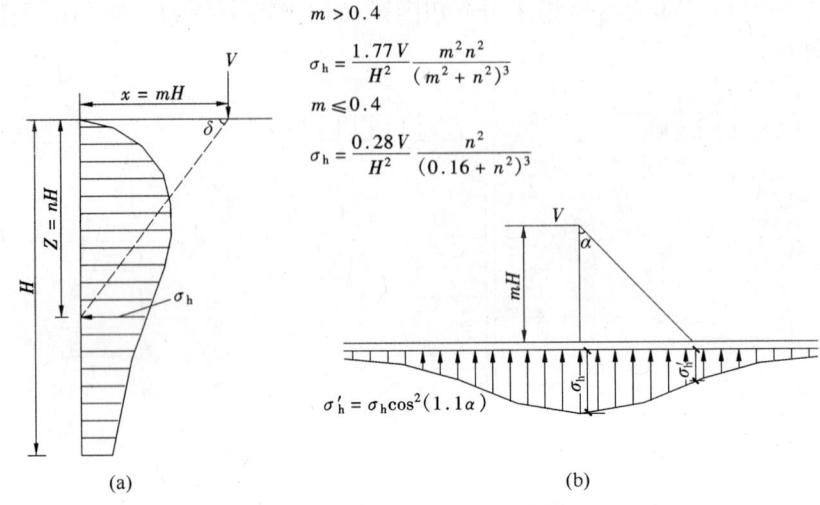

$$m > 0.4$$

$$\sigma_h = \frac{1.77V}{H^2} \frac{m^2 n^2}{(m^2 + n^2)^3}$$

$$m \leqslant 0.4$$

$$\sigma_h = \frac{0.28V}{H^2} \frac{n^2}{(0.16 + n^2)^3}$$

$$\sigma_h' = \sigma_h \cos^2(1.1\alpha)$$

(a)　　　　　　　　　　　(b)

图 2-13　坑壁顶作用集中荷载产生的侧压力 $(\nu = 0.5)$
(a) 坑壁顶作用集中荷载产生的侧压力；(b) 集中荷载作用点两侧沿墙各点的侧压力

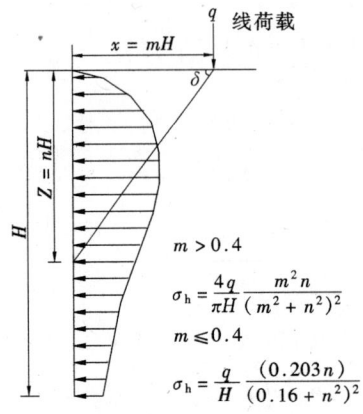

$$m > 0.4$$

$$\sigma_h = \frac{4q}{\pi H} \frac{m^2 n}{(m^2 + n^2)^2}$$

$$m \leqslant 0.4$$

$$\sigma_h = \frac{q}{H} \frac{(0.203n)}{(0.16 + n^2)^2}$$

图 2-14　线荷载作用下产生的侧压力图

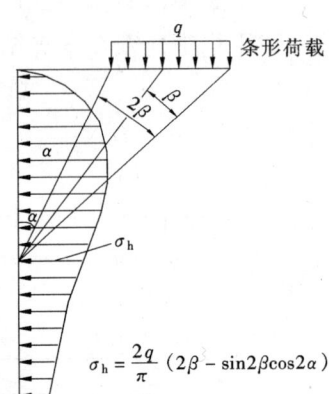

$$\sigma_h = \frac{2q}{\pi} (2\beta - \sin2\beta\cos2\alpha)$$

图 2-15　条形荷载作用下产生
的侧压力图

$$P_a = \frac{1}{2}\gamma H^2 K_a \left[\cos^2\varphi' + \left(\sin\varphi' + \eta' \frac{k_0}{K_a \sin\alpha} \right)^2 \right]^{\frac{1}{2}} \tag{2-55}$$

$$\delta = \arctan\left(\tan\varphi' + \eta' \frac{k_0}{K_a \sin\alpha\cos\varphi'} \right) \tag{2-56}$$

式中　K_a——主动土压力系数。

$$K_a = \frac{\sin(\alpha + \beta)}{\sin^2\alpha \cdot \sin^2(\alpha + \beta - \varphi - \varphi')} \cdot \Big\{ k_2 \big[\sin(\alpha + \beta) \cdot \sin(\alpha - \varphi)$$

$$+ \sin(\varphi + \varphi') \cdot \sin(\varphi - \beta) \big] + 2k_1\eta \cdot \sin\alpha \cdot \cos\varphi\cos(\alpha + \beta - \varphi - \varphi') + k_1\eta' \cdot$$

$$\frac{\sin\alpha\cos(\alpha+\beta-\varphi)\sin(\alpha+\beta-\varphi-\varphi')}{\sin(\alpha+\beta)}+F\sin(\varphi-\beta)$$

$$-2\left[\left(k_2\sin(\alpha+\beta)+k_1\eta''\frac{\sin\alpha\cos\varphi'\sin(\alpha+\beta-\varphi-\varphi')}{\sin(\alpha+\beta)}+F\sin(\alpha-\varphi')\right)\right]^{\frac{1}{2}}\Bigg\}$$

$$k_0=1-\frac{h_0}{H}\frac{\sin\alpha\cos\beta}{\sin(\alpha+\beta)}$$

$$\eta=\frac{2c}{\gamma H}$$

$$\eta'=\frac{2c'}{\gamma H}$$

当 $c'=0$ 时，则 $\eta'=0$，主动土压力 p_a 和主动土压力倾斜角 δ 有下列关系：

$$P_a=\frac{1}{2}\gamma H^2 K_a;\delta=\varphi'$$

$$K_a=\frac{\sin(\alpha+\beta)}{\sin^2\alpha\cdot\sin^2(\alpha+\beta-\varphi-\delta)}\cdot\{k_2[\sin(\alpha+\beta)\cdot\sin(\alpha-\delta)$$
$$+\sin(\varphi+\delta)\cdot\sin(\varphi-\beta)]+2k_1\eta\cdot\sin\alpha\cdot\cos\varphi\cdot\cos(\alpha+\beta-\varphi-\delta)$$
$$+F\sin(\varphi-\beta)-2[k_2\sin(\alpha+\beta)\sin(\varphi-\beta)+k_1(\eta\sin\alpha\cos\varphi)$$
$$\cdot(k_2\sin(\alpha-\delta)\sin(\varphi-\delta)+k_1\eta\sin\alpha\cos\varphi$$
$$+F\sin(\alpha-\delta))]^{\frac{1}{2}}\}$$

$$\eta=\frac{2c}{\gamma H}$$

（5）地表面不规则情况下侧向土压力

当墙体外侧地表面不规则时，围护结构上的土压力计算如图 2-16 所示。

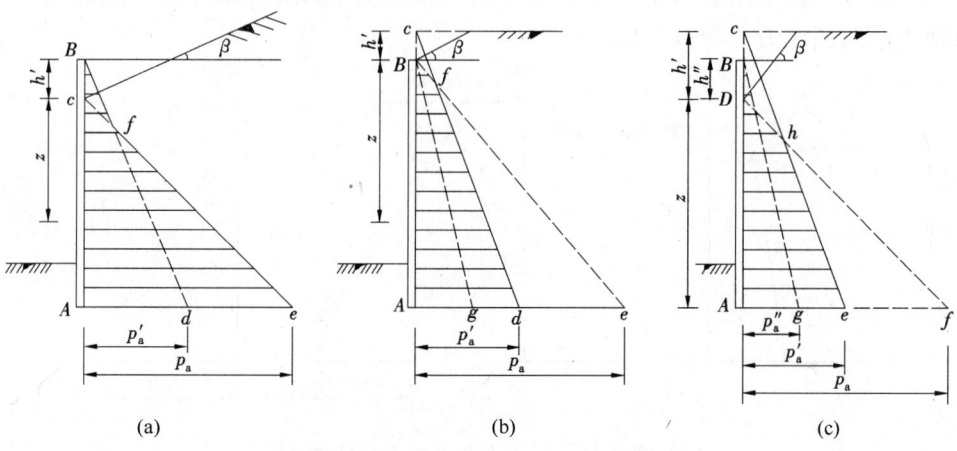

(a)　　　　　　　　(b)　　　　　　　　(c)

图 2-16　地面不规则情况主动土压力

围护结构上的主动土压力为：

$$p_a = \gamma z \cos\beta \frac{\cos\beta - \sqrt{\cos^2\beta - \cos^2\varphi}}{\cos\beta + \sqrt{\cos^2\beta - \cos^2\varphi}} \qquad (2\text{-}57)$$

被动土压力表达式同式（2-57）。

$$p'_a = K_a \cdot \gamma(z + h') - 2c\sqrt{K_a} \qquad (2\text{-}58a)$$

$$p''_a = K_a \cdot \gamma(z + h'') - 2c\sqrt{K_a} \qquad (2\text{-}58b)$$

式中 β——地表斜坡面与水平面的夹角；

K_a——主动土压力系数；

h'——地表水平面与地表斜坡和支护结构相交点间的距离。对于地表为复杂几何图形情况时，可采用楔体试算法，由数值分析与Сокодовский 图解求得。

（三）考虑地下水时水土压力计算

1. 水土压力分算和水土压力合算

作用在挡墙结构上的荷载，除了土压力以外，还有地下水位以下水压力。计算水压力时，水的重度一般取 $\gamma_w = 10\mathrm{kN/m^3}$。水压力与地下水补给数量、季节变化、施工开挖期间挡墙的入土深度、排水处理方法等因素有关。

计算地下水位以下的水、土压力，一般采用"水土分算"（即水、土压力分别计算，再相加）和"水土合算"两种方法。对砂性土和粉土，可按水土分算原则进行，即分别计算土压力和水压力，然后两者相加。对黏性土可根据现场情况和工程经验，按水土分算或水土合算进行。

（1）水土压力分算

水土分算是采用有效重度计算土压力，按静水压力计算水压力，然后两者相加即为总的侧压力（图 2-17）。

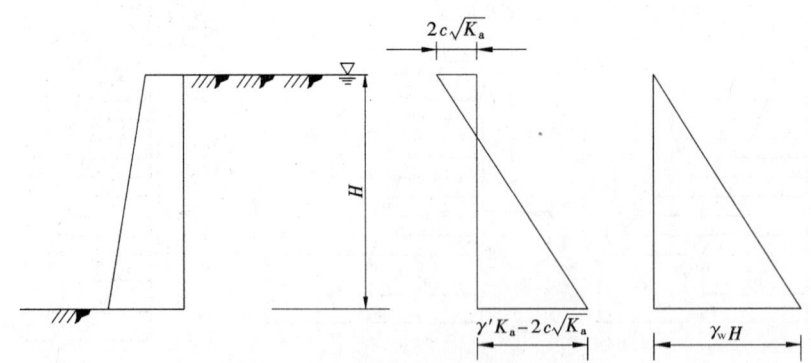

图 2-17 土压力和水压力的计算

利用有效应力原理计算土压力，水、土压力分开计算，即为：

$$p_a = \gamma' H K'_a - 2c'\sqrt{K'_a} + \gamma_w H \qquad (2\text{-}59)$$

$$p_\text{p} = \gamma' H K'_\text{p} - 2c' \sqrt{K'_\text{p}} + \gamma_\text{w} H \qquad (2\text{-}60)$$

式中　γ'——土的有效重度；

K'_a——按土的有效应力强度指标计算的主动土压力系数，$K'_\text{a} = \tan^2\left(\dfrac{\pi}{4} - \dfrac{\varphi'}{2}\right)$；

K'_p——按土的有效应力强度指标计算的被动土压力系数，$K'_\text{p} = \tan^2\left(\dfrac{\pi}{4} + \dfrac{\varphi'}{2}\right)$；

φ'——有效内摩擦角；

c'——有效内聚力；

γ_w——水的重度。

上述方法概念比较明确，但在实际使用中还存在一些困难，有时较难于获得有效强度指标，因此在许多情况下采用总应力法计算土压力，再加上水压力，即总应力法。

$$p_\text{a} = \gamma' H K_\text{a} - 2c \sqrt{K_\text{a}} + \gamma_\text{w} H \qquad (2\text{-}61)$$

$$p_\text{p} = \gamma' H K_\text{p} + 2c \sqrt{K_\text{p}} + \gamma_\text{w} H \qquad (2\text{-}62)$$

式中　K_a——按土的总应力强度指标计算的主动土压力系数，$K_\text{a} = \tan^2\left(\dfrac{\pi}{4} - \dfrac{\varphi}{2}\right)$；

K_p——按土的总应力强度指标计算的被动土压力系数，$K_\text{p} = \tan^2\left(\dfrac{\pi}{4} + \dfrac{\varphi}{2}\right)$；

φ——按固结不排水（固结快剪）或者不固结不排水（快剪）确定的内摩擦角；

c——按固结不排水或不固结不排水法确定的内聚力。

其余符号意义同前。

（2）水土压力合算法

水土压力合算法是采用土的饱和重度计算总的水、土压力，这是国内目前较流行的方法，特别对黏性土积累了一定的经验。

$$p_\text{a} = \gamma_\text{sat} H K_\text{a} - 2c \sqrt{K_\text{a}} \qquad (2\text{-}63)$$

$$p_\text{p} = \gamma_\text{sat} H K_\text{p} + 2c \sqrt{K_\text{p}} \qquad (2\text{-}64)$$

式中　γ_sat——土的饱和重度，在地下水位以下可近似采用天然重度；

K_a——主动土压力系数，$K_\text{a} = \tan^2\left(\dfrac{\pi}{4} - \dfrac{\varphi}{2}\right)$；

K_p——被动土压力系数，$K_\text{p} = \tan^2\left(\dfrac{\pi}{4} + \dfrac{\varphi}{2}\right)$；

φ——按总应力法确定的固结不排水剪或不固结不排水剪确定土的内摩擦角；

c——按总应力法确定的固结不排水剪或不固结不排水剪确定土的内聚力。

2. 稳态渗流时水压力的计算

(1) 按流网法计算渗流进的水压力

基坑施工时，围护墙体内降水形成墙内外水头差，地下水会从坑外流向坑内，若为稳态渗流，那么水土分算时作用在围护墙上的水压力可用流网法确定。

图 2-18 为按流网计算作用在围护结构上的水压力例子。假定墙体插入深度为 h，水头差为 h_0，设 h 与 h_0 相等，按水力学方法绘出流网图（图 2-18b），根据流网即可计算出作用在墙体上的水压力。根据水力学有

$$H = h_p + h_e \tag{2-65}$$

式中 H——某点总水头，可从流网图中读出；

h_p——某点压力水头；

h_e——某点位置水头，$h_e = z - h'$。

作用在墙体上的水压力 p 用压力水头表示为：

$$\frac{p}{\gamma_w} = h_p = H - h_e = H - (z - h') = xh_0 + h' - z \tag{2-66}$$

式中 x——某一点的总水头差 h_0 剩余百分数（或比值），从流网图读出；

z——某一点的高程；

h'——基坑底的高程；

h_0——总水头差。

按流网计算的墙前、后水压力分布图 2-18（a）所示。作用于墙体的总水压力如图中阴影线所表示的部分。

(2) 按直线比例法确定渗流时的水压力

计算渗流时水压力还可近似采用直线比例法，即假定渗流中水头损失是沿挡墙渗流轮廓线均匀分配的，其计算公式为：

$$H_i = \frac{S_i}{L}h_0 \tag{2-67}$$

式中 H_i——挡墙轮廓线上某点 i 的渗流总水头；

L——经折算后挡墙轮廓的渗流总长度；

S_i——自 i 点沿挡墙轮廓至下游端点的折算长度；

h_0——上下游水头差。

(3) 水压力的计算简图

一般可按图 2-19 的水压力分布图，确定地下水位以下作用在支护结构上的

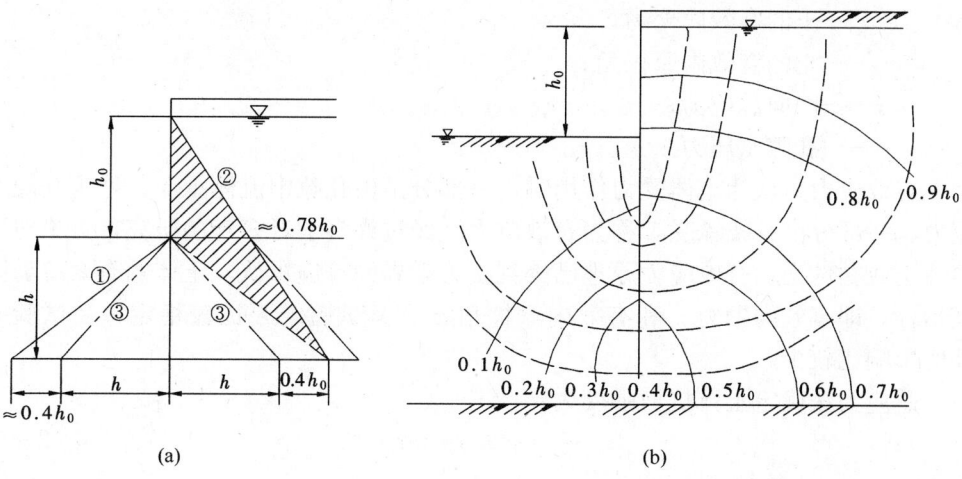

图 2-18　墙体水压力分布图

①墙前压力水头线；②墙后压力水头线；③静水压力水头线

不平衡水压力。图 2-19（a）为三角形分布，适用于地下水有渗流的情况；若无渗流时，可按梯形分布考虑，如图 2-19（b）所示。

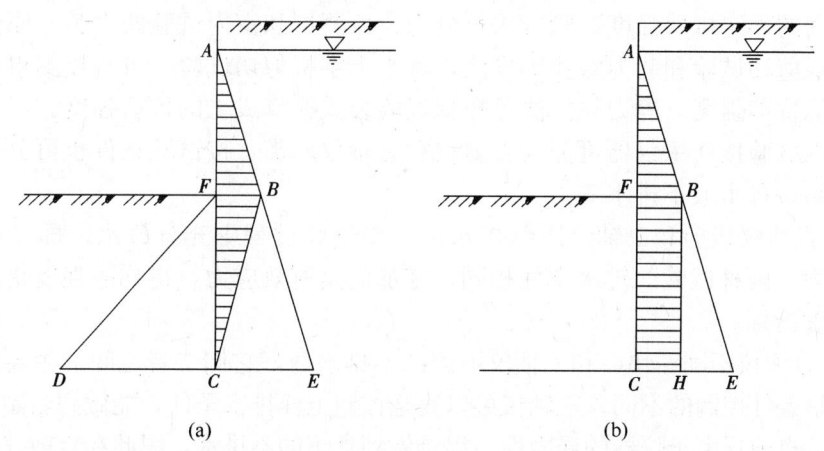

图 2-19　作用在支护结构上的不平衡水压力分布图

（a）三角形分布；（b）梯形分布

3. 土的抗剪强度试验方法与指标问题

土体的抗剪强度可按有效应力法确定，也可按总应力法确定，两者各有其特点。

有效应力法确定土体的抗剪强度的公式为：

$$\tau_f = c' + \sigma' \tan\varphi' = c' + (\sigma - \mu) \tan\varphi' \tag{2-68}$$

式中　τ_f——土体的抗剪强度；

c'——土的有效内聚力；

φ'——土的有效内摩擦角；

σ——法向总应力；

μ——孔隙水压力。

有效应力是认为土体受力作用时，一部分是由孔隙中流体承受，称为孔隙水应力。一部分由骨架承受，称为有效应力。经过许多学者多年的研究，无论对于砂性土或黏性土，有效应力原理已得到土力学界的普遍承认。土体的有效抗剪强度指标，即有效内聚力 c' 和有效内摩擦角 φ'，其试验结果比较稳定，受试验条件的影响比较少。

总应力法确定土体抗剪强度为：

$$\tau_f = c + \sigma \cdot \tan\varphi \tag{2-69}$$

式中 τ_f——土体抗剪强度；

σ——法向总应力；

c——按总应力法确定的土的内聚力；

φ——按总应力法确定的土的内摩擦角。

总应力法不涉及孔隙水应力，只是模拟土体实际固结状态测定强度。

常用的确定抗剪强度试验方法可分为原位测试和室内试验两大类。原位测试有十字板剪切试验和静力触探等方法，其中十字板剪切试验，可直接测得土体天然状态的抗剪强度。静力触探法可根据经验公式换算成土的抗剪强度。

室内试验按使用仪器可分为直剪仪和三轴仪两类，按试验条件也可分为固结或不固结，排水或不排水等。

a. 直剪仪慢剪和三轴仪固结排水剪。在试验过程中充分排水，即没有超孔隙水压力。两种试验的排水条件相同，施加的是有效应力，得到的强度指标均为有效强度指标。

b. 直剪仪不固结快剪和三轴仪不固结不排水剪，它们二者之间的主要区别在于对排水条件控制的不同。三轴仪可以完全控制土样排水条件，能做到名副其实的不排水。直剪仪由于仪器的局限性，很难做到真正的不排水，因此在直剪仪上测定土的抗剪强度指标时，当土的渗透性较大时，直剪仪快剪只相当于三轴排水，而只有当土的渗透系数较小时，直剪仪快剪试验结果才接近于三轴不排水试验。

c. 直剪仪固结快剪和三轴固结不排水剪。这两种试验方法在正应力下都使土体达到充分固结，而在剪应力作用下用三轴仪试验可做到不排水，用直剪仪试验则排水条件和直剪仪快剪相似，即土体渗透性大时，相当于排水，渗透性很小时接近于不排水。

虽然直剪试验存在一些明显的缺点，受力条件比较复杂，排水条件不能控制等，但由于仪器和操作都比较简单，又有大量实践经验，因此，比较广泛采用直剪仪作快剪及固结快剪试验取得土的抗剪强度指标。一般推荐固结快剪指标，因为固结快剪是在垂直压力下固结后再进行剪切，使试验成果反映正常固结土的天然强度，充分固结的条件也使试样受扰动以及土样中夹薄砂层的影响都减到最低限度，从而使试验指标比较稳定。

用直剪仪进行固结快剪或快剪试验测得土的总应力强度指标后，还存在使用强度参数峰值还是将峰值打折扣后使用的问题。根据上海市标准《地基基础设计规范》的规定，采用直剪仪固结快剪峰值或快剪峰值确定抗剪强度指标，这种指标适用于计算土压力和整体稳定性。

直剪试验存在较多的缺点，如不能控制土样的排水条件，剪切面人为固定以及剪切面上的应力分布不均匀等。三轴试验则没有这些缺点。当进行三轴试验时，可进行不固结不排水或不排水两种状态的试验，提供总应力和有效应力两类抗剪强度指标。

当无可靠的抗剪强度试验资料时，可参照表 2-1 的数值选用。

不同的试验方法所得结果是很不相同的，在强度指标量值的选用上，由于土排水固结将会不同程度增强土的强度，如内摩擦角 φ，一般的正常固结土，排水剪得到的 φ_{cd} 最大，固结不排水剪的 φ_{cu} 次之，不固结不排水的 φ_u 值最小，如图 2-20 所示。内聚力 c 值亦不同，快剪所得的 c 值较大。

土的抗剪强度指标参考值（φ' 单位为 kPa，c' 单位为度）　　　　表 2-1

土类	土 的 孔 隙 比							
	0.4~0.5	0.4~0.5	0.4~0.5	0.4~0.5	0.4~0.5	0.4~0.5	0.4~0.5	0.4~0.5
粉细砂	$c'=0$ $\varphi'=34\sim36$	$c'=0$ $\varphi'=32\sim34$	$c'=0$ $\varphi'=30\sim32$					
粉土	$c'=3\sim6$ $\varphi'=23\sim25$	$c'=2\sim4$ $\varphi'=22\sim24$	$c'=0\sim3$ $\varphi'=21\sim23$	$c'=0$ $\varphi'=19\sim21$				
粉质黏土		$c'=30\sim40$ $\varphi'=18\sim20$	$c'=20\sim30$ $\varphi'=16\sim18$	$c'=15\sim20$ $\varphi'=14\sim16$	$c'=10\sim15$ $\varphi'=12\sim14$	$c'=6\sim10$ $\varphi'=10\sim12$		
黏土		$c'=40\sim50$ $\varphi'=14\sim16$	$c'=30\sim40$ $\varphi'=12\sim14$	$c'=15\sim20$ $\varphi'=10\sim12$	$c'=5\sim10$ $\varphi'=8\sim10$			
淤泥质土							$c'=10\sim15$ $\varphi'=6\sim8$	$c'=5\sim10$ $\varphi'=4\sim6$

有效应力法考虑了孔隙水压力的影响。有效指标测定可用直剪快剪、三轴排水剪和固结不排水剪（测孔压）等方法求得。因此，在实际工程的强度和稳定性计算中，应根据土质条件和工程的特点来选用恰当的试验方法，以进行地基或建筑物的稳定和安全的估计及控制不同的试验条件可得到不同的强度指标。例如，当考虑土体固结使强度增长的计算或稳定性分析时，即测定土体在任何固结度时

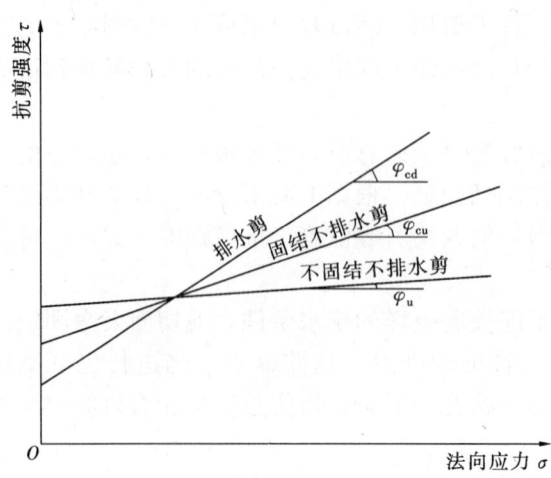

图 2-20　不同试验方法的 φ 角比较

的抗剪强度应使用有效强度指标；当地基为厚度较大的渗透性低的高塑性饱和软土，而建筑物的施工速度又较快，预计土层在施工期间的排水固结程度很小，这时就应当采用快剪试验的强度指标来校核建筑物的地基强度及稳定性；若黏土层很薄，建筑物施工期很长，预计黏土层在施工期间能够充分排水固结，但是在竣工后大量活荷载将迅速施工（如料仓），或可能有突然施加的活载（如风力）或地基应力可能发生变化（如地下水位变化）等在这些情况下，就采用固结快剪指标；对于可能发生快速破坏的正常固结土天然边坡或软土地基或路堤土体等均认为应用快剪和不排水剪指标进行验算控制。当然，上述的各种情况并不是具有很准确的概念的。例如，速度快慢、土层厚薄、荷载大小以及施工速度等都没有定量的数值，都得根据实际情况配以实际经验或地区经验而掌握。如在软土层的深开挖中，考虑坑底隆起甚至整体滑动稳定性等的控制验算时，则认为应该采用不排水指标。

2.3.2　围岩压力的计算

（一）围岩压力及其影响因素

1. 围岩压力的概念

洞室开挖之前，地层中的岩体处于复杂的原始应力平衡状态。洞室开挖之后，围岩中的原始应力平衡状态遭到破坏，应力重新分布，从而使围岩产生变形。当变形发展到岩体极限变形时，岩体就产生破坏。如在围岩发生变形时及时进行衬砌或围护，阻止围岩继续变形，防止围岩塌落，则围岩对衬砌结构就要产生压力，即所谓的围岩压力。所以围岩压力就是指位于地下结构周围变形或破坏的岩层，作用在衬砌结构或支撑结构上的压力。它是作用在地下结构的主要荷载。

围岩压力可分为围岩垂直压力、围岩水平压力及围岩底部压力。对于一般水平洞室，围岩垂直压力是主要的，也是围岩压力中研究的主要内容。在坚硬岩层中，围岩水平压力较小，可忽略不计，但在松软岩层中应考虑围岩水平压力的作用。围岩底部压力是自下而上作用在衬砌结构底板上的压力，它产生的主要原因是某处地层遇水后膨胀，如石膏、页岩等，或是由边墙底部压力使底部地层向洞室里面突起所致。

2. 影响围岩压力的因素

影响围岩压力的因素很多，主要与岩体的结构、岩石的强度、地下水的作用、洞室的尺寸与形状、支护的类型和刚度、施工方法、洞室的埋置深度和支护时间等因素相关。其中，岩体稳定性的关键之一在于岩体结构面的类型和特征。

（二）围岩压力的计算方法

1. 按松散体理论计算围岩压力

（1）垂直围岩压力

按松散体理论计算围岩压力是从 20 世纪初开始的。由于考虑到岩体裂隙和节理的存在，岩体被切割为互不联系的独立块体。因此，可以把岩体假定为松散体。但是，被各种软弱面切割而成的岩块结合体与真正理论上的松散体也并不完全相同，这就需要将真正的岩体代之以某种具有一定特性的特殊松散体，以便对这种特殊的松散体采用与理想松散体完全相同的计算方法。

理想松散体颗粒间抗剪强度为：

$$\tau = \sigma \cdot \tan\varphi \tag{2-70}$$

而在有黏聚力的岩体中抗剪强度为：

$$\tau = \sigma \cdot \tan\varphi + c \tag{2-71}$$

式中　φ——内摩擦角；

　　　σ——剪切面上的法向应力；

　　　c——岩体颗粒间的黏聚力。

改写式（2-71）为：

$$\tau = \sigma \cdot \left(\tan\varphi + \frac{c}{\sigma}\right) \tag{2-72}$$

令 $f_k = \tan\varphi + \dfrac{c}{\sigma}$，则

$$\tau = \sigma \cdot f_k \tag{2-73}$$

比较式（2-73）与式（2-70），在形式上是完全相同的。因此，对于具有一定粘结力的岩体，同样可以当作完全松散体对待，只需以具有粘结力岩体的 $f_k = \tan\varphi + \dfrac{c}{\sigma}$ 代替完全松散体的 $\tan\varphi$ 就行了。

1）浅埋结构上的垂直围岩压力

当地下结构上覆岩层较薄时，通常认为覆盖层全部岩体重量作用于地下结构。这时地下结构所受的围岩压力就是覆盖层岩石柱的重量（图 2-21a）。

$$q = \gamma \cdot H \tag{2-74}$$

式中　q——垂直围岩压力的集度；

　　　γ——岩体重度；

　　　H——地下结构顶盖上方覆盖层厚度。

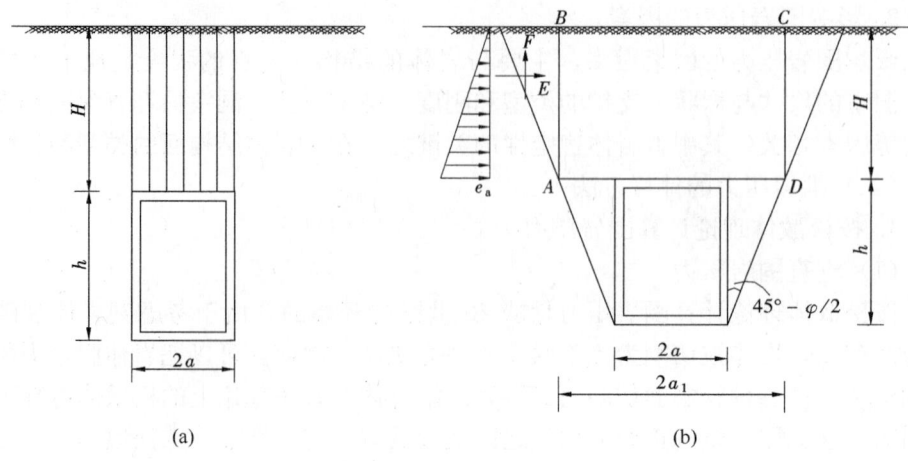

图 2-21   浅埋结构垂直围岩压力计算图式

可以看出，用式（2-74）所计算的围岩压力是一种最不利的情况。而实际上，当地下结构上方覆盖的岩层向下滑动时，两侧不动岩层不可避免地将向滑动体提供摩擦力，阻止其下滑。只要地下结构所提供的反力与两侧所提供的摩擦力之和能克服这种下滑，则作用在地下结构上的围岩压力只是岩石柱重量与两侧所提供摩擦力之差。

由于地下结构上方的覆盖层不可能像图 2-21（a）那样规则地沿壁面下滑，为方便计算，进行一定的简化处理。假定从洞室的底角起形成一与结构侧壁成 $\left(45° - \dfrac{\varphi}{2}\right)$ 的滑移面，并认为这个滑移面延伸到地表（图 2-21b）。只有滑移面以内的岩体才有可能下滑，而滑移面之外的岩体是稳定的。取 $ABCD$ 为向下滑动的岩体，它所受到的抵抗力是沿 AB 和 CD 两个面的摩擦力之和。因此，作用在地下结构上的总压力为：

$$Q = G - 2F \tag{2-75}$$

式中 G——$ABCD$ 体的总重量；

   F——AB 或 CD 面对 G 的摩擦力。

由几何关系

$$2a_1 = 2a + 2h\tan\left(45° - \frac{\varphi}{2}\right) \tag{2-76}$$

$$G = 2a_1 H\gamma$$

所以

$$G = 2\left[a + h\tan\left(45° - \frac{\varphi}{2}\right)\right]\gamma H \tag{2-77}$$

由前所述可知，AB（或 CD）面的水平压力为三角形分布，其最大值在 A 点（或 D 点），

$$e_{A} = e_{D} = \gamma H \tan^2 \left(45° - \frac{\varphi}{2}\right) \tag{2-78}$$

AB（CD）面所受总的水平力：

$$E = \frac{1}{2} H \gamma H \tan^2 \left(45° - \frac{\varphi}{2}\right)$$
$$= \frac{1}{2} \gamma H^2 \tan^2 \left(45° - \frac{\varphi}{2}\right) \tag{2-79}$$

AB（CD）面所受摩擦阻力：

$$F = E \cdot \tan\varphi$$
$$= \frac{1}{2} \gamma H^2 \tan^2 \left(45° - \frac{\varphi}{2}\right) \cdot \tan\varphi \tag{2-80}$$

将式（2-77）和式（2-80）代入式（2-75）：

$$Q = 2\gamma H \left[a + h \tan\left(45° - \frac{\varphi}{2}\right)\right] - \gamma H^2 \tan^2 \left(45° - \frac{\varphi}{2}\right) \tan\varphi \tag{2-81}$$

围岩压力集度为：

$$q = \frac{Q}{2a_1} = \gamma H \left[1 - \frac{H}{2a_1} \tan^2 \left(45° - \frac{\varphi}{2}\right) \tan\varphi\right] \tag{2-82}$$

式（2-82）为考虑摩擦影响的围岩压力计算公式。可见 q 值是随地下结构所处的深度 H 而变化。为了解其变化情况，现将式（2-81）对 H 取一次导数，并令其为零，则可求得产生最大围岩压力的深度为：

$$H_{max} = \frac{a_1}{\tan^2 \left(45° - \frac{\varphi}{2}\right) \cdot \tan\varphi} \tag{2-83}$$

在这个深度上的围岩压力总值为：

$$Q_{max} = \frac{\gamma a_1^2}{\tan^2 \left(45° - \frac{\varphi}{2}\right) \cdot \tan\varphi} \tag{2-84}$$

围岩压力集度为：

$$q_{max} = \frac{\gamma a_1}{2\tan^2 \left(45° - \frac{\varphi}{2}\right) \cdot \tan\varphi} \tag{2-85}$$

由式（2-83）和式（2-85）知：

$$q_{max} = \frac{1}{2} \gamma H_{max} \tag{2-86}$$

由此可知，在 H_{max} 这个深度上，摩擦阻力为全部岩石柱重量之半。分析式（2-81）可以发现，当以 $H = 2H_{max}$ 代入时，$Q = 0$。这表明摩擦阻力已全部克服了岩体下滑的重量。

实际上不能认为当地下结构埋置深度 $H>2H_{\max}$ 时地下结构上完全没有围岩压力作用。这是因为我们研究的是松散的围岩,而不是一个刚性的块体。对于一个刚性块体,只要摩擦力能克服其重力,块体就不会发生移动,则位于它下面的结构就不承受该块体力的作用。而对于下滑的松散体来说,虽然两侧的摩擦阻力在数值上已超过岩石柱的全部重量,但是远离摩擦面(特别是跨中)的岩块将因其自重而脱落。

2)深埋结构上的垂直围岩压力

所谓深埋结构是指当地下结构的埋深大到这样一种程度,以致两侧摩擦阻力远远超过了滑移柱的重量。因而不存在任何偶然因素能破坏岩石柱的整体稳定性。深埋结构的围岩压力是研究地下洞室上方一个局部范围内的压力现象。如图2-22所示,由于深埋结构的特点,保障了 $ABCDE$ 部分岩体的稳定性,这部分岩体称为岩石拱。由于它具有将压力卸于两侧岩体的作用,所以又叫卸荷拱。此时,只有 AED 以下岩体重量对结构产生压力,因而称此为压力拱。

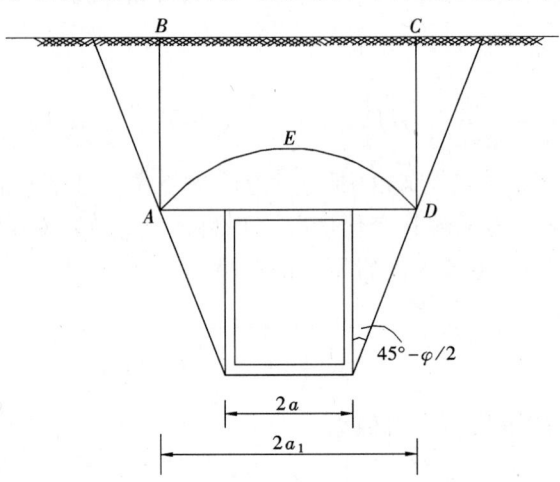

图 2-22   深埋结构垂直围岩压力计算图式

①压力拱的曲线形状

压力拱能够自然稳定而平衡,它将是一个合理拱轴,其上任何一点是无力矩的。忽略由于压力拱曲线本身形状造成岩体重量的不均匀性。

假定拱轴线受有均布荷载,集度为 q。如图2-23所示,根据压力拱轴线各点无力矩的理论,可建立如下方程:

$$Hy - \frac{1}{2}qx^2 = 0$$

$$y = \frac{q}{2H}x^2 \qquad (2-87)$$

式中 H——压力拱拱顶所产生的水平推力。可见,压力拱是二次抛物线曲线。

②压力拱高度

由图 2-23 可知，平衡拱顶推力 H 的力是拱脚处的水平反力 T，当 $T \geqslant H$ 时，压力拱可以保持稳定，而 T 是由 q 形成的摩擦力提供的。q 在拱脚形成的全部垂直反力为：

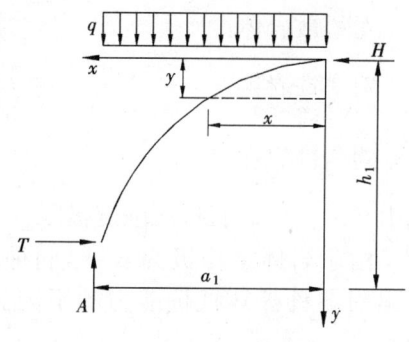

$$A = qa_1 \qquad (2\text{-}88)$$

由 A 所形成的水平摩擦力为：

$$T = Af_k = qa_1f_k \qquad (2\text{-}89)$$

当 $T = H$，压力拱处于极限平衡状态，这时压力拱的方程为：

图 2-23　计算简图

$$y = \frac{x^2}{2f_ka_1} \qquad (2\text{-}90)$$

如果考虑压力拱存在的安全性，可以认为 $\frac{T}{2} = H$，而拱脚只用存在的水平抗力之半平衡拱顶水平推力，将此再代入式（2-87），得出具有相当安全系数为 2 的压力拱方程：

$$y = \frac{x^2}{f_ka_1} \qquad (2\text{-}91)$$

当 $x = a_1$ 时，由式（2-91）可求出压力拱高度：

$$h_1 = \frac{a_1}{f_k} \qquad (2\text{-}92)$$

式中　h_1——压力拱高度。

式（2-92）就是从 20 世纪初开始应用的计算地下结构围岩压力的一个古老公式，称为普氏公式。

压力拱曲线上任何一点的高度为：

$$h_x = h_1 - y = h_1\left(1 - \frac{x^2}{a_1^2}\right) \qquad (2\text{-}93)$$

因此，当地下结构上方具有足够厚度的覆盖层时，由于卸荷拱起到将岩体重量转嫁给洞室两侧的作用，因而只有压力拱内的岩体重量作用在结构上。

在地下结构设计中，常忽略压力拱曲线所造成的荷载集度的差别，垂直围岩压力取均布形式，并按 h_1 计算，即：

$$q = \gamma h_1 \qquad (2\text{-}94)$$

式中　q——作用在地下结构上的垂直围岩压力集度。

由式（2—92）看出，f_k 是表征岩体属性的一个重要的物理量，它决定岩体性质对压力拱高度的影响，f_k 是岩体抵抗各种破坏能力的综合指标，又称岩层坚硬系数或普氏系数。f_k 值大，则岩体抵抗各种破坏，如冲击、爆破、开挖等的能力就强。它的数值可以表示为：

对松散岩体：
$$f_k = \tan\varphi$$

对黏性岩体：
$$f_k = \tan\varphi + \frac{c}{\sigma}$$

对岩性岩体：
$$f_k = \frac{1}{100}R_c$$

式中 R_c——岩石抗压强度极限。

由于岩体结构极为复杂，同种岩体也因裂隙、层理、节理发育状况不同，表现出对各种破坏抵抗能力的不同。f_k 值需结合现场、综合各种地质实际由经验判定。

（2）水平围岩压力

地下结构上作用着垂直围岩压力和水平围岩压力，垂直围岩压力的计算已如前述。一般来说，垂直围岩压力是地下结构所不可忽视的荷载，而水平围岩压力只是对较松软的岩层（如 $f_k \leqslant 2$ 时）才考虑。

地下结构的侧墙像挡土墙一样承受着围岩的水平压力。因此，为计算水平围岩压力，可首先计算出该点的垂直围岩压力集度，而后乘以侧压力系数 $\tan^2\left(45° - \frac{\varphi}{2}\right)$，即得水平围岩压力集度。所以任一深度 z 处的水平围岩压力集度为：

$$e_z = \gamma z \tan^2\left(45° - \frac{\varphi}{2}\right) \tag{2-95}$$

水平围岩压力沿深度呈三角形分布。

如果沿结构深度上岩体由多层组成，则必须分层计算各层的水平围岩压力。

（3）底部围岩压力

在某些松软岩层中构筑地下建筑物，由于在衬砌侧墙底部轴向压力作用下，或某些岩层，如黏性土层及石膏等遇水膨胀，都有可能使洞室底部产生隆起现象。这种由于围岩隆起而对衬砌底板产生的作用力，叫做底部围岩压力。就数值来说，底部围岩压力一般比水平围岩压力小得多。由于地下工程一般都构筑在中等坚硬以上围岩中，通常都不需要计及底部围岩压力。如有必要，可参考有关文献，这里不再详细介绍。

2. 按弹塑性体理论计算围岩压力

如图 2-24 表示地下圆形洞室周围所出现的各种变形区域。假定 R 为非弹性变形区的半径，而以半径为无穷大（与 a 相比相当大）划定一个范围，则在这个范围的边界上作用着静水压力 p，而在半径为 R 的边界上作用着应力 σ_R。这时弹性区中的应力可根据弹性理论中厚壁圆筒的解答描述，即：

$$\begin{cases} \sigma_r = p\left(1 - \frac{R^2}{r^2}\right) + \sigma_R \frac{R^2}{r^2} \\ \sigma_\theta = p\left(1 + \frac{R^2}{r^2}\right) - \sigma_R \frac{R^2}{r^2} \end{cases} \tag{2-96}$$

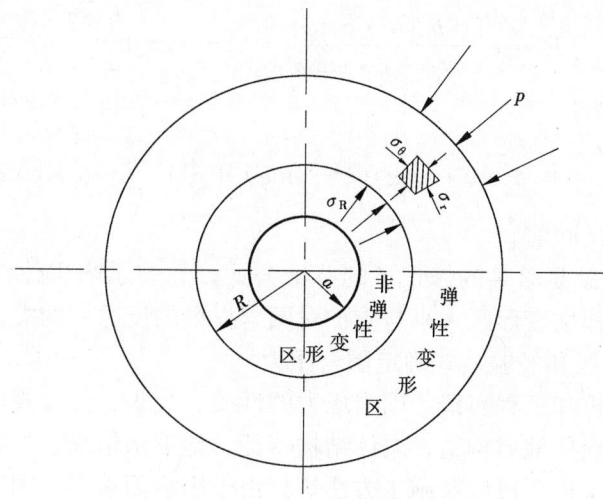

图 2-24　弹塑性模型计算围岩压力图式

而非弹性变区中的应力根据弹塑性理论解答为：

$$
\begin{cases}
\sigma_r = (p_b + c \cdot \cot\varphi)\left(\dfrac{r}{a}\right)^{\frac{2\sin\varphi}{1-\sin\varphi}} - c \cdot \cot\varphi \\
\sigma_\theta = (p_b + c \cdot \cot\varphi)\left(\dfrac{r}{a}\right)^{\frac{2\sin\varphi}{1-\sin\varphi}} \cdot \dfrac{1+\sin\varphi}{1-\sin\varphi} - c \cdot \cot\varphi
\end{cases}
\tag{2-97}
$$

式中　p_b——支护对洞室周边的反力，亦即围岩对支护的压力，二者大小相等；

p——洞室所在位置的原始应力，$p = \gamma H$（γ 为重度，H 为埋深）；

a——洞室半径；

R——非弹性变形区的半径。

在弹性区与非弹性区的交界面上，应力 σ_θ、σ_r 既满足非弹性变形区中的应力方程式（2-97），也满足弹性变形区中的应力方程式（2-96）。

对于非弹性变形区，由式（2-97）得：

$$
(\sigma_r + \sigma_\theta) = \dfrac{2(p_b + c \cdot \cot\varphi)}{1-\sin\varphi} \cdot \left(\dfrac{r}{a}\right)^{\frac{2\sin\varphi}{1-\sin\varphi}} - 2c \cdot \cot\varphi
\tag{2-98}
$$

从弹性区而言，由式（2-96）可得：

$$
(\sigma_r + \sigma_\theta) = 2p
\tag{2-99}
$$

在弹性区和非弹性区的交界上，即 $r = R$，应力状态应是定值，因此，式（2-98）与式（2-99）应相等，于是：

$$
p = \dfrac{(p_b + c \cdot \cot\varphi)}{1-\sin\varphi} \cdot \left(\dfrac{R}{a}\right)^{\frac{2\sin\varphi}{1-\sin\varphi}} - c \cdot \cot\varphi
\tag{2-100}
$$

由此，

$$R = a\left[\frac{(p+c \cdot \cot\varphi)}{(p_b + c \cdot \cot\varphi)} \cdot (1-\sin\varphi)\right]^{\frac{1-\sin\varphi}{2\sin\varphi}} \qquad (2\text{-}101)$$

也可以改写为:

$$p_b = \left[(p+c \cdot \cot\varphi)(1-\sin\varphi)\right]\left(\frac{a}{R}\right)^{\frac{2\sin\varphi}{1-\sin\varphi}} - c \cdot \cot\varphi \qquad (2\text{-}102)$$

式中符号意义同前。

式(2-102)就是著名的修正了的芬纳公式。它表示当岩体性质、埋深等确定的情况下,非弹性变形区大小与支护对围岩提供的反力间的关系。

3. 按围岩分级和经验公式确定围岩压力

根据理论分析和工程实践,围岩压力的性质、大小、分布规律等与许多因素有关,这些因素包括地质构造、岩体结构特征、地下水情况、初始应力状态、洞室形状和大小、支护手段以及施工方法等。由于影响因素多,围岩压力的确定便成了一个十分复杂的问题。前面介绍的按松散体理论和弹塑性理论确定围岩压力的方法,都是根据对岩体进行某种假定加以抽象简化而提出来的,其适用范围均有一定局限性。为了更好地解决各种实际压力计算问题,人们又提出了由工程类比得出的经验公式和数据,从而对围岩压力进行估计。

(1)垂直围岩压力

围岩垂直压力的综合经验公式为:

$$q = K\left(L + \frac{H}{2}\right)\gamma \qquad (2\text{-}103)$$

式中 q——均匀分布垂直围岩压力 kPa;

γ——岩体重度(kN/m^3);

K——围岩压力系数;

L——洞室毛洞宽度(m);

H——洞室毛洞高度(m)。

其中围岩压力系数之值按以下采用:

Ⅰ级围岩:$K=0$

Ⅱ级围岩:$K=0.05\sim0.10$(忽略 $H/2$ 的影响,对于Ⅱ类围岩,当 $2a<10m$,可取 $k=0$)

Ⅲ级围岩:$K=0.10\sim0.20$(对于Ⅲ类围岩,当 $2a<4m$,可取 $K=0$)

Ⅳ级围岩:$K=0.30\sim0.40$

Ⅴ级围岩:$K\geqslant0.55$

(2)水平围岩压力

$$e = \lambda q \qquad (2\text{-}104)$$

式中 e——均匀分布水平围岩压力(kN/m^2);

λ——侧压力系数。

其中侧压力系数之值按以下采用：

Ⅰ～Ⅱ级围岩：$\lambda=0$

Ⅲ级围岩：对于Ⅲ级，$\lambda\geqslant0.10\sim0.15$，对于Ⅲ$_2$、Ⅲ$_3$级，$\lambda\geqslant0.15\sim0.25$

Ⅳ级围岩：$\lambda\geqslant0.25\sim0.40$

Ⅴ级围岩：$\lambda\geqslant0.40$

（3）适用范围

①上述经验公式适用于深埋情况下地下结构上的围岩压力；浅埋情况比较简单，可参考相关规范；

②适用于跨度小于 15m，$H/L\leqslant2.5$，顶部为拱形的地下工程；

③对于Ⅲ、Ⅳ级围岩，应根据地质构造和回填情况考虑不均匀压力影响；

④Ⅴ级围岩由于地质条件变化大，围岩压力相差悬殊，因而公式给出了下限值。具体应用时可参照其他有关公式和实践经验确定。

2.4　初始地应力、释放荷载与开挖效应

初始地应力场一般包括自重应力场和构造应力场，而土层中仅有自重应力场存在，岩层中对于Ⅳ级以下围岩，喷射混凝土层将在同围岩共同变形的过程中对围岩提供支护抗力，使围岩变形得到控制，从而使围岩保持稳定。与此同时，喷层将受到来自围岩的挤压力。这种挤压力由围岩变形引起，常称作"形变压力"。

Ⅳ级以下围岩一般呈现塑性和流变特性，洞室开挖后变形的发展往往会持续较久的时间。采用模筑混凝土支护围岩时，顶替原有临时支护时扰动围岩以及衬砌同周围岩体不密贴都可招致松散压力，而当坍落发展到一定程度时，衬砌将与围岩密贴，并随围岩变形的继续发展，衬砌也将受到挤压，从而经受形变压力。可见围岩与支护间形变压力的传递，是一个随时间的推进而逐渐发展的过程。这类现象通常称为时间效应。

有限元分析中，形变压力常在计算过程中同时确定，而作为开挖效应的模拟，直接施加的荷载是在开挖边界上施加的释放荷载。

释放荷载可由已知初始地应力或与前一步开挖相应的应力场确定。先求得预计开挖边界上各点的应力，并假定各节点间应力呈线性分布，然后反转开挖边界上各结点应力的方向（改变其符号），据以求得释放荷载，如图 2-25 所示。

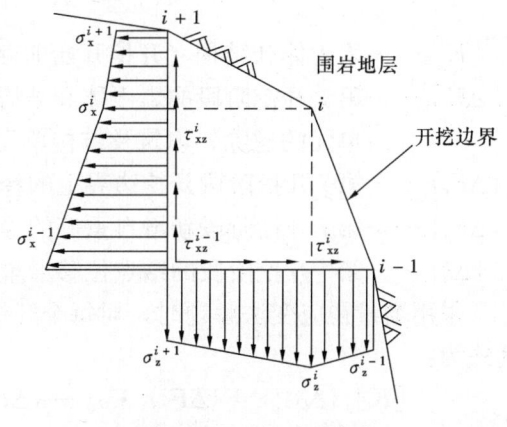

图 2-25　开挖边界节点

2.4.1 初始地应力的确定

初始地应力 $\{\sigma_0\}$ 的确定常需专门研究。对岩石地层，初始地应力可分为自重地应力和构造地应力两部分，而土层一般仅有自重地应力。如将其假设为均布应力或线性分布应力，并将其与自重地应力叠加，则可得到初始地应力的计算式为：

$$\sigma_x = a_1 + a_4 z \quad \sigma_z = a_2 + a_5 z \quad \tau_{xz} = a_3 \tag{2-105}$$

式中　$a_1 \sim a_5$——常数；

　　　z——竖向坐标值。

对软土地层，初始地应力的垂直分量可取为自重应力，水平分量则常由根据经验给出的水平侧压力系数 K_0 算得，初始计算式为：

$$\sigma_z = \Sigma \gamma_i H_i, \sigma_x = K_0 \cdot (\sigma_z - P_w) + P_w \tag{2-106}$$

式中　σ_z，σ_x——分别为竖直向和水平向初始地应力；

　　　γ_i——计算点以上第 i 层土的重度；

　　　H_i——相应的厚度；

　　　P_w——计算点的孔隙水压力。

2.4.2 释放荷载的计算

对各开挖阶段的状态，有限元分析的表达式可写为：

$$[K]_i \{\Delta\delta\}_i = \{\Delta F_r\}_i + \{\Delta F_a\}_i \quad (i = 1 \cdots L) \tag{2-107}$$

式中　L——开挖阶段数；

　　$[K]_i$——第 i 开挖阶段岩土体和结构的总刚度矩阵，由下式计算

$$[K]_i = [K]_0 + \sum_{\lambda=1}^{i} [\Delta K]_\lambda$$

　　$[K]_0$——岩土体和结构（开挖开始前存在时）的初始总刚度矩阵；

　　$[\Delta K]_\lambda$——第 λ 开挖阶段的岩土体和结构刚度的增量或减量，用以体现岩土体单元的挖除、填筑及结构单元的施作或拆除；

　　$\{\Delta F_r\}_i$——第 i 开挖阶段开挖边界上的释放荷载的等效节点力；

　　$\{\Delta F_a\}_i$——第 i 开挖阶段新增自重等的等效节点力；

　　$\{\Delta\delta\}_i$——第 i 开挖阶段的结点位移增量。

采用增量初应变法解题时，对每个开挖步，增量加载过程的有限元分析的表达式为：

$$[K]_{ij} \{\Delta\delta\}_{ij} = \{\Delta F_r\}_i \cdot \alpha_{ij} + \{\Delta F_a\}_{ij} \quad (i = 1 \cdots L; j = 1 \cdots M) \tag{2-108}$$

式中　　　　　　　　M——各开挖步增量加载的次数；

$$[K]_{ij} = [K]_{i-1} + \sum_{\xi=1}^{j} [\Delta K]_{i\xi}$$ ——第 i 开挖步中施加第 j 增量步时的刚度矩阵;

α_{ij}——第 i 开挖步第 j 增量步的开挖边界释放荷载系数,开挖边界荷载完全释放时有 $\sum\limits_{j=1}^{M} \alpha_{ij} = 1$;

$\{\Delta F_a\}_{ij}$——第 i 开挖步第 j 增量步新增自重等的等效节点力;

$\{\Delta \delta\}_{ij}$——第 i 开挖步第 j 增量步的结点位移增量。

增量时步加荷过程中,部分岩土体进入塑性状态后,由材料屈服引起的过量塑性应变以初应变的形式被转移,并由整个体系中的所有单元共同负担。每一时步中,各单元与过量塑性应变相应的初应变均以等效结点力的形式起作用,并处理为再次计算时的节点附加荷载,据以进行迭代运算,直至时步最终计算时间,并满足给定的精度要求。

岩土体单元出现受拉破坏或节理、接触面单元发生受拉或受剪破坏时,也可按原理与上述方法类同的方法处理。单元发生破坏后,沿破坏方向的单元应力需予转移,计算过程将其处理为等效节点力,据以进行迭代计算。

2.5 地层弹性抗力

地下建筑结构除承受主动荷载作用外(如围岩压力、结构自重等),还承受一种被动荷载,即地层的弹性抗力。

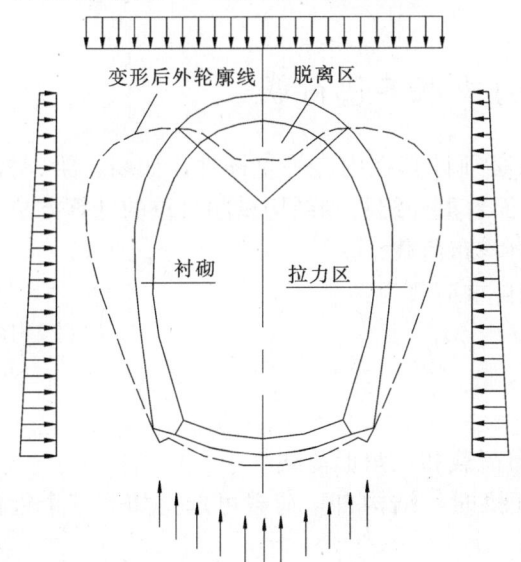

图 2-26 衬砌结构在外力作用下的变形规律

结构在主动荷载作用下,要产生变形。以隧道工程为例,如图 2-26 所示的曲墙拱形结构,在主动荷载(垂直荷载大于水平荷载)作用下,产生的变形如虚线所示。

在拱顶,其变形背向地层,在此区域内岩土体对结构不产生约束作用,所以称为"脱离区",而在靠边拱脚和边墙部位,结构产生压向地层的变形,由于结构与岩土体紧密接触,则岩土体将制止结构的变形,从而产生了对结构的反作用力,对这个反作用力习惯上称弹性抗力,地层弹性抗力的存在是地下结构区别于地面结构的显著特点之一。因为地面结构在外力作用下，可以自由变形不受介质约束，而地下结构在外力作用下，其变形受到地层的约束，所以地下结构设计必须考虑结构与地层之间的相互作用，这就带来了地下结构设计与计算的复杂性。而另一方面，由于弹性抗力的存在，限制了结构的变形，以致结构的受力条件得以改善，使其变形小而承载能力有所增加。

既然弹性抗力是由于结构与地层的相互作用产生的，所以弹性抗力大小和分布规律不仅决定于结构的变形，还与地层的物理力学性质有着密切的关系。如何确定弹性抗力的大小和其作用范围（抗力区），目前有两种理论：一种是局部变形理论，认为弹性地基某点上施加的外力只会引起该点的沉陷；另一种是共同变形理论，即认为弹性地基上的一点的外力，不仅引起该点发生沉陷，而且还会引起附近一定范围的地基沉陷。后一种理论较为合理，但由于局部变形理论计算较为简单，且一般尚能满足工程精度要求，所以目前多采用局部变形理论计算弹性抗力。

在局部变形理论中，以熟知的温克尔（E. Winkler）假设为基础，认为地层的弹性抗力与结构变位成正比，即

$$\sigma = k\delta \qquad (2\text{-}109)$$

式中　σ——弹性抗力强度（kPa）；

　　　k——弹性抗力系数（kN/m³）；

　　　δ——岩土体计算点的位移值（m）。

对于各种地下结构和不同介质，弹性抗力系数 k 值不同，可根据工程实践经验或参考相关规范确定。

2.6　结构自重及其他荷载

计算结构的静荷载时，结构自重必须计算在内。等直杆件，如墙、梁、板、柱的自重，计算简单，不予介绍。下面着重介绍衬砌结构拱圈自重的计算方法。

（一）将衬砌结构自重简化为垂直均布荷载

当拱圈截面为等截面拱时，结构自重荷载为：

$$q = \gamma d_0 \qquad (2\text{-}110)$$

式中　γ——材料重度（kN/m³）；

　　　d_0——拱顶截面厚度（m）。

（二）将结构自重简化为垂直均布荷载和三角形荷载

如图 2-27 所示，当拱圈为变截面拱时，结构自重荷载可选用如下三个近似公式：

$$\left.\begin{array}{l} q = \gamma d_0 \\ \Delta q = \gamma(d_j - d_0) \end{array}\right\} \qquad (2\text{-}111)$$

$$q = \gamma d_0$$
$$\left. \Delta q = \gamma \left(\frac{d_j}{\cos\varphi_j} - d_0 \right) \right\} \tag{2-112}$$

$$q = \gamma d_0$$
$$\left. \Delta q = \frac{(d_0 + d_j)\varphi_j - 2d_0\sin\varphi_j}{\sin\varphi_j}\gamma \right\} \tag{2-113}$$

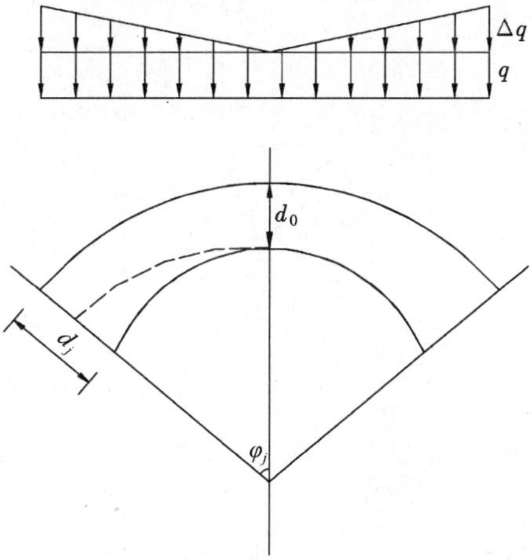

图 2-27　拱圈结构自重计算

地下建筑结构除了岩土层压力、结构自重和弹性抗力等荷载外，还可能遇到其他形式的荷载，如灌浆压力、混凝土收缩应力、地下静水压力、温差应力及地震荷载等，这些荷载的计算可参阅有关文献。

思 考 题

1. 地下建筑荷载分为哪几类？
2. 简述地下建筑荷载的计算原则。
3. 土压力可分为几种形式？其大小关系如何？
4. 静止土压力是如何确定的？
5. 库仑理论的基本假定是什么？并给出其一般土压力计算公式。
6. 应用库仑理论，如何确定黏性土中的土压力大小？
7. 简述朗肯土压力理论的基本假定。
8. 如何计算分层土的土压力？
9. 不同地面超载作用下的土压力是如何计算的？
10. 考虑地下水时的水平压力是如何计算的？
11. 简述围岩压力的概念及其影响因素。

12. 简述围岩压力计算的两种理论方法？二者有何区别？

13. 简述弹性抗力的基本概念？其值大小与哪些因素有关？

14. 如何确定弹性抗力？

15. 简述温克尔假定。

16. 如何考虑初始地应力、释放荷载和开挖效应？

第3章 弹性地基梁理论

3.1 概　　述

弹性地基梁，是指搁置在具有一定弹性地基上，各点与地基紧密相贴的梁，如铁路枕木、钢筋混凝土条形基础梁等。通过这种梁，将作用在它上面的荷载，分布到较大面积的地基上，既使承载能力较低的地基，能承受较大的荷载，又能使梁的变形减小，提高刚度，降低内力。

地下建筑结构的计算，与弹性地基梁理论有密切关系。地下建筑结构弹性地基梁可以是平放的，也可以是竖放的，地基介质可以是岩石、黏土等固体材料，也可以是水、油之类的液体介质。弹性地基梁是超静定梁，其计算有专门的一套计算理论。

弹性地基梁与普通梁相比有如下两个区别：

(1) 普通梁只在有限个支座处与基础相连，梁所受的支座反力是有限个未知力，因此，普通梁是静定的或有限次超静定的结构。弹性地基梁与地基连续接触，梁所受的反力是连续分布的，也就是说，弹性地基梁具有无穷多个支点和无穷多个未知反力。因此，弹性地基梁是无穷多次超静定结构。由此看出，超静定次数是无限还是有限，这是它们的一个主要区别。

(2) 普通梁的支座通常看作刚性支座，即略去地基的变形，只考虑梁的变形；弹性地基梁则必须同时考虑地基的变形。实际上，梁与地基是共同变形的。一方面梁给地基以压力，使地基沉陷，反过来，地基给梁以相反的压力，限制梁的位移。而梁的位移与地基的沉陷在每一点又必须彼此相等，才能满足变形连续条件。由此看出，地基的变形是考虑还是略去，这是它们的另一个主要区别。

3.2 弹性地基梁的计算模型

由于地基梁搁置在地基上，梁上作用有荷载，地基梁在荷载作用下与地基一起产生沉陷，因而梁底与地基表面存在相互作用反力 σ，σ 的大小与地基沉降 y 有密切关系，很显然，沉降 y 越大，反力 σ 也越大，因此在弹性地基梁的计算理论中关键问题是如何确定地基反力与地基沉降之间的关系，或者说如何选取弹性地基的计算模型问题。

3.2.1   局部弹性地基模型

1867 年前后，温克尔（E. Winkler）对地基提出如下假设：地基表面任一点的沉降与该点单位面积上所受的压力成正比，即

$$y = \frac{p}{k} \qquad\qquad (3\text{-}1)$$

式中 y——地基的沉陷（m）；

   k——地基系数（kPa/m），其物理意义为：使地基产生单位沉陷所需的压强；

   p——单位面积上的压力强度（kPa）。

这个假设实际上是把地基模拟为刚性支座上一系列独立的弹簧（图 3-1）。当地基表面上某一点受压力 p 时，由于弹簧是彼此独立的，故只在该点局部产生沉陷 y，而在其他地方不产生任何沉陷。因此，这种地基模型称作局部弹性地基模型。

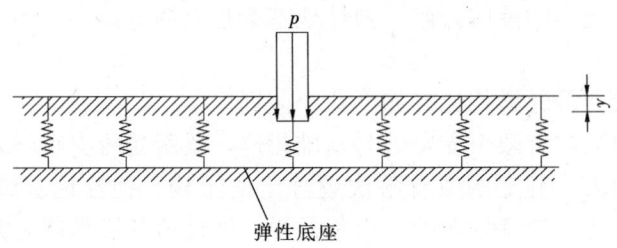

图 3-1   局部弹性地基模型

按温克尔假设计算地基梁时，可以考虑梁本身的实际弹性变形，因此消除了反力直线分布假设中的缺点。

温克尔假设本身的缺点是没有反映地基的变形连续性，当地基表面在某一点承受压力时，实际上不仅在该点局部产生沉陷，而且也在邻近区域产生沉陷（图 3-2）。由于没有考虑地基的连续性，故温克尔假设不能全面地反映地基梁的实际情况，特别对于密实厚土层地基和整体岩石地基，将会引起较大的误差。但是，如果地基的上部为较薄的土层，下部为坚硬岩石，则地基情况与图中的弹簧模型比较相近，这时将得出比较满意的结果。

3.2.2   半无限体弹性地基模型

为了消除温克尔假设中没有考虑地基连续性这个缺点，后来又提出了另一种假设：把地基看作一个均质、连续、弹性的半无限体（所谓半无限体是指占据整个空间下半部的物体，即上表面是一个平面，并向四周和向下方无限延伸的物体）。

这个假设的优点：一方面反映了地基的连续整体性，另一方面又从几何上、物理上对地基进行了简化，故而可以把弹性力学中有关半无限弹性体这个古典问题的已知结论作为计算的基础。

当然这个模型也不是完美无缺的。例如，其中的弹性假设没有反映土壤的非弹性性质，均质假设没有反映土壤的不均匀性，半无限体的假设没有反映地基的分层特点等。此外，这个模型在数学处理上比较复杂，因而在应用上也受到一定的限制。

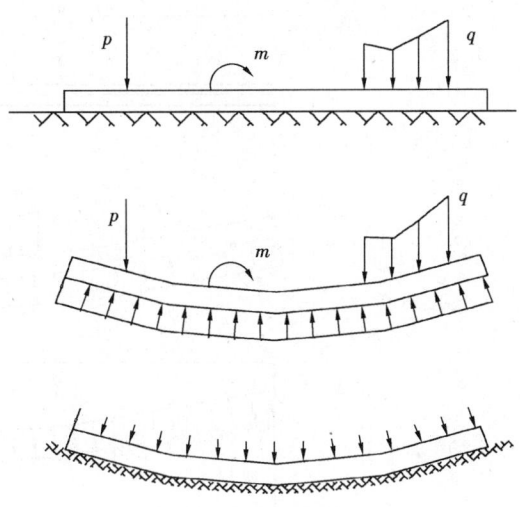

图 3-2　弹性地基梁的受力和变形

本章所讨论的弹性地基梁计算理论采用局部弹性地基模型。

3.3　弹性地基梁的挠度曲线微分方程式及其初参数解

3.3.1　基　本　假　设

在弹性地基梁的计算理论中，除上述局部弹性地基模型假设外，还需作如下三个假设：

（1）地基梁在外荷载作用下产生变形的过程中，梁底面与地基表面始终紧密相贴，即地基的沉陷或隆起与梁的挠度处处相等；

（2）由于梁与地基间的摩擦力对计算结果影响不大，可以略去不计，因而，地基反力处处与接触面相垂直；

（3）地基梁的高跨比比较小，符合平截面假设，因而可直接应用材料力学中有关梁的变形及内力计算结论。

3.3.2　弹性地基梁的挠度曲线微分方程式

图 3-3 所示为局部弹性地基梁上的长为 l、宽度 b 为单位宽度 1 的等截面直梁，在荷载 $q(x)$ 及 Q 作用下，梁和地基的沉陷为 $y(x)$，梁与地基之间的反力为 $\sigma(x)$。

在局部弹性地基梁的计算中，通常以沉陷函数 $y(x)$ 作为基本未知量，地基梁在外荷载 $q(x)$、Q 作用下产生变形，最终处于平衡状态，选取坐标系 xoy，外荷载，地基反力，梁截面内力及变形正负号规定如图 3-3 所示。

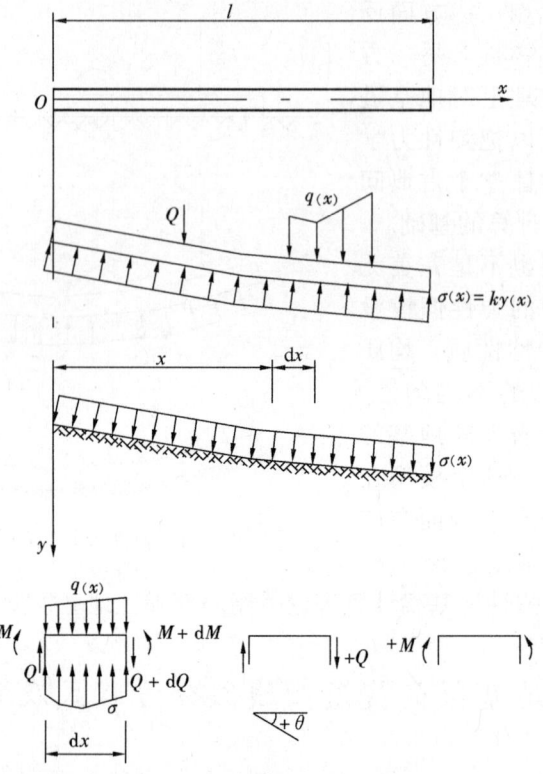

图 3-3   弹性地基梁的微元分析

为建立 $y(x)$ 应满足的挠曲微分方程，在梁中截取一微段 $\mathrm{d}x$，考察该段的平衡有：

$\Sigma Y = 0$，即

$$Q - (Q + \mathrm{d}Q) + ky\mathrm{d}x - q(x)\mathrm{d}x = 0$$

化简得

$$\frac{\mathrm{d}Q}{\mathrm{d}x} = ky - q(x) \tag{3-2}$$

$\Sigma M = 0$

$$M - (M + \mathrm{d}M) + (Q + \mathrm{d}Q)\mathrm{d}x + q(x)\frac{(\mathrm{d}x)^2}{2} - \sigma\frac{(\mathrm{d}x)^2}{2} = 0$$

略去二阶微量得：

$$Q = \frac{\mathrm{d}M}{\mathrm{d}x} \tag{3-3}$$

将式（3-3）对于 x 求导代入式（3-1）得

$$\frac{\mathrm{d}Q}{\mathrm{d}x} = \frac{\mathrm{d}^2 M}{\mathrm{d}x^2} = ky - q(x) \tag{3-4}$$

如果梁的挠度 y 已知，则梁任意截面的转角 θ，弯矩 M，剪力 Q 可按材料力学中的公式来计算，即

$$\left.\begin{aligned} \theta &= \frac{\mathrm{d}y}{\mathrm{d}x} \\ M &= -EI\,\frac{\mathrm{d}\theta}{\mathrm{d}x} = -EI\,\frac{\mathrm{d}^2 y}{\mathrm{d}x^2} \\ Q &= \frac{\mathrm{d}M}{\mathrm{d}x} = -EI\,\frac{\mathrm{d}^3 y}{\mathrm{d}x^3} \end{aligned}\right\} \tag{3-5}$$

由式（3-5）有，$\dfrac{\mathrm{d}^2 M}{\mathrm{d}x^2} = -EI\,\dfrac{\mathrm{d}^4 y}{\mathrm{d}x^4}$，代入式（3-4）得

$$EI\,\frac{\mathrm{d}^4 y}{\mathrm{d}x^4} + ky = q(x) \tag{3-6}$$

此即为弹性地基梁的挠曲线微分方程式。

3.3.3　对应齐次微分方程的通解

弹性地基梁的挠曲线微分方程式（3-6）是一个四阶常系数线性非齐次微分方程，令式中 $q(x)=0$，即得对应齐次微分方程：

$$EI\,\frac{\mathrm{d}^4 y}{\mathrm{d}x^4} + ky = 0 \tag{3-7}$$

由微分方程理论知，方程（3-7）的通解由四个线性无关的特解组合而成。为寻找四个线性无关的特解，令 $y=e^{rx}$ 并代入式（3-7）有：

$$r^4 = -\frac{k}{EI}$$

或

$$r^4 = \frac{k}{EI}(\cos\pi + i\cdot\sin\pi)$$

由复数开方根公式得

$$r_k = \sqrt[4]{\frac{k}{EI}}\left(\cos\frac{\pi+2k\pi}{4} + i\sin\frac{\pi+2k\pi}{4}\right)\ (k=0,1,2,3) \tag{3-8}$$

令

$$\sqrt[4]{\frac{k}{4EI}} = \alpha，\text{若地基梁宽度为 } b，\text{则有 } \alpha = \sqrt[4]{\frac{Kb}{4EI}} \tag{3-9}$$

α 是与梁和地基的弹性性质相关的一个综合参数，反映了地基梁与地基的相对刚度，对地基梁的受力特性和变形有重要影响，通常把 α 称为弹性特征系数，$\alpha\lambda$ 称为换算长度。

由式（3-8），分别令 $k=0$，1，2，3 时，即可得四个线性无关的特解，将其进行组合并引入四个积分常数，即得齐次微分方程（3-7）的通解：

$$y = e^{\alpha x}(A_1\cos\alpha x + A_2\sin\alpha x) + e^{-\alpha x}(A_3\cos\alpha x + A_4\sin\alpha x) \tag{3-10}$$

利用双曲函数关系：$e^{\alpha x} = \mathrm{ch}\alpha x + \mathrm{sh}\alpha x, e^{-\alpha x} = \mathrm{ch}\alpha x - \mathrm{sh}\alpha x$，且令

$$\mathrm{ch}\alpha x = (e^{\alpha x} + e^{-\alpha x})/2$$
$$\mathrm{sh}\alpha x = (e^{\alpha x} - e^{-\alpha x})/2$$

$$A_1 = \frac{1}{2}(B_1 + B_2), A_2 = \frac{1}{2}(B_2 + B_3)$$
$$A_3 = \frac{1}{2}(B_1 - B_2), A_4 = \frac{1}{2}(B_2 - B_4)$$

则有 $y = B_1\mathrm{ch}\alpha x\cos\alpha x + B_2\mathrm{ch}\alpha x\sin\alpha x + B_3\mathrm{sh}\alpha x\cos\alpha x + B_4\mathrm{sh}\alpha x\sin\alpha x$ （3-11）
式中 B_1、B_2、B_3 及 B_4 均为待定积分常数。

式（3-10）和式（3-11）均为微分方程式（3-7）的通解，在不同的问题中，有各自不同的方便之处。

3.3.4　初　参　数　解

（一）初参数法

由式（3-11），再据式（3-5）有

$$
\left.
\begin{aligned}
y &= B_1\mathrm{ch}\alpha x\cos\alpha x + B_2\mathrm{ch}\alpha x\sin\alpha x + B_3\mathrm{sh}\alpha x\cos\alpha x + B_4\mathrm{sh}\alpha x\sin\alpha x \\
\theta &= \alpha[-B_1(\mathrm{ch}\alpha x\sin\alpha x - \mathrm{sh}\alpha x\cos\alpha x) + B_2(\mathrm{ch}\alpha x\cos\alpha x + \mathrm{sh}\alpha x\sin\alpha x) \\
&\quad + B_3(-\mathrm{sh}\alpha x\sin\alpha x + \mathrm{ch}\alpha x\cos\alpha x) + B_4(\mathrm{sh}\alpha x\cos\alpha x + \mathrm{ch}\alpha x\sin\alpha x)] \\
M &= 2EI\alpha^2(B_1\mathrm{sh}\alpha x\sin\alpha x - B_2\mathrm{sh}\alpha x\cos\alpha x + B_3\mathrm{ch}\alpha x\sin\alpha x - B_4\mathrm{ch}\alpha x\cos\alpha x) \\
Q &= 2EI\alpha^3[B_1(\mathrm{ch}\alpha x\sin\alpha x + \mathrm{sh}\alpha x\cos\alpha x) - B_2(\mathrm{ch}\alpha x\cos\alpha x - \mathrm{sh}\alpha x\sin\alpha x) \\
&\quad + B_3(\mathrm{ch}\alpha x\cos\alpha x + \mathrm{sh}\alpha x\sin\alpha x) + B_4(\mathrm{ch}\alpha x\sin\alpha x - \mathrm{sh}\alpha x\cos\alpha x)]
\end{aligned}
\right\}
$$

$$(3-12)$$

式（3-12）中积分常数 B_1、B_2、B_3、B_4 的确定是一个重要环节，梁在任一截面都有四个参数量，即挠度 y、转角 θ、弯矩 M、剪力 Q，而初始截面（$x=0$）的四个参数 y_0、θ_0、M_0、Q_0 就叫做初参数。用初参数法计算弹性地基梁的基本思路是，把四个积分常数改用四个初参数来表示，这样做的好处是，第一使积分常数具有明确的物理意义，第二根据初参数的物理意义来寻求简化计算的途径。

（二）用初参数表示积分常数

如图 3-4 所示，梁左端的四个边界条件（初参数）为：

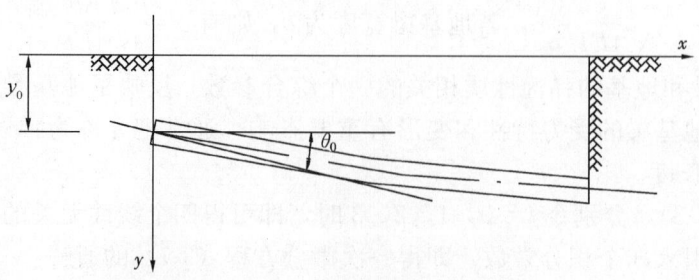

图 3-4　弹性地基梁作用的初参数

$$
\left.
\begin{aligned}
y\mid_{x=0} &= y_0 \\
\theta\mid_{x=0} &= \theta_0 \\
M\mid_{x=0} &= M_0 \\
Q\mid_{x=0} &= Q_0
\end{aligned}
\right\}
\tag{3-13}
$$

将式（3-13）代入式（3-12），解出积分常数得

$$
\left.
\begin{aligned}
B_1 &= y_0 \\
B_2 &= \frac{1}{2\alpha}\theta_0 - \frac{1}{4\alpha^3 EI}Q_0 \\
B_3 &= \frac{1}{2\alpha}\theta_0 + \frac{1}{4\alpha^3 EI}Q_0 \\
B_4 &= -\frac{1}{2\alpha^2 EI}M_0
\end{aligned}
\right\}
\tag{3-14}
$$

再将式（3-14）代入式（3-12），并注意 $\alpha = \sqrt[4]{\dfrac{kb}{4EI}}$ ，则有

$$
\left.
\begin{aligned}
y &= y_0\varphi_1 + \theta_0\frac{1}{2\alpha}\varphi_2 - M_0\frac{2\alpha^2}{bk}\varphi_3 - Q_0\frac{\alpha}{bk}\varphi_4 \\
\theta &= -y_0\alpha\varphi_4 + \theta_0\varphi_1 - M_0\frac{2\alpha^3}{bk}\varphi_2 - Q_0\frac{2\alpha^2}{bk}\varphi_3 \\
M &= y_0\frac{bk}{2\alpha^2}\varphi_3 + \theta_0\frac{bk}{4\alpha^3}\varphi_4 + M_0\varphi_1 + Q_0\frac{1}{2\alpha}\varphi_2 \\
Q &= y_0\frac{bk}{2\alpha}\varphi_2 + \theta_0\frac{bk}{2\alpha^2}\varphi_3 - M_0\alpha\varphi_4 + Q_0\varphi_1
\end{aligned}
\right\}
\tag{3-15}
$$

其中

$$
\varphi_1 = \mathrm{ch}\alpha x\cos\alpha x
$$

$$
\varphi_2 = \mathrm{ch}\alpha x\sin\alpha x + \mathrm{sh}\alpha x\cos\alpha x
$$

$$
\varphi_3 = \mathrm{sh}\alpha x\sin\alpha x
$$

$$
\varphi_4 = \mathrm{ch}\alpha x\sin\alpha x - \mathrm{sh}\alpha x\cos\alpha x
$$

φ_1、φ_2、φ_3 及 φ_4 称为双曲线三角函数，它们之间有如下微分关系：

$$
\frac{\mathrm{d}\varphi_1}{\mathrm{d}x} = -\alpha\varphi_4
$$

$$
\frac{\mathrm{d}\varphi_2}{\mathrm{d}x} = 2\alpha\varphi_1
$$

$$
\frac{\mathrm{d}\varphi_3}{\mathrm{d}x} = \alpha\varphi_2
$$

$$\frac{\mathrm{d}\varphi_4}{\mathrm{d}x} = 2\alpha\varphi_3$$

式（3-15）即为用初参数表示的齐次微分方程的解，该式的一个显著优点是式中每一项都具有明确的物理意义，如式（3-15）中的第一式中，φ_1 表示当原点有单位挠度（其他三个初参数均为零）时梁的挠度方程，$\dfrac{\varphi_2}{2\alpha}$ 表示原点有单位转角时梁的挠度方程，等等；另一个显著优点是，在四个待定常数 y_0、θ_0、M_0、Q_0 中有两个参数可由原点端的两个边界条件直接求出，另两个待定初参数由另一端的边界条件来确定。这样就使确定参数的工作得到了简化。表 3-1 列出了实际工程中常遇到的支座形式反荷载作用下梁端参数的值。

梁 端 参 数 值　　　　　　　　表 3-1

	弹性地基梁	已知初参数	A 端边界条件	待求初参数
自由端		$M_0=0$ $Q_0=0$	$M_A=0$ $Q_A=0$	θ_0 y_0
		$M_0=-m$ $Q_0=-P_1$	$M_A=0$ $Q_A=P_2$	θ_0 y_0
简支端		$M_0=0$ $y_0=0$	$M_A=0$ $y_A=0$	θ_0 Q_0
		$M_0=m_1$ $y_0=0$	$M_A=m_2$ $y_A=0$	θ_0 Q_0
固定端		$\theta_0=0$ $y_0=0$	$\theta_A=0$ $y_A=0$	M_0 Q_0
		$\theta_0=0$ $y_0=0$	$\theta_A=0$ $y_A=0$	M_0 Q_0
弹性固定端		$y_0=0$	$y_A=0$	$\theta_0=M_0\beta_0$ M_0 Q_0

3.3.5　弹性地基梁挠曲微分方程的特解

式（3-7）等价于地基梁仅在初参数作用下的挠曲微分方程，式（3-6）等价于地基梁既有初参数作用，又有外荷载作用的挠曲线微分方程，其特解项就是仅在外荷载作用下引起的梁挠度的附加项。下面根据梁上作用的各种形式荷载分别加以讨论。

（一）集中荷载作用的特解项

1. 集中力 p_i 作用的特解项。

如图 3-5 所示为一弹性地基梁，O 端作用有初参数 y_0、θ_0、M_0、Q_0，A 点有集中力 p_i。设 y_1 为 OA 段的挠度表达式，y_2 为 AB 段的挠度表达式，由于梁上无分布荷载作用，故 OA 和 AB 段的挠曲线微分方程分别为：

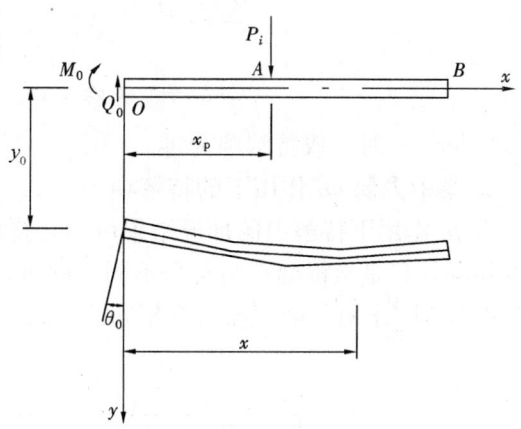

$$\frac{\mathrm{d}^4 y_1}{\mathrm{d}x^4} + 4\alpha^4 y_1 = 0 \qquad (3\text{-}16a)$$

$$\frac{\mathrm{d}^4 y_2}{\mathrm{d}x'^4} + 4\alpha^4 y_2 = 0 \qquad (3\text{-}16b)$$

其中 $x' = x - x_\mathrm{p}$

图 3-5　集中力作用于地基梁

式（3-16a）的解可用梁端初参数来表示，即

$$y_1 = y_0 \varphi_1 + \theta_0 \frac{1}{2\alpha} \varphi_2 - M_0 \frac{2\alpha^2}{bk} \varphi_3 - Q_0 \frac{\alpha}{bk} \varphi_4 \qquad (3\text{-}17)$$

式（3-16b）的解可用初参数作用下的解 y_1 与集中力 p_i 单独作用下引起的附加项 Δy_p 叠加，即

$$y_2 = y_1 + \Delta y_\mathrm{p} \qquad (3\text{-}18)$$

将式（3-18）代入式（3-16b），并注意式（3-16a）有

$$\frac{\mathrm{d}^4 \Delta y_\mathrm{p}}{\mathrm{d}x'^4} + 4\alpha^4 \Delta y_\mathrm{p} = 0 \qquad (3\text{-}19)$$

比较式（3-16a）和式（3-16b）知，式（3-19）解的形式与式（3-17）相同，不同之处是将 x 换为 x'，四个初参数应解释为 $x = x_\mathrm{p}$ 处的突变挠度 y_{A1}，转角 θ_{A1}，弯矩 M_{A1}，剪力 Q_{A1}，故有

$$\Delta y_\mathrm{p} = y_{A1} \varphi_1(x - x_\mathrm{p}) + \theta_{A1} \frac{1}{2\alpha} \varphi_2(x - x_\mathrm{p})$$

$$- M_{A1} \frac{2\alpha^2}{bk} \varphi_3(x - x_\mathrm{p}) - Q_{A1} \frac{\alpha}{bk} \varphi_4(x - x_\mathrm{p}) \qquad (3\text{-}20)$$

由 A 点的变形连续条件和受力情况有：

$$y_{A1} = \theta_{A1} = M_{A1} = 0, Q_{A1} = -p_i$$

代入式（3-20），并根据式（3-5）得

$$\Delta y_{\mathrm{p}} = p_i \frac{\alpha}{bk} \varphi_{4(x-x_{\mathrm{p}})}$$

$$\Delta \theta_{\mathrm{p}} = \frac{2\alpha^2 p_i}{bk} \varphi_{3(x-x_{\mathrm{p}})}$$

$$\Delta M_{\mathrm{p}} = -\frac{p_i}{2\alpha} \varphi_{2(x-x_{\mathrm{p}})}$$

$$\Delta Q_{\mathrm{p}} = -p_i \varphi_{1(x-x_{\mathrm{p}})}$$

$$\left. \right\} (x \geqslant x_{\mathrm{p}}) \qquad (3\text{-}21)$$

当 $x < x_{\mathrm{p}}$ 时，取特解项为零。

2. 集中力偶 m_i 作用下的特解项

由 p_i 作用下特解项的推导结果可知，挠度附加项形式与初参数 Q_0 作用下的挠度相同，只是坐标起点与符号不同。同理，在集中力偶 m_i 作用下挠度附加项与初参数 M_0 作用下挠度也具有相同的形式，如图 3-6 所示，$M_0 = m_i$，故有

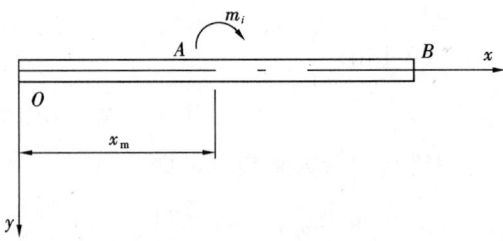

图 3-6   集中力偶作用于地基梁

$$\Delta y_{\mathrm{m}} = -\frac{2\alpha^2 m_i}{bk} \varphi_{3\alpha(x-x_{\mathrm{m}})}$$

$$\Delta \theta_{\mathrm{m}} = -m_i \frac{2\alpha^3}{bk} \varphi_{2\alpha(x-x_{\mathrm{m}})}$$

$$\Delta M_{\mathrm{m}} = m_i \varphi_{1\alpha(x-x_{\mathrm{m}})}$$

$$\Delta Q_{\mathrm{m}} = -m_i \alpha \varphi_{4\alpha(x-x_{\mathrm{m}})}$$

$$\left. \right\} (x \geqslant x_{\mathrm{m}}) \qquad (3\text{-}22)$$

当 $x < x_{\mathrm{m}}$ 时，取特解项为零。

(二) 分布荷载作用下的特解项

分布荷载可分解成多个集中力，按集中力求特解项，为此，在 x 截面左边，离端点的距离为 u 处取微段 $\mathrm{d}u$，微段上荷载为 $q\mathrm{d}u$，此微荷载在它右边的截面 x 处引起的挠度特解项为（如图 3-7）：

$$\mathrm{d}y_2 = \frac{\alpha q \,\mathrm{d}u}{bk} \varphi_{4\alpha(x-u)}$$

而 x 截面以左所有荷载引起的特解项为：

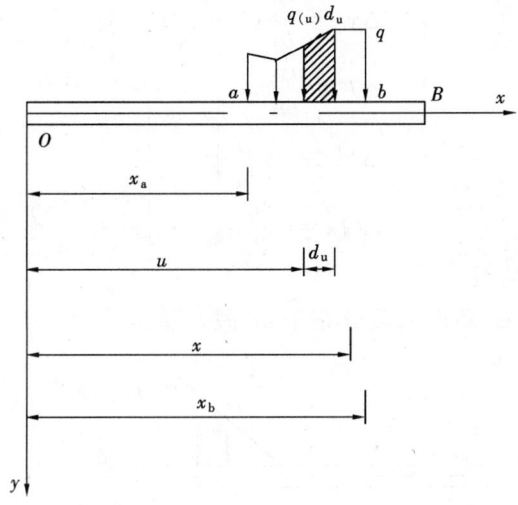

图 3-7　分布荷载作用于地基梁

$$\Delta y_{\mathrm{q}} = \int_{x_{\mathrm{a}}}^{x} \frac{\alpha q}{bk} \varphi_{4(x-u)} \cdot \mathrm{d}u \qquad (3\text{-}23)$$

下面讨论分布荷载的几种特殊情况：

1. 均布荷载。

如图 3-7 所示，荷载均布于 ab 段，对于 oa 段显然没有附加项，当 $x_{\mathrm{a}} \leqslant x \leqslant x_{\mathrm{b}}$ 时，积分限是 $[x_{\mathrm{a}}, x]$，由式（3-23）及式（3-5）有：

$$\Delta y_{\mathrm{q}} = \frac{q}{bk}\big[1 - \varphi_{1(x-x_{\mathrm{a}})}\big]$$

$$\Delta \theta_{\mathrm{q}} = \frac{q\alpha}{bk}\varphi_{4(x-x_{\mathrm{a}})}$$

$$\Delta M_{\mathrm{q}} = -\frac{q}{2\alpha^{2}}\varphi_{3(x-x_{\mathrm{a}})}$$

$$\Delta Q_{\mathrm{q}} = -\frac{q}{2\alpha}\varphi_{2(x-x_{\mathrm{a}})} \qquad (3\text{-}24)$$

当 $x \geqslant x_{\mathrm{b}}$ 时，积分限是 $[x_{\mathrm{a}}、x_{\mathrm{b}}]$，由式（3-23）及式（3-5）有：

$$\Delta y_{\mathrm{q}} = \frac{q}{bk}\big[\varphi_{1(x-x_{\mathrm{b}})} - \varphi_{1\alpha(x-x_{\mathrm{a}})}\big]$$

$$\Delta \theta_{\mathrm{q}} = -\frac{q\alpha}{bk}\big[\varphi_{4(x-x_{\mathrm{b}})} - \varphi_{4\alpha(x-x_{\mathrm{a}})}\big]$$

$$\Delta M_{\mathrm{q}} = \frac{q}{2\alpha^{2}}\big[\varphi_{3(x-x_{\mathrm{b}})} - \varphi_{3\alpha(x-x_{\mathrm{a}})}\big]$$

$$\Delta Q_{\mathrm{q}} = \frac{q}{2\alpha}\big[\varphi_{2(x-x_{\mathrm{b}})} - \varphi_{2\alpha(x-x_{\mathrm{a}})}\big] \qquad (3\text{-}25)$$

当荷载满跨均布时，积分限是 $[0、x]$，故有

$$\Delta y_{\mathrm{q}} = \frac{q}{bk}(1 - \varphi_1)$$

$$\Delta \theta_{\mathrm{q}} = \frac{q\alpha}{bk}\varphi_4$$

$$\Delta M_{\mathrm{q}} = -\frac{q}{2\alpha^2}\varphi_3$$

$$\Delta Q_{\mathrm{q}} = -\frac{q}{2\alpha}\varphi_2 \tag{3-26}$$

2. 三角形分布荷载

如图 3-8 所示，三角形荷载分布于 ab 段，有

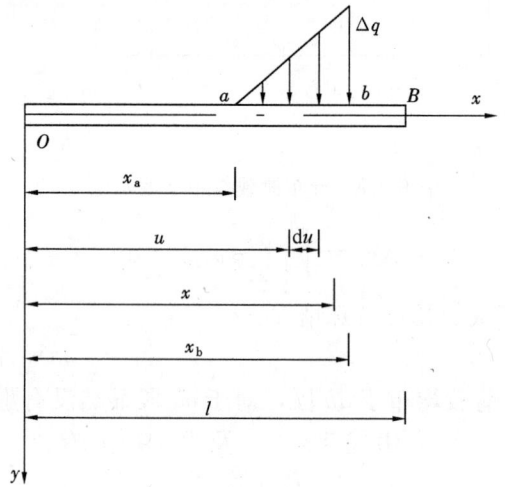

图 3-8　三角形荷载作用于地基梁

$$\Delta q_{\mathrm{u}} = \frac{u - x_{\mathrm{a}}}{x_{\mathrm{b}} - x_{\mathrm{a}}}\Delta q$$

微段 $\mathrm{d}u$ 上荷载引起的挠度附加项为：

$$\Delta y_{\Delta q} = \int_{x_{\mathrm{a}}}^{x} \frac{\alpha \Delta q_{\mathrm{u}}}{bk}\varphi_4(x - u) \cdot \mathrm{d}u \tag{3-27}$$

当 $x_{\mathrm{a}} \leqslant x \leqslant x_{\mathrm{b}}$ 时，积分限为 $[x_{\mathrm{a}},\ x]$，由式（3-27）及式（3-5）得：

$$\Delta y_{\Delta q} = \frac{\Delta q}{bk(x_{\mathrm{b}} - x_{\mathrm{a}})}\Big[(x - x_{\mathrm{a}}) - \frac{1}{2\alpha}\varphi_{2(x - x_{\mathrm{a}})}\Big]$$

$$\Delta \theta_{\Delta q} = \frac{\Delta q}{x_{\mathrm{b}} - x_{\mathrm{a}}} \cdot \frac{1}{bk}\big[1 - \varphi_{1(x - x_{\mathrm{a}})}\big]$$

$$\Delta M_{\Delta q} = -\frac{\Delta q}{x_{\mathrm{b}} - x_{\mathrm{a}}} \cdot \frac{1}{4\alpha^3}\varphi_{4(x - x_{\mathrm{a}})}$$

$$\Delta Q_{\Delta q} = -\frac{\Delta q}{x_{\mathrm{b}} - x_{\mathrm{a}}} \cdot \frac{1}{2\alpha^2}\varphi_{3(x - x_{\mathrm{a}})} \tag{3-28}$$

当 $x \geqslant x_{\mathrm{b}}$ 时，积分限是 $[x_{\mathrm{a}},\ x_{\mathrm{b}}]$，同理得：

$$\Delta y_{\Delta q} = \frac{\Delta q}{bk(x_b - x_a)} \left\{ (x_b - x_a)\varphi_{1\alpha(x-x_b)} + \frac{1}{2\alpha} \left[\varphi_{2\alpha(x-x_b)} - \varphi_{2\alpha(x-x_a)} \right] \right\}$$

$$\Delta \theta_{\Delta q} = -\frac{\alpha \Delta q}{bk(x_b - x_a)} \left\{ (x_b - x_a)\varphi_{4\alpha(x-x_b)} - \frac{1}{\alpha} \left[\varphi_{1\alpha(x-x_b)} - \varphi_{1\alpha(x-x_a)} \right] \right\}$$

$$\Delta M_{\Delta q} = \frac{\Delta q}{2\alpha^2(x_b - x_a)} \left\{ (x_b - x_a)\varphi_{3\alpha(x-x_b)} + \frac{1}{2\alpha} \left[\varphi_{4\alpha(x-x_b)} - \varphi_{4\alpha(x-x_a)} \right] \right\}$$

$$\Delta Q_{\Delta q} = \frac{\Delta q}{2\alpha(x_b - x_a)} \left\{ (x_b - x_a)\varphi_{2\alpha(x-x_b)} + \frac{1}{\alpha} \left[\varphi_{3\alpha(x-x_b)} - \varphi_{3\alpha(x-x_a)} \right] \right\}$$

$$(3\text{-}29)$$

当三角形荷载布满全跨时，积分限是 $[0、x]$ 有

$$\Delta y_{\Delta q} = \frac{\Delta q}{bkl} \left(x - \frac{1}{2\alpha}\varphi_2 \right)$$

$$\Delta \theta_{\Delta q} = \frac{\Delta q}{bkl} (1 - \varphi_1)$$

$$\Delta M_{\Delta q} = -\frac{\Delta q}{4\alpha^3 l}\varphi_4$$

$$\Delta Q_{\Delta q} = -\frac{\Delta q}{2\alpha^2 l}\varphi_3$$

$$(3\text{-}30)$$

3. 梁全跨布满梯形荷载的特解项

如图 3-9 所示的地基梁在梯形荷载作用下的特解项只须把式（3-26）与式（3-30）两式叠加即可。

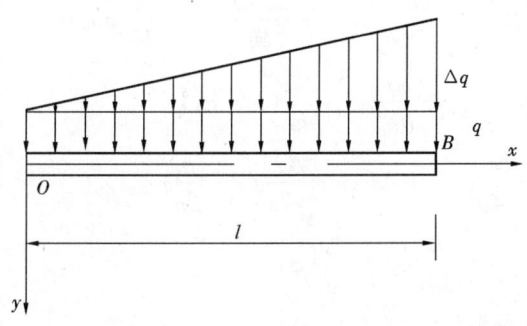

图 3-9　梯形荷载作用于地基梁

（三）弹性地基梁在 y_0、θ_0、M_0、Q_0、p_i、M_i、q、Δq 共同作用下挠曲微分方程的通解

如图 3-10 所示的弹性地基梁，同时作用有集中力、力偶、均布荷载、三角荷载时，综合各种荷载的影响，就可得出挠度的一般公式，进行微分运算后，还可得出转角、弯矩及剪力的一般公式，即

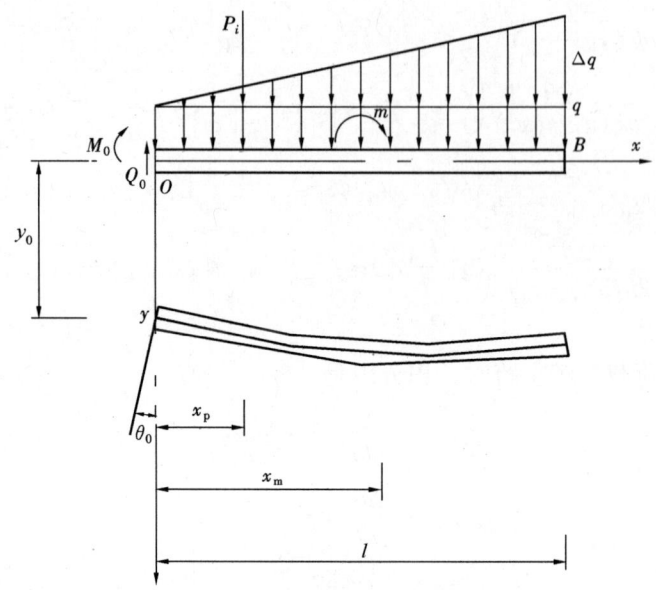

图 3-10   综合荷载作用于地基梁

$$y = y_0 \varphi_1 + \frac{\theta_0}{2\alpha} \varphi_2 - \frac{2\alpha^2 M_0}{bk} \cdot \varphi_3 - \frac{\alpha Q_0}{bk} \varphi_4 + \frac{\alpha p_i}{bk} \varphi_{4(x-x_p)}$$

$$\qquad - \frac{2\alpha^2 m_i}{bk} \varphi_{3(x-x_m)} + \frac{q}{bk}(1-\varphi_1) + \frac{\Delta q}{bkl}\left(x - \frac{1}{2\alpha}\varphi_2\right)$$

$$\theta = -\alpha y_0 \varphi_4 + \theta_0 \varphi_1 - \frac{2\alpha^3 M_0}{bk} \varphi_2 - \frac{2\alpha^2 Q_0}{bk} \varphi_3 + \frac{2\alpha^2}{bk} p_i \varphi_{3(x-x_p)}$$

$$\qquad - \frac{2\alpha^3 m_i}{bk} \varphi_{2(x-x_m)} + \frac{\alpha q}{bk} \varphi_4 + \frac{\Delta q}{bkl}(1-\varphi_1)$$

$$M = \frac{bk y_0}{2\alpha^2} \varphi_3 + \frac{bk\theta_0}{4\alpha^3} \varphi_4 + M_0 \varphi_1 + \frac{Q_0}{2\alpha} \varphi_2 - \frac{p_i}{2\alpha} \varphi_{2(x-x_p)}$$

$$\qquad + m_i \varphi_{i(x-x_m)} - \frac{q}{2\alpha^2} \varphi_3 - \frac{\Delta q}{4\alpha^3 l} \varphi_4$$

$$Q = \frac{bk y_0}{2\alpha} \varphi_2 + \frac{bk\theta_0}{2\alpha^2} \varphi_3 - \alpha M_0 \varphi_4 + Q_0 \varphi_1 - p_i \varphi_{1(x-x_p)}$$

$$\qquad - \alpha m_i \varphi_{4(x-x_m)} - \frac{q}{2\alpha} \varphi_2 - \frac{\Delta q}{2\alpha^2 l} \varphi_3$$

$$(3\text{-}31)$$

式 (3-31) 中，当 $x < x_p$，$x < x_m$ 时，p_i、m_i 项取值为零。

3.4 弹性地基短梁、长梁及刚性梁

上节的结果，能直接用于计算各种几何尺寸及弹性特征值 α 的弹性地基等截面直梁。在工程实践中，经计算比较及分析表明，可根据不同的换算长度 $\lambda = \alpha l$，将地基梁进行分类，然后采用不同的方法进行简化。通常将弹性地基梁分为三种类型。

3.4.1 弹性地基梁的分类

（一）短梁（又称有限长梁）

如图 3-11（a）所示，当弹性地基梁的换算长度 $1 < \lambda < 2.75$ 时，属于短梁，它是弹性地基梁的一般情况。

（二）长梁

可分为无限长梁（图 3-11b）、半无限长梁（图 3-11c）。当换算长度 $\lambda \geqslant 2.75$ 时，属于长梁；若荷载作用点距梁两端的换算长度均不小于 2.75 时，可忽略该荷载对梁端的影响，这类梁称为无限长梁；若荷载作用点仅距梁一端的换算长度不小于 2.75 时，可忽略该荷载对这一端的影响，而对另一端的影响不能忽略，这类梁称为半无限长梁，无限长梁可化为两个半无限长梁。

（三）刚性梁（图 3-11b）

当换算长度 $\lambda \leqslant 1$ 时，属于刚性梁。这时，可认为梁是绝对刚性的，即 $EI \to \infty$ 或 $\alpha \to 0$。

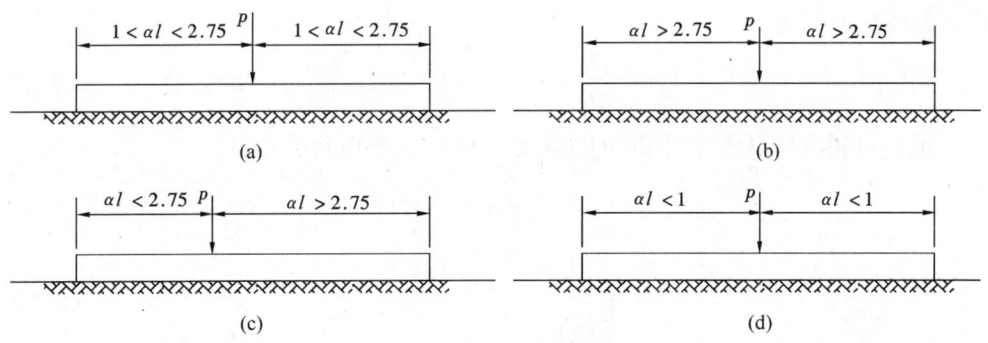

图 3-11 弹性地基梁的分类
(a) 短梁；(b) 无限长梁；(c) 半无限长梁；(d) 刚性梁

长梁、短梁和刚性梁的划分标准主要依据梁的实际长度 λ 与梁和地基的相对刚度之乘积，划分的目的是为了简化计算。事实上，长梁和刚性梁均可按上一节介绍的公式进行计算，但长梁、刚性梁与短梁相比有其自身的一些特点，较短梁

相比，计算可以进一步简化。

3.4.2 长 梁 的 计 算

（一）无限长梁作用集中力 P_i 的计算

如图 3-12 所示，梁上作用有集中力 P_i，由于 P_i 力作用点至两端点均满足 $\alpha L \geqslant 2.75$，故把梁看作无限长梁。又因梁上分布荷载 $q(x)=0$，为便于分析，现采用梁挠曲方程齐次解式的形式，即 $y = e^{\alpha x}(A_1\cos\alpha x + A_2\sin\alpha x) + e^{-\alpha x}(A_3\cos\alpha x + A_4\sin\alpha x)$ 由条件 $y|_{x\to\infty}=0$ 有：$A_1 = A_2 = 0$；又由对称条件知：$\theta = \dfrac{\mathrm{d}y}{\mathrm{d}x}\big|_{x=0}$，故 A_3

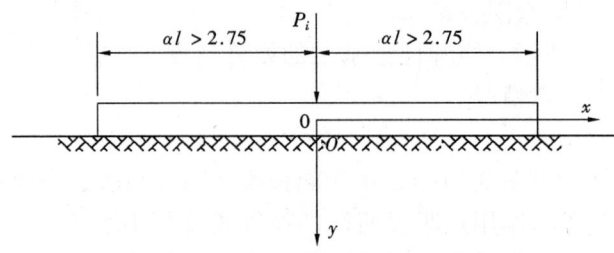

图 3-12 无限长梁作用集中力的计算

$= A_4 = A$；考虑地基反力 ky 与外载 P_i 的平衡条件：

$$2kbA\int_0^\infty e^{-\alpha x}(\cos\alpha x + \sin\alpha x)\mathrm{d}x = P_i$$

$$A = \frac{P_i\alpha}{2kb}$$

式（3-10）可写为：

$$y = \frac{P_i\alpha}{2kb}e^{-\alpha x}(\cos\alpha x + \sin\alpha x) \tag{3-32}$$

最后可得无限长梁右半部分的挠度、转角、弯矩及剪力：

$$\left.\begin{aligned}
y &= \frac{\alpha P_i}{2kb}\psi_7 \\[4pt]
\theta &= -\frac{\alpha^2 P_i}{kb}\psi_8 \\[4pt]
M &= \frac{P_i}{4\alpha}\psi_5 \\[4pt]
Q &= -\frac{P_i}{2}\psi_6
\end{aligned}\right\} \tag{3-33}$$

其中

$$\psi_5 = e^{-\alpha x}(\cos\alpha x - \sin\alpha x)$$

$$\psi_6 = e^{-\alpha x}\cos\alpha x$$

$$\psi_7 = e^{-\alpha x}(\cos\alpha x + \sin\alpha x)$$

$$\psi_8 = e^{-\alpha x}\sin\alpha x$$

对于梁的左半部分，只需将式（3-33）中 Q 和 θ 改变符号即可。

（二）无限长梁在集中力偶 m_i 作用下的计算

如图 3-13（a）所示无限长梁，作用集中力偶 m_i，尽管 m_i 作用点并不一定在梁的对称截面上，但只要 m_i 作用点到两端满足 $\alpha l \geqslant 2.75$，则 m_i 作用点就可看做是梁的对称点，因而可把梁分为两根半无限长梁（图 3-13b、c）。梁对称截面

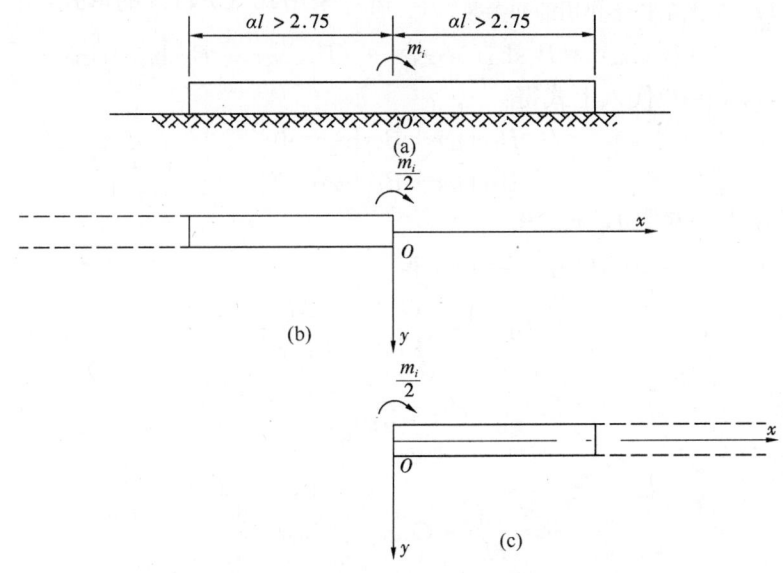

图 3-13 无限长梁作用集中力偶的计算

上的反对称条件为：

$$\text{隐含条件 } y\,|_{x\to\infty} = 0$$

$$y\,|_{x=0} = 0$$

$$M\,|_{x=0} = \frac{m_i}{2}$$

代入式（3-10）得 $A_1 = A_2 = A_3 = 0$ 及 $A_4 = \dfrac{\alpha^2 m_i}{bk}$，最后得无限长梁右半部分的变形及内力为：

$$\left.\begin{aligned}
y &= \frac{\alpha^2 m_i}{kb}\psi_8 \\
\theta &= \frac{\alpha^3 m_i}{kb}\psi_5 \\
M &= \frac{m_i}{2}\psi_6 \\
Q &= -\frac{\alpha m_i}{2}\psi_7
\end{aligned}\right\} \tag{3-34}$$

对于左半部分，只需将上式中 y 与 M 变号即可。

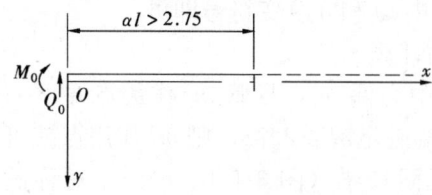

图 3-14   半无限长梁作用的初参数

（三）半无限长梁作用初参数的计算

如图 3-14 所示的半无限长梁，梁端作用有初参数，因 $q(x)=0$，故可借助挠曲方程齐次解的结果，为了方便分析，采用式（3-11）的形式：

$$y = (B_1 \operatorname{ch}\alpha x + B_3 \operatorname{sh}\alpha x)\cos\alpha x + (B_2 \operatorname{ch}\alpha x + B_4 \operatorname{sh}\alpha x)\sin\alpha x$$

由 $y|_{x\to\infty}=0$ 代入上式得：

$$B_1 \operatorname{ch}\alpha x + B_3 \operatorname{sh}\alpha x = 0$$
$$B_2 \operatorname{ch}\alpha x + B_4 \operatorname{sh}\alpha x = 0$$

故有 $B_1 = -B_3$，$B_2 = -B_4$

再由 $M|_{x=0}=M_0$，$Q|_{x=0}=Q_0$，得

$$B_1 = -\frac{Q_0}{2EI\alpha^3} - \frac{M_0}{2EI\alpha^2}$$

$$B_2 = \frac{M_0}{2EI\alpha^2}$$

最后得

$$\left.\begin{array}{l}
y = \dfrac{2\alpha}{bk}(-Q_0\varphi_6 - M_0\alpha\varphi_5) \\[2mm]
\theta = \dfrac{2\alpha^2}{bk}(Q_0\varphi_7 + 2M_0\alpha\varphi_6) \\[2mm]
M = \dfrac{1}{\alpha}(Q_0\varphi_8 + M_0\alpha\varphi_7) \\[2mm]
Q = Q_0\varphi_5 - 2\alpha M_0\varphi_8
\end{array}\right\} \tag{3-35}$$

如梁端作用有初参数 y_0、θ_0，则可得 y_0、θ_0 与 M_0、Q_0 之间的关系为：

$$y_0 = -\frac{2\alpha}{bk}(Q_0 + \alpha M_0)$$

$$\theta_0 = \frac{2\alpha^2}{bk}(Q_0 + 2\alpha M_0)$$

（四）半无限长梁在梯形荷载作用下的计算

如图 3-15 所示的半无限长梁，作用分布荷载 q、Δq，其挠曲方程为式（3-6）。容易验证，$y=\dfrac{q(x)}{bk}$ 是式（3-6）的一个特解，故在梯形分布荷

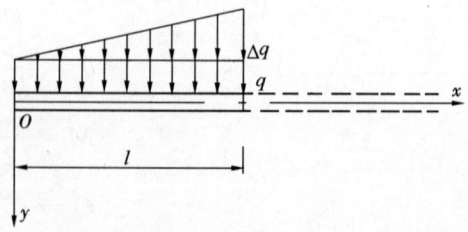

图 3-15   梯形荷载作用于半无限长梁

载作用下半无限长梁任一截面的变形与内力为：

$$
\left.
\begin{aligned}
y &= \frac{q}{bk} + \frac{\Delta q}{bkl}x \\
\theta &= \frac{\Delta q}{bkl} \\
M &= 0 \\
Q &= 0
\end{aligned}
\right\}
\tag{3-36}
$$

3.4.3　刚 性 梁 的 计 算

如图 3-16 所示的刚性梁，梁端作用有初参数 y_0 和 θ_0，并有梯形分布的荷载作用，显然，地基反力也呈梯形分布，按静定梁的平衡条件，可得刚性梁的变形与内力为：

$$
\left.
\begin{aligned}
y &= y_0 + \theta_0 x \\
\theta &= \theta_0 \\
M &= ky_0\,\frac{1}{2}x^2 + \frac{k}{6}\theta_0 x^3 - \frac{qx^2}{2} - \frac{\Delta q}{3l}x^3 \\
Q &= xy_0 k + \frac{1}{2}x^2 k\theta_0 - qx - \frac{\Delta q}{2l}x
\end{aligned}
\right\}
\tag{3-37}
$$

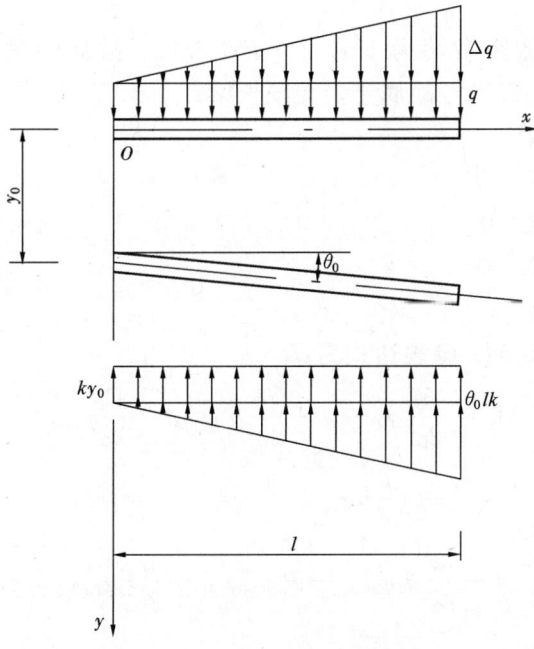

图 3-16　刚性梁的计算

3.5 算 例

【例题 3-1】 如图 3-17 所示，两端自由的弹性地基梁，长 $l = 4\text{m}$，宽 $b = 0.2\text{m}$，$EI = 1333 \times 10^3 \text{N} \cdot \text{m}^2$，地基的弹性压缩系数 $k = 4.0 \times 10^4 \text{kN/m}^3$，求梁 1、2 及 3 截面的弯矩。

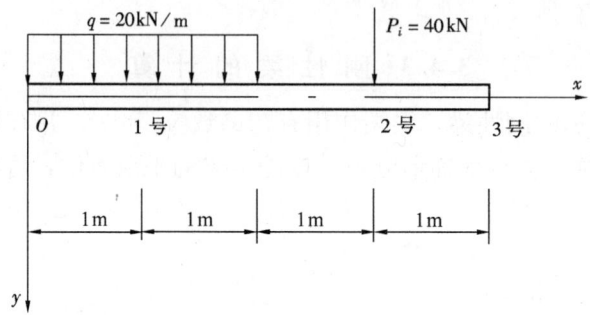

图 3-17   弹性地基梁算例

【解】 （1）判断梁的类型

$$\alpha = \sqrt[4]{\frac{bk}{4EI}} = 1.1067(1/\text{m})$$

（考虑 p_i 集中载距右端为 1m，$\lambda = \alpha l < 2.75$，故属短梁。$p_i$ 作用点左侧：$\lambda' = \alpha \cdot 3 = 3.3202 > 2.75$，故属于半无限长梁）

（2）计算初参数

梁左端条件 $\begin{cases} M_0 = 0 \\ Q_0 = 0 \end{cases}$

梁右端条件 $\begin{cases} M_l = 0 \\ Q_l = 0 \end{cases}$

据式（3-31）中 M、Q 表达式为：

$$M_\lambda = \frac{bk}{2\alpha^2} y_0 \varphi_{3(\alpha l)} + \frac{bk}{4\alpha^3} \theta_0 \varphi_{4(\alpha l)} - \frac{P_i}{2\alpha} \varphi_{2\alpha(l-3)}$$

$$+ \frac{q}{2\alpha^2} \big[\varphi_{3\alpha(l-2)} - \varphi_{3\alpha(l-0)} \big] = 0$$

$$Q_\lambda = \frac{bk}{2\alpha} y_0 \varphi_{2(\alpha l)} + \frac{bk}{2\alpha^2} \theta_0 \varphi_{3(\alpha l)} - P_i \varphi_{1\alpha(l-3)} + \frac{q}{2\alpha} \big[\varphi_{2\alpha(l-2)} - \varphi_{2\alpha(l-0)} \big] = 0$$

将各数值代入后得：

$$-32238 y_0 - 10343 \theta_0 + 78.492 = 0$$

$$-41601 y_0 - 29130 \theta_0 + 99.412 = 0$$

解之得 $\begin{cases} y_0 = 2.4729 \times 10^{-3} \text{ (m)} \\ \theta_0 = -1.1891 \times 10^{-4} \text{ (rad)} \end{cases}$

（3）计算各截面的弯矩

$$M_{1号} = \frac{bk}{2\alpha^2}y_0\varphi_{3(2\cdot1)} + \frac{bk}{4\alpha_3}\theta_0\varphi_{4(2\cdot1)} - \frac{q}{2\alpha^2}\varphi_{3(1\cdot0)} = -266(\text{N}\cdot\text{m})$$

$$M_{2号} = \frac{bk}{2\alpha^2}y_0\varphi_{3(2\cdot3)} + \frac{bk}{4\alpha^3}\theta_0\varphi_{4(2\cdot3)} - \frac{p_i}{2\alpha}\varphi_{2\alpha(3-3)}$$

$$+ \frac{q}{2\alpha^2}\left[\varphi_{3\alpha(3-2)} - \varphi_{3\alpha(3-0)}\right] = 8153(\text{N}\cdot\text{m})$$

$$M_{3号} = \frac{bk}{2\alpha^2}y_0\varphi_{3(2\cdot4)} + \frac{bk}{4\alpha^3}\theta_0\varphi_{4(2\cdot4)} - \frac{p_i}{2\alpha}\varphi_{2\alpha(4-3)}$$

$$+ \frac{q}{2\alpha^2}\left[\varphi_{3\alpha(4-2)} - \varphi_{3\alpha(4-0)}\right] = 0$$

【例题 3-2】 已知弹性地基梁 DE，长度 l 及弹性特征系数 α 为已知，作用荷载如图 3-18 所示，如果 $\alpha l_{\overline{DA}}$ 与 $\alpha l_{\overline{CE}}$ 均 $\geqslant 2.75$，试求 i 截面的挠度 y_i、转角 θ_i、弯矩 M_i 及剪力 Q_i。

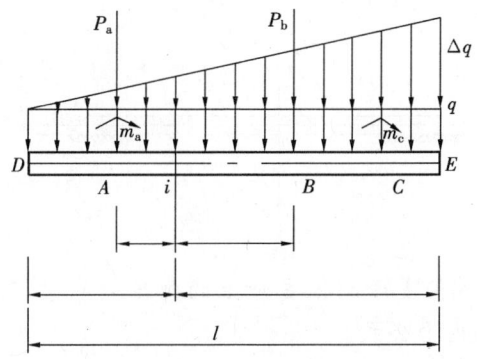

图 3-18　无限长地基梁算例

【解】（1）由于 $\alpha l \overline{DA} \geqslant 2.75$ 及 $\alpha l \overline{CE}$ 均 $\geqslant 2.75$，故为无限长梁。

（2）求出每一荷载单独作用下地基梁的内力和变形，然后再叠加得出地基梁总内力和总变形。应当注意，对于集中力作用情况，要分清所求截面是作用点左边，还是右边，如所求截面在作用点左边，则需将所求得的相应项改变符号。

由式（3-33）和式（3-34）得

$$y_i = \frac{\alpha p_a}{2bk}\varphi_{7(a\cdot a)} + \frac{\alpha^2 m_a}{bk}\varphi_{8(a\cdot a)} + \frac{\alpha p_b}{2bk}\varphi_{7(a\cdot b)}$$

$$- \frac{m_c\alpha^2}{bk}\varphi_{8(a\cdot c)} + \frac{q}{bk} + \frac{\Delta q}{bk\lambda}d$$

$$\theta_i = -\frac{\alpha^2 p_a}{bk}\varphi_{8(a\cdot a)} + \frac{\alpha^3 m_a}{bk}\varphi_{5(a\cdot a)} + \frac{\alpha^2 p_b}{bk}\varphi_{8(a\cdot b)}$$

$$+\frac{\alpha^3 m_\mathrm{c}}{bk}\varphi_{5(a\cdot c)}+\frac{\Delta q}{bk\lambda}$$

$$M_i=\frac{p_\mathrm{a}}{4\alpha}\varphi_{5(a\cdot a)}+\frac{m_\mathrm{a}}{2}\varphi_{6(a\cdot a)}+\frac{p_\mathrm{b}}{4\alpha}\varphi_{5(a\cdot b)}-\frac{m_\mathrm{c}}{2}\varphi_{6(a\cdot c)}$$

$$Q_i=-\frac{p_\mathrm{a}}{2}\varphi_{6(a\cdot a)}-\frac{m_\mathrm{a}\alpha}{2}\varphi_{7(a\cdot a)}+\frac{p_\mathrm{b}}{2}\varphi_{6(a\cdot b)}-\frac{\alpha m_\mathrm{c}}{2}\varphi_{7(a-c)}$$

思　考　题

1. 简述弹性地基梁两种计算模型的区别。
2. 简述弹性地基梁与普通梁的区别。
3. 简述弹性特征系数 α 的含义及其确定公式。
4. 何为弹性地基短梁、长梁及刚性梁？有什么区别？

习　　题

1. 如图所示，无限长弹性地基梁，在 O 点作用集中力 P，求梁的变形及内力公式。

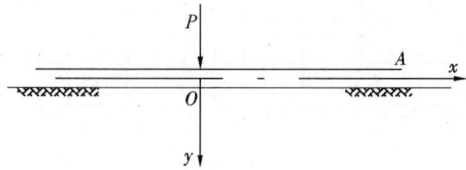

2. 如图所示，两端简支于刚性支座上的弹性地基梁，沿全长受有均布荷载 q。试导出梁的变形及内力公式。

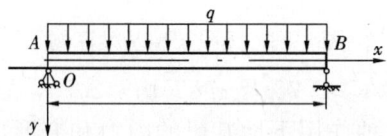

3. 设在无限长梁上作用四个集中荷载，试求 B 点的挠度及弯矩。已知 $k=3000\mathrm{N/cm^3}$，$E=2\times10^7\mathrm{N/cm^2}$，$I=2500\mathrm{cm^4}$。

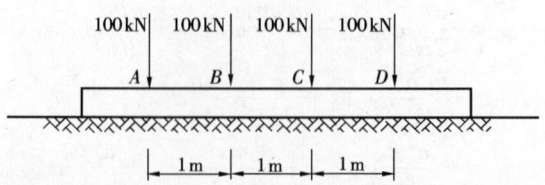

第4章 地下建筑结构的计算方法

4.1 概　述

4.1.1 地下建筑结构计算方法的发展

早年地下建筑结构的建设完全依据经验，19 世纪初才逐渐形成计算理论，开始用于指导地下建筑结构的设计与施工。当时的地下建筑结构大多是以砖石材料砌筑的拱形圬工结构，特点为截面尺寸很大，结构受力后产生的弹性变形很小，因而最先出现的计算理论是将地下结构视为刚性结构的计算理论，如压力线理论等。直到 19 世纪后期，混凝土和钢筋混凝土材料陆续出现，并被用于建造地下工程，使地下建筑结构具有较好的整体性。从这时起，地下结构开始按弹性连续拱形框架计算内力，并据以进行截面设计。

地下建筑结构在主动荷载作用下发生弹性变形的同时，将受到地层对其变形产生的约束作用。将这类约束作用假设为弹性抗力，地下建筑结构的计算理论便有了与地面结构不同的特点。由此建立了典型的假定抗力方法、弹性地基梁的力法（1956）、角变位移法及不均衡力矩与侧力传播法等。

由于人们认识到地下结构与地层是一个受力整体，20 世纪以来，按连续介质力学理论建立地下建筑结构内力计算方法的研究也逐渐取得成果。已经建立的方法既有解析解，又有各类数值计算法。随着计算机技术的推广应用和岩土介质本构关系研究的进展，地下结构的数值计算方法有了很大的发展，并已编制了多种功能齐全的程序软件。

20 世纪 70 年代起，随着隧道施工力学研究的发展，人们开始致力于对采用新奥法施作的隧道建立仿真计算技术的研究，并据以对复合支护提出计算方法和设计方法，后者同时包括对地下工程施工的安全性监测、建立和完善量测技术，以及对其建立分析理论和对地下建筑结构的设计引入反馈设计方法，以优化工程设计和确保工程施工的安全性。

值得指出的是，在地下建筑结构计算理论研究的发展过程中，后期提出的计算方法一般并不否定前期的研究成果。鉴于岩土介质性质的复杂多变性，这些计算方法一般都有各自的适用场合，但都带有一定的局限性。

4.1.2　地下建筑结构的设计模型

20 世纪 70 年代以来，各国学者在发展地下建筑结构计算理论的同时，还致力于探索地下建筑结构设计模型的研究。与地面结构不同，设计地下建筑结构不能完全依赖计算。这是因为岩土介质在漫长的地质年代中经历过多次构造运动，影响其物理力学性质的因素很多，而这些因素至今还没有完全被人们认识，因此理论计算结果常与实际情况有较大的出入，很难用作确切的设计依据。在进行地下建筑结构的设计时仍需依赖经验和实践，建立地下建筑结构设计模型仍然面临较大困难。

国际隧道协会在 1978 年成立了隧道结构设计模型研究组，收集和汇总了各会员国目前采用的设计地下建筑结构的方法，结果列于表 4-1。经过总结，国际隧协认为可将其归纳为以下四种模型：

各国采用的设计地下建筑结构方法　　　　　　　　　　表 4-1

地区 \ 方法	盾构开挖的软土质隧道	喷锚钢拱支撑的软土质隧道	中硬石质的深埋隧道	明挖施工的框架结构
奥地利	弹性地基圆环	弹性地基圆环，有限元法，收敛—约束法	经验法	弹性地基框架
前西德	覆盖层厚小于 2D，顶部无支撑的弹性地基圆环，覆盖大于 3D，全支撑弹性地基圆环，有限元法	同左	全支撑弹性地基圆环，有限元法，连续介质和收敛法	弹性地基框架（底压力分布简化）
法 国	弹性地基圆环，有限元法	有限元法，作用—反作用模型，经验法	连续介质模型，收敛法，经验法	—
日 本	局部支撑弹性地基圆环	局部支撑弹性地基圆环，经验法加测试有限元法	弹性地基框架，有限元法，特征曲线法	弹性地基框架，有限元法
中 国	自由变形或弹性地基圆环	初期支护：有限元法，收敛法　二期支护：弹性地基圆环	初期支护：经验法　永久支护：作用—反作用模型　大型洞室：有限元法	弯矩分配法解算箱形框架
瑞 士	—	作用—反作用模型	有限元法，有时用收敛法	—
英 国	弹性地基圆环，缪尔伍德法	收敛—约束法，经验法	有限元法，收敛法，经验法	矩形框架
美 国	弹性地基圆环	弹性地基圆环，作用—反作用模型	弹性地基圆环，Proctor—White 方法，有限元，锚杆经验法	弹性地基上的连续框架

（1）以参照已往隧道工程的实践经验进行工程类比为主的经验设计法；

（2）以现场量测和实验室试验为主的实用设计方法，例如以洞周位移量测值为根据的收敛—限制法；

（3）作用—反作用模型，例如对弹性地基圆环和弹性地基框架建立的计算法等；

（4）连续介质模型，包括解析法和数值法，解析法中有封闭解，也有近似解，数值计算法目前主要是有限单元法。

按照多年来地下建筑结构设计的实践，我国采用的设计方法似可分属以下四种设计模型：

（一）荷载—结构模型

荷载结构模型采用荷载结构法计算衬砌内力，并据以进行构件截面设计。其中衬砌结构承受的荷载主要是开挖洞室后由松动岩土的自重产生的地层压力。这一方法与设计地面结构时习惯采用的方法基本一致，区别是计算衬砌内力时需考虑周围地层介质对结构变形的约束作用。

（二）地层—结构模型

地层结构模型的计算理论即为地层结构法。其原理是将衬砌和地层视为整体，在满足变形协调条件的前提下分别计算衬砌与地层的内力，并据以验算地层的稳定性和进行构件截面设计。

（三）经验类比模型

由于地下结构的设计受到多种复杂因素的影响，使内力分析即使采用了比较严密的理论，计算结果的合理性也常仍需借助经验类比予以判断和完善，因此，经验设计法往往占据一定的位置。经验类比模型则是完全依靠经验设计地下结构的设计模型。

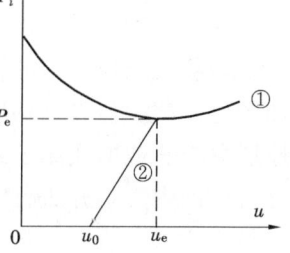

图 4-1　收敛限制法
原理示意图

（四）收敛限制模型

收敛限制模型的计算理论也是地层结构法，其设计方法则常称为收敛限制法，或称特征线法。

图 4-1 为收敛限制法原理的示意图。图中纵坐标表示结构承受的地层压力，横坐标表示洞周的径向位移。其值一般都以拱顶为准测读计算，曲线①为地层收敛线，曲线②为支护特征线。两条曲线的交点的纵坐标（P_e）即为作用在支护结构上的最终地层压力，横坐标（u_e）则为衬砌变形的最终位移。

因洞室开挖后一般需隔开一段时间后才施筑衬砌，图 4-1 中以 u_0 值表示洞周地层在衬砌修筑前已经发生的初始自由变形值。

当前我国的地下建筑结构设计计算，主要采用的是前三种模型，即荷载—结构模型、地层—结构模型和经验类比模型。我国工程界对地下建筑结构设计较为注重理论计算，从衬砌与地层相互作用方式差异的角度区分，封闭解析解与数值计算法都可分别归属于荷载结构法和地层结构法。除了确有经验可供类比的工程外，在地下结构的设计过程中一般都要进行受力计算分析。其中荷载结构法仍然是我国目前广为采用的一种地下结构计算方法，主要适用于软弱围岩中的浅埋隧道；地层结构法虽仍处于发展阶段，但目前一些重要的或大型特定工程的研究分析中也普遍采用。如前所述，由于地下结构的特殊性，隧道支护的设计在很多情况下还需借助经验。

4.2 荷 载—结 构 法

荷载—结构模型认为地层对结构的作用只是产生作用在地下建筑结构上的荷载（包括主动地层压力和被动地层抗力），衬砌在荷载的作用下产生内力和变形，与其相应的计算方法称为荷载结构法。早年常用的弹性连续框架（含拱形构件）法、假定抗力法和弹性地基梁（含曲梁）法等都可归属于荷载结构法。其中假定抗力法和弹性地基梁法都形成了一些经典计算法，而类属弹性地基梁法的计算法又可按采用的地层变形理论的不同分为局部变形理论计算法和共同变形理论计算法。其中局部变形理论因计算过程较为简单而常用。

这里重点介绍《公路隧道设计规范》（2004—11—01，中华人民共和国交通部发布）中的计算方法。

4.2.1 设 计 原 理

荷载—结构模型的设计原理，是认为隧道开挖后地层的作用主要是对衬砌结构产生荷载，衬砌结构应能安全可靠地承受地层压力等荷载的作用。计算时先按地层分类法或由实用公式确定地层压力，然后按弹性地基上结构物的计算方法计算衬砌的内力，并进行结构截面设计。

4.2.2 计 算 原 理

（一）基本未知量与基本方程

取衬砌结构结点的位移为基本未知量。由最小势能原理或变分原理可得系统整体求解时的平衡方程为：

$$[K]\{\delta\} = \{P\} \tag{4-1}$$

式中　　$\{\delta\}$——由衬砌结构节点位移组成的列向量，即，$\{\delta\} = [\delta_1\ \delta_2 \cdots\ \delta_m]^T$

$\{P\}$——由衬砌结构节点荷载组成的列向量，即，$\{P\} = [P_1\ P_2 \cdots\ P_m]^T$

$[K]$——衬砌结构的整体刚度矩阵，为 $m \times m$ 阶方阵，m 为体系节点自由度的总个数。

矩阵 $\{P\}$、$[K]$ 和 $\{\delta\}$ 可由单元的荷载矩阵 $\{P\}^e$、单元的刚度矩阵 $\{k\}^e$ 和单

元的位移向量矩阵 $\{\delta\}^e$ 组装而成，故在采用有限元方法进行分析时，需先划分单元，建立单元刚度矩阵 $\{k\}^e$ 和单元荷载矩阵 $\{P\}^e$。

隧道承重结构轴线的形状为弧形时，可用折线单元模拟曲线。划分单元时，只需确定杆件单元的长度。杆件厚度 d 即为承重结构的厚度，杆件宽度取为 1 (m)。相应的杆件横截面积为 $A=d\times 1$（m²），抗弯惯性矩为 $I=\dfrac{1}{12}\times 1\times d^3$ (m⁴)，弹性模量 E（kN/m²）取为混凝土的弹性模量。

（二）单元刚度矩阵

设梁单元在局部坐标系下的节点位移为 $\{\overline{\delta}\}=[\overline{u}_i,\overline{v}_i,\overline{\theta}_i,\overline{u}_j,\overline{v}_j,\overline{\theta}_j]^T$，对应的节点力为 $\{\overline{f}\}=[\overline{X}_i,\overline{Y}_i,\overline{M}_i,\overline{X}_j,\overline{Y}_j,\overline{M}_j]^T$，则有：

$$\{\overline{f}\} = [\overline{k}]^e \{\overline{\delta}\} \tag{4-2}$$

其中，$[\overline{k}]^e$ 为梁单元在局部坐标系下的刚度矩阵，并有

$$[\overline{k}]^e=\begin{bmatrix} \dfrac{EA}{l} & 0 & 0 & -\dfrac{EA}{l} & 0 & 0 \\[2mm] 0 & \dfrac{12EI}{l^3} & \dfrac{6EI}{l^2} & 0 & -\dfrac{12EI}{l^3} & \dfrac{6EI}{l^2} \\[2mm] 0 & \dfrac{6EI}{l^2} & \dfrac{4EI}{l} & 0 & -\dfrac{6EI}{l^2} & \dfrac{2EI}{l} \\[2mm] -\dfrac{EA}{l} & 0 & 0 & \dfrac{EA}{l} & 0 & 0 \\[2mm] 0 & -\dfrac{12EI}{l^3} & -\dfrac{6EI}{l^2} & 0 & \dfrac{12EI}{l^3} & -\dfrac{6EI}{l^2} \\[2mm] 0 & \dfrac{6EI}{l^2} & \dfrac{2EI}{l} & 0 & -\dfrac{6EI}{l^2} & \dfrac{4EI}{l} \end{bmatrix} \tag{4-3}$$

式中　l——梁单元的长度；

A——梁的截面积；

I——梁的抗弯惯性矩；

E——梁的弹性模量。

对于整体结构而言，各单元采用的局部坐标系均不相同，故在建立整体矩阵时，需按式（4-4）将按局部坐标系建立的单元刚度矩阵 $[\overline{k}]^e$ 转换成结构整体坐标系中的单元刚度矩阵 $[k]^e$。

$$[k]^e = [T]^T [\overline{k}]^e [T] \tag{4-4}$$

$$[T] = \begin{bmatrix} \cos\beta & \sin\beta & 0 & 0 & 0 & 0 \\ -\sin\beta & \cos\beta & 0 & 0 & 0 & 0 \\ 0 & 0 & 1 & 0 & 0 & 0 \\ 0 & 0 & 0 & \cos\beta & \sin\beta & 0 \\ 0 & 0 & 0 & -\sin\beta & \cos\beta & 0 \\ 0 & 0 & 0 & 0 & 0 & 1 \end{bmatrix} \qquad (4-5)$$

式中　　$[T]$——转置矩阵；

β——局部坐标系与整体坐标系之间的夹角。

(三) 地层反力作用模式

地层弹性抗力由下式给出：

$$F_n = K_n \cdot U_n \qquad (4-6)$$

$$F_s = K_s \cdot U_s \qquad (4-7)$$

其中，

$$K_n = \begin{cases} K_n^+ & U_n \geqslant 0 \\ K_n^- & U_n < 0 \end{cases} \qquad (4-8)$$

$$K_s = \begin{cases} K_s^+ & U_s \geqslant 0 \\ K_s^- & U_s < 0 \end{cases} \qquad (4-9)$$

式中　　F_n、F_s——分别为法向和切向弹性抗力；

K_n、K_s——相应的围岩弹性抗力系数，且 K^+、K^- 分别为压缩区和拉伸区的抗力系数，通常令为 $K_n^- = K_s^- = 0$。

杆件单元确定后，即可确定地层弹簧单元，它只设置在杆件单元的节点上。地层弹簧单元可沿整个截面设置，也可只在部分节点上设置。沿整个截面设置地层弹簧单元时，计算过程中，需用迭代法作变形控制分析，以判断出抗力区的确切位置。

应予指出，深埋隧道中的整体式衬砌、浅埋隧道中的整体或复合式衬砌及明洞衬砌等应采用荷载结构法计算，此外，采用荷载结构法计算隧道衬砌的内力和变形时，应通过考虑弹性抗力等体现岩土体对衬砌结构变形的约束作用。对回填密实的衬砌结构可采用局部变形理论确定，弹性抗力的大小和分布。

4.3　地层—结构法

地层—结构模型把地下结构与地层作为一个受力变形的整体，按照连续介质力学原理来计算地下建筑结构以及周围地层的变形；不仅计算出衬砌结构的内力及变形，而且计算周围地层的应力，充分体现周围地层与地下建筑结构的相互作用，但是由于周围地层以及地层与结构相互作用模拟的复杂性，地层—结构模型目前尚处于发展阶段，在很多工程应用中，仅作为一种辅助手段。由于地层—结构法相对荷载结构法，充分考虑了地下结构与周围地层的相互作用，结合具体的施工过程可以充分模拟地下结构以及周围地层在每一个施工工况的结构内力以及周围地层的变形更能符合工程实际。因此，在今后的研究和发展中地层—结构法将得到广泛应用和发展。

地层—结构法主要包括如下几部分内容：地层的合理化模拟、结构模拟、施工过程模拟以及施工过程中结构与周围地层的相互作用、地层与结构相互作用的模拟。

这里仍重点介绍《公路隧道设计规范》（2004—11—01，中华人民共和国交通部发布）中的计算方法。

4.3.1 设　计　原　理

地层结构法的设计原理，是将衬砌和地层视为整体共同受力的统一体系，在满足变形协调条件的前提下分别计算衬砌与地层的内力，据以验算地层的稳定性和进行结构截面设计。

目前计算方法以有限单元法为主，适用于设计构筑在软岩或较稳定的地层内的地下建筑结构。

4.3.2 计算初始地应力

根据第 2 章初始地应力的确定方法，这时的初始自重应力和构造应力可按下述步骤计算：

（一）初始自重应力

初始自重应力通常采用有限元方法或给定水平侧压力系数的方法计算。

（1）有限元方法

即初始自重应力由有限元方法算得，并将其转化为等效节点荷载。

（2）给定水平侧压力系数法

即在给定水平侧压力系数 K_0 值后，按下式计算初始自重地应力：

$$\sigma_z^g = \sum \gamma_i H_i \tag{4-10}$$

$$\sigma_x^g = K_0 \cdot (\sigma_z - P_w) + P_w \tag{4-11}$$

式中　σ_z^g，σ_x^g——竖直方向和水平方向初始自重地应力；

γ_i——计算点以上第 i 层岩石的重度；

H_i——计算点以上第 i 层岩石的厚度；

P_w——计算点的孔隙水压力。在不考虑地下水头变化的条件下，P_w 由计算点的静水压力确定，即 $P_w = \gamma_w \cdot H_w$（γ_w 为地下水的重度，H_w 为地下水的水位差）。

（二）构造应力

构造地应力可假设为均布或线性分布应力。假设主应力作用方向保持不变，则二维平面应变的普遍表达式为：

$$\begin{cases} \sigma_x^s = a_1 + a_4 z \\ \sigma_z^s = a_2 + a_5 z \\ \tau_{xz}^s = a_3 \end{cases} \quad (4\text{-}12)$$

式中　$a_1 \sim a_5$——常系数；

$\qquad\qquad z$——竖直坐标。

（三）初始地应力

将初始自重应力与构造应力叠加，即得初始地应力。

4.3.3　本　构　模　型

（一）岩石单元

（1）弹性模型

对于平面应变问题，横观各向同性弹性体的应力增量可表示为：

$$\{\Delta\sigma\} = \begin{Bmatrix} \Delta\sigma_x \\ \Delta\sigma_z \\ \Delta\tau_{zx} \end{Bmatrix} = [D]\{\Delta\varepsilon\} = \begin{bmatrix} \dfrac{E_0 E_v - \mu_{uh}^2 E_h^2}{E_0} & \dfrac{E_h E_v \mu_{vh}(1+\mu_{hh})}{E_0} & 0 \\ \dfrac{E_h E_v \mu_{vh}(1+\mu_{hh})}{E_0} & \dfrac{E_v^2(1-\mu_{hh}^2)}{E_0} & 0 \\ 0 & 0 & G_{hv} \end{bmatrix} \begin{Bmatrix} \Delta\varepsilon_x \\ \Delta\varepsilon_z \\ \Delta\gamma_{zx} \end{Bmatrix}$$

$$(4\text{-}13)$$

式中　E_v——竖直方向（z）弹性模量；

$\qquad E_h$——水平方向（x，y）弹性模量；

$\qquad \mu_{vh}$——竖直向应变引起水平向应变的泊松比（竖直面内的泊松比）；

$\qquad \mu_{hh}$——水平面内的泊松比；

$\qquad G_{hv}$——竖向平面内的剪变模量。

各向同性弹性材料的应力增量可表示为：

$$\{\Delta\sigma\} = \begin{Bmatrix} \Delta\sigma_x \\ \Delta\sigma_z \\ \Delta\tau_{zx} \end{Bmatrix} = [D]\{\Delta\varepsilon\} = \frac{E(1-\mu)}{(1+\mu)(1-2\mu)} \begin{bmatrix} 1 & \dfrac{\mu}{1-\mu} & 0 \\ \dfrac{\mu}{1-\mu} & 1 & 0 \\ 0 & 0 & \dfrac{1-2\mu}{2(1-\mu)} \end{bmatrix} \begin{Bmatrix} \Delta\varepsilon_x \\ \Delta\varepsilon_z \\ \Delta\gamma_{zx} \end{Bmatrix}$$

$$(4\text{-}14)$$

（2）非线性弹性模型

采用邓肯—张模型的假设，并认为应力—应变关系可用双曲线关系近似描述，则在主应力 σ_3 保持不变时为：

$$\sigma_1 - \sigma_3 = \frac{\varepsilon_1}{a + b\varepsilon_1} \tag{4-15}$$

轴向应变 ε_1 和侧向应变 ε_3 之间假设也存在双曲线关系，即有：

$$\varepsilon_1 = \frac{\varepsilon_3}{f + d\varepsilon_3} \tag{4-16}$$

式中　a、b、f、d——均为由试验确定的参数。

在不同应力状态下，弹性模量的表达式为：

$$E_i = \left[1 - \frac{R_f(1 - \sin\varphi)(\sigma_1 - \sigma_3)}{2C\cos\varphi + 2\sigma_3\sin\varphi} \right]^2 K \cdot p_0 \cdot \left(\frac{\sigma_3}{p_0} \right)^n \tag{4-17}$$

式中　R_f——破坏比，数值小于 1（一般在 $0.75 \sim 1.0$ 之间）；

　　　c，φ——土的内聚力和内摩擦角；

　　　p_0——大气压力，一般取 100kPa；

　　　K，n——试验确定的参数。

不同应力状态下泊松比的表达式为：

$$\mu_i = \frac{G - F\lg\left(\dfrac{\sigma_3}{p_0}\right)}{(1 - A)^2} \tag{4-18}$$

$$A = \frac{(\sigma_1 - \sigma_3)d}{Kp_0\left(\dfrac{\sigma_3}{p_0}\right)^n \left[1 - \dfrac{R_f(1 - \sin\varphi)(\sigma_1 - \sigma_3)}{2c\cos\varphi + 2\sigma_3\sin\varphi} \right]} \tag{4-19}$$

式中　G，F，d——由试验确定的参数。

由 E_i 和 μ_i 即可确定该应力状态下的弹性矩阵 $[D]$。

（3）弹塑性模型

① 屈服准则

材料进入塑性状态的判断准则采用 Drucker-Prager 或 Mohr-Coulomb 屈服准则，其中，Drucker-Prager 屈服准则的表达式为

$$f = \alpha \cdot J_1 + \sqrt{J_2} - k = 0 \tag{4-20}$$

式中　J_1——应力张量的第一不变量；

　　　J_2——应力偏量的第二不变量，并有

$$\alpha = \frac{\sin\varphi}{\sqrt{3}\sqrt{3 + \sin^2\varphi}}, \quad k = \frac{\sqrt{3}C\cos\varphi}{\sqrt{3 + \sin^2\varphi}} \tag{4-21}$$

Mohr-Coulomb 屈服准则的表达式为：

$$f = \frac{1}{3}J_1\sin\varphi - \left[\cos\theta + \frac{1}{\sqrt{3}}\sin\theta\sin\varphi \right]\sqrt{J_2} + C\cos\varphi = 0 \tag{4-22}$$

式中　$\theta = \dfrac{1}{3}\sin^{-1}\left(\dfrac{-3\sqrt{3}}{2}\dfrac{J_3}{(J_2)^{\frac{3}{2}}}\right),\ -\dfrac{\pi}{6}\leqslant\theta\leqslant\dfrac{\pi}{6}$。

②弹塑性矩阵

材料进入塑性状态后，其弹塑性应力—应变关系的增量表达式为：

$$\{\mathrm{d}\sigma\} = \left[[D] - \dfrac{[D]\left\{\dfrac{\partial g}{\partial\sigma}\right\}\left\{\dfrac{\partial f}{\partial\sigma}\right\}^{T}[D]}{A + \left\{\dfrac{\partial f}{\partial\sigma}\right\}^{T}[D]\left\{\dfrac{\partial g}{\partial\sigma}\right\}}\right]\{\mathrm{d}\varepsilon\} \tag{4-23}$$

$$= ([D] - [D_\mathrm{p}])\{\mathrm{d}\varepsilon\} = [D_\mathrm{ep}]\{\mathrm{d}\varepsilon\}$$

式中　$[D]$、$[D_\mathrm{p}]$、$[D_\mathrm{ep}]$——分别为材料的弹性矩阵、塑性矩阵和弹塑性矩

阵；

A——与材料硬化有关的参数，理想弹塑性情况下，

$A = 0$；

f——屈服面；

g——塑性势面，采用关联流动法则时，$g = f$。

③ 弹塑性分析的计算过程

增量时步加荷过程中，部分岩土体进入塑性状态后，由材料屈服引起的过量塑性应变以初应变的形式被转移，并由整个体系中的所有单元共同负担。每一时步中，各单元与过量塑性应变相应的初应变均以等效节点力的形式起作用，并处理为再次计算时的节点附加荷载，据以进行迭代运算，直至时步最终计算时间，并满足给定的精度要求。

（4）黏弹性模型

三元件广义 Kelvin 模型，由弹性元件和 Kelvin 模型串联组成，如图 4-2 所示。

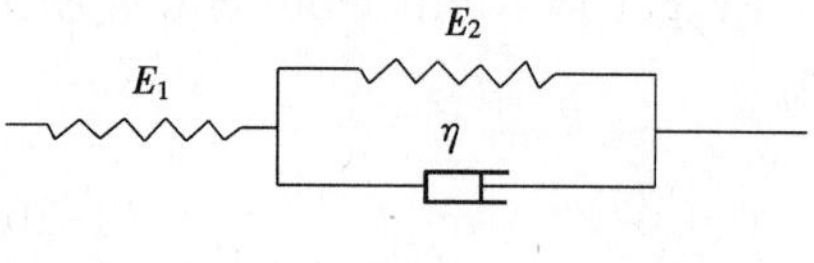

图 4-2　广义 Kelvin 模型

其应力应变关系式为：

$$\dfrac{\eta}{E_1 + E_2}\dot{\sigma} + \sigma = \dfrac{\eta E_1}{E_1 + E_2}\dot{\varepsilon} + \dfrac{E_1 E_2}{E_1 + E_2}\varepsilon \tag{4-24}$$

衬砌施作后的蠕变方程为：

$$\varepsilon(t) = \left[\dfrac{1}{E_1} + \dfrac{1}{E_2}\left(1 - \mathrm{e}^{-\frac{E_2}{\eta}t}\right)\right]\sigma_0 = \sigma_0 J(t) \tag{4-25}$$

式中　$J(t)$ 为——蠕变柔量；

σ_0——常量应力。

（二）梁单元

与上节荷载结构法中"单元刚度矩阵的计算"相同。

（三）杆单元

设杆单元在局部坐标系中的节点位移为 $\{\bar{\delta}\} = [\overline{u_i}, \overline{v_i}, \overline{u_j}, \overline{v_j}]^T$，对应的节点力为 $\{\bar{f}\} [\overline{X_i}, \overline{Y_i}, \overline{X_j}, \overline{Y_j}]^T$，则有：

$$\{\bar{f}\} = [\bar{k}]\{\bar{\delta}\} \tag{4-26}$$

其中，$[\bar{k}]$ 为杆在局部坐标系下的单元刚度矩阵，并有

$$[\bar{k}] = \begin{bmatrix} \dfrac{EA}{l} & 0 & -\dfrac{EA}{l} & 0 \\ 0 & 0 & 0 & 0 \\ -\dfrac{EA}{l} & 0 & \dfrac{EA}{l} & 0 \\ 0 & 0 & 0 & 0 \end{bmatrix} \tag{4-27}$$

式中　l——杆的长度；

　　　A——杆的截面积；

　　　E——杆的弹性模量。

（四）接触面单元

接触面采用无厚度节理单元模拟，不考虑法向和切向的耦合作用时，有增量表达式有：

$$\begin{Bmatrix} \Delta\tau_s \\ \Delta\sigma_n \end{Bmatrix} = \begin{bmatrix} K_s & 0 \\ 0 & K_n \end{bmatrix} \begin{Bmatrix} \Delta u_s \\ \Delta u_n \end{Bmatrix} = [K^e] \begin{Bmatrix} \Delta u_s \\ \Delta u_n \end{Bmatrix} \tag{4-28}$$

式中　K_s——接触面的切向刚度；

　　　K_n——接触面的法向刚度。

接触面材料的应力—应变关系一般为非线性关系，并常处于塑性受力状态。当屈服条件采用莫尔—库仑屈服条件，并假定节理材料为理想弹塑性材料及采用关联流动法则时，对平面应变问题，可导出接触面单元剪切滑移的塑性矩阵为：

$$[D_p] = \frac{1}{S_0} \begin{bmatrix} K_s^2 & K_s S_1 \\ K_s S_1 & S_1^2 \end{bmatrix} \tag{4-29}$$

式中　$S_0 = K_s + K_n \tan^2\varphi, S_1 = K_n \tan\varphi$

　　　φ——接触面的内摩擦角。

对处于非线性状态的接触面单元，应力与相对位移间的关系式为：

$$\tau_s = K_s \cdot \Delta u_s \quad \sigma_n = K_n v_m \frac{\Delta u_n}{v_m - \Delta u_n} \quad (\Delta u_n < v_m)$$

式中　v_m——接触面单元的法向最大允许嵌入量。

4.3.4　单　元　模　式

（一）一维单元

对二节点一维线性单元，设节点位移为 $\{\delta\} = \{u_i, v_i, u_j, v_j\}$ 时，单元上任意

点的位移为：

$$u = \sum N_i u_i \tag{4-30}$$

式中　N——插值函数，并有

$$N_1 = \frac{1-\xi}{2}, N_2 = \frac{1+\xi}{2} \tag{4-31}$$

（二）三角形单元

对三节点三角形单元，设节点坐标为 $\{x_i, y_i, x_j, y_j, x_m, y_m\}$，节点位移为 $\{\delta\} = \{u_i, v_i, u_j, v_j, u_m, v_m\}$，对应的节点力为 $\{F\} = \{X_i, Y_i, X_j, Y_j, X_m, Y_m\}$，则当取线性位移模式时，单元内任意点的位移为：

$$\binom{u}{v} = [N]\{\delta\} \tag{4-32}$$

$$[N] = \begin{bmatrix} N_i & 0 & N_j & 0 & N_m & 0 \\ 0 & N_i & 0 & N_j & 0 & N_m \end{bmatrix} \tag{4-33}$$

$$\begin{cases} a_i = x_i y_m - x_m y_i \\ b_i = y_j - y_m \\ c_i = x_m - x_i \end{cases}$$

式中　$[N]$——形函数矩阵；

$$N_i = \frac{1}{2\Delta}(a_i + b_i x + c_i y);$$

Δ——单元面积。

（三）四边形单元

采用四节点等参单元，并设节点位移为 $\{\delta\} = [u_1, v_1, u_2, v_2, u_3, v_3, u_4, v_4]^T$ 时，位移模式可由双线性插值函数给出，形式为：

$$\begin{aligned} u &= N_1 u_1 + N_2 u_2 + N_3 u_3 + N_4 u_4 \\ v &= N_1 v_1 + N_2 v_2 + N_3 v_3 + N_4 v_4 \end{aligned} \tag{4-34}$$

式中　N——插值函数，即

$$\begin{cases} N_1 = \frac{1}{4}(1-\xi)(1-\eta) \\[2mm] N_2 = \frac{1}{4}(1+\xi)(1-\eta) \\[2mm] N_3 = \frac{1}{4}(1+\xi)(1+\eta) \\[2mm] N_4 = \frac{1}{4}(1-\xi)(1+\eta) \end{cases} \tag{4-35}$$

4.3.5　施工过程的模拟

（一）一般表达式

开挖过程的模拟一般通过在开挖边界上施加释放荷载实现。将一个相对完整的施工阶段称为施工步，并设每个施工步包含若干增量步，则与该施工步相应的开挖释放荷载可在所包含的增量步中逐步释放，以便较真实地模拟施工过程。具体计算中，每个增量步的荷载释放量可由释放系数控制。

对各施工阶段的状态，有限元分析的表达式为：

$$[K]_i\{\Delta\delta\}_i = \{\Delta F_r\}_i + \{\Delta F_g\}_i + \{\Delta F_p\}_i \quad (i = 1,\cdots,L) \tag{4-36}$$

$$[K]_i = [K]_0 + \sum_{\lambda=1}^{i}[\Delta K]_\lambda (i \geqslant 1) \tag{4-37}$$

式中　L——施工步总数；

$[K]_i$——第 i 施工步岩土体和结构的总刚度矩阵；

$[K]_0$——岩土体和结构（施工开始前存在）的初始总刚度矩阵；

$[\Delta K]_\lambda$——施工过程中，第 λ 施工步的岩土体和结构刚度的增量或减量，用以体现岩土体单元的挖除、填筑及结构单元的施作或拆除；

$\{\Delta F_r\}_i$——第 i 施工步开挖边界上的释放荷载的等效节点力；

$\{\Delta F_g\}_i$——第 i 施工步新增自重等的等效节点力；

$\{\Delta F_p\}_i$——第 i 施工步增量荷载的等效节点力；

$\{\Delta\delta\}_i$——第 i 施工步的节点位移增量。

对每个施工步，增量加载过程的有限元分析的表达式为：

$$[K]_{ij}\{\Delta\delta\}_{ij} = \{\Delta F_r\}_i \cdot \alpha_{ij} + \{\Delta F_g\}_{ij} + \{\Delta F_p\}_{ij} \quad (i = 1\cdots L; j = 1\cdots M) \tag{4-38}$$

$$[K]_{ij} = [K]_{i-1} + \sum_{\xi=1}^{j}[\Delta K]_{i\xi} \tag{4-39}$$

式中　M——各施工步增量加载的次数；

$[K]_{ij}$——第 i 施工步中施加第 j 荷载增量步时的刚度矩阵；

α_{ij}——与第 i 施工步第 j 荷载增量步相应的开挖边界释放荷载系数，开挖边界荷载完全释放时有 $\sum_{j=1}^{M}\alpha_{ij} = 1$；

$\{\Delta F_g\}_{ij}$——第 i 施工步第 j 增量步新增单元自重等的等效节点力；

$\{\Delta\delta\}_{ij}$——第 i 施工步第 j 增量步的节点位移增量；

$\{\Delta F_p\}_{ij}$——第 i 施工步第 j 增量步增量荷载的等效节点力。

（二）开挖工序的模拟

开挖效应可通过在开挖边界上设置释放荷载，并将其转化为等效节点力模拟。表达式为：

$$[K - \Delta K]\{\Delta \delta\} = \{\Delta P\} \tag{4-40}$$

式中　　$[K]$——开挖前系统的刚度矩阵；

$[\Delta K]$——开挖工序中挖除部分刚度；

$\{\Delta P\}$——为开挖释放荷载的等效节点力。

开挖释放荷载可采用单元应力法或 Mana 法计算。

（三）填筑工序的模拟

填筑效应包含两个部分，即整体刚度的改变和新增单元自重荷载的增加，其计算表达式为：

$$[K + \Delta K]\{\Delta \delta\} = \{\Delta F_g\} \tag{4-41}$$

式中　K——填筑前系统的刚度矩阵；

ΔK——新增实体单元的刚度；

$\{\Delta F_g\}$——新增实体单元自重的等效节点荷载。

（四）结构的施作与拆除

结构施作的效应体现为整体刚度的增加及新增结构的自重对系统的影响，其计算式为：

$$[K + \Delta K]\{\Delta \delta\} = \{\Delta F_g^s\} \tag{4-42}$$

式中　K——结构施作前系统的刚度矩阵；

ΔK——新增结构的刚度；

$\{\Delta F_g^s\}$——施作结构自重的等效节点荷载。

结构拆除的效应包含整体刚度的减小和支撑内力释放的影响，其中支撑内力的释放可通过施加一反向内力实现，其计算表达式为：

$$[K - \Delta K]\{\Delta \delta\} = -\{\Delta F\} \tag{4-43}$$

式中　K——结构施作前系统的刚度矩阵；

ΔK——拆除结构的刚度；

$\{\Delta F\}$——拆除结构内力的等效节点力。

（五）增量荷载的施加

在施工过程中施加的外荷载，可在相应的增量步中用施加增量荷载表示，其计算式为：

$$[K]\{\Delta \delta\} = \{\Delta F\} \tag{4-44}$$

式中　K——增量荷载施加前系统的刚度矩阵；

$\{\Delta F\}$——施加的增量荷载的等效节点力。

4.4　算　例

荷载结构法的算例请参见第 14 章的"整体式隧道结构"，这里仅给出地层结构法的设计算例。

一、概述

前已述及，地层结构法主要包括如下几部分内容：地层的合理化模拟、结构模拟、施工过程模拟以及施工过程中结构与周围地层的相互作用、地层与结构相互作用的模拟。针对不同的地下建筑结构类型，可进行相应的合理简化、采用相对适合的本构模型进行数值模拟。

二、地层的模拟

由于地层结构法把地层与结构作为一个有机的整体考虑，因此地层的合理模拟对结构及周围地层的变形及内力具有非常重要的影响。

经过多年的发展，地层材料发展了多种模型，有各向同性线弹性、非线性弹性及弹塑性体或横观各向异性、正交各向异性线弹性体；考虑周围地层时间效应的黏弹性、黏弹塑性模型；由于地下水在围岩及土体中的渗流，先后发展了渗流耦合模型，考虑到土体中孔隙水压力的变化，发展了固结模型等。

针对岩体所表现出的非线性、时间效应，应用较多是弹塑性模型和黏弹性模型。弹塑性模型有多种屈服准则，例如 Drucker-Prager 屈服准则、Mohr-Coulomb 准则、剑桥模型，以及多种硬化准则等。黏弹性模型有 Maxwell、开尔文模型以及三元件模型等多种模型，以上模型反映岩体不可逆、剪胀、应变软化、各向异性等种种不同情况。土体介质，非线性弹性、剑桥模型、固结模型以及黏弹塑性模型应用较多。

对岩体内部存在的节理、裂隙等常见的地质现象，一般为接触面材料，采用节理单元模拟。

周围地层模型的物理力学参数，可以通过实验室试验、现场试验以及反分析得到。

三、施工过程的模拟

（一）时空效应

地下工程的支护理论是建立在地层与支护相互作用的基础上，支护的作用不是被动的承受荷载，而是充分发挥地层自身的稳定性；为此，从有效限制围岩变形发展着手，适时构筑支护结构。下面以隧洞施工说明施工中的时空效应。

随着隧洞的掘进，作业面的向前推进，一定范围内的围岩变形的发展和应力的重新分布受到作业面的限制，使得围岩的变形得不到自由、充分的释放，应力重新分布不能很快完成。实测表明：在作业面之后距其大约 2~3 倍的洞径或洞跨外，掘进面的空间约束效应才完全消失，应力得到充分释放。对许多围岩介质言，开挖之后，应力释放、重新分布要一个过程，表现出明显的时间效应，即岩体的流变时效的作用，即使在空间效应消失之后，变形仍在发展。显然，在作业面附近，有两种效应的耦合作用。因此，在离开作业面一定距离外，围岩得不到及时的支护和处理，则随掘进面的约束作用的逐步消失和围岩介质本身的流变效应，围岩的变形将不能得到有效的控制，最终导致岩体的失稳和破坏。

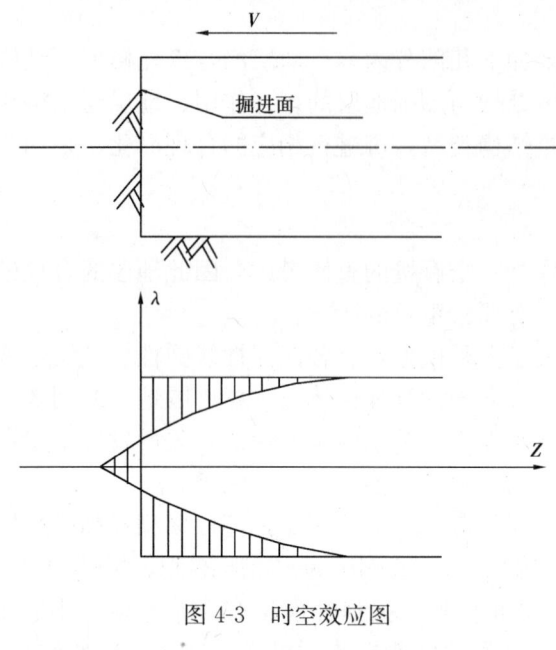

图 4-3 时空效应图

隧洞掘进面的空间几何效应在洞轴方向表现为"半圆穹"约束，在洞室横断面表现为"环形"约束，如图 4-3 所示；"半圆穹"是指洞壁径向变形至开挖面的距离的曲线形状，一般用位移释放系数来描述，位移释放系数与隧洞截面的形状、地层荷载、岩体材料特性、埋深、施工方法等因素有直接的影响作用。

时空效应的研究方法主要有数值模拟和现场实测。数值模拟有两种方式，用二维或轴对称问题模拟和三维模拟；二维问题强调了围岩的特性，可以考虑非线性、塑性、蠕变、应力路径以及不连续面等，对作业面的效应，可根据现场实测数据应用位移释放系数模拟；三维问题由于几何模型的复杂性以及计算机的限制，侧重于地下结构的空间特性，一般采用弹性、黏弹性模型等。

（二）初始地应力的计算

初始地应力可采用有限元计算法和设定水平侧压力系数法。对岩石地层，初始地应力分为自重地应力和构造地应力两部分。其中自重地应力由有限元法求得，构造地应力可假设为均布或线性分布等。对软土地层，常需根据水平侧压力系数计算初始地应力。

（三）施工过程的有限元模拟

地下工程开挖施工过程主要包括岩土体分部开挖及支护结构的分层设置等。用以模拟上述不同施工阶段的力学性态的有限元方程可写为：

$$([K_0] + [\Delta K_i])\{\Delta \delta_i\} = \{\Delta F_{ir}\} + \{\Delta F_{ia}\}(i = 1 \cdots M) \tag{4-45}$$

式中 M——施工阶段总数；

$[K_0]$——地层开挖前岩土体等的初始总刚度矩阵；

$[\Delta K_i]$——施工过程中岩土体和支护结构刚度的增量或减量，其值为挖去岩土体单元及设置或拆除支护结构单元的刚度；

$[\Delta F_{ir}]$——由开挖释放产生的边界增量节点力列阵，初次开挖由岩土体自重、地壳变形构造应力、地下水荷载、地面超载等确定，其后各开挖步由当前应力状态决定；

$[\Delta F_{ia}]$——施工过程中增加的节点荷载列阵；

$\{\Delta \delta_i\}$——任一施工阶段产生的节点增量位移列阵。

任一施工阶段 i 的位移 $\{\delta_i\}$、应变 $\{\varepsilon_i\}$ 和应力 $\{\sigma_i\}$ 为：

$$\{\delta_i\} = \sum_{k=1}^{i} \{\Delta \delta_k\}；\{\varepsilon_i\} = \sum_{k=1}^{i} \{\Delta \varepsilon_k\}；\{\sigma_i\} = \{\sigma_0\} + \sum_{k=1}^{i} \{\Delta \sigma_k\} \tag{4-46}$$

式中　σ_0——初始应力；

$\Delta \sigma_k$——各施工阶段的增量应力。

当材料为弹塑性体时，计算采用增量初应力法。在对岩土体单元的受拉破坏或节理、接触面单元的受拉或受剪破坏进行非线性分析时，也归结为初应力法计算的问题。

在施工过程中，分部开挖指不同的开挖方式，如上下台阶法、侧壁导洞法等，计算时以不同的开挖阶段（同一开挖阶段可包括几个施工阶段）模拟；分部卸载由开挖面向前推进引起，计算时可依据经验或由现场量测位移分别在同一开挖阶段选定不同的地应力释放系数，据以反映不同施工阶段的变化；分部支护指不同的支护时机，如锚杆、喷层、二次衬砌及地层注浆、超前支护等，计算时采用分别在不同的施工阶段设置不同支护来模拟。显然，这里的"分部"兼有空间上的分部和时间上的分步骤两重含意。

（四）注浆模拟

在施工过程中，注浆是常用的地层加固方法，在施工模拟时，通常采用材料替换法进行模拟。注浆后的地层用一种新的材料模拟，以反映注浆后材料的力学性质的变化。

四、结构的模拟

地下建筑结构的合理化模拟对结构内力有很大影响。锚喷支护一般采用杆单元模拟，也可对锚杆加固区的围岩取用提高的 c、φ 加以考虑；支撑、钢支架及衬砌一般采用梁单元模拟。衬砌结构也可采用四边形等参单元模拟，地下连续墙、桩一般也采用梁单元模拟。杆单元或梁单元都可以采用弹塑性模型、黏弹性模型以及和温度有关的本构关系。

对盾构隧道的结构设计，可以采用均质圆环模型、梁弹簧模型等。梁弹簧模型充分反映了结构的连接和受力特性；对梁弹簧模型，管片采用直（曲）梁单元模拟，管片之间以及环间接头用弹簧单元模拟。

五、地层与结构的相互作用

（一）地层与结构相互作用的模拟

支护结构和地层间相互作用，采用接触面单元模拟。并利用塑性理论接触面单元建立非线性本构关系。当法向应力为压应力时，采用莫尔—库仑屈服条件，不难导出其剪切滑移的塑性矩阵。

接触面的屈服条件为：

$$F(\tau_s, \sigma_n) = f(\tau_s, \sigma_n) \tag{4-47}$$

同时应用 Mohr-coulomb 准则，则屈服条件为：

$$F = \tau_s + \mu\sigma_n - c \tag{4-48}$$

式中　$\mu = \tan\varphi$，φ、c 分别为结构与土体的内摩擦角和黏聚力。

作用于接触面的应力满足屈服条件后，接触面将产生塑性变形，屈服后的塑性变形服从流动法则，接触面位移增量中的塑性部分可表示为（$\Delta\delta_s^p, \Delta\delta_n^p$），采用关联流动法则，塑性位移增量为：

$$\Delta\delta_s^p = \Delta\lambda \frac{\partial F}{\partial \tau_s} = \Delta\lambda, \Delta\delta_n^p = \Delta\lambda \frac{\partial F}{\partial \sigma_n} = \Delta\lambda\mu \tag{4-49}$$

式中　$\Delta\lambda$——一个正的比例常数。

接触面屈服后若继续发生塑性变形，那么应力状态从（τ_s, σ_n）变为：（$\tau_s + \Delta\tau_s$，$\sigma_n + \Delta\sigma_n$）将满足屈服条件，即：

$$\Delta F = \frac{\partial F}{\partial \tau_s}\Delta\tau_s + \frac{\partial F}{\partial \sigma_n}\Delta\sigma_n = 0 \tag{4-50}$$

$$\begin{Bmatrix} \Delta\tau_s \\ \Delta\sigma_n \end{Bmatrix} = \begin{bmatrix} k_s & 0 \\ 0 & k_n \end{bmatrix} \begin{Bmatrix} \Delta\delta_s^e \\ \Delta\delta_n^e \end{Bmatrix} = [k^e] \begin{Bmatrix} \Delta\delta_s - \Delta\delta_s^p \\ \Delta\delta_n - \Delta\delta_n^p \end{Bmatrix} \tag{4-51}$$

得塑性状态下应力与变形关系为：

$$\begin{Bmatrix} \Delta\tau_s \\ \Delta\sigma_n \end{Bmatrix} = [k^{ep}] \begin{Bmatrix} \Delta\delta_s \\ \Delta\delta_n \end{Bmatrix} \tag{4-52}$$

$$[k^{ep}] = \frac{1}{k_s + \mu^2 k_n} \begin{bmatrix} \mu^2 k_s k_n & -\mu k_s k_n \\ -\mu k_s k_n & k_s k_n \end{bmatrix} \tag{4-53}$$

（二）双层衬砌之间的相互作用

双层衬砌之间的相互作用有两种模拟方式，分别用接触面单元和弹簧元模拟。应用弹簧元模拟时，分别用径向、环向弹簧模拟两层之间的法向作用、剪切作用，弹簧参数根据实验和经验选取。

思 考 题

1. 简述地下建筑结构计算理论的发展过程。
2. 简述地下建筑结构计算方法的类型及其含义。
3. 试述荷载结构法、地层结构法的基本含义和主要区别。
4. 简述荷载结构法和地层结构法的计算过程。

第5章 地下建筑结构可靠度理论

5.1 概　　述

地下建筑结构由于其赋存的地层条件、施工环境和使用功能的特殊性，在很大程度上存在着随机性、离散性和不确定性，因而对地下建筑结构的计算分析依靠传统的确定性力学、数学分析方法就难以准确地反映其真实的力学性态行为。为此本章就地下结构分析中的不确定因素、可靠性分析原理以及可靠度分析在地下工程中的应用进行介绍。

一、地下建筑结构的不确定因素及特点

一般来说，地下建筑结构中不确定性因素主要体现在其周围的地层介质特性、结构力学计算模型的假设、施工因素以及环境因素等。

（一）地层介质特性参数的不确定性

地层介质的形成经历了漫长的地质年代，并不断经历自然地质构造运动和人类活动的影响，使地层介质在多数情况下都明显呈现非均质、非线性、各向异性和随机离散等特性。工程实践中，地层介质的工程特性非常复杂且易于变化，即在一个地下结构的修建单元区内，介质特性也存在不同。通常，地层参数不确定性来源于介质本身的空间变异性、试验误差、分析误差和统计误差等。

（二）岩土体分类的不确定性

在进行地下建筑结构设计时，设计人员往往需要根据岩土介质体的类别进行结构的初步设计。因此，岩土体类别的划分至关重要。然而，各种岩土体分类法根据工程服务部门都有相应的一套规范或标准，而这些标准规范本身通常是根据大量的经验确定，因而存在一定的不确定性；有时由于不同工程师对标准的理解和处理都不尽相同，因而也可能引起岩土体分类的随机性，进而导致地下建筑结构设计上的不确定。

（三）分析模型的不确定性

在地下结构分析计算中，无论是解析法还是数值方法，都要涉及结构本身和周围岩土介质的力学性态模型和计算范围、边界的确定。一般来说，介质所服从的力学性态模型主要是通过室内实验得到其应力-应变关系来确定，如弹性模型、弹塑性模型、粘弹塑性等。尽管这些模型在确定其形式后是固定的，但模型以及模型内的参数在真正反映介质本身的性态及参数方面还存在很大差异，由此引起的不确定称为力学模型的不确定性。另外，在进行地下建筑结构分析计算中，往往要对周围影响范围、边界条件、地层划分等作出简化假设，由此引起的不确定性称为计算模型的不确定性。

（四）载荷与抗力的不确定性

通过地下建筑结构荷载的学习，我们知道，载荷和抗力是影响地下结构分析的主要不确定性因素。地下结构施工与设计中所涉及的荷载包括已明确的荷载因素和未确知的其他因素。已确知的因素即为一般荷载；施工荷载（包括施工人员荷载、物料荷载、机械设备荷载等）是随时间变化的可变荷载，采用随机过程模型描述；其他恒载和活载在已掌握的大量资料和实测工作的基础上，可利用数理统计方法和实测所得的数据资料进行分析处理，并给出这些荷载的概率分布函数和统计参数。

（五）地下结构施工中的不确定因素

影响地下建筑结构施工的不确定性因素很多，诸如在地下开挖和回填的过程中，土层的扰动、支护结构、边界条件和荷载都在不断变化，不确定因素很大。

（六）自然条件的不确定性

岩土介质的力学性状与自然条件，诸如天降大雨、泥石流、各种振动等有着密切的关系。当自然条件发生较大的变化时，岩土介质的性状大多会发生很大变化。如果对这种影响估计不足或没有很好地掌握其规律，就会出现意想不到的严重事故。因此，自然条件的不确定对岩土边坡的影响采用确定性分析方法是较难以模拟的。

二、地下建筑结构可靠性分析的特点

在地下建筑结构设计中应考虑的不确定性远比上部结构要复杂和繁多。通常，在进行地下建筑结构工程可靠性分析时，应考虑以下几个主要方面：

（一）周围岩土介质特性的变异性

地下建筑结构周围的岩土介质是自然界的产物，具有高度的地域差异性；此外，同一地区，岩土体的物理力学性质也变化复杂，具有场的效应，是空间和时间的函数。

（二）地下建筑结构规模和尺寸的影响

由于地下建筑结构赋存的岩土介质的变异，工程中，所研究的范围一般均较大，仅仅靠一点或几点的岩土体的性质，不能完全代表整个岩土工程研究范围内的土的性质，而是要考虑空间平均特性，即一定范围内的岩土平均特性。另外，室内试验多为小尺寸的试件，而研究范围的体积与试样尺寸相比非常大。这是地下建筑工程与上部结构工程在可靠性分析方面最基本的区别。

（三）极限状态及失效模式的含义不同

结构设计的极限状态分为承载能力极限状态和正常使用极限状态，而地基基础设计中的承载能力极限状态，既包括整体失稳所引起的狭义的承载能力极限状态，也包含由于岩土体的局部破坏或者变形过大而导致的上部结构的破坏，这可以理解为广义的承载能力极限状态。

（四）极限状态方程呈非线性特征

岩土体的本构模型有多种，具有高度的非线性特征：在不同应力水平下，岩土体会表现出不同的变形特性。相应的极限状态方程也可能是非线性的。采用一次二阶矩计算可靠性指标时，需要在破坏面的一点（验算点）取作线性化点，而不是在基本变量的均值点上线性化。

（五）土性指标的相关性

描述岩土体性质的指标具有相关性，既有不同指标之间的互相关性，即两个随机场的随机变量之间的相关性，也有同一指标的自相关性，即同一随机场不同位置处的两个随机变量之间的相关性。作为随机变量的某一土性概率特征参数，不仅有均值和方差，还有自相关函数，土性的互相关性问题可以在计算方法中考虑。当采用一次二阶矩法时，公式中会出现相关变量的协方差，这些协方差必须根据变量的性质和实测值进行分析才能得到。

（六）概率与数理统计的理论与方法的应用

地下建筑结构可靠性的研究始于 20 世纪 50 年代，由美国学者卡萨哥兰德（A. Casagrande）于 1956 年提出了土木与基础工程中的风险计算问题，并将概率论与数理统计应用于地下工程的风险。近年基于可靠度的地下结构优化设计，既可以实现安全与经济的统一，而且更加合理全面地反映了工程的安全程度。

5.2　可靠性分析的基本原理

地下建筑结构分析中含有大量的不确定因素，如何来分析这些不确定因素对结构计算的影响，判断对地下建筑结构设计、施工以及运营中的安全可靠程度，必须对可靠度分析的基本原理进行了解。

5.2.1　结构极限状态和极限状态方程

（一）结构的功能要求

同上部结构一样，任何地下建筑结构都是为了完成所要求的某些功能而设计的，从结构的观点来考虑，结构应满足的功能要求可归纳如下：

1. 安全性要求：即结构应能承受在正常施工和正常使用情况下可能出现的各种荷载和变形，在偶然事件发生时及发生后，结构仍能保持必须的整体稳定，不至于倒塌和破坏。

2. 适用性要求：即结构在正常使用期间有良好的工作性能。例如，不发生过大的变形、振幅或过宽的裂缝、过量渗水等影响结构正常的使用。

3. 耐久性要求：即结构在正常维护下具有足够的耐久性能。

良好的地下建筑结构设计除能满足上述要求之外，同时还应尽量降低结构的建造、使用和维修费用，达到经济合理、保证质量、技术先进的要求。

（二）结构的功能函数与极限状态函数

一般情况下，总可以将影响可靠性的因素归纳为两个综合量，即结构或结构构件的荷载效应 S 和抗力 R，定义结构的功能函数为：

$$Z = g(R,S) = R - S \tag{5-1}$$

结构从开始承受荷载直至破坏要经历不同的阶段，处于不同的状态。结构所处的阶段或状态，从不同的角度出发，可以有不同的划分方法。若从安全可靠的角度出发，可以区分为有效状态和失效状态两类。有效状态和失效状态的分界，称为极限状态。结构的极限状态是结构由有效状态转变为失效的临界状态。超过了这一状态，结构就不能再有效工作，极限状态是结构失效的标志。如果整个结构或结构的一部分超过某一特定状态就不能满足设计规定的某一功能要求，则此特定状态称为该功能的极限状态。根据结构功能函数的定义可知：Z 也为一个随机变量，可以出现下列三种情况：

$Z>0$ 结构可靠

$Z=0$ 结构处于极限状态

$Z<0$ 结构失效

可见根据 Z 值的大小可以判断结构是否满足某一确定功能要求，如图 5-1。

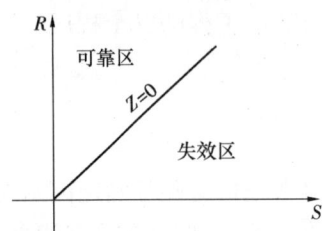

图 5-1　结构的工作状态

由于影响荷载效应 S 和结构抗力 R 的变量很多，这些变量也都服从一定形式的随机分布（如截面几何特性、结构尺寸、材料性能等），设它们为 $X_1, X_2 \cdots, X_n$，则结构功能函数的一般形式可表示为：

$$Z = g(X_1, X_2 \cdots, X_n) \tag{5-2}$$

由结构功能函数的定义（5-1）可得，$Z = g(R, S) = R - S$ 称为结构极限状态方程。结构的极限状态是结构由可靠转变为失效的临界状态。根据结构功能要求的不同，极限状态又可分为两类：承载能力极限状态和正常使用极限状态。承载能力极限状态就是超过这一极限状态，结构或构件就不能满足预定的安全性要求，而正常使用极限状态是指超过这一极限状态，结构或构件就不能完成对其所提出的适用性或耐久性的要求。

5.2.2　地下建筑结构的可靠度

地下建筑结构的可靠度是按照概率度量结构的可靠性。任何结构都是为了完成所要求的某些功能而设计的，《建筑结构可靠度设计统一标准》将建筑结构可靠性定义为建筑结构在规定时间内，规定的条件下，完成预定功能能力；这样地下建筑结构的可靠度就可以定义为在规定的时间内、规定的条件下，完成预定功能的概率大小。

可见，用概率来度量可靠安全的程度比较符合人们的习惯。对于工程结构来说，具体的可靠度尺度有三种：可靠概率 p_s、失效概率 p_f、可靠度指标 β。

若已知结构功能函数 Z 的概率密度分布函数 $f_z(Z)$，则结构的可靠度 p_s，可按照下式计算：

$$p_s = P\{Z \geqslant 0\} = \int_0^\infty f_z(Z)\mathrm{d}Z \tag{5-3}$$

由于事件 $Z<0$ 与 $Z \geqslant 0$ 是对立的，因此结构可靠度 p_s 与结构失效概率 p_f 有下列关系：

$$p_f + p_s = 1 \text{ 或 } p_s = 1 - p_f \tag{5-4}$$

或

$$p_f = P\{Z < 0\} = \int_{-\infty}^0 f_z(Z)\mathrm{d}Z \tag{5-5}$$

这样可以由结构失效概率 p_f 确定结构可靠度 p_s。由于结构失效一般为小概率事件，失效概率对结构可靠度的把握更为直观，因此地下结构可靠度分析一般计算结构失效概率。

若已知结构荷载效应 S 和抗力 R 的概率分布密度函数分别为 $f_s(S)$ 及 $f_R(R)$，由于 S 与 R 相互独立，

$$f_z(Z) = f_z(R,S) = f_s(S) \cdot f_R(R) \tag{5-6}$$

此时结构失效概率：

$$p_f = p\{Z < 0\} = p\{R - S < 0\} = \iint\limits_{R-S<0} f_R(R)f_s(S)\mathrm{d}R\mathrm{d}S \tag{5-7}$$

通过对上式进行积分，可求得 p_f，若先对 S 积分后对 R 积分，则：

$$p_f = \int_{-\infty}^{+\infty}\left[\int_R^{+\infty} f_s(S)\mathrm{d}S\right]f_R(R)\mathrm{d}R$$
$$= \int_{-\infty}^{+\infty}\left[1 - \int_{-\infty}^R f_s(S)\mathrm{d}S\right]f_R(R)\mathrm{d}R = \int_{-\infty}^{+\infty}[1 - F_s(R)]f_R(R)\mathrm{d}R \tag{5-8}$$

若先对 R 积分后对 S 积分，则：

$$p_f = \int_{-\infty}^{+\infty}\left[\int_{-\infty}^s f_R(R)\mathrm{d}R\right]f_s(S)\mathrm{d}S = \int_{-\infty}^{+\infty} F_R(S)f_s(S)\mathrm{d}S \tag{5-9}$$

式中　$F_R(\cdot)$、$F_S(\cdot)$——分别为随机变量 R 和 S 的概率分布函数。

由于结构抗力 R 和荷载效应 S 均为随机变量，因此绝对可靠的结构（$p_f=0$ 或 $p_s=1.0$）是不存在的。从概率的观点，结构设计的目标就是保障结构可靠度 p_f 足够小，达到人们可以接受的程度。

对于可靠度指标，由于考虑直接应用数值积分方法计算地下结构的失效概率比较困难，因此实际中多采用近似方法，为此引入结构可靠指标的概念。

结构抗力 R 和荷载效应 S 均为随机变量时，可假设 R 和 S 均服从正态分布，其均值和方差分别为 μ_R，μ_S 和 σ_R，σ_S，则功能函数 Z 也服从正态分布，其均值和方差为：

$$\mu_Z = \mu_R - \mu_S \text{ 及 } \sigma_Z = \sqrt{\sigma_R^2 + \sigma_S^2}$$

为此：

$$p_f = P\{Z < 0\} = P\left\{\frac{Z}{\sigma_z} < 0\right\} = P\left\{\frac{Z-\mu_z}{\sigma_z} < -\frac{\mu_z}{\sigma_z}\right\} \tag{5-10}$$

令：

$$\beta = \frac{\mu_z}{\sigma_z} \tag{5-11}$$

$$Y = \frac{Z-\mu_z}{\sigma_z} \tag{5-12}$$

则

$$p_f = P\{Y < -\beta\} = \Phi(-\beta) \tag{5-13}$$

其中，Y 为标准正态随机变量，$\Phi(\cdot)$ 为标准正态分布函数。将式（5-11）代入式（5-10）中，得：

$$p_f = P\{Z < \mu_z - \beta\sigma_z\} \tag{5-14}$$

将式（5-14）用图形表示，如图 5-2 所示，$Z < 0$ 的概率为失效概率，即 $p_f = P(Z < 0)$，此值等于图中阴影部分的面积。结构可靠度指标 β 的物理意义是：

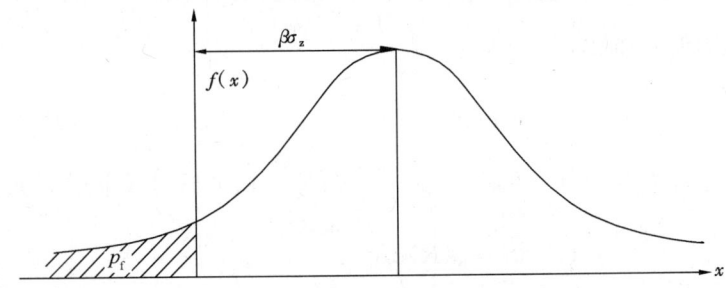

图 5-2   正态功能函数概率密度曲线

从均值到原点以标准差 σ_z 为度量单位的距离（标准差的倍数，即 $\beta\sigma_z$）。可靠度指标 β 值与 p_f 是对应的：当 β 变小时，阴影部分的面积增大，亦即失效概率 p_f 增大；而当 β 变大时，阴影部分的面积减小，亦即失效概率 p_f 减小。这说明 β 可以作为衡量结构可靠性的一个指标，一般称 β 为结构可靠性指标，采用如下公式计算：

$$\beta = \frac{\mu_R - \mu_S}{\sqrt{\sigma_R^2 + \sigma_S^2}} \tag{5-15}$$

当 R、S 均为对数正态随机变量时，失效概率 p_f 的计算公式为：

$$p_f = P\{Z < 0\} = P\{R - S < 0\} = P\{R < S\}$$

$$= P\left\{\frac{R}{S} < 1\right\} = P\left\{\ln\frac{R}{S} < \ln 1\right\} = P\{\ln R - \ln S < 0\} \tag{5-16}$$

因 $\ln R$、$\ln S$ 均为正态随机变量，故可靠指标为：

$$\beta = \frac{\mu_{\ln R} - \mu_{\ln S}}{\sqrt{\sigma_{\ln R}^2 + \sigma_{\ln S}^2}} \tag{5-17}$$

其中，$\mu_{\ln R}$、$\mu_{\ln S}$ 分别为 $\ln R$、$\ln S$ 的均值，$\sigma_{\ln R}$、$\sigma_{\ln S}$ 分别为 $\ln R$、$\ln S$ 的标准差，可以证明，对于对数正态随机变量 X，其对数 $\ln X$ 的统计参数与其本身的统计参数之间的关系为：

$$\mu_{\ln X} = \ln\mu_X - \frac{1}{2}\ln(1 + \delta_X^2) \tag{5-18}$$

$$\sigma_{\ln X} = \sqrt{\ln(1 + \delta_X^2)} \tag{5-19}$$

式中　δ_X——X 的变异系数。

应用式（5-18）、式（5-19）可得结构抗力 R 和荷载效应 S 均为对数正态随机变量时，可靠指标的计算式为：

$$\beta = \frac{\ln\dfrac{\mu_R \sqrt{1 + \delta_S^2}}{\mu_S \sqrt{1 + \delta_R^2}}}{\sqrt{\ln\left[(1 + \delta_R^2)(1 + \delta_S^2)\right]}} \tag{5-20}$$

当 δ_R、δ_S 均小于 0.3 或近似相等时，式（5-20）可进一步简化为：

$$\beta \approx \frac{\ln(\mu_R/\mu_S)}{\sqrt{\delta_R^2 + \delta_S^2}} \tag{5-21}$$

以上定义的可靠指标是以功能函数 Z 服从正态分布或对数正态分布为前提的。在实际工程问题中，结构的功能函数不一定服从正态分布。当结构功能函数的基本变量不为正态分布或对数正态分布时，或者结构功能函数为非线性函数时，结构可靠指标可能很难用基本变量的统计参数表达。此时失效概率与可靠指标之间已不再具有式（5-4）表示的精确关系，只是一种近似关系。这时要利用式（5-13），由失效概率 p_f 计算可靠指标

$$\beta = -\Phi^{-1}(p_f) \tag{5-22}$$

式中　$\Phi^{-1}(\cdot)$——表示标准正态分布函数的反函数。

但当结构的失效概率小于等于 10^{-3} 时，结构的失效概率对功能函数 Z 的概率分布不再敏感，这时可以直接假定功能函数 Z 服从正态分布，进而直接计算可靠指标。

5.2.3　可靠度分析方法的四个层次

按照概率论与数理统计方法在地下结构工程中的应用情况，可将地下建筑结构工程可靠度分析划分为四个层次：

（一）"半经验半概率法"

运用数理统计方法考虑不确定性的影响，通过引入一些经验参数修正系数对设计表达式进行修正。目前使用的《建筑地基基础设计规范》（GB 50007—2002）、《岩土工程勘察规范》（GB 50021—2002）等都处于这一层次。

（二）"近似概率设计法"

可近似给出破坏机制的失效概率。一次二阶矩法中的中心点法、验算点法以及实用设计法中的中心安全系数法和分项系数法等都属于该层次。

（三）"全概率法"

其特点为运用概率统计理论，得出极限状态方程中所有不确定性参数的联合概率分布模型，可以此求解出真实失效概率。可靠度分析中采用的蒙特卡罗法（Monte Carlo）模拟法、多重降维解法，可以视为该水准基础上的近似算法。只有在分析比较理想条件下的简单问题时，真正属于该层次的可靠性计算才能实现。

（四）"广义可靠性分析"

即不仅分析设计阶段的安全性与失效概率，还应同时考虑经济效益和社会效益，吸收建筑经济学中有关费用与效益分析的理论和成果，分析竣工后地下建筑结构工程体系破坏引起的经济损失的期望。

5.3　可靠度分析的近似方法

结构可靠指标的定义是以结构功能函数服从正态分布或对数正态分布为基础的，利用正态分布概率函数或对数正态分布函数，可以建立结构可靠指标与结构失效概率间的一一对应关系。但在实际工程中，我们所遇到的结构功能函数可能是非线性函数，而且大多数基本随机变量并不服从正态分布或对数正态分布。在这种情况下，结构功能函数一般也不服从正态分布或对数正态分布，实际上确定其概率分布非常困难，因而不能直接计算结构的可靠指标；但确定随机变量的特征参数（如均值、方差等）较为容易，如果仅依据基本随机变量的特征参数，以及它们各自的概率分布函数进行结构可靠度分析，则在工程上较为实用，这就是可靠指标的近似计算方法。本节重点介绍随机变量相互独立时的几种近似方法，即中心点法、验算点法、JC法、随机变量相关时的可靠度的分析方法以及蒙特卡罗模拟。

5.3.1　中　心　点　法

（一）中心点法的基本原理

中心点法是结构可靠度研究初期提出的一种方法，其基本思想是首先将非线性功能函数在随机变量的平均值（也称为中心点）处作泰勒（Taylor）级数展开并保留至一次项，然后近似计算功能函数的平均值和标准差，再根据可靠指标的概念直接用功能函数的平均值（一阶矩）和标准差（二阶矩）进行计算，因此该方法也称为均值一次二阶矩法。

设 X_1，$X_2 \cdots X_n$ 是 n 个相互独立的随机变量，其平均值为：μ_{X_1}，$\mu_{X_2} \cdots \mu_{X_n}$，标准差为 σ_{X_1}，$\sigma_{X_2} \cdots \sigma_{X_n}$，由这些随机变量表示的结构功能函数为 $Z = g(X_1, X_2 \cdots X_n)$。将功能函数 Z 在随机变量的平均值处展开为泰勒级数并保留至一次项，即：

$$Z_L = g(u_{X_1}, u_{X_2} \cdots u_{X_n}) + \sum_{i=1}^{n} \left(\frac{\partial g}{\partial X_i} \right)_u (X_i - u_{X_i}) \tag{5-23}$$

Z_L 的平均值和方差为：

$$\left. \begin{aligned} u_{Z_L} &= E(Z_L) = g(u_{X_1}, u_{X_2} \cdots u_{X_n}) \\ \sigma_{Z_L}^2 &= E[Z_L - E(Z_L)]^2 = \sum_{i=1}^{n} \left(\frac{\partial g}{\partial X_i} \right)_u^2 \sigma_{X_i}^2 \end{aligned} \right\} \tag{5-24}$$

从而结构可靠指标表示为：

$$\beta = \frac{u_{Z_L}}{\sigma_{Z_L}} = \frac{g(u_{X_1}, u_{X_2} \cdots u_{X_n})}{\sqrt{\sum_{i=1}^{n} \left(\frac{\partial g}{\partial X_i} \right)_u^2 \sigma_{X_i}^2}} \tag{5-25}$$

（二）可靠指标的几何意义

设有多个正态随机变量的极限状态方程：

$$Z = g(X_1, X_2 \cdots X_n) = 0$$

则在 n 维空间上，它表示一个非线性失效平面，它把空间分成安全区 $g(X_1, X_2 \cdots X_n) > 0$ 和非安全区 $g(X_1, X_2 \cdots X_n) < 0$ 两个部分，则可靠度指标 β 即为原点 O 到失效面（极限状态面 $g(X_1, X_2 \cdots X_n) = 0$）的最短距离。对于非线性失效平面，由于距离不唯一，因此采用切平面近似代替非线性失效面。中心点法即取中心点附近的切平面近似代替非线性失效面，则可靠度指标 β 为原点 O 到中心点处的切平面的最短距离，即：$\beta = OP$。对于三维空间可表示成如图 5-3 所示。

（三）中心点法的优缺点

中心点法最大的优点是计算简便，不需进行过多的数值计算，可以直接给出可靠指标 β 与随机变量特征参数之间的关系，所得到的用以度量结构可靠程度的可靠度指标 β 具有明确的物理概念与几何意义，对于 $\beta = 1 \sim 2$ 的正常使用极限状态可靠度的分析，较为适用。但也存在着明显的缺陷：

（1）该方法没有考虑有关基本变量分布类型的信息，只是直接取用随机变量的前一阶矩和二阶矩；因中心点法建立在正态分布变量基础上，当实际的变量分

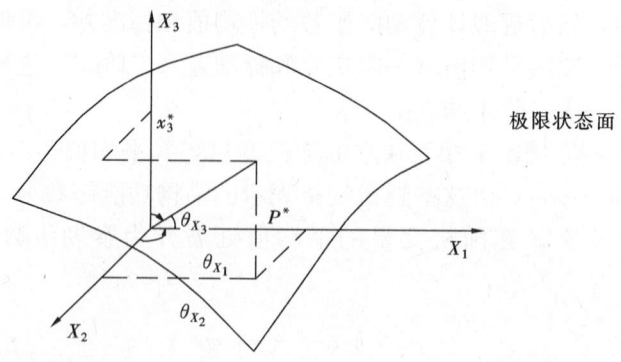

图 5-3   三个正态随机变量时的极限状态面

布不同于正态分布时，其可靠度（或失效概率）的计算结果必将不同，因而可靠指标的计算结果会有误差。

（2）当功能函数为非线性函数时，功能函数在随机变量的平均值处展开不合理，由于随机变量的平均值不在极限状态曲面上，展开后的线性极限状态平面可能会较大程度地偏离原来的极限状态曲面；其近似程度取决于线性近似的极限状态曲面与真正的极限状态曲面之间的差异程度。一般来说，中心点离极限状态曲面的距离越近，则差别越小。然而出于结构可靠性的要求，中心点一般总离开极限状态曲面有相当的距离，因此对于非线性功能函数问题，可靠度指标 β 的计算误差很难避免。

（3）对有相同力学含义但数学表达式不同的极限状态方程，求得的结构可靠指标值可能不同。

5.3.2   验 算 点 法

验算点法实际上是在利用泰勒（Taylor）级数对功能函数进行展开时，把设计验算点取为线性化点。根据中心点法中 β 的几何意义，验算点法也可理解为当极限状态方程 $g(X_1, X_2 \cdots X_n) = 0$ 为非线性曲面时，不以通过中心点的切平面作为线性近似，而以通过 $g(X_1, X_2 \cdots X_n) = 0$ 上的某一点 $X^* = (X_1^*, X_2^* \cdots X_n^*)$ 的切平面作为线性近似，以减小中心点法的误差。这个特定的点称为验算点或设计点，可靠度指标 β 是原点 O 到验算点 $^*P$ 处切平面的最短距离。

假定基本变量 X_i 互相独立，并服从正态分布 $N \sim (\mu_{Xi}, \sigma_{Xi})$，现通过坐标变换将 X_i 标准化为 X_i'，X_i' 服从标准正态分布 $N \sim (0, 1)$，具体步骤如下：

假设功能函数为：$Z = g(X_1, X_2 \cdots X_n)$

标准化有：

$$X_i' = \frac{X_i - u_{Xi}}{\sigma_{Xi}} \tag{5-26}$$

将 X 空间变换到 X' 空间，得

$$Z' = g'(X') = g'(X'_1, X'_2 \cdots X'_n) \tag{5-27}$$

在 X' 空间中，容易写出通过验算点 $X'^* = [X'_1{}^*, X'_2{}^* \cdots X'_n{}^*]^\mathrm{T}$ 在曲面 $Z'=0$ 上的切平面方程为：

$$g'(X'_1{}^*, X'_2{}^* \cdots X'_n{}^*) + \sum_{i=1}^{n} \left.\frac{\partial g'}{\partial X'_i}\right|_{X'^*} (X'_i - X'_i{}^*) = 0 \tag{5-28}$$

由于 $X'^* = [X'_1{}^*, X'_2{}^* \cdots X'_n{}^*]^\mathrm{T}$ 是 $Z'=0$ 上的一点，因此

$$g'(X'_1{}^*, X'_2{}^* \cdots X'_n{}^*) = 0 \tag{5-29}$$

则切平面方程简化为：

$$\sum_{i=1}^{n} \left.\frac{\partial g'}{\partial X'_i}\right|_{X'^*} (X'_i - X'_i{}^*) = 0 \tag{5-30}$$

从原点到式 (5-30) 所代表切平面的距离为可靠指标 β。因此

$$\beta = \frac{-\sum_{i=1}^{n} \left.\dfrac{\partial g'}{\partial X'_i}\right|_{X'^*} X'_i{}^*}{\sqrt{\sum_{i=1}^{n} \left(\left.\dfrac{\partial g'}{\partial X'_i}\right|_{X'^*}\right)^2}} \tag{5-31}$$

令

$$\alpha_i = \frac{-\left.\dfrac{\partial g'}{\partial X'_i}\right|_{X'^*}}{\sqrt{\sum_{i=1}^{n} \left(\left.\dfrac{\partial g'}{\partial X'_i}\right|_{X'^*}\right)^2}} \tag{5-32}$$

可以证明，实际上 α_i 就是原点到验算点 X'^* 的方向余弦。从而可得

$$X'_i{}^* = \alpha_i \beta \tag{5-33}$$

然后再变回 X 空间可得

$$X_i^* = u_{Xi} + \alpha_i \beta \sigma_{Xi} \tag{5-34}$$

因

$$\left.\frac{\partial g'}{\partial X'_i}\right|_{X'^*} = \left.\frac{\partial g}{\partial X_i}\right|_{X_i^*} \sigma_{Xi} \tag{5-35}$$

将式 (5-35) 代入式 (5-32)，得

$$\alpha_i = \frac{-\left.\dfrac{\partial g}{\partial X_i}\right|_{X^*} \sigma_{Xi}}{\left[\sum_{i=1}^{n} \left(\left.\dfrac{\partial g}{\partial X_i}\right|_{X^*} \sigma_{Xi}\right)^2\right]^{1/2}} \tag{5-36}$$

此外，

$$g = (X_1^*, X_2^* \cdots X_n^*) = 0 \tag{5-37}$$

当功能函数 $g(X_1, X_2 \cdots X_n) = 0$ 为线性函数时，可由式（5-34）、式（5-36）及式（5-37）联立解 $2n+1$ 个方程，可解得 X_i^*，a_i $(i=1, 2\cdots n)$ 及 β 共 $2n+1$ 个未知数。

例如，最简单的线性方程为：

$$g(R, G, L) = R - G - L = 0 \tag{5-38}$$

式中 R——结构总抗力；

G——恒载效应；

L——活载效应。

三个变量都服从正态分布，则由式（5-36）可得：

$$-\frac{\partial g}{\partial R}\bigg|_{X^*} \sigma_R = -\sigma_R$$

$$-\frac{\partial g}{\partial G}\bigg|_{X^*} \sigma_G = -\sigma_G$$

$$-\frac{\partial g}{\partial L}\bigg|_{X^*} \sigma_L = -\sigma_L$$

则：

$$\alpha_R = \frac{-\sigma_R}{\sqrt{\sigma_R^2 + \sigma_S^2 + \sigma_L^2}}$$

$$\alpha_G = \frac{-\sigma_G}{\sqrt{\sigma_R^2 + \sigma_S^2 + \sigma_L^2}}$$

$$\alpha_L = \frac{-\sigma_L}{\sqrt{\sigma_R^2 + \sigma_S^2 + \sigma_L^2}}$$

由公式（5-34）可得：

$$R^* = u_R + \alpha_R \beta \sigma_R$$

$$G^* = u_G + \alpha_G \beta \sigma_G$$

$$L^* = u_L + \alpha_L \beta \sigma_L$$

将 R^*、G^*、L^* 代入公式（5-38），可得：

$$\mu_R - \mu_G - \mu_L - \beta \left(\frac{\sigma_R^2 + \sigma_S^2 + \sigma_L^2}{\sqrt{\sigma_R^2 + \sigma_S^2 + \sigma_L^2}} \right) = 0$$

解得

$$\beta = \frac{\mu_R - \mu_G - \mu_L}{\sqrt{\sigma_R^2 + \sigma_S^2 + \sigma_L^2}}$$

此时 β 是标准正态空间 X' 中坐标原点到极限状态曲面的最短距离，也就是 P^* 点沿其极限状态曲面的切平面的法线方向至原点的线段长度。图 5-4 所示为三个正态随机变量的情况,法线的垂足 P^* 为所求的验算点。

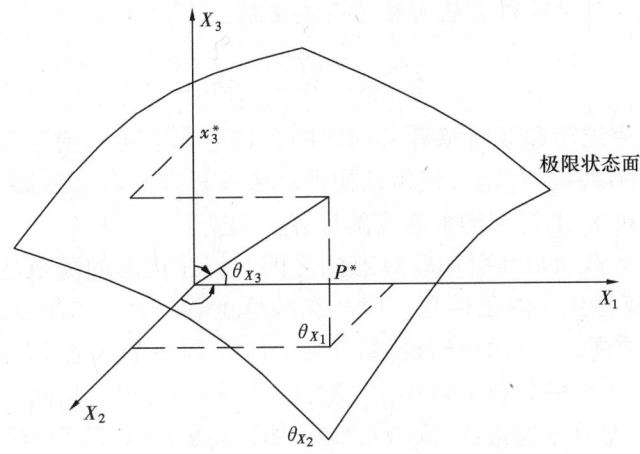

图 5-4 三个正态随机变量时的极限状态面与验算点

但当功能函数 $g(X_1, X_2 \cdots X_n) = 0$ 是非线性函数时,则通常采用逐次迭代法解上述方程组。具体计算步骤为:

(1) 列出极限状态方程 $g(X_1, X_2 \cdots X_n) = 0$,并确定所有基本变量 X_i 的均值 u_{X_i} 及方差 σ_{X_i};

(2) 假定 X_i^* 和 β 的初值,一般取 X_i^* 的初值 $X_{i0}^* = u_{X_i}$;$\beta_0 = 0$;

(3) 按公式 (5-32) 求方向余弦:

$$\alpha_i = \frac{-\left.\dfrac{\partial g}{\partial X_i}\right|_{X^*} \sigma_{X_i}}{\left[\displaystyle\sum_{i=1}^{n} \left(\left.\dfrac{\partial g}{\partial X_i}\right|_{X^*} \sigma_{X_i}\right)^2 \right]^{1/2}}$$

(4) 按公式 (5-31) 计算 β;

(5) 按公式 (5-34) 计算 X_i^* 的新值:

$$X_i^* = u_{X_i} + \alpha_i \beta \sigma_{X_i}$$

(6) 重复步骤 3 至步骤 5,一直到 β_i 与 β_{i-1} 之差值小于允许误差为止;

(7) 根据式 (5-13) 计算失效概率:

$$p_f = P\{Y < -\beta\} = \Phi(-\beta)$$

验算点法无疑优于中心点法,因此,在工程实际可靠度计算中,验算点法是求解可靠度指标的基础,但这种方法求解的结果只有在统计变量是独立的正态变量和具有线性极限状态方程的条件下才是精确的。在地下工程中,随机变量并非都服从正态分布,有的服从极值 I 形或 Γ 分布。对于这类极限状态方程的可靠度分析,一般要把非正态随机变量当量化或变换为正态随机变量,常采用的方法有 3 种,即当量正态化法、映射变换法和实用分析法。其中当量正态化法是国际结

构安全度联合委员会（JCSS）推荐的方法，故简称为 JC 法。限于篇幅，这里对
JC 法做以介绍，其余两种方法可参考有关文献。

5.3.3　JC　法

JC 法是拉克维茨和菲斯莱等人提出的。它适合于随机变量为任意分布下结
构可靠度指标的计算。我国《建筑结构设计统一标准》和《铁路工程设计标准》
中都规定采用 JC 法进行结构可靠度的计算。

JC 法的基本概念是在引用验算点法之前，将非正态的随机变量先"当量正
态化"。"当量正态化"的条件是：（1）在验算点 X_i^* 处，当量正态分布变量 X_i'
（其均值 $\mu_{X_i'}$，方差 $\sigma_{X_i'}$）的分布函数 $F_{X_i'}(X_i^*)$ 与原非正态分布变量（其均值
μ_{X_i}，方差 σ_{X_i}）的概率分布函数 $F_{X_I}(X_i^*)$（尾部的面积）相同；（2）在验算点
X_i^* 处，当量正态分布变量 X_i' 的分布概率密度函数 $f_{X_i'}(X_i^*)$ 与原非正态分布变
量的概率密度函数 $f_{X_i}(X_i^*)$（纵坐标）相等。

以上两个条件如图 5-5 所示。

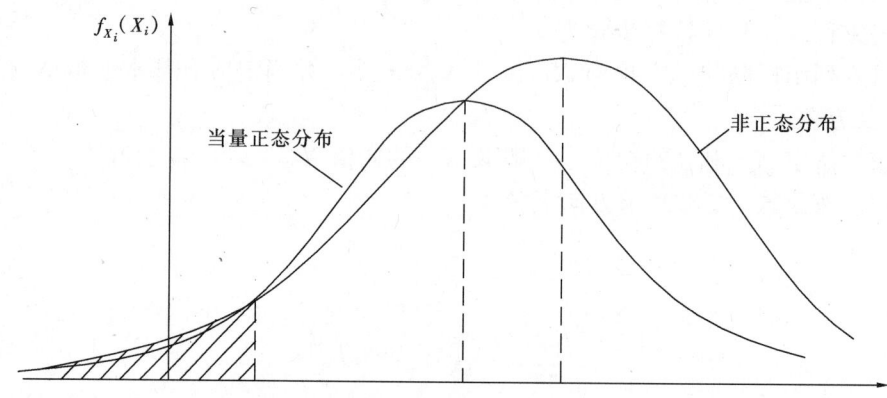

图 5-5　JC 法中对非正态随机变量的当量正态化

根据条件（1）验算点上概率分布函数相等的条件：$F_{X_i'}(X_i^*) = F_{X_1}(X_i^*)$
或：

$$F_{X_i}(X_i^*) = \Phi\left[\frac{X_i^* - \mu_{X_i'}}{\sigma_{X_i'}}\right]$$

于是得出当量正态分布的平均值 $\mu_{X_i'}$ 为：

$$\mu_{X_i'} = X_i^* - \Phi^{-1}\left[F_{X_i}(X_i^*)\right]\sigma_{X_i'} \tag{5-39}$$

根据条件（2）由在验算点上概率密度函数相等的条件：$f_{X_i'}(X_i^*) = f_{X_i}(X_i^*)$
或：

$$f_{X_i}(X_i^*) = \frac{1}{\sigma_{X'_i}} \varphi\left[\frac{X_i^* - \mu_{X'_i}}{\sigma_{X'_i}}\right]$$

$$f_{X_i}(X_i^*) = \frac{\varphi\{\Phi^{-1}[F_{X_i}(X_i^*)]\}}{\sigma_{X'_i}}$$

可得

$$\sigma_{X_i^*} = \varphi\left[\frac{X_i^* - \mu_{X'_i}}{\sigma_{X'_i}}\right]/f_{X_i}(X_i^*) = \phi\{\Phi^{-1}[F_{X_i}(X_i^*)]\}/f_{X_i}(X_i^*) \quad (5\text{-}40)$$

式中　$\Phi(\cdot)$——为标准正态分布函数；

　　$\Phi^{-1}(\cdot)$——为标准正态分布函数的反函数；

　　$\varphi(\cdot)$——为标准正态分布的密度函数。

在极限状态方程中，在得到非正态随机变量的当量正态函数的均值 $\mu_{X'_i}$、方差 $\sigma_{X'_i}$ 后，即可由式（5-34）、式（5-36）和式（5-38）计算 β。然而 $\mu_{X'_i}$ 及 $\sigma_{X'_i}$ 是由验算点 X_i^* 计算的，而验算点 X_i^* 值又是待求值，所以式（5-34）、式（5-36）、式（5-37）与式（5-39）、式（5-40）互相制约，一般采用迭代法计算 β，当满足精度要求后即可收敛。计算主要步骤如下：

（1）给出极限状态方程 $g(X_1, X_2 \cdots X_n) = 0$，并确定所有基本变量 X_i 的分布类型和特征参数 μ_{X_i} 及 σ_{X_i}；

（2）假定 X_i^* 和 β 的初值，一般取 X_i^* 的初值 $X_{i_0}^* = \mu_{X_i}$，$\beta_0 = 0$；

（3）对于非正态变量 X_i，在验算点处按式（5-39）和式（5-40）计算当量正态变量的均值 $\mu_{X'_i}$，方差 $\sigma_{X'_i}$，并分别代替原来变量的标准差 σ_{X_i} 和均值 μ_{X_i}；

（4）按公式（5-36）求方向余弦：

$$\alpha_i = -\frac{-\left.\dfrac{\partial g}{\partial X_i}\right|_{X^*} \sigma'_{X_i}}{\left[\sum_{i=1}^{n}\left(\left.\dfrac{\partial g}{\partial X_i}\right|_{X^*} \sigma'_{x_i}\right)^2\right]^{1/2}}$$

（5）按公式（5-34）、式（5-37）计算 β：

$$g(\mu'_{X_1} + \alpha_1 \beta \sigma'_{X_1}, \mu'_{X_2} + \alpha_2 \beta \sigma'_{X_2} \cdots \mu'_{X_n} + \alpha_n \beta \sigma'_{X_n}) = 0$$

（6）按公式（5-40）计算 X_i^* 的新值：

$$X_i^* = \mu'_{X_i} + \alpha_i \beta \sigma'_{X_i}$$

（7）重复步骤（3）～（6），直到 β_i 与 β_{i-1} 之差值小于允许误差为止；

（8）根据式（5-13）计算失效概率：

$$p_f = P\{Y < -\beta\} = \Phi(-\beta)$$

以上所介绍的验算点法和 JC 法中，功能函数中各基本变量之间相互独立，但在实际地下建筑结构工程问题中，影响结构可靠性的随机变量间可能存在相关性，如土的黏聚力与内摩擦角之间负相关，容重与压缩模量、内聚力之间等正相关。研究表明，随机变量间的相关性对结构的可靠度有明显的影响，因此，若随机变量相关，则在结构可靠度分析中应予以充分考虑。对考虑随机变量之间相关性问题一般采用协方差矩阵将相关变量空间转化为不相关的变量空间，针对应用最广泛的 JC 法，考虑随机变量的分布类型和变量之间的相关性，可采用改进的 JC 方法进行可靠度的分析，具体请参考相关文献。

5.3.4　结构体系的可靠性分析

地下建筑结构由于其特定的周围环境，属超静定结构。前面的可靠度分析方法主要是针对单一的结构构件（元件）或构件中某一截面的可靠度。实际上，对地下建筑结构，结构构成非常复杂，从构件的材料来看，有脆性材料、有延性材料、有单一材料、有多种材料；从失效的模式上有多种，例如，挡土结构的单一失效模式有倾覆、滑移和承载力不足三种，或者同时由这三者的组合。从结构的构件组成的系统来看，有串联系统、有并联系统、也有混联系统等。例如对有支撑的基坑围护结构，如支撑体系中一根支撑破坏，很有可能导致整个基坑的失稳，基坑的支撑系统就是串联系统。本节主要介绍结构体系可靠度的分析方法。

（一）基本概念

1. 结构构件的失效性质

构成整个结构的诸构件（连接也看成特殊构件），由于其材料和受力性质的不同，可以分成脆性和延性两类构件。

脆性构件是指一旦失效立即完全丧失功能的构件。例如，隧道工程中采用的刚性构件一旦破坏，即丧失承载力。

延性构件是指失效后仍能维持原有功能的构件。例如，隧道工程中采用的柔性衬砌具有一定的屈服平台，在达到屈服承载力能保持该承载力而继续变形。

构件失效的性质不同，其对结构体系可靠度的影响也将不同。

2. 结构体系的失效模型

结构由各个构件组成，由于组成结构的方式不同以及构件的失效性质不同，构件失效引起结构失效的方式将具有各自的特殊性。但如果将结构体系失效的各种方式模型化后，总可以归并为三种基本形式，即：串联模型、并联模型和串-并联模型。

（1）串联模型

若结构中任一构件失效，则整个结构也失效，具有这种逻辑关系的结构系统可用串联模型表示。

所有的静定结构的失效分析均可采用串联模型。例如一个隧道，各个管片可看做一个串联系统，其中每个管片均可看成串联系统的一个元件，只要其中一个元件失效，整个系统就失效。对于静定结构，其构件是脆性的还是延性的，对结构体系的可靠度没有影响。图 5-6 是串联元件的逻辑图。

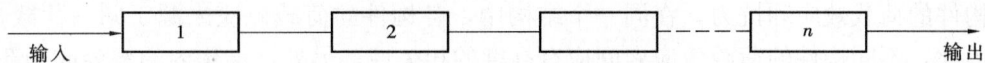

图 5-6　串联元件的逻辑图

（2）并联模型

若结构中有一个或一个以上的构件失效，剩余的构件或与失效的延性构件，仍能维持整体结构的功能，则这类结构系统为并联系统。

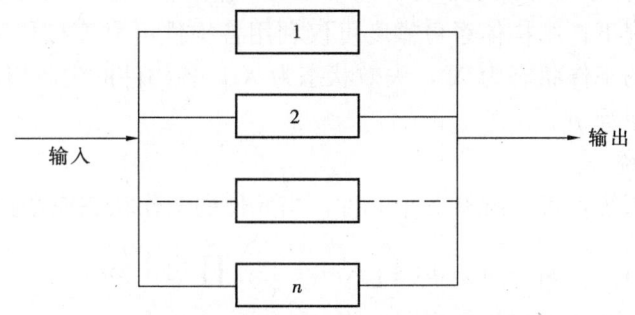

图 5-7　并联元件的逻辑图

超静定结构的失效可用并联模型表示。图 5-7 并联元件的逻辑图。在输入与输出之间有 k 条路径，只有在全部路径都被堵塞时，整个系统才破坏。对于并联系统，元件的脆性或延性性质将影响系统的可靠度及其计算模型。脆性元件在失效后将逐个从系统中退出工作，因此在计算系统的可靠度时，要考虑元件的失效顺序。而延性元件在其失效后仍将在系统中维持原有的功能，因此只要考虑系统最终的失效形态。

（3）混合联合模型

在延性构件组成的超静定结构中，若结构的最终失效形态不限于一种，则这类结构系统可用串-并联模型表示，如图 5-8 所示。

3. 构件间和失效形态间的相关性

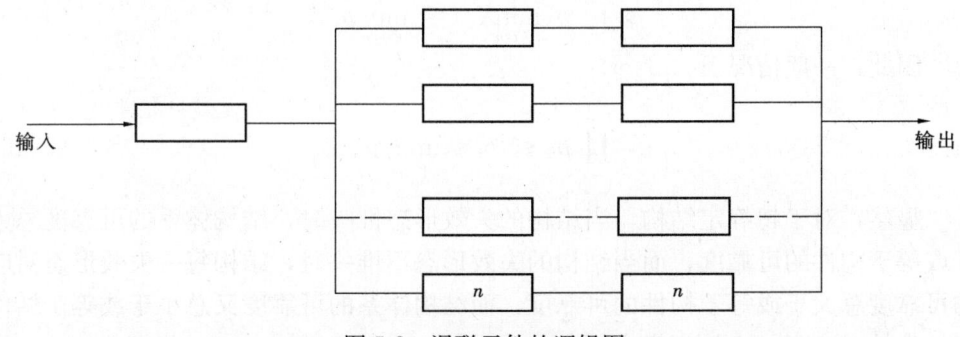

图 5-8　混联元件的逻辑图

值得注意的是构件间和失效形态间的相关性，这是因为构件的可靠度取决于构件的荷载效应和抗力，在同一个结构中，各构件的荷载效应来源于同一荷载，因此，不同构件的荷载效应之间应有高度的相关性；另外，结构内的部分或全部构件可能由同一批材料制成，因而构件的抗力之间也应有一定的相关性。可见，同一结构中不同构件的失效有一定的相关性，所以评价结构体系的可靠性时，要考虑各失效形态间的相关性。相关性的存在，使结构体系可靠度的分析问题变得非常复杂，这也是结构体系可靠度计算理论的难点所在。

（二）结构体系可靠的上下界

在特殊情况下，结构体系可靠度可仅利用各构件可靠度按概率论方法计算。以下记各构件的工作状态为 X_i，失效状态为 $\overline{X}_i$，各构件的失效概率为 p_{fi}，结构系统的失效概率为 p_f。

1. 串联系统

对于串联系统，设系统有 n 个元件，当元件的工作状态完全独立时，则

$$p_f = 1 - p\left(\prod_{i=1}^{n} X_i\right) = 1 - \prod_{i=1}^{n}(1 - p_{fi}) \tag{5-41}$$

当元件的工作状态完全相关时：

$$p_f = 1 - p\left(\min_{i \in 1,n} X_i\right) = 1 - \min_{i \in 1,n}(1 - p_{fi}) = \max_{i \in 1,n} p_{fi} \tag{5-42}$$

一般情况下，实际结构系统处于上述两种极端情况之间，因此，一般串联系统的失效概率也将介于上述两种极端情况的计算结果之间，即

$$\max_{i \in 1,n} p_{fi} \leqslant p_f \leqslant 1 - \prod_{i=1}^{n}(1 - p_{fi}) \tag{5-43}$$

可见，对于静定结构，结构体系的可靠度总小于或等于构件的可靠度。

2. 并联系统

对于并联系统，当元件的工作状态完全独立时：

$$p_f = p\left(\prod_{i=1}^{n} \overline{X}_i\right) = \prod_{i=1}^{n} p_{fi} \tag{5-44}$$

当元件的工作状态完全相关时：

$$p_f = p\left(\min_{i \in 1,n} \overline{X}_i\right) = \min_{i \in 1,n} p_{fi} \tag{5-45}$$

因此，一般情况下

$$\prod_{i=1}^{n} p_{fi} \leqslant p_f \leqslant \min_{i \in 1,n} p_{fi} \tag{5-46}$$

显然，对于超静定结构，当结构的失效形态惟一时，结构体系的可靠度总大于或等于构件的可靠度，而当结构的失效形态不惟一时，结构每一失效形态对应的可靠度总大于或等于构件的可靠度，而结构体系的可靠度又总小于或等于结构每一失效形态所对应的可靠度。

（三）结构体系失效概率的基本表达式

假定 m 已经是由上面方法得到的 m 个主要失效模式，其功能函数如式（5-2），则结构体系的失效概率为：

$$p_{fs} = P(\bigvee_{i=1}^{m} Z_i < 0) \tag{5-47}$$

如果功能函数是非线性的，则利用一次二阶矩方法，将各非线性功能函数在各自的验算点处线性化为 $Z_{Li}(i = 1, 2 \cdots m)$，这样结构体系的失效概率近似表示为：

$$p_{fs} = P(\bigvee_{i=1}^{m} Z_{Li} < 0) = 1 - \Phi_m(\beta, \rho) \tag{5-48}$$

其中：$\beta = (\beta_1, \beta_2 \cdots \beta_m)^T$ 为由各失效模式的可靠指标构成的可靠指标向量，$\rho = (\rho_{ij})_{m \times m}$ 为功能函数间的线性相关系数矩阵，$\Phi_m(\cdot)$ 表示 m 维标准正态分布函数。

各失效模式的结构可靠指标 β 可以用 JC 法、映射变换法或实用分析法算得。若计算 β 时采用了 JC 法，则失效模式间的线性相关系数由下式计算：

$$\rho_{ij} = \frac{\sum_{k=1}^{n} \sum_{l=1}^{n} \rho x'_k x'_l \frac{\partial g_i}{\partial X_k} \frac{\partial g_j}{\partial X_l} \Big|_{p^*} \alpha x'_k \alpha x'_l}{\sigma_{Z_i} \sigma_{Z_j}} \tag{5-49}$$

其中

$$\sigma_{Z_i} = \Big(\sum_{k=1}^{n} \sum_{l=1}^{n} \rho x'_k x'_l \frac{\partial g_i}{\partial X_k} \frac{\partial g_i}{\partial X_l} \Big|_{p^*} \alpha x'_k \alpha x'_l \Big)^{1/2},$$

$$\sigma_{Z_j} = \Big(\sum_{k=1}^{n} \sum_{l=1}^{n} \rho x'_k x'_l \frac{\partial g_j}{\partial X_k} \frac{\partial g_j}{\partial X_l} \Big|_{p^*} \alpha x'_k \alpha x'_l \Big)^{1/2}$$

而 $\rho_{x'_k x'_l} \approx \rho_{x_k x_l}$ 为当量正态化随机变量 X'_k 与 X'_l 间的线性相关系数。

在确定了向量 β 和矩阵 ρ 后，由式（5-47）表示的结构失效概率由下式计算：

$$p_{fs} = 1 - \int_{-\infty}^{\beta_1} \int_{-\infty}^{\beta_2} \cdots \int_{-\infty}^{\beta_m} \varphi_m(Z, \rho) dz_1 dz_2 \cdots dz_m \tag{5-50}$$

其中

$$\varphi_m(z, \rho) = \frac{1}{(\sqrt{2\pi})^m \sqrt{\det(\rho)}} \exp\Big(-\frac{1}{2} z \rho^{-1} z^T\Big)$$

为 m 维标准正态概率密度函数，$\det(\cdot)$ 表示行列式的值，ρ^{-1} 为 ρ 的逆矩阵。

由式（5-50）可以看出，结构体系失效概率为高维积分，在实际工程中很难求解，因此需要研究计算简便而精度能满足工程应用要求的方法。目前工程实用的方法包括两类，一类是"区间估计法"，另一类是"点估计法"。区间估计法就是利用概率论的基本方法划定结构体系失效概率的上、下限，主要包括"宽界限法"和"窄界限法"；也有一些学者提出界限更窄的界限估计公式，但总的规律是界限愈窄计算愈复杂，但精度改善有限，因此实际应用不多。点估计法则是经过适当的近似处理，将具有多个积分边界的复杂高维积分问题，转化为简单的、一般方法易于解决的问题，从而获得问题的近似解。

（四）结构体系失效概率的区间估计方法

结构体系失效概率的宽界限公式为：

$$\max_i p_{fi} \leqslant p_{fs} \leqslant 1 - \prod_{i=1}^{m} (1 - p_{fi}) \qquad (5-51)$$

其中

$$p_{fi} = \Phi(-\beta_i) \qquad (5-52)$$

式中　β_i——相应于第 i 个失效模式的可靠指标。

宽界限公式只考虑了单个失效模式的失效概率，而没有考虑失效模式间的相关性，因而一般情况下界宽较大，适用于粗略估计结构体系的可靠度。

改进的窄界限公式为：

$$p_{f1} + \sum_{i=2}^{m} \max\left(p_{fi} - \sum_{j=1}^{i=1} p_{fij}, 0\right) \leqslant p_{fs} \leqslant \sum_{i=1}^{m} p_{fi} - \sum_{i=2}^{m} \max(p_{fij}) \qquad (5-53)$$

其中，p_{fi} 由式（5-52）计算，p_{fij} 表示两个失效模式都失效时的概率。与式（5-51）不同，由于式（5-53）考虑了两个失效模式都失效时的概率，因而所得界宽较窄，故称窄界限法。

两个失效模式都失效时的失效概率 p_{fij} 可表示为：

$$p_{fij} = \varphi_2(-\beta_i, -\beta_j, \rho_{ij}) \qquad (5-54)$$

$\varphi_2(-\beta_i, -\beta_j, \rho_{ij})$ 表示二维标准正态分布函数，具体表达式为：

$$\varphi_2(-\beta_i, -\beta_j, \rho_{ij}) = \int_{-\infty}^{-\beta_i} \int_{-\infty}^{-\beta_j} \varphi_2(x_i, x_j, \rho_{ij}) \mathrm{d}x_i \mathrm{d}x_j \qquad (5-55)$$

其中 $\varphi_2(x_i, x_j, \rho_{ij}) \mathrm{d}x_i \mathrm{d}x_j$ 表示为：

$$\varphi_2(x_i, x_j, \rho_{ij}) \mathrm{d}x_i \mathrm{d}x_j = \frac{1}{2\pi \sqrt{1-\rho_{ij}^2}} \exp\left(-\frac{1}{2} \frac{x_i^2 + x_j^2 - 2\rho_{ij} x_i x_j}{1 - \rho_{ij}^2}\right)$$

式（5-55）也可表示为下面的一维积分：

$$\phi_2(-\beta_i, -\beta_j, \rho_{ij}) = \varphi(-\beta_i)\varphi(-\beta_j) + \int_0^{\rho_{ij}} \varphi_2(\beta_i, \beta_j, z) \mathrm{d}z \qquad (5-56)$$

式（5-55）和式（5-56）均为 $\varphi_2(-\beta_i, -\beta_j, \rho_{ij})$ 的精确表达式，如果要得到具体结果需要进行数值积分，计算量较大，因此工程上常采用各种近似计算方法。

（五）结构体系失效概率的点估计方法

区间估计法是结构体系失效概率的估计方法之一，特别是窄界限法在过去的研究和分析中应用较多。但许多实际计算表明，当结构体系的失效模式较多或失效模式间的线性相关系数较大时（$\rho > 0.6$），窄界限法的上、下限会明显拉宽，在这种情况下很难获得结构体系失效概率的准确估算值。因此许多研究着重于结构体系失效概率的点估计法。

概率网络估算技术（Probabilistic Network Evaluation Technique，简称 PNET 法）是早期的结构体系失效概率点估计方法之一。这种方法首先将所有主要失效模式按彼此相关的密切程度分成若干组，在每组中选出一个失效概率最大的失效模式作为代表失效模式（记其失效概率为 $p_{fi组}$）。然后假定各代表失效模式相互独立，按下式估算结构体系的失效概率 p_f：

$$p_{fs} = 1 - \prod_{i=1}^{k}(1 - p_{fi组}) \tag{5-57}$$

式中　k——所分组数。

PENT 法的关键是分组标准 ρ_0（相关系数）的选取：若 ρ_0 取得较大，将会得到偏于保守的结果；相反，若 ρ_0 取得较小，又将得到偏于危险的结果；在 ρ_0 选取的比较合适时，才可以得到比较准确的结果。但在目前情况下，一般都是凭经验选取 ρ_0，如取 $\rho_0 = 0.7$ 或 0.8，这样难免存在一定的主观性，从而在一定程度上限制了该法的应用。

由于以一次二阶矩理论为基础的可靠度计算方法对于非正态分布的随机变量和非线性表示的极限状态函数等问题的处理上还存在着相当的近似性，而这类问题却是可靠度分析中经常要遇到的。所以，寻找一种有效而精确的结构可靠度计算方法是必需的。于是，基于蒙特卡罗法（Monte Carlo）法的结构可靠度数值模拟方法得到了人们的重视。

5.3.5　蒙 特 卡 罗 法

（一）蒙特卡罗法的原理

蒙特卡罗法统计实验方法或随机抽样技巧法，在目前结构可靠度计算中，被认为是一种相对精确的方法。

众所周知，要想完整地研究一个随机变量统计规律，就应该给出它的概率分布。但是，在一个物理现象中的某一随机变量往往要受到多种因素的制约，要严格地从理论上推导该随机变量的概率分布是十分困难的，甚至是不可能的。例如，$y = f(X_1, X_2 \cdots X_n)$，已知 $X_1, X_2 \cdots X_n$ 的各自的分布，要根据各随机变量 X_i 的分布去求出随机变量的 y 分布，一般说来很困难，原因是 X_i 各自分布比较复杂；或者是 X_i 个数太多；或者 y 的表达式太复杂，以致用解析法求 y 的分布函数非常困难，如果采用数值计算多重积分，计算工作量又太大。因此，需要寻求其他的解法。

其方法之一是：可以用实验方法来研究该随机变量的分布，反复进行实验，取得该随机变量的样本数据，然后用子样分布近似代表随机变量的分布，或根据子样估计其待定参数值，检验母体分布。只要样本足够大，就会得到足够精确的结果。但这种方法成本较大。

方法之二是：蒙特卡罗法，它是利用计算机研究随机变量的有力的方法，也是利用统计模拟来求解工程实际问题的方法。蒙特卡罗法用实验方法研究随机变量的分布，即反复进行实验、观测，取得随机变量的子样，然后用子样分布近似地代替随机变量母体的分布，或利用子样来估计待定的参数值。只要观测值子样足够大，就会得到足够精确的结果，使用计算机就能达到这个目的。

假设有一随机变量函数 $y = f(X_1, X_2 \cdots X_n)$，随机变量 $X_i (i = 1, 2 \cdots n)$ 相互独立，它们的分布分别为，$q(X_1) q(X_2) \cdots q(X_n)$。求随机变量函数 y 的分布。在计算机上用随机抽样，由 $q(X_i)$ 中抽得 X'_i，即产生随机变量 X_i 的随机数 X'_i，由随机数 X'_i 计算得到函数 y 的随机数 $y_1 = f(X'_1, X'_2 \cdots X'_n)$。重复进行，又可由第二次抽样结果 $(X''_1, X''_2 \cdots X''_n)$ 算得 y 的另一随机数 $y_2 = f(X''_1, X''_2 \cdots X''_n)$。这样重复 N 次，就可得到随机变量的一个容量为 N 的子样 $(y_1, y_2 \cdots y_n)$。由此，便可以用子样分布 $S_N(y)$ 来近似 y 代替的分布 $P(y)$。

如果 $X_i (i = 1, 2 \cdots n)$ 不互相独立，则应从联合概率分布 $q(X_1, X_2 \cdots X_n)$ 中抽样产生随机数 $(X'_1, X'_2 \cdots X'_n)(X''_1, X''_2 \cdots X''_n) \cdots$

设有独立的随机变量 $X_1, X_2 \cdots X_n$，其对应的概率密度函数为 $f(X_1)$、$f(X_2)$、$f(X_i)$、$f(X_n)$，功能函数为 $Z = g(X_1, X_2 \cdots X_n)$。

则蒙特卡罗方法求解结构失效概率的步骤如下：

1. 用随机抽样分别获得各随机变量的分位值 $X_1, X_2 \cdots X_n$，如图 5-9 所示。

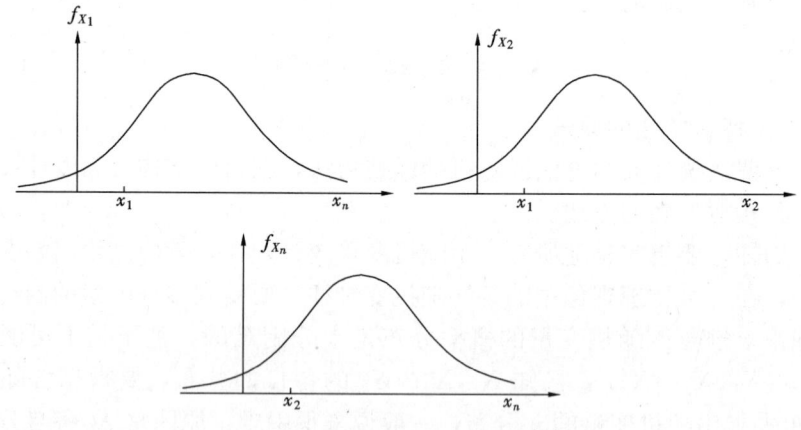

图 5-9 随机变量的分位值

2. 根据上述的抽样值计算功能函数 Z_i 的值：

$$Z_i = g(X'_1, X'_2 \cdots X'_n)$$

3. 设进行了 N 次这样的试验（抽样），每组抽样变量分位值对应的功能函数值为 Z_i，$Z_i \leqslant 0$ 次数为 L，则在大批抽样之后，结构的失效概率可由下式计算：

$$p_{\mathrm{f}} = \frac{L}{N} \tag{5-58}$$

可见，在蒙特卡罗方法中，结构失效概率就是结构失效次数占总抽样数的频率，这就是该方法的基本出发点。

原则上来说，只有当实验或模拟的次数小于数值积分中所需要的积分点的个数时，蒙特卡罗方法才是值得利用的。对于较高的维数来说这是通过由"随机"选择取代系统的选择点所取得的，假定如此选择的点将有以无偏差方法代表被积函数。

为了能有效地将蒙特卡罗技术应用于实际问题，有两个具体的问题需要进一步解决，一个是如何进行随机抽样？另一个是怎样才算大批抽样？

问题一其实就是要求掌握抽样方法，即随机数的产生方法，我们将在下面专门讨论。问题二是要求规定最低的取样数 N 的问题。下面来推导出 N 的最小取值。

工程结构的破坏概率可以表示为：

$$p_{\mathrm{f}} = P\{g(x) < 0\} = \int_{D_{\mathrm{f}}} f(X)\mathrm{d}x \tag{5-59}$$

其结构的可靠指标为：

$$\beta = \Phi^{-1}(1 - p_{\mathrm{f}}) \tag{5-60}$$

式中 $X = (X_1, X_2 \cdots X_n)^{\mathrm{T}}$ 是具有 n 维随机变量的向量；$f(X) = f(X_1, X_2 \cdots X_n)$ 是基本随机变量 X 的联合概率密度函数，当 X 为一组相互独立的随机变量时，则有：$f(X_1, X_2 \cdots X_n) = \prod\limits_{i=1}^{n} f(x_i)$；$g(X)$ 是一组结构的极限状态函数，当 $g(X) < 0$ 时，就意味着结构发生破坏，反之，结构处于安全；D_{f} 是与 $g(X)$ 相对应的失效区域；$\Phi(\cdot)$ 为标准正态分布的累积概率函数。

于是，用蒙特卡罗法表示的式（5-59）可写为：

$$p'_{\mathrm{f}} = \frac{1}{N} \sum_{i=1}^{N} I[g(X')_i] \tag{5-61}$$

式中，N 为抽样模拟总数；当 $g(X'_i) < 0$ 时，$I[g(X')_i] = 1$，反之，$I[g(X')_i] = 0$；冠标 "'" 表示抽样值。所以，（5-61）式的抽样方差为：

$$\sigma'^2 = \frac{1}{N} p'_{\mathrm{f}}(1 - p'_{\mathrm{f}}) \tag{5-62}$$

当选取 95% 的置信度来保证蒙特卡罗法的抽样误差时，有

$$| p'_{\mathrm{f}} - p_{\mathrm{f}} | \leqslant Z_{a/2} \cdot \sigma' = 2\sqrt{\frac{p'_{\mathrm{f}}(1 - p'_{\mathrm{f}})}{N}} \tag{5-63}$$

或者以相对误差 ε 来表示，有

$$\varepsilon = \frac{| p'_{\mathrm{f}} - p_{\mathrm{f}} |}{p_{\mathrm{f}}} < 2\sqrt{\frac{1 - p'_{\mathrm{f}}}{N p'_{\mathrm{f}}}} \tag{5-64}$$

考虑到 p'_f 通常是一个小量，则式（5-64）可以近似地表示为：

$$\varepsilon = \frac{2}{\sqrt{Np'_f}} \quad \text{及} \quad N = \frac{4}{p'_f \cdot \varepsilon^2} \qquad (5\text{-}65)$$

当给定 $\varepsilon=0.2$ 时，抽样数目 N 就必须满足：

$$N = 100/p'_f \qquad (5\text{-}66)$$

这就意味着抽样数目 N 是与 p'_f 成反比，由于 p'_f 一般是一个很小量，如当 $p'_f=10^{-3}$ 时，$N=10^5$（即要求计算上万次）才能获得对 p_f 的足够可靠的估计。这就使得计算分析时遇到困难或花费的时间过多，这样直接的蒙特卡罗法是很难应用于实际的工程结构可靠分析之中。为此，目前正在研究如何在计算次数不太多的情况下得到满足精度要求的 p_f 值，其中使用较多改进抽样技术，减缩方差以降低抽样模拟数目 N。

（二）随机变量的抽样

蒙特卡罗方法计算的基础是对任意已知分布的数学抽样，即是求任意已知分布的随机变量的随机数。为了快速、高精度地产生随机数，通常要分两步进行。首先产生在开区间（0，1）上的均匀分布随机数，然后在此基础上再变换成给定分布变量的随机数。

伪随机数的产生和检验

产生随机数的方法一般有利用随机数表、物理方法和数学方法这三种方法。其中，数学方法以其速度快、计算简单和可重复性等优点而被人们广泛地使用。用数学的方法产生的随机数数列，是根据确定的算法推算出来的，严格说并不是随机的，因此称为伪随机数。但只要这种数列通过检验符合一些统计要求，如均匀性、抽样的随机性等，就可以当成真正的随机数列。

从理论上讲，只要有了一种连续分布的随机变量，就可以通过变换或运算产生其他任意分布的随机变量。而（0，1）区间均匀分布的随机量是最简单、最基本的连续分布。如果能在计算机上产生出（0，1）区间均匀分布的随机变量来，其他分布的随机变量也就不难求得。下面先来讨论均匀分布。

设 R 是（0，1）区间上标准均匀分布的随机量。其密度函数为：

$$f(x) = \begin{cases} 1 & \text{当 } 0 \leqslant x \leqslant 1 \\ 0 & \text{其他} \end{cases}$$

即在（0，1）上取值为1，在（0，1）外取值为零。它的分布函数为：

$$F(x) = \begin{cases} 0 & \text{当 } x \leqslant 0 \\ x & \text{当 } 0 < x \leqslant 1 \\ 1 & \text{当 } x > 1 \end{cases}$$

随机变量 R 的各阶矩存在，特别有：

均值：$E(x) = \int_{-\infty}^{+\infty} x f(x) \mathrm{d}x = \frac{1}{2}$

$$方差：D(x) = \int_0^1 \left(x - \frac{1}{2}\right)^2 f(x)\mathrm{d}x = \frac{1}{12}$$

蒙特卡罗法模拟时，将用到数以万计的均匀分布的随机数，因此，必须解决如何产生大量随机数的问题。

在一台 b 进制（在二进制数字计算机上，则 $b=2$；在十进制数字计算机上，则 $b=10$）、尾部字长 K 位的数字计算机上，不考虑数字的符号和阶码，可以表示 $0，1，2\ldots b^k-1$ 个不同的数。用数字方法产生随机数的实质，就是利用数字计算机能快速地对数值直接进行算术运算和逻辑运算的特点，选用一个合适的数学递推公式：

$$\xi_n = f(\xi_{n-1}, \xi_{n-2} \cdots \xi_{n-k}) \tag{5-67}$$

利用数字计算机上的程序，按上式对数字加工处理。若给定 K 个初始值 ξ_1，$\xi_2 \cdots \xi_k$，就可按式算出第 $k+1$ 个数为：

$$\xi_{k+1} = f(\xi_k, \xi_{k-1} \cdots \xi_1)$$

一般地，当前面 k 个数 ξ_{n-1}，$\xi_{n-2} \cdots \xi_{n-k}$ 已算出，下一个数 ξ_n 即可以按递推公式（5-67）算出。

由于这些数是按照确定性的算法计算出来的，所以所得数列经过一定时间会出现周期性的重复。但是，如果计算方法选用得当，它们就近似地是相互独立和均匀分布的，能够经得起数理统计中的独立性检验和均匀分布检验。

用数学方法产生伪随机数，有代表性的是平方取中法和同余法，其中同余法用得更多，它包括加同余法、线性同余法（也称为混合同余法）。

5.4　算　例

【例题 5-1】　一个 L 形挡土墙如图 5-10 所示，填土重度 $\gamma=17.4\mathrm{kN/m^3}$，内摩擦角的均值 $\mu_\phi=34°$，变异系数 $\delta_\phi=0.10$；基底与土的摩擦角均值 $\mu_\theta=30°$，变异系数 $\delta_\theta=0.10$；墙后填土的高度和超载折算高度之和为 6.7m。假设承载力失效可以忽略，并忽略挡土墙前被动土压力对倾覆稳定和滑移稳定的影响，试估计挡土墙整体的失效概率。

【解】　由主动土压力形成的倾覆力矩为：

$$M_0 = \frac{1}{2}\gamma\tan^2\left(45° - \frac{\phi}{2}\right)H^2 d$$

式中，d 为倾覆力臂，$d=2.23\mathrm{m}$，假设 γ，H 和 d 都是确定性的参数，只有内摩擦角 ϕ 是随机变量。

抵抗力矩已知为 $510\mathrm{kN \cdot m/m}$。

因此，第一模式即倾覆模式的极限状态方程为：

$$g_1(X) = 510 - 873\tan^2\left(45° - \frac{\phi}{2}\right)$$

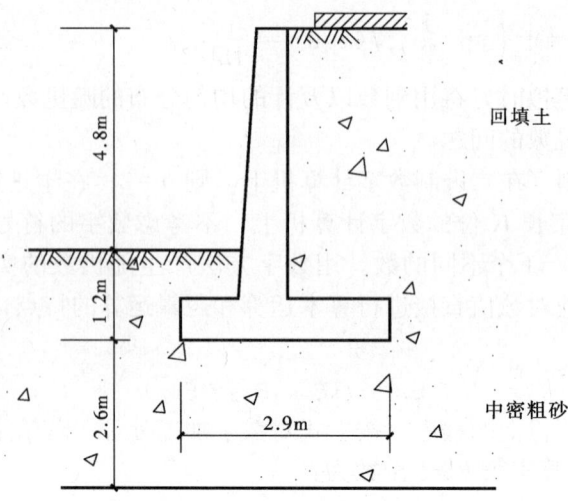

回填土

中密粗砂

4.8m

1.2m

2.6m

2.9m

图 5-10　L形挡土墙

驱使墙体发生滑动的水平力：

$$F = \frac{1}{2}\gamma\tan^2\left(45° - \frac{\phi}{2}\right)H^2 = 391.5\tan^2\left(45° - \frac{\phi}{2}\right)$$

基底摩阻力

$$R = W\tan\delta$$

式中 W 为基底总压力 $W = 296\text{kN/m}$

第二模式即滑移模式的极限状态方程为：

$$g_2(X) = 296\tan\delta - 391.5\tan^2\left(45° - \frac{\phi}{2}\right)$$

对于第一模式的方向余弦：

$$\cos\theta_\phi = 1.0$$

验算点坐标

$$\phi^* = \bar{\phi} - \cos\theta_\phi\beta_1\hat{\sigma}_\phi = 34 - 3.4\beta_1$$

代入极限状态方程：

$$g_1(X^*) = 510 - 873\tan^2\left[45° - \frac{1}{2}(34 - 3.4\beta_1)\right]$$

得 $\beta_1 = 5.42$

$$P_{f1} = \frac{1}{2} - \varphi(5.42) = 0.30 \times 10^{-7}$$

对于第二模式

第一次迭代：

$$\phi^* = 34, \delta^* = 30°$$

$$\frac{\partial g_2}{\partial \phi_u}\bigg|_{p^*} = -391.5 \times 2\text{tg}\left(45° - \frac{34°}{2}\right)\sec^2\left(45° - \frac{34°}{2}\right) \times \left(-\frac{1}{2}\right)\left(\frac{3.4\pi}{180°}\right) = 1.078$$

$$\frac{\partial g_2}{\partial \delta_u}\bigg| p^* = 296\sec^2 30° \times \left(\frac{3.0\pi}{180°}\right) = 1.406$$

方向余弦

$$\cos\theta_\phi = 0.608$$
$$\cos\theta_b = 0.794$$

因此：

$$\phi^* = \overline{\phi} - \cos\theta_\phi \beta_2 \hat{\sigma}_\phi = 34° - 2.067\beta_2$$
$$\delta^* = \hat{\delta} - \cos\theta_\delta \beta_2 \hat{\sigma}_\delta = 30° - 2.382\beta_2$$

代入极限状态方程

$$g_2(X^*) = 296\tan(30° - 2.382\beta_2) - 391.5\tan^2\left[45° - \frac{1}{2} \times (34 - 2.067\beta_2)\right]$$

得：$\beta_2 = 2.32$

第二次迭代：

$$\phi^* = 29.205°, \delta^* = 24.474°$$
$$\cos\theta_b = 0.715 \qquad \cos\theta_\phi = 0.699$$

方向余弦

$$\frac{\partial g_2}{\partial \phi_u}\bigg| p^* = 1.246$$

$$\frac{\partial g_2}{\partial \delta_u}\bigg| p^* = 1.273$$

验算点坐标：

$$\phi^* = 34° - 2.377\beta_2, \delta^* = 30° - 2.145\beta_2$$

代入极限状态方程：

$$g_2(X^*) = 296\tan(30° - 2.145\beta_2) - 391.5\text{tg}^2\left[45° - \frac{1}{2} \times (34 - 2.377\beta_2)\right] = 0$$

得 $\qquad\qquad\qquad\beta_2 = 2.31$

$$P_{f2} = \frac{1}{2} - \varphi(-2.31) = 0.01044$$

由于这两个极限状态中都有 ϕ，可以预料是相关的，按单一模式界限得：

$$0.01044 \leqslant P_f \leqslant 0.01044 + 0.3 \times 10^{-7}$$

从这个例子可以看出，起控制作用的是挡土墙的滑移，系统的失效概率接近于这个控制模式的失效概率。

【例题 5-2】　如图 5-11 所示，某隧道的断面支护为贴壁式直墙割圆拱形衬砌，拱顶厚度 $d_0 = 0.30\text{m}$，拱脚及边墙厚度 $d_n = d_c = 0.45\text{m}$，净跨 $l_0 = 5\text{m}$，拱圈净矢跨比 $f_0/l_0 = 0.25$，衬砌净高 $H_0 = 4.8\text{m}$。围岩为片状砂岩，围岩重度 $\gamma = 26\text{kN/m}^3$，围岩弹性抗力系数 $k = 8 \times 10^5 \text{kN/m}^3$，衬砌采用 C20 素混凝土灌注，

混凝土重度，弹性模量 $E=26\times10^6\,\mathrm{kN/m^3}$。试用可靠性分析的方法计算衬砌结构的失效概率。

【解】 在可靠性分析过程中，将贴壁式直墙割圆拱形衬砌结构作为串联系统考虑。分别在拱顶、拱脚及墙顶、墙脚处建立相应的极限状态方程，计算其可靠性，四处之中只要一处发生破坏则将结构视为破坏。

1. 衬砌截面破坏的判定

衬砌截面的破坏是根据截面强度的验算来判定的：

当 $e_i\geqslant e_0$ 时，根据公式（5-68）计算得：

$$K=\phi\frac{1.75R_tbd_i}{N_i(6e_i/d_i-1)} \tag{5-68}$$

当 $e_i<e_0$ 时，根据公式（5-69）计算得：

$$K=\phi\frac{R_ab(d_i-2e_i)}{N_i} \tag{5-69}$$

如果 $K>K_a$，则截面不破坏，否则视为破坏。其中：

M_i 为截面 i 处的弯矩，N_i 为截面 i 处的轴力；

d_i 为截面 i 处的厚度；

$$e_i=\frac{M_i}{N_i}$$

$$e_0=0.45\frac{d_i}{2}$$

ϕ 为纵向弯曲系数，取 $\phi=1.0$

R_t 为设计抗拉强度，取 $R_t=1300\mathrm{kN/m^2}$

R_a 为设计抗压强度，取 $R_a=11000\mathrm{kN/m^2}$

K_t 为设计抗拉强度设计的安全系数，$K_t=2.65\times1.1$

K_a 为设计抗压强度设计的安全系数，$K_a=1.65\times1.1$

2. 截面内力计算

截面内力计算有多种方法，在此仅给出角变位移法和力法的计算结果（表5-1）。

内力计算结果　　　　　　　　　　　表 5-1

计算方法	拱 顶		拱 脚		墙 顶	
	轴力 (kN)	弯矩 (kN·m)	轴力 (kN)	弯矩 (kN·m)	轴力 (kN)	弯矩 (kN·m)
角变位移法	8.29	1.40	13.66	−3.14	11.17	−3.14
力　　法	8.34	1.38	13.52	−3.03	10.96	−3.60

3. 衬砌结构破坏的判定

计算中,对每一次的抽样参数都分别在拱顶、拱脚、墙顶及墙脚处的截面,根据公式(5-68)或式(5-69)进行强度验算,其中有一处发生破坏,则记录下来。

4. 衬砌结构失效概率的计算

根据每组的抽样总点数和本组总的失效次数,计算出本组抽样点所求得的失效概率。通过多次的迭代计算,结构的失效概率基本上稳定在 0.001151 左右。

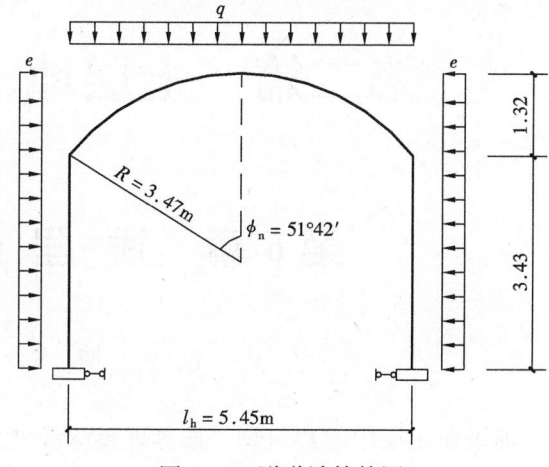

图 5-11 隧道计算简图

思 考 题

1. 简述地下建筑结构不确定性因素及其特点。
2. 简述地下建筑结构可靠性分析的特点。
3. 地下建筑结构的可靠度指标是如何确定的?
4. 结构可靠度分析方法有哪几种?各有什么特点和不同?
5. 试述结构可靠度分析方法在地下建筑结构中的应用前景。

第二篇 土层地下建筑结构

第6章 浅埋式结构

6.1 概　述

埋设在土层中的建筑物,按其埋置深浅划分可分为深埋式结构和浅埋式结构两大类。本章内容仅限于浅埋式结构的设计,其中主要介绍浅埋式矩形结构的设计与计算。

所谓浅埋式结构,是指其覆盖土层较薄,不满足压力拱成拱条件（$H_\pm <$（$2 \sim 2.5$）h_1,h_1 为压力拱高）或软土地层中覆盖层厚度小于结构尺寸的地下结构。决定采用深埋式还是浅埋式的因素包括:建筑物的使用要求、环境条件、地质条件、防护等级以及施工能力等。

一般浅埋式建筑工程,常采用明挖法施工,比较经济;但在地面环境条件要求苛刻的地段,也可采用管幕法、箱涵顶进法等暗挖法施工。

浅埋式结构的形式很多,大体可归纳为以下三种:直墙拱形结构、矩形框架和梁板式结构,或者是上述形式的组合。

6.1.1　直墙拱形结构

浅埋式直墙拱结构在小型地下通道以及早期的人防工程中比较普遍,一般多用在跨度 $1.5 \sim 4m$ 左右的结构中。墙体部分通常用砖或块石砌筑,拱体部分视其跨度大小,可以采用砖砌拱、预制钢筋混凝土拱或现浇钢筋混凝土拱。前两种多用于跨度较小的人防工程的通道部分,后一种则在跨度较大的工程中采用。

从结构受力分析看,拱形结构主要承受轴向压力,其中弯矩和剪力都较小。所以,一些砖、石和混凝土等抗压性能良好,而抗拉性能又较差的材料在拱形结构中得以充分发挥其材料的特性。

拱顶部分按照其轴线形状又可分为:半圆拱、割圆拱、抛物线拱等多种形式。如图 6-1 所示为几种常见的直墙拱结构。

6.1.2　矩 形 闭 合 框 架

随着地下结构跨度、复杂性的增加,以及对结构整体性、防水方面的要求越来越高,混凝土矩形闭合框架结构在地下建筑中的应用变得更为广泛。特别是车行立交地道、地铁通道、车站等最为适用。浅埋式矩形框架结构具有空间利用率高，挖掘断面经济，且易于施工的优点。

矩形闭合框架的顶、底板为水平构件，承受的弯矩较拱形结构大，故一般做成钢筋混凝土结构。

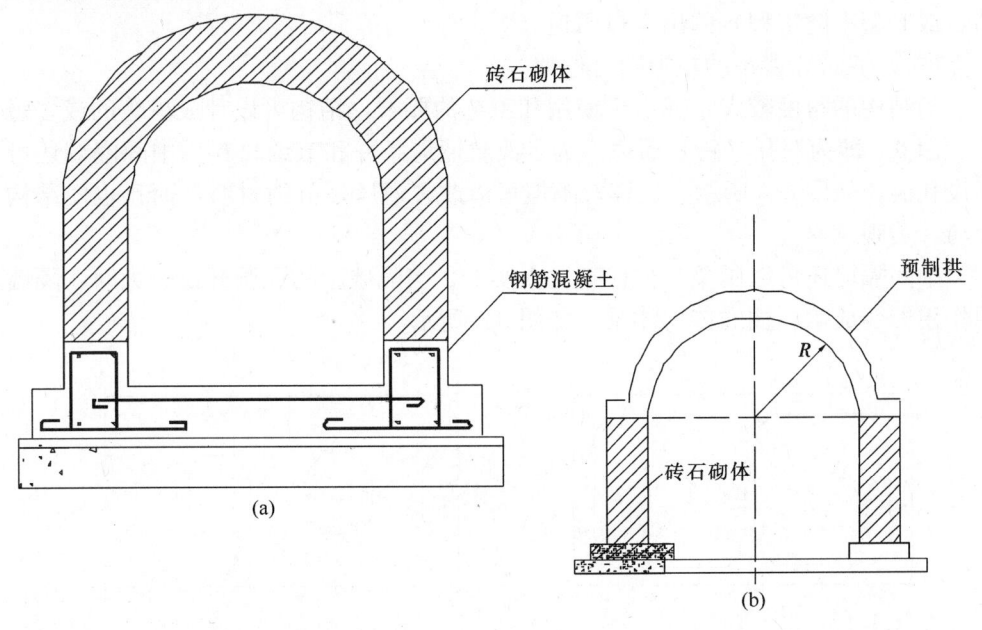

图 6-1　直墙拱形结构

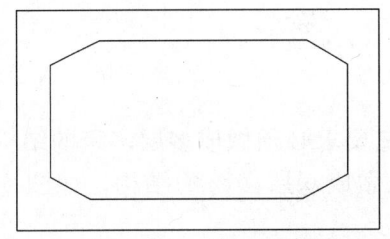

图 6-2　单跨矩形闭合框架

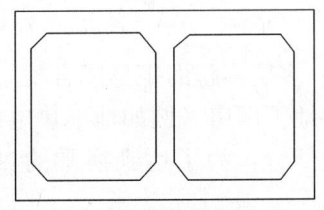

图 6-3　双跨矩形闭合框架

在地铁工程中，根据使用要求及荷载和跨度的大小，闭合框架可以是单跨的、双跨的或是多跨的；有时在车站部分还需做成多层多跨的形式。

（一）单跨矩形闭合框架

当跨度较小时（一般小于 6m），可采用单跨矩形闭合框架。图 6-2 系地铁车站（或大型人防工程）的出入口通道。

（二）双跨和多跨的矩形闭合框架

当结构的跨度较大，或由于使用和工艺的要求，结构可设计成单跨的或多跨的。图 6-3 即为双孔（跨）通道。为了改善通风条件和节约材料，中间隔墙还可开设孔洞，如图 6-4 所示。这样，不但可以改善通风，节约材料，而且也使结构轻巧、美观。

中间隔墙还可以用梁、柱代替。事实上，当隔墙上的孔洞开设较大时，隔墙的作用即变成梁、柱的传力体系，如图 6-5 所示。

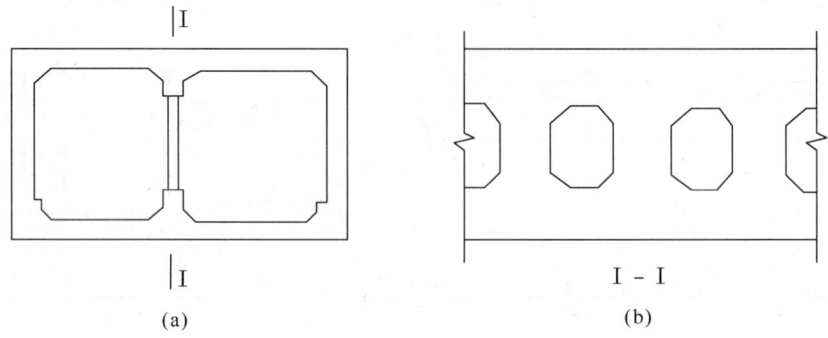

(a)　　　　　　　　　　　　(b)

图 6-4　双跨开孔矩形闭合框架

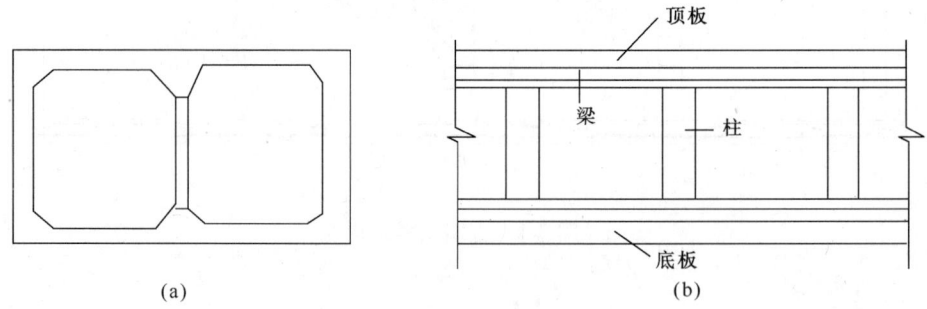

(a)　　　　　　　　　　　　(b)

图 6-5　双跨开孔梁柱矩形闭合框架

（三）多层多跨的矩形闭合框架

有些地下厂房（例如地下热电站）由于工艺要求必须做成多层多跨的结构。地铁车站部分，为了达到换乘的目的，局部也做成双层多跨的结构，如图 6-6 所示。

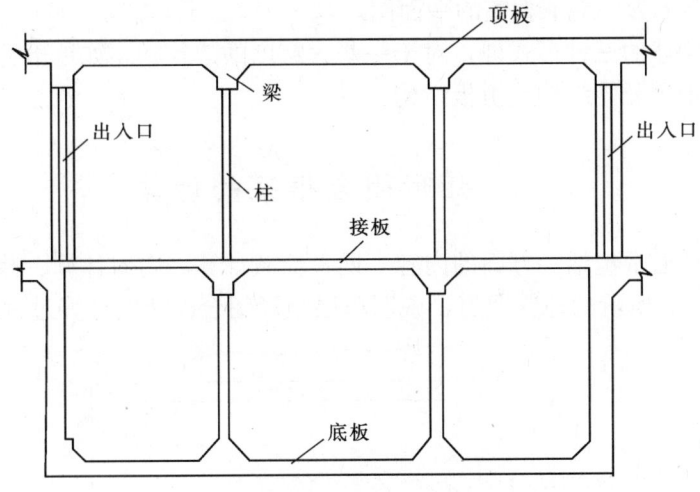

图 6-6 双层多跨的矩形闭合框架

6.1.3 梁板式结构

　　浅埋地下工程中，梁板式结构的应用也很普遍，例如：地下医院、教室、指挥所等。这种工程在地下水位较低的地区或要求防护等级较低的工程中，顶、底板做成现浇钢筋混凝土梁板式结构，而围墙和隔墙则为砖墙；在地下水位较高或防护等级要求较高的工程中，一般除内部隔墙外，均做成箱形闭合框架钢筋混凝

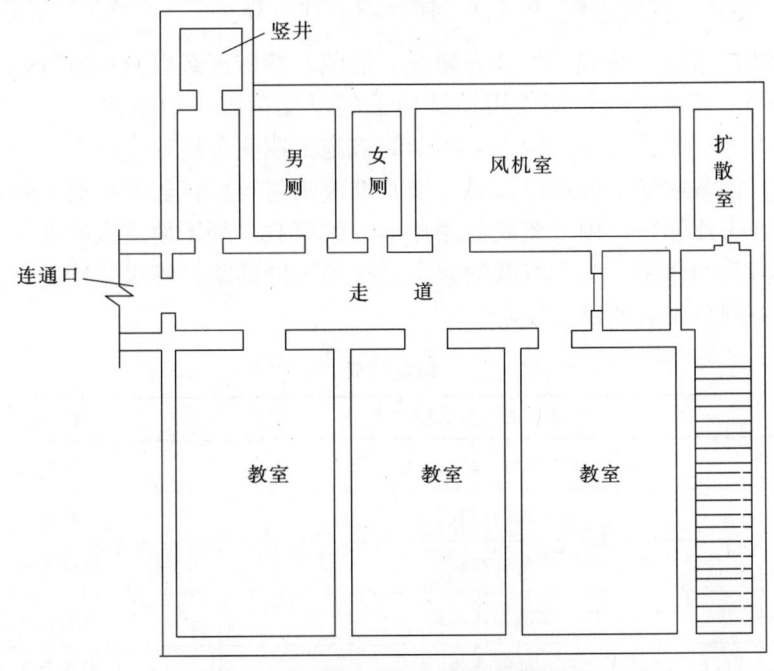

图 6-7 梁板式结构地下教室平面图

土结构。图 6-7 为一地下教室的平面图。

除上面所述的三种形式外，对于一些大跨度的建筑物，如地下礼堂、地下仓库等还可以采用壳体结构或折板结构。

6.2   矩形闭合框架的计算

结构计算通常包括三方面的内容，即：荷载计算、内力计算、截面设计。本节将针对图 6-8 所示的地铁通道，说明单层矩形闭合框架的计算过程。

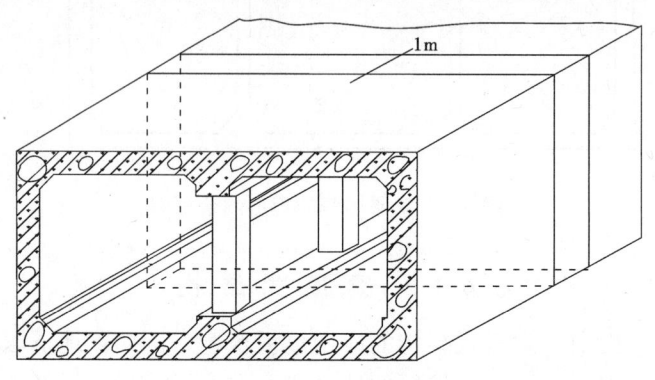

图 6-8   地铁通道

6.2.1   荷   载   计   算

地下结构所受的荷载，可分为静载、活载、特殊荷载以及地震等偶然荷载三类（表 6-1）。静载是指长期作用在结构上的不变荷载，如结构自重、土压力及地下水压力等；活载是指结构物使用期间或施工期间可能存在的变动荷载，如人群、车辆、设备或施工设备以及施工期间堆放的材料、机器等荷载；特载则指常规武器（炮、炸弹）作用或核武器爆炸形成的荷载。处于地震区的地下结构，还受到地震荷载的作用。关于特载的大小是按照不同的防护等级采用的，它在人防工程的有关规范中有明确的规定。

荷载列表   表 6-1

序号	荷 载 类 型	类 别
1	水土压力、结构自重	恒载
2	地面超载	活载
3	特殊荷载	偶然荷载
4	车辆爆炸荷载	偶然荷载
5	地震荷载	偶然荷载

（一）顶板荷载

作用于顶板上的荷载，包括有顶板以上的覆土压力、水压力、顶板自重、路面活荷载以及特载。

1. 覆土压力

因为是浅埋结构，所以计算覆土压力时，只要将结构范围内顶板以上各层土壤（包括路面材料）的重量之和求出来，然后除以顶板的承压面积即可。如果某层土壤处于地下水中，则它的重度 γ_i 要采用浮重度 γ'_i。计算覆土压力时可用下式表示：

$$q_\pm = \sum_i \gamma_i h_i \quad (\text{kN/m}^2)$$

式中　γ_i——第 i 层土壤（或路面材料）的重度；

　　　　h_i——第 i 层土壤（或路面材料）的厚度。

2. 水压力

计算水压力时可用下式表示

$$q_水 = \gamma_w h_w \quad (\text{kN/m}^2)$$

式中　γ_w——水重度；

　　　　h_w——地下水面至顶板表面的距离。

3. 顶板自重

$$q = \gamma d \quad (\text{kN/m}^2)$$

式中　γ——顶板材料的重度；

　　　　d——顶板的厚度。

4. 顶板所受的特载为 $q_顶^t$

5. 地面超载 q

将上面的结果总和起来即得到顶板上所受的荷载为：

$$q_顶 = q_\pm + q_水 + q + q_顶^t + q$$

$$q_顶 = \sum_i \gamma_i h_i + \gamma_w h_w + \gamma d + q_顶^t + q \qquad (6\text{-}1)$$

（二）底板上的荷载

一般情况下，人防工程中的结构刚度都较大，而地基相对来说较松软，所以假定地基反力为直线分布。作用于底板上的荷载可按下式计算：

$$q_底 = q_顶 + \frac{\sum P}{L} + q_底^t \qquad (6\text{-}2)$$

式中　$\sum P$——结构顶板以下，底板以上的两边墙及中间柱等重量；

　　　　L——结构横断面的宽度（图 6-9）；

　　　　$q_底^t$——底板上所受的特载。

（三）侧墙上的荷载

侧墙上所受的荷载有土层的侧向压力、水压力及特载。

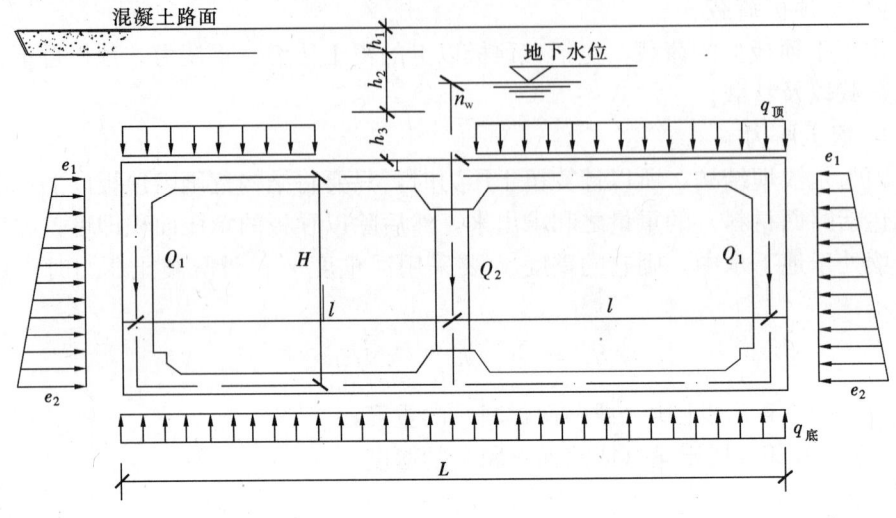

图 6-9　计算简图

1. 土层侧向压力

$$e = \left(\sum_i \gamma_i h_i \right) \tan^2 \left(45° - \frac{\varphi}{2} \right) \tag{6-3}$$

式中　φ——结构埋置处土层的内摩擦角；

此外，处于地下水中的土壤，其 γ_i 要用浮重度。

2. 侧向水压力

$$e_w = \psi \gamma_w h \tag{6-4}$$

式中　ψ——折减系数，其值依土壤的透水性来确定：对于砂土 $\psi=1$，对于黏土 $\psi=0.7$；

　　　h——从地下水表面至考查点的距离。

所以，作用于侧墙上的荷载为：

$$q_侧 = e + e_w + q_侧^t \tag{6-5}$$

式中　$q_侧^t$——作用于侧墙上的特载。

除上面所述的荷载外，由于温度变化、沉陷不匀、材料收缩等因素也会使结构产生内力，但要精确地考虑它是很困难的，通常只在构造上采取适当措施，例如，加配一些构造钢筋、设置伸缩缝和沉降缝等。

处于地震区的地下结构，还可能受到地震荷载的作用。

6.2.2　内　力　计　算

计算内力时，首先要选择合理的计算简图，并初步假设截面的尺寸，下面分别加以说明。

（一）计算简图

地下厂房和地铁通道等结构，一般纵向很长，横向较短，结构所受的荷载沿纵向的大小近于不变，因此，当不考虑结构纵向不均匀变形时，结构可看作平面变形问题。计算时可沿纵向截取单位长度（例如 1m 长）的截条当做闭合框架来计算。为了简便起

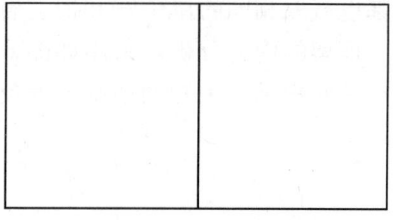

图 6-10　计算简图

见，杆件认为等截面（不考虑支托的影响）。图 6-10 表示一个两孔的闭合框架的计算简图。

一般情形下，框架的顶、底板的厚度要比中隔墙大得多，所以，中隔墙的刚度相对较小，此时，当侧力不大时，将中隔墙看作只承受轴力的二力杆，误差也并不大。这样，图 6-10 的计算简图可用图 6-11 代替。

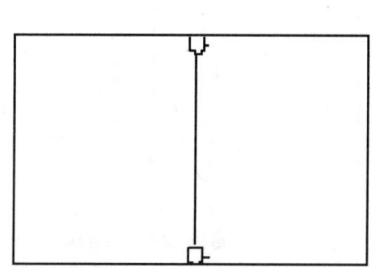

图 6-11　计算替代模型

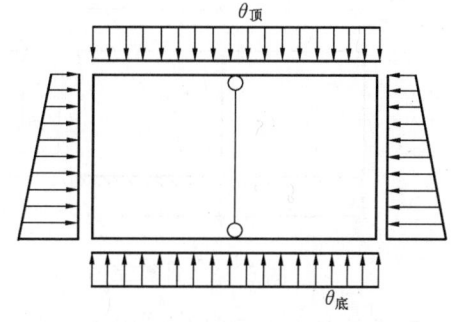

图 6-12　简化计算模型

（二）截面选择

由结构力学可知，计算超静定结构的内力，必须事先知道各杆件截面的尺寸，至少也要知道各杆件截面惯性矩的比值，否则无法进行内力计算。但是确定截面尺寸，只有知道内力之后才能进行，这一矛盾的产生，是由杆件系统结构力学理论本身带来的。克服这一矛盾的办法是：在进行内力计算之前，通常先根据以往的经验或近似计算方法设定各个杆件的截面尺寸，经内力计算后，再来验算所设截面是否合适。否则，重复上述过程，直至所设截面合适为止。

（三）计算方法

当不考虑线位移影响时，可按图 6-12 简化计算模式以力矩分配法进行手算。

而静荷载作用下地层中的闭合框架一般按弹性地基上的框架进行计算，弹性地基可按温克尔地基考虑，也可将地基视作弹性半无限平面。

本节将介绍弹性地基上闭合框架的计算方法。

浅埋地下建筑中的闭合框架，如地铁通道、过江隧道、人防通道等，通常多为平面变形问题，如图 6-13 所示。计算时沿纵向取一单位宽作为计算单元，对

地基也截取相同的单位宽并把它看作一个弹性半无限平面。

框架的内力分析可采用如图 6-14 所示的计算简图，与一般平面框架的区别即在于底板承受未知的地基弹性反力而使内力分析变为复杂。

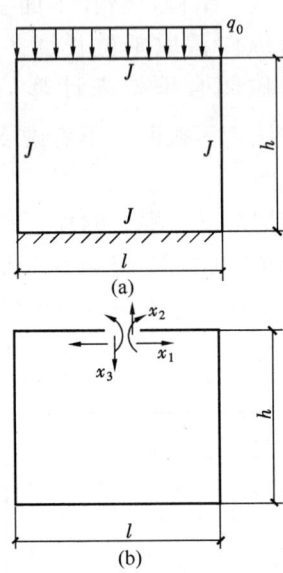

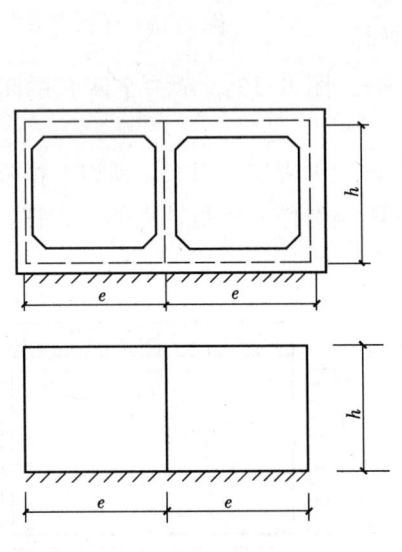

图 6-13　计算简图

图 6-14　计算简图及基本结构

弹性地基上平面框架的内力计算仍可采用结构力学中的力法，只是需要将底板按弹性地基梁来考虑。如图 6-14（a）所示为一平面闭合框架，承受均布荷载 q，用力法计算内力时，可将横梁在中央切开，如图 6-14（b）所示，并写出典型方程为：

$$\begin{cases} x_1\delta_{11}+x_2\delta_{12}+x_3\delta_{13}+\Delta_{1P}=0 \\ x_1\delta_{21}+x_2\delta_{22}+x_3\delta_{23}+\Delta_{2P}=0 \\ x_1\delta_{31}+x_2\delta_{32}+x_3\delta_{33}+\Delta_{3P}=0 \end{cases}$$

系数是指在多余力 x_j 作用下，沿 x_i 方向的位移，Δ_{iP} 是指在外荷载作用下沿 x_i 方向的位移，按下式计算：

$$\delta_{ij}=\delta'_{ij}+b_{ij}$$

$$\Delta_{ij}=\Delta'_{iP}+b_{iq}$$

$$\delta'_{ij}=\Sigma\int\frac{M_iM_j}{EJ}\mathrm{d}s$$

式中　δ'_{ij}——框架基本结构在单位力作用下产生的位移（不包括底板）；

　　　b_{ij}——底板按弹性地基梁在单位力 x_j 作用下算出的切口处 x_i 方向的位移；

Δ'_{iP}——框架基本结构在外荷载作用下产生的位移（不包括底板）；

b_{iq}——底板按弹性地基梁在外荷载 q 作用下算出的切口处 x_i 方向的位移。

将所求到的系数及自由项代入典型方程，解出未知力 x_i，并进而绘出内力图。

（四）设计弯矩、剪力及轴力的计算

1. 设计弯矩

根据计算简图求解超静定结构时，直接求得的是节点处的内力（即构件轴线相交处的内力），然后利用平衡条件可以求得各杆任意截面处的内力。由图 6-15 看出，节点弯矩（计算弯矩）虽然比附近截面的弯矩为大，但其对应的截面高度是侧墙的高度，所以，实际不利的截面（弯矩大而截面高度又小）则是侧墙边缘处的截面，对应这个截面的弯矩称为设计弯矩。根据隔离体平衡条件，可以按下面的公式计算设计弯矩：

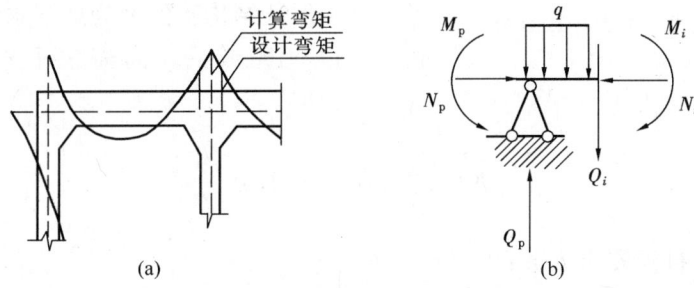

图 6-15　设计弯矩计算简图

$$M_i = M_p - Q_p \times \frac{b}{2} + \frac{q}{2}\left(\frac{b}{2}\right)^2 \tag{6-6}$$

式中　M_i——设计弯矩；

M_p——计算弯矩；

Q_p——计算剪力；

b——支座宽度；

q——作用于杆件上的均布荷载。

设计中为了简便起见，式（6-6）可近似地用下式代替：

$$M_i = M_p - Q_p \times \frac{b}{2} \tag{6-7}$$

2. 设计剪力

同上面的理由一样，对于剪力，不利截面仍然处于支座边缘处，根据隔离体条件，设计剪力按下式计算：

$$Q_i = Q_p - \frac{q}{2} \times b \tag{6-8}$$

3. 设计轴力

由静载引起的设计轴力按下式计算：

$$N_i = N_p \qquad (6-9)$$

式中 N_p——由静载引起的计算轴力。

由特载引起的设计轴力按下式计算：

$$N_i^t = N_p^t \times \xi \qquad (6-10)$$

式中 N_p^t——由特载引起的计算轴力；

ξ——折减系数，对于顶板 ξ 可取 0.3，对于底板和侧墙可取 0.6。

将上面两种情形求得的设计轴力加起来即得各杆件的最后设计轴力。

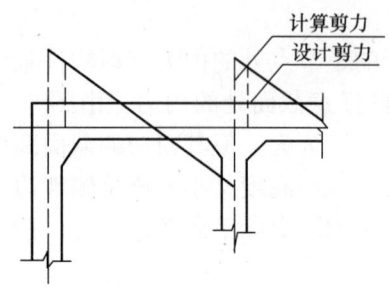

图 6-16 设计剪力计算简图

6.2.3 抗 浮 验 算

为了保证结构不致因为地下水的浮力而浮起，在设计完成后，尚需按下式进行抗浮计算：

$$K = \frac{Q_重}{Q_浮} \geqslant 1.05 \sim 1.10 \qquad (6-11)$$

式中 K——抗浮安全系数；

$Q_重$——结构自重、设备重及上部覆土重之和；

$Q_浮$——地下水的浮力。

当箱体已经施工完毕，但未安装设备和回填土时，计算 $Q_重$ 时只应考虑结构自重。

6.3 截 面 设 计

地下结构的截面选择和强度计算，除特殊要求外，一般以《混凝土结构设计规范》(GB 50010—2002) 为准。

在特殊荷载与其他荷载共同作用下，按弯矩及轴力对构件进行强度验算时，要考虑材料在动载作用下的强度提高，而按剪力和扭力对构件进行强度验算时，则材料的强度不提高。

在设有支托的框架结构中，进行构件截面验算时，杆件两端的截面计算高度采用 h

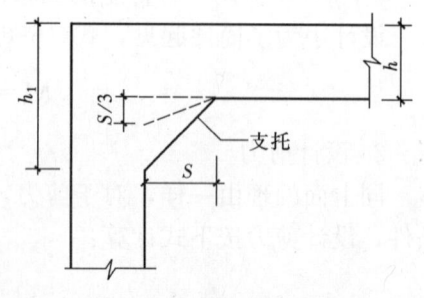

图 6-17 支托框架结构

$+\dfrac{S}{3}$。h 为构件截面高度，S 为平行于构件轴线方向的支托长度。同时，$h+\dfrac{S}{3}$ 的值不得超过杆端截面高度 h_1，即 $h+\dfrac{S}{3}\leqslant h_1$，如图 6-17 所示。

地下矩形闭合框架结构的构件（顶板、侧墙、底板）常按偏心受压构件进行截面验算。

6.4　构　造　要　求

6.4.1　配　筋　形　式

图 6-18 表示闭合框架的配筋形式，它由横向受力钢筋和纵向分布钢筋组成。为便于施工也可将钢筋制成焊网，如某地铁通道将顶、底板的纵向分布钢筋和侧墙的横向受力钢筋均制成焊网。

为改善闭合框架的受力条件，一般在角部设置支托，并配支托钢筋。当荷载较大时，需验算抗剪强度，并配置钢箍和弯起筋，如图 6-18 所示。

对于考虑动载作用的地下结构物，为提高构件的抗冲击动力性能，构件断面上宜配置双筋。

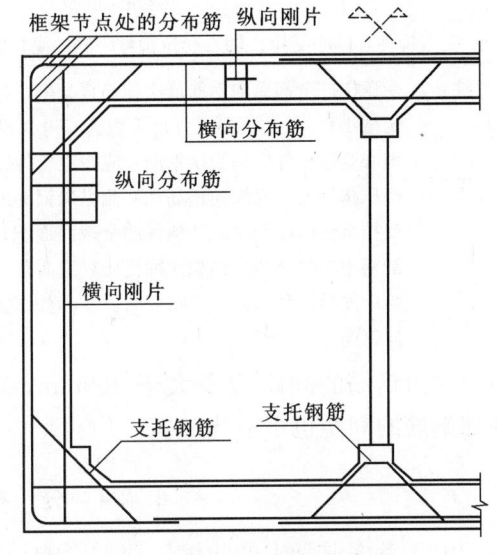

图 6-18　闭合框架配筋形式

6.4.2　混凝土保护层

地下结构的特点是外侧与土、水相接触，内侧相对湿度较高。因此，受力钢筋的保护层最小厚度（从钢筋的外边缘算起）比地面结构增加 5～10mm，应遵守表 6-2 的规定。例如，某越江工程混凝土保护层为 35mm，某地铁工程中，周边构件保护层为 50mm。

6.4.3　横向受力钢筋

横向受力钢筋的配筋百分率，不应小于表 6-3 中的规定。计算钢筋百分率时，混凝土的面积要按计算面积计算。

受弯构件及大偏心受压构件受拉主筋的配筋率，一般应不大于 1.2%，最大不得超过 1.5%。

配置受力钢筋要求细而密。为便于施工，同一结构中选用的钢筋直径和型号不宜过多。通常，受力钢筋直径 $d\leqslant32$mm，对于以受弯为主的构件 $d\geqslant10\sim$

14mm；对于以受压为主的构件 $d \geqslant 12 \sim 16$mm。

混凝土保护层最小厚度   表 6-2

构件名称	钢筋直径（mm）	保护层厚度（mm）
墙板及环形结构	$d \leqslant 10$	$15 \sim 20$
	$12 \leqslant d \leqslant 14$	$20 \sim 25$
	$16 \leqslant d \leqslant 20$	$25 \sim 30$
梁柱	$d < 32$	$30 \sim 35$
	$d \geqslant 32$	$d + （5 \sim 10）$
基础	有垫层	35
	无垫层	70

钢筋的最小配筋百分率（%）   表 6-3

受 力 类 型		最小配筋百分率（%）
受压构件	全部纵向钢筋	0.6
	一侧纵向钢筋	0.2
受弯构件、偏心受拉、轴心受拉构件一侧的受拉钢筋		0.2 和 $45 f_t / f_y$ 中的较大值

注：1. 受压构件全部纵向钢筋最小配筋百分率，当采用 HRB400 级、RRB400 级钢筋时，应按表中规
定减小 0.1；当混凝土强度等级为 C60 及以上时，应按表中规定增大 0.1；

2. 偏心受拉构件中的受压钢筋，应按受压构件一侧纵向钢筋考虑；

3. 受压构件的全部纵向钢筋和一侧纵向钢筋的配筋率以及轴心受拉构件和小偏心受拉构件一侧
受拉钢筋的配筋率应按构件的全截面面积计算；受弯构件、大偏心受拉构件一侧受拉钢筋的
配筋率应按全截面面积扣除受压翼缘面积 $(b_f' - b) h_f'$ 后的截面面积计算；

4. 当钢筋沿构件截面周边布置时，"一侧纵向钢筋"系指沿受力方向两个对边中的一边布置的纵
向钢筋。

受力钢筋的间距应不大于 200mm，不小于 70mm，但有时由于施工需要，
局部钢筋的间距也可适当放宽。

6.4.4   分 布 钢 筋

由于考虑混凝土的收缩、温差影响、不均匀的沉陷等因素的作用，必须配置
一定数量的构造钢筋。

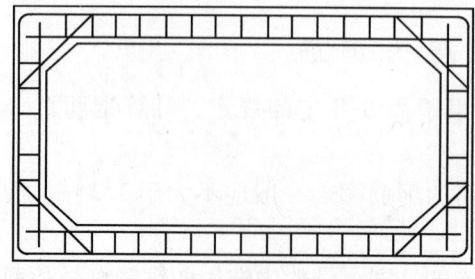

纵向分布钢筋的截面面积，一般
应不小于受力钢筋截面积的 10%，
同时，纵向分布钢筋的配筋率：对
顶、底板不宜小于 0.15%；对侧墙
不宜小于 0.20%。例如，某地铁通
道顶、底板厚50cm，其内或外侧采用
$\frac{1}{2} \times 0.15\% \times 100 \times 50 = 3.75$cm² 的分布

图 6-19   分布钢筋布置图

筋，选用 $\phi 12$、间距 250mm 的钢筋，其面积为 $4.52cm^2$。

纵向分布钢筋应沿框架周边各构件的内、外两侧布置，其间距可采用 $100\sim$ 300mm。框架角部，分布钢筋应适当加强（如加粗或加密），其直径不小于 $12\sim$ 14mm，如图 6-19 所示。

6.4.5 箍 筋

地下结构断面厚度较大，一般可不配置箍筋，如计算需要时，可参照表6-4，按下述规定配置：

（1）框架结构的箍筋间距在绑扎骨架中不应大于 $15d$，在焊接骨架中不应大于 $20d$（d 为受压钢筋中的最小直径），同时不应大于 400mm。

（2）在受力钢筋非焊接接头长度内，当搭接钢筋为受拉筋时，其箍筋间距不应大于 $5d$，当搭接钢筋为受压筋时，其箍筋间距不应大于 $10d$（d 为受力钢筋中的最小直径）。

（3）框架结构的箍筋一般采用⊐形直钩槽形箍筋，这种钢筋多用于顶、底板，其弯钩必须配置在断面受压一侧。L 形箍筋多用于侧墙。

箍筋的最大间距（mm）　　　　　　　　　　　表 6-4

项 次	板和墙厚（mm）	$V>0.7f_tbh_0$	$V\leqslant 0.7f_tbh_0$
1	$150<h\leqslant 300$	150	200
2	$300<h\leqslant 500$	200	300
3	$500<h\leqslant 800$	250	350
4	$h>800$	300	400

6.4.6 刚 性 节 点 构 造

框架转角处的节点构造应保证整体性，即应有足够的强度、刚度及抗裂性，除满足受力要求外，还要便于施工。

当框架转角处为直角时，应力集中较严重（见图 6-20a）。为缓和应力集中现

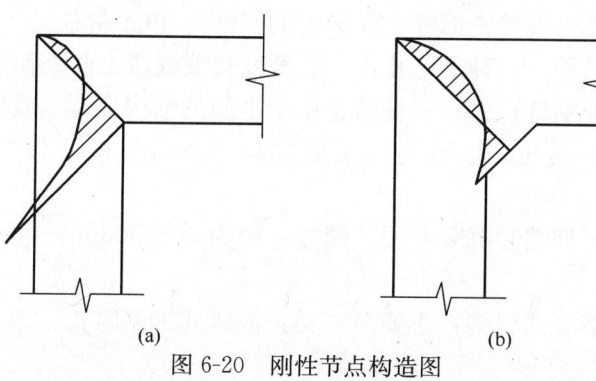

(a)　　　　　　　　　　　　　　(b)

图 6-20　刚性节点构造图

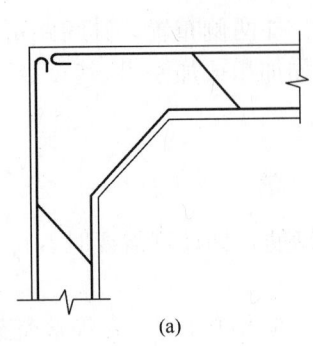
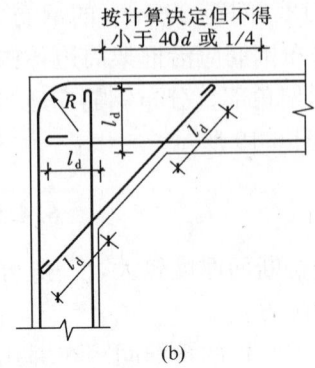

按计算决定但不得
小于40d 或1/4

(a)   (b)

图 6-21   框架节点钢筋布置图

象，在节点可加斜托（见图 6-20b），斜托的垂直长度与水平长度之比以 1：3 为宜。斜托的大小视框架跨度大小而定。

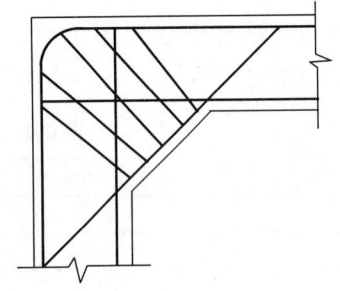

图 6-22   角部箍筋图

框架节点处钢筋的布置原则如下：

（1）沿节点内侧不可将水平构件中的受拉钢筋随意弯曲（见图 6-21a），而应沿斜托另配直线钢筋（见图 6-21b），或将此钢筋直接焊在侧墙的横向焊网上（见图 6-21）。

（2）沿着框架转角部分外侧的钢筋，其弯曲半径 R 必须为所用钢筋直径的 10 倍以上，即 $R \geqslant 10d$（见图 6-21b）。

（3）为避免在转角部分的内侧发生拉力时，内侧钢筋与外侧钢筋无联系，使表面混凝土容易剥落，因此最好在角部配置足够数量的箍筋（见图 6-22）。

6.4.7   变形缝的设置及构造

为防止结构由于不均匀沉降、温度变化和混凝土收缩等引起破坏，沿结构纵向，每隔一定距离需设置变形缝。变形缝的间距为 30m 左右。

变形缝分为两种：一种是防止由于温度变化或混凝土收缩而引起结构破坏所设置的缝，称为伸缩缝；另一种是防止由于不同的结构类型（或结构相邻部分具有不同荷载）或不同地基承载力而引起结构不均匀沉陷所设置的缝，称为沉降缝。

变形缝为满足伸缩和沉降需要，缝宽一般为 20～30mm，缝中填充富有弹性且防水的材料。

变形缝的构造方式很多，主要分三类：嵌缝式、贴附式、埋入式。

（一）嵌缝式

图 6-23 表示嵌缝式变形缝，材料可用沥青砂板、沥青板等。为了防止板与结构物间有缝隙，在结构内部槽中填以沥青胶或环煤涂料（即环氧树脂和煤焦油涂料）等以减少渗水可能。也可在结构外部贴一层防水层，如图 6-23（b）所示。

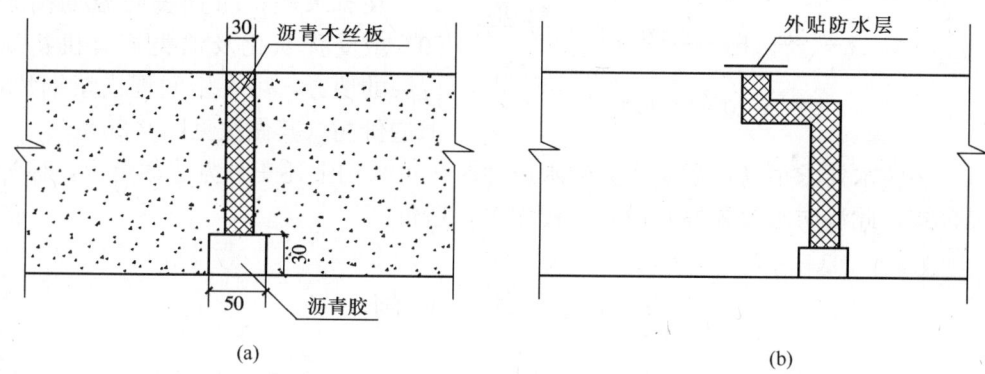

图 6-23 嵌缝式变形缝

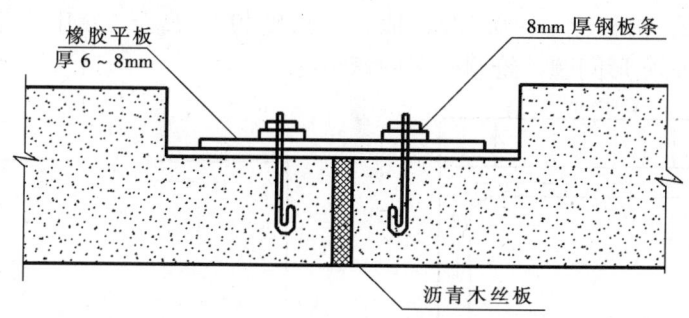

图 6-24 贴附式变形缝

嵌缝式的优点是造价低、施工易，但在有压水中防水效能不良，仅适于地下水较少的地区或防水要求不高的工程中。

（二）贴附式

图 6-24 表示贴附式变形缝，将厚度 6～8mm 的橡胶平板用钢板条及螺栓固定结构上。

这种方式亦称为可卸式变形缝。其优点是橡胶平板年久老化后可以拆换，缺点是不易使橡胶平板和钢板密贴。这种构造可用于一般地下工程中。

（三）埋入式

图 6-25 表示埋入式变形缝。

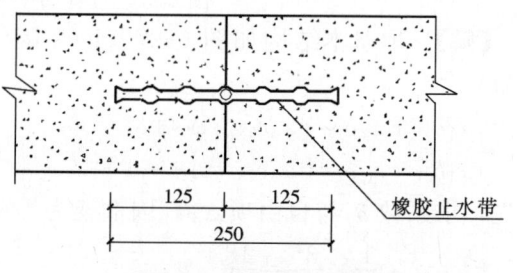

图 6-25 埋入式变形缝

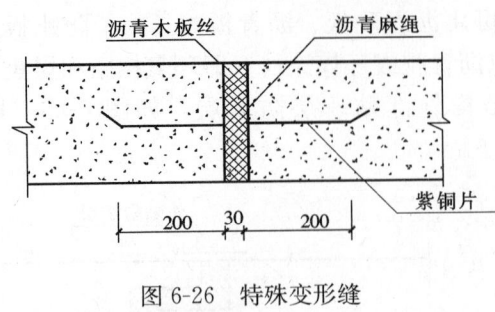

沥青木板丝　　沥青麻绳

紫铜片

200　30　200

图 6-26　特殊变形缝

在浇灌混凝土时，把橡胶或塑料止水带埋入结构中。其优点是防水效果可靠，但橡胶老化问题需待改进，这种方法在大型工程中普遍采用。

在有水压，而且表面温度高于 50℃ 或受强氧化及油类等有机物质侵蚀的地方，可在中间埋设紫铜片，但造价高（其做法见图 6-26）。

当防水要求很高，承受较大的水压力时，可采用上述三种方法的组合，称为混合式，此法防水效果好，但施工程序多，造价高。

6.5　算　例

【例题 6-1】　一单跨闭合的钢筋混凝土框架通道，置于弹性地基上，几何尺寸如图 6-27（a）所示，横梁承受均布荷载 20kN/m^2，材料的弹性模量 $E = 1.4 \times 10^4 \text{MPa}$，泊松比 $\mu = 0.167$，地基的形变模量 $E_0 = 50\text{MPa}$，泊松比 $\mu_0 = 0.3$，设为平面变形问题，绘制框架的弯矩图。

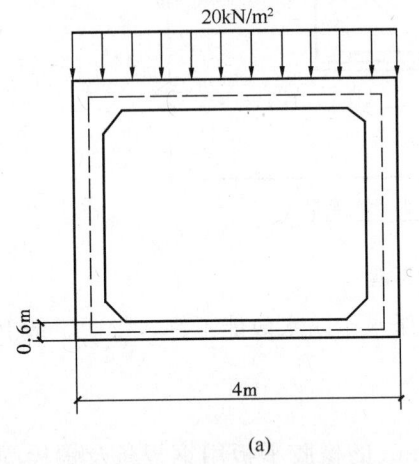

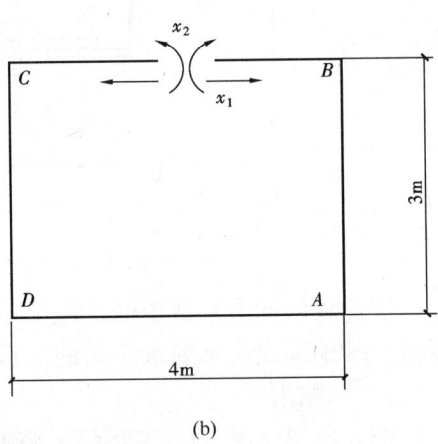

(a)　　　　　　　　　(b)

图 6-27　计算简图及基本结构

【解】　取基本结构如图 6-27（b），因结构对称，故 $x_3 = 0$ 可写出典型方程为：

$$\begin{cases} x_1 \delta_{11} + x_2 \delta_{12} + x_3 \delta_{13} + \Delta_{1P} = 0 \\ x_1 \delta_{21} + x_2 \delta_{22} + x_3 \delta_{23} + \Delta_{2P} = 0 \end{cases}$$

首先，求系数 δ_{ij} 与自由项 Δ_{iP}，因框架为等截面直杆，用图乘法求得：

$$\delta'_{11} = 2 \times \frac{1}{3} \times \frac{3^2}{EJ} = \frac{18}{EJ}$$

$$\delta'_{12}=\delta'_{21}=2\times\frac{3\times3\times1}{2EJ}=\frac{9}{EJ}$$

$$\delta'_{22}=2\times\frac{(3+2)\times1\times1}{EJ}=\frac{10}{EJ}$$

$$\Delta'_{1P}=-2\times\frac{40\times3\times3}{2EJ}=-\frac{360}{EJ}$$

$$\Delta'_{2P}=2\left(-\frac{40}{3}\times2\times1-40\times3\times1\right)\frac{1}{EJ}=-293.33\frac{1}{EJ}$$

再求 b_{ij} 和 b_{iq}。为此，需计算出弹性地基梁的柔度指标 t：

$$t\cong10\frac{E_0}{E}\frac{(1-\mu^2)}{(1-\mu_0^2)}\left(\frac{l}{h}\right)^3=10\times\frac{50}{1.4\times10^4}\frac{(1-0.167^2)}{(1-0.3^2)}\left(\frac{2.0}{0.6}\right)^3=1.00$$

在单位力 $x_1=1$ 作用下，A 点产生弯矩 $m_A=3\mathrm{kN\cdot m}$（顺钟向）。根据 $m_A=3\mathrm{kN\cdot m}$，按照弹性地基梁计算，在 $\alpha=1$，$\xi=1$ 产生的转角 θ_A 按下式计算：

$$\theta_{A1}=\bar{\theta}_{Am}\frac{ml}{EJ}$$

式中　m——作用于梁上两个对称弯矩值；

$\bar{\theta}_{Am}$——两对称力矩作用下，弹性地基梁的角变计算系数，可查表求得。

代入数字，则

$$\theta_{A1}=-0.952\frac{(-3)\times2.0}{EJ}=\frac{5.712}{EJ}\text{（顺时针向转动）}$$

在 $x_1=1$ 作用下，由于弹性地基梁的变形，使框架切口处沿 x_1 方向产生的相对线位移为：

$$b_{11}=2\times3\times\theta_{A1}=\frac{34.272}{EJ}$$

同理，在 $x_1=1$ 作用下，使框架切口处沿 x_2 方向产生的相对角位移为：

$$b_{21}=b_{12}=2\times\theta_{A1}=(2\times5.712)\frac{1}{EJ}=\frac{11.424}{EJ}$$

在 $x_2=1$ 作用下，框架切口处沿 x_2 方向的相对角位移为：

$$b_{22}=2\times\theta_{A2}=2\times\frac{1.904}{EJ}=3.81\frac{1}{EJ}$$

如图 6-28 所示，在外荷载作用下，弹性地基梁（底板）的变形使框架切口处沿 x_1 及 x_2 方向产生位移，计算时应分别考虑外荷载传给

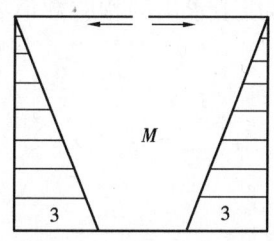

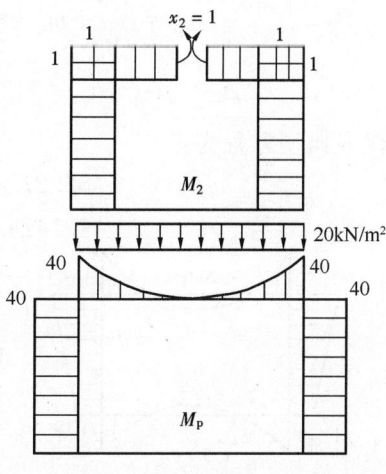

图 6-28

地基梁两端的力 R 及弯矩 M 的影响，计算由两个对称弯矩引起 A 点的角变方法同前，而计算两个对称反力 R 引起 A 点的角变值为：

$$\theta_{AR} = \bar{\theta}_{AR} = \frac{Rl^2}{EJ}$$

式中　R——作用于梁上两个对称集中力值，向下为正；

　　　$\bar{\theta}_{AR}$——两个对称集中力作用下，弹性地基梁的角变计算系数，可查表求得。

因为力 $R_A = \frac{ql}{2} = 40\text{kN}$，$A$ 点的弯矩 $m_A = 40\text{kN} \cdot \text{m}$

所以　$\theta_{AR} = 0.252 \frac{40 \times 2.0^2}{EJ} = \frac{40.4}{EJ}$

$$\theta_{Am} = -0.952 \frac{40 \times 2.0}{EJ} = -\frac{76.16}{EJ}$$

由外荷载 q 引起弹性地基梁的变形，致使沿 x_1 及 x_2 方向产生的相对位移为：

$$b_{1q} = 2(\theta_{AR} + \theta_{Am}) \times 3 = 6 \times \left(\frac{40.4}{EJ} - \frac{76.16}{EJ}\right) = -\frac{214.56}{EJ}$$

$$b_{2q} = \frac{b_{1q}}{h} = \frac{-214.56}{3EJ} = -71.52 \frac{1}{EJ}$$

将以上求出的相应数值叠加，得系数及自由项为：

$$\delta_{11} = \delta'_{11} + b_{11} = \frac{18}{EJ} + 34.272 \frac{1}{EJ} = 52.272 \frac{1}{EJ}$$

$$\delta_{21} = \delta'_{21} + b_{12} = \frac{9}{EJ} + 11.424 \frac{1}{EJ} = 20.424 \frac{1}{EJ}$$

$$\delta_{22} = \delta'_{22} + b_{22} = \frac{18}{EJ} + 3.81 \frac{1}{EJ} = 13.81 \frac{1}{EJ}$$

$$\Delta_{1P} = \Delta'_{1q} + b_{1q} = -\frac{360}{EJ} - 214.56 \frac{1}{EJ} = -574.56 \frac{1}{EJ}$$

$$\Delta_{2P} = \Delta'_{2q} + b_{2q} = -293.34 \frac{1}{EJ} - 71.52 \frac{1}{EJ} = -364.86 \frac{1}{EJ}$$

代入典型方程为：

$$\begin{cases} 52.272x_1 + 20.424x_2 + 574.56 = 0 \\ 20.424x_1 + 13.810x_2 + 364.86 = 0 \end{cases}$$

解得　$x_1 = 1.58\text{kN}$，$x_2 = 24.08\text{kN} \cdot \text{m}$

已知 x_1 和 x_2，即可求出上部框架的弯矩图。底板的弯矩可根据 A 点及 O 点的力 R 和弯矩 m，按弹性地基梁方法算出，如图 6-29 所示。

对弹性地基框架的内力分析，还可以采用超静定的上部刚架与底板作为基本结构。将上部刚

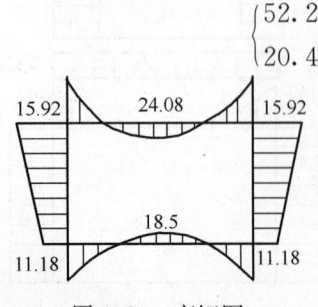

图 6-29　弯矩图

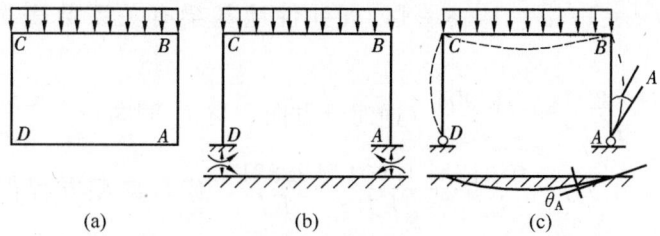

图 6-30　计算简图

架与底板分开计算，再按照切口处反力相等（如图 6-30b）或变形协调（如图 6-30c），用位移法或力法解出切口处的未知位移或未知力，然后计算上部刚架和底板的内力。采用这种基本结构进行分析的优点，可以利用已有的刚架计算公式，或预先计算出有关的常数使计算得到简化。

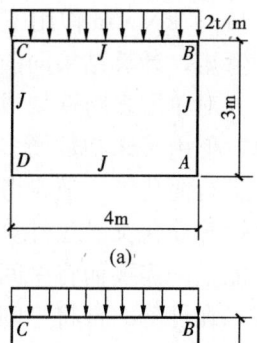

【例题 6-2】 同前例采用二铰刚架为基本结构解框架的弯矩图。

【解】 取基本结构如图 6-31（b），因对称可取成组未知力 x 并写出典型方程为：

$$x\delta_{11} + \Delta_{1P} = 0$$

求系数 Δ_{1P}：对上部刚架，按附表计算 A 点角变 θ'_{Ap}，因固定端弯矩 $M^F_{AB} = M^F_{BA} = 0$，$M^F_{BC} = 26.67\text{kN} \cdot \text{m}$

所以

$$\theta'_{Ap} = \frac{26.67}{6\dfrac{EJ}{3} + 4\dfrac{EJ}{4}} = \frac{8.89}{EJ}$$

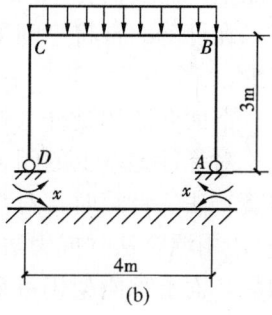

图 6-31　基本结构

（顺时针方向，与 x 同向）

对底板，因为

$$t = 10\frac{E_0}{E}\frac{(1-\mu^2)}{(1-\mu_0^2)}\left(\frac{l}{h}\right)^3 = 10 \times \frac{50\,(1-0.167^2)}{1.4 \times 10^4\,(1-0.3^2)}\left(\frac{2.0}{0.6}\right)^3 = 1.0$$

$$\theta'_{Ap} = 0.252\frac{40 \times 2.0^2}{EJ} = \frac{40.4}{EJ}\ （顺时针方向，与 x_1 反向）$$

所以

$$\Delta_{1P} = \theta'_{AP} + \theta'_{AP} = \frac{8.89}{EJ} - \frac{40.4}{EJ} = -31.51\frac{1}{EJ}$$

系数 δ_{11}：对上部框架，因 $M_{AB} = -1$，$M_{BA} = 0$，$M_{BC} = 0$，从附表情形 1 可得 A 点角变公式为 $\left(Q\dfrac{K_2}{K_1} = \dfrac{J_2}{4} \cdot \dfrac{3}{J_1} = 0.75\right)$

$$\theta'_{A1} = \frac{-(2+0.75)(-1)}{6\dfrac{EJ}{3} + 4\dfrac{EJ}{4}} = \frac{0.917}{EJ}\ （顺时针方向，与 x_1 同向）$$

对底板，因为 $t=1$，$\alpha=1$，$\xi=1$，查弹性地基梁有关系数表得系数值 $\overline{m}=-0.952$，则

$$\theta'_{A1}=-0.952\frac{1\times 2.0}{EJ}=-\frac{1.904}{EJ}\quad(逆时针方向，与 x_1 同向)$$

所以　$\delta_{11}=\theta'_{A1}+\theta'_{A1}=\frac{0.917}{EJ}+\frac{1.904}{EJ}=\frac{2.821}{EJ}$，代入典型方程得：$x_1=\frac{31.51}{2.821}=11.17$

绘内力图，可用结构力学方法解出二铰刚架在均布荷载 $q=20\text{kN/m}^2$ 及 $m_A=11.17\text{kN}\cdot\text{m}$ 作用下的弯矩图，同时根据 A 点及 D 点处的反力及弯矩计算底板弯矩，计算结果同前例。

对单层多跨框架或更复杂的框架考虑弹性地基的计算，也可按相同的方法进行，但由于未知数增多，计算十分烦琐。在实际工程设计中，除利用结构的对称性进行简化外，还常考虑结构各杆之间的刚度比而采用可简化计算的计算简图，使计算简化又满足计算精度的要求。如单层多跨框架式通道，实际工程中常由于功能上的需要而将中间隔墙截面尺寸减小或开洞形成支柱，使其刚度较侧墙小很多，在计算时常将中间隔墙近似假定为上下端为铰接的联杆，使计算工作大为减少。

下面介绍用链杆（弹簧）法解弹性地基框架。

对弹性地基上的闭合框架的内力分析，也可同弹性地基梁一样采用链杆（或弹簧）法。计算时，对与地基接触的底板，将未知反力分段代以刚性链杆（或弹簧），用混合法（或力法）求解。切断链杆（或弹簧）并以未知力及变位作为未知数，而上部刚架仍可采用力法或位移法分析。将上述未知力代入典型方程中，可解出框架内力。以下仅以简单的对称单跨闭合框架为例进行说明。

【例题 6-3】　资料如前例（图 6-32）。

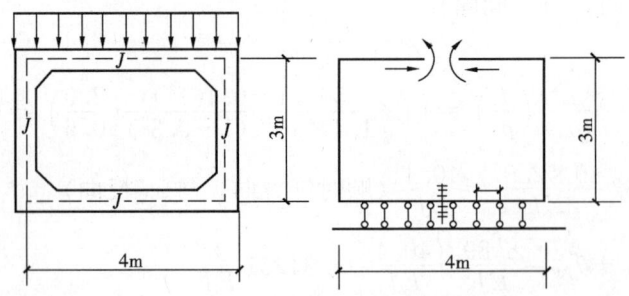

图 6-32　计算简图及基本结构

【解】　将框架横梁在中部切开，代以多余未知力 x_4 和 x_5（因结构对称、荷载对称切口处剪力等于零），再于底板和地基之间设置链杆（或弹簧单元）x_0、x_1、x_2 和 x_3，采用悬臂刚架的基本结构，固定底板的中点。这样，可以建立含有 $x_0 \sim x_5$ 六个未知力的典型方程如下

$$
\begin{cases}
x_0\delta_{00}+x_1\delta_{01}+x_2\delta_{02}+x_3\delta_{03} \qquad\qquad\quad -y_0 =0 \\
x_0\delta_{10}+x_1\delta_{11}+x_2\delta_{12}+x_3\delta_{13}+x_4\delta_{14}+x_5\delta_{15} \quad -y_0+\Delta_{1P}=0 \\
x_0\delta_{20}+x_1\delta_{21}+x_2\delta_{22}+x_3\delta_{23}+x_4\delta_{24}+x_5\delta_{25} \quad -y_0+\Delta_{2P}=0 \\
x_0\delta_{30}+x_1\delta_{31}+x_2\delta_{32}+x_3\delta_{33}+x_4\delta_{34}+x_5\delta_{35} \quad -y_0+\Delta_{3P}=0 \\
\qquad x_1\delta_{41}+x_2\delta_{42}+x_3\delta_{43}+x_4\delta_{44}+x_5\delta_{45} \qquad\quad +\Delta_{4P}=0 \\
\qquad x_1\delta_{51}+x_2\delta_{52}+x_3\delta_{53}+x_4\delta_{54}+x_5\delta_{55} \qquad\quad +\Delta_{5P}=0 \\
\quad -x_0 \quad -x_1 \quad -x_2 \quad -x_3 \qquad\qquad\qquad\qquad +\dfrac{\sum P}{2}=0
\end{cases}
$$

典型方程组中，有些系数为零，因为在框架切口处，力 x_4 及 x_5 不会使切口 x_5 产生相对变位，故 $\delta_{04}=\delta_{40}=0$；$\delta_{05}=\delta_{50}=0$；另外框架切口处沿 x_4 及 x_5 方向的相对变位也与基本结构产生的沉陷 y 是无关的，故相应的方程中应去掉 y_0 项。

计算 x_0、x_1、x_2 和 x_3 等单位力作用下沿 $x_0\cdots\cdots x_3$ 方向的变位时，可用链杆法解弹性地基梁的方法，变位 δ_{ki} 应包括梁与地基两个部分，即

$$
\delta_{ki}=y_{ki}+v_{ki}
$$

式中　y_{ki}——地基的沉陷；

　　　v_{ki}——梁的挠度。

对地基视为弹性半无限平面时沉陷的计算，可根据"弹性理论"得出。由于链杆反力是按等间距分布的，可将各链杆点的相对沉陷值推导出与 $\dfrac{x}{c}$ 有关的计算式（其中 x 为力作用点到沉陷计算点的距离，c 为链杆间距）。

$$
y_{ki}=\frac{1}{E_0\pi}\ (F_{ki}+C_1)
$$

积分常数 C_1 的数值与所选参考点至力作用点的距离有关，当参考点选择足够远时，计算各点的沉陷时可将其当作常数。

F_{ki} 为与 $\dfrac{x}{c}$ 有关的系数，可按表 6-5 查出。

F_{ki}

表 6-5

$\dfrac{x}{c}$	F_{ki}	$\dfrac{x}{c}$	F_{ki}	$\dfrac{x}{c}$	F_{ki}	$\dfrac{x}{c}$	F_{ki}
0	0	5	−6.602	10	−7.991	15	−8.802
1	−3.296	6	−6.967	11	−8.181	16	−8.931
2	−4.751	7	−7.276	12	−8.356	17	−9.052
3	−5.574	8	−7.544	13	−8.516	18	−9.167
4	−6.154	9	−7.780	14	−8.664	19	−9.275
						20	−9.378

悬臂梁的挠度 v_{ki}，可利用求变位的公式计算：

$$v_{ki} = \int \frac{\overline{m_k}\,\overline{m_i}}{EJ}\mathrm{d}x$$

同样，由于链杆反力按等间距分布，可导得与 $\frac{x}{c}$ 有关的系数：

$$v_{ki} = \frac{c^3}{6EJ}\left(\frac{a_i}{c}\right)^2\left(3\,\frac{a_k}{c} - \frac{a_i}{c}\right)$$

令

$$\omega_{ki} = \left(\frac{a_i}{c}\right)^2\left(3\,\frac{a_k}{c} - \frac{a_i}{c}\right)$$

则

$$v_{ki} = \frac{c^3}{6EJ}\omega_{ki}$$

ω_{ki} 仅与 $\frac{a_i}{c}$ 及 $\frac{a_k}{c}$ 有关，也可预制成表供计算查用，见表 6-6。其中 a_i 为 x_i 点至固定截面之间的距离，a_k 为 x_k 点至固定截面之间的距离。

悬臂梁变位系数 ω_{ki}　　　　表 6-6

ω_{ki} ＼ $\frac{a_i}{c}$	1	2	3	4	5	6	7	8	9	10
1	2	5	8	11	14	17	20	25	26	29
2	3	16	28	40	52	64	78	88	100	102
3	8	26	54	81	108	135	162	189	216	243
4	11	40	81	128	176	234	272	320	368	416
5	14	52	108	176	250	325	400	475	550	625
6	17	54	125	224	325	432	540	548	755	854
7	20	76	152	272	400	540	686	832	980	1127
8	23	88	189	320	475	648	838	1034	1226	1408
9	28	100	216	368	550	756	980	1216	1458	1701
10	29	112	243	416	525	864	1127	1408	1701	2000

代入 $\delta_{ki} = y_{ki} + v_{ki}$，得：

$$\delta_{ki} = \frac{1}{\pi E_0}(F_{ki} + c_1) + \frac{c^3}{6EJ}\omega_{ki} = \frac{1}{\pi E_0}F_{ki} + \frac{c^3}{6EJ}\omega_{ki} + \frac{1}{\pi E_0}c_1$$

由于对半无限平面所求的沉陷值，为对某一定点的相对沉陷值，积分常数项对所求反力的大小没有影响。上式可变换为：

$$\delta_{ki} = \frac{1}{\pi E_0}F_{ki} + \frac{c^3}{6EJ}\omega_{ki}$$

若将系数 δ_{ki} 每一项都乘 πE_0 并不影响结果，则将系数的计算式简化为：

$$\delta_{ki} = F_{ki} + \frac{\pi E_0 c^3}{6EJ}\omega_{ki} = F_{ki} + \alpha\omega_{ki} \tag{6-12}$$

式中

$$\alpha = \frac{\pi E_0 c^3}{6EJ}$$

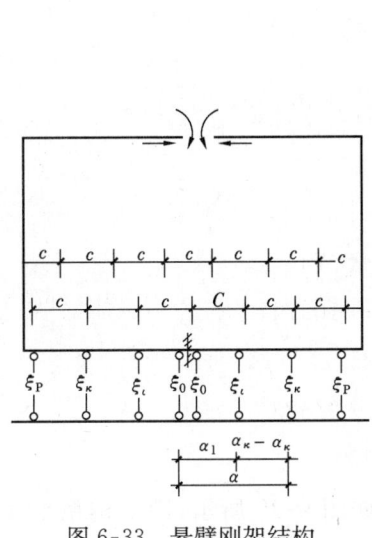

图 6-33　悬臂刚架结构

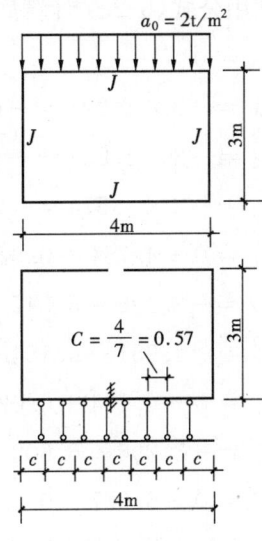

图 6-34　基本结构

α 为与底板和地基刚度有关的常数，可先行算出，F_{ki} 和 ω_{ki} 值可根据 $\dfrac{x}{c}$、$\dfrac{a_i}{c}$、$\dfrac{a_k}{c}$ 值的不同由表 6-5 或表 6-6 查出。需要注意的是计算地基的沉陷时，要考虑到左右两侧一对 x_k 力对 x_i 点产生的影响。而计算底板的变位时，由于选用中央固定的悬臂刚架为基本结构，左边的反力 x_k 对右边的 x_i 点将不产生影响，如图 6-33 所示。

当计算链杆处单位力 $x_0 \sim x_3$ 作用下沿框架切口处 x_4 及 x_5 方向的变位时，因这些变位与地基沉陷无关，可按刚架求变位公式计算。当为等截面直杆时，可用图乘法。需要注意的是，在采用上述系数表计算中，由于在建立典型方程时，链杆未知力产生的位移值，都曾乘以 $\pi E_0 \left(\text{若为平面变形情形为} \dfrac{\pi E_0}{1-\mu_0^2}\right)$，因此，计算 δ_{14}、$\delta_{15}\cdots\delta_{55}$ 等系数时，也应乘以相同的数值。

同样，可按相同的方法求得自由项的数值。当系数求出后，代入典型方程求解，可得出框架内力。

【例题 6-4】　同前例采用链杆法求框架弯矩图。

选基本结构如图 6-34，支承点链杆间距 $c = \dfrac{4.0}{7}\text{m} = 0.57\text{m}$，因结构系平面变形情形，以 $\dfrac{E}{1-\mu}$ 代，$\dfrac{\pi E_0}{1-\mu_0^2}$ 代 E_0 以计算 α 值

$$\alpha = \frac{\pi E_0 (1-\mu^2) c^3}{6E(1-\mu_0^2)J} = \frac{3.14 \times 50(1-0.167^2) \times 0.57^3}{6 \times 1.4 \times 10^4 (1-0.3^2) \times \dfrac{0.6^3}{12}} = 0.02055$$

利用公式(6-23)计算底板下由于各单位力作用的变位值：

$\delta_{00} = 0$

$\delta_{01} = -2 \times 3.296 = -6.592$

$\delta_{02} = -2 \times 4.751 = -9.502$

$\delta_{03} = -2 \times 5.574 = -11.148$

$\delta_{11} = 0 - 4.751 + 0.02055 \times 2 = -4.71$

$\delta_{12} = -3.296 - 5.547 + 0.02055 \times 5 = -8.74$

$\delta_{13} = -4.751 - 6.154 + 0.02055 \times 16 = -10.741$

$\delta_{22} = 0 - 6.154 + 0.02055 \times 16 = -5.825$

$\delta_{23} = -3.296 - 6.602 + 0.02055 \times 28 = -9.523$

$\delta_{23} = 0 - 6.967 + 0.02055 \times 54 = -5.857$

求其余系数可用图乘法，先绘出单位弯矩如图 6-35 所示，因结构系平面变形情形，图乘结果尚应除以 $\dfrac{EJ}{(1-\mu^2)}$ 以得变位值，代入典型方程式时尚应乘以 $\dfrac{\pi E_0}{(1-\mu_0^2)}$，若令常数

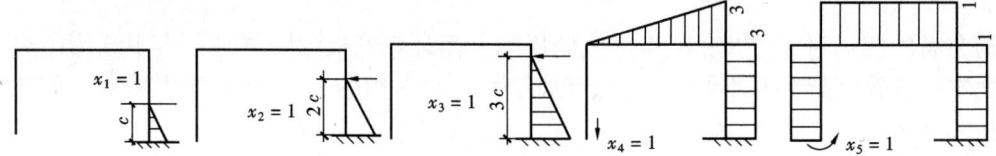

图 6-35   单位弯矩图

$$K = \frac{\pi E_0 (1-\mu^2)}{EJ(1-\mu_0^2)} = \frac{3.14 \times 32(1-0.167^2)}{1.4 \times 10^4(1-0.3^2)\frac{1}{12} \times 0.6^3} = 0.6659$$

则

$$\delta_{41} = \frac{c^2}{2} \times 3 \times K = \frac{\overline{0.57^2}}{2} \times 3 \times 0.666 = 0.3246$$

$$\delta_{42} = \frac{4c^2}{2} \times 3 \times K = \frac{4 \times \overline{0.57^2}}{2} \times 3 \times 0.666 = 1.2981$$

$$\delta_{43} = \frac{9c^2}{2} \times 3 \times K = \frac{9 \times \overline{0.57^2}}{2} \times 3 \times 0.666 = 2.9208$$

$$\delta_{44} = \left(\frac{1}{2} \times 3 \times 3 \times \frac{2}{3} \times 3 + 3 \times 2 \times 3\right) \times K = 27K = 17.9803$$

$$\delta_{51} = \frac{c^2}{2} \times 1 \times K = \frac{\overline{0.57^2}}{2} \times 0.666 = 0.1082$$

$$\delta_{52} = \frac{4c^2}{2} \times 1 \times K = \frac{4 \times \overline{0.57^2}}{2} \times 0.666 = 0.4327$$

$$\delta_{53} = \frac{9c^2}{2} \times 1 \times K = \frac{9 \times \overline{0.57^2}}{2} \times 0.666 = 0.9736$$

$$\delta_{54} = \left(\frac{3 \times 3}{2} + 3 \times 2\right) K = 10.5 \times 0.666 = 6.9923$$

$$\delta_{55} = (2 + 3 + 2)K = 7 \times 0.666 = 4.6616$$

自由项的值为：

$$\Delta_{1P} = -\frac{\overline{0.57^2}}{2}\left(1 - \frac{0.57}{3}\right)40 \times K = -3.505$$

$$\Delta_{2P} = -\frac{\overline{1.14^2}}{3}\left(1 - \frac{1.14}{3}\right)40 \times K = -10.731$$

$$\Delta_{3P} = -\frac{\overline{1.71^2}}{2}\left(1 - \frac{1.71}{3}\right)40 \times K = -16.746$$

$$\Delta_{4P} = 3 \times 40 \times \frac{3}{2} \times K = 119.868$$

$$\Delta_{5P} = \left(3 \times 40 \times 1 + \frac{1}{3} \times 40 \times 2 \times 1\right) K = 97.673$$

将系数值代入典型方程：

$$\begin{cases}
-6.592x_1 - 9.502x_2 - 11.148x_3 - y_0 = 0 \\
-6.592x_0 - 4.710x_1 - 8.740x_2 - 10.741x_3 + 0.3246x_4 + 0.1086x_5 - y_0 - 3.505 = 0 \\
-9.502x_0 - 8.740x_1 - 5.825x_2 - 9.523x_3 + 1.2981x_4 + 0.4327x_5 - y_0 - 10.731 = 0 \\
-11.148x_0 - 10.741x_1 - 9.523x_2 - 5.8573x_3 + 2.9208x_4 + 0.9736x_5 - y_0 - 16.746 = 0 \\
+0.3246x_1 + 1.2982x_2 + 2.9208x_3 + 17.9803x_4 + 6.9923x_5 + 119.868 = 0 \\
+0.1082x_1 + 0.4327x_2 + 0.9736x_3 + 6.9923x_4 + 4.6616x_5 + 97.673 = 0 \\
-x_0 - x_1 - x_2 - x_3 + \frac{\sum P}{2} = 0
\end{cases}$$

解得：

$$x_0 = 2.942 \qquad x_1 = 6.068$$
$$x_2 = 8.760 \qquad x_3 = 19.213$$
$$x_4 = -2.11 \qquad x_5 = -24.12$$

将 $x_0 \sim x_3$ 值除以 c 即得反力强度，并可绘制反力分布图形。反力 x_i 求出后，即可计算各截面的弯矩。

$$m_B = m_{PB} - x_4 \cdot 0 - x_5 \cdot 1 = 40 - 24.12 = 15.88 \text{kN（顺时针方向）}$$

$$m_A = m_{PA} - x_4 \cdot 3 - x_5 \cdot 1 = 40 - 24.12 - 2.11 \times 3 = 9.55 \text{kN（顺时针方向）}$$

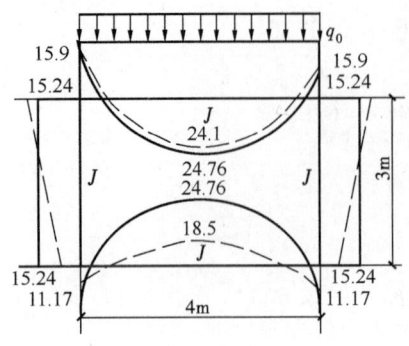

图 6-36　计算结果

用链杆法解弹性地基框架，它的优点是，可以求解各种不同地基条件下等截面或变截面框架，并可以根据需要确定计算精度，当改变地基变形的计算假定时，仅需变更系数值而不影响求解的计算程序。它的缺点是需要解多元联立方程组。这种方法在以前，因受计算工具的限制，应用不多，今后，随着电子计算机的广泛应用，相信将日益为人们所重视。

由以上的计算结果可以看到，闭合框架按弹性地基求出的内力，与按均布反力求出的内力有较大的差别。特别对底板影响要为显著（如图 6-36）。在实际工程设计中是否应考虑弹性地基进行计算，这与作用在结构上的荷载性质、结构形式及地基等因素有关，应结合实际情况综合分析确定（表 6-7）。

不同情况下位移及角变的计算公式　　　　　表 6-7

情　形	简　图	位移及角变的计算公式
（1）对称	C K_2 B；K_1 K_2；D A	$\theta_A = \dfrac{M_{BA}^F + M_{BC}^F - \left(2 + \dfrac{K_2}{K_1}\right) M_{BA}^F}{6EK_1 + 4EK_2}$
（2）反对称	P C K_2 B；h K_1 K_1；M D M A	$\theta_A = \left[\left(\dfrac{3K_2}{2K_1} + \dfrac{1}{2}\right)hP - M_{BC}^F + \left(\dfrac{6K_2}{K_1} + 1\right)M\right]\dfrac{1}{6EK_2}$
（3）	q_0 x；l；y	$\theta = \dfrac{q_0}{24EJ}\left[l^3 - 6lx^2 + 4x^3\right]$ $y = \dfrac{q_0}{24EJ}\left[l^3 x - 2lx^3 + x^4\right]$
（4）	P a b；x；y	荷载左段 $\theta = \dfrac{P}{EJ}\left[\dfrac{b}{6l}(l^2 - b^2) - \dfrac{bx^2}{2l}\right]$ $y = \dfrac{P}{EJ}\left[\dfrac{bx}{6l}(l^2 - b^2) - \dfrac{bx^3}{6l}\right]$ 荷载右段 $\theta = \dfrac{P}{EJ}\left[\dfrac{(x-a)^2}{2} + \dfrac{b}{6l}(l^2 - b^2) - \dfrac{bx^2}{2l}\right]$ $y = \dfrac{P}{EJ}\left[\dfrac{(x-a)^3}{6} + \dfrac{bx}{6l}(l^2 - b^2) - \dfrac{bx^3}{6l}\right]$

情　形	简　　图	位移及角变的计算公式
(5)		荷载左段 $\theta = \dfrac{m}{EJ}\left(\dfrac{x^2}{2l} - a + \dfrac{l}{3} + \dfrac{a^2}{2l}\right)$ $y = \dfrac{m}{EJ}\left(\dfrac{x^3}{6l} - ax + \dfrac{lx}{3} + \dfrac{a^2 x}{2l}\right)$ 荷载右段 $\theta = \dfrac{m}{EJ}\left(\dfrac{x^2}{2l} - x + \dfrac{l}{3} + \dfrac{a^2}{2l}\right)$ $y = \dfrac{m}{EJ}\left(\dfrac{x^3}{6l} - \dfrac{x^2}{2} + \dfrac{lx}{3} + \dfrac{a^2 x}{2l} - \dfrac{a^2}{2}\right)$
(6)		$\theta = \dfrac{m}{MJ}\left(\dfrac{x^2}{2l} - x + \dfrac{l}{3}\right)$ $y = \dfrac{m}{EJ}\left(\dfrac{x^3}{6l} - \dfrac{x^2}{2} + \dfrac{lx}{3}\right)$
(7)		$\theta = \dfrac{m}{EJ}\left(\dfrac{l}{6} - \dfrac{x^2}{2l}\right)$ $y = \dfrac{m}{6EJ}\left(lx - \dfrac{x^3}{l}\right)$
(8)		$\theta_F = \dfrac{mh}{EJ}$（下端的角度） $y_F = \dfrac{mh^2}{2EJ}$（下端的水平位移）
(9)		$\theta_F = \dfrac{Ph^2}{2EJ}$（下端的角度） $y_F = \dfrac{Ph^3}{3EJ}$（下端的水平位移）

　　角度 θ 以顺时针为正。固端弯矩 M^F 以顺时针为正。$K = \dfrac{J}{l}$ 对称情况求铰 A 处的角度 θ_A 时用情形（1）的公式

　　反对称情况求铰 A 处的角度 θ_A 时用情形（2）的公式。但应注意，M^F_{BA} 必须为零方可，否则不能用该公式。图中所示的 n 和 P 为正方向

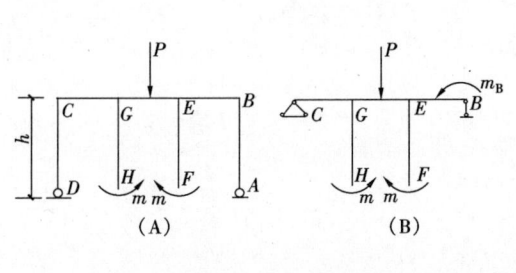

设欲求图（A）所示两铰框架截面 F 的角度，首先求出此框架的弯矩图，然后取出杆 BC 作为简支梁，如图（B）所示。按情形 4、5、6、7 算出截面 E 的角变 θ_E。按情形 8 算出截面 F 的角变 θ'_F。截面 F 的最终角变 θ_F 为
$$\theta_F = \theta_E + \theta'_F$$

思　考　题

1. 试列举几种工程中常见的浅埋式结构形式并简述其特点。
2. 简述浅埋式矩形框架结构的计算原理，如何确定其计算简图？
3. 浅埋式结构的适用场合。
4. 浅埋式结构的地层荷载如何考虑。
5. 浅埋式结构考虑与不考虑弹性地基影响有何区别？
6. 浅埋式结构节点设计弯矩与计算弯矩有何区别？如何计算节点的设计弯矩？

习　　题

如图 6-37 所示一双跨对称的框架。几何尺寸及荷载见图中。底板厚度 0.5m 材料的弹性模量 $E = 2 \times 10^7 \text{kN/m}^2$，地基的弹性模量 $E_0 = 5000 \text{kN/m}^2$。设为平面变形问题。绘出框架弯矩图。

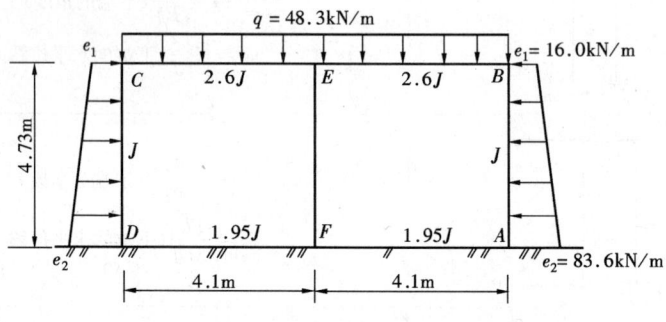

图 6-37

第7章 附建式地下结构

7.1 概　　述

7.1.1　附建式地下结构的特点

附建式地下结构是我国早期地下人防工事的产物，它是指根据一定的防护要求修建的附属于较坚固的建筑物的地下室，又称"防空地下室"或"附建式人防工事"。它与独立修建的地下人防工事（单建式）相对应。在特殊情况下，在已建成的掘开式工事上方修建地面建筑物后，原来的工事即成为附建式工事；在已有的地面建筑内构筑掘开式工事，也可称为附建式工事。当今，在工程实践中大量的附建式地下建筑是与上部地面建筑同时设计、施工的地下室，一般采用平战结合方式，既可平时作为地下停车库、商场、设备间等，也可战时作为人防工事。本章将以上这几种情形下形成的地下建筑结构统称为附建式地下结构。

附建式地下结构是整个建筑物的一部分，也是防护结构的一种形式，它既不同于一般地下室结构，也不同于单建式地下结构。由于防空地下室附建于上部地面建筑的下面，因此，它成为地面建筑物的一部分，可以结合基本建设进行构筑。在第二次世界大战以后，各国对修建防空地下室都很重视。在国外，有的国家规定，新建住宅和公共建筑物按人口定额修建地下室，由国家统一设计、建造，平时完成；有的国家给予经费补贴，鼓励私人建造住宅下的防空地下室。在我国，防空地下室是人防工程建设的重点。国家人防部门规定，在新建、改建大、中型工业交通项目和较大的民用建筑中，要按建筑面积比例同时构筑防空地下室，并在本地区人防规划和城市规划的统一安排下，将经费、材料纳入基本建设计划，按照国家基本建设程序和要求进行设计和施工。

结合基本建设修建防空地下室与修建单建式工事相比，有以下优越性：

1. 节省建设用地和投资；

2. 便于平战结合，人员和设备容易在战时迅速转入地下；

3. 增强上层建筑的抗地震能力；

4. 上部建筑对战时核爆炸冲击波、光辐射、早期核辐射以及炮（炸）弹有一定的防护作用；防空地下室的造价比单建式防空地下室低；

5. 结合基本建设同时施工，便于施工管理，同时也便于使用过程中的维护。

但是，附建式地下建筑在战时上层建筑遭到破坏时容易造成出入口的堵塞、引起火灾等次生灾害。火灾是核爆炸的一个必然后果，上部结构与门窗的破坏，为火灾蔓延提供了条件，在第二次世界大战期间，大型火灾是房屋破坏和人员伤亡的一个主要原因。因此，在附建式地下室设计中，必须使顶板上的覆土层厚度满足防火和抗爆的要求。

由于上层建筑在战时有一定的防护作用，因此，当它满足下列条件时，其下部的地下室可按附建式工事设计，即考虑它的防护作用；当不满足此条件时，应按单建式工事设计。

1. 上部为多层建筑，底层外墙为砖石砌体或不低于一般砖石砌体强度的其他墙体，并且，任何一面外墙开设的门窗孔面积不大于该墙面面积的一半。

2. 上部为单层建筑，外墙使用的材料和开孔比例，应符合上述要求，而且，屋盖为钢筋混凝土结构。

根据试验结果，对地下室起影响作用的，是与其相邻的底层建筑，其他层的影响可以忽略不计，因此，上述条件是针对上部建筑底层提出的。

根据防空地下室与上部地面建筑同期修建的特点，设计附建式地下结构时，应充分注意上部地面建筑的具体条件，要地上、地下综合考虑，使地上与地下部分的建筑材料、平面布置、结构形式、施工方法等尽量取得一致。为便于结构处理和施工，除特殊情况外，防空地下室的侧墙应与上部地面建筑的承重外墙相重合，也就是说，要尽量不做或少做局部地下室，一般要修完整地下室（满堂红地下室）。与一般地下室不同，防空地下室是人防工事的一种类型，是供人员或物资对大规模杀伤武器进行防护用的。因比，它是一种防护工程。现代战争中，对附建式地下结构的要求，是根据核爆炸的杀伤因素（冲击波、光辐射、早期核辐射、放射性沾染）、化学武器与生物武器的杀伤作用确定。其中对承重结构有决定意义的是核爆炸因素（例如冲击波）的破坏作用。

由上述情况可知：附建式地下结构不仅承受上部地面建筑传来的某些静荷载，而且，在战争中受到敌人袭击时，地面建筑遭到破坏，地下室结构将承受核爆炸冲击波的动荷载。这种动荷载，一方面是数值比工业与民用建筑中的静载大几十倍甚至几百倍，另一方面这种动荷载不是长期作用在结构上的；和静载相比，它又具有作用时间短暂的性质。在这样的动载作用下，虽然结构变形超出了弹性范围，出现了塑性变形，但只要结构的最大变形不超过其破坏时的极限变形，在荷载消失后，即使有一定的残余变形，结构仍然有一定的承载能力。因此，承受核爆炸动载的结构，不同于工业与民用建筑结构的一个特点，就是结构允许出现一定的塑性变形。在实际工程中，防空地下室的顶板一般都是钢筋混凝土结构，可以按弹塑性阶段进行设计。考虑结构在弹塑性阶段的工作，充分利用了材料的潜在能力，节省钢材，具有很大的经济意义。试验的结果也说明：在核爆炸动载作用下，钢筋混凝土结构可以按弹塑性阶段设计。

由于核爆炸动载的作用，仅在很短的时间内使结构产生变形，这种变形不会危及防空地下室内的安全；而且，根据动载设计的结构是有足够的刚度和整体性，它在静载作用下不会产生过大的变形。因此，附建式地下结构不必单独进行结构变形的验算。在控制延性比的条件下，不再进行结构构件裂缝开展的计算，对要求高的平战结合工程可另作处理。考虑核爆炸压缩波不仅作用在地下室结构上，还作用在地下室周围的上层土中，从而使四周土层在一定深度范围内产生压缩变形（弹性的和塑性的），这样就使结构不均匀沉陷的可能性相对减少，而结构整体沉陷不会影响结构的使用，并且这种地基变形也是瞬间的，因此也不必单独验算地基变形。当然，对于大跨度地下室采用条形基础或单独基础的情况，应另作考虑。

综上所述，附建式地下结构在战时设计荷载作用下，可只验算结构的强度，当然，除了按战时设计荷载进行设计外，还应根据平时正常使用条件下的荷载进行计算，并以平时和战时两者中的控制情况，作为结构设计的依据。

实践证明：防空地下室比较容易做到平战结合。在国外，从经济的观点出发，有些国家很重视一个工程在功能上的结合。因此，地下室在平面布置、空间处理及结构方案等方面都是根据战时的防护要求与平时的利用情况确定。在我国，平战结合是地下工程建设的基本原则之一，认真贯彻防空地下室一物多用的原则，不仅能充分发挥基建投资的效益，而且还可以保障工事在战时使用的可靠性。根据各地的经验：战时做人员掩蔽部、地下医院、生产车间、仓库、食堂、通讯室的防空地下室，平时均可用作学习室、办公室、通讯室、医院、车间、仓库、食堂、商店、旅店、住宅等等，效果都比较好。例如，以上层是住宅、办公楼、旅店的地下室作食堂，对就餐人员十分方便；此外，有的地方的做法是车间下面的地下室作学习室、仓库；办公楼下地下室作仓库、会议室；教学楼下地下室作试验室、活动室；住宅下地下室作自行车库、服务网点；还有创造条件住人的。通讯室、医院、车间、仓库等平时与战时的功能就是一致的，平时加以利用可以使其内部设备能充分发挥作用；而且，经常的使用、维护，也能保证这些设备在战时立即使用。

为了贯彻平战结合的原则，要根据本地区的城市建设规划、人防建设规划和本工程的具体情况，会同有关部门进行分析、研究，制订出平时使用的方案。在平面布置、采暖通风、防潮除湿、采光照明等方面采取相应的措施，恰当的处理战时防护要求与平时利用的矛盾。在不过多增加工程造价的情况下，尽量为平时利用创造必要的条件。例如：一方面为了平时利用，可以在外墙上开设通风采光洞，另一方面为了战时防护又要限制开洞的面积，并且采取加强、密闭等措施；一方面为了平时利用，允许防空地下室顶板底面高出室外地面，另一方面为了保证防护要求，又限制高出的高度，并且在临战前要进行覆土（图 7-1），一方面为了平时利用而要求没有内墙的大房间，可以采用板柱结构，另一方面为了承受战时较大的荷载，要对柱距加以限制，此外，某些内墙可在平时暂不砌筑而在临战前再行补砌等等。

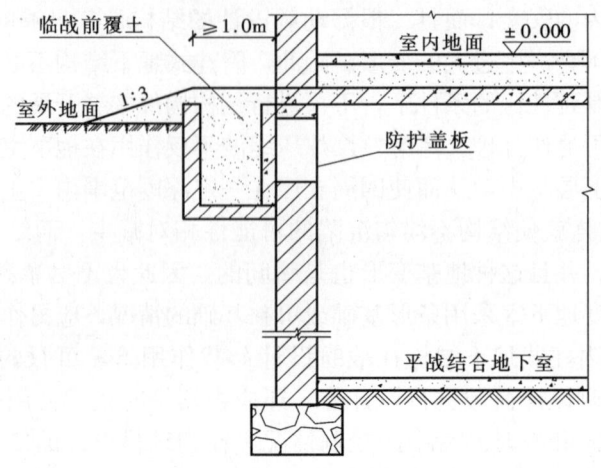

临战前覆土   ≥1.0m   室内地面   ±0.000
室外地面 1:3
防护盖板
平战结合地下室

图 7-1   附建式地下结构

由于防空地下室容易做到平战结合，它是城市人防工程建设中较有发展前途的一种类型，而且，便于提供恒温、安静、清洁的条件在未来现代化城市建设中也将会充分发挥它的作用。如果遇到下列的情况，则更应优先考虑修建防空地下室：

1. 低洼地带需进行大量填土的建筑；

2. 需要做深基础的建筑；

3. 新建的高层建筑；

4. 人口密集、空地缺少的平原地区建筑。

7.1.2   附建式地下结构的形式

附建式地下结构选形的依据主要是：上部地面建筑的类型、战时防护能力的要求、地质及水文地质条件、战时与平时使用的要求、建筑材料的供应情况、施工条件等等。设计时，应对上述条件结合平面布置和空间处理进行综合分析，经过几种方案的比较，而后确定结构的形式。在国外，由于各国的设计要求与技术条件不同，附建式地下结构的形式较多。目前，在我国，防空地下室所选用的结构形式主要有以下几种：

（一）梁板结构

防空地下室除个别作为指挥所、通讯室而外，主要在战时作为人员掩蔽工事、地下医院、救护站、生产车间、物资仓库等，属于大量性防空工事，防护能力要求较低。其上部地面建筑，多为民用房屋或一般中小型工业厂房。在地下水位较低及土质较好的地区，地下室的结构形式、所用的建筑材料及施工方法等，基本上是与上部地面建筑相同的，主要承重结构有顶盖、墙（柱）及基础等，防空地下室的顶盖采用钢筋混凝土梁板结构，是实际工程中较为多见的。在地下水位较低的地区可以采用砖外墙，而在地下水位较高的地区则不宜采用砖外墙。顶板的支承可能是梁或承重墙，当房间的开间较小时，钢筋混凝土顶板直接支承在四周承重墙上，即为无梁体系；当战时与平时使用上要求大房间，承重墙的间距较大时，为了不使顶板跨度过大则可能要设钢筋混凝土梁、梁可在一个方向上设置，也可在两个方向上设置。梁的跨度也不宜过大，否则可能要在梁下设柱。钢筋混凝土梁板结构，可用现浇法施工，这样整体性好，但需要模板，施工进度慢。已建工程以现浇钢筋混凝土顶板居多（图 7-2）。

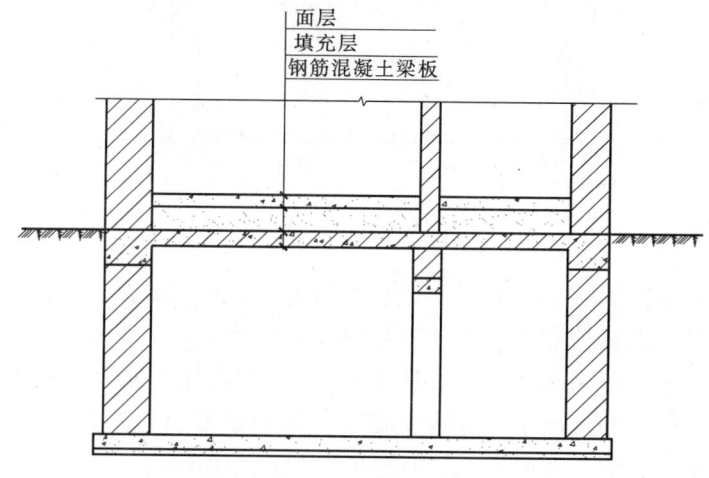

图 7-2　梁板结构

　　在使用要求比较高、地下水位高、地质条件差、材料供应有保障以及采用大模板或预制构件装配施工的建筑中，可采用现浇的或预制的钢筋混凝土墙板，随着墙体的改革，建筑工业化的发展，砖墙有可能逐步被预制砌块或大板等代替。在我国某些工程中，已经采用的"内浇外挂"剪力墙结构。其内承重墙是现浇钢筋混凝土的；外墙、楼板、隔墙等是预制钢筋混凝土的，这样就取消了砖墙。

　　（二）板柱结构

　　为使附建式地下结构与上部地面建筑相适应，或满足平时使用要求，可以不用内承重墙和梁的平板顶盖，防空地下室的顶板采用无梁楼盖的形式，即板柱结构（图 7-3）。其外墙，当地下水位较低时可用砖砌或预制构件，当地下水位较高时，采用整体混凝土或钢筋混凝土的。在这种情况下，如地质条件较好，可在柱下设单独基础；如地质条件较差，可设筏式基础。为使顶板受力合理，柱距一般不宜过大。例如，有一平时作冷藏库用的防空地下室，即采用了柱距为 6m 的板柱结构。无梁的板柱结构对通风、采光都比较有利，并可减少建筑高度，满足大房间的要求，平时做商店、食堂的效果也比较好。

　　（三）箱形结构

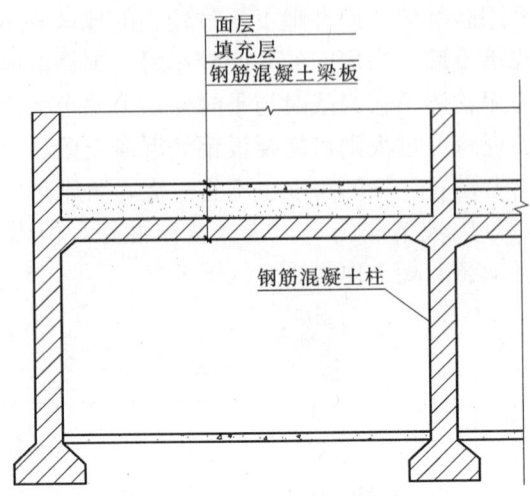

图 7-3   箱形结构

采用箱形结构的防空地下室，一般是属于以下几种情况：工事的防护等级较高，结构需要考虑某种常规武器直接命中引起的效应，土质条件差，在地面上部是高层建筑物（框架结构或剪力墙结构），需要设置箱形基础；地下水位高，地下室处于饱和状态的土层中，结构要有较高的防水要求，根据平时使用的要求，需要密封的房间（如冷藏库）；采用诸如沉井法、地下连续墙法等特殊的施工方法等等。

箱形结构多为钢筋混凝土空间结构，为了计算方便，一般采用简化的近似方法：有的把箱形整体结构分解为纵向框架、横向框架和水平框架，然后按平面框架计算；也有的把箱形结构拆开为顶板、底板、墙板，分别计算，对于多层建筑下面的防空地下室箱形结构，目前有的设计单位把它视为整个建筑物的箱形基础进行设计。

（四）其他结构

当地面建筑物（如车间、商店、会堂、食堂等）是单层、大跨度，并且下面的防空地下室是平战两用的，则地下室的顶盖一般采用受力性能较好的钢筋混凝土壳体（双曲扁壳或筒壳）、单跨或多跨拱和折板结构，如图 7-4 所示。某地下餐厅采用幕式结构，效果也比较好，不过这些结构形式与前面三种结构比较，由于结构本身所占高度大，使地下室埋深加大，室内观感也较差，但节省钢材。

7.1.3   附建式地下结构的构造

为了适应现代战争中防核武器、化学武器、生物武器的要求，附建式地下结构设计不仅要根据强度和稳定性的要求确定其断面尺寸与配筋方案，对结构进行防光辐射和早期核辐射的验算，对其延性比加以限制不使结构的变形过大，同时

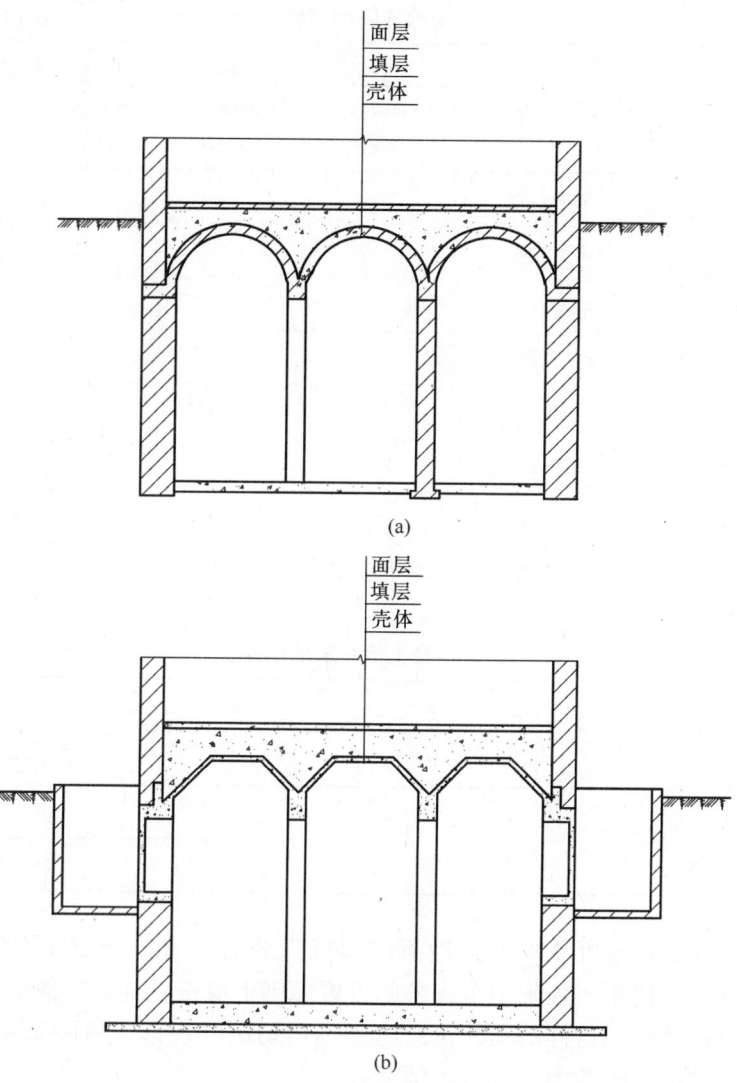

图 7-4 其他结构

(a) 壳体顶盖；(b) 折板结构

要保证整体工事具有足够的密闭性和整体性。此外，由于根据它处于土层介质中的工作条件，其构造要求如下：

（1）建筑材料的最低强度等级应不低于相关设计规范（如混凝土结构设计规范、砌体结构设计规范）所规定的数值。

（2）结构的最小厚度应不低于表 7-1 的数值。

（3）保护层最小厚度：附建式地下结构受力钢筋的混凝土保护层最小厚度，应比地面结构增加一些，因为地下结构的外侧与土壤接触，内侧的相对湿度较高。混凝土保护层的最小厚度（从钢筋的外边缘算起），可按表 7-2 的规定取值。

结构的最小厚度   表 7-1

结构形式	部 位	材 料			
		钢筋混凝土（mm）	混凝土（mm）	砖砌体（mm）	料石砌体（mm）
梁板、壳体结构	平板、壳	200			
	承重外墙	200	200	490	300
	承重内墙	200	200	370	300
	非承重隔墙			240	300
拱形结构	拱	200	200	370	300
	承重外墙	200	200	490	300
	承重内墙	200	200	370	

注：1. 表中结构最小厚度，未考虑防辐射要求；

2. 次要出入口通道结构的承重外墙，可用 370mm 砖墙。

钢筋混凝土保护层最小厚度   表 7-2

结 构 类 型	部 位	
	内层（mm）	外层（mm）
现 浇	20	20
预 制	15	30

（4）变形缝的设置：附建式地下结构沉降缝的设置，受地面建筑的制约较大。为保证正常使用，地下室沉降缝的设置原则上应服从地面建筑的要求，根据多年来的实践经验，这样的做法没有由于不均匀沉降引起裂缝而影响正常使用。关于变形缝的设置应考虑下列几点情况：

因设有防空地下室的地面建筑物与不设防空地下室的地面建筑物的抗震性能不同，一般前者比后者的震害要轻。因此，在地震区设有局部地下室的建筑物，应设置沉降缝，把有地下室与不设地下室的建筑物断开，以避免二者相互干扰。

当地面建筑设置防震缝时，其防空地下室可不设置防震缝。

在地下室的室外出入口与主体结构的连接处，应设置沉降缝，以防止产生不均匀沉降时断裂。

当防空地下室设置沉降缝时，其上部地面建筑也要在其对应的位置设置沉降缝。

关于附建式地下结构伸缩缝的设置，目前各地的做法尚不统一，多数是在施工中采取措施控制混凝土的收缩，以便适当放大地下室伸缩缝的间距，使它能设在与地面建筑伸缩缝的相应位置上。

应当注意的是，在防空地下室的一个防护单元内，不允许设置沉降缝、伸缩缝等，以满足防护要求（特别有密闭性要求的）。

有关钢筋混凝土及混凝土结构伸缩缝的最大间距，以及沉降缝、收缩缝和防震缝的宽度等，可参考有关规范。

（5）圈梁的设置。为了保证结构的整体性，对于混合结构来说，可按以下两种情况设置圈梁：

1）当防空地下室的顶盖采用迭合板、装配整体式平板或拱形结构时，应沿着内墙与外墙的顶部设置圈梁一道。围梁的高度不小于 180mm，宽度与墙的厚度相同，在圈梁内上下各配三根直径为 12mm 的钢筋，箍筋直径不小于 6mm，间距不大于 300mm；圈梁应设置在同一个水平面上，并且要相互连通，不得断开；如圈梁兼作过梁时，应对这一部分圈梁另行验算。

2）当防空地下室顶盖采用现浇钢筋混凝土结构时，除沿外墙顶部的同一水平面上按上述要求设置圈梁外，还可在内隔墙上间隔设置圈梁，但是，其间距不宜大于 12m。

（6）构件相接处的锚固。可按下面的不同情况处理：

1）钢筋混凝土顶板与内、外墙的相接处，应设置锚固钢筋，一般钢筋直径 8mm、间距 200mm，伸入圈梁内的锚固长度不应小于 240mm，伸入砖墙内的锚固长度，不应小于 450mm，如图 7-5、图 7-6 所示。

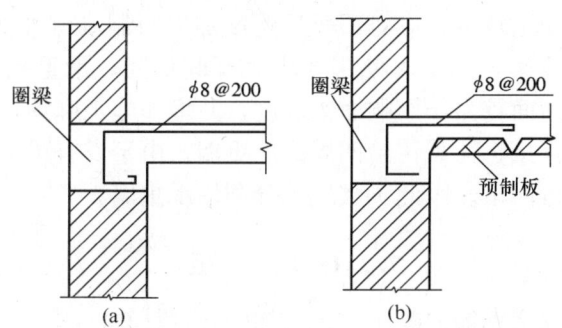

图 7-5

(a) 现浇钢筋混凝土顶板与砖外墙上圈梁的锚固；(b) 迭合板与砖外墙上圈梁的锚固

2）砖墙转角处及内外墙的交接处，除应同时咬槎砌筑外，还应沿墙高设置拉结筋，拉结筋每边伸入墙身 10mm，其数量当墙厚为 490mm 时，可取每 10 皮砖设置四根直径为 6mm 的钢筋。

（7）其他构造要求：对于双向配筋的钢筋混凝土顶板、底板或墙板，均应设置呈梅花形排列的联系筋或拉结筋，间距为 500mm。顶板或底板的联系筋直径不小于 8mm；墙板的拉结筋直径不小于 6mm。

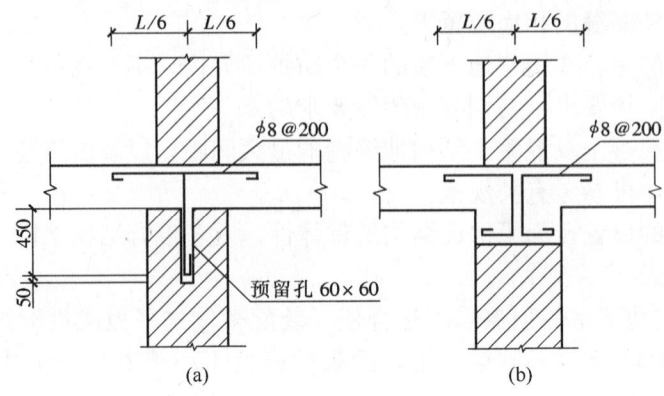

图 7-6

（a）顶板与砖内墙的锚固；（b）顶板与砖内墙上的圈梁的锚固

钢筋混凝土受弯构件的受拉钢筋配筋率，一般控制在 $0.15\%\sim1.5\%$ 的范围内。

7.2 梁板式结构

主要用作人员掩蔽工事的防空地下室，其顶盖常采用整体式钢筋混凝土梁板结构或无梁结构。由于防空地下室顶盖要承受核爆炸冲击波动载，计算荷载很大，为使设计合理和用料少，应对顶板的跨度加以限制（例如 2~4m）。顶板的支承可以是承重墙或梁，如平时使用要求大开间房间，承重墙间距较大，要设梁。这时候，梁的断面较大，影响净空高度，并增加施工麻烦；开间小的房间可以不设梁，使顶板直接将荷载传给四周的承重墙。由于没有梁的结果，不仅减少了建筑高度，施工也简单。因此，最好充分利用承重墙。

7.2.1 顶   板

下面主要讲述现浇钢筋混凝土顶板结构的设计计算。

（一）荷载

在顶板的战时荷载组合中，应包括以下几项：

1. 核爆炸冲击波超压所产生的动载，不仅与土中压缩波的参数有关，还应考虑上部地面建筑的影响，可能有两种情况：一是上部地面建筑符合第一节指出的条件，对等级不高的大量性防空地下室来说，可考虑上部地面建筑对冲击波有一定的削弱作用，二是上部地面建筑不符合上述条件，或防护等级稍高，则不考虑上部地面建筑的作用。在设计中常将冲击波动载变为相应的等效静载，对于居住建筑、办公楼和医院等类型地面建筑物下面的防空地下室顶板，须根据有关规定选用。例如，按地面超压 ΔP，覆土层厚度 h，得出等效静载 q_{j1}。

2. 顶板以上的静荷载，包括设备夹层、房屋底层地坪和覆土层重以及战时不迁动的固定设备等。由于倒塌的上层建筑碎块被冲击波吹到顶板以外组合中不考虑这种碎块重量。

3. 顶板自重，根据初步选定的断面尺寸及采用的材料估算。

（二）计算简图

在计算顶板的内力之前，应将实际构造的板和梁简化为结构计算的图示，即计算简图。在计算简图中应表示出：荷载的形式、位置和数量；板的跨数、各跨的跨度尺寸，板的支承条件等。在选择计算简图时，应力求计算简便，而又与实际结构受力情况尽可能符合。

作用在顶板上的荷载，一般取为垂直均布荷载。

整体式梁板结构，可分为单向板梁板结构和双向板梁板结构。当板的长边 l_2 与短边 l_1 之比大于 2（即 $l_2/l_1 > 2$），板在受荷后主要沿一个方向弯曲，即沿板的短边 l_1 方向产生弯矩而沿长边 l_2 方向的弯矩很小，可略而不计的，即为单向板梁板结构；当 $l_2/l_1 \leqslant 2$ 时，板在两个方向均产生弯矩，即为双向板梁板结构。对于小开间的房向，顶板直接支承在承重墙上，一般属于双向板的情况。

属于多列双向板情况的顶板可简化为单跨双向板或单向连续板进行近似计算。

第一种简化　各跨受均布荷载的顶板，当各路跨度相等或相近时，中间支座的截面基本不发生转动。因此，可近似地认为每块板都固定在中间支座上，而边支座是简支的。这就可以把顶板分为每一块单独的单跨双向板计算。但实际的支承是弹性固定的，因此，其计算结果有时与实际受力情况有较大的出入。

第二种简化　首先根据比值 l_2/l_1 将作用在每块双向板上的荷载近似地分配到 l_1 与 l_2 两个方向上，而后再按互相垂直的两个单向连续板计算。其支座条件，对支承在任何支座上的钢筋混凝土整浇顶板（或次梁），一般均按不动铰考虑。各路跨度相差不超出 20％时，可近似地按等跨连续板计算。此时，在计算支座弯矩时，取相邻两跨的最大跨度计算，在计算跨中弯矩时，则取所在该跨的计算跨度。

（三）内力计算

1. 单向连续板　凡连续板两个方向的跨度 $l_2/l_1 > 2$，及双向板的荷载已经分配而简化为单向连续板的情况，均可按下述方法计算内力。

连续板的计算有按弹性理论和按塑性理论两种方法。当防水要求较高时，整浇钢筋混凝土顶板应按弹性法计算；当防水要求不高时，可按塑性法计算。按弹性法计算连续板，对于等跨情况可直接按《建筑结构静力计算手册》计算；对于不等跨情况可用弯矩分配法或其他方法。按塑性法计算连续板，分等跨与不等跨两种情况介绍如下：

当属于等跨情况（两跨相差小于 20%），已有简化公式为：

$$弯矩 \quad M = \beta q l^2 \tag{7-1}$$

$$剪力 \quad Q = \alpha q l \tag{7-2}$$

式中　β——弯矩系数，按表 7-3 采用；

　　　　α——剪力系数，按表 7-4 采用；

　　　　q——作用于单向板上的均布荷载；

　　　　l——连续板计算跨度，取净跨。

β 值　　　　　　　　　　　　　　　　　　　　表 7-3

截面	边跨中	第一内支座	中跨中	中间支座
β 值	$+1/11$	$-1/14$	$+1/15$	$-1/16$

α 值　　　　　　　　　　　　　　　　　　　　表 7-4

截面	边支座	第一内支座左边	第一内支座右边	中间支座边
α 值	0.42	0.58	0.50	0.50

当属于不等跨情况时，先按弹性法求出内力图，再将各支座负弯矩减少 30%，并相应地增加跨中正弯矩，使每跨调整后两端支座弯矩的平均值与跨中弯矩绝对值之和不小于相应的简支梁跨中弯矩。如前者小于后者时，应将支座弯矩的调整值减少（例如从 30% 减到 25% 或 20%），使不因支座负弯矩过小而造成跨中最大正弯矩的过分增加。最后，再根据调整后的支座弯矩计算剪力值。前面等跨计算公式中的内力系数，就是根据这原则给出的。

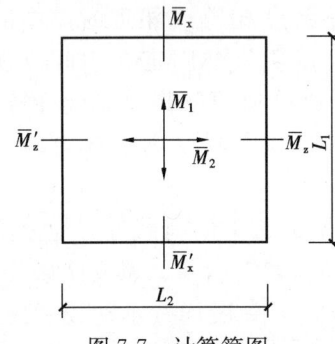

图 7-7　计算简图

2. 多列双向板　多列双向板的计算也分弹性法和塑性法两种。按弹性法计算时，可简化为单跨双向板或将荷载分配后再按两个互相垂直的单向连续板计算；按塑性法计算时，如图 7-7 所示，任何一块双向板的弯矩可表示为：

$$2\overline{M}_1 + 2\overline{M}_2 + \overline{M}_\mathrm{I} + \overline{M}'_\mathrm{I} + \overline{M}_\mathrm{II} + \overline{M}'_\mathrm{II} = \frac{q l_1^2}{12}(3l_2 - l_1) \tag{7-3}$$

式中　$\overline{M}_1$——平行 l_1 方向板的跨中弯矩；

　　　　$\overline{M}_2$——平行 l_2 方向板的跨中弯矩；

　　　　$\overline{M}_\mathrm{I}$、$\overline{M}'_\mathrm{I}$——平行 l_1 方向板的支座弯矩；

　　　　$\overline{M}_\mathrm{II}$、$\overline{M}'_\mathrm{II}$——平行 l_2 方向板的支座弯矩；

　　　　q——作用在该板上的均布荷载；

l_1——板的短跨计算长度，取轴线距离；

l_2——板的长跨计算长度，取轴线距离。

当板中有自由支座时，则该支座的弯矩应为零。为了解出双向板的跨中及支座弯矩的比例关系，按经济和构造要求，提出如下建议：

（1）跨中两个方向正弯矩之比 $\overline{M_2}/\overline{M_1}$ 应根据 l_2/l_1 的比值按表 7-5 确定。

表 7-5

l_2/l_1	$\overline{M_2}/\overline{M_1}$	l_2/l_1	$\overline{M_2}/\overline{M_1}$
1.0	1.0～0.8	1.6	0.5～0.3
1.1	0.9～0.7	1.7	0.45～0.25
1.2	0.8～0.6	1.8	0.4～0.2
1.3	0.7～0.5	1.9	0.35～0.2
1.4	0.6～0.4	2.0	0.3～0.15
1.5	0.55～0.35		

（2）各支座与跨中弯矩之比各值，在 1.0～2.5 范围内采用；同时，对于中间区格最好采用接近的 2.5 比值。

计算多区格双向板时，可从任何一区格（最好是中间区格）开始选定弯矩比，以任一弯矩（例如 $\overline{M_1}$）来表示其他的跨中及支座弯矩，再将各弯矩代表值代入公式（7-3），即可求得此弯矩 $\overline{M_1}$；其余弯矩则由比例求出。这样，便可转入另一相邻区格，此时，与前一区格共同的支座弯矩是已知的，第二区格其余内力可由相同方法计算；以后依此类推。

（四）截面设计

防空地下室顶板的截面，由战时动载作用的荷载组合控制，可只验算强度，但要考虑材料动力强度的提高和动荷安全系数。当按弹塑性工作阶段计算时，为防止钢筋混凝土结构的突然脆性破坏，保证结构的延性，应满足下列条件：

1. 对于超静定钢筋混凝土梁、板和平面框架结构，同时发生最大弯矩和最大剪力的截面，应验算斜截面抗剪强度。

2. 受拉钢筋配筋率 μ，不宜大于 1.5%；对于受弯、大偏心受压构件，当 μ > 1.5% 时，其延性比 $[\beta]$ 值，按下式确定：

$$[\beta] \leqslant \frac{0.5}{x/h_0} \tag{7-4}$$

当 $[\beta]$ < 1.5 时，仍取 1.5。

3. 连续梁的支座，以及框架和刚架的节点，当验算抗剪强度时，混凝土轴心抗压动力强度 R_{ad} 应乘以折减系数 0.8，且箍筋配筋率 μ_k 不小于 0.15%。构件跨中受拉钢筋的 μ_1 和支座受拉钢筋的 μ_2（当两端支座配筋不等时 μ_2 取平均值），二者之和应满足：

$$\mu_1 + \mu_2 < 0.3 \frac{R_{ad}}{R_{gd}} \qquad (7\text{-}5)$$

式中　R_{ad}——混凝土轴心抗压动力强度；

　　　R_{gd}——钢筋抗拉动力强度。

应当指出，双向板的受力钢筋是纵横迭置的，跨中顺短边方向的应放在顺长边方向的下面，计算时取其各自的截面有效高度。

由于板的弯矩从跨中向两边逐渐减小，为了节省材料，可将双向板在两个方向上分为三个板带；中间板带按最大正弯矩配筋，两边板带适当减少，但当中间板带配筋不多，或当板跨较小时，可不分板带。

7.2.2　侧　　墙

（一）侧墙的战时荷载组合

1. 压缩波形成的水平方向动载，可通过计算将动荷载转变为等效静载。对于大量性防空地下室侧墙，可按表 7-6 取值。

侧墙的战时荷载组合　　　　　　　　　　表 7-6

土壤类别		结 构 材 料	
		砖、混凝土（kN/m）	钢筋混凝土（kN/m）
碎石土		20～30	20
砂　土		30～40	30
黏性土	硬　塑	30～50	20～40
	可　塑	50～80	40～70
	软　塑	90	70
地下水以下土壤		90～120	70～100

注：1. 取值原则，碎石及砂土-密实颗粒组的取小值，反之取大值；黏性土-液性指数低的取小值，反之取大值；地下水以下土壤-砂土取小值，黏性土取大值；

2. 在地下水位以下的侧墙未考虑砌体；

3. 砖及素混凝土侧墙按弹性工作阶段计算，钢筋混凝土侧墙按弹塑性工作阶段计算并取 $[\beta]$ =2.0；

4. 计算时按净空不大于 3.0m，开间不大于 4.2m 考虑；

5. 地下水位标高按室外地坪以下 0.5～1.0m 考虑。

2. 顶板传来的动荷载与静荷载，可由前述顶板荷载计算结果根据顶板受力情况所求出的反力来确定。

3. 上部地面建筑自重，与作用在顶板上的冲击波动载类似，考虑上部地面建筑自重是个比较复杂的问题。在实际工程中可能有两种情况：一是当为大量性防空地下室时，所受的冲击波超压不大，只有一部分上部地面建筑破坏并随冲击波吹走，残余的一部分重量仍作用在地下室结构上。在这种情况下，有人建议取上部地面建筑自重的一半作为荷载作用在侧墙上。二是当冲击波超压较大，上部地面建筑全部破坏并吹走。在这种情况下可不考虑作用在侧墙上的上部地面建筑重量。

4. 侧墙自重，根据初步假设的墙体确定。

5. 土壤侧压力及水压力，处于地下水位以上的侧墙所受的侧向土压力按下式计算：

$$e_{kt} = \sum_1^n \gamma_i h_i \tan^2\left(45° - \frac{\varphi}{2}\right) \tag{7-6}$$

式中　e_{kt}——侧墙上位置 k 处的土壤侧压强度；

　　　γ_i——第 i 层土在天然状态下的重度；

　　　h_i——各层土壤厚度；

　　　φ——位置 k 处土层的内摩擦角，工程上常因不考虑内聚力而将 φ 值提高。

处于地下水位以下的侧墙上所受的土、水侧压力，可将土、水分别计算，其中土压力仍按式（7-6）计算，但土层重度 γ_i 应以土壤浸水重度 γ_i' 代替，而侧向水压力按下式计算：

$$e_{ks} = \gamma_s h_s \tag{7-7}$$

式中　e_{ks}——侧墙在位置 k 处的水压力强度；

　　　h_s——k 处离开地下水位距离。

（二）计算简图

为了便于计算，常将侧墙所受的荷载及其支承条件等进行一些简化。因而，按计算简图计算是近似的。其简化的基本原则如下：

侧墙上所承受的水平方向荷载，例如水平动载及侧向水土压力，那是随深度而变化的，在简化时一般取为均布荷载。有的为了简单和偏于安全起见，甚至不考虑墙顶所受的轴向压力，将受压弯作用的墙板简化为受弯构件。

砖砌外墙的高度：当为条形基础时，取顶板或圈梁下皮至室内地坪；当基础为整体式底板时，取顶板或圈梁下皮至底板上表面。

支承条件按下述不同情况考虑：在混合结构中，当砖墙厚度 d 与基础宽度 d' 之比 $d/d' \leqslant 0.7$ 时，按上端简支、下端固定计算；当基础为整体式底板时，按上端和下端均为简支计算。在钢筋混凝土结构中，当顶板、墙板与底板分开计算时，将和顶板连接处的墙顶视为铰接，和底板连接处的墙底视为固定端（因为底板刚度比墙板刚度大），此时墙板成为上端铰支、下端固定的有轴压梁。这种将外墙和顶板、底板分开计算的方法比较简单，一般防空地下室结构常采用这样的计算简图（图 7-9）进行计算。此外，有将墙顶与顶板连接处视为铰接，而侧墙与底板当整体考

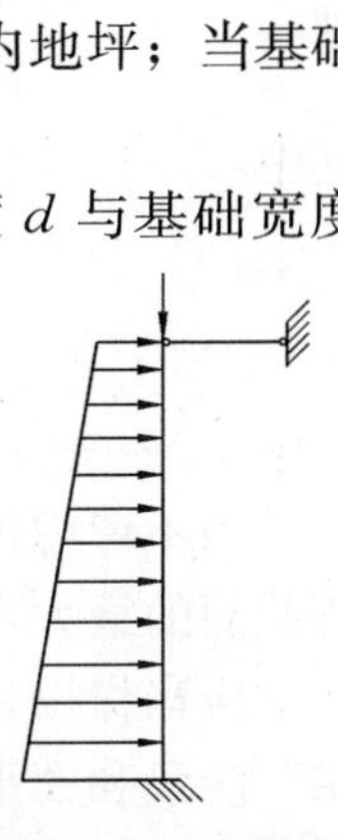

图 7-8　计算简图

虑的；也有将顶板、侧墙和底板作为整体框架的（图 7-9）。

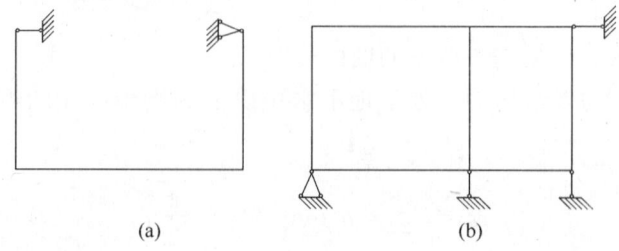

(a)   (b)

图 7-9   计算简图及基本结构

根据两个方向上长度比值的不同，墙板可能是单向板或双向板。当墙板按双向板计算时，在水平方向上，如外纵墙与横墙或山墙整体砌筑（砖墙）或整体浇筑（混凝土或钢筋混凝土墙），且横向为等跨，则可将横墙视作纵墙的固定支座，按单块双向板计算内力。

（三）内力计算

根据上述原则确定计算简图后则可求出其内力。对于由砖砌体及素混凝土构筑的侧墙，计算内力时按弹性工作阶段考虑；当等跨情况时，可利用《建筑结构静力计算手册》直接求出内力。

对于钢筋混凝土构筑的侧墙，按弹塑性工作阶段考虑，可将按弹性法计算出的弯矩进行调整；或更简单些，直接取支座和跨中截面弹性法计算的弯矩平均值，作为按弹塑法的计算弯矩。

（四）截面设计

在偏心受压砌体的截面设计中；当考虑核爆炸动载与静荷载同时作用时，荷载偏心距 e_0 不宜大于 $0.95y$，其中 y 为截面重心至纵向力所在方面的截面边缘的距离。当 $e_0 \leqslant 0.95y$ 时，可仍由抗压强度控制进行截面选择。

在钢筋混凝土侧墙的截面设计中，一般多为双向配筋，通常 $x > 2a'_g$。

则
$$A_s = A'_s = \frac{M_{max}}{f_{yd}(h_0 - a'_s)} \tag{7-8}$$

其中
$$M_{max} = Ne' \tag{7-9}$$

$$e' = e'_0 - \frac{h}{2} + a'_s \tag{7-10}$$

式中 N——对应最大受弯截面的轴力。

当不考虑作用在墙上的轴向压力时，即按受弯构件计算时，则 M_{max} 就是受弯截面的最大弯矩值。

应当指出，在防空地下室侧墙的强度与稳定性计算时，应将"战时动载作用"阶段和"平时正常使用"阶段所得出的结构截面及配筋进行比较，取其较大值，因为侧墙不一定像顶板那样由战时动载作用控制截面设计。

7.2.3 基　础

（一）条形基础

在地下水位较低的地区，混合结构一般多采用条形基础。对于受动载较小的大量性防空地下室条形基础，可不考虑核爆炸动载作用下的荷载组合，而只按上部地面建筑平时正常使用条件下的荷载组合进行设计；对于受动载较大的条形基础以及各种单独柱基，则应考虑其动、静荷载的组合。当考虑核爆炸动载作用时，对于条形基础以及单独柱基的天然地基，应进行承载能力验算，地基的允许承载能力，可以适当提高，提高系数见表 7-7。

提高系数　　　　表 7-7

卵石及密实硬塑粉质黏土	5
密实粉质黏土	4
中密实以上细砂	3
中密、可塑或软塑粉质黏土及中密以上砂土	2

（二）整体基础（底板）

与前面提到过的顶板及侧墙相对应的整体基础，对于大量性防空地下室底板的等效静载值，应按规定及覆土层厚度计算出 q_{j3}。

在一般情况下，只有在高水位地区才采用整体基础，因此，上述数值也只是在地下水位以下的底板所受的等效静载。至于在什么情况下应考虑冲击波动载的作用，也和顶板、侧墙类似，按两种情况分述如下：

1. 对于防护等级不高的大量性防空地下室，在地下水位较低的地区，只因土质差而根据上部建筑的需要设置的整体基础，其底板实际所受的动载不大，可不予考虑，仍按平时使用条件下的正常荷载设计；但位于饱和土中的底板，其所受的动反力较大，应考虑核爆炸冲击波动载作用下的荷载组合。

2. 对于防护等级更高的防空地下室，其基础底板相应的冲击波动反力也更大，必须考虑核爆炸动载作用下的荷载组合。

根据上面的分析，考虑动载的底板荷载组合，应包括以下内容：

属于第一种情况，即大量性防空地下室底板的荷载组合有：（1）底板核爆炸动载，常化为等效静载；（2）上部地面建筑自重的一半，这里的自重，指防空地下室上部±0.000 标高以上地面建筑的墙体和楼板传来的静载，取一半的理由与侧墙中分析一样；（3）顶板传来的静载，包括顶板自重、覆土重、设备夹层以及在战时不拆迁的固定设备重量等；（4）墙重，由于底板自重与底压抵消，故不应计入。

属于第二种情况，即防护等级更高的防空地下室底板的荷载组合有：（1）底板核爆炸动载，如果是条形基础或单独柱基，则为墙（柱）传来的核爆炸动载，亦化为等效静载；（2）顶板传来的静载；（3）墙重，不包括上部地面建筑自重的理由，亦如侧墙所分析。

在确定了底板压力之后，应根据战时与平时两个组合情况的比较，取其中较大的作为设计的依据。

底板的计算简图可和顶板一样，拆开为单向或双向连续板，也可与侧墙一起构成整体框架。对于有防水要求的底板，应按弹性工作阶段计算，不考虑塑性变形引起的内力重分布。

当防空地下室考虑核爆炸冲击波瞬时动载作用时，可不验算基础的沉降和地下室的倾覆对于整体基础下的天然地基，在核爆炸冲击波动载作用下，可不必验算其承载能力。

7.2.4   承重内墙（柱）

（一）荷载

大量性防空地下室的承重内墙（柱）所承受的荷载包括以下几项：

1. 上部地面建筑的部分自重（目前建议取其一半）不应计入。

2. 顶板传来的动荷载，一般化为等效静载。

3. 顶板传来的静荷载。

4. 地下室内墙（柱）的自重。

除防护隔墙外，一般内墙（柱）不承受侧向水平荷载。因此，为了简化计算起见，常将承重内墙（柱）近似地按中心受压构件计算。在这个假定下，当顶板按弹塑工作阶段计算时，为保证墙（柱）不先顶板破坏，在计算顶板传给墙（柱）的等效静载时，应将顶板支反力乘以 1.25 的系数。而按弹性工作阶段计算时，可直接取支反力（大偏心受压也这样取）。

确定荷载后则不难进行内力计算和截面选择。

（二）承重内墙门洞的计算

在地下室承重内墙上开设的门洞较大时，门洞附近的应力分布比较复杂，应按"孔附近的应力集中"理论计算。但在实际工程中，常采用近似方法，其计算如下：

1. 将墙板视为一个整体简支梁，承受均布荷载 q（图 7-10），先求出门洞中心处的弯矩 M 与剪力 Q，再将弯矩化为作用在门洞上下横梁上的轴向力 $N = M/H_1$，剪力按上下横梁的刚度进行分配。

$$Q_{上} = \frac{J_{上}}{J_{上} + J_{下}} Q \qquad Q_{下} = \frac{J_{下}}{J_{上} + J_{下}} Q \qquad (7\text{-}11)$$

2. 将上下横梁分别视为承受局部荷载的两端固定梁，求出上下横梁的固端弯矩分别为：

$$M_A = M_B = \frac{q_1 l_1^2}{12} \qquad M_c = M_d = \frac{q_3 l_1^2}{12} \qquad (7\text{-}12)$$

3. 将以上两组内力迭加：

上梁 $$M = Q_{上} \frac{l_1}{2} - \frac{q_1 l_1^2}{12} \qquad N = \frac{M}{H_1} \qquad (7\text{-}13)$$

下梁　　　　　$$M = Q_\text{上}\frac{l_1}{2} - \frac{q_3 l_1^2}{12} \qquad N = \frac{M}{H_1} \qquad\qquad (7\text{-}14)$$

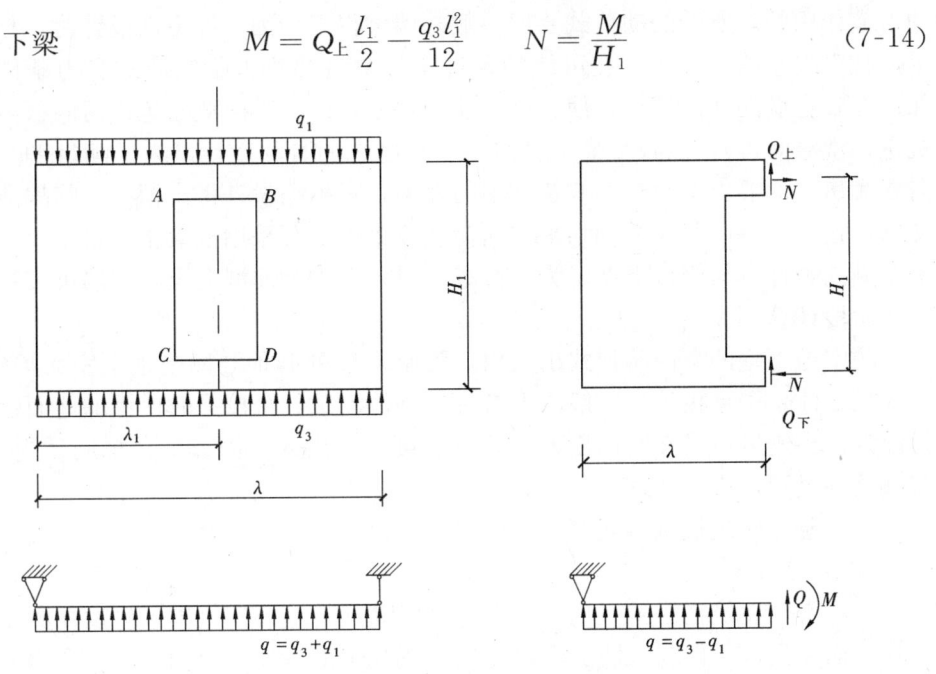

图 7-10　承重内墙门洞计算简图

最后可根据上面的内力配置受力钢筋，而斜截面根据 $Q_\text{上}$、$Q_\text{下}$ 配置箍筋。

7.3　口　部　结　构

防空地下室的口部，是整个建筑物的一个重要部位。在战时它比较容易被摧毁，造成口部的堵塞，影响整个工事的使用和人员的安全。因此，设计中必须给予足够的重视。下面仅就与结构设计有关的内容，略作介绍。

7.3.1　室 内 出 入 口

为使地下室与地面建筑连系，特别是为平战结合创造条件，每个独立的防空地下室至少要有一个室内出入口。室内出入口有阶梯式与竖井式两种。作为人员出入的主要出入口，多采用阶梯式的，它的位置往往设在上层建筑楼梯间的附近。竖井式的出入口，主要的用作战时安全出入口，平时可供运送物品之用。

（一）阶梯式

设在楼梯间附近的阶梯式出入口，以平时使用为主，在战时（或地震时）倒塌堵塞的可能性很大，这是个严重的问题。因此，它很难作为战时的主要出入口。位于防护门（或防护密闭门）以外通道内的防空地下室外墙称为"临空墙"。临空墙的外侧没有土层，它的厚度应满足防早期核辐射的要求，同时它是直接受冲击波作用的,所受的动荷载要比一般外墙大得多。因此在平面设计时,首先要尽量减少临空墙,其次,在可能的条件下,要设法改善临空墙的受力条件。例如:在临空墙的外侧填土,使它变为非临空墙,或在其内侧布置小房间(像通风机室、洗涤间等),以减小临空墙的计算长度。还有的设计,为了满足平时利用需要大房间的要求,暂时不修筑其中的隔墙,只根据设计做出留槎,临战前再行补修。这种临空墙所承受的水平方向荷载较大可能要采用混凝土或钢筋混凝土结构,其内力计算与侧墙类似。为了节省材料,这种钢筋混凝土临空墙可按弹塑性工作阶段计算,$[\beta] = 2.0$。

防空地下室的室内阶梯式出入口,除临空墙外其他与防空地下室无关的墙、楼梯板、休息平台板等,一般均不考虑核爆炸动载,可按平时使用的地面建筑进行设计。当进风口设在室内出入口处时,可将按出入口附近的楼梯间适当加强,避免堵塞过死,难以清理。

为了避免建筑物倒塌堵塞出入口,有建议设置坚固棚架的。

(二)竖井式

当在市区建筑物密集,场地有限,难以做到把室外安全出入口设在倒塌范围以外,而又没有条件与人防支干道连通,或几个工事连通合用适当安全出入口的情况下,有的单位提出设置室内竖井式安全出入口的方案,并作出了定型图。竖井是内径 1.0m×1.0m 的钢筋混凝土方筒结构,壁厚度 20cm,配筋直径 14mm、间距 200mm。竖井的顶端在底层地面建筑顶板之下。为避免互相干扰,竖井应与其他结构完全分离,但这一方案不能认为是完美的。

7.3.2　室外出入口

每一个独立的防空地下室(包括人员掩蔽室的每个防护单元)应设有一个室外出入口,作为战时的主要出入口,室外出入口的口部应尽量布置在地面建筑的倒塌范围以外。室外出入口也有阶梯式与竖井式两种形式。

(一)阶梯式

当把室外出入口作为战时主要出入口时,为了人员进出方便,一般采用阶梯式。设于室外阶梯式出入口的伪装遮雨篷,应采用轻型结构,使它在冲击波作用下能被吹走,以避免堵塞出入口,不宜修建高出地面的口部其他建筑物。由于室外出入口比室内出入口所受荷载更大一些,室外阶梯式出入口的临空墙,一般采用钢筋混凝土结构;其中除按内力配置受力钢筋外,在受压区还应配置构造钢筋,构造钢筋不应少于受力钢筋的 1/3~2/3。

室外阶梯式出入口的敞开段(无顶盖段)侧墙,其内、外侧均不考虑受动载的作用,按一般挡土墙进行设计。

当室外出入口没有条件设在地面建筑物倒塌范围以外,而又不能和其他地下室连通时也可考虑在室外出入口口部设置坚固棚架的方案。

（二）竖井式

室外的安全出入口一般采用竖井式的，也应尽量布置在地面建筑物的倒塌范围以外。竖井计算时，无论有无盖板，一般只考虑由土中压缩波产生的法向均布荷载，不考虑其内部压力的作用。试验表明：作用在竖井式室外出入口处临空墙上的冲击波等效静载，要比阶梯式的小一些，但又比室内的大一些。在第一道门以外的通道结构既受压缩波外压又受冲击波内压，情况比较复杂，根据相关文献该通道结构一般只考虑压缩波的外压，不考虑冲击波内压的作用。

当竖井式室外出入口不能设在地面建筑物倒塌范围以外时，也可考虑设在建筑物外墙一侧，其高度可在建筑物底层的顶板水平上。

7.3.3　通 风 采 光 洞

为了贯彻平战结合的原则，给平时使用所需自然通风和天然采光创造条件可在地下室砌墙开设通风采光洞，但必须在设计上采取必要的措施，保证地下室防核爆炸冲击波和早期核辐射的能力。现根据已有经验，介绍如下：

（一）设计的一般原则

1. 防护等级较高时结构承受荷载较大，窗洞的加强措施比较复杂。因而，仅大量性防空地下室才开设通风采光洞。等级稍高的防空地下室不宜开设通风采光洞，而以采用机械通风为好。

2. 洞口过多、过大将给防护处理增加困难，因此，防空地下室外墙开设的洞口宽度，不应大于地下室开间尺寸的 $1/3$，且不应大于 1.0m。

3. 临战前必须用黏性土将通风采光井填土。因为黏性土密实可靠，能满足防早期核辐射的要求（图 7-11）。

4. 在通风采光洞上，应设防护挡板一道。考虑上述回填条件，可以认为挡板及窗井内墙身的荷载与侧墙的荷载相同，挡板的计算与防护门基本一致。

5. 洞口的周边　应采用钢筋混凝土柱和梁予以加强，使侧墙的承载力不因开洞而降低。柱和梁的计算，可按两端铰支的受弯构件考虑。

6. 凡是开设通风采光洞的侧墙，在洞口上缘的圈梁应按过梁进行验算。

（二）洞口的构造措施

1. 砖外墙洞口两侧钢筋混凝土柱的上端主筋应伸入顶板，其锚固长度不小于 $30d$（d 为柱内主筋直径，下同）；柱下端如为条形基础应嵌入室内地面以下 500mm（图 7-11）。如为钢筋混凝土整体基础应将主筋伸入底板其锚固长度不小于 $30d$（图 7-12）。

2. 砖砌外墙，应在沿洞口两侧每六皮砖加三根直径 6mm 的拉结筋，拉结筋的一端伸入墙身长度不小于 500mm，另一端与柱内的钢筋扎结（图 7-12）。

3. 素混凝土外墙，在洞口两侧沿墙高设钢筋混凝土柱，柱的上、下两端的主筋应分别伸入顶板与底板，其锚固长度不小于 $30d$（图 7-13）。

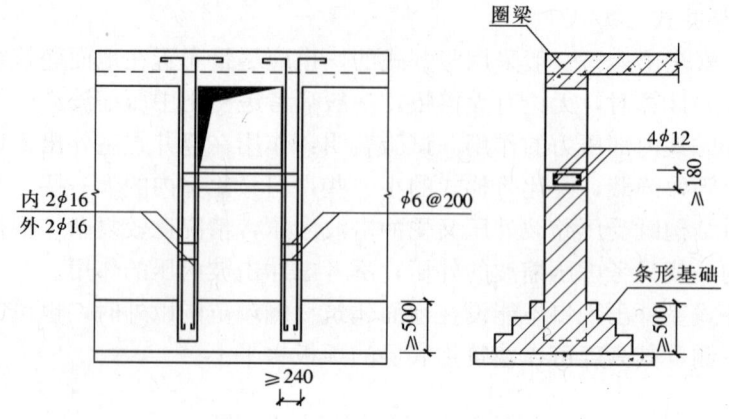

图 7-11

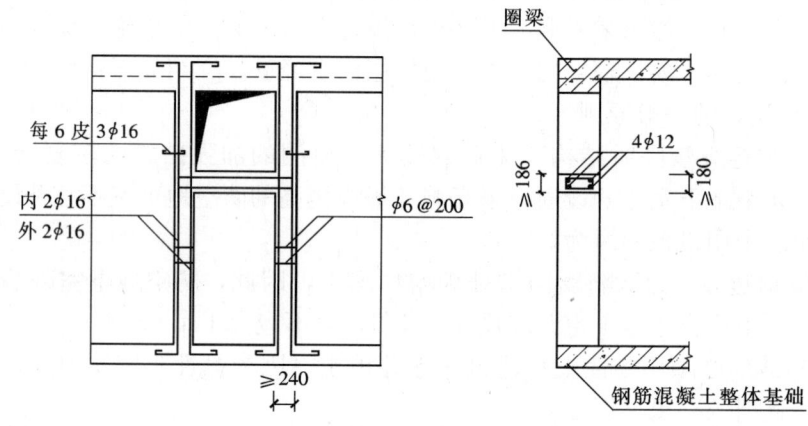

图 7-12　洞口构造图

4. 钢筋混凝土外墙，除按素混凝土外墙在洞口两侧设置加固钢筋外，应将洞口范围内被截断的钢筋与洞口周边的加固钢筋扎结。

5. 钢筋混凝土和混凝土外墙开设有通风采光洞时，洞口四角应设置斜向构造钢筋，洞口四角各配三根，直径为 12mm，一端锚固长度不小于 $30d$（图7-13）。

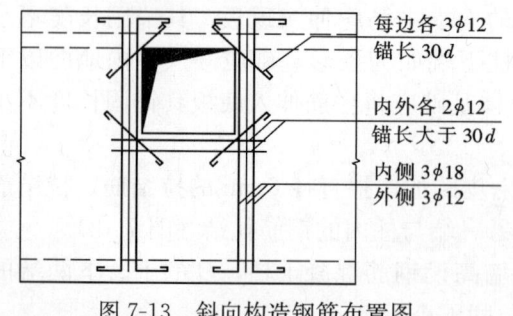

图 7-13　斜向构造钢筋布置图

洞口周边加强钢筋配置的依据条件是：

1. 防空地下室侧墙的等效静载应按规定选取；

2. 通风采光井内回填土按黏土

考虑；

3. 洞口宽度取为 1.0m；

4. 钢筋混凝土柱的计算高度取为 2.6m；

5. 钢筋混凝土梁与柱均按两端铰支的受弯构件计算。

思　考　题

1. 何谓附建式结构？附建式结构的形式、用途及特点有哪些？

2. 附建式人防工事在设计时，需要注意哪些事项？

3. 附建式结构的荷载有哪几类？如何确定附建式结构的荷载？

4. 附建式结构设计需符合哪些规范要求？如何做到平战结合？

5. 附建式结构顶板、临空墙、洞口的防护要求有何特点？构造上如何处理？

6. 简述附建式结构的口部设计的重要性及其特点。

第8章　沉井与沉箱结构

8.1　概　　述

不同断面形状（如圆形，矩形，多边形等）的井筒或箱体，按边排土边下沉的方式使其沉入地下，即沉井或沉箱。沉井也称为开口沉箱，沉箱也称为闭口沉箱。由于闭口沉箱下沉施工时采用压气排水的施工方法，故通常称其为压气沉箱。沉井（沉箱）施工法是深基础施工中采用的主要施工方法之一，它与基坑放坡施工相比，具有占地面积小、挖土量少，对邻近建筑物影响比较小等优点。因此，在工程用地与环境条件受到限制或埋深较大的地下构筑物工程中被广泛应用。在市政工程中，沉井（沉箱）常用于桥梁墩台基础、取水构筑物、排水泵站、大型排水窨井、盾构或顶管的工作井等工程。

在密集的建筑群中施工时，为确保邻近地下管线和建筑物的安全，近年来在沉井（沉箱）施工中创造了"钻吸"工艺和"中心岛式"等施工工艺，这些施工新工艺可使地表仅产生微小的沉降和地层位移。由于沉井（沉箱）施工技术的不断发展和日臻完善，因此，只要施工措施选择恰当，沉井（沉箱）施工法几乎可适用于任何环境和地质条件。在许多场合沉井（沉箱）施工方法以它的结构简单、造价低廉、质量可靠、适用性强等优势，正日益广泛地应用在市政工程等领域的建设施工中。

目前国内外沉井施工的发展，已使不少沉井深度达到约 30m 和平面尺寸达到 3000m², 有的特殊使用的沉井深度可达到 100m 以上（在矿山中）。为了寻求沉井施工中特别是深沉井施工中降低井壁侧面摩擦阻力，在 20 世纪 40 年代日本采用壁外喷射高压空气（空气幕法）降低井壁上的摩阻力，使沉井下沉深度达到 156m，到 20 世纪 70 年代初使下沉深度超过了 200m。采用此法时空气幕构造较复杂，高压空气耗量亦大，控制纠偏技术要求较高，此法在我国也已应用。20 世纪 50 年代以后，在欧洲推广了在井壁与土之间压入触变泥浆降低摩擦阻力。压注触变泥浆法在我国应用较多，而且已在工程应用中能使触变泥浆兼有减摩和支承井壁外侧土体防止沉井周围地面沉降有作用，同时可减少沉井壁厚并使下沉中沉井四周压力较均匀，改善结构受力状况。

沉井（沉箱）结构通常具有以下几个特点：（1）躯体结构刚性大，断面大，承载力高，抗渗能力强，耐久性能好，内部空间可有效利用；（2）施工场地占地面积较小，可靠性良好；（3）适用土质范围广（淤泥土、砂土、黏土、砂砾等土层均可施工）；（4）施工深度大；（5）施工时周围土体变形较小，因此对邻近建筑（构筑）物的影响小，适合近接施工，尤其是压气沉箱工法对周围地层沉降造成的影响极小，目前在日本已有离开箱体边缘 30cm 以外的地层无沉降的压气沉箱施工实例；（6）具有良好的抗震性能。由于沉井（沉箱）具有以上的特点，因此它们在大型地下构造物和深基础方面有着极为广泛的应用。作为永久性地下构造物使用的地下储油罐、地下气罐、地下泵房、地下沉淀池、地下水池、地下防空洞、地下车库、地下变电站、地下料坑等多种地下设施。此外，在盾构隧道施工中作为临时性的工作井（盾构机械的搬入、组装、进发、达到、解体、管片及其他材料的运入，泥水处理设备的设置，挖掘土砂及其他废料的运出等作业提供场地）。永久性工作井有隧道通风井、排水井、地下铁道施工盾构设备的接收井、采矿用竖井等。另外，作为大型构造物的深基础使用有高层和超高层建筑物基础、各种桥梁基础、城市高架路基础、轻轨线路基础、水闸基础、港口基础、护堤基础、冶金高炉基础以及各种重型设备基础等等。

由于沉井结构与沉箱结构除了在施工方法与工艺方面不同以外，在结构设计与计算方面基本相同，因此，以下主要以沉井为例，着重介绍他们在设计计算方法以及构造上的特点，而对于沉箱结构则强调它在设计上的注意事项。

8.2 沉 井 结 构

沉井通常为一个上无盖下无底的井筒状结构物，现常用钢筋混凝土制成。施工时先在建筑场地整平地面，制作第一节沉井，接着在井壁的围护下，从井底挖土，随着土体的不断挖深，沉井因自重作用克服井壁土的摩阻力而逐渐下沉（如图 8-1 所示）。当第一节井筒露出地面不多时停止开挖下沉，接高井筒，待到达规定强度后再挖土下沉。这样交替操作一直下沉到设计标高，然后封底，浇筑钢筋混凝土底、顶板等工作，做成地下建筑物。这种利用结构自重作用而下沉入土的井筒状结构物就称"沉井"。因此，所谓沉井，实质上就是将一个在地面筑成

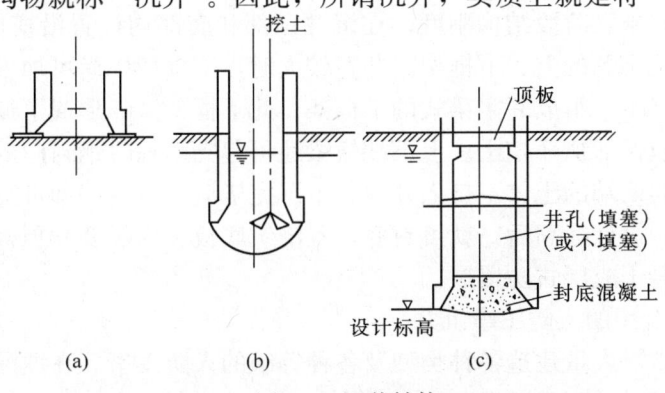

图 8-1　沉井结构

的"半成品"沉入土中，然后在地下完成整个结构物的施工。它与基坑法修筑地下建筑结构的区别就是，沉井在施工过程中，井壁成了阻挡水、土压力，防止土体坍塌的围护结构，从而省去大量的基坑围护结构设施和支撑工作，减少了土方开挖量。

沉井一般多沉到较坚实的土层上，以充分利用深层土的承载能力和防止运营期间的较大沉降值。沉井常用作桥梁墩台、重型厂房和各种工业构筑物的一种深基础。作为深基础时，井孔内可用混凝土或砂砾石填实以增加压重。

虽然，随着地下连续墙结构的兴起，许多地下工程可用地下连续墙施工。但是沉井结构的单体造价较低，主体的混凝土都在地面上浇筑，质量较易保证，不存在接头的强度和漏水问题，可采用横向主筋构成较经济的结构体系。因此，在一定的场合下，沉井仍是一种合理的地下结构。

8.2.1 沉井的类型

沉井按其构造形式可分为连续沉井（多用于隧道工程井）和单独沉井（多用于工业、民防地下建筑）；按平面形状可分为圆形沉井、矩形沉井、方形沉井或多边形沉井等。这里着重介绍隧道连续沉井及用于人防的沉井。

1. 隧道连续沉井

在松软的土层中浅埋地下铁道或水底隧道的岸边段，除可用基坑明挖法（大开挖）、地下连续墙施工外，亦可采用连续沉井施工。

如图 8-2 所示为某水底隧道所用的连续沉井中的一节，长 25～35m。在两个沉井之间采用有橡胶止水带的柔性接头。沉井长度主要考虑各段沉井的不均匀沉降、变温影响和混凝土收缩应力等因素加以确定。

沉井横断面的宽度应由隧道的几何设计来确定，一般应能容纳所需车道、风道、走道等。在曲线段中还应按车速和曲率半径等考虑适当加宽。

沉井高度主要由车道的净空要求确定。同时还要考虑路面铺装、车道板、吊顶结构以及相邻沉井间沉降差等所需高度。

为保证沉井施工阶段结构刚度，在沉井顶部和底部均设置沿横向支撑数道，与井壁部分构成刚劲的上、下框架。井宽较大时，下框架中尚可加设纵向支撑一道，与横支撑（梁）组成井字梁式的下框架。此下框架区隔形成了彼此分开的取土井，其尺寸应保证抓斗挖土。上下端横梁还可起支承临时钢封门的作用，使沉井下沉时，纵向两端的土体不挤入井内。下沉完毕后，钢封门即可拆除。

沉井下沉到设计标高后，就可封底，并浇筑底板、内隔墙和顶板。顶板上方可设置钢筋混凝土成层式防爆层。

2. 平战结合用的人防工事沉井

在城市内常需大量建造各种类型及各种等级的人防工事。在埋深较大，不能采用大开挖施工时，可采用沉井施工。

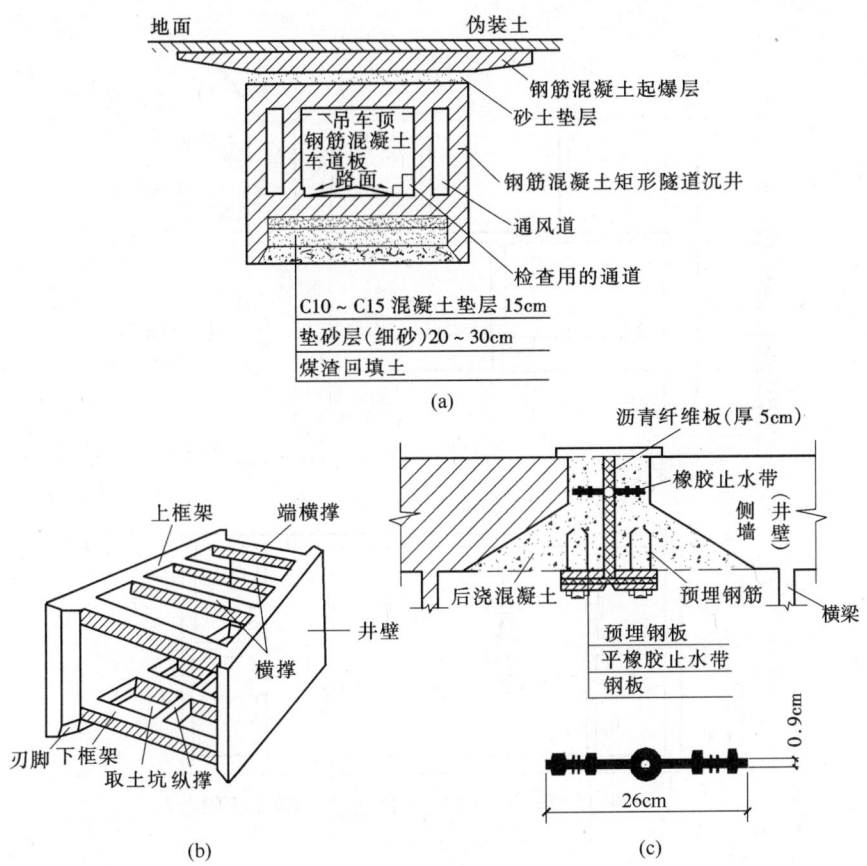

图 8-2　连续沉井

（a）使用阶段隧道截面示意图；（b）施工阶段连续沉井示意图；（c）防水接头构造图

　　如图 8-3 所示的矩形沉井，是平战结合用地下仓库之一例。平面尺寸为 31m×19m，壁厚 80cm，顶板厚 35cm，底板厚 80cm。沉井分上下两层。下层由于使用需要，分隔成许多小间；上层两侧为"三防"设施房间，中间作为大厅，平时可利用作为会场，战时可作为临时救护所。为了加强沉井施工下沉过程中的整体刚度，井内设上、下若干横撑，到使用阶段安上楼板，隔墙就可分隔成许多房间。

8.2.2　沉井的构造

　　沉井一般由下列各部分组成（图 8-4）：井壁（侧壁）；刃脚；内隔墙；封底和顶盖板，底梁和框架。

　　1. 井壁

　　井壁是沉井的主要部分，应有足够的厚度与强度，为了承受在下沉过程中各种最不利荷载组合（水土压力）所产生的内力在钢筋混凝土井壁中一般应配置两层竖向钢筋及水平钢筋，以承受弯曲应力。同时要有足够的重量，使沉井能在自

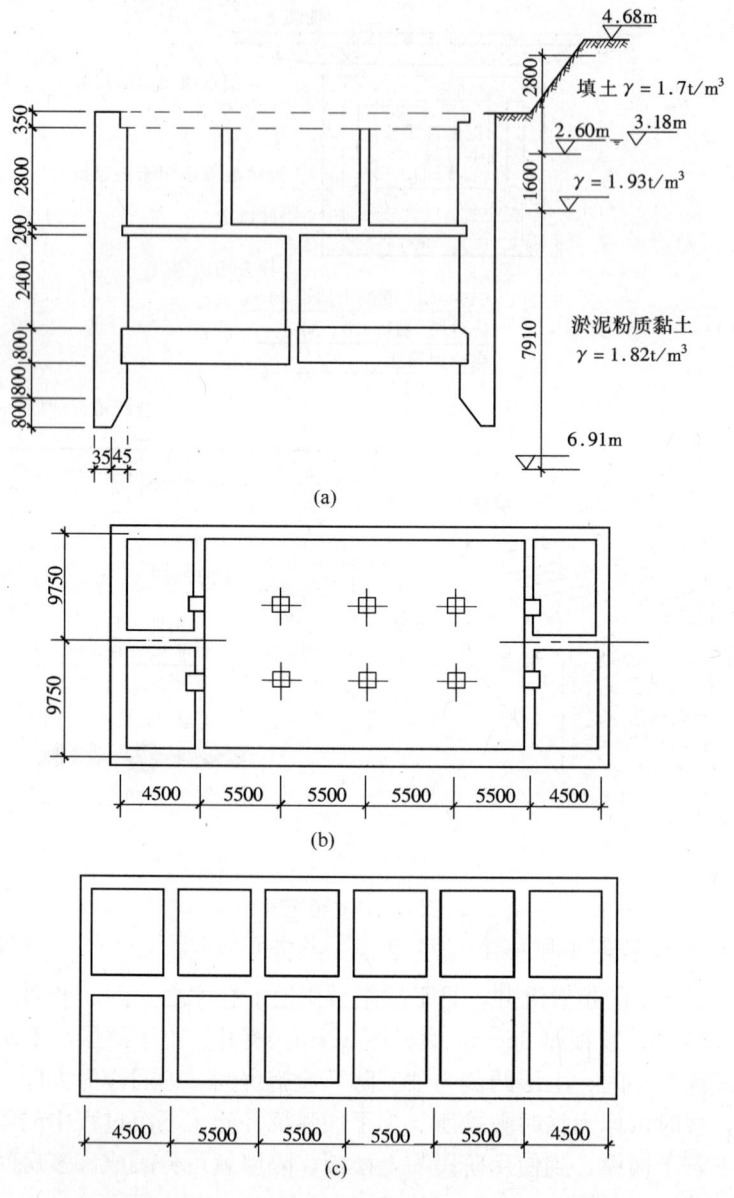

图 8-3　矩形沉井

（a）人防工事结构剖面图；（b）顶层结构平面图；（c）底层结构平面图

重作用下顺利下沉到设计标高。因此，井壁厚度主要决定于沉井大小、下沉深度以及岩土的力学性质。

设计时通常先假定井壁厚度，再进行强度验算。井壁厚度一般为 0.4～1.2m。有战时防护要求的，井壁厚度可达 1.5～1.8m。

井壁的纵断面形状有上下等厚的直墙形井壁（如图 8-5a 所示）、阶梯形井壁

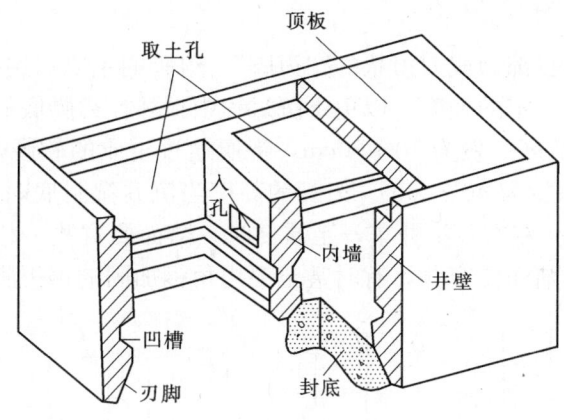

图 8-4　沉井构造

两种。当土质松软、摩擦力不大,下沉深度不深时可采用直墙形。其优点是周围土层能较好地约束井壁,易于控制垂直下沉,接长井壁亦简单。此外,沉井下沉时,周围土的扰动影响范围小,可以减少对四周建筑物的影响,故特别适用于市区较密集的建筑群中间。当土质松软,下沉深度较深时,考虑到水土压力随着深度的不断增大,使井壁在不同高程受力的差异较大,故往往将井壁外侧仍做成直线形,内侧做成阶梯形(如图 8-5c),以减小沉井的截面尺寸,节省材料。

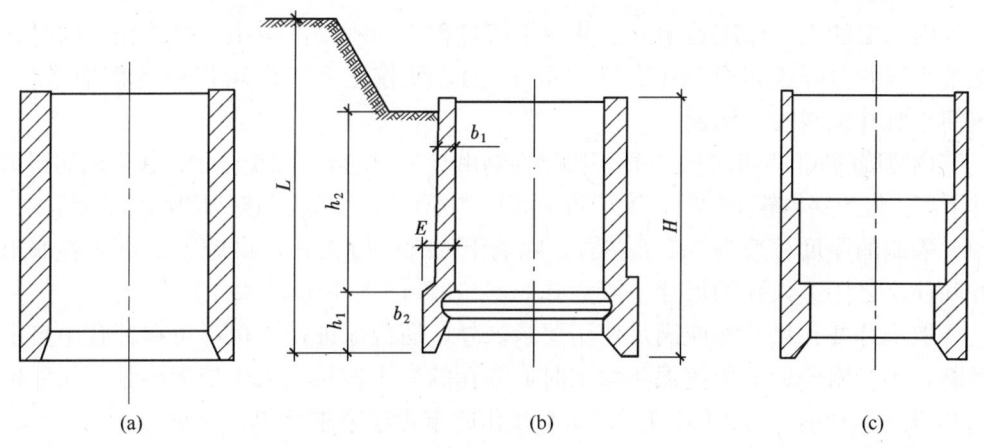

图 8-5　沉井井壁形式

　　当土层密实,且下沉深度很大时,为了减少井壁间的摩擦力而不使沉井过分加大自重,常在外壁做成一个(或几个)台阶的阶梯形井壁。台阶设在每节沉井接缝处,宽度 Δ 一般为 10～20cm。最下面一级阶梯宜设于 $h_1 = (1/4～1/3)H$ 高度处(见图 8-5b),或 $h_1 = 1.2～2.2m$ 处。h_1 过小不能起导向作用,容易使沉井发生倾斜。施工时一般在阶梯面所形成的槽孔中灌填黄砂或护壁泥浆以减少摩擦力并防止土体破坏过大。

2. 刃脚

井壁最下端一般都做成刀刃状的"刃脚"。刃脚的主要功用是减少下沉阻力。

刃脚还应具有一定的强度，以免下沉过程中损坏。刃脚底的水平面称为踏面（见图 8-6）。踏面宽度一般为 10～30cm，视所通过土质的软硬及井壁厚度而定。刃脚内侧的倾角一般为 40°～60°。刃脚的高度当沉井湿封底时，取 1.5m 左右，干封底时，取 0.6m 左右。沉井重，土质软时，踏面要宽些。相反，沉井轻，又要穿过硬土层时。踏面要窄些，有时甚至要用角钢加固的钢刃脚。

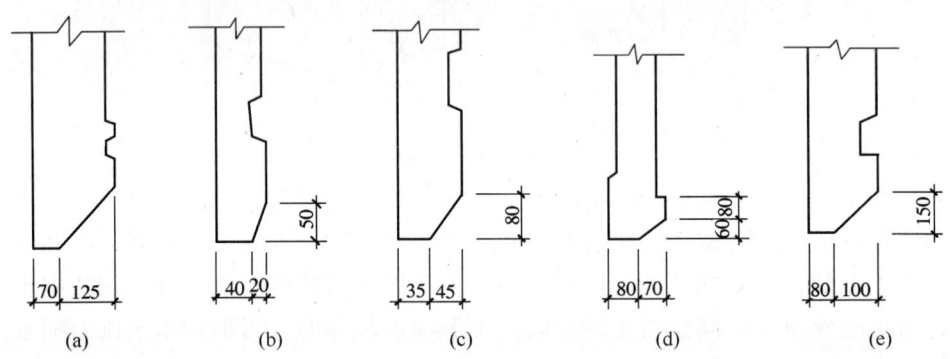

图 8-6　沉井刃脚踏面

3. 内隔墙

内隔墙的主要作用是增加沉井在下沉过程中的刚度并减小井壁跨径。同时又把整个沉井分隔成多个施工井孔（取土井），使挖土和下沉可以较均衡地进行，也便于沉井偏斜时的纠偏。

内隔墙的底面一般应比井壁刃脚踏面高出 0.5～1.0m，以免土壤顶住内墙妨碍沉井下沉。但当穿越软土层时，为了防止沉井"突沉"，也可与井壁刃脚踏面齐平。

隔墙的厚度一般为 0.5m 左右。隔墙下部应设过人孔，供施工人员于各取土井间往来之用。人孔的尺寸一般为 0.8m×1.2m～1.1m×1.2m 左右。

取土井井孔尺寸除应满足使用要求之外，还应保证挖土机具可在井孔中自由升降，不受阻碍。如用挖泥斗取土时，井孔的最小边长应大于挖泥斗张开尺寸再加 0.50～1.0m，一般不小于 2.5m。井孔的布置应力求简单、对称。

4. 封底及顶盖

当沉井下沉到设计标高，经过技术检验并对坑底清理后，即可封底，以防止地下水渗入井内。封底可分湿封底（即水下浇筑混凝土）和干封底两种。有的在井底设有集水井排水。封底完毕，待混凝土结硬后即可在其上方浇筑钢筋混凝土底板。

为了使封底混凝土和底板与井壁间有更好的连接，以传递基底反力，使沉井成为空间结构受力，常于刃脚上方的井壁上预留凹槽。如在特殊情况下，预计有可能需改用气压沉箱时，亦可预设凹槽，以便必要时在该处浇筑钢筋混凝土盖板。

凹槽底面一般距刃脚踏面 2.5m 以上。槽高约 1.0m，近似等于封底混凝土的厚度，以保证封底工作顺利进行。凹入深度约 0.15～0.25m。

当沉井作为地下结构物时多采用钢筋混凝土顶板。

5. 底梁和框架

在比较大型的沉井中，如由于使用要求，不能设置内隔墙，则可在沉井底部增设底梁，并构成框架以增加沉井在施工下沉阶段和使用阶段的整体刚度。有的沉井因高度较大，常于井壁不同高度设置若干道由纵横大梁组成的水平框架，以减少井壁（于顶、底板之间）的跨度，使整个沉井结构布置合理、经济。

在松软地层中下沉沉井，底梁的设置还可防止沉井"突沉"和"超沉"，便于纠偏和分格封底，以争取采用干封底。但纵横底梁不宜过多，以免增加结构造价，施工费时，甚至增大阻力，影响下沉。

8.2.3 沉井的结构计算

沉井结构在施工阶段必须具有足够的强度和刚度，以保证沉井能稳定、可靠地下沉到拟定的设计标高。待沉到设计标高，全部结构浇筑完毕并正式交付使用后，结构的传力体系、荷载和受力状态均与沉井在施工下沉阶段很不相同。因此，应保证沉井结构在这两阶段中均有足够的安全度。例如，沉井的井壁和顶底板，在正常使用中是不允许开裂或只允许出现很小的裂缝，因此必须进一步验算这些构件在施工过程中的抗裂性。工程实践证明，沉井结构中的部分构件级强度往往受施工阶段控制，因此对施工阶段的结构计算很重要，必须认真对待，决不能认为它只是一个临时的受力过程而加以忽视。

沉井结构设计的主要环节可大致归纳如下：

1. 沉井建筑平面布置的确定。

2. 沉井主要尺寸的确定和下沉系数的验算。

（1）参考已建类似的沉井结构，初定沉井的几个主要尺寸，如沉井平面尺寸、沉井高度、井孔尺寸及井壁厚度等，并估算下沉系数，以控制沉速；

（2）估算沉井的抗浮系数，以控制底板的厚度等。

3. 施工阶段强度计算。

（1）井壁板的内力计算；

（2）刃脚的挠曲计算；

（3）底横梁、顶横梁的内力计算；

（4）其他。

4. 使用阶段的强度计算（包括承受动载）。

（1）按封闭框架（水平方向的或垂直方向的）或圆池结构来计算井壁并配筋；

（2）顶板及底板的内力计算及配筋。

现就沉井结构设计的几个主要环节的基本内容分别介绍如下：

一、沉井下沉系数的确定

确定沉井主体尺寸后，即可算出沉井自重，并验算沉井在施工中是否能在自重作用下，克服井壁四周土壤摩擦力和刃脚下土的正面阻力顺利下沉。设计时可按"下沉系数"估算。

$$下沉系数 \ K_1 = \frac{G}{R_j + R_r} \geqslant 1.10 \sim 1.25 \tag{8-1}$$

$$R_f = f_0 \times F_0 \tag{8-2}$$

$$f_0 = \frac{f_1 h_1 + f_2 h_2 + \cdots + f_n h_n}{h_1 + h_2 + \cdots + h_n} \tag{8-3}$$

式中　G——沉井在施工阶段的自重（kN）应包括井壁和上、下横梁和隔墙的重量以及施工时临时钢封门等的重量。当采用不排水下沉时，尚应考虑水的浮力使井重减轻的影响；

　　　R_r——刃脚踏面下正面阻力的总和（kN），如沉井有隔墙、底横梁，其正面阻力均应计入，刃脚踏面上每单位面积所受的阻力，视土质情况而异，其经验数据可见表 8-1，一般在踏面处作均匀分布，在斜面处，可按三角形分布计算；

　　　R_f——沉井井壁与土壤间的总摩擦力（kN）；

　　　F_0——沉井井壁四周总面积（m²）；

　　　f_0——井壁与土壤间单位面积摩擦力的加权平均值（kN/m²）；

　　　h_i——土层的厚度（m），如图 8-7（a）所示；

　　　f_i——各土层对井壁的单位面积摩擦力，可参照已有的实践资料（最好当地的）估计或参考表 8-1 的数值选用。

井壁摩擦力及刃脚踏面阻力　　　　　　　　　　　表 8-1

土壤类型	土对单位井壁的面积摩擦力（kN/m²）		刃脚下土壤单位面积阻力（kN/m²）	
	土壤密度小含水量多	土壤密度大含水量小	土壤软弱含水量多	土壤紧实含水量少
砂性土	12	25		
黏性土	12.5～25	50	100～200	350～500
泥浆套	3～5			

注：泥浆套是一种能促使沉井下沉的材料，如触变泥浆。

根据上海地区经验，在缺乏可靠实测资料时，对于井深 80m 以内的沉井，其侧面摩擦力值 f_0 几乎都取 15～20kN/m²。后者适于沉入深度 20m 以内的黏土、粉质黏土中的沉井。

在实际工作中，井壁摩擦力的分布形式，有许多不同的假定。

一种是假定在深度 0～5m 范围内单位面积摩擦力按三角形分布，5m 以下为常数，如图 8-7（b）所示。这时总摩阻力：

$$R_J = f_0 \times F_0 = f_0 \times U(h_0 - 2.5)$$

式中　U——沉井周长（m）；

　　　h_0——沉井入土深度（m）。

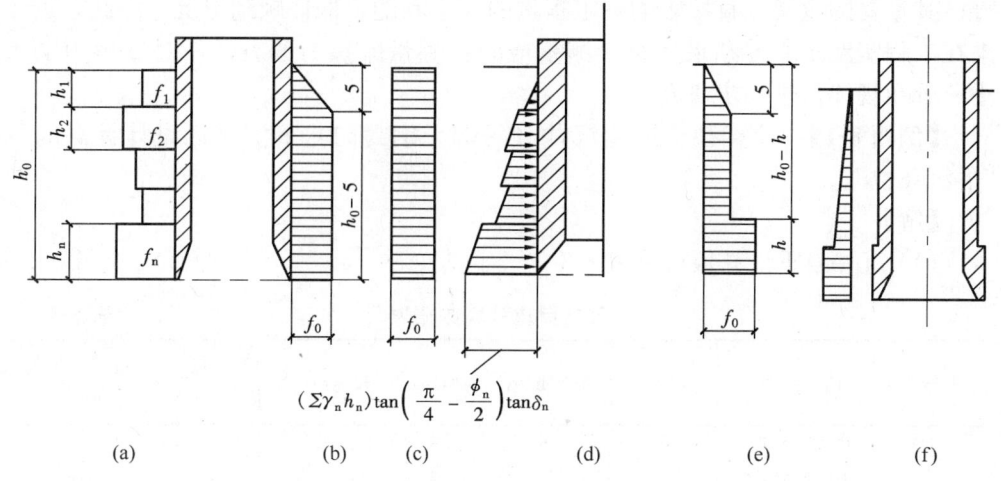

$$(\Sigma\gamma_n h_n)\tan\left(\frac{\pi}{4}-\frac{\phi_n}{2}\right)\tan\delta_n$$

(a)　　　　(b)　(c)　　　　(d)　　　　(e)　　　　(f)

图 8-7　井壁摩擦力分布形式

(a) 各土层的单位摩擦力；(b) 三角形分布；(c) 矩形分布；
(d) 主动土压力与摩擦系数 (tanδ) 之积；(e)、(f) 阶梯形井壁摩擦力分布

一种是取入土全深范围内为常数的假定，$F_0 = U \cdot h_0$（m^2），参见图 8-7 (c)。

另一种假定认为摩擦力不仅与土的种类有关，还与土的埋藏深度有关。因此，采用了摩擦力等于朗金主动土压力与土和井壁间的摩擦系数之乘积（一般取极限摩擦系数为 $0.4 \sim 0.5$，即井壁摩擦力按井壁土压力的 $0.4 \sim 0.5$ 倍估计）。根据这种假设，侧面摩擦力将是随着深度而增加的梯形分布，或近似于三角形分布，见图 8-7 (d)。在国外有些国家（如日本）就是采用这种假定，例如紧密砂层的侧面单位摩擦力（kN/m^2）见表 8-2。

紧密砂层的侧面单位摩擦力　　　　　　　　表 8-2

土　质	深　度　（m）						
	8	16	25	30	40	50	60
紧密砂层	12	14	17	20	22		

对于小型薄壁阶梯形井壁的圆形沉井，它的侧面摩擦力亦有多种不同的取法，上海地区采用图 8-7 (e)、(f) 所示的假定。

实际上，侧面单位摩擦力的量值及分布规律还远未了解清楚，例如在上海从实践中发现多数轻型沉井的下沉系数小于 1，一般在 $0.65 \sim 0.9$ 之间，多数在 $0.7 \sim 0.8$，仅个别大于 1.0。在施工中，除了个别沉井需要压重外（主要原因施工中途停顿或由排水下沉改为不排水下沉）一般都能下沉到预定标高。下沉系数小于 1.0 而能顺利下沉，这是不合乎逻辑的，显然是取用的假定井壁摩擦力偏大，不符合客观实际。由于侧面摩擦力数值大小和分布形式对沉井设计和施工有

着极其重要的意义，直接影响到工程量的大小和能否保证顺利下沉。因此，近年来在工程实践中亦逐渐采用直接测量或间接测量摩擦力的方法，对摩擦力的大小、分布规律做进一步研究。

【例题 8-1】 计算某个连续沉井（两端无钢封门）下沉接近设计标高时的"下沉系数"。

【解】

(1) 沉井自重计算数据见表 8-3

沉井自重计算数据表　　　　　　　　　　　　　　　　表 8-3

序号	构　件	数量	高 (m)	宽 (m)	长 (m)	材料重度 (kN/m³)	重　量 (kN)
1	井　壁	2	7.6	0.8	28.0	25	8510
2	中间底横梁	3	1.2	0.7	12.2	25	770
	两端底横梁	2	1.2	0.8	12.2	25	587
4	中间顶横梁	3	0.6	0.7	12.2	25	385
	两端顶横梁	2	0.6	0.8	12.2	25	293
沉井自重				$\sum=10545\text{kN}$			

(2) 下沉阻力

设所处地层为灰色淤泥质黏土层，土壤对井壁的平均极限摩擦力为 $15\text{kN}/\text{m}^2$，则总的土对井壁侧面摩擦力为：

$$2\times28.0\times7.6\times15=6380\text{kN}$$

设井壁刃脚土的极限正面阻力（底横梁下的土已掏空）为 $100\text{kN}/\text{m}^2$，底面接触面积为：

$$2\times28.0\times0.7=39.2\text{m}^2$$

则总的刃脚土极限阻力为：

$$39.2\times100=3920\text{kN}$$

$\therefore$ 下沉系数 $K_1=\dfrac{10545}{6380+3920}=1.03$（沉井接近设计标高的值）

下沉系数近似等于 1.0，说明这个井的设计是比较经济的。万一在下沉过程中发生困难，可采用施工上的一些措施，如压重、多挖土或事先用泥浆套等。

实际上沉井的沉降系数 K_1 在整个下沉过程中，不会是常数，有时可能大于 1.0，有时接近于 1.0，有时会等于 1.0。如开始下沉时 K_1 必大于 1.0，在沉到设计标高时 K_1 应近于 1.0，一般保持在 $K_1=1.10\sim1.25$ 左右。

在分节浇筑分节下沉时，应在下节沉井混凝土浇筑完毕而还未开始下沉时，保持 $K_1<1$，并具有一定的安全系数。

二、沉井抗浮稳定验算

沉井沉到设计标高后，即着手进行封底工作，铺设垫层并浇筑钢筋混凝土底板，由于内部结构和顶盖等还未施工，此时整个沉井向下荷载为最小。待到内部结构、设备安装及顶盖施工完毕，所需时间可能很长，而底板下的水压力能逐渐增长到静力水头，会对沉井发生最大的浮力作用。因此，验算沉井的抗浮稳定性，一般可用抗浮系数 K_2 表示：

$$K_2 = \frac{G + R_i}{Q} \geqslant 1.05 \sim 1.1 \qquad (8\text{-}4)$$

式中　G——井壁与底板的重量（不包括内部结构和顶盖）（kN）；

　　　R_i——井壁与土壤间极限摩擦力（kN），见公式（8-3）；

　　　Q——底板下面的水浮力（t）（与沉井在地下水位以下部分相同体积的水重）。

抗浮系数 K_2 的大小可由增减底板的厚度来调整。所以一般不希望该值过大，以免造成浪费。

对于浮力的取值，在地下结构设计中历来是有争论的问题之一。实践证明，在江河之中或沿岸施工的沉井，或是埋置于渗透性很大的砂土内的沉井，其水浮力即等于静力水头。然而在黏性土中，其浮力究竟多大，尚缺乏较好的验证。同样关于井壁侧面摩擦力在抗浮时能否发挥作用，如何合理取值，各方面亦无统一的结论。有的认为抗浮计算时该摩擦力不能计入，只能作为附加的安全度来考虑。

通过大量调查，已建的各种沉井一般都没有上浮现象，这说明：

①沉井上浮时土的极限摩擦力很大，而一般设计估用的数值往往偏小，因此在验算上浮稳定时以计入井壁摩擦力为合理；

②在黏性土中，因它的渗透系数很小，地下水补给非常缓慢，沉井的浮升也必然极为缓慢，在发生明显浮升之前，内部结构、设备、顶盖等重量已经起作用，故不再存在浮升问题。因此有的设计施工单位在验算黏性土中沉井抗浮稳定性时，常将静力水头打 8~9 折。但因缺乏实践验证，应持慎重态度，不可为鉴。上海地基规范只认为验算抗浮稳定时可以计入井壁摩擦力（取经验值，下限为 10kN/m^2）。

【例题 8-2】　验算大型圆形沉井的"抗浮系数"。

已知沉井直径 $D = 68\text{m}$，底板浇毕后的沉井自重为 650100kN，井壁土壤间摩擦力 $f_0 = 20\text{kN/m}^2$，5m 内按三角形分布，沉井入土深度为 $h_0 = 26.5\text{m}$，封底时的地下水静水头 $H = 24\text{m}$。

【解】　井壁侧面摩擦力 $R_i = U(h_0 - 2.5)f_0 = \pi \times 68(26.5 - 2.5) \times 20$
$$= 102542\text{kN}$$

$$\text{浮力 } Q = \frac{\pi}{4} \times 68^2 \times 24 \times 10 = 871603\text{kN}$$

施工阶段（底板浇毕后）之抗浮稳定验算：

抗浮系数 $K_2 = \dfrac{G+R_j}{Q} = \dfrac{650100+102542}{871603} = 0.86 < 1.05$ （不满足）

采用下述措施：①在施工阶段设置临时倒滤层和集水井，抽去地下水，以消除地下水的浮托力；②或在施工阶段降低地下水位，如将地下水位降低 3.5m。

$$\text{浮力 } Q = \frac{\pi}{4} \times 68^2 \times (24-3.5) \times 10 = 744495 \text{kN}$$

则 $K_2 = \dfrac{650100+102542}{744495} = 1.01$ （不满足要求）

经设计和施工单位共同讨论后决定设置临时倒滤层和集水井以解决抗浮稳定问题。

该沉井竣工后的重量为 914700kN，故竣工后的最终抗浮系数：

$$K_2 = \frac{914700+102542}{871603} = 1.17 \approx 1.20$$

（一般要求使用期间的抗浮系数不小于 1.20）

三、刃脚计算

井壁刃脚部分在下沉过程中经常切入土内，形成一悬臂作用，因此必须验算刃脚部分向外和向内挠曲的悬臂状态受力情况，并据此进行刃脚内侧和外侧竖向钢筋和水平钢筋的配筋计算。

第一种情况：刃脚向外挠曲的计算（配置内侧竖直钢筋）

首次下沉的沉井，在刚开始下沉时，刃脚下土壤的正面阻力和内侧土体沿着刃脚斜面作用的阻力有将刃脚向外推出的作用。这时沉入深度较浅，井壁侧面的土压力几乎还未发生。刃脚的受力情况如图 8-8 (a)、(b) 所示，可沿井壁周边取 1.0m 宽的截条作为计算单元。计算步骤如下：

①计算井壁自重 G——沿井壁周长单位宽度上的沉井自重（按全井高度计算），不排水挖土时应扣除浸入水中部分的浮力。

②计算刃脚自重 g——按下式计算：

$$g = \gamma_{混凝土} h_k \frac{\lambda + a}{2}$$

③计算刃脚上的水、土压力 E——主动土压力可按朗金理论计算。

$$E = \gamma_\pm h_k \tan^2 \left(45° - \frac{\varphi}{2} \right)$$

式中 φ——土的内摩擦角（°）；

$\gamma_\pm$——土的重度（kN/m²），在地下水位以下时，取土的浮重度 $\gamma_\pm$。

在计算刃脚向外挠曲时，作用在刃脚外侧的计算土压力和水压力的总和应不超过静水压力的 70%，否则就按 70% 的静水压力计算。

④计算刃脚上的土对井壁的摩擦力 T'——可按 $T' = fF'$ 计算，但不大于 $T' = 0.5E'$。

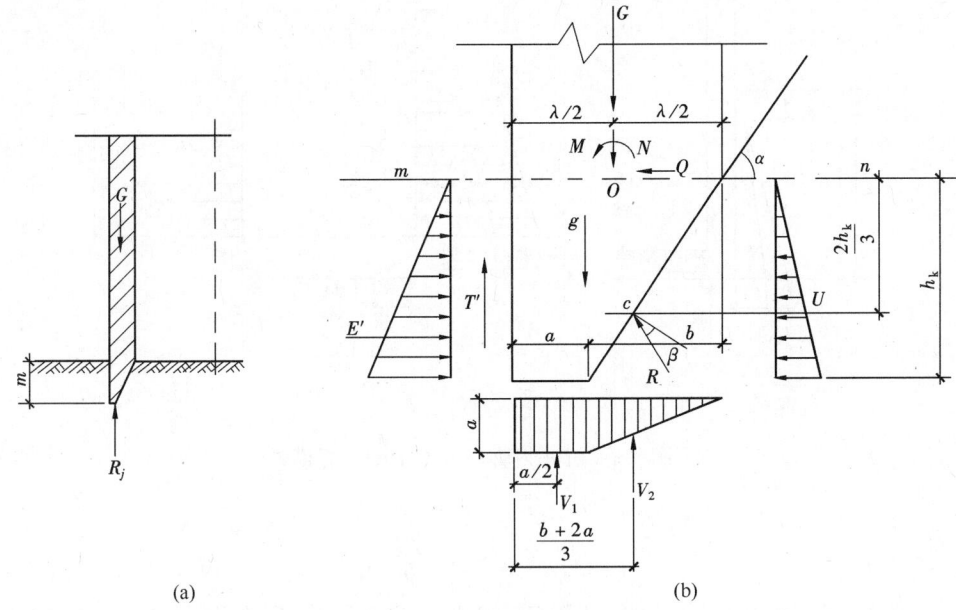

图 8-8　沉井刃脚计算模式

式中　F'——沉井侧面与土接触的单位宽度上的总面积（m^2）；

　　　f——井壁与土之间的单位面积上摩擦力（kN/m^2）；

　　　E'——作用在井壁上总的主动土压力（kN/m）。

　　　计算时取其中较小值，目的是使反力 R_j 为最大值。

　　⑤计算刃脚下土的反力 R_j，即踏面上土反力 V_1 和斜面上土反力 R，假定其作用方向与斜面法线成 β 角（即摩擦角，按 $\beta = 10° \sim 20°$ 估用，有时也可取到 $30°$）。并将 R 分解成竖直的和水平的两个分力 V_2 和 U（均假定为三角形分布）。

　　　根据实际设计经验可知，在刃脚向外挠曲时，起主要因素作用的是刃脚下土壤的正面阻力，即 V_1、V_2 和 U 的大小，而土压力 E'、侧面摩擦力 T' 和刃脚自重 g 三者在计算中所占的比重很小，实用上可忽略不计，其结果则稍偏安全。

　　　有些国家（如前苏联）和某些专业规范，规定按沉井沉到一半时的情况计算刃脚向外挠曲。考虑沉入土中部分井壁的摩阻力的减荷作用，并假定刃脚完全切入土中（或切入土中 1.0m），如图 8-9 所示。此时刃脚下的土反力 R_j 为：

$$R_j = V_1 + V_2 = G + g - T - T' \approx G - T \tag{8-5}$$

式中　T——作用于单位周长井壁上的摩擦力（kN/m），按 $T = fF$ 或按 $T = 0.5E$ 计算，计算时取其中较小值。

因
$$\frac{V_1}{V_2} = \frac{a\sigma}{\frac{1}{2}b\sigma} = \frac{2a}{b} \tag{8-5a}$$

解式（8-5）及式（8-5a）两联立方程式，可得：

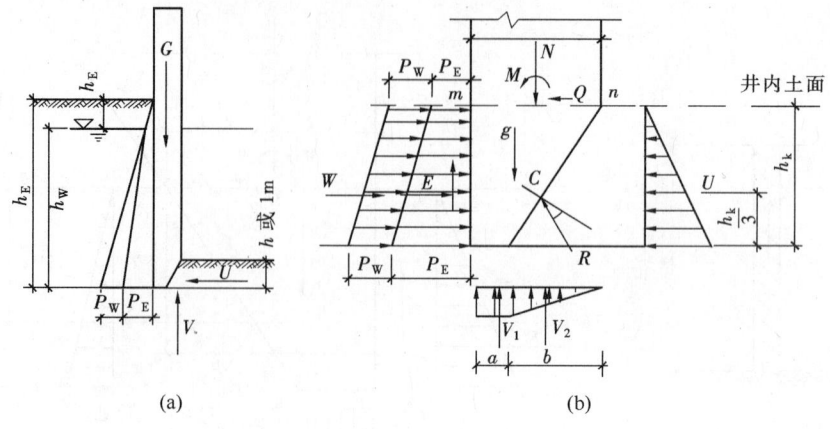

(a)　　　　　　　　　　　　　(b)

图 8-9　沉井刃脚切入土中的计算模式

$$V_2 = \frac{G-T}{1+\dfrac{2a}{b}} \tag{8-5b}$$

从 V_2 在刃脚斜面上的作用点 C，可知 R 和 U 的作用点也在 C 点，即内侧土体对刃脚的水平挤压力 U 作用于距刃脚尖以上 1/3 刃脚高度 h_k 处，从图 8-8 及图 8-9 可以看出：刃脚斜面部分土的水平反力，按三角形分布，其合力的大小为：

$$U = V_2 \tan(\alpha - \beta)$$

式中　α——刃脚斜面与水平面所成的夹角；

　　　β——土与刃脚斜面间的外摩擦角约 $10° \sim 30°$。

⑥确定刃脚内侧竖直钢筋

按以上所求得作用在刃脚上的各个外力的大小、方向和作用点后，即可求对刃脚根部 m-n 截面上的轴向力 N、剪力 V 以及对截面中心 O 点的力矩 M。然后根据 M、V、N 的大小计算刃脚内侧的竖直钢筋。内侧的竖向钢筋配筋率不得小于 $0.1\% \sim 0.15\%$。并伸入悬臂根部以上足够的锚固长度。

【例题 8-3】　设某矩形沉井封底前井自重 27786kN，井壁周长为 $2 \times$（$20+32$）$=104$m。井高 8.15m，一次下沉，试求沉井刚开始下沉时刃脚向外挠曲所需的竖直钢筋的数量（踏面宽 $a=35$cm，$b=45$cm，刃脚高 80cm）。

【解】　求单位周长上沉井自重 $G = \dfrac{27786}{104} = 267.2$kN/m

根据公式（8-5b）可得：

斜面下土的竖直反力 $V_2 = \dfrac{G-T}{1+\dfrac{2a}{b}} = \dfrac{267.2-0}{1+\dfrac{2 \times 0.35}{0.45}} = 104.6$kN

$V_1 = G - V_2 = 267.2 - 104.6 = 162.6$kN

作用在斜面上的水平反力 $U = V_2 \tan(\alpha - \beta)$

式中　　$\alpha = \arctan \dfrac{80}{45} = 60°40'$

　　　　$\beta = 12°40'$（上海地区 $10° \sim 15°$）

则　　　　　　　$U = 104.6\tan(60°40' - 12°40') = 115\text{kN}$

对截面 $m\text{-}n$ 中点 O 点的弯矩 M 为：

$$M = V_1\left(\frac{\alpha}{2} + 0.05\right) - V_2\left(\frac{b}{3} - 0.05\right) + U\left(\frac{2}{3} \times 0.8\right)$$

$$= 162.6\left(\frac{0.35}{2} + 0.05\right) - 104.6\left(\frac{0.45}{3} - 0.05\right) + 115\left(\frac{2}{3} \times 0.8\right)$$

$$= 87.5(\text{kN} \cdot \text{m})$$

由于弯矩甚小，仅需按构造配筋即可，选用 $\Phi20@200$。

第二种情况：刃脚向内挠曲，配置外侧竖直钢筋

当沉井沉到设计标高，为利于下沉，刃脚下的土常被掏空或部分掏空，井壁传递的自重全部由壁外土壤摩擦力承担，而此时井壁外侧作用最大的水、土压力，使刃脚产生最大的向内挠曲，如图 8-10 所示。一般就按此情况确定刃脚外侧竖向钢筋。

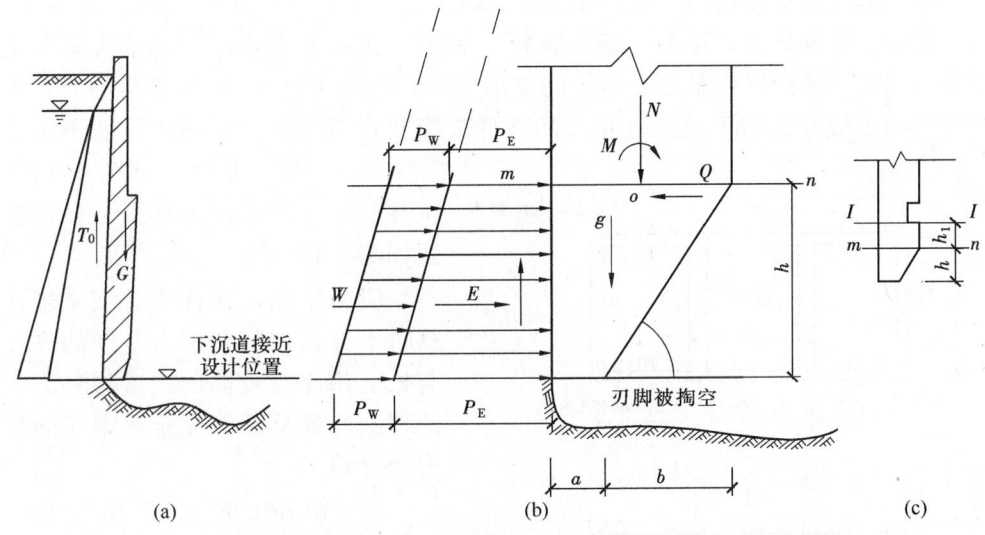

图 8-10　刃脚外侧竖向钢筋计算模式

刃脚自重 g 和刃脚外侧摩擦力 T' 对于 $m\text{-}n$ 截面的弯矩值所占比重都很小，可忽略不计。这样，刃脚向内挠曲计算中，起决定性作用的是刃脚外侧的水土压力 W 及 E。水压力 W 可按下列情况计算：

（1）不排水下沉时，井壁外侧水压力值按 100% 计算，内侧水压力值一般按 50% 计算，但也可按施工中可能出现的水头差计算；

（2）排水下沉时，在不透水的土中，可按静水压力的 70% 计算，在透水土中，可按静水压力的 100% 计算。

水土压力求出后即可求得根部 m-n 截面处的弯矩 M、剪力 Q 和轴力 N。

如井壁刃脚附近设有槽口（见图 8-10c），则有人主张当 $h_1 \geqslant 25 \text{cm}$ 时，验算截面定在 m-n 线上，如 $h_1 < 25 \text{cm}$ 时，验算截面定在 I-I 截面。

四、施工阶段井壁计算

施工阶段井壁计算，须按沉井在施工过程中的传力体系合理确定其计算图式，随后配置水平和竖直方向的两种钢筋。由于沉井形状各异，施工的具体技术措施亦不尽相同，因此应按其具体施工工况作出分析与判断。

1. 沉井在竖直平面内的受弯计算——沉井抽承垫木计算

重型沉井在制作第一节时，多用承垫木支承。当第一节沉井制成后（一般最大高度为 10m 左右），开始抽拔垫木准备下沉时，刃脚踏面下逐渐脱空，此时，井壁的工作状态近似于支承在少数支点上的深梁，井壁在自重作用下会产生较大的应力，因此需要根据不同的支承情况，对井壁做抗裂和强度验算。

沉井施工中实际的支承位置是复杂的，一般仅按以下两种最不利的支承情况进行验算：

（1）沉井支承在两点"定位垫木"上时

最后抽取的垫木，称为"定位垫木"。此时，沉井全部重量均认为支承在定位垫木之上（已回填到踏面下砂子的支承作用，略去不计）。定位垫木的间距 l_2 按井壁内正负弯矩相等或接近相等的条件来确定。当沉井平面的边长比不小于 1.5 时，一般可取 $l_2 = 0.7L$，L 为沉井全长。沉井抽承垫木的计算图式如图 8-11 所示。

应当注意，这种按简支梁来计算时十分近似的，因为井壁的高度与长度相比时较高的，按材料力学的理论计算是不能完全反映实际受力情况的。

（2）沉井支承在三支点上时

抽承垫木的顺序多数是：先抽四角，再抽跨中，并不断扩大抽拆范围，最后抽除定位垫木。由于早先回塞的砂子在后来的垫木抽完以后被一再压实，逐渐变成了支承点。因而有可能形成了三支点的两跨连续梁。按此图式（如图 8-12 所示）

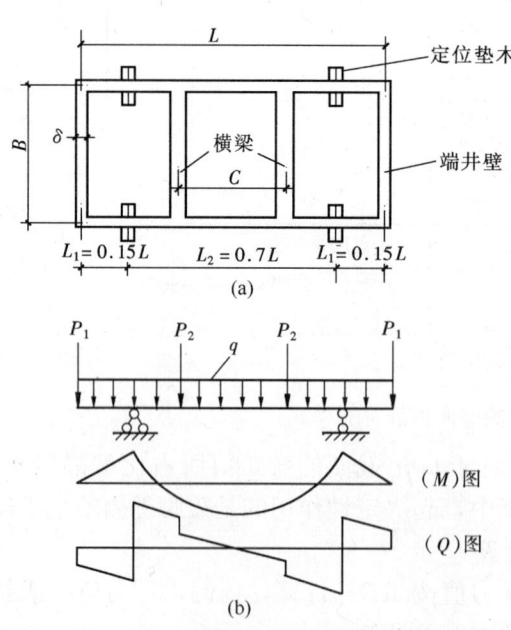

图 8-11 沉井抽承垫木的计算图式

计算可得中间点处的最大负弯矩，并配置水平钢筋。

对于圆形沉井一般按支承于相互垂直的直径方向的四个支点（如图 8-13a 所示）验算。在不排水下沉时，考虑到可能遇到障碍物，可按支承于直径上的两个支承点验算。个别大型圆沉井，从施工上采取措施增加支承点，如图 8-13（b）所示，留下 8 根定位垫木，最后再一次抽掉，使内力得以减少。

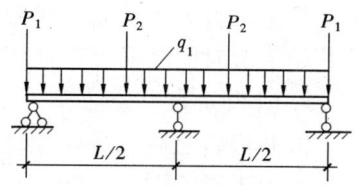

图 8-12 三支点两跨连续梁

在计算沉井内力时，将圆形沉井井壁看作是连续的水平圆环梁，在均布荷载 q（沉井自重）作用下（见图 8-13a），可按表 8-4 查得其剪力、弯矩和扭矩。

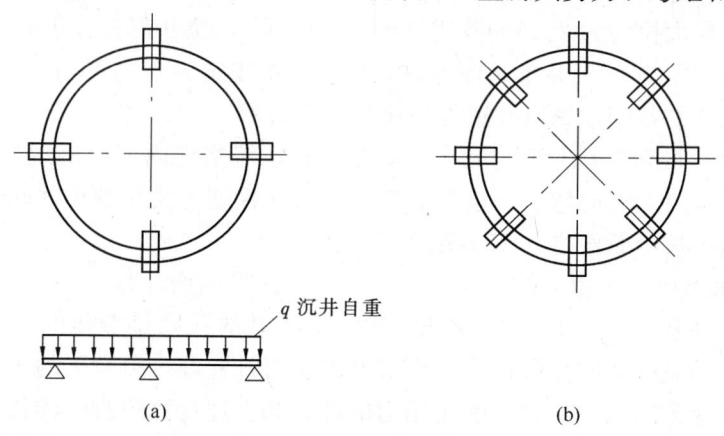

图 8-13 多支点圆形沉井

计算圆环梁的内力系数表 表 8-4

圆环梁支柱数	最大剪力	弯 矩		最大扭矩	支柱轴线与最大扭矩截面之间的中心角
		在两支柱间的跨中	支 柱 上		
4	$\dfrac{R\pi q_0}{4}$	$0.03524\pi q_0 R^2$	$-0.06430\pi q_0 R^2$	$0.01060\pi q_0 R^2$	$19°21'$
6	$\dfrac{R\pi q_0}{6}$	$0.01500\pi q_0 R^2$	$-0.02964\pi q_0 R^2$	$0.00302\pi q_0 R^2$	$12°44'$
8	$\dfrac{R\pi q_0}{8}$	$0.00832\pi q_0 R^2$	$-0.01654\pi q_0 R^2$	$0.00126\pi q_0 R^2$	$9°33'$
12	$\dfrac{R\pi q_0}{12}$	$0.00380\pi q_0 R^2$	$-0.00730\pi q_0 R^2$	$0.00036\pi q_0 R^2$	$6°21'$

应该指出的是：如在施工时能保证每抽去一根垫木后，在刃脚下仔细回填密实，则一部分沉井重量将直接从刃脚传递到砂垫层上，这样实际的弯矩值要比按以上各种假定计算所得的值小。

对于一般的中、小沉井和隧道连续沉井，根据近年来的工程实践，已不再铺设承垫木，将刃脚踏面直接搁放在砂垫层混凝土垫板上制作沉井。但是第一节沉井开始下沉时的竖向受弯强度仍宜按上述方法进行验算。

2. 井壁垂直受拉计算——井壁竖直钢筋验算

沉井偏斜之后，必须及时纠偏，此时产生了纵向弯曲并使井壁受到垂直方向拉力，由于影响因素复杂，难以进行明确的分析与计算，因此在设计时一般假定沉井下沉将达设计标高时，上部井壁被土夹住，而刃脚下的土已全部掏空，形成"吊空"现象，并按此"吊空"现象来验算井壁的抗裂性或受拉强度。

由于上部井壁被土层夹住的部位和状况不明确，具体计算时可直接参考《上海地基基础设计规范》和交通部颁布的《公路桥涵设计规范》等规范，它们规定井壁断面上最大拉力为 25% 的井重（即 1/4 井重），拉断位置在沉井的 1/2 高度处。而日本规定为 50% 井重，前苏联采用的规范规定为 65% 井重。

对变截面的井壁，每段井壁都应进行拉力计算。

对采用泥浆润滑套下沉的沉井，虽然沉井在泥浆套内不会出现箍住"吊空"现象，但纠偏时的纵向弯矩，也仍会产生，只在程度上大为减小，此时仍应设置纵筋，一般可按全断面之 0.25% 配置。

3. 在水土压力作用下的井壁计算——井壁水平钢筋计算

作用在井壁上的水土压力 $q=E+W$，沿沉井的深度是变化的，因此井壁计算也应沿井的高度方向分段计算。当沉井沉至设计标高，刃脚下的土已掏空，此时井壁承受最大的水土压力。水土压力的计算和上述计算刃脚时的相同，通常有水、土分算和水土合算两种。一般砂性土采用水、土分算，粘性土可采用水土分算也可采用水土合算，并采用三角形直线分布。

在日本土压力按静止土压力计算，并假定在深度 15m 以上按三角形直线分布，15m 以下土压作为常量，不随深度增加。但考虑施工阶段材料的应力可以提高。

水土压力求得后，即可分段进行井壁计算。但鉴于各种沉井结构的布置形式不同，在施工过程中的传力体系也各不相同。因此，计算井壁内力时，应针对沉井井壁实际的支承条件和受力情况，合理地确定其计算图式。一般说，要精确计算井壁的内力是困难而复杂的，只能采取一些近似的计算方法。

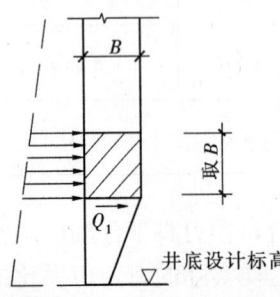

图 8-14　沉井刃脚悬壁梁

（1）对于在施工阶段井内设有几道横隔墙的沉井结构，因为横隔墙的支承作用，其井壁的受力情况可按水平框架分析。计算时，首先计算位于刃脚斜面以上，高度等于井壁厚度的一段受力最大的井壁（如图8-14所示）。由于这一段井壁框架是刃脚悬臂梁的固定端，除承受框架本身高度范围内的水土压力外，尚需承受由刃脚部分传来的水土压力。这样，作用在此段井壁上的均布荷载，可取 $q=E+W+Q_i$。根据 q 值求算水平框架中的最大 M、N 和 Q 值，并进行截面配筋。其余各段井壁计算，可按各段所受的水平荷载 $q = E_i + W_i$ 分别计算。计算时一般以最下端的水土压力值作为该段的均布荷载进行计算及配筋。为节约起见，分段高度，不宜取得太大，井壁断面变化处亦应作为分段的划分点。

横隔墙在受力分析时，其节点可作铰接或固端计算，主要视隔墙和井壁的相对抗弯刚度，即两者 d/l 的相对比值大小而定（d——壁厚，l——跨度）。当隔墙抗弯刚度比较井壁的小得多时，可将横隔墙作为两端铰支于侧向井壁上的撑杆考虑，如图 8-15 所示。当隔墙刚度与井壁相差不多时，可将隔墙与井壁连接节点视作固结来分析。

（2）对于不能设横隔墙的地下建筑沉井，如图 8-16 所示的沉井和隧道连续沉井（见图 8-5 所示），或因建筑布置上不允许设置立柱时，侧向井壁在施工下

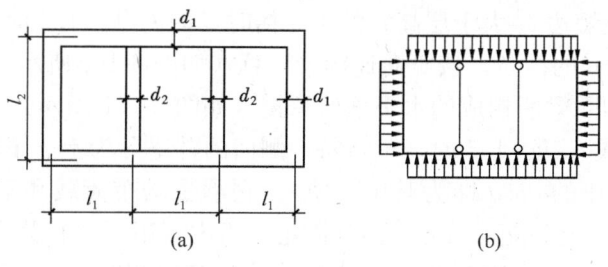

图 8-15　两端铰接横隔墙

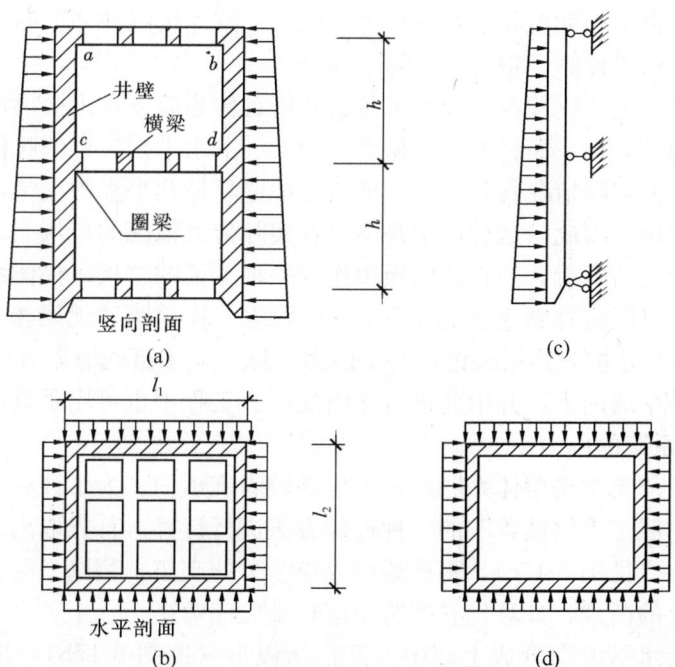

图 8-16　无横隔墙的沉井结构

沉过程中仅靠上下纵横梁来支持，因此只能用近似方法，根据沉井结构的形式及长、宽、高的相对尺寸大小，将井壁简化为"框架＋平板"的形式计算，而不能一律按水平框架计算。

1) 从图 8-16 可以看出，该沉井使用时可分为上、下两层。为了在施工阶段增加井壁的刚度，设置了上、中、下三层纵横梁。这些梁与圈梁形成三个水平框架以支撑井壁。在使用阶段，这些梁作为支承顶、底板和中间楼板的大梁。

在施工阶段，该井壁内力计算可根据支承情况和传力路线不同，按下列三种情况进行：

①当层高 h 大于沉井的最长边 l_1 的 1.5 倍，即 $h/l_1 > 1.5$ 时，可不考虑纵横梁的影响，在水平方向取单位高度 1.0m 的一段井壁，按封闭矩形框架计算（如图 8-16d 所示），并沿井高度方向取若干个截面分别计算其内力和配筋。

②当沉井最短边 l_2 大于层高 h 的 1.5 倍时，即 $l_2/h > 1.5$ 时，可沿井壁竖向取单位宽度 1.0m 的截条，按竖向连续梁计算（如图 8-16c 所示）。连续梁的支承反力由纵横梁和圈梁所构成的水平框架承担（如图 8-16b 所示）。

③当 h/l_1 或 $l_2/h \leqslant 1.5$ 时，可将每一侧面的井壁分为上、下两块双向板来计算（如图 8-16a 中的 abcd 即为其中一块）。它承受均布荷载和三角形分布荷载，其支承条件为 ab 边简支，另外三边为固定，板内弯矩可从有关手册中查得。

2) 从图 8-5 可见，隧道用的连续沉井是由两块侧壁用上、下两排横梁连接而成。前后两端是没有井壁的，需要在施工阶段临时设置钢封门，以承受两端的水上压力，一直到相邻沉井下沉完毕再行拆除。故连续沉井井壁的计算实际上包括两侧井壁和横梁计算、钢封门计算三部分。

为了计算简化，以往曾将连续沉井的井壁看作为简支在由横梁构成的上、下水平框架上的简支板，而将上、下横梁作为上、下水平框架里的腹杆。但从这种结构体系的传力实际情况看，上、下横梁对井壁只是几个集中支承，并不能起到上述的框架作用。因此，这种假定是不符合实际传力情况的。从上、下横梁对井壁的点支承受力情况看，如将井壁板视作为一种无梁的"板—柱体系"来看待可能较为合理。可以将井壁想像为旋转过 90°后的一块单跨"无梁楼盖体系"（如图 8-17 所示），并按此体系来进行井壁内力计算。应用板壳有限元法，可以较精确地计算出井壁的内力，并由此进行截面配筋。工程中也可用手算近似地求解此"无梁楼盖体系"的内力。

严格按照"无梁楼盖体系"的计算仍是较为麻烦的。为了计算简便起见，这里我们采用仿照"无梁楼盖"的一种近似方法进行计算。首先取出一面侧壁当作连续梁来计算（见图 8-17c），将横梁作为连续梁的支座，侧壁上的全部水、土压力为连续梁上的荷载，计算出它的跨中弯矩及支座弯矩。

将侧壁沿水平方向分成上、中、下三条板带（见图 8-17b），把以上算出的跨中弯矩和支座弯矩，按以下比例分配给三条板带：

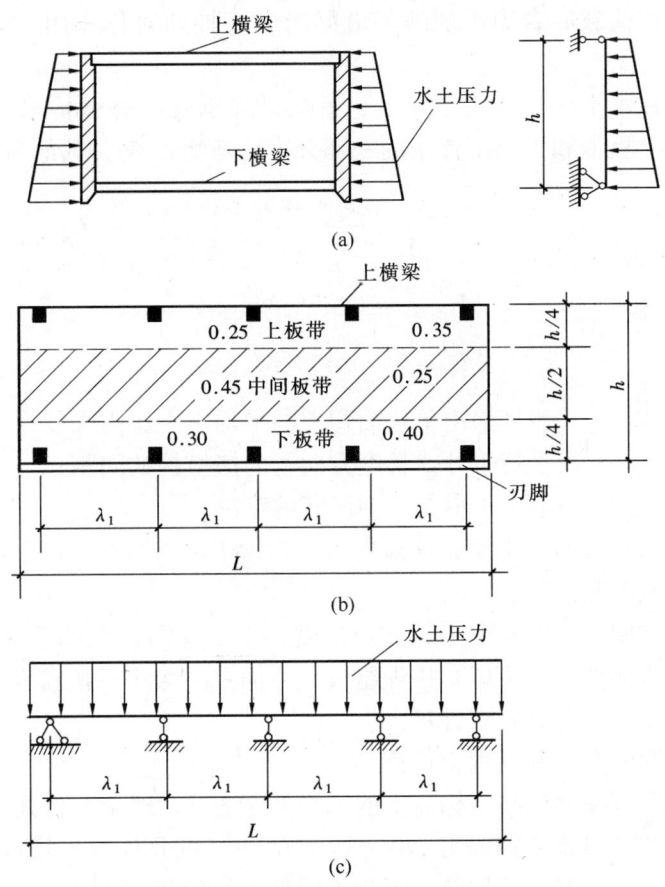

图 8-17　无梁板—柱井壁体系结构

　　跨中弯矩的分配：上板带占 25％；中间板带 45％；下板带占 30％。支座弯矩的分配：上板带占 35％；中间板带 25％；下板带占 40％。

　　根据以上分配给三条板带的弯矩配设侧壁水平方向的钢筋。沿侧壁竖向取出 1.0m 宽的截条（如图 8-17 所示），在水土压力作用下，按简支梁计算，并配设侧壁的竖向钢筋。

　　至于上、下横梁则可相应地视作为"无梁楼盖体系"的柱子，按偏压构件计算。其荷载值可将壁板按上、下横梁布置情况划分为几块（如图 8-18 所示），并按作用于相应块的水土侧压力的合力及其对横梁的偏心距值来计算横梁杆件的压弯受力作用。例如：①号板块上的水土压力为两端上横梁的荷载；②号板块上的水土压力为中间底横梁的荷载。

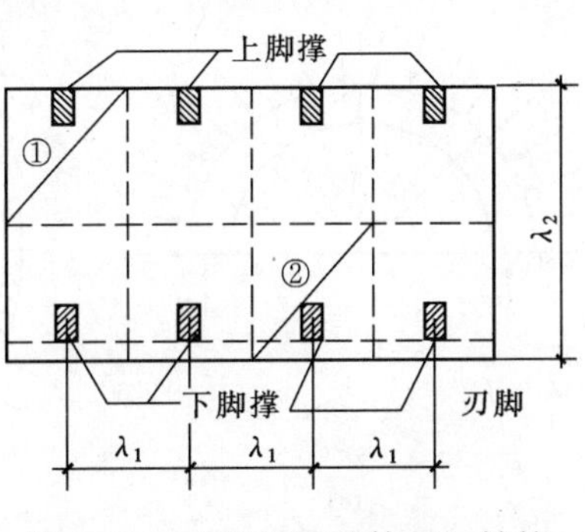

图 8-18　"无梁楼盖体系"结构

显然，由于这些荷载的合力一般地不沿梁的中心轴向对称作用，故为偏压受力状态。

施工阶段在水土压力作用下，上、下横梁除承受由井壁传来的轴向压力 N 外，还承受由上板带和下板带传来的一部分支座弯矩值 M。其值为：

$$N = \frac{q(E+W)l_1 l_2}{2}$$

$$M_{上板带} = 0.35\% M_{支座弯矩}$$

$$M_{下板带} = 0.40\% M_{支座弯矩}$$

式中　$q(E+W)$——该区格内单位面积上的平均水土压力强度；

　　　　l_1——平行于井壁长度方向上的横撑柱的间距；

　　　　l_2——上、下横撑柱中线间的距离。

此外，还承受梁的自重及其他横向力（如施工活荷载等）所引起的弯矩和剪力来进行横梁截面配筋计算。

钢封门系支搁在井端头的上、下两根横梁上（即顶横梁和底横梁），可采用成对的槽钢（其他型钢亦可以）拼焊组成。截面尺寸大小可按在水土压力作用的垂直的简支梁（梯形荷载）来计算。

（3）对于圆形沉井井壁内力计算

作用在圆形沉井井壁某一标高上的水平侧压力 q，理论上各处应相等（如图 8-19a 所示），圆环只承受轴向力 $N = qR$，（R_1——沉井外壁半径），而井壁内弯矩等于零。但实际情况并非如此。因为土质是不均匀的，沉井下沉过程中也可能发生倾斜和侧移，因而井壁外侧压力常常不是均匀分布的。为了便于计算起见，一般可采用简化方法（假定）计算。简化方法种类很多，我国目的用得较多的简化方法是假定在倾斜方向的前后（BB'）两侧土压力均有增大（见图 8-19b、c），其增量相当于土壤的内摩擦角减小 $2.5°\sim5°$，而在垂直于此倾斜方向的左右两侧土压力均较小，相当于内摩擦角增大 $2.5°\sim5°$。

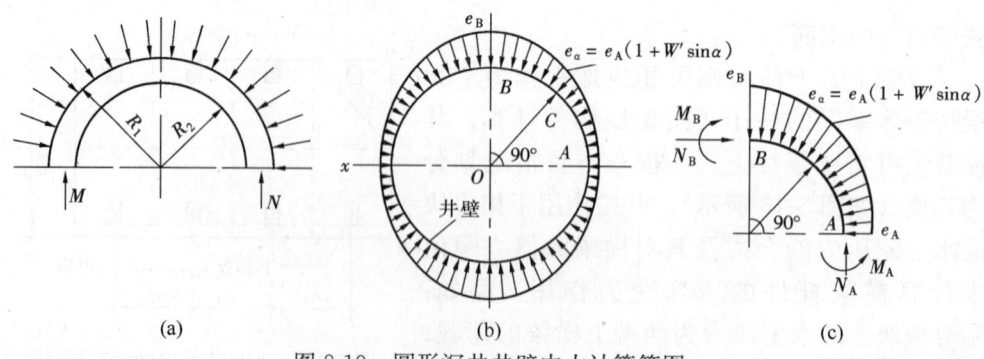

图 8-19　圆形沉井井壁内力计算简图

A 点与 B 点之间土压力变化按下式计算

$$q_0 = q_1[1 + \omega' \sin\alpha]$$

式中 $\omega' = \omega - 1; \omega = q_2/q_1$。

则作用在 A、B 截面上的内力为：

$$\left. \begin{array}{l} N_A = q_1 r(1 + 0.7854\omega') \\ M_A = -0.1488 q_1 r^2 \omega' \\ N_B = q_1 r(1 + 0.500\omega') \\ M_B = 0.1366 q_1 r^2 \omega' \end{array} \right\} \tag{8-6}$$

式中 r——井壁中心线半径。

对于沉井受力不均的简化计算，尚有许多其他的方法，例如日本所用的简化方法是假定面对倾斜方向的土压力较其余三面的土压力大 $1/2 P_A$（P_A 为主动土压力），如图 8-20 所示。各截面的内力 M、N 可按一般结构力学方法求解，亦可利用杆系有限元方法或现成的图表求得。

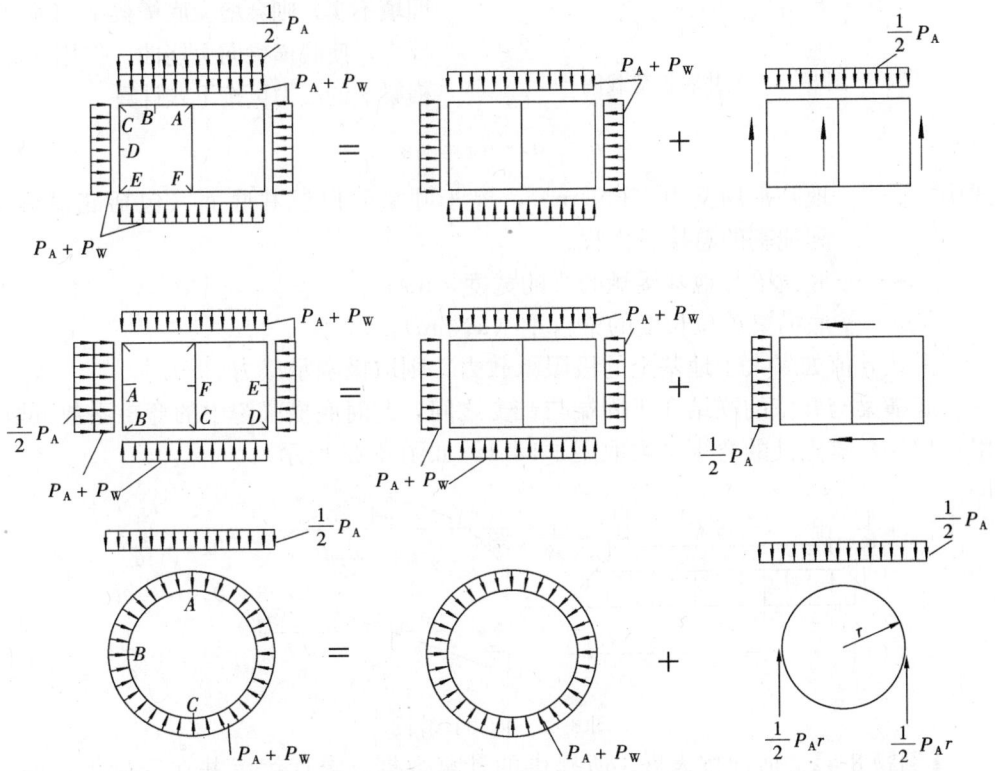

图 8-20 沉井受力不均的简化计算方法

五、沉井底板及底梁的设计计算

（一）沉井底板计算

作用在沉井的底板上荷载为（见图 8-21）：

$$q = P - g \qquad (8-7)$$

式中 P——底板下的地基反力和最大的静水压力两者中的较大值（kN/m^2）；

g——底板自重（kN/m^2）。

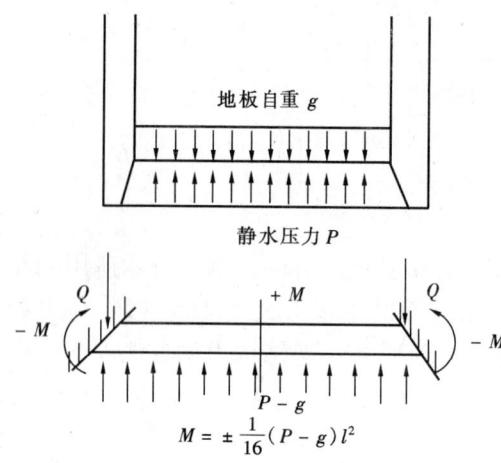

图 8-21   沉井底板荷载图

底板的计算图式可根据底板两侧井壁和底横梁上的支承情况确定：可按单向板或双向板计算内力并配筋。

（二）沉井底梁计算

当沉井的平面尺寸较大时，常采用底横梁以减少底板的钢筋用量。此外在连续沉井中亦须用横梁来连系两侧井壁，增加沉井的整体刚度。

沉井开始下沉时，井重通过刃脚全部压在砂垫层上，如局部区段砂子回填不实，则会增大底横梁下的地基反力，使底横梁向上挠曲。作用在底横梁上的反力可按下式计算：

$$q = \overline{q} \cdot b_梁 - q_梁 \qquad (8-8)$$

式中 $\overline{q}$——地基平均反力（kN/m^2），等于井重除以沉井底面（包括底横梁）和地基的总接触面积；

$b_梁$——底横梁与地基接触的梁的宽度（m）；

$q_梁$——底横梁单位长度的梁自重（kN/m）。

上式 q 值如果大于地基土的极限承载力，则取极限承载力。

底横梁与井壁的联结介于固端与铰支之间，此时底横梁跨中的弯矩系数可取用 $-1/16$，支点处的弯矩系数取用 $+1/16$，如图 8-22 所示。

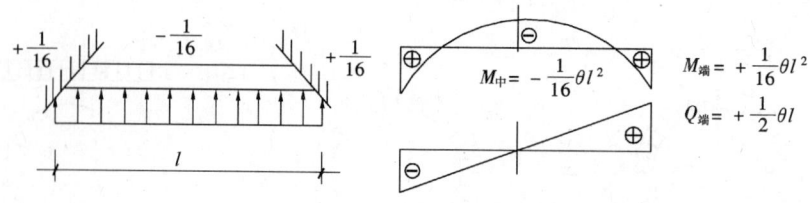

图 8-22   内力计算图

【例题 8-4】   估计按表 8-3 所提供的计算数据，求连续沉井在开始下沉时，对底横梁的拱起作用。

【解】   与土壤接触的沉井底面积：

2 块井壁：$2 \times 28.0 \times 0.7 = 39.20 m^2$

2 根端头底横梁：$2 \times 12.2 \times 0.8 = 19.52 m^2$

3 根中间底横梁：$3 \times 12.2 \times 0.7 = 25.62 m^2$

总接触面积为：$39.20 + 19.52 + 25.62 = 84.34 m^2$

$$\therefore \quad \overline{q} = \frac{沉井总重}{与土壤接触的总面积} = \frac{10545}{84.34} = 125.03 kN/m^2$$

则 $q = 125.03 \times 0.7 - 0.7 \times 1.2 \times 25 = 87.5 - 21 = 66.5 kN/m$

从图 8-21 可求得：

$$M = \pm \frac{1}{16} q l^2 = \pm \frac{1}{16} \times 66.5 \times 12.2^2 = \pm 618.62 (kN \cdot m)$$

$$Q_{端} = \pm \frac{1}{2} q l = \pm \frac{1}{2} \times 66.5 \times 12.2 = \pm 405.7 (kN)$$

据此进行底横梁的配筋计算。

目前，为利于沉井下沉，将底横梁的梁底标高较井壁刃脚的踏面略微提高，以改善底横梁的受力。

另外沉井在下沉过程中，有可能引起沉井突沉，使底横梁发生和上述同样性质的向上起拱作用。这时底横梁下的荷载可取土的极限承载力，在松软淤泥质黏性土中可取 $200 \sim 250 kPa$。超过此值时土壤会自然向侧面挤出。

六、水下封底混凝土厚度的确定

如果排水下沉的沉井，其基底处于不透水的黏土层中或基底虽有涌水、翻砂，但数量不大时，应力争采用干封底，以保证封底混凝土的质量，并减小封底混凝土的厚度。根据以往经验一般可取 $0.6 \sim 1.2 m$ 不等。

只有水文地质条件极为不利时才采用水下混凝土封底，又称湿封底。如位于江中、江边的沉井工程，在下沉过程中常要采取不排水下沉；在地层极不稳定时，为防止流砂、涌泥、突沉、超沉以及倾侧歪斜，也需要采用灌水下沉。有时即使沉井停在不透水黏土层中，但其厚度不足以抵抗地下水的"顶破"（涌水）

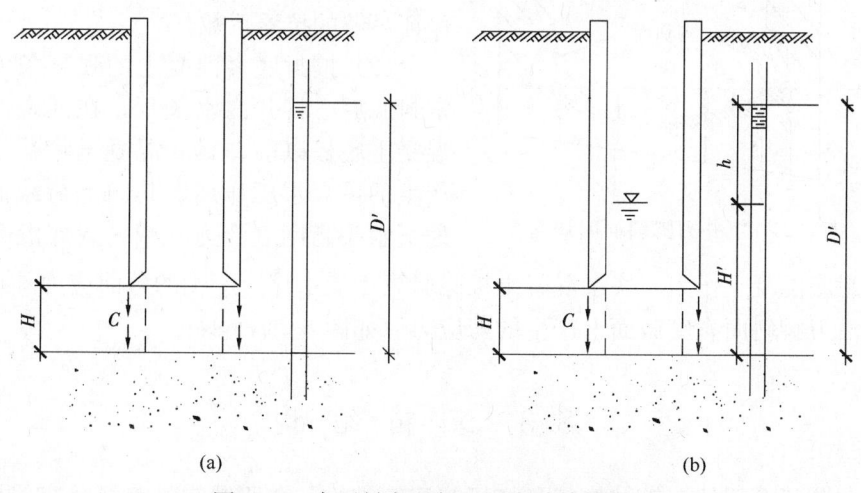

(a)　　　　　　　　　(b)

图 8-23　水下封底混凝土厚度计算简图

作用，即由底层含水砂层中的地下水压力所引起的破坏，以致产生沉井施工中非常严重的事故，则亦须采用水下封底的办法，如图 8-23 所示。

当 $A\gamma H + CUH > A\gamma_\omega D'$ 时，黏土层厚度 H 足够，不会发生"顶破"；

当 $A\gamma H + CUH < A\gamma_\omega D'$ 时，会发生"顶破"，此时井孔中灌水高度必须满足下列条件（见图 8-23b）。

$$A\gamma' H + A\gamma_\omega H' + CUH > A\gamma_\omega D'$$

式中 A——沉井壁内底面积（m^2）；

   γ——土重度（kN/m^3）；

   H——刃脚下面不透水黏土层厚度（m）；

   γ'——土的浮重度，即 $\gamma' = \gamma - \gamma_\omega$；

   γ_ω——水的重度（kN/m^3）；

   H'——井孔中灌水水面到黏土层底面的高度（m）；

   C——黏土的黏聚力（kN/m^2）；

   U——沉井壁内底面周长（m）；

   D'——透水砂层水头高度（m）。

换言之，井内外的水位差，决不能超过

$$h_{\max} = \frac{\gamma'}{\gamma_\omega} + \frac{CU}{A\gamma_\omega}$$

至于水下封底混凝土的厚度，应根据抗浮和强度两个条件确定：

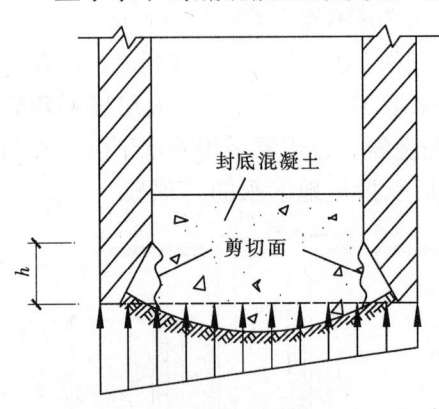

图 8-24   沉井刃脚斜面剪切面

（1）按抗浮条件   沉井封底抽水后，在底面最大水浮力的作用下，沉井结构是否会上浮，用抗浮系数来衡量井的稳定性，并进行最小封底混凝土厚度计算，此时井内水已抽干，井内水重不能再计入，且要保证足够的抗浮系数。

（2）按封底素混凝土的强度条件来决定封底后，将井内水抽干，在尚未做钢筋混凝土底板以前，封底混凝土将受到可能产生的最大水压作用，其向上荷载值即为地下水头高度（浮力）减去封底混凝土重量。封底混凝土作为一块素混凝土板除验算承受水浮力产生的弯曲应力外，还应验算沿刃脚斜面高度截面上产生的剪应力（如图 8-24 所示）。

8.3   沉   箱   结   构

本节所介绍的沉箱结构就是指压气沉箱结构。众所周知，将杯状容器杯口向下压入水中，随着容器的下沉，容器内的空气受到压缩下沉深度越大，容器内的气压越高。16 世纪初期，在意大利有人根据上述原理，随着铁制钟形容器下沉到湖底从事某项作业，据说该钟形容器就是压气沉箱工法的雏形。1841 年气闸发明家法国的塔利哥（M. Triger）应用压气方法将一个圆筒形箱体下沉到水下约 20m，建造了历史上第一个煤矿竖井，标志着压气沉箱施工技术的诞生。

如图 8-25 所示，将杯口向下的茶杯竖直压入水中，茶杯内的空气受到压缩体积缩小，为了防止水进入茶杯内，可以从茶杯顶部充入适当的压缩空气，压气沉箱工法就是利用了这个简单的原理。也就是说，在沉箱底部设置一个高气密性的钢筋混凝土结构工作室，并向工作室内充入压缩空气，防止水的进入，这样，作业人员可以和在地上一样的无水的环境下进行挖土排土。形象地说，茶杯的中空部分相当于压气沉箱工作室，茶杯的杯口相当于压气沉箱刃脚。当压气沉箱刃脚下沉到地下水位以下时，周围的地下水将要涌入压气沉箱工作室，为了防止地下水的涌入，通过气压自动调节装置向工作室内注入压缩空气，保证刃脚最下端处的压缩空气压力和地下水压力相等。与刃脚最下端处的地下水压力相等的气压称为理论气压，与之相对应工作室内的实际气压称为工作气压，在工作室内原则上应当保持工作气压恒等于理论气压。

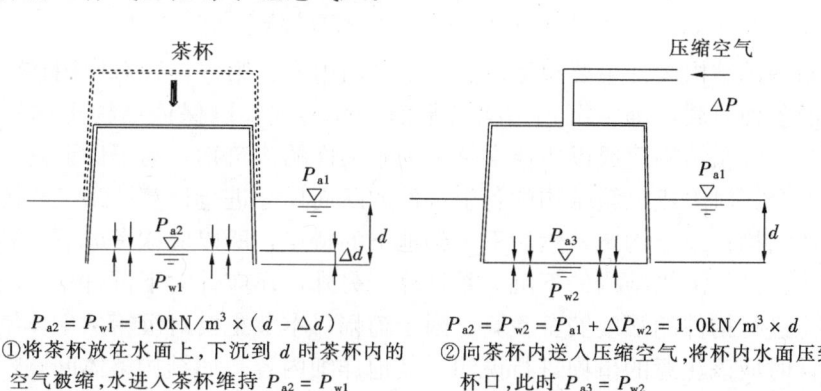

$$P_{a2} = P_{w1} = 1.0 \text{kN/m}^3 \times (d - \Delta d)$$
①将茶杯放在水面上，下沉到 d 时茶杯内的空气被缩，水进入茶杯维持 $P_{a2} = P_{w1}$

$$P_{a2} = P_{w2} = P_{a1} + \Delta P_{w2} = 1.0 \text{kN/m}^3 \times d$$
②向茶杯内送入压缩空气，将杯内水面压到杯口，此时 $P_{a3} = P_{w2}$

图 8-25　压气沉箱工作原理

如图 8-26 所示，压气沉箱工施工方法是在沉箱结构的最下部设置一个高刚度、高强度的气密性工作室。为了防止地下水渗入工作室，保证施工能够在无水环境下进行，通过气压自动调节装置向工作室内注入压缩空气，保持刃脚处工作室气压与地下水压相平衡。工作人员可以在无水环境的工作室内挖土排土，破坏力的平衡促使沉箱下沉。按照施工计划，重复地上或施工栈台上箱体分段浇筑、工作室内挖排土、箱体在自身重量及上部附加荷载等作用下下沉。下沉到指定深度后，进行持力层载荷试验，最后在沉箱结构底部的工作室内填筑混凝土构成底板。压气沉箱结构主要采用圆形、长方形等截面形式。

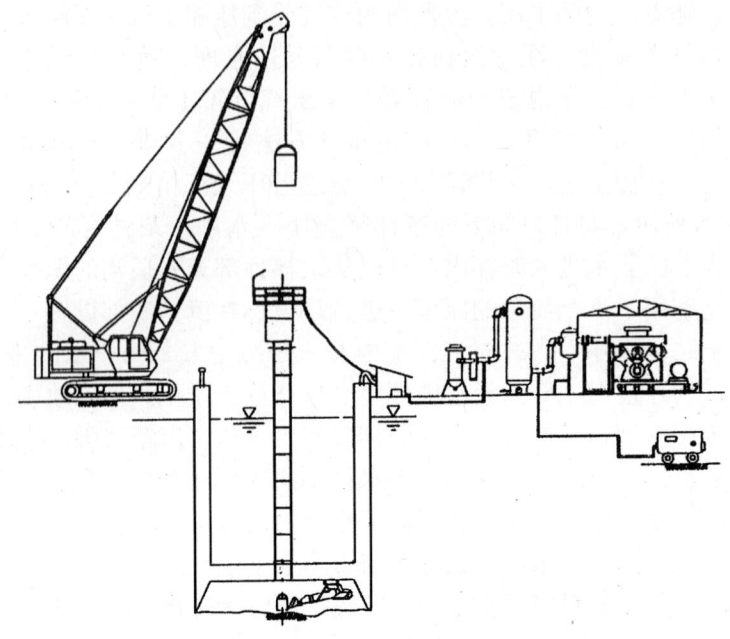

图 8-26   压气沉箱施工方法

　　沉箱基础结构设计主要包括以下 3 个方面内容：第一，针对作用在沉箱主体结构上的各种荷载，确定沉箱结构的平面尺寸形式，以保证结构土体中安全稳定；第二，沉箱结构建成以后通常是一种永久性的构筑物，为了保证施工和使用期间的安全，对组成沉箱结构的各个构件的断面尺寸进行计算；第三，沉箱结构具有主体结构在地上构筑，然后下沉到地下的特点，所以应该考虑下沉到预计深度的方法，进行沉箱结构的下沉关系计算。另外，还应针对下沉过程中的各种应力变化，进行构件的强度安全验算。限于篇幅，本节主要对沉箱的主体结构设计以及设计时应该注意的事项进行说明，其他详细内容，如结构整体问题性以及下沉关系计算，可参考有关的专业设计书籍与资料。

8.3.1　沉箱的主体结构组成

　　压气沉箱结构，一般由侧壁、隔墙、顶板、刃脚、吊桁、工作室顶板、内部充填混凝土、胸墙和止水壁等构成，如图 8-27 所示。表 8-5 所示为沉箱主体结构各个构件的特征。

沉箱结构的各个构件特征

表 8-5

构件名称	特　　　征
侧　壁	构成沉箱四周的墙壁
隔　墙	将侧壁围成的内部空间进行划分的墙壁，小型沉箱不需要设置隔墙，大型沉箱可能需要设置很多隔墙

续表

构件名称	特 征
顶 板	承受上部传来的荷载,并向侧壁、隔墙传递的板状构筑物
刃 脚	形成工作室的外周围护,下端尖的倒台锥形结构物,为了便于沉箱贯入土中而制成的楔形
吊 桁	位于隔墙的最下端,不仅仅是起到分割沉箱内部空间的分割墙作用,更重要的是形成井格状桁架结构,对工作室顶板进行加固,并和侧壁形成一个整体,从而增强沉箱结构的刚性
工作室顶板	与刃脚形成一个整体,确保工作室气密性的板状构筑物
工作室内混凝土	为了确保将基础的荷载向地基传递,最后在工作室内充填素混凝土
胸 墙	沉箱下沉结束后为了构筑顶板而设置的挡土墙
止水壁	在沉箱下沉过程中,为了防止土砂及地下水流入沉箱内部而临时设置的挡土墙,在顶板构筑完成后拆除

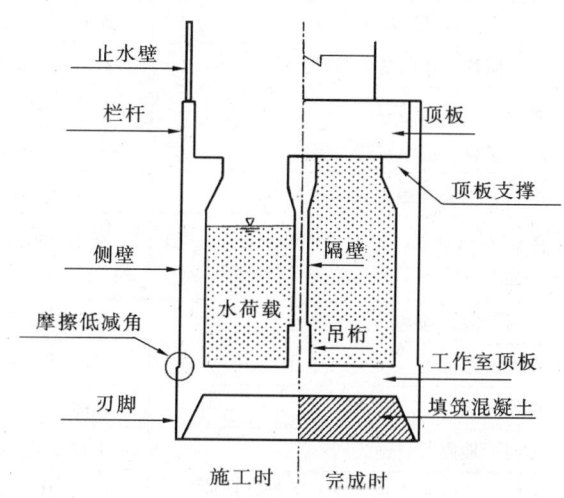

图 8-27 沉箱主体结构组成

8.3.2 沉箱结构设计条件与方法

一般压气沉箱结构设计应首先根据设计条件假设外形尺寸和各构件尺寸,然后进行稳定计算、各结构构件的强度计算、下沉关系计算等三大计算。当假设外形尺寸不能满足设计要求时,需要变更相应尺寸再次进行计算。沉箱的结构计算基本上与沉井结构相似,可参考上节内容。另外,为了提高压气沉箱设计的合理化与迅速化,必须在设计之前收集好设计所需的各种资料。设计时所必需的各种资料一般是在计划调查阶段获得,如果调查不充分或是调查资料有误,会给工期以及工程成本带来很大影响,所以必须慎重地确定设计条件。在调查资料不充分

的情况下，应该追加调查，并收集类似地基以及临近工程的各种信息资料。沉箱
结构的设计条件与所必需的资料见表 8-6。

沉箱结构的设计条件与所必需的资料　　　　　　表 8-6

设计条件	项　目	内　　　容	主要提供资料
躯体	用途	桥台，桥墩	桥梁一般图
	形状	圆形，圆端形，长方形	躯体一般图
	平面尺寸	沉箱最小平面尺寸	
沉箱	形状	圆形，圆端形，长方形	
	平面尺寸	沉箱最大平面尺寸	
荷载	检验状态	常时，地震时（震度法），温度变化时，暴风时，地震时（保有水平最大承载力法）	
	作用荷载	竖向荷载，水平荷载，弯矩	躯体设计计算书
	设计震度	水平震度	
	上面堆载	偏土压，基础上填土重量	周围地形，地面高度
地基	液化	抗震地基面，地基参数低减率	室内土质试验（物理试验）
	流动化	流动范围，流动力	室内土质试验（物理试验）
	地层构成	地基层数，层厚，持力层位置	标准贯入试验，土质柱状图
	土质	N 值，周面摩擦力，承载力	标准贯入试验，土质柱状图
	强度特性	单位体积重度，黏聚力，摩擦角，一轴压缩强度	室内土质试验（力学/物理试验）
	变形特性	变形系数，地基反力系数	现场原位置试验（载荷试验）
	压密特性	负周面摩擦力	室内土质试验（力学试验）
	孔隙水压	工作气压	孔隙水压试验
地形	水位面	常时，地震时，施工时	水位变动，地下水位测定
	设计地面	常时，地震时，施工时，刃脚就位面	计划河床，地下水位面
	周围地形	偏土压，基础上填土重量	周围地形
	倾斜	地表面的倾斜角度	
施工期间	用地面积	沉箱最大平面尺寸	能够施工的施工场地
	就位地基	地基强度	
	作业空间	构筑分段长度，下沉方法	上空限制条件
	临近施工	下沉方法，沉箱最大平面尺寸	地表面下沉的影响范围
	促进下沉	下沉荷载，降低周面摩擦力的方法	促进下沉工法，施工实绩
建筑材料	混凝土	强度等级，强度设计值	使用建筑材料
	钢筋	等级，强度设计值，配筋的限制条件	
	钢材	屈服应力，强度设计值，预应力量	

续表

设计条件	项　目	内　　　容	主要提供资料
建筑材料	中空充填	水，土、砂	
自然环境	河象	流速，波高，水位差，水深	
	海象	波高，干满差	
其他	桥梁形式	容许位移量	静定/超静定结构
	计划河床	常时地基面，冲刷深度	河床管理设施等构造要求

8.3.3　沉箱结构设计的注意事项

沉箱结构设计过程中必须考虑的因素很多，一般情况下应结合实际工程进行综合判断。下面较为详细介绍一些设计项目在选择判断时的注意事项。

（一）地基参数选定时的注意事项

在设计时使用的地基参数中，有的可以直接使用，例如地基土的天然重度 γ 以及内摩擦角 ϕ 等，有的需要进行转换才可使用，例如变形系数（弹性模量）需要先转换成地基反力系数。对于一些需要变换后才能使用的地基参数，应正确理解其推导过程和适用条件。

根据日本相关的设计规范，标准贯入试验锤击数 $N_{63.5}$ 是需要转换以后才能使用的地基参数，标准贯入试验实施方便、应用广泛，而且 $N_{63.5}$ 可以转换成各种地基参数用于设计计算。但是，标准贯入试验也有其适用范围，适用范围以外进行的标准贯入试验 $N_{63.5}$ 可信度很低或不具有可信性。为了正确评价地基条件，除标准贯入试验以外还要进行其他各种相关试验，综合分析试验结果与数据，对地基条件进行正确评价。

（二）持力层与埋入深度选定时的注意事项

与基础周围地基反力相比，沉箱结构基础更注重基础底面的地基反力，因此，通常要求沉箱结构下沉至良好的持力层。根据日本相关的设计规范，可参照以下几个指标标准进行持力层的选择和判断：

（1）对于黏性土层，选择 $N_{63.5}$ 在 20 以上（单轴压缩强度在 0.4MPa 以上）的地层；

（2）对于砂层、砂砾层，选择 $N_{63.5}$ 在 30 以上的地层；

（3）岩石地基一般具有足够的承载力，但是对于非均质岩基，需对其影响程度进行综合判断和分析。

此外，还应从沉箱基础的安全性与经济性的角度，对沉箱基础贯入持力层的深度进行综合判断。基础贯入良好持力层的深度应综合考虑持力层的倾斜程度和持力层上表面的深度。一般沉箱基础应该贯入持力层深度为 1～2m，若持力层倾斜，沉箱基础则应贯入更深一些。有时良好持力层埋深很深，但其上方却含有地

基参数 $N_{63.5}$ 小于参考指标标准 $N_{63.5}$ 的中间土层。这时如，将该中间土层作为沉箱基础的持力层，需要对该中间土层的容许承载力的降低程度进行验算。当基础底面下方存在软弱黏性土层时，竣工后沉箱基础可能会继续下沉，这时可以将沉箱基础的应力分散传递到这个下卧的软弱黏性土层上，根据固结沉降理论对其进行验算与分析，计算结果必须满足基础的稳定性要求。

当良好持力层埋深很深，施工的最终阶段沉箱下部工作室内的理论气压有可能大于 0.4MPa，这时可以采用降低地下水位或地基改良的处理等辅助方法，从而降低最终施工阶段沉箱下部工作室的气压。当然，这种情况下也可以采用先进的压气沉箱的施工方法，即无人化自动挖排土沉箱工法。最终采取什么样的辅助方法，这时应从经济性等方面进行综合比较。

（三）平面尺寸选定时的注意事项

（1）平面形状

沉箱基础常用的平面形状有圆形、圆端形（长边方向两端为半圆形，中间为矩形）、矩形（包括正方形）。目前上部结构平面形状对沉箱基础平面形状选定时的影响，不再是主要因素，因此通常是从建筑的难易程度来选择沉箱结构的平面形状，多数情况下采用矩形结构。

进行沉箱基础平面形状选定时应该注意以下几点：

①当进行地基反力系数换算、或进行基础的稳定性验算时，圆形和圆端形要进行有效宽度换算。如果出现有效宽度小于圆形直径，地基抵抗反力将会小于同等宽度的矩形沉箱的反力。

②在横断面积相等的情况下，圆形或圆端形的周长小于矩形，周边摩擦力总量会比较小。

（2）平面尺寸

沉箱基础的平面尺寸的选定，应该综合考虑沉箱基础上部结构的底面尺寸、基础的安全性能、施工场地的限制条以及施工条件等因素。以下以桥梁基础为例进行说明。

当几座同时施工的沉箱基础均采用圆端形形状时，如果桥轴线方向尺寸采用相同的尺寸，圆形部分的模板可以重复使用，这样就可以节约施工成本；桥轴线方向采用相同的尺寸，沿桥轴线方向的通行效果会比较好，桥梁竣工以后，桥梁的视觉效果也会比较好。

桥墩的每个沉箱基础都可以单独进行设计，但为了数字简单以避免出现差错，选择平面尺寸时最好以 0.5m 为一个单位。沉箱基础最小平面尺寸，应根据沉箱主体结构内部所设置的气闸立管尺寸来确定。如图 8-28 所示，除了立管尺寸以外，作业空间至少不应小于 2.2m。沉箱主体结构内空部加上侧壁尺寸即为沉箱结构的最小尺寸，一般沉箱结构的最小平面尺寸为 4.0m。

沉箱基础的长边与短边之比一般尽可能控制在 3 以下，这时因为平面形状扁平的沉箱在下沉过程中容易发生倾斜，这样就会增加沉箱下沉过程中的施工管理难度。

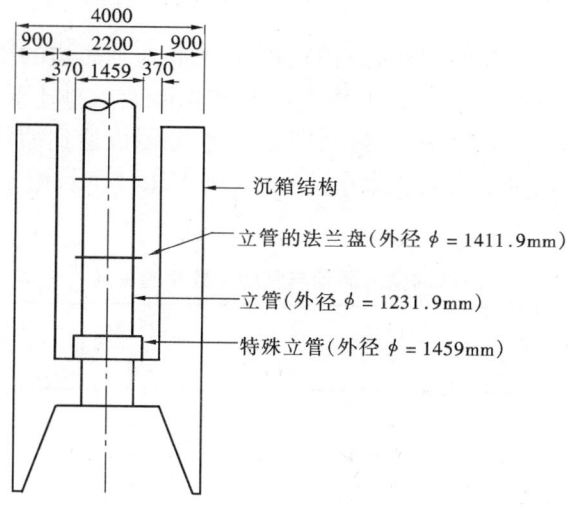

图 8-28 沉箱内部尺寸与气闸立管的关系

（3）隔墙数量与位置

隔墙数量与位置的选择，需要综合考虑立管接长作业、沉箱作业、根据气闸立管数量与配置决定的挖掘效率、各种施工条件与设计条件等因素。随着平面尺寸的增大，侧壁水平的断面应力也在增加。设置隔墙具有降低局部横断面应力的作用。另外，当沉箱基础存在比较大的垂直方向的断面应力时，隔墙与侧壁可共同成为承受荷载作用的有效结构构件。同时，设置隔墙还可以起到增加基础抗挠曲刚度的作用。

在隔墙配置时需要注意以下几点：

①为了最大限度地减小沉箱结构的横断面应力，在隔墙设置时，应考虑左右对称；对于圆端形沉箱，隔墙只能设置在直线部分。

②在进行抗震验算时，一般来讲即使平面尺寸相同，沉箱重量越大稳定性也就越高。因此，从稳定性方面以及结构构件的强度验算的角度来考虑，有时也可考虑增加隔墙。

③从沉箱建筑时的施工便利方面来考虑，隔墙配置越少越有利于施工。

④为了缩短建设工期，提高挖掘效率，可以先依据挖掘效率来确定气闸立管的配置数量，然后再依据气闸立管配置来确定隔墙配置数量和位置。

⑤隔墙配置间隔根据沉箱平面尺寸的不同而不同，一般在 6～8m 左右。

（4）气闸室数量

气闸是压气沉箱施工专有配备设备。气闸室数量确定，应综合考虑沉箱挖掘面积、下沉深度、挖掘设备等因素。气闸室的配置数量的多少直接影响着压气沉箱施工的挖掘效率，它对工程的建设成本以及工期会产生比较大的影响。沉箱挖掘面积与气闸室安装配备数量的关系见表 8-7（参照日本压气技术协会所编写的压气沉箱施工手册）。

另外，即使下部挖掘面积相同，如果沉箱的长边与短边的比值较大，当气闸立管的配置间隔比较大时，下部工作室的开挖土砂装入排土装置的效率也会降低。在这种情况下，一般可采用增加气闸室配置数量以达到缩短工期的目的。除非结构构造上不得已（如平面积太小等），原则上压气沉箱施工时都要设置人员专用气闸室。

沉箱的挖掘面积与气闸室数量的关系 表 8-7

挖掘面积 A（m^2）	建材闸室 （个）	人员闸室 （个）	合计 （个）
$A<40$	1（标准闸室）	1	2
$40 \leqslant A<100$	1（标准闸室）	1	2
$100 \leqslant A<200$	1（标准闸室）	1	2
$200 \leqslant A<300$	2（标准闸室）	1	3
$300 \leqslant A<450$	2（大型闸室）	2	4
$450 \leqslant A<600$	2（大型闸室）	2	4
$600 \leqslant A<750$	3（大型闸室）	2	5
$750 \leqslant A<900$	3（大型闸室）	2	5
$900 \leqslant A<1050$	4（大型闸室）	3	7

（四）构件尺寸选定时的注意事项

组成沉箱主体结构的各个构件间是相互关联的，原则上应该按照三维结构来考虑。然而在实际设计时，常常将各个构件从主体结构中简化出来，分别按梁、板等二维结构来进行相关计算。为了对各个结构构件进行合理设计，应尽可能考虑相邻结构构件间的圆滑过渡。在确定压气沉箱结构的各个构件尺寸时，可参考如表 8-8 所示的标准进行。

压气沉箱构件的标准尺寸（单位：m） 表 8-8

构件名称	最小值	最大值	变化幅度	尺寸设计基准
女儿墙厚	0.3	0.8	0.1	根据顶板厚与牛腿厚的关系确定，但不宜过厚
顶板厚	1.5	5.0	0.5	根据构件设计确定，一般采用 2.5～4.5m
牛腿高（垂直部分）	0.5	2.0	0.5	整个牛腿根据构件设计确定，一般采用 1.0～1.5m
牛腿高（倾斜部分）	1.0	2.0	0.5	根据牛腿厚关系确定
牛腿厚	1.0	2.5	0.1	一般是隔墙厚＋0.5m 左右
侧壁厚	0.7	2.0	0.1	根据构件设计确定，一般采用短边长的 1/10 左右

续表

构件名称	最小值	最大值	变化幅度	尺寸设计基准
隔墙厚	0.5	1.5	0.1	一般采用隔墙厚－0.2m 左右
吊桁高	2.5	4.0	0.5	与隔墙同一位置混凝土浇筑高度相适应
吊桁厚	0.7	1.5	0.1	与侧壁厚相同，比隔墙厚 0.2～0.3m
工作室顶板厚	0.8	1.5	0.1	与侧壁厚相同或是稍微厚一些
竖井孔径	1.2	1.2	—	与圆筒尺寸相同
工作室高	1.8	2.3	—	日本规定是不小于 1.8m，目前主要采用 2.0m 或 2.3m
刃脚根部厚	0.9	1.6	0.1	考虑下沉时冲击力及局部应力，一般与侧壁厚相同
摩擦切口宽	0.0	0.1	0.05	一般采用 0.05～0.10m，但在软弱地盘、临近施工要求严格控制周围地盘下沉等情况下尽可能采用较小值

思　考　题

1. 简述沉井结构与沉箱结构的特点及其应用范围。

2. 简述沉井结构设计计算上的特点及其需要进行的若干步骤。

3. 假设沉井呈圆形状，其直径 $D=55\mathrm{m}$，底板浇筑完毕后的沉井自重为 5850t，井壁与土之间的摩擦力 $f_0=2.5\mathrm{t/m^2}$，5m 内按三角形分布，沉井入土深度为 $h_0=32.5\mathrm{m}$，封底时的地下水净水头 $H=30\mathrm{m}$，试验算该圆形沉井的抗浮系数。

4. 一个矩形沉井封底前自重 2576t，沉井的长为 25m，宽为 20m，高为 10.5m，一次下沉。假定踏面宽 $a=25\mathrm{cm}$，$b=35\mathrm{cm}$，刃脚高为 65cm，试求沉井刚开始下沉时刃脚所需配置的钢筋数量。

5. 压气沉箱结构在施工上有何特点？它与沉井结构的施工有何不同？

6. 简述压气沉箱主体结构的构成情况以及在设计上的注意事项。

第9章 地下连续墙结构

9.1 概 述

地下连续墙施工方法，又称槽壁法（diaphragm wall 或 slot wall）。自 1950 年意大利开始在水库大坝中修建地下连续墙以来的 50 多年中，这一技术取得了突飞猛进的发展。世界各国都是首先从水利水电基础工程中开始应用，然后推广到建筑、市政、交通、矿山、铁道和环保等部门的。最初地下连续墙尺寸一般厚度不超过 0.6m，深度不过 20m。到了 20 世纪 80 年代，由于技术设备的提高，该技术得到急速发展。墙厚超出 1.2m，深度超出 100m 的地下连续墙不断涌现。到了 20 世纪 90 年代，由于成功研制并使用了水平多轴铣槽机，出现了超厚（3.20m）和超深（170m）的地下连续墙结构。已建成的日本东京湾跨海大桥的川崎人工岛（墙厚 2.8m，直径 108m）的地下连续墙基础，最大深度已达 140m。

地下连续墙技术引入我国是在 20 世纪 50 年代末，也是首先在水利水电工程中采用，我国早在 1958 年就采用排桩式地下连续墙作为水坝防渗墙，并在 1974 年试用排桩地下连续墙建造煤矿竖井获得成功。近 20 多年来，地下连续墙技术无论在工程实践中，还是在理论研究上都获得了很大成就。尤其是连续墙施工设备及工艺的发展使得连续墙施工的深度越来越大，近年来国内施工的工程实例如长江润扬大桥、阳逻长江大桥等锚碇基础深基坑中连续墙最大深度达到 60m甚至以上，为我国超深大基坑围护提供了强大的技术支持。

9.1.1 地下连续墙的施工方法

所谓地下连续墙的施工方法：就是连续施工的方法。即在地面上用一种特殊的挖槽设备，沿着深开挖工程的周边（例如地下结构的边墙），依靠泥浆（又称稳定液）护壁的支护，开挖一定槽段长度的沟槽；再将钢筋笼放入沟槽内。采用导管在充满稳定液的沟槽中进行混凝土液置换出来。相互邻接的槽段，由特别接头（施工接头）进行连接。这样就成为长的地下墙，施工程序如图 9-1 所示。

这个方法的特征，是始终充满着特殊液体作为沟槽的支护。这个液体最初使用的是膨润土和水的溶解物（该液体名称很多，如触变泥浆、泥浆、稳定液、安定液等）。最近为了增加稳定液的机能和防止其机能的降低，不仅使用膨润土，而且还投入一些添加物组成混合液，这种混合物仍简称稳定液或泥浆。

用这种在泥浆中建筑成的地下墙是能达到钢筋混凝土构件所需要强度的。

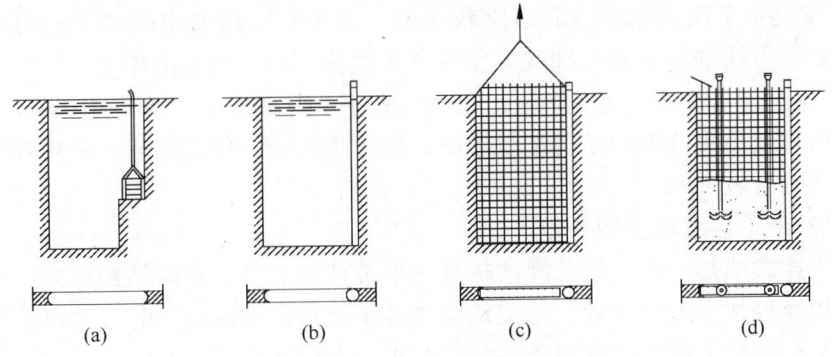

图 9-1 连续墙施工程序示意

（a）沟槽开挖；（b）安设接头管；（c）吊放钢筋笼；（d）浇混凝土

9.1.2 地下连续墙的特点及适用场合

（一）地下连续墙优点

地下连续墙技术所以能得到广泛的应用与发展，是因为它具有如下的优点：

1. 可减少工程施工时对环境的影响。施工时振动少，噪声低；能够紧邻相近的建筑及地下管线施工，对沉降及变位较易控制；

2. 地下连续墙的墙体刚度大、整体性好，因而结构和地基变形都较小，既可用于超深围护结构，也可用于主体结构；

3. 地下连续墙为整体连续结构，加上现浇墙壁厚度一般不少于 60cm，钢筋保护层又较大，故耐久性好，抗渗性能亦较好；

4. 可实行逆作法施工，有利于施工安全，并加快施工进度，降低造价；

5. 适用于多种地质情况。

（二）地下连续墙缺点

正如以往任何一种新的施工技术或结构形式出现一样，地下连续墙尽管有上述明显的优点，也有它自身的缺点和尚待完善的方面。归纳起来有以下几方面：

1. 弃土及废泥浆的处理问题。除增加工程费用外，如处理不当，还会造成新的环境污染。

2. 地质条件和施工的适应性问题。从理论上讲，地下连续墙可适用于各种地层，但最适应的还是软塑、可塑的黏性土层。当地层条件复杂时，还会增加施工难度和影响工程造价。

3. 槽壁坍塌问题。引起槽壁坍塌的原因，可能是地下水位急剧上升，护壁泥浆液面急剧下降，有软弱疏松或砂性夹层，以及泥浆的性质不当或者已经变质，此外还有施工管理等方面的因素。槽壁坍塌轻则引起墙体混凝土超方和结构尺寸超出允许的界限，重则引起相邻地面沉降、坍塌，危害邻近建筑和地下管线的安全。这是一个必须重视的问题。

4. 现浇地下连续墙的墙面通常较粗糙，如果对墙面要求较高，虽可使用喷浆或喷砂等方法进行表面处理或另作衬壁来改善，但也增加工作量。

5. 地下连续墙如单纯用作施工期间的临时挡土结构，不如采用钢板桩等一类可拔出重复使用的围护结构来得经济。因此连续墙结构几年来一般用在兼做主体结构的场合较多。

（三）地下连续墙适用条件

地下连续墙是一种比钻孔灌注桩和深层搅拌桩造价昂贵的结构形式，对其选用，必须经过技术经济比较，确实认为是经济合理，因地制宜时，才可采用。一般说来其在基础工程中的适用条件归纳起来，有以下几点：

1. 基坑深度大于 10m；

2. 软土地基或砂土地基；

3. 在密集的建筑群中施工基坑，对周围地面沉降，建筑物的沉降要求需严格限制时；

4. 围护结构与主体结构相结合，用作主体结构的一部分，且对抗渗有较严格要求时；

5. 采用逆作法施工，内衬与护壁形成复合结构的工程。

9.2   地下连续墙挡土墙设计

在早期地下建筑中，连续墙一直是用来建造单纯的防渗墙或临时挡土墙。但由于施工方法和施工机械的发展和改进等，逐渐发展为用于主体结构。

地下连续墙的设计一般包括：槽壁稳定及槽幅设计、槽段划分、导墙设计、连续墙内力计算及配筋设计，连续墙接头设计等内容。其中连续墙接头设计单独在 9.3 节中详述。

地下连续墙设计计算的主要内容包括以下几方面：

1. 确定荷载，包括土压力、水压力等。

2. 确定地下连续墙的入土深度。

3. 槽壁稳定验算。根据已选定的地下连续墙入土深度，假定槽段长度，即可进行槽壁稳定的验算。

4. 地下连续墙静力计算。

5. 配筋计算，构件强度验算，裂缝开展验算，垂直接头计算。

9.2.1   荷   载

地下连续墙的荷载包括施工阶段及使用阶段两个阶段的荷载。施工阶段的荷载主要指基坑开挖阶段的水土压力，地面施工荷载、逆作法施工时的上部结构传递的垂直承重荷载等。作为主体结构一部分的地下连续墙结构还要承受使用阶段的荷载，包括使用阶段的水土压力，主体结构使用阶段传递的恒载和活载等。作为挡土为主的结构，地下墙主要承受水平方向的水土荷载，因此确定地下墙施工及使用阶段的水土压力大小是荷载确定的关键。地下墙的位移与土压力的分布如图 9-2 所示。

地下连续墙的计算理论是从古典的假定土压力为已知，不考虑墙体变形，不考虑横撑变形，逐渐发展到考虑墙体变形，考虑横撑变形，直至考虑土体与结构的共同作用，土压力随墙体变化而变化，现将方法综合于表 9-1。

地下连续墙计算方法综合 表 9-1

分　类	假设条件	方法名称
较古典的理论	土压力已知 不考虑墙体变形 不考虑横撑变形	自由端法、弹性线法 等值梁法、1/2 分割法 矩形荷载经验法、太沙基法等
横撑轴向力、墙体弯矩不变化的方法	土压力已知 考虑墙体变形 不考虑横撑变形	山肩邦男弹塑性法 张有龄法、m 法
横撑轴向力、墙体弯矩可变化的方法	土压力已知 考虑墙体变形 考虑横撑变形	日本的《建筑基础结构设计法规》的弹塑性法，有限单元法
共同变形理论	土压力随墙体变位而变化 考虑墙体变形 考虑横撑变形	森重龙马法 有限单元法（包括土体介质）

一般墙体变形（δ）、基坑深度（H）与土压力取值的关系如表 9-2 所示。

墙体变位（δ）、基坑深度（H）与土压力的关系 表 9-2

土压力类别		土压力类别	
静止土压力 提高的主动土压力 主动土压力	$0<\delta/H\leqslant0.2\%$ $0.2\%<\delta/H\leqslant0.4\%$ $0.4\%<\delta/H\leqslant1\%$	降低的被动土压力 被动土压力	$0<\delta/H\leqslant0.2\%$ $0.2\%<\delta/H\leqslant0.5\%$

9.2.2 槽 幅 设 计

槽幅是指地下连续墙一次开挖成槽的槽壁长度。槽幅设计的内容包括槽壁长度的确定及槽段划分。槽壁长度最好与施工所选用的连续墙成槽设备的尺寸（抓斗张开尺寸、钻挖设备的宽度等）成模数关系，最小不得小于一次抓挖（钻挖）的宽度，而最大尺寸则应根据槽壁稳定性确定。

目前常用的槽幅为 3～6m。地层稳定性越好，槽幅可设计得越长，但考虑到施工工效及槽壁稳定的时效，一般不超过 8m。

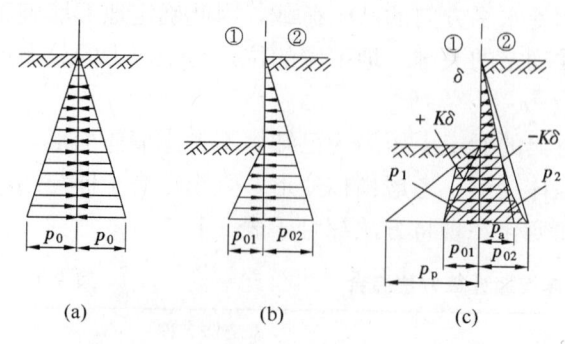

图 9-2   地下墙的位移与土压力的分布

（a）开挖前；（b）开挖后，地下墙尚未有位移；

（c）开挖后，地下墙产生了位移

（一）槽壁稳定性验算

泥浆护壁槽壁稳定的计算是地下连续墙工程的一项重要内容，它主要用来确定在深度已知条件下的设计分段长度。槽壁稳定性验算的方法有理论分析及经验公式法两种，理论计算一般采用楔形体破坏面假定，计算相对繁琐，工程中应用较多的是经验公式。这面主要介绍两种经验公式法。

1. 梅耶霍夫（G. G. Meyerhof）经验公式法

梅耶霍夫提出以下根据现场试验获得的公式。

开挖槽段的临界深度 H_{cr} 按下式求得：

$$H_{cr} = \frac{N \cdot c_u}{K_0 \gamma' - \gamma'_1} \tag{9-1}$$

$$N = 4\left(1 + \frac{B}{L}\right) \tag{9-2}$$

式中 c_u——黏土的不排水抗剪强度（kPa）；

K_0——静止土压力系数；

γ'——黏土的有效重度（kN/m³）；

γ'_1——泥浆的有效重度（kN/m³）；

N——条形深基础的承载力系数；

B——槽壁的平面宽度（m）；

L——槽壁的平面长度（m）。

槽壁的坍塌安全系数 F_s 按下式计算：

$$F_s = \frac{N \cdot c_u}{P_{0m} - P_{1m}} \tag{9-3}$$

式中 P_{0m}，P_{1m}——分别为开挖的外侧（土压力）和内侧（泥浆压力）槽底水平压力强度。

开挖槽壁的横向变形 Δ 按下式计算：

$$\Delta = (1 - \mu^2)(K_0 \gamma' - \gamma'_1)\frac{zL}{E_s} \tag{9-4}$$

式中 z——所考虑点的深度（m）；

E_s——土的压缩模量（kN/m²）；

μ——土的泊松比。

对于黏土，当 $\mu=0.5$ 时，式（9-4）可写成：

$$\Delta = 0.75(K_0\gamma' - \gamma_1')\frac{zL}{E_s} \tag{9-5}$$

2. 非黏性土的经验公式

对于无黏性的砂土（$c=0$），安全系数可由下式求得：

$$F_s = \frac{2(\gamma - \gamma_1)^{1/2}\tan\varphi_d}{\gamma - \gamma_1} \tag{9-6}$$

式中　γ——砂土的重度（kN/m^3）；

γ_1——泥浆的重度（kN/m^3）；

φ_d——砂土的内摩擦角。

从式（9-6）可见，对于砂土没有临界深度，F_s 为常数，与槽壁深度无关。

（二）槽段划分

槽段划分应结合成槽施工顺序、连续墙接头形式、主体结构布置及设缝要求等确定。由于槽段划分确定了连续墙接头位置，因此该位置应避开预留钢筋或接驳器位置，并应尽量与结构缝位置吻合。另外还应考虑地下连续墙分期施工的接头预留位置的影响等。在采用公母槽段前后连续相接的连续墙施工中，往往第一副槽段的确定较为重要。连续墙成槽施工顺序如图 9-1 所示。

9.2.3　导　墙　设　计

导墙是指地下连续墙开槽施工前，沿连续墙轴线方向全长周边设置的导向槽。

导墙一般采用"┒ ┎"形现浇钢筋混凝土，厚度一般为 200～300mm，混凝土一般采用 C20。导墙深度以墙脚进入原状土不小于300mm 为宜，墙顶面需高出地面 100～200mm，防止周围的散水流入槽段内。宽度要求大于地下连续墙的设计宽度 50mm，形式如图 9-3 所示。

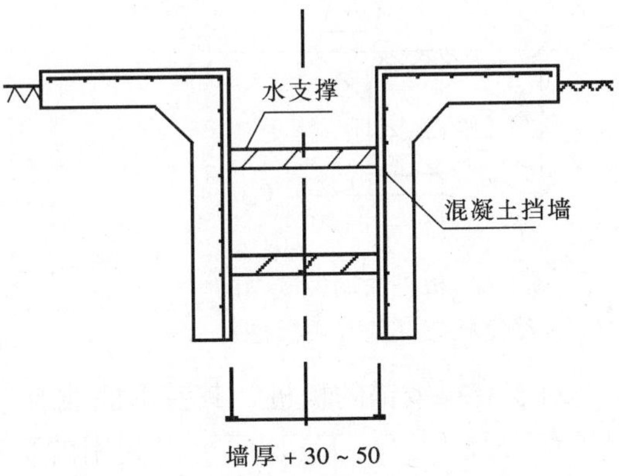

水支撑

混凝土挡墙

墙厚 + 30～50

图 9-3　导墙示意图

9.2.4　连续墙深度及厚度的初选

（一）连续墙深度的确定

连续墙深度由入土深度决定。连续墙入土深度（基坑底以下深度）与基坑开挖深度的比值称为入土比。

地下连续墙的入土深度一般根据第 12 章中基坑围护结构的稳定性验算方法，

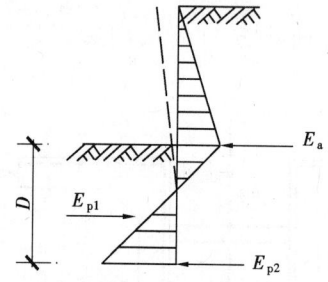

图 9-4　板柱底端为自由
T—横撑或锚杆之力；E_a—主动压力；
E_p—被动压力

预先根据经验假定一个入土比进行反复试算，直至满足基坑稳定性要求即可。根据工程经验，连续墙入土比依地质条件不同一般取为 $0.7 \sim 1.0$。

连续墙入土深度也可以先由以下两种古典的稳定判别方法直接计算得到一个初值，然后通过基坑稳定性验算最终确定合理的入土比。

1. 板柱底端为自由的稳定状态（图 9-4）

所谓自由的稳定状态，就是板桩底端刚从自由（入土深度过小）变为稳定状态。板桩在 T、E_a、E_p 三力作用下达到平衡。其中：E_a 为主动侧土压力的合力，E_p 为被动侧土压力的合力。通过两个平衡方程 $\sum X = 0$，$\sum M = 0$，即可求得两个未知数；支承轴力 T，板桩入土深度 D。

2. 板桩底端为嵌固的稳定状态

当板桩的入土深度较大或底端打入较硬的地层，底端达到嵌固的程度时。

对于悬臂式板桩，其变形曲线如图 9-5 虚线所示，此时 E_a 和 E_{p1} 组成力偶，不能平衡，必须设想在底端作用着一个向左的力 E_{p2}，这样未知量有两个：E_{p1} 和 D，用两个平衡方程式即可求出。

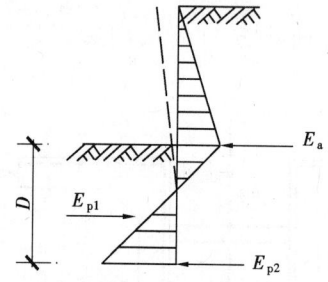

图 9-5　板桩底端为嵌固的
稳定状态（悬臂式板桩）

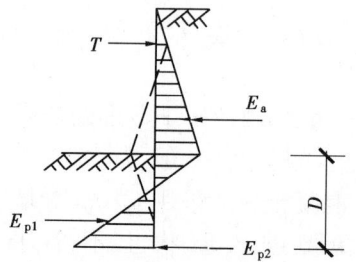

图 9-6　板桩底端为嵌固的稳
定状态（有撑或锚的板桩）

对于有撑或锚的板桩，其变形曲线有一反弯点 Q，如图 9-6 所示。此时，未知量有三个 T、D、E_{p2}，而可以利用的平衡方程式只有两个。为了求解这种板桩，曾有过很多种解法。其中最有代表性的解法之一，就是所谓弹性曲线法。即首先假定一个入土深度 D，板桩底端为固定，在土压力（假定为已知）作用下，按梁的理论画出板桩挠曲线，检验支点反力 T 的作用点的变位是否与实际变位一致。为简单计，可把 T 的变位当作零。如果发现挠曲线在 T 点不等于零，则需重新假定 D，再求出挠曲线。这样反复凑算，直到挠曲线在 T 点的变位为零

为止。这种弹性曲线法运算起来很麻烦，实际计算常采用
弹性曲线法的近似计算法。其中有一种称为假想梁法；即
找出弹性曲线的反弯点 Q 的位置，认为该点的弯矩为零，
于是把板桩分为二段假想梁，即上部为简支梁，下部为一
次超静定架，如图 9-7 所示，于是板桩的内力就可以求得。

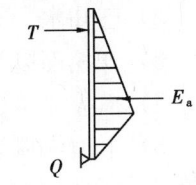
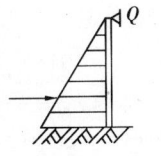

（二）连续墙厚度的确定

连续墙厚度应根据连续墙不同阶段的受力大小、变形
及裂缝控制要求等确定。连续墙的厚度根据国内现有施工
设备条件，有以下几种常用尺寸：600、800、1000、
1200mm 等。连续墙结构设计计算前可以根据工程经验预
先设定，一般为基坑开挖深度的 $3\%\sim5\%$。最终应由结构
计算、复核结果决定。

图 9-7　假想梁法

9.2.5　结　构　计　算

连续墙结构计算与其他围护结构计算类似，需要对开挖过程不同阶段工况进
行计算。从连续墙结构计算理论的发展过程来看，以下一些经典的计算方法是后
来发展起来的一些方法的基础。

（一）弹性法

（1）计算图式如图 9-8 所示。墙体作为无限长的弹性体，用微分方程求解，
主动侧的土压力为已知，但入土面（开挖底面）以下只有被动侧的土抗力，土抗
力数值与墙体变位成正比。

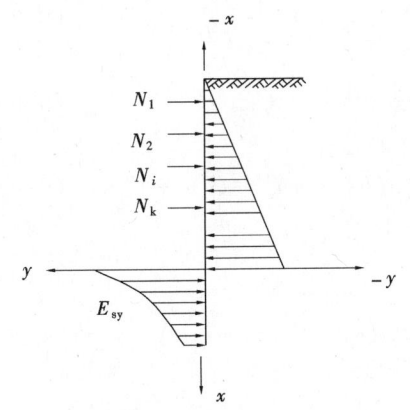
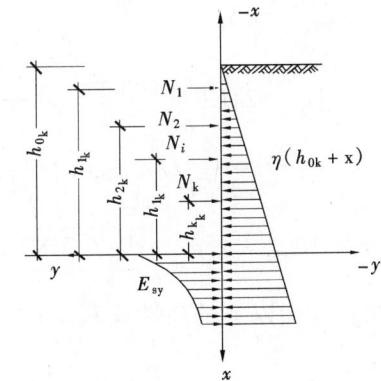

图 9-8　计算简图　　　　　　图 9-9　基本假定图示

（2）同济大学曾将上法进行局部修改。其不同的是考虑了入土面以下主动侧
的水、土压力，如图 9-9 所示的基本假定是：

1）墙体作无限长的弹性体；

2）已知水、土压力，并假定为三角形分布；

3）开挖面以下作用在墙体上的土抗力，假定与墙体的变位成正比例；

4）横撑（楼板）设置后，即把横撑支点作为不动支点；

5）下道横撑设置以后，认为上道横撑的轴向压力值保持不变，其上部的墙体也保持以前的变形。

符号规定：

y——墙体变位（m）；

k_h——侧向地层压缩系数（kN/m^3）；

E——墙体的弹性模量（kN/m^3）；

I——1m 延长（水平方向）墙体的截面惯矩（m^4）；

$E_s = k_h \cdot B$——土横向弹性模量（kN/m^3）；

B——墙水平长度，取为 1m；

η——水、土压力斜率。

公式推导：

弹性曲线方程的建立。

1）在第 K 道横撑到开挖面的区间（$-h_{kk} \leqslant X \leqslant 0$）。

$$M = \frac{1}{2}\eta(h_{0k}+x)(h_{0k}+x) \cdot \frac{1}{3}(h_{0k}+x) - \sum_1^k N_i(h_{ik}+x)$$

$$= \frac{1}{6}\eta(h_{0k}+x)^3 - \sum_1^k N_i(h_{ik}+x)$$

$$\frac{d^2 y_1}{dx^2} = \frac{M}{EI} = \left[\frac{1}{6}\eta(h_{0k}+x)^3 - \sum_1^k N_i(h_{ik}+x)\right] \cdot \frac{1}{EI} \tag{9-7}$$

$$\frac{dy_1}{dx} = \frac{1}{24EI}(h_{0k}+x)^4 - \sum_1^k \frac{N_i}{2EI}(h_{ik}+x)^2 + C_1 \tag{9-8}$$

$$y_1 = \frac{\eta}{120EI}(h_{0k}+x)^5 - \frac{1}{EI}\sum_1^k \frac{1}{6N_i}(h_{ik}+x)^3 + C_1 x + C_2 \tag{9-9}$$

$$EI\frac{d^3 y_1}{dx^3} = \frac{1}{2}\eta(h_{0k}+x)^2 - \sum_1^k N_i \tag{9-10}$$

2）在开挖面以下的弹性区间（$x \geqslant 0$）。

$$EI\frac{d^4 y_2}{dx^4} = q$$

$$EI\frac{d^4 y_2}{dx^4} = \eta(h_{0k}+x) - E_s y_2$$

$$EI\frac{d^4 y_2}{dx^4} + E_s y_2 = \eta(h_{0k}+x) \tag{9-11}$$

　　边界条件：$X=\infty$，$EIy''_2=0$，$EIy'''_2=0$ 齐次方程的通解为：

$$y_{2.1} = He^{\beta x}\cos\beta x + We^{\beta x}\sin\beta x + Ae^{-\beta x}\cos\beta x + Fe^{-\beta x}\sin\beta x$$

非齐次方程的特解：

令　　　　　　$y_{2.2}=Px+R$　　　　　　（代入方程 9-11）

得：
$$E_s(px+R) = \eta(h_{0k}+x)$$
$$E_s px + E_s R = \eta h_{0k} + \eta x$$

$\because$　　　　　　$E_s P = \eta$ 及 $E_s R = \eta h_{0k}$

$\therefore$　　　　　　$P = \dfrac{\eta}{E_s}$ 及 $R = \dfrac{\eta h_{0k}}{E_s}$

$$y_{2.2} = Px + R = \frac{\eta}{E_s}x + \frac{\eta h_{0k}}{E_s} = \frac{\eta}{E_s}(h_{0k}+x)$$

$\because$　当 $x=\infty$ 时，$e^{\beta x}$，$\cos\beta x$、$\sin\beta x$ 不可能为零，而 H 和 $w=0$，

$\therefore$　非齐次方程的通解为：

$$y_2 = e^{-\beta x}(A\cos\beta x + F\sin\beta x) + \frac{\eta}{E_s}(h_{0k}+x) \tag{9-12}$$

其中　　　　　　　　　　$\beta = \sqrt[4]{\dfrac{E_s}{4EI}}$

$$\frac{\mathrm{d}y_2}{\mathrm{d}x} = -\beta e^{-\beta x}[(A-F)\cos\beta x + (A+F)\sin\beta x] + \frac{\eta}{E_s} \tag{9-13}$$

$$\frac{\mathrm{d}^2 y_2}{\mathrm{d}x^2} = -2\beta^2 e^{-\beta x}(F\cos\beta x - A\sin\beta x) \tag{9-14}$$

$$\frac{\mathrm{d}^3 y_2}{\mathrm{d}x^3} = 2\beta^3 e^{-\beta x}[(A+F)\cos\beta x - (A-F)\sin\beta x] \tag{9-15}$$

待定系数的求解：

连续条件 $x=0$ 处，$y_1=y_2$，$y'_1=y'_2$

$$y_1\mid_{x=0} = \frac{\eta}{120EI}h_{0k}^5 - \sum_1^k \frac{N_i}{6EI}h_{ik}^3 + C_2$$

$$y_2\mid_{x=0} = A + \frac{\eta}{E_s}h_{0k} \tag{9-16}$$

使　$y_1\mid_{x=0} = y_2\mid_{x=0}$

即　　　　　$\dfrac{\eta}{120EI}h_{0k}^5 - \displaystyle\sum_1^k \dfrac{N_i}{6EI}h_{ik}^3 + C_2 = A + \dfrac{\eta}{E_s}h_{0k}$

$$y'_1\mid_{x=0} = \frac{\eta}{24EI}h_{0k}^4 - \sum_1^k \frac{N_i}{2EI}h_{ik}^2 + C_1$$

$$y'_2 \mid x = 0 = -\beta(A - F) + \frac{\eta}{E_s}$$

使 $y'_1 \mid_{x=0} = y'_2 \mid_{x=0}$

即

$$\frac{\eta}{24EI}h_{0k}^4 - \sum_1^k \frac{N_i}{2EI}h_{ik}^2 + C_1 = -\beta(A - F) + \frac{\eta}{E_s} \qquad (9\text{-}17)$$

$x=0$ 处的内力

弯矩

$$M_0 = \frac{\eta}{6}h_{0k}^3 - \sum_1^k N_i h_{ik}$$

由式(9-13)

$$M_0 = -2\beta^2 FgEI$$

$$F = \frac{-M_0}{2\beta^2 EI} \qquad (9\text{-}18)$$

剪力

由式(9-10)

$$Q_0 = \frac{1}{2}\eta h_{0k}^2 - \sum_1^k N_i$$

由式(9-14)

$$Q_0 = 2\beta^3(A + F)EI$$

$$A = \frac{Q_0}{2\beta^3 EI} - F$$

由式(9-17)

$$A = \frac{Q_0}{2\beta^3 EI} - \left(\frac{-M_0}{2\beta^2 EI}\right) = \frac{1}{2\beta^3 EI}(Q_0 + \beta M_0) \qquad (9\text{-}19)$$

将 A 值代入式（9-15）

$$C_2 = \frac{1}{2\beta^3 EI}(Q_0 + \beta M_0) + \frac{\eta}{E_s}h_{0k} + \sum_1^k \frac{N_i}{6EI}h_{ik}^3 - \frac{\eta}{120EI}h_{0k}^5 \qquad (9\text{-}20)$$

将式（9-17）、式（9-18）代入式（9-16）

$$C_1 = -\frac{1}{2\beta^2 EI}(Q_0 + 2\beta M_0) + \frac{\eta}{E_s} + \sum_1^k \frac{N_i}{2EI}h_{ik}^2 - \frac{\eta}{24EI}h_{0k}^4 \qquad (9\text{-}21)$$

弹性曲线的最终形式：

① （$-h_{kk} \leqslant x \leqslant 0$）区间：

$$y_1 = N_k A_1 + A_2 + A_3 \qquad (9\text{-}22)$$

$$N_k = \frac{1}{A_1}(y_1 - A_2 - A_3) \qquad (9\text{-}23)$$

其中

$$A_1 = \frac{x}{2\beta^2 EI} - \frac{1}{6EI}(h_{kk} + x)^3 + \frac{x}{2EI}h_{kk}^2 + \frac{x}{\beta EI}h_{kk}$$

$$+ \frac{h_{kk}^3}{6EI} - \frac{1}{2\beta^3 EI} - \frac{h_{kk}}{2\beta^2 EI} \qquad (9\text{-}24)$$

$$A_2 = \sum_1^{k-1} \frac{N_i}{2EI} h_{ik}^2 x - \sum_1^{k-1} \frac{N_i}{6EI} (h_{ik} + x)^3 + \frac{1}{2\beta^2 EI} \sum_1^k N_i h_{ik} x$$
$$+ \sum_1^{k-1} N_i \frac{h_{ik}^3}{6EI} - \frac{1}{2\beta^3 EI} \sum_1^{k-1} N_i - \frac{1}{2\beta^2 EI} \sum_1^{k-1} N_i h_{ik} \tag{9-25}$$

$$A_3 = \frac{\eta}{120EI} (h_{0k} + x)^5 + \frac{\eta}{E_s} x - \frac{\eta}{24EI} h_{0k}^4 x - \frac{\eta h_{0k}^2}{4\beta^2 EI} x - \frac{\eta h_{0k}^3}{6\beta EI}$$
$$+ \frac{\eta}{E_s} h_{0k} - \frac{\eta}{120EI} h_{0k}^5 + \frac{\eta h_{0k}^2}{4\beta^3 EI} + \frac{\eta h_{0k}^3}{12\beta^2 EI} \tag{9-26}$$

$$M_x = \frac{\eta}{6} (h_{0k} + x)^3 - \sum_1^k N_i (h_{ik} + x) \tag{9-27}$$

$$Q_x = \frac{\eta}{2} (h_{0k} + x)^2 - \sum_1^k N_i \tag{9-28}$$

② $(0 \leqslant x)$ 区间：

$$y_2 = e^{-\beta x} (A\cos\beta x + Fg\sin\beta x) + \frac{\eta}{E_s} (h_{0k} + x) \tag{9-29}$$

$$M_x = -2EI\beta^2 e^{-\beta x} (F\cos\beta x - A\sin\beta x) \tag{9-30}$$

$$Q_x = 2EI\beta^3 e^{-\beta x} [(A + F)\cos\beta x - (A - F)\sin\beta x] \tag{9-31}$$

本法的计算步骤：

a. 第一次开挖时，第一道横撑支点作为不动，即取 $\delta_1 = y_1 = 0$（也可用结构力学原理求出第一道横撑支点的变形），用公式（9-23）求第一道横撑的轴向压力 N_1 以及用公式（9-22）求第二道横撑预定位置的变形 δ_2；

b. 第二次开挖时，把 N_1 及 δ_2 作为定值，用公式（9-23）求第二道横撑的轴压力 N_2，以及用公式（9-23）求第三道横撑预定位置的变形 δ_3；

c. 第三次开挖时，把 N_1、N_2 及 δ_3 作为定值，用公式（9-23）求第三道横撑的轴向力 N_3，以及用公式（9-22）求第四道横撑预定位置的变形 δ_4。

以下即重复计算。

现举例说明本法的应用。

地层条件：$r = 18\text{kN/m}^3$；$\phi = 14°$；$c = 7\text{kN/m}^2$，$k_h = 20000\text{kN/m}^3$，$E_s = k_n \times 1 = 2\text{kg/cm}^3 \times 100\text{cm} = 200\text{kg/cm}^2 = 20000\text{kN/m}^2$（相当于松砂）。

结构条件：地下连续墙厚80cm，

$$I = \frac{100}{12} \times 80^3 = 42.7 \times 10^5 \text{cm}^4 = 0.0427\text{m}^4$$

C25 混凝土　　　　　　　　$E = 2.85 \times 10^6 \text{t/m}^2$

$$\frac{EI}{E_s} = \frac{2.85 \times 10^6 \times 0.0427}{2000} = 61\text{m}^4$$

$$\beta = \sqrt[4]{\frac{E_s}{4EI}} = \sqrt[4]{\frac{1}{4 \times 61}} = 0.253$$

$$\beta^2 = 0.064, \beta^3 = 0.0162$$

开挖深度、支撑数目及间隔同前例。水、土压力图总斜率也相同 $\eta = 14.7$（图 9-10）。

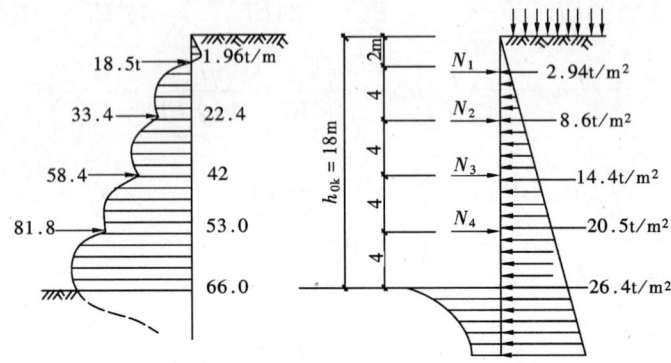

图 9-10　水土压力计算图式

单支撑：

$$N_i = 0, h_{ik} = 0, h_{kk} = h_{ik} = 4\text{m}, h_{0k} = 6\text{m}, N_k = N_1$$

令 $\delta_1 = 0$，即 $y' \mid_{x=-4} = 0$，从公式（9-25）可知，$A_2 = 0$。利用公式（9-24）（将 $x = -4$ 代入）

$$A_1 = \frac{1}{EI}\left[\frac{x}{2\beta^2} - \frac{1}{6}(h_{kk}+x)^3 + \frac{x}{2}h_{kk}^2 + \frac{x}{\beta}h_{kk} + \frac{h_{kk}^3}{6} - \frac{1}{2\beta^3} - \frac{h_{kk}}{2\beta^2}\right]$$

$$= \frac{1}{EI}\left[\frac{-4}{0.128} - \frac{4}{2} \times 16 - \frac{4}{0.253} \times 4 + \frac{64}{4} - \frac{1}{0.0324} - \frac{4}{0.128}\right]$$

$$= \frac{1}{EI}[-31.3 - 32 - 63.2 + 10.7 - 30.9 - 31.3]$$

$$= -\frac{178}{EI}$$

利用公式（9-26）得：

$$A_3 = \frac{1}{EI}\left[\frac{\eta}{120}(h_{0k}+x)^5 + \frac{EI}{E_s}\eta x - \frac{\eta}{24}h_{0k}^4 x - \frac{\eta h_{0k}^2}{4\beta^2}x - \frac{\eta h_{0k}^3}{6\beta}x\right.$$

$$\left. + \frac{EI}{E_s}\eta h_{0k} - \frac{\eta}{120}h_{0k}^5 + \frac{\eta h_{0k}^2}{4\beta^3} + \frac{\eta h_{0k}^3}{12\beta^2}\right]$$

$$= \frac{14.7}{EI}\left[\frac{32}{120} - 61 \times 4 + \frac{1}{24} \times 1296 \times 4 + \frac{36 \times 4}{0.256} + \frac{216 \times 4}{1.52}\right.$$

$$\left. + 61 \times 6 - \frac{7776}{120} + \frac{36}{0.0648} + \frac{216}{0.768}\right]$$

$$= \frac{14.7}{EI} \times 2241.5 = \frac{32950}{EI}$$

利用公式（9-23）求得：

$$N_k = N_1 = \frac{-32950}{-178} = 185\text{kN} \quad \left(N_1 = -\frac{A_3}{A_1}\right)$$

利用公式（9-22）求得第二道支撑预定位置的变位 δ_2（此时以 $x=0$ 代入公式）：

$$A_1 = \frac{1}{EI}\left[-\frac{64}{6} + \frac{64}{6} - \frac{1}{0.0324} - \frac{4}{0.128}\right] = \frac{-62.2}{EI}$$

$$A_2 = 0$$

$$A_3 = \frac{14.7}{EI}\left[\frac{7776}{120} + 61 \times 6 - \frac{7776}{120} + 555 + 282\right] = \frac{17680}{EI}$$

利用公式（9-22）求得：

$$\delta_2 = y_1 = N_k A_1 + A_2 + A_3$$

$$= 185 \times \left(-\frac{62.2}{EI}\right) + \frac{17680}{EI} = \frac{6173}{EI} = 0.00507\text{m}$$

$$M_1 = \frac{1}{2} \times 2\text{m} \times 29.4\text{kN/m} \times \frac{1}{3} \times 2\text{m} = 19.6\text{kN} \cdot \text{m}$$

$$M_2 = \frac{1}{2} \times 6 \times 86 \times \frac{1}{3} \times 6 - 185 \times 4 = -224\text{kN} \cdot \text{m}$$

二道支撑：

已知：$N_1 = 18.5t, \delta_2 = \frac{6170}{EI}, h_{0k} = 10\text{m}, h_{1k} = 8\text{m}, h_{kk} = h_{2k} = 4\text{m}, k = 2$。求
$N_k = N_2, \delta_3$。

利用公式（9-23）求 N_k（此时以 $x=-4$ 代入各式，因 δ_2 在 $x=-4$ 处）。

即

$$A_1 = -\frac{178}{EI}$$

$$A_2 = \frac{N_1}{2EI} h_{1k}^2 x - \frac{N_1}{6EI}(h_{1k} + x)^3 + \frac{N_1}{2\beta^2 EI} x + \frac{N_1}{\beta EI} h_{1k} x + \frac{N_1 h_{1k}^3}{6EI}$$

$$- \frac{N_1}{2\beta^3 EI} - \frac{N_1 h_{1k}}{2\beta^2 EI} = -\frac{56370}{EI}$$

$$A_3 = \frac{122000}{EI}$$

$$\therefore N_k = N_2 = \frac{1}{A_1}(\delta_2 - A_2 - A_3) = -\frac{EI}{178}\left(\frac{6170}{EI} + \frac{56370}{EI} - \frac{122000}{EI}\right)$$

$$= \frac{59460}{178} = 334\text{kN}$$

用公式（9-22）求第三道支撑预定位置的变位 δ_3（此时以 $x=0$ 代入各式），

$$A_1 = \frac{1}{EI}(-62.2)$$

$$A_2 = -\frac{N_1}{6EI}h_{1k}^3 + \frac{N_1}{6EI}h_{1k}^3 - \frac{N_1}{2\beta^2 EI}h_{1k} = -\frac{17300}{EI}$$

$$A_3 = \frac{50790}{EI}$$

$$\therefore \quad \delta_3 = y = N_k g A_1 + A_2 + A_3 = 334\left(-\frac{62.2}{EI}\right) - \frac{17300}{EI} + \frac{50790}{EI}$$

$$= \frac{12720}{EI} = 0.0104\text{m}$$

同前　　　　　　$M_1 = 19.6\text{kN} \cdot \text{m}, \ M_2 = -224\text{kN} \cdot \text{m}$

$$M_3 = \frac{1}{2} \times 10 \times 144 \times \frac{1}{3} \times 10 - 185 \times 8 - 334 \times 4 = -420\text{kN} \cdot \text{m}$$

同理继续计算到四道支撑得：

$$\delta_4 = 0.0158\text{m}, N_3 = 584\text{kN}$$

$$M_4 = \frac{1}{2} \times 14 \times 205 \times \frac{1}{3} \times 14 - 185 \times 12 - 334 \times 8 - 584 \times 4 = -530\text{kN} \cdot \text{m}$$

$$\delta_5 = 0.0197\text{m}, N_4 = 818\text{kN}$$

$$M_5 = \frac{1}{2} \times 18 \times 264 \times \frac{1}{3} \times 18 - 185 \times 16 - 334 \times 12 - 584 \times 18 - 818 \times 4$$

$$= -660\text{kN} \cdot \text{m}$$

（二）支护内力随开挖过程而变化的计算方法

这一类方法对每一开挖过程结束以后均未作轴向力与弯矩不变的假设，也就是说，自上而下的各道横撑轴力及墙体弯矩均随开挖工程，支撑工程的进展而不断发生变化。

该法基本点是：

1. 考虑支撑的弹性变形，用弹簧表示支撑；

2. 主动侧的土压力可用实测资料，并假设为坐标的二次函数；

3. 入土部分为已达到朗金被动土压力的塑性区及土抗力与墙体变位成正比的弹性区；

4. 墙体作为有限长，前端支承可以是自由、铰接、固定。

变位符号规定是：

①区间：$y_i = \delta_i + g_i$

式中　y_i——支撑在 i 点之变形；

　　　δ_i——支撑在 i 点安装前之变形；

g_i——支撑在 i 点安装后之变形。

②区间：变形为 y_p

③区间：变形为 y_c

弹性曲线方程的建立

①区间：

$$EI\,\frac{\mathrm{d}^4 y_i}{\mathrm{d}x_i^4} = a_i x_i^2 + b_i x_i + C_i$$

$$\therefore \quad y_i = \frac{1}{EI}\left(\frac{a_i x_i^9}{360} + \frac{b_i x_i^5}{120} + \frac{C_i x_i^4}{24} + \frac{A_i x_i^3}{6} + \frac{B_i x_i^2}{2} + C_i x_i + D_i\right)$$

其中 $0 \leqslant x_i \leqslant h_i$；$i = 1 \sim (K+1)$；$K = $ 支撑数，未知量为 A_i，B_i，C_i，D_i 共 $4(K+1)$ 个。

②区间（开挖面以下主动土压力为定值）：

$$EI\,\frac{\mathrm{d}^4 y_p}{\mathrm{d}Z_1^4} = -\left[\gamma_1 \tan^2\left(45° + \frac{\phi}{2}\right)Z_1 + 2C\tan\left(45° + \frac{\phi}{2}\right) - P_{k+1}\right]$$

式中　γ_t——土的湿重度 kN/m^3。

令

$$K_p = \tan^2\left(45° + \frac{\varphi}{2}\right), \alpha = K_p g \gamma_t$$

$$\alpha S_0 = 2C\tan\left(45° + \frac{\varphi}{2}\right), Z_i = 0 \sim l,$$

$$\therefore \quad y_p = \frac{1}{EI}\left(-\frac{\alpha}{120}Z_1^5 - \frac{\alpha S_0}{24}Z_1^4 + \frac{E_1}{6}Z_1^3 + \frac{E_2}{2}Z_1^2 + E_3 Z_1 + E_4\right)$$

未知量为四个：E_1、E_2、E_3、E_4。

③区间：
$$EI\,\frac{\mathrm{d}^4 y_c}{\mathrm{d}Z_2^4} = -E_s y_c$$

$$\therefore y_c = \frac{1}{EI}\left[e^{\beta z_2}(F_1 \cos\beta z_2 + F_4 \sin\beta z_2) + e^{-\beta z_2}(F_3 \cos\beta z_2 + F_4 \sin\beta z_2)\right]$$

其中
$$\beta = \sqrt[4]{\frac{E_s}{4EJ}}, Z_2 = 0 \sim \lambda$$

未知量为四个：F_1、F_2、F_3、F_4。

其余未知量尚有：g_i（支撑安装后的变位量）K 个，以及②区间长度 l。此法的总未知量为：

总未知量 $= 4(K+1) + 4 + 4 + K + 1 = (5K+13)$ 个。但利用 $(5K+13)$ 个边界条件和连续条件，即可达到完全的解答。

①区间

0 点 $\qquad$
$$\begin{cases} [M_i]_0 = 0 & \text{1 个} \\ [Q_i]_0 = 0 & \text{1 个} \end{cases}$$
$$[M_i]h_i = [M_{i+1}] \qquad K \text{ 个}$$
$$[Q_i]h_i + K_i g_i = [Q_{i+1}] \qquad K \text{ 个}$$
$$[\delta_i]h_i = [\delta_{i+1}] \qquad K \text{ 个}$$
$$[y_i]h_i = [y_{i+1}]_0 = \delta_i + g_i$$

其中
$$[y_i]h_i = \delta_i + g_i \qquad K \text{ 个}$$
$$[y_{i+1}]_0 = \delta_i + g_i \qquad K \text{ 个}$$

② 区间

A 点
$$\begin{cases} [Q_{k+1}]h_{k+1} = [Q_p] & \text{1 个} \\ [M_{k+1}]h_{k+1} = [M_p] & \text{1 个} \\ [\delta_{k+1}]h_{k+1} = [\delta_p] & \text{1 个} \\ [y_{k+1}]h_{k+1} = [y_p] & \text{1 个} \end{cases}$$

B 点
$$\begin{cases} [Q_p]_l = [Q_c] & \text{1 个} \\ [M_p]_l = [M_c] & \text{1 个} \\ [\delta_p]_l = [\delta_c] & \text{1 个} \end{cases}$$
$$[y_p]l = [y_c] \qquad \text{1 个}$$
$$[P_p]_l = [P_c] \qquad \text{1 个}$$

③ 区间:前端支撑取为铰接时
$$[M_c]_\lambda = 0 \qquad \text{1 个}$$
$$[Q_c]_\lambda = 0 \qquad \text{1 个}$$

共计 $\qquad$ $(5K+13)$ 个

(三) 共同变形理论简介

以往均是把墙体作为被动部分,单纯地用来抵抗土压力,而没有考虑到墙体对土压力的影响作用。日本的森重龙马提出了墙体变位对土压力产生增减的计算方法,我们称它为共同变形理论。图 9-11 (a) 表示地下墙完全没有变位时,在墙两侧均作用着静止土压力 P_0,图 9-11 (b) 表示墙体在外力作用下发生了变形,假如墙上某一点 m 的水平变形为 δ,那么在主动侧作用于 m 点的土压力从 P_0 变为 P_p($=P_0-k_h\delta$)。被动侧 m 点的土压力从 P_0 变为 P_a($=P_0+k_h\delta$)。其中 k_h 为地层侧向压缩系数。不论 δ 为何值,均应符合下列条件:

被动侧　　$P_a=P_0+k_h\delta \leqslant P_p$　　(被动土压力)

主动侧　　$P_\beta=P_0+k_h\delta \geqslant P_a$　　(主动土压力)

现以第一次开挖结束时悬臂结构的计算顺序说明森氏的计算方法,如图 9-12 所示。当第一次开挖结束时,静止土压力变成图 9-12 (a) 的状态,被动侧的静止土压力小于主动侧的静止土压力。在这样一种荷重状态下求出墙体的变位 δ,

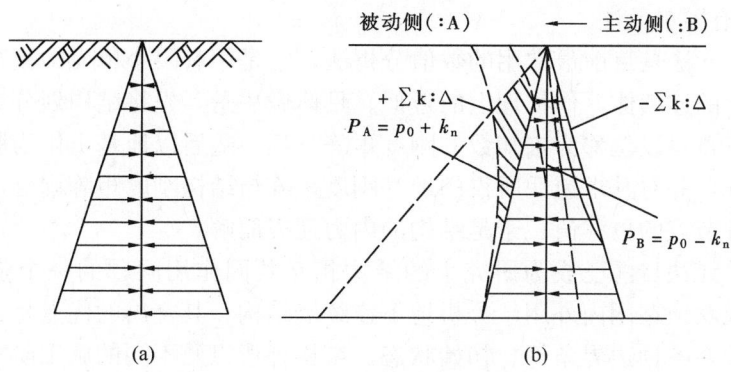

图 9-11　地下墙土压力分布

如图 9-12（b）所示，然后根据变位计算主动侧与被动侧的土压力，如图 9-12（c）所示。按 P_a 与 $P_β$ 不能大于被动土压力与小于主动土压力的条件。对土压力进行修正，修正后的土压力如图 9-12（d）所示。把这作为土压力的第一次近似值，重复进行图 9-12（b）～（d）的计算，直到按图 9-12（d）算得的土压力与前次算得的土压力之差可以忽略为止。最后，在这个最终与墙体变位协调的土压力作用下，计算出墙体的内力，以此作为第一次开挖结束时的内力值。

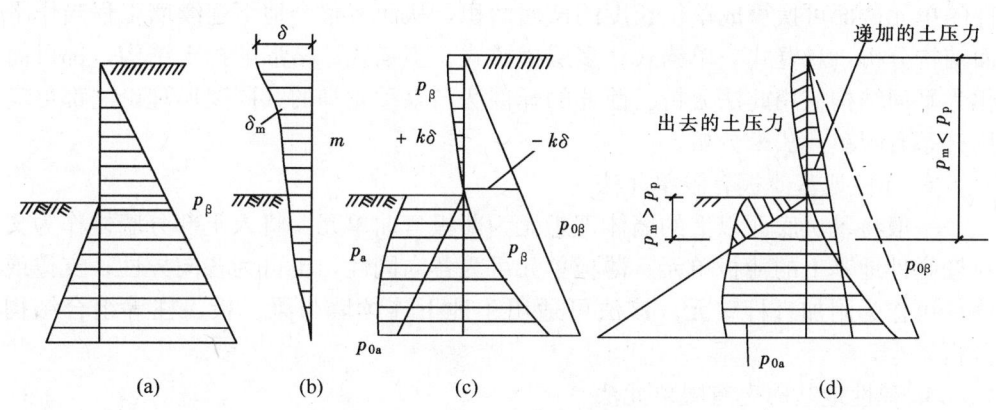

图 9-12

（a）第一次开挖结束时的标准状态；（b）标准状态下的变位；（c）根据 $δ$ 计算土压力
$P_m = P_0 ± kδ_m$；（d）进行土压力修正

　　关于横撑设置以后的计算原理，亦大体上与上述相同。森氏另外采用了考虑支撑变形的杆件系统的有限单元法进行计算。

　　地下连续墙结构计算理论目前正在深入研究、发展阶段。国内已有许多单位利用有限单元法进行地下连续墙的结构计算。有些单位正在进行室外实地试验和室内模拟等试验。

（四）有限单元法

有限单元法是目前最常用的数值分析法，它是用有限个单元的集合体代替无限多个单元的连续体，作物理上的近似。具体做法是，先将结构划分为单元，写出单元各节点，以位移为未知数的刚度矩阵方程。随后以地基土作为脱离体，建立柔度矩阵，并对其求逆后所得的地基刚度矩阵与结构刚度矩阵耦合，从而求得结构单元各节点的位移值。于是结构的内力迎刃而解。

有限单元法目前已成为研究土的结构相互共同作用问题的一个强大分析工具，并已成功地在国内外用于分析地下连续墙结构。其突出的优点是：可以反映地下连续墙在各种边界条件、初始状态、结构外形以及不同的施工阶段，不同的介质条件下的墙体内力与变形。有的有限单元分析方法还可考虑结构的空间作用，土层介质的各向异性与非线性等比较复杂的情况。按结构和单元形状，划分不同，目前在地下连续墙结构分析中应用得较普遍的有限单元法有以下几种：

1. 弹性地基杆系有限单元法

这是一种最通用的有限单元分析方法，一般将基坑底面以上的墙体理想化为单位墙宽的梁单元，将入土部分墙体作为文克勒弹性地基梁，其水平向基床系数沿深度的变化可以是线性的，也可以是常数值或其他假想的图形。将水平支撑，各种斜度的锚杆，墙顶的水平框架梁、帽梁等作为弹性支承的杆件，这些弹性杆件的单元截面可换算成单位长度的截面面积，从而将整个地下连续墙工程当作平面结构分析。悬臂式、单锚式、多层横撑式、多锚式、格形的挡土结构，都可简化为平面结构应用此法分析。前述的弹性法与森重龙马的共同变形理论法都可应用杆系有限单元法来分析。

2. 弹性地基薄板有限单元法

一般将基坑底面以上的墙体理想化为薄板弯曲单元，将入土部分墙体作为文克勒弹性地基上的薄板单元。薄板单元可为各向同性，也可为各向异性；支撑或锚杆可作为附加直杆单元。该法可适用于地下连续墙与梁、板、柱等组合结构分析。

3. 弹性地基薄壳有限单元法

该法系将地下连续墙及上部结构作为由三角形薄板单元组成的平面或空间壳体，将文克勒弹性地基（被动侧土体）和其他杆件理想化为与壳体单元节点相连的附加"弹簧"单元。这种方法适用于结构布置和受力条件比较复杂的地下连续墙工程。

4. 二维有限单元法

该法的最大优点是不必事先对墙后的土压力作出假定，较好地反映了土体与结构的共同作用，主要是对深基坑开挖中影响坑周地层移动的因素——地层特性、支护结构、分步开挖工况及基坑几何形状等进行模拟，以研究坑周土体在开挖支撑过程中的位移规律。目前一般是用二维有限元分析法研究基坑坑底和墙后土体在横向的位移以及地下连续墙的墙体位移。

9.3　地下连续墙兼作外墙时的设计

把地下墙用作主体结构物的一部分来设计时，必须验算如下两种应力：在结构物完成之后，作用在墙体上的土压力、水压力以及作用在主体结构物上的垂直、水平荷载等产生的应力；在施工阶段，由作用在临时挡土墙上的土压力、水压力产生的应力。

当地下墙用作主体结构物的一部分时，其设计方法因地下墙与主体结构物的结合方式不同而有差别。

主要的结合方式和与之相应的设计计算方法如下。

9.3.1　单一墙的设计

单一墙就是把地下墙直接用作地下结构物垂直边墙的一种结构形式。

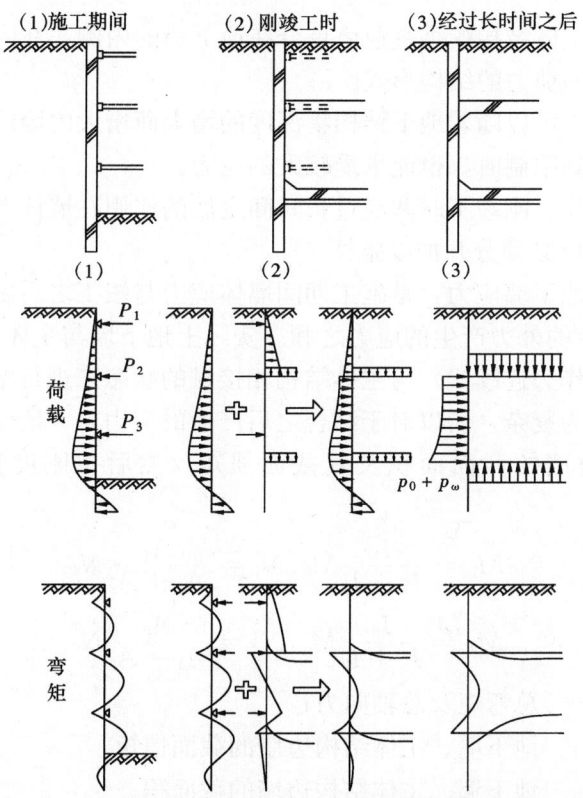

图 9-13　作用在单一墙上的荷载与弯矩

一般来说，临时挡土墙的横撑与主体结构的水平构件不再同一位置上，而且，由于横撑的支撑方式与主体结构和地下墙的结合状态不同，所以施工时的地下墙应力与主体结构物完成之后的地下墙应力不同。

单一墙在施工期、刚竣工时以及经过长时间之后，作用在地下墙背面的土压力及其内力状况如图 9-13 所示。

刚竣工时的地下墙应力是施工期间地下墙应力与竣工之后由作用在主体结构（包括地下墙在内）上的外力产生的应力之和。竣工之后作用在主体结构物上的外力有：作用在横撑上的荷载、回填土的土压力、回填土及板的自重、地面活荷载等。

经过长时期以后，土压力和水压力已从施工期间的状态回复到稳定的状态，此时地下墙的应力与竣工时的应力有所不同，因此要对地下墙应力的增减进行验算。这时，不考虑因墙体位移而产生的土压力的变化。

在进行地下墙与主体结构物结合后的应力计算时，有时还需要对地下墙与主体结构物因温差和干燥收缩引起的应力或蠕变的影响等进行验算。

9.3.2   重合墙的设计

重合墙是把主体结构的垂直边墙重合在地下墙的内侧，在内外墙之间填充隔绝材料使之不传递剪力的结构形式。

这种结构形式可以随着地下结构物深度的增大而增大内墙的厚度，即使是在地下墙的厚度受到限制时，也能承受较大的应力。

因为施工期间、刚竣工时和经过长时间之后的作用在墙体上的外力是不同的（见图 9-14），所以必须分开加以验算。

刚竣工时的地下墙应力，是施工期间墙体应力与竣工之后由作用在主体结构（包括地下墙）上的外力产生的应力之和。实际上地下墙与主体结构是分离开的，应该按地下墙（作为连续梁）与主体结构相接触的状态来进行结构计算。但由于这种计算方法极为复杂，所以对于结合之后产生的应力，一般是先计算地下墙与地下主体结构边墙的截面面积及其截面惯矩，然后按刚度比例分配截面内力，即：

$$M_1 = \frac{I_1}{I_1 + I_2} M_0 , N_1 = \frac{A_1}{A_1 + A_2} N_0 \tag{9-32}$$

$$M_2 = \frac{I_2}{I_1 + I_2} M_0 , N_2 = \frac{A_2}{A_1 + A_2} N_0 \tag{9-33}$$

式中 M_0、N_0——总弯矩及总轴向力；

I_1、I_2——地下墙、主体结构边墙的截面惯矩；

A_1、A_2——地下墙、主体结构边墙的截面积。

经过长时期之后的土压力按静止土压力计算。

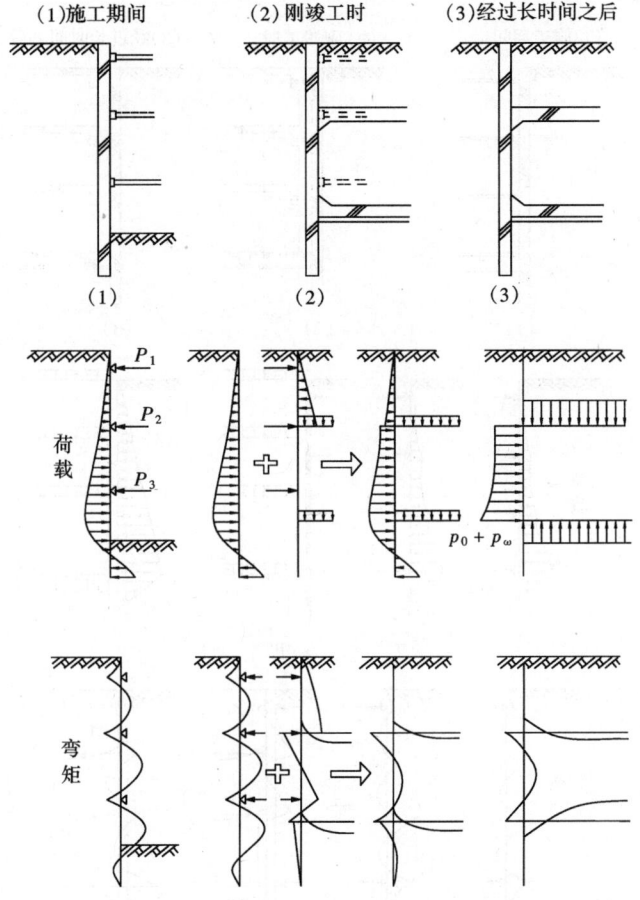

图 9-14　作用在重合墙上的荷载与弯矩

注：(2) 中考虑与地基的 K 值，把主体结构的外侧看作是由许多辊轴支承起来的板结构，并且作用着框架上的荷载与去除支撑后的反作用力

9.3.3　复　合　墙　的　设　计

　　复合墙是把地下墙与主体结构的垂直边墙做成一个整体，即把地下墙的内侧凿毛并用剪力块将地下墙与主体结构物连接起来，这是一种在结合部位能够承受剪力的结构形式。

　　复合墙也和单一墙一样，在施工期间、刚竣工时以及经过长时期之后的应力都各不相同。施工期间、竣工后和经过长时期之后的外力及内力状况如图 9-15 所示。复合墙竣工后的应力分布情况如图 9-16 所示。此时，地下墙施工期间的应力已达到某一程度对于增加应力已很少余地，如果应力再增加，地下墙就有随时受到破坏的可能。为了防止这种破坏的产生，必须增加内墙的厚度，提高内墙

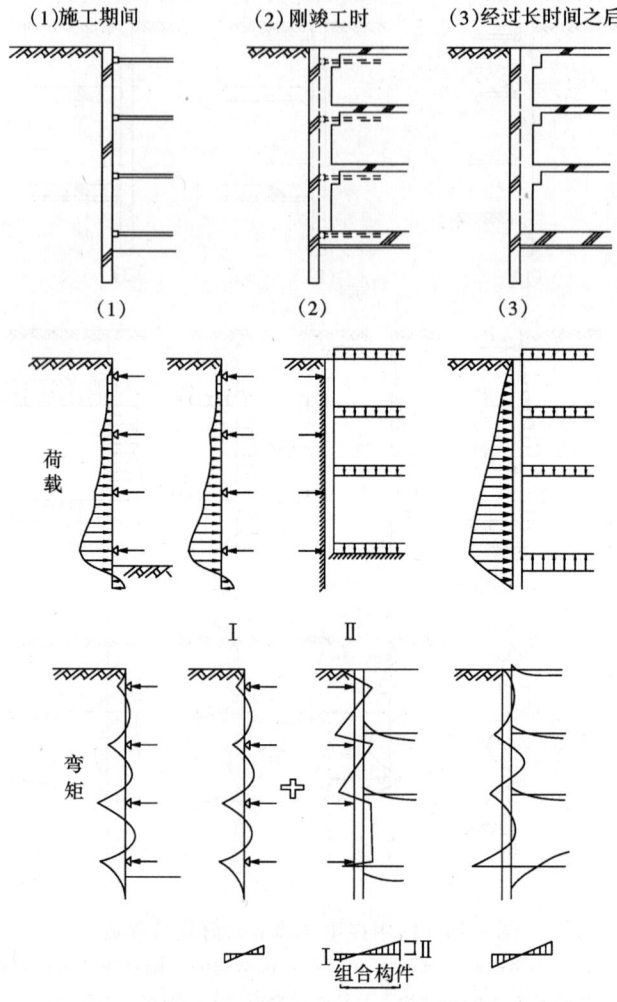

图 9-15   作用在复合墙上的荷载与弯矩

对外墙的刚度比。但必须注意到新旧混凝土之间干燥收缩不同而产生的应变差会使复合墙产生较大的应力。

另外,复合墙也和单一墙或重合墙一样,会由于横撑位置和水平构件的位置不同而引起应力的变化或发生温度应力、收缩变形应力等。

在混凝土的温度变形、蠕变、收缩变形等问题上,当前还有许多未确定的因素,很难进行明确的计算,因此对于重要的结构物,需根据试验及其他方法进行充分的探讨研究。

9.3.4   分 离 墙 的 设 计

分离墙是在主体结构物的水平构件上设置支点(根据情况,也有时设在垂直边墙的中间），把地下墙作为该支点上的连续梁，用以抵抗外来压力。

产生在分离式地下墙上的应力也与其他形式的地下墙一样，在施工期间、刚竣工时以及经过长时间之后都是不相同的（图 9-17）。

分离式地下墙是以把支点设置在主体结构水平构件的位置上为原则，但是，外墙的强度不足时，要适当选择内墙的刚度及强度，并在水平构件位置之间设几个中间支点，即可补充外墙的强度。

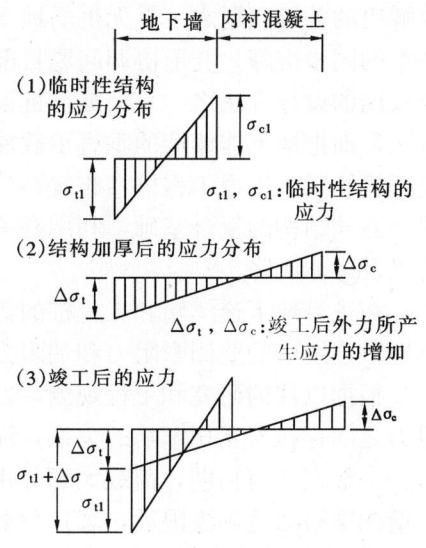

图 9-16　复合墙上的应力

9.3.5　地下连续墙承重墙设计

除按一般的结构计算方法，根据上部传下的荷载进行内力分析和截面计算之外，地下连续墙作为地下结构的承重墙，

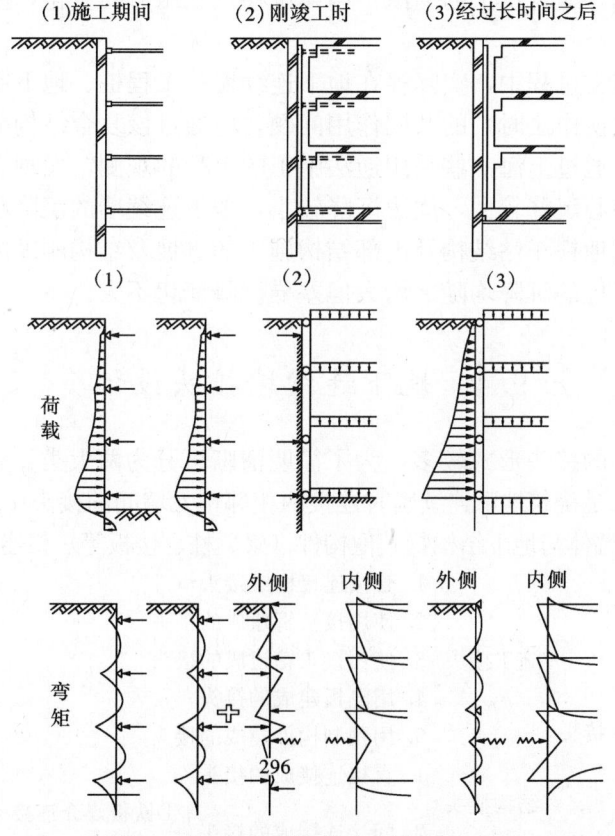

图 9-17　作用在分离墙上的荷载与弯矩

要解决的关键问题之一是无桩的地下连续墙与有桩的地铁车站底板的变形协调和基本的同步沉降。变形协调问题目前在我国还属于有待深入研究探讨的问题,现今采用的设计方法之一是根据群桩设计理论,把地下连续墙模拟折算成工程桩的方法,即把地下连续墙的垂直承载能力,通过等量代换计算方法,将地下连续墙模拟折算成若干根工程桩,布置在基础底板的周边上,将桩、土、底板三位一体视为共同结构的复合基础,利用有关的计算机程序,来计算底板的内力、桩端轴力以及总体沉降。

在进行地下连续墙和工程桩的等量代换时,可参考混凝土灌注桩设计规范计算地下连续墙的壁侧摩阻力和端阻力。

根据以往的研究和工程观测,发现地下连续墙的壁侧摩阻力与土层性质和端阻力之间存在着互相影响的关系,端阻力的大小会影响到壁侧摩阻力的发挥和分布。一般在加荷初期,荷载大部分由壁侧摩阻力承担,传递到墙底的荷载很小,当壁侧摩阻力达到极限后,墙顶荷载再增加则主要由端阻力承担。当壁侧摩阻力达到极限时,端阻力约占荷载的 20%～40%。并且一般壁侧摩阻力全部发挥,需要的位移较小;而端阻力全部发挥,则需要较大的位移。

施工过程中,随着挖土的加深、墙体位移及土压力的变化,壁侧摩阻力会有所降低。

在逆作法施工过程中,实际存在地下连续墙、工程桩、地下室结构和上部结构(采用封闭式逆作法时)的共同作用问题,应通过该复合结构的沉降计算,来控制施工进度。通过上海一些采用逆法施工的工程的观测,发现在施工初期,上述复合结构的中心沉降较大,周边沉降较小,地下连续墙的沉降小于中间工程桩的沉降。而随着地铁车站结构及上部结构施工的进展及结构刚度的增大,地下连续墙和中间工程桩的沉降均随之增大但差异沉降变化不大。

9.4　地下连续墙接头设计

地下连续墙的接头形式较多,为了简明清晰可分为两大类:施工接头和结构接头。施工接头是浇筑地下连续墙时连接两相邻单元墙间的接头;结构接头是已竣工的地下连续墙墙体与地下结构物其他构件(梁、柱、楼板等)相连接的接头。即:

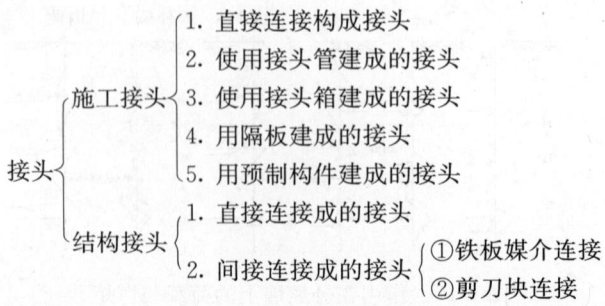

（一）施工接头

施工接头应满足受力和防渗的要求，并要求施工简便、质量可靠。但目前尚缺少既能满足结构要求又方便施工的最佳方法，对各种接头的评价也少定论。

1. 直接连接构成接头

单元槽段挖成后，随即吊放钢筋笼，浇灌混凝土。混凝土与未开挖土体直接接触。在开挖下一单元槽段时，用冲击锤等将与土体相接触的混凝土改造成凹凸不平的连接面，再浇灌混凝土形成所谓"直接接头"（图 9-18）。而粘附在连接面上的沉渣与土是用抓斗的斗齿或射水等方法清除的。但难以清除干净，故受力与防渗性能均较差。

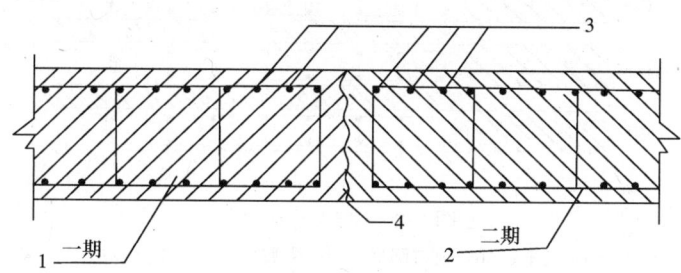

图 9-18　直接接头

1——期工程；2—二期工程；3—钢筋；4—接缝

2. 使用接头管（也称锁口管）建成接头

一期单元槽段挖成后，于槽段的端头吊放入接头管，槽内吊放钢筋笼、浇灌混凝土，再拔出接头管，使端部形成半圆形表面。继续施工就能形成两相邻单元

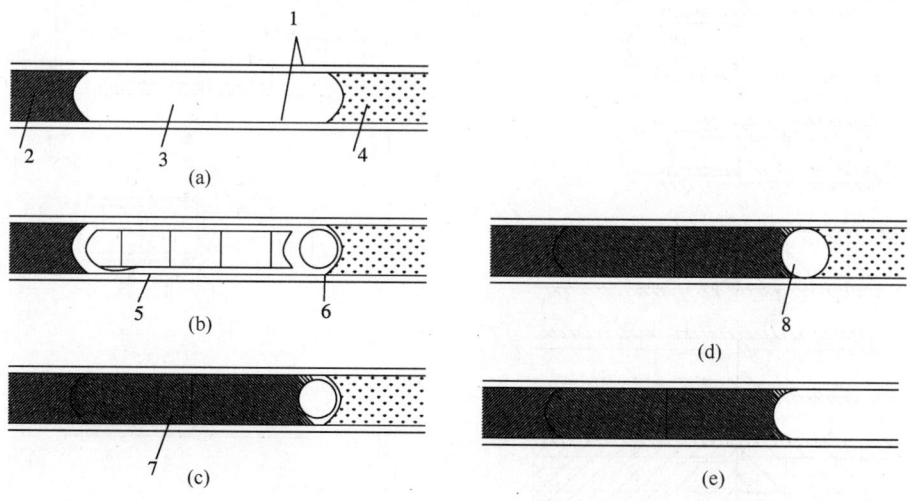

图 9-19　施工工序

1—倒槽；2—混凝土墙；3—开挖地段；4—未开挖地段；5—连锁管；
6—钢筋笼；7—混凝土浇筑；8—连锁管拔除后的孔洞

槽段的接头，施工程序见图 9-19。这种接头形式因其施工简单，已成为当前使用最多的一种方法。

接头管大多为圆形，此外还有缺口圆形、带翼的及带凸榫的等（图 9-20）。接头管的外径应不小于设计混凝土墙厚的 93％以上。除特殊情况外，一般不用带翼的接头管，因为使用这种接头管时泥浆容易淤积，影响工程质量。带凸榫的接头管也很少使用。

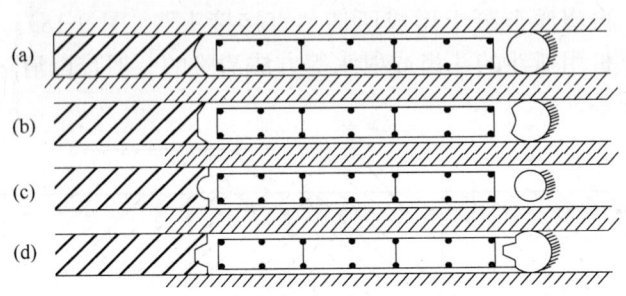

图 9-20　接头管形式

（a）圆形；（b）缺口圆形；（c）带翼形；（d）带凸棒形

3. 使用接头箱建成的接头

施工方法与接头管法相仿。一期单元槽段挖成后即放下接头箱，再吊放下钢筋笼。由于接头箱再浇灌混凝土的一侧敞开，故可将钢筋笼端头的水平钢筋插入接头箱内（图 9-21）。浇灌混凝土时，由于接头箱的敞开口被焊在钢筋笼上的钢板所遮蔽，因而阻挡混凝土进入接头箱内。接头箱拔出后再开挖二期单元槽段，

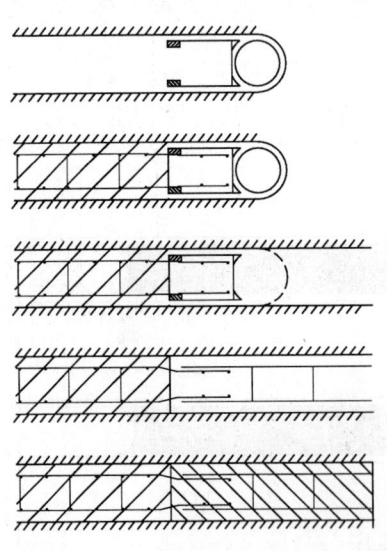

图 9-21

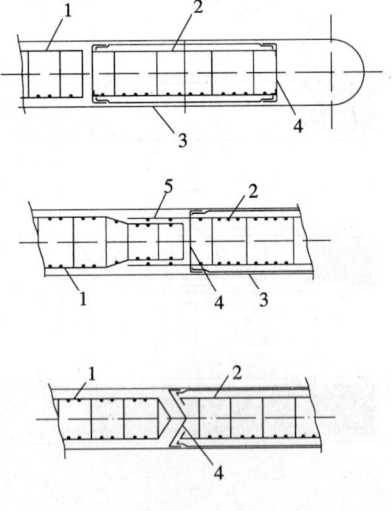

图 9-22

1—钢筋笼（正在施工地段）；2—钢筋笼（完工地段）；
3—用化纤布铺盖；4—钢制隔板；5—连接钢筋

吊放二期墙段钢筋笼，浇灌混凝土形成接头，采用这种接头方法，可使两相邻单元墙段的水平钢筋交错搭接（虽然不及钢筋间直接绑扎或焊接），但也能使墙体结构连成整体。

4. 用隔板建成的接头

按隔板的形状可分作：平隔板、V 形隔板和榫形隔板。按水平钢筋的关系可分成：搭接接头和不搭接接头（图 9-22）。

5. 用预制构件建成的接头

用预制构件作为接头的连接件，按所用材料可分：钢筋混凝土接头（图 9-23a）；钢筋混凝土和钢材组合而成的接头（图 9-23b），或全部用钢材制成的接头（图 9-23c）。

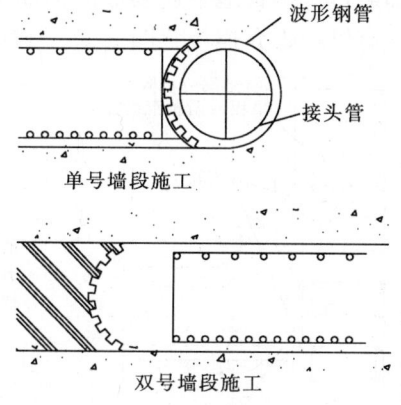

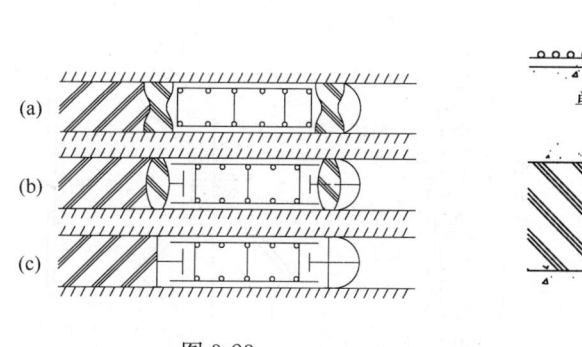

图 9-23

图 9-24　波形钢板接头

图 9-24 是日本大阪某工程所用的波形接头。日本认为这种接头适用于较深地下连续墙，而且对于受力和防渗都相当有效。

图 9-25 是英国首创的接头方法。这种接头是借助钢板桩防水并承受拉力。

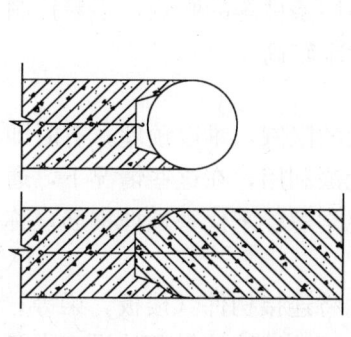

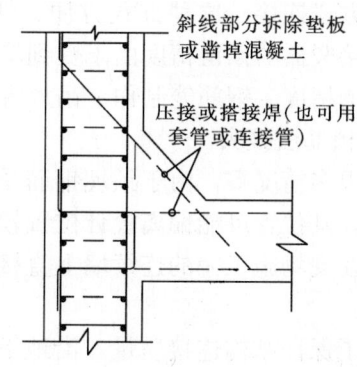

图 9-25　钢板桩式接头

图 9-26　直接接头

（二）结构接头

可分头直接连接和间接连接。

1. 直连接成的接头

即在地下连续墙体内预埋钢筋（即加热并弯起原设计的连接钢筋）。待地下墙竣工后，开挖土体出露墙体时，再凿去预埋钢筋处的墙面，将预埋筋再弯成原状与地下结构物其他构件的钢筋相连接（图 9-26）。根据日本资料，有些实验结果证明，如果避免急剧加热并施工仔细的话，钢筋强度几乎不会降低。但由于连接处往往是结构薄弱环节，所以设计时还是留有 20% 的余地；另外，为便于施工，应采用不大于 $\phi 22$ 的钢筋。

2. 间接连接成的接头

即通过焊接将地下连续墙的钢筋与地下结构物其他构件的钢筋相连接。这种接头又有钢板媒介连接（图 9-27）与剪刀块连接（图 9-28a、b）两种。

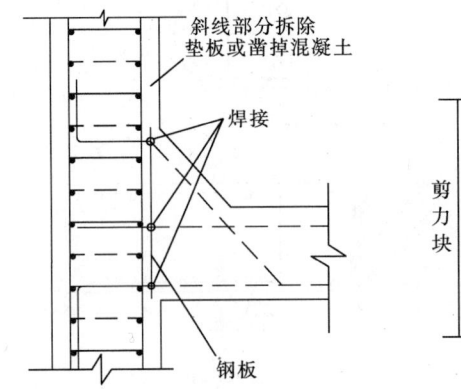

图 9-27 钢板连接接头

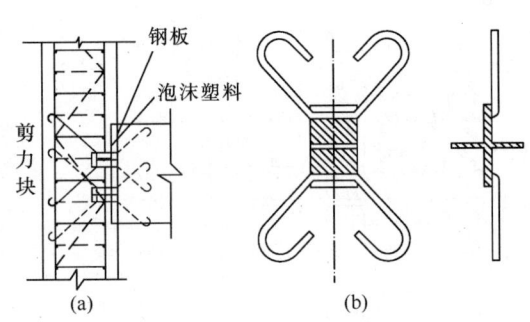

图 9-28 剪刀块连接接头

3. 钢筋接驳器连接接头

利用在连续墙中预埋的锥螺纹或直螺纹钢筋（又称钢筋接驳器），采用机械连接的方式连接。这种方式方便、快速、可靠，是目前应用较多较广的一种方式。但接驳器的预留精度由于受到施工工艺及地层条件等的影响，不易控制，因此对成槽精度、钢筋笼制作、吊放等施工控制要求较高。

4. 植筋法接头

在很多情况下，由于预埋钢筋受到多种因素的限制，难以预埋，有时即使已经预埋，其位置可能偏离设计位置较大，以至无法利用，在这些情况下，通常可以采取在现场施工完的连续墙上直接钻孔埋设化学螺栓来代替预埋钢筋，称为植筋法。

为了保证结构连接质量，沿地下连续墙四周将连接构件（楼板、梁等）进行加强处理，加配一些钢筋，同时在楼板、梁与地下连续墙接触面处设止水条，增强防水能力。有时可在连接处设剪力键增强抗剪能力。

思　考　题

1. 试述地下连续墙结构的优点及适用条件。

2. 地下连续墙结构包括哪些设计内容?

3. 导墙作用是什么? 如何确定导墙的深度与宽度?

4. 地下连续墙结构作为围护结构和主体结构一部分的设计计算有何不同之处?

5. 地下连续墙槽段划分的依据是什么? 槽段长度对槽壁稳定性有何影响?

6. 地下连续墙结构槽段间接头形式有哪几种? 其适用条件如何?

7. 作为主体结构一部分的地下连续墙结构与主体结构的连接有哪些方式? 其各自特点及适用条件如何?

第10章 盾构法隧道结构

盾构法隧道的设计内容基本上可以分为三个阶段进行，第一阶段为隧道的方案设计，以确定隧道的线路、线形、埋置深度以及隧道的横断面形状与尺寸等；第二阶段为衬砌结构与构造设计，其中包括管片的分类、厚度、分块、接头形式、管片孔洞、螺孔等；第三阶段为管片内力的计算及断面设计。本章主要介绍第二、三阶段设计内容。

10.1 衬砌形式和构造

10.1.1 衬砌断面的形式与选型

盾构法隧道的衬砌结构在施工阶段作为隧道施工的支护结构，用于保护开挖面以防止土体变形、坍塌及泥水渗入，并承受盾构推进时千斤顶顶力及其他施工荷载；在隧道竣工后作为永久性支撑结构，并防止泥水渗入，同时支承衬砌周围的水、土压力以及使用阶段和某些特殊需要的荷载，以满足结构的预期使用要求。因而，必须依据隧道的使用目的，围岩条件以及施工方法，合理选择衬砌的强度、结构、形式和种类等。根据这些条件，盾构隧道横断面一般有圆形、矩形、半圆形、马蹄形等多种形式，衬砌最常用的横断面形式为圆形与矩形。在饱和含水软土地层中修建地下隧道，由于顶压和侧压较为接近，较有利的结构形式是选用圆形结构。目前在地下隧道施工中盾构法应用得十分普遍，装配式圆形衬砌结构在一些城市的地下铁道、市政管道等方面的应用也显得较为广泛和普遍。

（一）内部使用限界的确定

隧道内部轮廓的净尺寸应根据建筑限界或工艺要求并考虑曲线影响及盾构施工偏差和隧道不均匀沉降来决定。

对于地下铁道，为了确保列车安全运行，凡接近地下铁道线路的各种建筑物（隧道衬砌、站台等）及设备、管线，必须与线路保持一定距离。因此，应根据线路上运行的车辆在横断面上所占有的一定空间，正确决定内部使用限界。

1. 车辆限界

车辆限界是指在平、直线路上运行中的车辆，可能达到的最大运动包迹线，就是车辆在运行中横断面的极限位置，车辆任何部分都不得超出这个限界。在确定车辆限界的各个控制点时，除考虑车辆外轮廓横断面的尺寸外，还需考虑到制造上的公差，车轮和钢轨之间及在支承中的机械间隙、车体横向摆动和在弹簧上颤动倾斜等。

2. 建筑限界

建筑限界是决定隧道内轮廓尺寸的依据，是在车辆限界以外一个形状类似的轮廓。任何固定的结构、设备、管线等都不得侵入这个限界以内。建筑限界由车辆限界外增加适量安全间隙来求得，其值一般为 150～200mm。

一般说来，内部使用限界是根据列车或车辆，以设计速度在直线上运行条件确定的。曲线上的限界，由于车辆纵轴的偏移及外轨超高，而使车体向内侧倾斜，因而需要加宽，其值视线路条件确定。

（二）圆形隧道断面的优点与组成

隧道衬砌断面形状虽然可以采用半圆形、马蹄形、长方形等形式，但最普遍的还是采用圆形。因为圆形隧道衬砌断面有以下优点：

1. 可以等同地承受各方向外部压力，尤其是在饱和含水软土地层中修建地下隧道，由于顶压、侧压较为接近，更可显示出圆形隧道断面的优越性；

2. 施工中易于盾构推进；

3. 便于管片的制作、拼装；

4. 盾构即使发生转动，对断面的利用也无大碍。

用于圆形隧道的拼装式管片衬砌一般由若干块组成，分块的数量由隧道直径、受力要求、运输和拼装能力等因素确定。管片类型分为标准块、邻接块和封顶块三类。管片的宽度一般为 700～1200mm，厚度为隧道外径的 5%～6%，块与块、环与环之间用螺栓连接。

（三）单双层衬砌的选用

隧道衬砌是直接支承地层，保持规定的隧道净空，防止渗漏，同时又能承受施工荷载的结构。通常它是由管片拼装的一次衬砌和必要时在其内面灌注混凝土的二次衬砌所组成。一次衬砌为承重结构的主体，二次衬砌主要是为了一次衬砌的补强和防止漏水与浸蚀而修筑的。近年来，由于防水或截水材料质量的提高，可以考虑省略二次衬砌，采用单层的一次衬砌，既承重又防水。对于有压的输水隧道，为了承受较大的内水压力，需做二次衬砌。

综上所述，应根据隧道的功能、外围土层的特点、隧道受力等条件，分别选用单层装配式衬砌，或在单层装配式衬砌内再浇筑整体式混凝土、钢筋混凝土内衬的双层衬砌等。

双层衬砌施工周期长，造价贵，且它的止水效果在很大程度上还是取决于外层衬砌的施工质量、渗漏情况，所以只有当隧道功能有特殊要求时，才选用双层衬砌。通常在满足工程使用要求的前提下，应优先选用单层装配式钢筋混凝土衬砌。单层预制装配式钢筋混凝土衬砌的施工工艺简单，工程施工周期短，节省投资。

近年来，由于钢筋混凝土管片制作精度的提高和新型防水材料的应用，管片衬砌的渗漏水显著减少，故已经可以省略二次衬砌。例如，我国于 1989 年建成的上海延安东路水底公路隧道，即已采用单层钢筋混凝土衬砌，防水效果较好，已达到国际先进水平。

10.1.2   衬砌的分类及其比较

（一）按材料及形式分类

1. 钢筋混凝土管片

（1）箱形管片一般用于较大直径的隧道。单块管片重量较轻，管片本身强度不如平板形管片，特别在盾构顶力作用下易开裂（见图 10-1）。

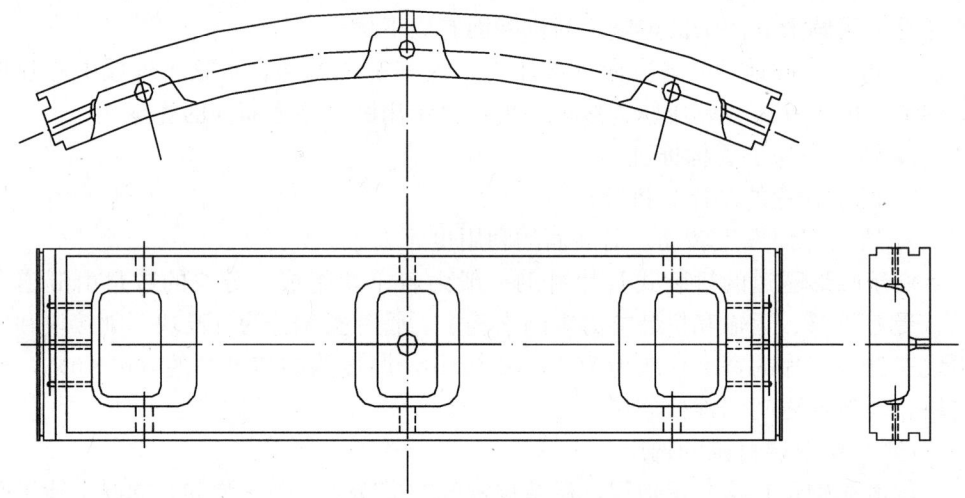

图 10-1   箱形管片（钢筋混凝土）

（2）平板形管片用于较小直径的隧道，单块管片重量较重，对盾构千斤顶顶力具有较大的抵抗能力，正常运营时对隧道通风阻力较小（见图 10-2）。

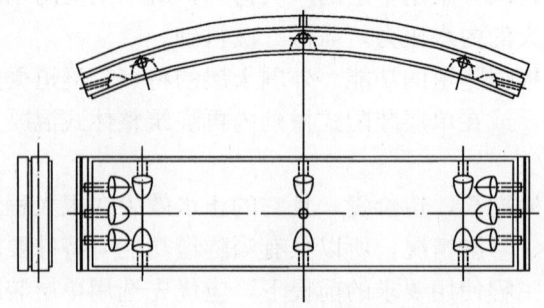

图 10-2   平板形管片（钢筋混凝土）

2. 铸铁管片

国外在饱和含水不稳定地层中修建隧道时较多采用铸铁管片，最初采用的铸铁材料全为灰口铸铁，第二次世界大战后逐步改用球墨铸铁，其延性和强度接近于钢材，因此管片就显得较轻，耐蚀性好，机械加工后管片精度高，能有效地防渗抗漏。缺点是金属消耗量大，机械加工量也大，价格昂贵。近十几年来已逐步由钢筋混凝土管片所取代。由于铸铁管片具有脆性破坏的特性，不宜用作承受冲击荷重的隧道衬砌结构（见图 10-3）。

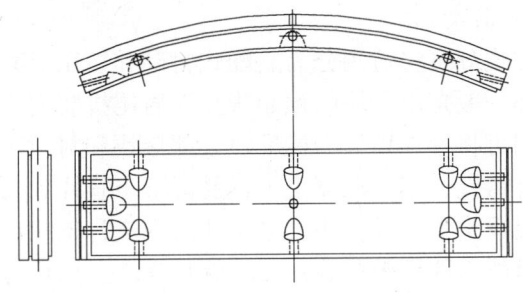

图 10-3　铸铁管片

3. 钢管片

优点是重量轻，强度高。缺点是刚度小，耐锈蚀性差，需进行机械加工以满足防水要求。成本昂贵，金属消耗量大，国外在使用钢管片的同时，再在其内浇筑混凝土或钢筋混凝土内衬。

4. 复合管片

外壳采用钢板制成，在钢壳内浇筑钢筋混凝土，组成一复合结构，这样其重量比钢筋混凝土管片轻，刚度比钢管片大，金属消耗量比钢管片小，缺点是钢板耐蚀性差，加工复杂冗繁。

（二）按结构形式分类

隧道外层装配式钢筋混凝土衬砌结构根据不同的使用要求分成箱形管片，平板形管片等几种结构形式。钢筋混凝土管片四侧都设有螺栓与相邻管片连接起来。平板形管片在特定条件下可不设螺栓，此时称为砌块，砌块四侧设有不同几何形状的接缝槽口，以便砌块间和环间相互衔接起来。

1. 管片

适用于不稳定地层内各种直径的隧道内的，接缝间通过螺栓予以连接。由错缝拼装的钢筋混凝土衬砌环近似地可视为一匀质刚性圆环，接缝由于设置了一排或二排的螺栓可承受较大的正、负弯矩。环缝上设置了纵向螺栓，使隧道衬砌结构具有抵抗隧道纵向变形的能力。管片由于设置了数量众多的环、纵向螺栓，这样使管片拼装进度大为降低，增加工人劳动强度，也相应地增高了施工费用和衬砌费用。

2. 砌块

一般适用于含水量较少的稳定地层内。由于隧道衬砌的分块要求，使由砌块拼成的圆环（超过三块以上）成为一个不稳定的多铰圆形结构。衬砌结构在通过变形后（变形量必须予以限制）地层介质对衬砌环的约束使圆环得以稳定。砌块间以及相邻环间接缝防水、防泥必须得到满意的解决，否则会引起圆环变形量的急剧增加而导致圆环丧失稳定，形成工程事故。砌块由于在接缝上不设置螺栓，施工拼装进度就可加快，隧道的施工和衬砌费用也随之而降低。

（三）按形成方式分类

按衬砌的形成方式分可将衬砌分为装配式衬砌和挤压混凝土衬砌。

装配式衬砌圆环一般是由分块的预制管片在盾尾拼装而成的，按照管片所在位置及拼装顺序不同可将管片划分为标准块，邻接块和封顶块，根据工程需要组成衬砌的预制构件有铸铁、钢、混凝土、钢筋混凝土管片和砌块之分。我国目前广泛使用的是钢筋混凝土管片或砌块。与整体式现浇衬砌相比，装配式衬砌的特点在于：（1）安装后能立即承受荷载；（2）管片生产工厂化，质量易于保证，管片安装机械化，方便快捷；（3）在其接缝处防水需要采取特别有效的措施。

近年来，国外发展有在盾尾后现浇混凝土的挤压式衬砌工艺，即在盾尾刚浇捣而未硬化的混凝土处在高压作用下，作为盾尾推进的后座，盾尾在推进的过程中，不产生建筑空隙，空隙由注入的混凝土直接填充。挤压混凝土衬砌施工方法的特点是：（1）自动化程度高，施工速度快；（2）整体式衬砌结构可以达到理想的受力、防水要求，建成的隧道有满意的使用效果；（3）采用钢纤维混凝土能提高薄形衬砌的抗裂性能；（4）在渗透性较大的砂砾层中要达到防水要求尚有困难。德国豪赫帝夫国际建筑工程公司研制的掺钢纤维挤压混凝土衬砌已在汉堡、罗马和里昂等地的地铁工程中得到了成功的应用，日本也在不少软土隧道的施工中采用了这种施工方法。

（四）按构造形式分类

大致可分为单层及双层衬砌两种形式。修建在饱和含水软土地层内的隧道，由于目前对隧道防水（特别是接缝防水），还没有得到完善的解决，影响了使用要求，因此较多的还是选择双层衬砌结构，外层是装配式衬砌结构，内层是内衬混凝土或钢筋混凝土层。例如，在地下铁道的区间隧道以及一些市政管道也已采用了这种双层衬砌结构形式。由于采用了双层衬砌，导致了下列的一系列问题：开挖断面增大，增加了出土量；施工工序复杂，延长了施工期限，导致了隧道建设成本的增加。为此目前不少国家正在研究解决单层衬砌的防水技术和使用效果，以逐步取代双层衬砌结构。另一种做法是在目前隧道防水尚未得到较为满意解决的条件下，把外层衬砌视作一施工临时支撑结构，这样就简化了外层衬砌的要求。在内层现浇衬砌施工前，对外层衬砌进行清理、堵漏，做必要的结构构造处理，然后再浇捣内衬层，并使内层衬砌与外层衬砌连成一起视作一整体结构

（或近似整体结构）以共同抵抗外荷载。

10.1.3 装配式钢筋混凝土管片

目前由于国内外应用装配式钢筋混凝土管片较为普遍，这里着重介绍钢筋混凝土管片的构造。

（一）环宽

根据国内外实践经验，无论是钢筋混凝土管片或金属管片，环宽一般在 300～2000mm 之间，常用的是 750～900mm。环宽过小会导致接缝数量的增加进而加大隧道防水的困难，过大的环宽虽对防水有利，但也会使盾尾长度增长而影响盾构的灵敏度；单块管片重量也增大。一般说来，大隧道的环宽可以比小隧道的大一些。

盾构在曲线段推进时还必须设有楔形环，楔形环的锥度可按隧道曲率半径计算。

表 10-1 表示了隧道外径与管片环宽锥度的经验数字。

隧道外径与管片环宽锥度的经验值 表 10-1

隧道外径（m）	$D_外 < 3$	$3 < D_外 < 6$	$D_外 > 6$
锥度（mm）	15～30	20～40	30～50

（二）分块

单线地下铁道衬砌一般可分成 6～8 块，双线地下铁道衬砌可分为 8～10 块。小断面隧道可分为 4～6 块。衬砌圆环的分块主要考虑在管片制作、运输、安装等方面的实践经验而定。但也有少数从受力角度考虑采用 4 等份管片，把管片接缝设置在内力较小的 45°或 135°处，使衬砌环具有较好的刚度和强度，接缝构造也可相应得到简化。管片的最大弧、弦长一般较少超过 4m，管片越薄其长度应越短。

（三）封顶管片形式

根据隧道施工的实践经验，考虑到施工方便以及受力的需要，目前封顶块一般趋向于采用小封顶形式。封顶块的拼装形式有两种，一为径向楔入，另一为纵向插入。采用后者形式的封顶块受力情况较好，在受荷后，封项块不易向内滑移。其缺点是需加长盾构千斤顶行程。在一些隧道工程中也有把封顶块设置于 45°、135°以及 185°处。

（四）拼装形式

圆环的拼装形式有通缝、错缝两种，所有衬砌环的纵缝环环对齐的称为通缝，而环间纵缝相互错开，犹如砖砌体一样的称为错缝。

圆环衬砌采用错缝拼装较普遍，其优点在于能加强圆环接缝刚度，约束接缝变形，圆环近似地可按匀质刚度考虑。当管片制作精度不够好时，采用错缝拼装形式容易使管片在盾构推进过程中顶碎。另外在错缝拼装条件下，环、纵缝相交处呈丁字形，而通缝拼装时则为十字形式，在接缝防水上丁字缝比十字缝较易处理。

在某些场合中例如需要拆除管片后修建旁侧通道或某些特殊需要时，则管片常采用通缝形式，以便于进行结构处理。

10.1.4　管片接头构造

管片间的接头有两类，沿纵向（接头面平行于纵轴）的称纵向接头，沿环向（接头面垂直于纵轴）的称环向接头。从其力学特性来看，可分为柔性接头和刚性接头，前者要求相邻管片间允许产生微小的转动与压缩，使整个衬砌能屈从于内力的方向产生一定的变形，后者则是通过增加螺栓数量等手段，力图在构造上使接头的刚度与构件本身相同。早期的管片接头多为刚性，以为越刚越安全，通过长期的试验、实践和研究，这种传统观念逐渐为后来的柔性结构思想所打破，管片的连接方式也经历了从刚性连接到柔性连接方式的过渡。

目前采用的基本的接头结构有螺栓接头、铰接头、销插入式接头、楔形接头、榫接头等。

（一）螺栓接头

这是环向接头和纵向接头上最为常用的接头结构，这是一种利用螺栓将接头板紧固起来，将管片环组装起来的抗拉连接结构。

环向螺栓根据衬砌接缝内力情况设置成单排或双排。一般在直径较大的隧道内，接内力设计的管片厚度也较大，常在管片的纵向缝上设置双排螺栓，外排螺栓抵抗负弯矩，内排螺栓抵抗正弯矩，每一排螺栓配有 2～3 只螺栓；对小直径隧道则常采用单排螺栓，单排螺栓孔一般设置在离隧道内侧 $\frac{1}{3}h$（h 为衬砌厚度）处。

纵向螺栓是按管片分块（拼装形式）结构受力等要求配置，其数量不一。纵向螺栓孔位置设置在离隧道内侧的 $\left(\frac{1}{4}\sim\frac{1}{3}\right)h$ 处。

环、纵向螺栓孔一般比螺栓直径大 3～6mm。

环，纵向螺栓形式有直螺栓、弯螺栓两种，直螺栓受力性能好、效果显著、加工简单，但常扩大了螺栓手孔的尺寸，影响了管片承受盾构千斤顶顶力的承载能力。弯螺栓（图 10-4）的设置能缩小螺栓手孔的尺寸，较少地影响管片的纵向承受能力。但其对抵抗圆环横向

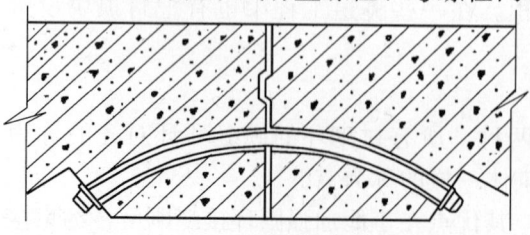

图 10-4　弯螺栓连接形式

内力的结构效能差，且加工麻烦。实验表明，弯螺栓接头比直螺栓接头易变形，且实践也说明弯螺栓对施工亦不方便，用料又大，已逐渐被直螺栓取代。

直螺栓连接通过管片的钢端肋，称为小钢盒形式，这种连接形式虽然可减短螺栓长度，减少钢材用量，但端肋板的耗钢量却又更大，加上预埋钢盒时精度往往得不到保证，现已改为钢筋混凝土端肋，如图 10-5、图 10-6 所示。

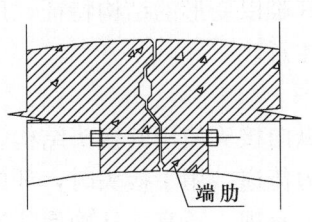

图 10-5　直螺栓连接形式

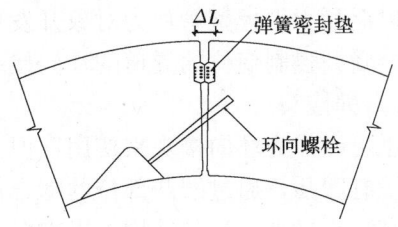

图 10-6　斜直螺栓连接形式

（二）铰接头

作为多铰环的环向接头，一般多为转向接头结构，在地基条件良好的英国和俄罗斯得到广泛应用。由于几乎不产生弯曲，轴向压力占主导地位，在良好地基条件下是一种合理的结构。但对于地基软弱，地下水位又高的日本几乎未被采用。为了防止从管片组装到壁后注浆硬化为止这段时间内的变形，最好在采用不损坏其结构特性的接头的同时，也采取防止变形的辅助手段。另外，此类接头一般紧固力不大，所以对于地下水位以下的隧道，对防水要作特殊的考虑。

（三）销插入型接头结构

这也可以作为环向接头来使用（图 10-7），但主要是作为纵向接头使用的接头结构（图 10-8）。

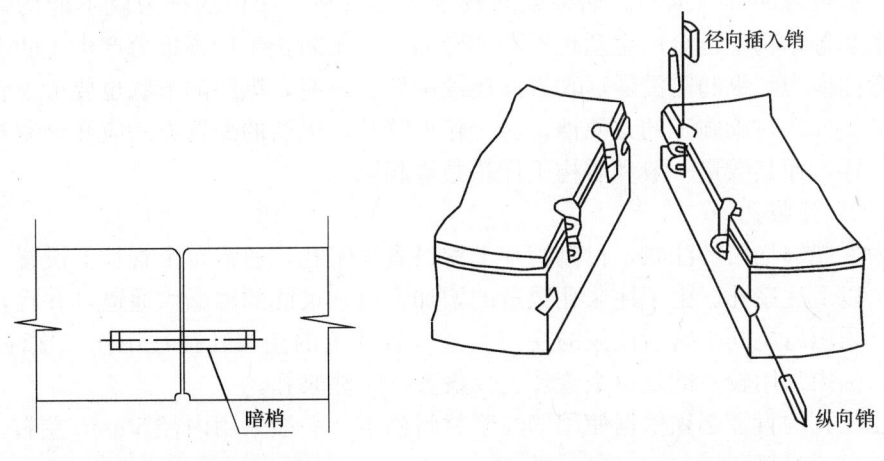

图 10-7　暗销接头

图 10-8　纵径向销接头

它们在结构上的作用是加强了构件的连接，防止接头两边相对错动，承担接头上的剪力，所以有时被称为抗剪销。采用销钉连接的管片本身形状简单，各截面强度一致，所成的隧道内壁光滑平整，易于清理，无特殊需要可不必另设内衬。销插入型接头结构作业效率高，对自动化施工的适应性强。

（四）楔形接头

这是环向接头和纵向接头都可使用的结构，是利用楔作用将管片拉合紧固的接头，以混凝土平板型管片为对象开发使用。由于其难以变形的结构特征，所以使用在会受到强制变位的隧道的环向接头时应特别注意。

（五）榫接头

这也可以作为环向接头来使用，但主要是作为纵向接头使用的接头结构。接头部分设有凹凸，通过凹凸部位的啮合作用进行的力传递。用于接头时，环的组装精度高，反过来，从其结构上讲需要有很好的施工管理。还有，从确保隧道轴向的连续性和防水的观点出发，一般都要同时使用有紧固力的接头结构。

接头结构一旦误选，不仅难以指望管片环的组装有很好的可靠性，而且作业效率会下降，施工上还容易出漏洞，甚至会损坏接头功能，形成衬砌结构上的缺陷。因此，在决定接头结构的细节时，要从所有方面进行研究，以便接头能充分发挥其作用，尤其对组装的准确性和作业方便性尤需注意。

10.1.5　其　他　构　造

（一）纵肋

对于钢筋混凝土箱形管片以及钢管片，纵肋配置必须保证千斤顶推力均匀传递。钢制管片上，纵肋必须考虑等间隔配置，其数量至少要按2条纵肋支承1块压力垫的比例配置，否则就不可能均匀地传递千斤顶推力。这时，拼接起来的两块接头板可视为一条纵肋。如果纵肋数量不够，则千斤顶的推力就不能均匀传递，主肋等结构上也会产生意想不到的应力。为了防止千斤顶推力产生主肋平面外的弯曲应力，纵肋需沿隧道轴方向连续配置。还有，纵肋的形状也要考虑管片的组装和二次衬砌施工的方便性。对于箱形管片，纵肋的配置方法应和钢制管片时的一样，而其数量一般和盾构千斤顶数量相同。

（二）注浆孔

为了能够均匀的注浆，衬砌管片上需设置注浆孔，通常每个管片上设置一个或一个以上注浆孔。由于注浆孔数量的增加会增加可能的渗漏水通道，并且，目前广泛采用盾尾同步壁后注浆的注浆方式，管片上的注浆孔往往用作二次注浆，因而，国内采用较多的是每个管片上仅设置一个注浆孔。

注浆孔的直径必须依据使用的注浆材料确定。一般采用内径50mm左右。

（三）起吊环

盾构法隧道的管片上必须考虑设置起吊环。混凝土平板型管片和球墨铸铁管片大多将壁后注浆孔同时兼作起吊环使用，而钢管片则需另设置起吊配件。无论哪种情况，其设计必须保证对搬运和施工时的荷载等来说都是安全的。如果采用自动组装管片的管片方式时，要求管片牢固的固定在组装机上。

10.2　衬砌圆环内力计算

本节着重介绍钢筋混凝土管片衬砌的设计方法和有关的一些要求。

隧道衬砌结构的设计必须满足两个基本要求，一是满足施工阶段及使用阶段结构强度、刚度的要求，以承受诸如水、土压力以及一些特殊使用要求的外荷载；二是能提供一个满足使用功能要求的环境条件，保持隧道内部的干燥和洁净。特别是在饱和含水软土地层中采用装配式钢筋混凝土管片结构，尤以衬砌防水这个矛盾更为突出，与工程成功与否关系程度较大，必须予以注意。

隧道衬砌结构必须根据工程的使用要求（埋深程度、横断面几何尺寸以及其他使用要求等）所选定的隧道施工方法，隧道沿线的地层地质，水文情况进行必要的设计验算和选择。由于隧道建设费用昂贵（在前西德，隧道和高架铁道费用的比例大致是 3∶1）而隧道衬砌费用则往往又占整个隧道工程造价的 40%～50% 左右，故要求隧道衬砌结构设计必须根据安全可靠、经济合理原则进行选择。

已故的美国土力学泰沙基教授（K. Terzaghi）曾在他的一篇关于论述美国芝加哥地下铁道盾构施工的钢筋混凝土衬砌中谈到，浇筑混凝土衬砌相当显著地加大了隧道的挠曲刚度，在一个完全柔性的隧道中，衬砌弯矩随着壳体厚度的增加而增加，因此无论从结构或经济角度考虑，可得出这样规律，即：壳体应根据施工的需要尽可能薄一些。泰沙基的这种观点在目前也有现实的指导意义。

10.2.1　钢筋混凝土管片的设计要求和方法

（1）按照强度、变形、裂缝限制等要求分别进行验算。

（2）确定衬砌结构的几个工作阶段——施工荷载阶段，基本使用荷载阶段和特殊荷载阶段，提出各个工作阶段的荷载和安全质量指标要求（衬砌裂缝宽度、接缝变形和直径变形的允许量、隧道抗渗防漏指标、结构安全度、衬砌内表面平整度要求等）进行各个工作阶段和组合工作阶段的结构验算。

10.2.2　结构计算方法的选择

目前装配式圆形隧道衬砌结构的计算方法大都把衬砌环看作一按自由变形的匀质（等刚度）圆环计算，而接缝上的刚度不足往往采用衬砌环的错缝拼装予以弥补。这种加强接缝刚度的处理和匀质（等刚度）圆环计算方法在饱和含水地层中的隧道衬砌计算用得较为普遍。

由于实际上衬砌环接缝刚度远远小于断面部分的刚度（要做到匀质等刚度圆环几乎是不可能的），因之可将接缝视作一个"铰"处理。整个圆环变成一个多铰圆环。在不稳定地层中，多铰圆环结构（铰的数量大于 8 个）处于结构不稳定状态，当圆环外围土层介质给圆环结构提供了附加约束，这种约束常随着多铰圆环的变形而提供了相应的地层抗力，于是多铰圆环就处于稳定状态。在地层较好的情况下，衬砌环按多铰圆环计算是十分经济合理的。当按多铰圆环计算时，必须根据工程的使用要求，对圆环变形量要有一定的限制，并对施工要求提出必要的技术措施。

整个隧道衬砌费用昂贵，而影响隧道衬砌设计的因素又繁多且不够完全明确，因此目前对衬砌结构的设计步骤大都先按使用要求设计验算，提出衬砌结构设计方案，进行能满足各种使用要求的结构试验，参照试验结果对原设计方案进行必要的修改和加强，这样才能予以投产付之使用。当然，上述的做法还是不够完备的；在衬砌投入工程使用后，设计人员极有必要去现场进行实地观察，获得现场有关的第一手资料，积累经验，丰富知识，对衬砌结构设计方案做进一步的修改和完善。

10.2.3 荷 载 的 确 定

衬砌的设计不仅应满足隧道使用阶段的承载及使用功能要求，而且还必须满足施工过程中的安全性要求。表 10-2 列举了设计时应考虑的荷载种类。基本荷载是设计时所必须考虑的荷载。附加荷载是在施工中或竣工后作用的荷载，是根据隧道的使用目的，施工条件以及周围环境进行考虑的荷载。另外，特殊荷载是根据围岩条件、隧道的使用条件所必须特殊考虑的荷载。

荷载分类   表 10-2（a）

基本荷载	1. 地层压力 2. 水压力 3. 自重 4. 上覆荷载的影响 5. 地基抗力
附加荷载	6. 内部荷载 7. 施工荷载 8. 地震的影响
特殊荷载	9. 平行配置隧道的影响 10. 接近施工的影响 11. 其他

计算工况荷载组合表   表 10-2（b）

计算工况 荷载种类	荷载组合系数	第一组合 施工阶段	第二组合 运行阶段	第三组合 地震验算
地面超载	1.4	√	√	√
结构自重	1.2	√	√	√
地层垂直水土压力	1.2	√	√	√
水平水土压力	1.2	√	√	√
外水压力	1.2	√	√	√
道路设计荷载	1.4	√	√	√
盾构千斤顶顶力	1.2	√		
不均匀注浆压力	1.2	√		
地震荷载	1.3			√

（一）基本使用阶段（衬砌环宽按 1m 考虑）

荷载简图如图 10 -9 所示。

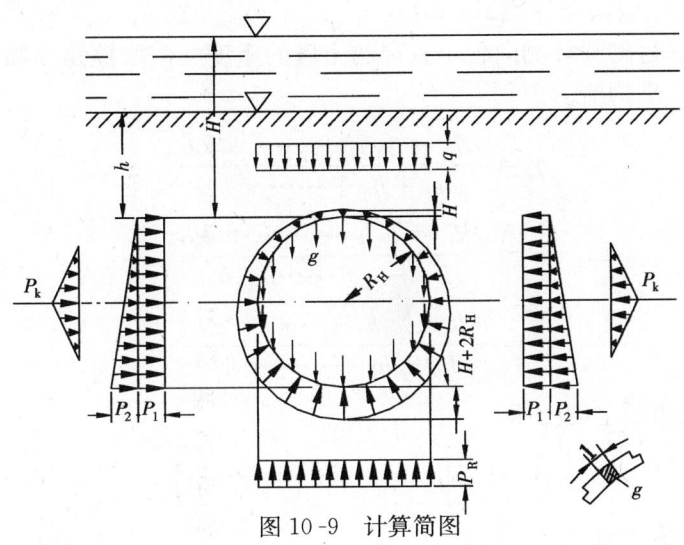

图 10 -9　计算简图

1. 自重

$$g = \gamma_h \cdot \delta$$

式中　γ_h——钢筋混凝土重度（kN/m³），一般 γ_h 采用 25kN/m³；

　　　δ——管片厚度（m），当采用箱形管片时可考虑采用折算厚度。

2. 竖向土压

$$q = \sum_{i=1}^{n} \gamma_i \cdot h_i$$

式中　γ_i——衬砌顶部以上各个土层的容重，在地下水位以下的土层容重取土的浮重度（kN/m³）；

　　　h_i——衬砌顶部以上各个土层的厚度（m）。

3. 拱背土压

$$G = 2\left(1 - \frac{\pi}{4}\right)R_H^2 \cdot \gamma = 0.43 R_H^2 \gamma$$

式中　γ——土重度（kN/m³）；

　　　R_H——衬砌圆环计算半径（m）。

4. 地面超载

当隧道埋深较浅时，必须考虑地面荷载的影响，一般取 20kN/m²。此项荷载可累加到竖向土压项去。

5. 侧向均匀主动土压

$$p_1 = q \cdot \tan^2\left(45° - \frac{\varphi}{2}\right) - 2c \cdot \tan\left(45° - \frac{\varphi}{2}\right)$$

式中　　　q——竖向土压（kN/m）；

γ, φ, c——衬砌圆环侧向各个土层的土壤的重度、内摩擦角、黏聚力的加权平均值。

$$\gamma = \frac{\gamma_1 h_1 + \gamma_2 h_2 + \cdots\cdots + \gamma_n h_n}{h_1 + h_2 + \cdots\cdots + h_n}$$

$$\varphi = \frac{\varphi_1 h_1 + \varphi_2 h_2 + \cdots\cdots + \varphi_n h_n}{h_1 + h_2 + \cdots\cdots + h_n}$$

$$c = \frac{c_1 h_1 + c_2 h_2 + \cdots\cdots + c_n h_n}{h_1 + h_2 + \cdots\cdots + h_n}$$

6. 侧向三角形主动土压

$$p_2 = 2R_H \cdot \gamma \cdot \tan^2\left(45° - \frac{\varphi}{2}\right)$$

7. 侧向土壤抗力

按温克尔局部变形理论计算，抗力图形呈一等腰三角形，抗力范围按与水平直径上下呈 45°考虑。

$$P_k = k \cdot y \,(kN/m^2)$$

$$y = \frac{(2q - p_1 - p_2 + \pi q)R_H^4}{24(\eta EJ + 0.045kR_H^4)}$$

式中　k——衬砌圆环侧向地层（弹性）压缩（kN/m³）；

y——衬砌圆环在水平直径处的变形量（m）；

EJ——衬砌圆环抗弯刚度（kN·m²）；

η——衬砌圆环抗弯刚度的折减系数，$\eta = 0.25 \sim 0.8$。

8. 水压

按静水压考虑。

9. 拱底反力

$$P_R = q + \pi g + 0.2146 R_H \gamma - \frac{\pi}{2} R_H \cdot \gamma_w$$

式中符号含义同前，其中 γ_w 为水的重度。

用目前土力学理论和有关公式计算隧道外围的荷载情况，计算结果往往是较为粗糙，有时甚至会出现与实际外荷情况截然相反的情况。较为可行的办法是先作一般的理论计算，再进行实地的现场量测，根据试验结果对原来设计进行必要的修改。按目前已有的一些资料来看，衬砌外荷的数值和分布情况与隧道埋设地层的水文地质情况、隧道施工、隧道衬砌本身的刚度有着十分密切的关系。下面就荷载确定的一些有关问题作必要的说明。

（1）竖向土压

一般计算公式都按隧道顶部全部土压考虑，按 $\gamma \cdot h$ 计算，这种计算方法在软黏土情况下较为适合，国内外的一些观测资料都说明了这一点。我国在软黏土层中修建地下隧道工程时做了一些土压量测工作，日本浜橙町隧道也在软黏土层中进行了量测，量测结果都表明隧道衬砌顶部荷载随着时间而增加到一定值，拱顶部土压十分接近于全部覆土 $r \cdot h$ 的荷重。

当隧道埋设在土壤本身具有较大的抗剪强度的地层内（例如在砂土层中），且隧道埋设深度又超过隧道衬砌的外径（$H > D$）时，顶部土压就小于全土压 $r \cdot h$ 值，这就可按所谓"松动高度"理

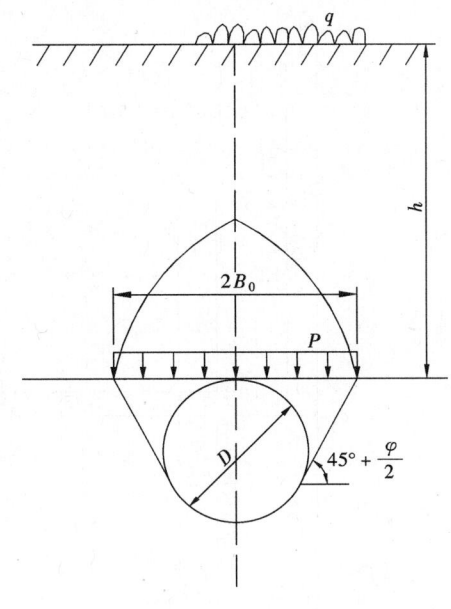

图 10-10　计算简图

论进行计算。这时候，用得较普遍的是美国泰沙基公式以及前苏联的普罗托季雅柯诺夫公式。详见表 10-3 及图 10-10。

日本柳桥隧道和有乐町隧道均在洪积砂层中进行了现场实地土压观测，实测结果与泰沙基（K. Terzaghi）公式计算结果十分接近。

竖向土压（松动荷载）　　　　　　　　　表 10-3

泰沙基公式	$p = \dfrac{B_0(\gamma - c/B_0)}{\tan\varphi}\left[1 - \exp\left(-\dfrac{h}{B_0}\tan\varphi\right)\right] + q \cdot \exp\left(-\dfrac{h}{B_0}\tan\varphi\right)$
普氏公式	$p = \dfrac{2}{3}\gamma\dfrac{B_0}{\tan\varphi}$

（2）侧向主动土压

侧向主动土压大都按朗金公式 $p = \gamma H \cdot \tan^2\left(45° - \dfrac{\varphi}{2}\right) - 2c \cdot \tan\left(45° - \dfrac{\varphi}{2}\right)$ 计算。

但侧压常受地层、施工方法和衬砌结构刚度的影响，有时会出现很大的差异。例如在采用挤压盾构法施工时，刚开始时侧压很大，而顶压则小于侧压，隧道出现"竖鸭蛋"现象。这种现象在我国的一些地下工程以及美国哈德逊河下的林肯隧道中都出现类似现象。采用进土量较多的盾构施工时，侧压就不会出现上述现象，详见图 10-11。

侧压的计算在含水砂土层中，往往采用水土分离原则计算，而在含水黏土层

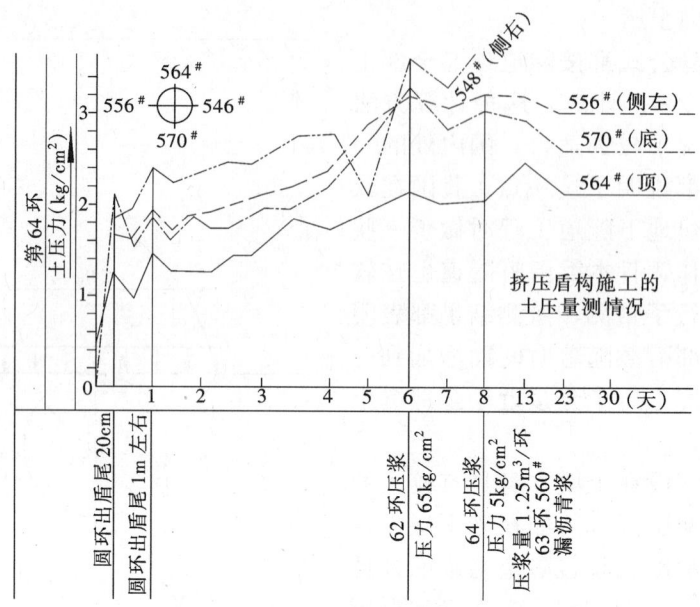

图 10-11　侧向主动土压变化图

中则采用水、土不分离的原则。

　　土壤侧压系数的取值大小，对隧道衬砌结构内力计算有着十分密切的关系，在确定侧压系数时必须谨慎对待，日本隧道衬砌设计常对侧压系数选择范围大致在 0.3～0.8 之间，也有不超过 0.7 的做法。

　　(3) 地层侧向弹性抗力

　　衬砌结构由于外荷作用，在水平方向产生向外的横向变形的同时，衬砌外围土壤介质也相应会对衬砌结构产生一抵抗压力，以阻止衬砌结构进一步变形。目前，在设计实用计算中应用较为普遍的是温克尔局部变形理论，假设土壤侧向弹性抗力：

$$p_k = k \cdot y$$

式中　k——地层（弹性）基床系数（kN/m^3）；

　　　　y——衬砌在水平直径方向最终变形值（m）。

　　在静荷载的情况下，较好的地层条件（标准贯入度 $N>4$）就可以考虑 p_k 值的采用，而当 $N<2$ 时，p_k 值就几乎等于零，没有工程的实用意义。在动荷载作用下，特别是瞬时荷重作用下（加荷速率很快，加荷时间较短），即使在饱和含水软土地层中，也会存在着一定的动抗力。

　　有关地层基床系数 k 值见表 10-4。

　　在静载条件下，土壤的地层基床系数 k 值可以通过实测试验取得，国外通常在隧道或竖井的侧壁内预先按设一水平刚性板进行测定，方形或圆环的刚性板尺寸一般分别为 30、50、70、100cm，利用千斤顶将刚性板自隧道水平方向向土层顶进，通过 σy 曲线可测得需要的 k 值，试验中测得的 k 值还需经过一定的换算公式应用到隧道衬砌设计中去。

地层基床系数值　　　　　　　　　　　　　　表 10 -4

土的种类	k（kN/m³）	土的种类	k（kN/m³）
固结密实黏性土 极坚实砂质土	30000～50000	中等黏性土 松散砂质土	5000～10000 0～10000
密实砂质土 硬黏性土	10000～30000	软弱黏性土 非常软黏性土	0～5000 0

换算公式：

$$k_{\mathrm{H}}=k_0\left(\frac{B}{30}\right)^{-1}$$

式中　k_{H}——采用的地层基床系数（kN/m³）；

　　　k_0——利用 30cm×30cm 的刚性板测得的地层基床系数（kN/m³）；

　　　B——换算用的宽度（cm）。

上述有关地层基床系数 k 的取值是在"静"的状态下测得的，而在动荷（瞬时荷载）作用时加荷速度很快，则 k 值就会迅速提高，即使在饱和含水软黏土层中，也会出现一定的土壤抗力。

1. 在上海松软饱和含水地层中，采用快速加载方法测得土层是存在着一定的水平地层抗力的。

2. 地层水平基床系数 k_{H} 值并非常数，随着应力增大，位移增加，地层基床系数就相应减小。

$$k_{\sigma=1.76}=0.14\sim0.57k_{\sigma=0.45}$$
$$k_{\delta=0.6}=0.6k_{\delta=0.1}$$

3. 快速加荷测得的 k 值比慢速大得多。

$k_{t=3秒}=2.5\sim3k_{t=60秒}$（参见图 10 -12）

4. $k\approx0.04E$。

式中　E——土壤压缩模量。

侧向弹性抗力 p_{k} 的取用与否以及其值的大小和抗力分布图形选择的不同，对衬砌结构内力的计算结果影响甚大。从图 10 -13 中可看到，随着

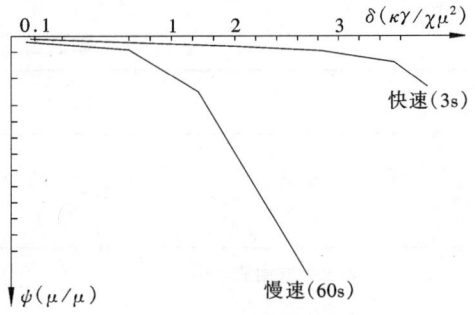

图 10 -12　不同加荷速度下的 k 值

k 值的变化，衬砌结构内力 M、N 值也随之相应的变化，特别是当 k——0～10000kN/m³ 时，内力变化尤为突出。在实际工程的算例中也常遇到当 $k=0$ 时，衬砌结构内力值较大，需进行大量的配筋。而当 $k=10000\sim20000$kN/m³ 时，内力值就会出现较大的变化——弯矩 M 值减小，而轴力 N 增加，衬砌有时会出现

构造配筋的情况,对工程的经济意义很大。因此,在考虑确定 k 值的指标时,必须谨慎、合理。国外的一些工程设计上常在选取 k 值的同时,还结合考虑主动侧压系数的取值,其目的在于使衬砌结构具有一定的抗弯能力,保证结构具有一定的安全度。考虑主动侧压系数 ξ 取用 k 值时可参考表 10-5、表 10-6。

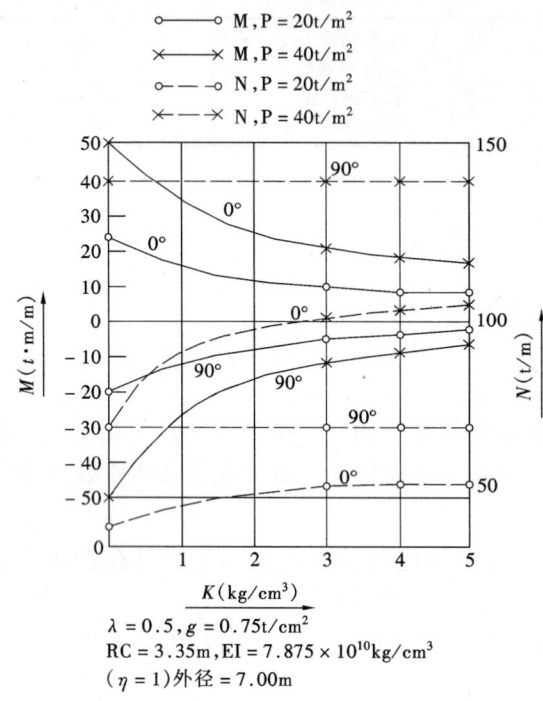

$\lambda = 0.5, g = 0.75t/cm^2$
$RC = 3.35m, EI = 7.875 \times 10^{10} kg/cm^3$
$(\eta = 1)$ 外径 $= 7.00m$

图 10-13　衬砌内力随 k 值变化图

管片开裂和存在着局部内应力。

(二) 施工阶段

隧道衬砌结构在到达基本使用阶段前,已经历了一系列的施工阶段荷载的考验。衬砌结构在施工阶段有可能碰到比基本使用阶段更为不利的工作条件,产生了极为不利的内力状态,导致出现了衬砌结构的开裂、破碎、变形、沉陷和漏水等严重情况。这种情况尤以在盾构推进过程为甚,必须进行现场观测和相应的附加验算,并提出改进措施。

1. 管片拼装

钢筋混凝土管片拼装成环时,对纵向接缝拧紧螺栓,由于管片制作精度不高,环面接触不平,往往在拧紧螺栓时,使管片局部出现较大的集中应力,导致

黏性土 (kN/m³)　　　　　　　　　　　　　　　　　　表 10-5

ξ ＼ κ	0	2500	5000	10000
0.6	—	—	✓	✓
0.7	✓	✓	✓	✓
0.8	✓	✓	✓	✓
0.9	✓	✓	✓	—

注:"✓"表示可取用的范围;
　　"—"表示不可取用。

砂性土 (kN/m³)　　　　　　　　　　　　　　　　　　表 10-6

ξ ＼ κ	10000	20000	30000	40000
0.4	—	—	✓	✓
0.5	✓	✓	✓	✓
0.6	✓	✓	✓	✓
0.7	✓	✓	—	—

2. 盾构推进

由于制作和拼装的误差，管片的环缝面往往是参差不平的。当盾构千斤顶施加在环缝面上，特别是千斤顶顶力存在偏心状态情况下，极易使管片开裂和顶碎。这种现象在目前往往被看做为衬砌设计的一个重要的控制因素。由于管片在环缝面上的支承条件不够明确，在承受盾构千斤顶顶力时，衬砌环的受力难以确切计算，一般采用盾构总的推力除以衬砌环环缝面积计算。

$$\sigma = \frac{P}{F} \leqslant [\sigma]/K$$

式中　　P——盾构总推力（kN）；

　　　　F——环缝面积（m²）；

　　　　$[\sigma]$——混凝土容许抗压强度（kN/m²）；

　　　　K——安全系数，一般取 $K \geqslant 3$。

对钢筋混凝土箱形管片进行顶力试验表明，千斤顶顶力在管片环面上的作用位置，大大影响管片的纵向承载力。当千斤顶顶力的作用中心点施加在管片板部位置上，承载力较大，当千斤顶顶力中心稍稍落在环肋面上，其承载力即明显的降低，而当顶力中心点较多地落在环肋面上，承载力将大大降低，管片极易顶碎和崩裂。目前在解决这一矛盾时，大多对合理选择管片形式，提高钢模制作精度和管片混凝土强度，改进管片拼装质量等方面予以高度的注意。

3. 衬砌背后压注

为了改善衬砌结构的工作条件和防止地面出现大量的沉降量，在衬砌背后的建筑空隙内注以水泥浆或水泥砂浆等材料。在软土地层中注浆材料常不是均匀分布在衬砌四周，而仅是局部聚集在注浆孔的一定范围内，过高的注浆压力常引起圆环变形和出现局部的集中应力，封顶楔形块管片也会向内滑移，为了控制这种不利工作条件的出现，必须对注浆压力进行一定的控制。

4. 衬砌环刚出盾尾的初期

衬砌顶部土压即迅速作用到衬砌上，而侧压却因某种原因未能及时作用，这时衬砌可能处于比基本使用阶段更为不利的工作条件。

衬砌结构在施工阶段引起的不利工作条件的因素很多，难以事先估计。目前一般的处理方法是从实地观测和提出相应改进措施外，还常采用一个笼统的附加安全系数，以保证衬砌结构一定的安全度。

（三）特殊荷载阶段

衬砌结构除对上述两个工作阶段进行结构验算外，根据使用需要还得进行特殊荷载阶段的验算，这种特殊荷重往往属于瞬时性的荷载，且荷载作用时间又短，但这个工作阶段的验算往往是控制衬砌结构设计的关键。在此阶段进行结构验算时，可合理选择结构的附加安全系数和适当提高建筑材料的物理力学性能指标。

10.2.4　衬砌内力计算方法

（一）按自由变形均质圆环计算内力

在饱和含水软土地层中，主要由于工程上的防水要求，对由装配式衬砌组成的衬砌圆环，其接缝必须具有一定的刚度，以减小接缝变形量。由于相邻环间接错缝拼装，并设置一定数量的纵向螺栓或在环缝上设有凹凸榫槽，使纵缝刚度有了一定的提高。因此，圆环可近似地认为是一均质刚性圆环。

衬砌圆环上的荷载分布见图 10-14。

由于荷载的对称性，故整个圆环为二次超静定结构。按结构力学力法原理，可解出各个截面上的 M、N 值。

圆环内力详见表 10-7。其中所示圆环内力均以 1m 为单位，若环宽为 b（一般 $b = 0.5 \sim 1\mathrm{m}$），则内力 M、N 值尚应乘以 b。弯矩 M 以内缘受拉为正，外缘受拉为负。轴力 N 以受压为正，受拉为负。

（二）考虑土壤介质侧向弹性抗力的圆环内力计算

仍按匀质刚度圆环计算。

荷载分布详见图 10-15。

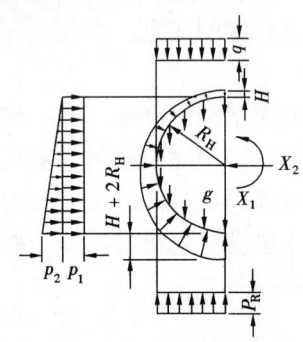

图 10-14　计算简图

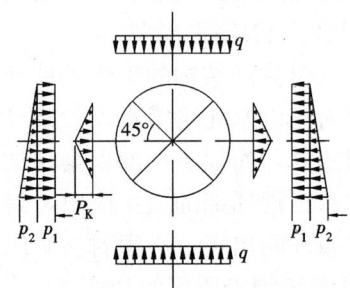

图 10-15　荷载分布图

土壤抗力图形分布在水平直径上下各 45°范围内，在水平直径处：

$$P_{\mathrm{K}} = ky(1 - \sqrt{2}\,|\cos\alpha|)$$

圆环水平直径处受荷后最终半径变形值为：

$$y = \frac{(2q - p_1 - p_2 + \pi q)R_{\mathrm{H}}^4}{24(\eta EJ + 0.045kR_{\mathrm{H}}^4)}$$

式中　η——圆环刚度有效系数，$\eta = 0.25 \sim 0.8$。

由 P_{K} 引起的圆环内力 M、N、Q 参见表 10-8。

将由 P_{K} 引起的圆环内力和其他衬砌外荷引起的圆环内力叠加，即得最终的圆环内力。

断面内力系数表   表 10 -7

荷　重	截面位置	内　　力		P
		$M(t-m)$	$N(t)$	
自　重	$0 \sim \pi$	$gR_H^2(1-0.5\cos\alpha-\alpha\sin\alpha)$	$gR_H(\alpha\sin\alpha-0.5\cos\alpha)$	g
⊥荷重	$0 \sim \dfrac{\pi}{2}$	$qR_H^2(0.193+0.106\cos\alpha-0.5\sin^2\alpha)$	$qR_H(\sin^2\alpha-0.106\cos\alpha)$	q
	$\dfrac{\pi}{2} \sim \pi$	$qR_H^2(0.693+0.106\cos\alpha-\sin\alpha)$	$qR_H(\sin\alpha-0.106\cos\alpha)$	
底部反力	$0 \sim \dfrac{\pi}{2}$	$P_RR_H^2(0.057-0.106\cos\alpha)$	$0.106P_RR_H\cos\alpha$	P_R
	$\dfrac{\pi}{2} \sim \pi$	$P_RR_H^2(-0.443+\sin\alpha-0.106\cos\alpha$ $-0.5\sin^2\alpha)$	$P_RR_H(\sin^2\alpha-\sin\alpha-0.10\cos\alpha)$	
水　压	$0 \sim \pi$	$-R_H^2(0.5-0.25\cos\alpha-0.52\sin\alpha)$	$R_H^2(1-0.25\cos\alpha-0.52\sin\alpha)+HR$	
均布荷载	$0 \sim \pi$	$P_1R_H^2(0.25-0.5\cos^2\alpha)$	$P_1R_H\cos^2\alpha$	P_1
△侧压	$0 \sim \pi$	$P_2R_H^2(0.25\sin^2\alpha+0.083\cos^3\alpha$ $-0.063\cos\alpha-0.125)$	$P_2R_H\cos\alpha(0.063+0.5\cos\alpha-0.25\cos^2\alpha)$	P_2

注：R_H：衬砌计算半径（m）；

　　α：计算断面与圆环垂直轴的夹角。

P_k 引起的圆环内力表   表 10 -8

内　力	$0 \leqslant \alpha \leqslant \dfrac{\pi}{4}$	$\dfrac{\pi}{4} \leqslant \alpha \leqslant \dfrac{\pi}{2}$
M	$(0.2346-0.3536\cos\alpha)P_kR_H^2$	$(-0.3487+0.5\cos^2\alpha+0.2357\cos^3\alpha)P_kR_H^2$
N	$0.3536\cos\alpha P_kR_H$	$(-0.707\cos\alpha+\cos^2\alpha+0.707\sin^2\alpha\cos\alpha Z)P_kR_H$
Q	$0.3536\sin\alpha P_kR_H$	$(\sin\alpha\cos\alpha-0.707\cos^2\alpha\sin\alpha)P_kR_H$

（三）日本修正惯用法

错缝拼装的衬砌圆环，可通过环间剪切键或凹凸榫等结构使接头部部分弯矩传递到相邻管片。对于错缝拼装的管片，挠曲刚度较小的接头承受的弯矩不同于与之邻接的挠曲刚度较大的管片承受的弯矩。事实上这种弯矩传递主要由环间剪切来完成。目前考虑接头的影响主要通过假定弯矩传递的比例来实现。国际隧协推荐两种估算方法，即 η-ξ 法和旋转弹簧（半铰）（K-ξ 法）。

（1）η-ξ 法

首先将衬砌环按均质圆环计算，但考虑纵缝接头的存在，导致整体抗弯刚度降低，取圆环抗弯刚度为 ηEI（η 为抗弯刚性的有效率，$\eta \leqslant 1$）。计及圆环水平直径处变位 y，两侧抗力 $p_k = k_y$ 后，考虑错缝拼装管片接头部弯矩的传递，错缝拼装弯矩重分配见图 10 -16。

接头处内力　　$M_j = (1 - \xi) \times M$
　　　　　　　　$N_j = N$

管片　　　　　$M_s = (1 + \xi) \times M$
　　　　　　　　$N_s = N$

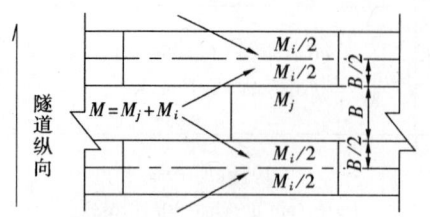

图 10-16　错缝拼装弯矩传
递及分配示意图

式中　　　ξ——弯矩调整系数；
　　　M，N——分别为均质圆环计算弯矩和
　　　　　　　　轴力；
　　　M_j、N_j——分别为调整后的接头弯矩和
　　　　　　　　轴力；
　　　M_s、N_s——分别为调整后管片本体弯矩
　　　　　　　　和轴力；

　　根据试验结果：$0.6 \leqslant \eta \leqslant 0.8$，$0.3 \leqslant \xi \leqslant 0.5$。如果管片环内没有接头，则 $\eta = 1$，$\xi = 0$。

（2）$K\text{-}\xi$ 法

在该法中用一个旋转弹簧（半铰）模拟接头，且假定弯矩与转角 θ 成正比，由此计算构件内力，如图 10-17 和下式：

$$M = K\theta$$

式中　K——旋转弹簧常数（kNm/
　　　　　　rad），通常根据试验
　　　　　　来确定或根据以往设
　　　　　　计计算的实践来确定。

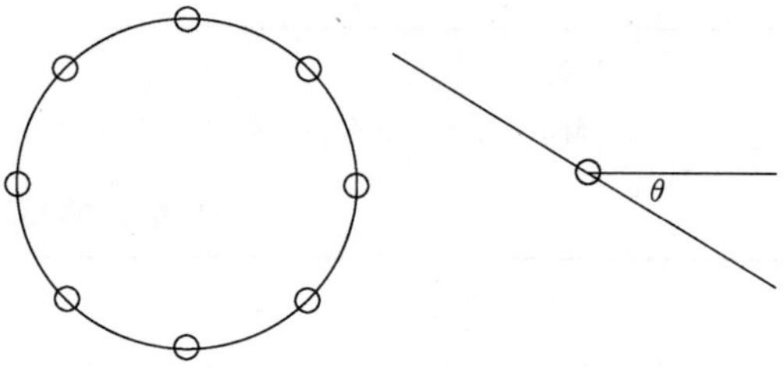

如果管片环没有接头，则 $K = \infty$，$\xi = 0$。又若假定管片环的接头为铰接，则 $K = 0$，$\xi = 1$。

图 10-17　弹簧铰模型

（四）按多铰圆环计算圆环内力

在衬砌外围土壤介质能明确地提供弹性抗力的条件下，装配式衬砌圆环可按多铰圆环计算。多铰圆环的接缝构造，可分为设置防水螺栓，设置拼装施工要求用的螺栓，或不设螺栓而代以各种几何形状的榫槽有几种形式。

按多铰圆环计算有多种方法，这里仅介绍日本山本法

山本法计算原理在于圆环多铰衬砌环在主动土压和被动土压作用下产生变形，圆环由一不稳定结构逐渐转变成稳定结构，圆环变形过程中，铰不发生突变。这样多铰系衬砌环在地层中就不会引起破坏，能发挥稳定结构的机能。

（1）计算中的几个假定

1）适用于圆形结构。

2）衬砌环在转动时，管片或砌块视作刚体处理。

3）衬砌环外围土抗力按均变形式分布，土抗力的计算要满足对砌环稳定性的要求，土抗力作用方向全部朝向圆心。

4）计算中不计及圆环与土壤介质间的摩擦力，这对于满足结构稳定性是偏于安全的。

5）土抗力和变位间关系按文克勒公式计算。

（2）计算方法

具有 n 个衬砌组成的多铰圆环结构计算如图 10 -18，（$n-1$）个铰由地层约束，而剩下一个成为非约束铰，其位置经常在主动土压力一侧，整个结构可以按静定结构来解析。

衬砌各个截面处地层抗力方程式：

$$q_{\alpha i} = q_{i-1} + \frac{(q_i - q_{i-1})\alpha_i}{\theta_i - \theta_{i-1}}$$

式中　q_{i-1}——$i-1$ 铰处的土层抗力（kN/m^2）；

　　　　q_i——i 铰处的土层抗力（kN/m^2）；

　　　　α_i——以 q_i 为基轴的截面位置；

　　　　θ_i——i 铰与垂直轴的夹角；

　　　　θ_{i-1}——$i-1$ 铰与垂直轴的夹角。

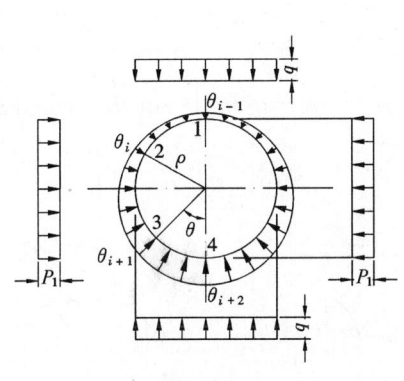

图 10 -18

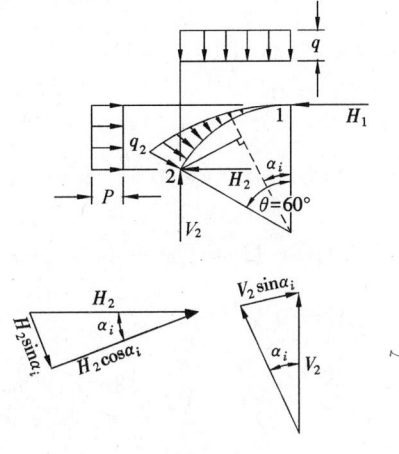

图 10 -19

解 1-2 杆（图 10 -19）：

$$\theta_{i-1} = 0$$

$$\theta_i = 60°$$

$$\Sigma X = 0 \quad H_1 = H_2 + pr(1 - \cos\theta_i) + r \int_0^{\theta_i - \theta_{i-1}} \frac{q_2 \alpha_i}{\frac{\pi}{3}} \sin(\theta_{i-1} + \alpha_i)\mathrm{d}\alpha_i$$

$$\therefore H_1 = H_2 + 0.5Pr + 0.327q_2r$$

$$\Sigma Y = 0$$

$$V_2 = qr\sin\theta_i + r\int_0^{\theta_i-\theta_{i-1}} \frac{q_2\alpha_i}{\dfrac{\pi}{3}}\cos\alpha_i\,\mathrm{d}\alpha_i$$

$$V_2 = 0.866qr + \frac{3q_2r}{\pi}\left(\frac{\sqrt{3}\,\pi - 3}{6}\right) = 0.866qr + 0.388q_2r$$

$$\Sigma M_2 = 0$$

$$0.5H_1r = q\,\frac{(r\sin\theta_i)^2}{2} + p\,\frac{[r(1-\cos\theta_i)]^2}{2} + \frac{3r^2}{\pi}q_2\int_0^{\theta_i-\theta_{i-1}}\sin(\theta_i-\theta_{i-1}-\alpha_i)\,\mathrm{d}\alpha_i$$

$$= 0.375qr^2 + 0.125Pr^2 + \frac{3r^2}{\pi}q_2\left(\frac{2\pi-3\sqrt{3}}{6}\right)$$

$$= 0.375qr^2 + 0.125Pr^2 + \left(\frac{2\pi-3\sqrt{3}}{2\pi}\right)q_2r^2$$

$$\therefore H_1 = (0.75q + 0.25qP + 0.346q_2)r$$

解 2-3 杆(图 10-20):

$$\Sigma X = 0$$

$$H_2 + H_3 = P \cdot 2r\sin\frac{(\theta_i-\theta_{i-1})}{2} + \frac{3r}{\pi}\int_0^{\theta_i-\theta_{i-1}}\left[\frac{\pi}{3}q_2 + (q_3-q_2)\alpha_i\right] \cdot \sin(\theta_{i-1}+\alpha_i)\,\mathrm{d}\alpha_i$$

$$\therefore H_2 + H_3 = pr + \frac{r}{2}(q_3+q_2)$$

$$\Sigma Y = 0$$

$$V_2 = V_3 - \frac{3r}{\pi}\int_0^{\theta_i-\theta_{i-1}}\left[\frac{\pi}{3}q_2 + (q_3-q_2)\alpha_i\right]\cos(\theta_{i-1}+\alpha_i)\,\mathrm{d}\alpha_i$$

$$= V_3 + 0.089(q_3-q_2)$$

$$\Sigma M_3 = 0$$

$$H_2r = \frac{pr^2}{2} + \frac{3r^2}{\pi}\int_0^{120°-60°}\left[\frac{\pi}{3}q_2 + (q_3-q_2)\alpha_i\right] \times \sin(\theta_i-\theta_{i-1}-\alpha_i)\,\mathrm{d}\alpha_i$$

$$= \frac{pr^2}{2} + 0.173q_3r^2 + 0.327q_2r^2$$

$$\therefore H_2 = \left(\frac{P}{2} + 0.173q_3 + 0.327q_2\right)r$$

解 3-4 杆(图 10-21):

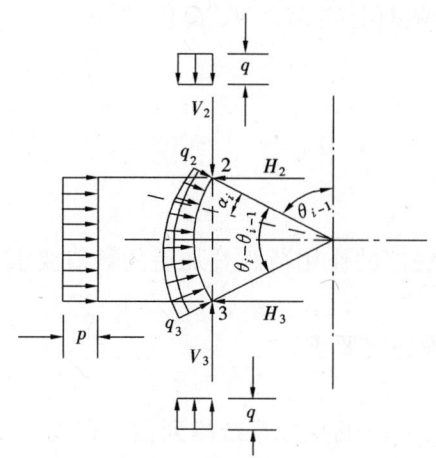

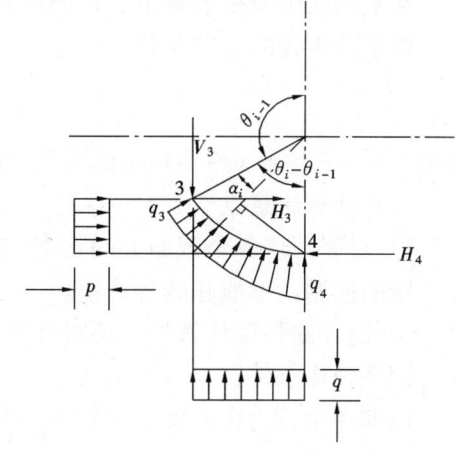

图 10 -20　2—3 杆　　　　　　　　图 10 -21　3—4 杆

$$\theta_{i-1} = 120°$$

$$\theta_i = 180°$$

$$\theta_i - \theta_{i-1} = 180° - 120° = 60°$$

$\Sigma X = 0$

$$H_4 = H_3 + pr[1 - \cos(\theta_i - \theta_{i-1})] + \frac{3r}{\pi} \int_0^{180°-120°} \left[\frac{\pi}{3}q + (q_4 - q_3)\alpha_i \right]$$

$$\times \sin(\theta_{i-1} + \alpha_i) d\alpha_i$$

$$= H_3 + 0.5pr + 0.327q_3 r + 0.173q_4$$

$\Sigma Y = 0$

$$V_3 = qr\sin(\theta_i - \theta_{i-1}) - \frac{3r}{\pi} \int_0^{180°-120°} \left[\frac{\pi}{3}q_3 + (q_4 - q_3)\alpha_i \right] \times \cos(\theta_{i-1} + \alpha_i) d\alpha_i$$

$$= 0.866qr + 0.389q_3 + 0.478q_4$$

$\Sigma M_4 = 0$

$$H_3 r[1 - \cos(\theta_i - \theta_{i-1})] + \frac{P}{2}\{r[1 - \cos(\theta_i - \theta_{i-1})]\}^2$$

$$+ q\frac{[r\sin(\theta_i - \theta_{i-1})]^2}{2} + \frac{3r^2}{\pi} \int_0^{180°-120°} \left[\frac{\pi}{3}q_3 + (q_4 - q_3)\alpha_i \right]$$

$$\times \sin(\theta_i - \theta_{i-1} - \alpha_i) d\alpha_i$$

$$= V_3 r\sin(\theta_i - \theta_{i-1}) = 0.866r \cdot V_3$$

$$\therefore 0.866rV_3 = 0.5H_3 + \frac{pr}{8} + 0.375qr + 0.328q_3 r + 0.173q_4 r$$

由以上九个方程式解出九个未知数：q_2、q_3、q_4、H_1、H_2、H_3、H_4、V_2、V_3。

在上述几个未知数解出后，即可算出各个截面上的 M、N、Q 值。

各个约束铰的径向位移：

$$\mu = q/k$$

式中　k——土壤（弹性）基床系数（kN/m^3）。

（3）计算注意点

1）衬砌圆环各个截面上的 q_i 值与侧向或底部的作用荷载叠加后的数值要求有一定的控制，不能超越容许值。

2）圆环除强度计算外，还得计算其变形及稳定要求。

圆环破坏条件：

以非约束铰为中心的三个铰 $(i-1)$、(i)、$(i+1)$ 的坐标系统排列在一直线上，则结构丧失稳定。

10.3 衬砌断面设计

衬砌结构在各个工作阶段的内力计算完成后，就可分别或组合几个工作阶段的内力情况进行断面设计。断面选择在各个不同工作阶段具有不同的内容和要求。在基本使用荷载阶段，需进行抗裂或裂缝限制，强度和变形等验算，而在组合基本荷载阶段和特殊荷载阶段的衬砌内力时，一般仅进行强度的检验，变形和裂缝开展可不予以考虑。

10.3.1　抗裂及裂缝限制的计算

对一些使用要求较高的隧道工程，衬砌必须进行抗裂或裂缝宽度限制的计算，以防止钢筋锈蚀而影响工程使用寿命。

（一）抗裂计算

当衬砌不允许出现裂缝时，需进行抗裂计算。

偏压构件断面上的内力分别为弯矩 M、轴向力 N。

混凝土抗拉极限应变值：

$$\varepsilon_l = 0.6R_1(1 + 0.3\beta^2) \times 10^{-5}$$

$$\beta = \frac{\mu}{d}$$

$$\mu = \frac{A_g}{bh} \times 100\%$$

式中　μ——断面含钢百分率；

$$\varepsilon_l \approx 1.5 \sim 2.5 \times 10^{-4}$$

受拉钢筋的应变值：

$$\varepsilon_g = \frac{h_0 - x}{h - x}\varepsilon_l$$

混凝土最大压应变：

$$\varepsilon_h = \frac{x}{h - x_1}\varepsilon_l$$

受压钢筋的应变值：

$$\varepsilon'_g = \frac{x - a'}{x}\varepsilon_h = \frac{x - a'}{h - x}\varepsilon_l$$

求出裂缝出现前的中和轴 x 的位置（见图 10-22）。

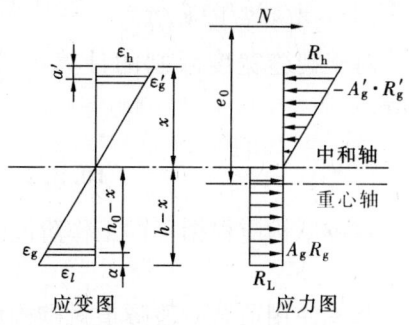

图 10-22

$$\Sigma X = 0$$

$$N + (h - x)b \cdot x \cdot R_1 + A_g\varepsilon_g E_g = A'_g\varepsilon'_g E_g + \frac{1}{2}R_h \cdot x \cdot b$$

从上式可解出中和轴高度 x。

$$\Sigma M_{A_g} = 0$$

$$KN(e_0 + h_0 - x) + (h - x)b \cdot R_1\left(\frac{h - x}{2} - a\right)$$

$$= \frac{1}{2}R_h \cdot x \cdot b\left(\frac{2}{3}x + h_0 - x\right) + A'_gR'_g(h_0 - a')$$

由上式可解出 K。

如对偏心距 e_0 取矩，则

$$N(K_{e_0}e_0 + h_0 - x) + (h - x)b \cdot R_1\left(\frac{h - x}{2} - a\right)$$

$$= \frac{1}{2}R_h \cdot x \cdot b\left(\frac{2}{3}x + h_0 - x\right) + A'_gR'_g(h_0 - a')$$

由上式可求出 K_{e_0}。

K 或 K_{e_0} 都要求大于或等于 1.3。

一般隧道衬砌结构常处于偏心受压状态，由于衬砌结构受荷情况常常是不够明确，从实际的大偏心受压状态下，结构的承载能力往往是由受拉情况下特别是弯矩 M 值控制，故为偏于安全计，常按 K_{e_0} 验算。（K_{e_0} 为对偏心距 e_0 取 K_{e_0}）。

式中　　A'_g、A_g——受压、受拉钢筋面积（mm^2）；

R_h——裂缝出现前混凝土压应力（MPa）；

b、h——衬砌断面的宽度、高度（mm）；

ε_l、ε_g——混凝土截面纤维最大拉应变和受拉钢筋应变值；

ε_h、ε'_g——混凝土截面纤维最大压应变和受压钢筋应变值；

E_h、E_g——混凝土构件和钢筋的弹性模量（MPa）。

（二）裂缝宽度验算

对于裂缝宽度限制的计算可参阅混凝土结构设计规范、水工结构设计规范等。

10.3.2　衬砌断面强度计算

衬砌结构应根据不同工作阶段的最不利内力，按偏压构件进行强度计算和截面设计。

基本使用荷载阶段隧道衬砌构件的强度计算，可按《混凝土结构设计规范》（GB 50010—2002）进行。

基本使用荷载和特殊荷载组合阶段的强度安全系数可按特殊规定进行。

由于隧道衬砌结构接缝部分的刚度较为薄弱，通过相邻环间采用错缝拼装以及利用纵向螺栓或环缝面上的凹凸榫槽加强接缝刚度。这样，接缝部位上的部分弯矩 M 值可通过纵向构造设置，传递到相邻环的截面上去（环缝面上的纵向传递能力必须事先估算并于事后通进结构试验予以检定）。从国外的一些资料来看，这种纵向传递能力大致为（20%～40%）M。这样，断面强度计算时，其弯矩 M 值应乘以传递系数 1.3，而接缝部位则乘以折减系数 0.7。

10.3.3　衬砌圆环的直径变形计算

为满足隧道使用上和结构计算的需要，必须对衬砌圆环直径的变形量计算和控制，直径变形的计算可采用一般结构力学方法求得。由于变形计算与衬砌圆环刚度 EI 值有关，装配式衬砌组成正圆环 EI 值很难用计算方法表达出来，必须通过衬砌结构整环试验测得，从国外的一些有关资料知道衬砌实测的刚度 EI 值远比理论计算的 EI 值为小，其比例可称为刚度效率 η，η 值与隧道衬砌直径，断面厚度、接缝构造，位置及其数值等均有密切关系，大致 η 在 $0.25～0.8$ 间。

衬砌圆环的水平直径变形计算（图 10-23）。

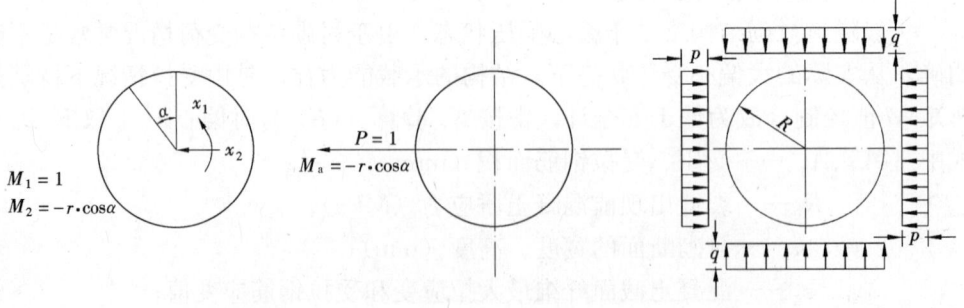

$$M_1 = 1$$
$$M_2 = -r \cdot \cos\alpha$$

$$P = 1$$
$$M_a = -r \cdot \cos\alpha$$

图 10-23

$$M_1 = 1$$

$$M_2 = -r\cos\alpha$$

$$\delta_{11} = \int \frac{M_1^2 \mathrm{d}s}{EI}$$

$$\delta_{22} = \int \frac{M_2^2 \mathrm{d}s}{EI}$$

$$M_a = -r\cos\alpha$$

$$\delta_{1a} = \int \frac{M_1 \cdot M_a \mathrm{d}s}{EI}$$

$$\delta_{2a} = \int \frac{M_2 \cdot M_a \mathrm{d}s}{EI}$$

$$M_q = -\frac{1}{2} q \cdot (r\sin\alpha)^2$$

$$M_P = -\frac{1}{2} Pr^2 (1 - r\cos\alpha)^2$$

$$\delta_{aq} = \int \frac{M_a \cdot M_q \mathrm{d}s}{EI}$$

$$\delta_{aP} = \int \frac{M_a \cdot M_P \mathrm{d}s}{EI}$$

$$\therefore y_{水平} = x_1 \cdot \delta_{1a} + x_2 \cdot \delta_{2a} + \delta_{aP} + \delta_{aq}$$

式中　x_1、x_2——已解出的圆环超静定内力。

表 10-9 列出各种荷载条件下的圆环水平直径变形系数。

各种荷载条件下的圆环水平直径变形系数　　　表 10-9

编　号	荷重形式	水平直径处(半径方向)	图　　示
1	铅直分布荷重 q	$\frac{1}{12} q \cdot r^4 / EI$	
2	水平均布荷重 p	$-\frac{1}{12} p \cdot r^4 / EI$	
3	等边分布荷重	0	
4	等腰三角形分布荷重	$-0.0454 p_k r^4 / EI$	
5	自　重	$0.1304 g \cdot r^4 / EI$	

衬砌圆环垂直直径的计算与水平直径相似，不予重复。

10.3.4 纵 向 接 缝 计 算

衬砌结构纵向接缝的计算在基本使用荷载阶段需分别进行接缝变形及接缝强度的计算。在基本使用荷载和特殊荷载组合阶段需进行接缝强度计算。

（一）接缝张开的验算

管片拼装之际由于受到螺栓预应力 σ_1 的作用，在接缝上产生预压应力 σ_{c1}、σ_{c2} （图 10-24），其计算式为：

$$\frac{\sigma_{c1}}{\sigma_{c2}} = \frac{N}{F} \pm \frac{N \cdot e_0}{W}$$

$$N = \sigma_1 \cdot A_g$$

式中　　N——螺栓预应力 σ_1 引起的轴向力；

　　　　e_0——螺栓与重心轴偏心距；

　　F、W——衬砌截面面积（m^2）和截面距（m^2）。

当接缝受到外荷后的应力状态（图 10-25）：

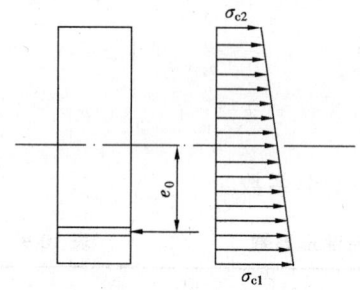

图 10-24　接缝预压应力 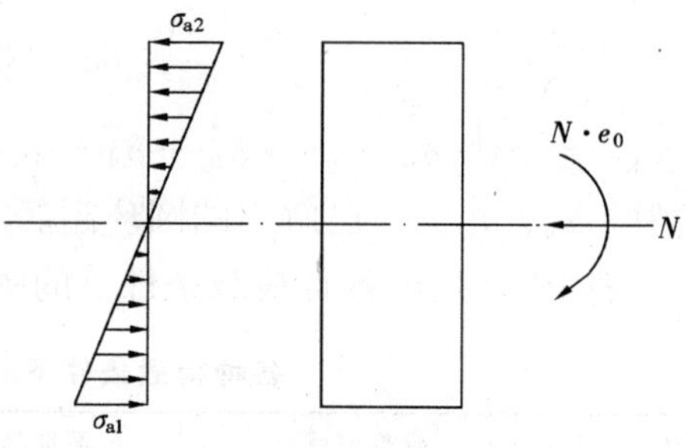　　　　图 10-25　外力作用下的接缝受力状态

$$\frac{\sigma_{c1}}{\sigma_{c2}} = \frac{N}{F} \pm \frac{N \cdot e_0}{W}$$

∴最终接缝应力（见图 10-26）：

$$\sigma_p = \sigma_{a2} - \sigma_{c2}$$

$$\sigma_c = \sigma_{c1} + \sigma_{a1}$$

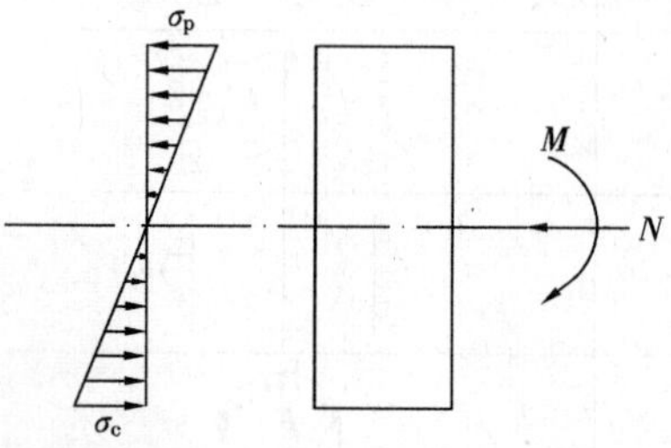

接缝变形量：

$$\Delta l = \frac{\sigma_p}{E} l$$

式中　E——防水涂料抗拉弹性模量（MPa）；

　　　l——涂料厚度（m）。

当 σ_p 出现拉应力，而 σ_p 又小于接缝涂料

图 10-26　最终接缝应力

与接缝面的粘结力或其变形量在涂料的弹性变形范围内，则接缝不会张开或接缝虽有一定张开而不影响接缝防水使用要求。

（二）纵向接缝强度计算

由装配式衬砌结构组成的隧道衬砌，接缝是结构最关键的部位，从实际的一些试验来看，装配式衬砌结构破坏大都开始于薄弱的接缝处，因此接缝构造设计及其强度计算在整个结构设计中尤占安全地位。而接缝的强度计算方法目前大都很不完善，都采用一种近似的计算方法，实际的接缝承载能力必须通过接头试验和整环试验求得，所以目前对装配式钢筋混凝土管片结构的接头试验进行得较为广泛和普遍。接缝强度的安全

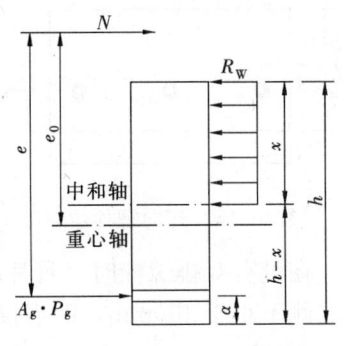

图 10 -27　纵向接缝强度计算简图

系数可以根据工程实际的使用要求进行确定，一般接缝强度的安全系数应大于断面强度安全系数。

接缝强度计算方法中，近似地把螺栓看作受拉钢筋按钢筋混凝土截面进行。

接缝计算时，一般先假定螺栓直径，数量和位置，然后对接缝强度的安全度进行验算。

计算中和轴 x（见图 10 -27）：

$$\Sigma M_{\mathrm{N}} = 0$$

$$b \cdot x \cdot R_{\mathrm{W}}\left(e - h_0 + \frac{x}{2}\right) - A_{\mathrm{g}}R_{\mathrm{g}}e = 0$$

$$x = h_0 - e + \sqrt{(h_0 - e)^2 - \frac{2A_{\mathrm{g}}R_{\mathrm{g}}e}{bR_{\mathrm{W}}}}$$

式中　$e = e_0 + \dfrac{h}{2} - a$。

解出 x 后，可根据 x 大于还是小于或等于 $0.55h$ 决定断面是处于大偏心受压状态还是小偏心受压状态。

当 $x \leqslant 0.55h_0$，属于大偏心受压。

$$\Sigma M_{R_{\mathrm{W}}} = 0$$

$$N\left(K_{e_0}e_0 - \frac{h}{2} + \frac{x}{2}\right) = A_{\mathrm{g}}R_{\mathrm{g}}\left(h_0 - \frac{x}{2}\right)$$

$$K_{e_0} = \frac{A_{\mathrm{g}}R_{\mathrm{g}}\left(h_0 - \dfrac{x}{2}\right) + N\left(\dfrac{h}{2} - \dfrac{x}{2}\right)}{Ne_0}$$

当 $x > 0.55h_0$ 时属于小偏心受压。

$$\Sigma M_{A_{\mathrm{g}}} = 0$$

$$K = \frac{0.55bh_0^2 R_a}{Ne}$$

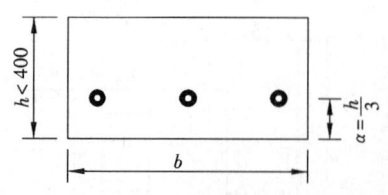

图 10-28　环向螺栓位置图

计算出来的 K 或 K_{e0} 在基本使用荷载阶段要满足不小于 1.55 的要求，在基本使用荷载和特殊荷载组合阶段则必须满足特殊规定的需要。

纵向接缝中环向螺栓位置 a（高度）的设置（见图 10-28）。

在设有双排螺栓时（管片厚度大于 400mm），内外排螺栓孔的位置离管片内外二侧不小于 100mm，而当仅设有单排螺栓时，则螺栓孔位置大致为管片厚度的 1/3 处。

对箱形管片的端肋厚度也需要进行必要的验算。验算时可近似地按三边固定、一边自由的钢筋混凝土板进行计算，一般箱形管片端肋厚度大致等于或略大于环肋的宽度。

由于端肋厚度的确定关联着接缝的承载能力和成千上万只螺栓的长度，对衬砌造价具有一定影响，必须慎重对待。

曾对箱形管片的端肋结果进行过观测试验。试验说明：由于环向螺栓集中分布在端肋沿宽度方向的中间，端肋具有一定的柔性，中间部位变形小，而两侧则变形大，由于接缝柔性的存在使接缝上的几个螺栓表现出不同的工作效能，两旁侧螺栓的工作效能为 100%，则中间螺栓约为 90%。端肋在承受正弯矩时破坏的迹象是先在端

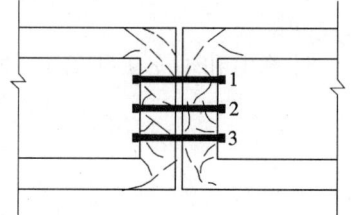

图 10-29　八字裂缝

肋与环肋交界处出现裂缝，随着荷载的增加，在螺栓附近出现八字裂缝，荷载继续增加，交界处裂缝和八字裂缝宽度增加，到接近破坏荷载时，新的裂缝不断增加，交界处裂缝和八字裂缝宽度大致达到 1mm 左右（见图 10-29），端肋构造钢筋可参阅图 10-30。

平板形管片纵缝上的螺栓钢盒是接缝上的主要受力构件，螺栓在受力后通过螺栓钢盒传到管片上去，螺栓钢盒，特别是端板的选择的设计原则，应与螺栓等强。螺栓钢盒的端板也可近似地按三边固定、一边自由的双向板进行计算。从试验资料及已有使用资料来看，钢盒端板厚度大致为螺栓直径的 0.65～0.75 倍。

螺栓钢盒耗钢量较多，约占整个衬砌用钢量的 20%～25%，若应用在大直径的隧道衬砌中，则所占比例更大，不太经济。

10.3.5　环缝的近似计算

盾构在地层中推进，由于施工工艺的复杂多变，其影响和扰动地层的程度在

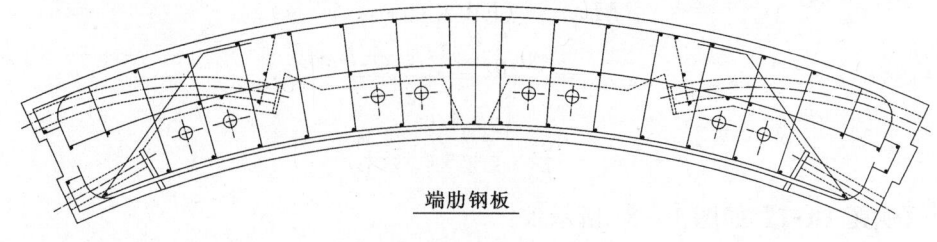

端肋钢板

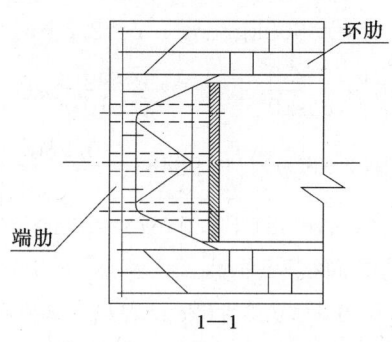

1—1

图 10 -30　端肋构造钢筋配置图

沿隧道纵向长度范围内也有所不同。装配式隧道衬砌建造在这种地层内，就会引起隧道纵向变形，由于装配式隧道衬砌接缝密封情况不好，引起隧道底部漏水漏泥，从而产生隧道不均匀沉降和环面的相互错动。此外，隧道穿越建筑物，隧道的立体交叉，盾构推进时千斤顶顶力引起的大偏心荷重，瞬时局部动荷重的作用，都会引起隧道纵向变形。衬砌的环缝构造必须满足上述的各种因素，而在环缝构造的设计中对纵向螺栓的选择是最重要的。

环缝是由钢筋混凝土管片和纵向螺栓两部分组成。

环缝的综合伸长量　　　　　　$\Delta l = \Delta l_1 + \Delta l_2$

管片伸长量　　　　　　　　　$\Delta l_1 = \dfrac{M l_1}{E_1 W_1}$

纵向螺栓伸长量　　　　　　　$\Delta l_2 = \dfrac{M l_2}{E_2 W_2}$

式中　l_1、E_1、W_1——分别为衬砌环宽(m)、弹性模量(MPa)、截面模量(m)；

　　　l_2、E_2、W_2——分别为纵向螺栓的长度（m）、弹性模量（MPa）、截面模量（m³）。

环缝的合成刚度为：

$$(EW)_{(合)} = \frac{M(l_1 + l_2)}{\Delta l} = \frac{M(l_1 + l_2)}{\dfrac{M l_1}{E_1 W_1} + \dfrac{M l_2}{E_2 W_2}} = \frac{l_1 + l_2}{\dfrac{l_1}{E_1 W_1} + \dfrac{l_2}{E_2 W_2}}$$

环缝的合成抗弯强度为：

$$M_{(合)} = (EW)_{(合)} \cdot \varepsilon_{(合)}$$

式中　　　　　　$$\varepsilon_{(合)} = \frac{\Delta l_{(合)}}{l_{(合)}} = \frac{l_1\varepsilon_1 + l_2\varepsilon_2}{l_1 + l_2}$$

$$\varepsilon_2 = \frac{\sigma_2}{E_2}, \ \varepsilon_1 = \varepsilon_2 \frac{E_2 W_2}{E_1 W_1}$$

【例题 10-1】如图 10-31 所示求：

（1）16 只纵向螺栓的抗弯强度（不按合成断面考虑）。已知：M30 纵向螺栓，45 钢，$A_g = 5.19\text{cm}^2$，$R_g = 3600\text{kg/cm}^2$，$r = 2.84\text{m}$。

$$M = 4A_g r R_g \left(\cos 10° + \frac{\cos 30°}{\cos 10°}\cos 30° + \frac{\cos 60°}{\cos 10°}\cos 60° + \frac{\cos 80°}{\cos 10°}\cos 80° \right)$$

$$= 4 \times 5.19 \times 2.84 \times 3600 \times \left(0.98481 + \frac{0.866^2 + 0.5^2 + 0.1737^2}{0.9848} \right)$$

$$= 212.25 \times 10^5 \times (0.98481 + 1.0467) = 431 \times 10^5 \text{kg} \cdot \text{cm} = 431\text{t} \cdot \text{m}$$

（2）钢筋混凝土管片的纵向抗弯强度。

配纵向钢筋 $79\phi10$，$A_g = 79 \times 0.785 = 62\text{cm}^2$，$R_g = 3200\text{kg/cm}^2$（见图 10-32）。

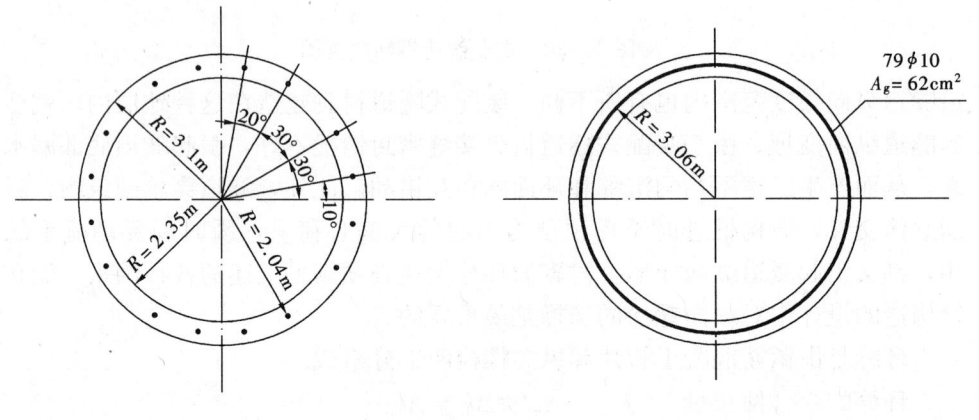

图 10-31　　　　　　　　　　　　　　　图 10-32

混凝土面积：

$$A_h = \pi(3.1^2 - 2.75^2) = 6.44\text{m}^2 = 64400\text{cm}^2$$

按环形横断面计算：

$$\alpha = \frac{\varphi}{\pi} = \frac{A_g R_g}{A_h R_w + 2A_g R_g} = \frac{62 \times 3200}{64400 \times 290 + 2 \times 62 \times 3200} = 0.0104 < 0.3$$

$$\sin\varphi = \sin\alpha\pi = \sin 0.104 \times 180° = \sin 1.872° = \sin 1°52'19'' = 0.03267$$

$$M = \left[A_h R_w \left(\frac{r_1 + r_2}{2} \right) + 2 \times A_g R_g \times r_g \right] \times \frac{\sin\varphi}{\pi}$$

$$= \left[64400 \times 290 \times \left(\frac{310 + 245}{2} \right) + 2 \times 62 \times 3200 \times 306 \right] \times \frac{0.033}{3.1416}$$

$$= 586.3 \times 10^5 \text{kg} \cdot \text{cm} = 586.3\text{t} \cdot \text{m}$$

（3）钢筋混凝土管片和纵向螺栓的合成纵向抗弯强度。

管片宽度：90cm，螺栓长度 18.5cm。

弹性模量：混凝土 $E_1 = 3.3 \times 10^5 \, \text{kg/cm}^2$

钢　　$E_2 = 2.1 \times 10^6 \, \text{kg/cm}^2$

断面模量：

混凝土　$W_1 = \dfrac{0.1 \times (6.2^4 \times 5.5^4)}{3.1} = 18.1 \text{m}^3 = 18.6 \times 10^6 \, \text{cm}^3$

螺栓

$$W_2 = \frac{n A_g r^2}{r} = 4 \times 5.19 \times 2.82^2 \left[\cos^2 10^\circ + \cos^2 30^\circ + \cos^2 68^\circ + \cos^2 80^\circ \right] / 2.84$$

$$= 1.18 \times 10^4 \, \text{cm}^3$$

$$(EW)_{(合)} = \frac{90 + 18.5}{\dfrac{90}{3.3 \times 10^5 \times 18.14 \times 10^4} + \dfrac{18.5}{2.1 \times 10^5 \times 18.14 \times 10^4}} = 142.5 \times 10^9$$

螺栓应变值：　　$\varepsilon_2 = \dfrac{3600}{2.1 \times 10^6} = 1.8 \times 10^{-3}$

混凝土应变值：

$$\varepsilon_1 = \varepsilon_2 \times \frac{l_2 E_2 W_2}{l_2 E_1 W_1} = \varepsilon_2 \times \frac{90 \times 2.1 \times 10^6 \times 1.18 \times 10^4}{18.5 \times 3.3 \times 10^5 \times 18.14 \times 10^6}$$

$$= 1.8 \times 10^{-3} \times 0.2 \times 10^{-1} = 0.36 \times 10^{-3}$$

$$\varepsilon_{(合)} = \frac{90 \times 0.36 \times 10^{-4} + 18.5 \times 1.8 \times 10^{-3}}{108.5} = 0.336 \times 10^{-3}$$

$$\therefore M_{(合)} = (EW)_{(合)} \cdot \varepsilon_{(合)} = 142.5 \times 10^9 \times 0.336 \times 10^{-3} = 480 \times 10^5 \, \text{kg} \cdot \text{cm}$$

$= 480 \text{t} \cdot \text{m}$

在近似计算出衬砌环缝所具有的纵向抗弯强度后，就可根据此容许强度来考虑适应衬砌环可能需要的要求。

关于纵向螺栓（或环缝上的凹凸榫槽）的纵向传递能力的估算。

对纵向螺栓（或环缝上的凹凸榫槽）另一个主要功能在于通过纵向螺栓的预压应力所引起的摩阻力，将邻环纵向接缝上的部分内力传到对应的衬砌断面上，这样就近似保证了衬砌圆环的匀质刚度要求。

环缝面上的摩阻力：

$$f = \mu\sigma \quad (\text{kg/cm}^2)$$

式中　　σ——由纵向螺栓在环缝面上引起的预压应力 $\sigma = \dfrac{n A_g \sigma_a}{\pi (r_{外}^2 - r_{内}^2)}$；

$n A_g$——环缝上所有纵向螺栓总面积（cm^2）；

σ_a——纵向螺栓的最后预应力值（kg/cm^2）；

$r_{外}$、$r_{内}$——衬砌圆环外、内半径值（cm）；

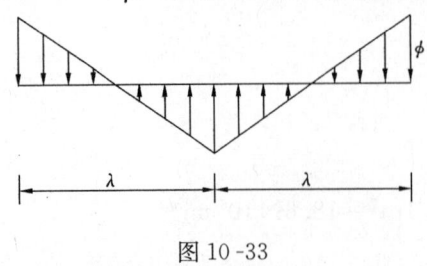

图 10-33

μ——相邻环间的摩阻系数（近似取 0.3）。

则环缝内纵向螺栓纵向传递能力（图 10-33）：

$$M = \frac{1}{2}fh \cdot \frac{1}{2}l \cdot \frac{2}{3}l = f \cdot h \cdot l^2/6$$

式中　h——衬砌厚度（cm）；

l——衬砌环管片的弦长（cm）。

【例题 10-2】 管片厚 $h=35$cm，弦长 $l=320$cm，环缝面积 $F=64400$cm^2，16 只 M30 纵向螺栓。求两侧纵向螺栓的抗弯强度。$F_a = 16 \times 5.19 = 83.2$cm^2，螺栓预压应力 $\sigma_a = 500 \sim 1000$kg/cm^2，取 1000kg/cm^2，

$\therefore$环缝面上的预压应力为：

$$\sigma = \frac{83.2 \times 10001}{64400} = 1.3\text{kg/cm}^2$$

环缝面上的摩阻力为：

$$f = \mu\sigma = 0.3 \times 1.3 = 0.39\text{kg/cm}^2 \approx 0.4\text{kg/cm}^2$$

$$\therefore M = \frac{0.4 \times 35 \times 320^2}{6} = 24\text{kg} \cdot \text{cm} = 24\text{kN} \cdot \text{m}$$

两侧纵向螺栓可传递纵向弯矩 48kN·m。

10.4　隧道防水及其综合处理

在饱和含水软土地层中采用装配式钢筋混凝土管片作为隧道衬砌，除应满足结构强度和刚度的要求外，另一重要的技术课题是完满地解决隧道防水问题，以获得一个干燥的使用环境。例如在地下铁道的区间隧道内，潮湿的工作环境会使衬砌（特别是一些金属附件）和设备加速锈蚀，隧道内的湿度增加，会使人感到不舒适。

要能比较完美地解决隧道防水的问题，必须从管片生产工艺、衬砌结构设计、接缝防水材料等几个方面进行综合处理，其中尤以接缝防水材料的选择为突出的技术关键。

隧道防水不但在隧道正常运营期间能满足预期的要求，即使在盾构施工期间，也得予以严密注意，不及时对泥、水流入隧道进行堵塞和处理，会引起较严重的隧道不均匀纵向沉陷和横向变形，导致工程事故的发生。

10.4.1　衬砌的抗渗

衬砌埋设在含水地层内，承受着一定静水压力，衬砌在这种静水压的作用下必须具有相当的抗渗能力，衬砌本身的抗渗能力在下列几个方面得到满足后才能

具有相应的保证：

(1) 合理提出衬砌本身的抗渗指标。

(2) 经过抗渗试验的混凝土的合适配合比，严格控制水灰比，一般不大于0.4，另加塑化剂以增加混凝土的和易性。

(3) 衬砌构件的最小混凝土厚度和钢筋保护层。

(4) 管片生产工艺：振捣方式和养护条件的选择。

(5) 严格的产品质量检验制度。

(6) 减少管片在堆放、运输和拼装过程中的损坏率。

10.4.2　管片制作精度

国内外隧道施工实践表明，管片制作精度对于隧道防水效果具有很大的影响。钢筋混凝土管片在含水地层中应用和发展往往受到限制，其主要原因就在于管片制作精度不够而引起隧道漏水。制作精度较差的管片，再加上拼装误差的累计，往往导致衬砌装缝不密贴而出现了较大的初始裂隙，当管片防水密封垫的弹性变形量不能适应这一初始裂隙时就出现了漏水现象。另外，管片制作精度的不够，在盾构推进过程中造成管片的顶碎和开裂，同样造成了漏水的现象。

初始缝隙量愈大，则对防水密封垫的要求愈高，也就愈难达到满足使用的要求，从已有的试验资料来看，以合成橡胶（氯丁橡胶或丁苯橡胶）为基材的齿槽形管片定型密封垫防水效果较好。在两个静水压作用下，其容许弹性变形量为2～3 mm，不致漏水，并从密封垫的构造上，周密地解决了管片角部的水密问题。要能生产出高精度的钢筋混凝土管片，就必须要有一个高精度的钢模。这种钢模必须进行机械加工。并具有足够的刚度（特别是要确保两侧模的刚度），管片与钢模的重量比为 1：2。钢模的使用必须有一个严格的操作制度。采用这种高精度的钢模时在最初生产的管片较易保证精度，而在使用一个时期之后，就会产生翘曲、变形、松脱等现象，必须随时注意精度的检验，对钢模作相应的维修和保养。国外钢模在生产了 400～500 块管片后必须检修。

从已有资料看，日本生产的管片具有 ±1mm 的精度（钢模制作精度是±0.5mm），一般精度大致在 1.5～2mm，而圆环拼装直径的误差是 ±10mm。

10.4.3　接缝防水的基本技术要求

对接缝防水材料的基本要求为：

(1) 保持永久的弹性状态和具有足够的承压能力，使之适应隧道长期处于"蠕动"状态而产生的接缝张开和错动。

(2) 具有令人满意的弹性期龄和工作效能。

(3) 与混凝土构件具有一定的粘结力。

(4) 能适应地下水的侵蚀。

环、纵缝上的防水密封垫除了要满足上述的基本要求外，还得按各自所承担的工作效能相应提出不一样的要求。环缝密封垫需要有足够的承压能力和弹性复原力，能承受均布盾构千斤顶顶力，防止管片顶碎。并在千斤顶顶力往复作用下，密封垫仍保持良好的弹性变形性能。纵缝密封垫具有比环缝密封垫相对较低的承压能力，能对管片的纵缝初始缝隙进行填平补齐，并对局部的集中应力具有一定的缓冲和抑制作用。

管片接缝除了设置防水密封垫外，根据已有的施工实践资料来看，较可靠的是在环、纵缝沿隧道内侧设置嵌缝槽，在槽内填嵌密封防水材料，要求嵌缝防水材料在大于衬砌外壁的静水压作用下，能适应隧道接缝变形达到防水的要求。嵌缝材料最好在隧道变形已趋于基本稳定的情况下进行施工。一般情况下，正在施工的隧道内，盾构推力影响不到的区段，即可进行嵌缝作业。

10.4.4   二 次 衬 砌

在目前隧道接缝防水尚未能完全满足要求的情况下，在地铁区间隧道内较多的是用双层衬砌。在外层装配式衬砌已趋基本稳定的情况下，进行二次内衬浇捣，在内衬混凝土浇筑前应对隧道内侧的渗漏点进行修补堵漏，污泥以高压水冲浇、清理。内衬混凝土层的厚度根据防水和内衬混凝土施工的需要，至少不得小于150mm，也有厚达300mm的。双层衬砌的做法不一，有在外层衬砌结构内直接浇捣两次内衬混凝土的，也有在外层衬砌的内侧面先喷筑20mm厚的找平层，再铺设油毡或合成橡胶类的防水层，在防水层上浇筑内衬混凝土层的。

内衬混凝土一般都采用混凝土泵再加钢模台车配合分段进行，每段大致为8～10m左右。内衬混凝土每24h进行一个施工循环。使用这种内衬施工方法往往使隧道顶拱部分混凝土质量不易保证，尚需预留压浆孔进行压注填实。一般城市地下铁道的区间隧道大都采用这种方法。

除了上述方法外，也有用喷射混凝土进行二次衬砌。

10.4.5   其   他

隧道防水还有其他的一些附加措施可以采用，诸如隧道外围的压浆以及地层注浆等，视不同情况予以采用。

10.5   盾构新型管片衬砌形式简介

10.5.1   双圆盾构管片衬砌

在城市中修建地铁隧道时，需要同时设置上行线和下行线。上、下行线间距一般较为接近，通常将它们分别设于两条平行隧道或集中设于一条大直径隧道内，具有土方开挖量大、衬砌材料多、工程造价高且施工工期长等缺点。采用双圆盾构施工，则可克服以上不足，一方面可提高施工效率，缩短施工工期，另一方面可减小开挖面积，降低工程造价。

在上海轨道交通杨浦线（M8 线）工程建设中，由于受工期、工况条件等制约，其中有三段区间（开鲁路站-嫩江路站-翔殷路站-黄兴绿地站）累计约2.688km 隧道，在国内首次采用双圆衬砌结构。隧道结构采用预制钢筋混凝土管片，错缝拼装。管片纵、环向连接采用球墨铸铁预埋手孔结合短螺栓形式，纵、环向螺栓尺寸为 M27。接缝防水均采用遇水膨胀橡胶止水条。每环由圆形管片 A（8 块）、大海鸥形管片 B（1 块）、小海鸥形管片 C（1 块）及柱形管片 D（1 块）共 11 块管片构成。管片内径 $\phi 5700mm$，外径 $\phi 6300mm$，环宽 1200mm，中心间距 4600mm，如图 10 -34 所示。

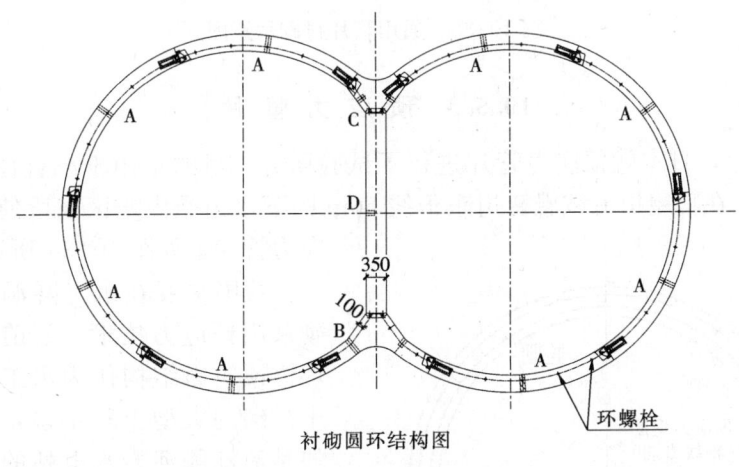

衬砌圆环结构图

图 10 -34　双圆管片衬砌

10.5.2　通 用 管 片 衬 砌

所谓通用管片（universal segment），就是所有的管片环形式只有一种，它既可用在直线段，如图 10 -35 所示；也可用在曲线段，而不像普通的管片形式将这两者加以区分，需要在曲线段单独设置楔形环。由于我国的盾构法隧道技术发展起步较晚，通用管片在工程实际中应用还较少，主要应用的工程有上海某输水管道，建设中的上海崇明通道隧道段，深圳已建成的地铁一期工程第 7 标段（盾构区间隧道）。目前在国内采用的 2 种主流管片环形式是：（1）左转环＋直线环＋右转环；（2）左转环＋右转环。

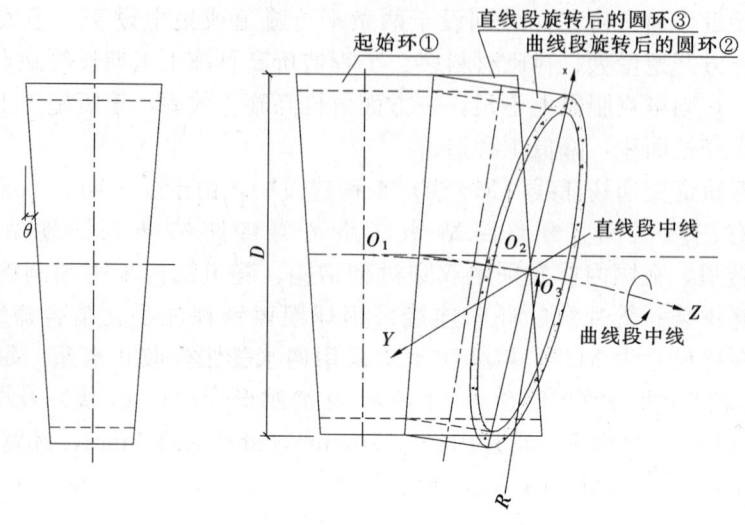

图 10-35　通用管片衬砌示意图

10.5.3　预 应 力 管 片

2001 年，日本就预应力管片进行了试验研究，目的是用于小直径、受内压的隧道，并在寝屋川流域恩智川东干线 50m 的下水道受内压区间段使用预制预应力管片，如图 10-36 所示。

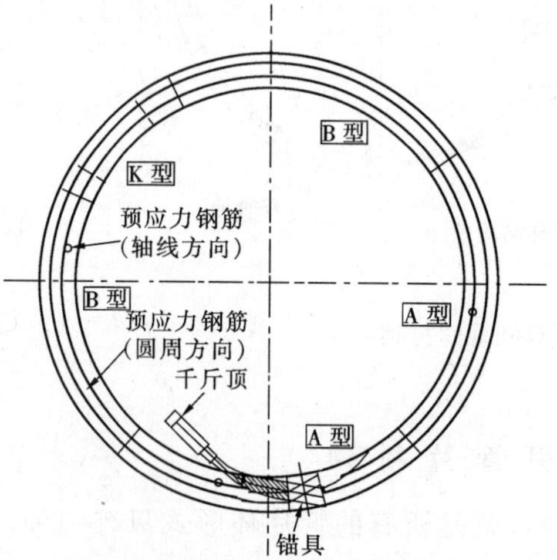

我国主要在水工隧洞混凝土衬砌采用预应力技术。目前我国采用环锚预应力结构作为水工隧洞混凝土衬砌的大型工程不多，较为重要的是清江隔河岩水电站的 4 条引水隧道和广西天生桥水电站的引水隧洞，第三个就是小浪底工程的 3 条排沙洞。

目前，预应力管片在地下铁路、公路隧道的应用尽管还没有应用的实例，其可行性还在研究之中，但其应用前景应该是乐观的。

图 10-36　预应力衬砌示意图

10.5.4　钢纤维复合管片

钢纤维混凝土（Steel Fiber Reinforced Concrete，简称 SFRC）是 20 世纪 70 年代发展起来的新型复合建筑材料。具有优良的物理、力学性能，与普通混凝土相比，其抗拉、抗弯强度及耐磨、耐冲击、耐腐蚀、耐疲劳性、韧性和抗爆等性能可得到提高，在国内外得到广泛应用。

钢纤维混凝土在盾构法隧道中的应用虽然近年来才开始，但是在国外已经推广应用。SFRC 的独特性能使得其可以较好地弥补前述钢筋混凝土管片的缺点，由于 SFRC 的纤维有效地改善了结构内部受力，使其损坏率明显下降；SFRC 就可以确保构件优异的抗裂性；此外，采用 SFRC 对老隧道进行修补、加固，或用于复合衬砌内衬，都具有显而易见的优越性。第一个钢纤维混凝土管片衬砌工程是在 1989 年在意大利西西里建造的供水隧道，此项工程约 4.8km。随后法国、德国、英国、日本等国家相继在地铁隧道和输水管道等方面进行工程实践，管片形式由有筋发展到无筋。从既有工程实践来看，其技术和经济效益都达到了预期要求。

10.6　算　例

某隧道的外径为 11.2m，内径为 10.1m，覆土深度为 21.2m。地下水位考虑在地面以下 1m 处。隧道内设置一道下拉杆，以加强抵抗特殊荷载的结构能力。隧道两侧土壤介质的内摩擦角 $\varphi = 17.5°$。隧道在基本使用阶段不考虑下拉杆的结构作用；当在承受基本使用阶段荷载和特殊荷载组合阶段时，则考虑下拉杆作用（图 10-37），试进行衬砌内力计算和设计。

基本使用阶段：

重心 z（图 10-38）：

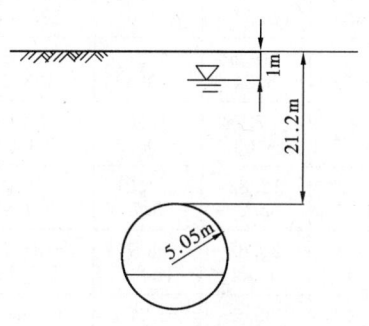

图 10-37　计算简图

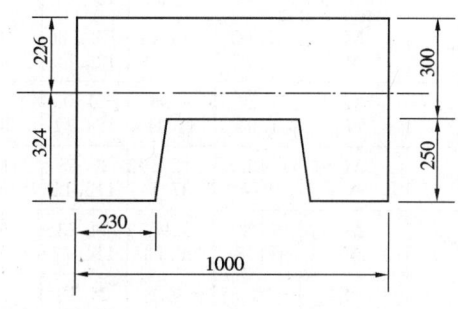

图 10-38　重心计算图

$$z = \frac{30 \times 100 \times 40 + 2 \times 23 \times 25 \times 12.5}{30 \times 100 + 2 \times 23 \times 25} = 32.4\text{cm}$$

计算半径 r：

$$r = 5.05 + 0.324 = 5.374\text{m}$$

基本使用荷载＋特殊荷载组合阶段：

考虑在外层管片内部再行敷设 200mm 厚内衬钢筋混凝土层（见图 10-39）。

计算半径 r：

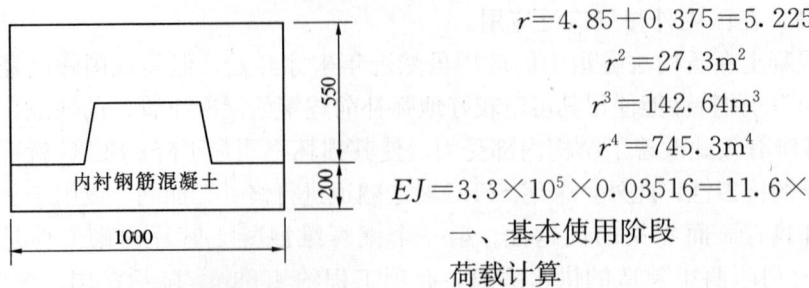

图 10-39　内衬钢筋混凝土层

$$r = 4.85 + 0.375 = 5.225\text{m}$$
$$r^2 = 27.3\text{m}^2$$
$$r^3 = 142.64\text{m}^3$$
$$r^4 = 745.3\text{m}^4$$
$$EJ = 3.3 \times 10^5 \times 0.03516 = 11.6 \times 10^4 \ (\text{t} \cdot \text{m}^2)$$

一、基本使用阶段

荷载计算

1. 垂直荷载

$$q = 1 \times 1.8 + 20.2 \times 0.8 = 18 + 16.16 = 18\text{t/m}^2$$

2. 均布侧载

$$p_1 = 18 \times \tan^2\left(45 - \frac{17.5}{2}\right) = 18 \times 0.5376 = 9.68\text{t/m}^2$$

3. 三角形侧载

$$p_2 = 10.56 \times 0.8 \times 0.5376 = 4.54\text{t/m}^2$$

4. 自重

$$g = 2.6 \times 0.55 = 1.43\text{t/m}^2$$

计算的 M、N 见表 10-10。

M、N 表　　　　　　　表 10-10

截　面	内　力	自　重 q	⊥荷重 q	水　压 ω	均布侧压 p_1	≥侧压 p_2	地层反力 K	拱背荷重 G	每米内力
0°	M (t·m)	20.65	155.43	−38.8	−69.9	−13.77	−21.2	4.56	36.97
	N (t)	−4	−10.25	130.21	52.02	7.64	8.53	−1.01	183.14
15°	M	18.02	136.14	−34.86	−60.41	−12.37	−19.65	4.21	31.08
	N	−3.5	−3.42	126.86	48.54	7.37	8.24	−0.89	183.2
45°	M	5.84	9.36	−7.09	0	−2	−7.78	1.66	0.01
	N	1.94	41.11	124.31	25.53	5.05	6.03	−0.33	203.64
75°	M	−15.8	−127.92	30.55	60.41	13.94	12.82	−4.21	−30.21
	N	8.7	87.6	115.11	3.48	1.11	2.2	3.7	221.9
90°	M	−22.5	−159.59	44.23	69.9	16.39	24.62	−6.77	−33.72
	N	11.8	96.73	114.77	0	0	0	4.89	228.19
135°	M	−12.87	−46.31	24.18	0	2	38.5	−2.84	2.66
	N	15.08	75.65	118.5	25.5	7.17	−22.7	4.2	233.4
180°	M	61.94	305.15	−116.4	−69.9	−19.01	−145.8	14.55	30.53
	N	4	10.25	144.65	52.02	16.76	−8.53	1.02	220.17

5. 拱背荷载

$$G = 2 \times \left(1 - \frac{\pi}{4}\right)r^2 \cdot r = 0.43r^2 \cdot r = 0.43 \times 28.88 \times 0.8 = 9.9\text{t/m}$$

6. 拱底反力

$$K = 18 + \pi \times 1.43 - \frac{\pi}{2} \times 5.37 + \left(1 - \frac{\pi}{4}\right) \times 5.37 \times 0.8 = 15\text{t/m}^2$$

二、特殊荷载作用下的内力计算

$$M_1 = 1$$

$$M_2 = -r\cos\varphi$$

$\varphi \leqslant \theta$ 时，$M_3 = 0$

$\theta < \varphi \leqslant \pi$ 时，$M_3 = r(\cos\theta - \cos\varphi)$

式中 $\theta = 106.7°$

$$\sin\theta = 0.958，\sin^2\theta = 0.918，\sin^3\theta = 0.879$$

$$\cos\theta = -0.287，\cos^2\theta = 0.0824，\cos^3\theta = -0.024$$

$$\pi - \theta = 3.1416 - 1.8617 = 1.28$$

拉杆长度 $= \sqrt{5.225^2 - 1.5^2} = 5.005\text{m}$（半根拉杆）

设拉杆采用 2M42

$$E_a F_a = 2.1 \times 10^6 \times 2.1^2 \times \pi = 29.09 \times 10^6 \ (\text{kg}) = 29.1 \times 10^3 \ (\text{t})$$

$$\frac{EJl}{E_a F_a} = \frac{11.6 \times 10^4 \times 5.005}{2.91 \times 10^4} \approx 20$$

计算半径　$r = 5.225\text{m}$　　　　$r^2 = 27.3\text{m}^2$

$r^3 = 142.64\text{m}^3$　　　　$r^4 = 745.3\text{m}^4$

单位变位

$$\delta_{11} = \pi r / EJ$$

$$\delta_{22} = \pi r^3 / 2EJ$$

$$\delta_{33} = \frac{r^3}{EJ}\left[\cos^2\theta(\pi - \theta) + 1.5\cos\theta\sin\theta + \frac{1}{2}(\pi - \theta)\right] = 0.3331 r^3 / EJ$$

$$\delta_{12} = \delta_{21} = 0$$

$$\delta_{13} = \delta_{31} = \frac{r^2}{EJ}\left[\cos\theta(\pi - \theta) + \sin\theta\right] = 0.59 r^2 / EJ$$

$$\delta_{23} = \delta_{32} = \frac{r^3}{EJ}\left[1.5\sin\theta\cos\theta + \frac{1}{2}(\pi - \theta)\right] = 0.5 r^3 / EJ$$

$$\delta_{33} = \frac{r^3}{EJ}\left[\cos^2\theta(\pi - \theta) + 1.5\cos\theta\sin\theta + \frac{1}{2}(\pi - \theta)\right] = 0.3331 r^3 / EJ$$

载变位

$$\Delta_{1q} = -\frac{r^3}{EJ}(\pi q + 3\pi p)$$

$$\Delta_{2q} = -\frac{r^4}{2EJ}(-p\pi)$$

$$\Delta_{3q} = -\frac{r^4}{EJ}\left\{\left[\cos\theta \cdot \frac{1}{2}(\pi - \theta) + \frac{1}{2}\sin\theta\cos^2\theta + \frac{1}{3}\sin^3\theta\right]q\right.$$

$$+ \left[\cos\theta(\pi - \theta) + \cos\theta\sin\theta + \cos\theta \cdot \frac{1}{2}(\pi - \theta) - \frac{1}{6}\sin\theta\cos^2\theta\right.$$

$$+ \frac{5}{3}\sin\theta + (\pi - \theta)\Big]p\Big\}$$

$$= - \frac{r^4}{2EJ}(0.149q + 2.037p)$$

解方程

$$\begin{cases} \pi r x_1 + 0.59 r^2 x_3 - r^3(\pi q + 3\pi p) = 0 \\ \dfrac{\pi r^3}{2}x_2 + 0.5 r^3 x_3 + \dfrac{\pi r^4}{2}p = 0 \\ 0.59 r^2 x_1 + 0.5 r^3 x_2 + (0.333 r^3 + 20)x_3 - \dfrac{r^4}{2}(0.149q + 2.037p) = 0 \end{cases}$$

得

$$x_1 = 18.8p + 8.8q$$
$$x_2 = 4.67p + 0.63q$$
$$x_3 = 1.7p - 2q$$

圆环各截面上的 M、N

$$0 \leqslant \varphi \leqslant \theta;$$
$$M = M_q + x_1 - x_2 Y\cos\varphi$$
$$N = N_q + x_2\cos\varphi$$
$$Q = Q_q - x_2\sin\varphi$$
$$\theta \leqslant \varphi \leqslant \pi$$
$$M = M_q + x_1 - x_2 r\cos\varphi - x_3 r(\cos Q - \cos\varphi)$$
$$N = N_q + (x_2 - x_3)\cos\varphi$$
$$Q = Q_q - (x_2 - x_3)\sin\varphi$$

不同截面位置的 M、N 值见表 10-11。

M、N 表

表 10-11

截面位置	M	N
0°	$5.5q - 5.6p$	$4.67p + 0.63q$
15°	$4.71q - 4.8p$	$4.34p + 0.96q$
45°	$0.38q - 0.36p$	$2.22p + 2.16q$
75°	$4.99q - 0.36p$	$0.21p + 5.03q$
90°	$5.15q - 4.85p$	$5.225q$
135°	$-0.1q - 0.03p$	$3.58p + 1.81q$
180°	$4.64q - 5.07p$	$4.08p + 1.37q$

设 $q = 10\text{t/m}^2$，$p = 4\text{t/m}^2$，则

截面位置	M (t·m)	N (t)
0°	$55 - 22.4 = 32.6$	$18.68 + 6.3 = 24.98$
15°	$47.1 - 19.2 = 27.9$	$17.36 + 9.6 = 26.96$
45°	$1.52 - 36 = -2.08$	$8.88 + 21.6 = 30.48$
75°	$20 - 47.9 = -27.9$	$0.84 + 50.3 = 51.14$
90°	$20.6 - 48.5 = -27.9$	52.25
135°	$-1 + 0.12 = -0.88$	$35.8 + 7.24 = 43.04$
180°	$46.4 - 20.28 = 26.12$	$16.32 + 13.7 = 30.02$

内力组合

截面位置	基本使用阶段		特殊荷载阶段		组　合	
	M (t·m)	N (t)	M (t·m)	N (t)	M (t·m)	N (t)
0°	36.97	183.14	32.6	24.98	69.57	208.12
15°	31.08	183.20	27.9	26.96	60.08	210.16
45°	0.01	203.64	−2.08	30.48	−2.07	234.16
75°	−30.21	221.9	−27.9	51.14	−58.19	273.04
90°	−33.72	228.19	−27.9	52.25	−61.62	280.44
135°	2.66	223.4	−0.88	43.04	1.78	266.44
180°	30.53	220.17	26.12	30.02	56.65	250.19

三、断面选择

(一) 接头验算

1. 负弯矩接头 (75°断面处，见图 10-40，没有考虑纵向传递)

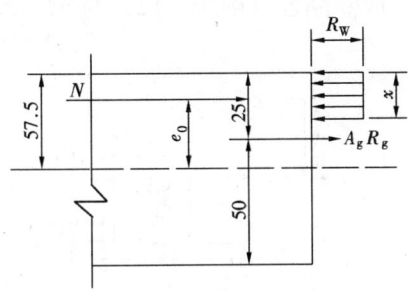

$$M = -58.19\text{t·m} \quad N = 273.04\text{t}$$

$$e_0 = \frac{M}{N} = \frac{58.19}{273.04} = 0.213\text{m}$$

求中和轴 x_T

$$\Sigma x = 0$$

图 10-40　接头验算图

$$N + A_g R_g = R_w b x$$

$$2.73 \times 10^3 + 22.8 \times 10^3 \times 3.6 = 290 \times 100 \times x$$

$$x = \frac{355.1}{29} = 12.2\text{cm} < 0.55 h_0$$

式中　A_g——为 3M36 螺栓的有效面积 $A_g = 3 \times 7.6 = 22.8\text{cm}^2$；

R_g——为 45 号钢钢材的设计强度 $R_g = 3600\text{kg/cm}^2$　$\Sigma M_{A_g} = 0$；

$$N(Ke_0 - 12.5) = 100 \times 12.2 \times 290 \times (25 - 12/2)$$

$$273 \times 10^3 \times (21.3K - 12.2) = 6780 \times 10^3$$

$$K = \frac{3410 + 6780}{5819} = 1.75$$

已满足要求 ($K \geqslant 1.1$)。

2. 正弯矩接头 (15°断面处，图 10-41)

$$M = 60.08\text{t·m}; \quad N = 210.16\text{t}$$

$$e_0 = \frac{60.08}{210.16} = 0.286\text{m}$$

求中和轴 x，则

$$\Sigma x = 0$$

$$210.16 \times 10^3 + 22.8 \times 10^3 \times 3.6 = 290 \times 100 \times x$$

$$x=\frac{291.46}{29}=10.1\text{cm}\leqslant 0.55h_0$$

$$\Sigma M_{A_g}=0$$

$$N(Ke_0+12.5)=10.1\times 100\times 290\times (50-5)$$

$$210.16\times 10^3\times (28.6K+12.5)=10.1\times 100\times 290\times 45$$

$$K=\frac{13200-2630}{6008}=\frac{10570}{6008}=1.75$$

已满足要求（$k\geqslant 1.1$）。

（二）钢筋选择

取 $0°$ 断面（图 10-42）的 M、N 进行计算：

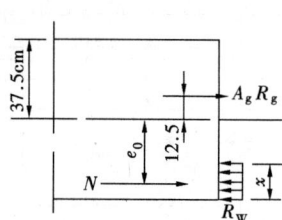

图 10-41   正弯矩接头计算图
（15°断面）

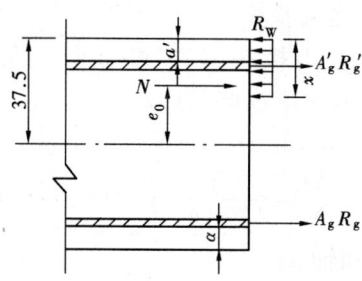

图 10-42 M 和 N 计算图（0°断面）

$$M=69.57\text{t}\cdot\text{m};\quad N=208.12\text{t}$$

$$e_0=\frac{69.57}{208.12}=0.334>0.3h_0=0.3\times 70=21\text{cm}$$

属于大偏心。

取 $k=1.1$，$a=d=5\text{cm}$

$$e=Ke_0+\frac{h}{2}-a=1.1\times 33.4+37.5-5=69.24\text{cm}$$

含 $x=0.55h_0$

求 A'_g

$$A'_g=\frac{Ne-0.4\times b\times h_0^2\times R_W}{R'_g(h_0-a')}$$

$$=\frac{208.12\times 10^3\times 69.24-0.4\times 100\times 70^2\times 290}{3400\times (70-5)}$$

$$=负值$$

$$\therefore A'_g=0.2\%\times 100\times 70=14\text{cm}^2$$

$$\Sigma M_{A_g}=0$$

$$Ne=bxR_W\left(h_0-\frac{x}{2}\right)+A'_gR'_g(h_0-a')$$

$$208.12 \times 10^3 \times 69.24 = 100 \times x \times 290 \left(70 - \frac{x}{2}\right) + 14 \times 3400 \times (70 - 5)$$

$$14410 = 2030x - 14.5x^2 + 3094$$

$$14.5x^2 - 2030x + 11316 = 0$$

$$x^2 - 140x + 780.4 = 0$$

$$x = \frac{140 - \sqrt{140^2 - 4 \times 780.4}}{2} = 6\text{cm} < 2a' = 10\text{cm}$$

对 A_g' 取矩。

$$\Sigma M_{A_g'} = 0$$

$$A_g = \frac{Ne'}{R_g(h_0 - a')} = \frac{208.44 \times 10^3 \times 4.25}{3.4 \times 10^3 \times 65} = 4\text{cm}^2$$

式中　$e = 1.1 \times 33.4 - 37.5 + 5 = 41.75 - 37.5 = 4.25\text{cm}$

$\ominus A_g < 0.2bh_0/100$

$\therefore A_g$ 取 $0.2 \times b \times h_0/100 = 14\text{cm}^2$

90°负弯矩断面处由于计算方法与 0°正弯矩断面计算方法相似，故不予重复验算。

思 考 题

1. 盾构法隧道的适用条件和特点？

2. 盾构法隧道衬砌管片形式有哪些？举出三种常见型号并简述其各自特点和使用条件？

3. 盾构法隧道结构计算模式有哪几种？各有何优劣？如何考虑接头的影响？

4. 盾构法隧道结构的水土荷载如何计算？试分析地层抗力对隧道结构内力的影响？

5. 简述几种新型管片形式的特点。

6. 盾构法圆形衬砌管片拼装方式有哪几种，各有何优缺点和适用性？

7. 盾构法隧道衬砌内力分布与管片结构的关系？

8. 盾构法隧道衬砌结构断面选择时都应验算哪些内容，在验算时都应注意什么？

9. 盾构法隧道衬砌结构的防水、抗渗都可以采取哪些措施？

计 算 题

如图 10-43 所示，为一软土地区地铁盾构隧道的横断面，由一块封顶块 K，两块邻接块 L，两块标准块 B 以及一块封底块 D 六块管片组成，衬砌外径

6200mm，厚度为 350mm，采用通缝拼装，混凝土强度为 C50，环向螺栓为 5.8 级。管片裂缝宽度允许值为 0.2mm，接缝张开允许值为 3mm。地面超载为 20kPa。试计算衬砌内力，画出内力图，并进行隧道抗浮、管片局部抗压、裂缝、接缝张开等验算及管片配筋计算。

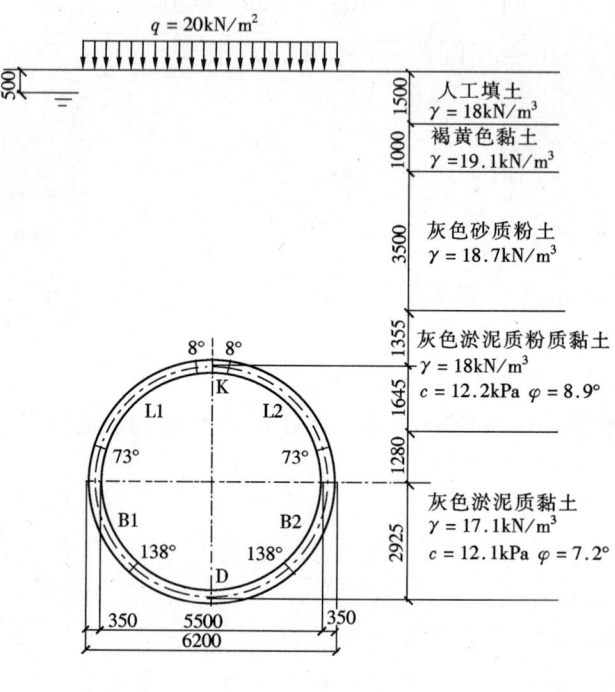

图 10-43

第11章 沉 管 结 构

11.1 概 述

公路或城市道路、地铁等遇到江河湖海、港湾时，渡越的办法很多，常见的有轮渡、桥梁、水底隧道等。这些渡越方案各有其优缺点及其适用范围，需要根据交通需要及工程水文、气候、地质条件等因地制宜地进行选择。

桥梁的主要优点是单位长度造价低，一定程度上还能为城市景观增色。传统观点一般认为：如果河道浅，则选择桥梁；如果河道深，则宜选择水底隧道。其实，桥梁跨度、桥下净空高度、引桥长度都受到水文地质条件和航道要求的制约。若水道通航孔的通行能力为 10～20 万 t 以上，就需要 50～60m 以上的桥下垂直净空，较大的净空要求必然导致引桥长度的大幅增加，这样的"高桥"，不但总造价常超过一般概念中认为比较贵的水底隧道，而且这么长的引桥、引道在市区内通过，其干扰和影响也不易妥善解决。另外桥梁的运营条件也受气候条件的影响。

在此情况下以水底隧道作为"高桥"的一种代替，一般是比较经济、合理的，且其运营可以是全天候的不受气候条件的影响；其建造作业一般不受地面土地动迁等较大外部制约而能比较有把握的确定工程的开工预期。图 11-1 为比利时安特威普港 E－3 公路（欧洲第三号国际高速公路）渡越斯凯尔特河时的桥、隧方案比较情况。

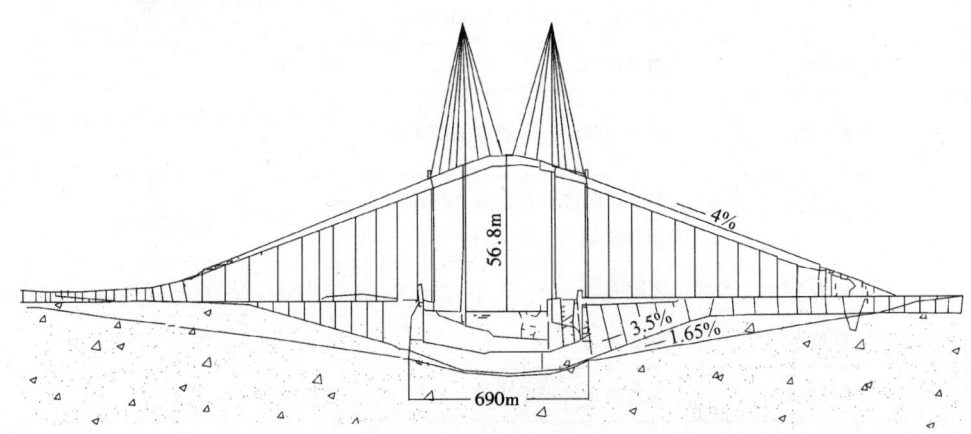

图 11-1　桥、隧方案的比较

11.1.1　水底隧道的主要施工方法

在水底隧道的施工中，如有条件构筑围堰，则以采用明挖施工最为简单，我国已有多条水底道路隧道采用这种方法施工。但在多数场合下，在通行海轮的江、河、港湾中，都没有条件构筑围堰来进行明挖施工。所以在水底隧道的施工中，较常用的是盾构法和沉管法。

一百多年来，大多数的水底隧道都用盾构法施工。但从20世纪50年代起，由于沉管法的主要技术难关相继突破，它的施工方便、防水可靠、造价便宜等优点更明显突出。所以，在近年来的水底隧道建设中，沉管法已取代了曾经保持了一百多年首居地位的盾构法。

沉管法的主要优点是：（1）隧道可紧贴河床最低点设置，隧道较短；（2）隧道主体结构在干坞中工厂化预制，因而可保持良好的制作质量和水密性；（3）对地基的适应性强；（4）接头数量少，只有管节之间的连接接头，由于采用了GINA和OMEGA止水带两道防水屏障，隧道的防水性能好。

沉管的主要缺点有：（1）需要一个占用较大场地的干坞，这在市区内有时很难实施，需在远离市区较远的地方建造干坞；（2）基槽开挖数量较大且需进行清淤，对航运和市区环境的影响较大，另外，河（海）床地形地貌复杂的情况下，会大幅增加施工难度和造价；（3）管节浮运、沉放作业需考虑水文、气象条件等的影响，有时需短期局部封航。另外，水体流速会影响管段沉放的准确度，超过一定的流速可能导致沉管无法施工。

盾构法与沉管法两种隧道修建方法的比较可归纳在表11-1中。

盾构法与沉管法优缺点对照表　　　　　　　　　表11-1

项　目	盾　构　法	沉　管　法
隧道埋深	应保持一定的覆土厚度最小宜为 $(0.6{\sim}1)\,D$，D 为隧道直径	可紧贴河床甚至高出河床
隧道长度	相对较长	相对较短
断面形状	基本为圆形，一般容纳两车道	断面形状多为矩形，可容纳4、6或更多车道
防水性能	纵、环向接头数量多、防水性能相对较差	接头数量少，防水性能好
对航运影响	无影响	有影响
水文、气象条件	不受限制	要考虑水文、气象条件影响
地质条件影响	与地质条件密切相关	较弱地层均可适应
施工期间对地面的影响	可能产生地面变形	施工期岸边隧道开挖有影响

11.1.2 沉 管 隧 道 施 工

（一）沉管施工法简介

沉管施工法，亦曾称为预制管段施工法、沉放施工法等，其一般施工工艺流程如图 11-2（a）所示。施工时，先在隧址以外建造临时干坞，在干坞内制作钢筋混凝土的隧道管段（道路隧道用的管段每节长 60～140m，目前最长的达 268m，但多数是 100m 左右），两端用临时封墙封闭起来。制成后向临时干坞内灌水，使管段逐节浮出水面，并用拖轮拖运到指定位置。这时于设计隧位处，已预先挖好一个水底沟槽。待管段定位就绪后，向管段里灌水压载，使之下沉至预定的位置。然后把这些沉设完毕的管段在水下连接。最后进行基础处理，经覆土回填后，便筑成了隧道。用这种施工方法建设的水底隧道称为沉管隧道（图 11-2b）。

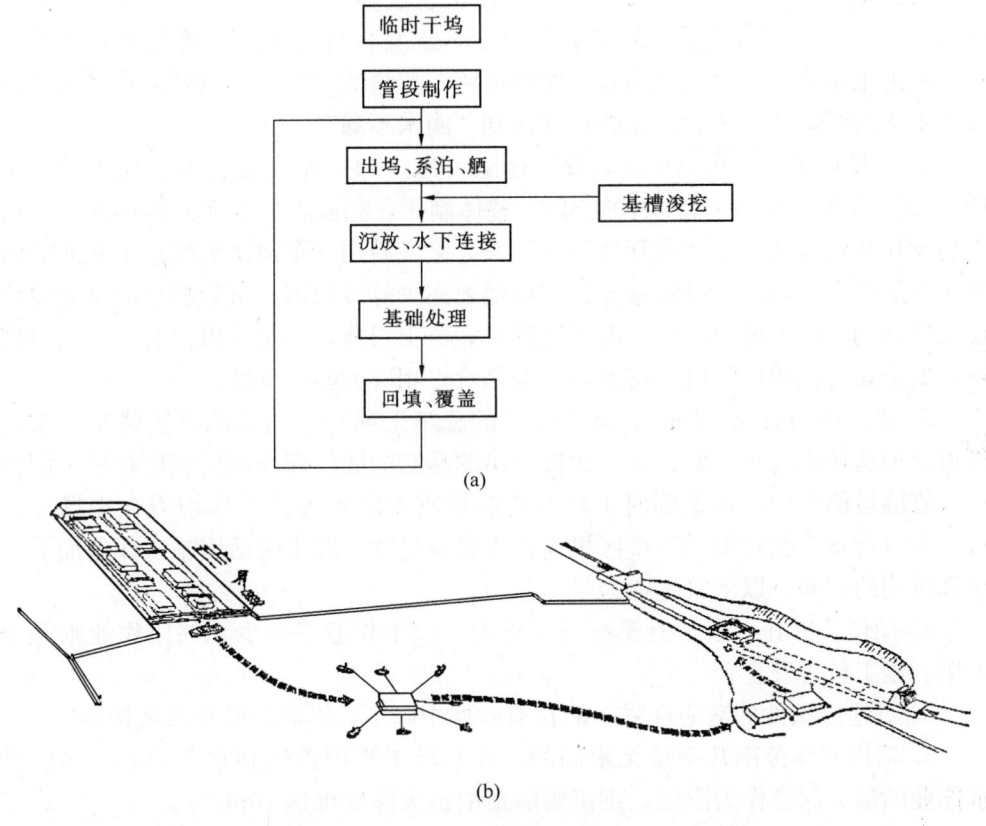

(a)

(b)

图 11-2　沉管施工法
(a) 沉管隧道的施工工艺流程图；(b) 沉管施工场景图

水底沉管隧道已有较久的历史。最初是在 19 世纪末应用于下水道工程中。到 20 世纪初，逐渐向大型管段发展，并开始用于交通隧道中。1906 年首先应用于水底铁路隧道的建设。以后于 1925 年开始用在水底道路隧道中。但由于沉管施工中的几个主要技术关键问题未得到妥善的解决，因此几十年来一直未被广泛采用。20 世纪 50 年代起，由于水下连接等关键技术的飞跃性突破，沉管隧道乃得以前所未有的速度，在水底隧道的建设中，被普遍地推广。目前不但已成为水底隧道的最主要的施工方法，而且还被应用于陆上的地下铁道工程中（例如荷兰鹿特丹市的地下铁道）。

（二）沉管隧道的特点

采用沉管法施工的水底隧道有很多特点是其他施工方法所没有的：

1. 隧道的施工质量容易控制。首先，预制管段都是在临时干坞里浇筑的，施工场地集中，管理方便，沉管结构和防水层的施工质量均比其他施工方法易于控制。其次，需在隧址现场施工的隧管接缝非常少，漏水的机会亦相应地大为减少。例如，同样一段 100m 长的双车道水底隧道中。如用盾构法施工，则需于现场处理的施工接缝长达 4730m 左右。如用沉管法施工，则仅 40m 左右。两者的比例为 118:1，漏水机会自然成百倍减少，况且，自从水底沉管隧道施工中采用了水力压接法以后，大量的施工实践证明，接缝的实际施工质量（包括竣工时以及不均匀沉降产生之后）能够保证达到"滴水不漏"。

2. 建筑单价和工程总价均较低。这是因为：（1）水上挖土单价比地下挖土低；（2）每节长达 100m 左右的管段，整体制作，完成后从水面上整体拖运，所需的制作和运输费用比大量管片分块制作，完成后用汽车运送到隧址工地所需的费用要低得多；（3）接缝数量少，费用随之亦少等等原因，沉管隧道的延米单价也就比盾构隧道为低。此外，由于沉管所需覆土很薄，甚至可以没有，水底沉管隧道的全长总比盾构隧道短得多，工程总价也相应大幅度降低。

3. 隧位现场的施工期短。沉管隧道的总施工期短于用其他方法建筑的水底隧道，但这还不是其主要特点。比较突出的是它的隧位现场施工期比较短。因为在沉管隧道施工中，筑造临时干坞和浇制预制管段等大量工作均不在现场上进行，所以现场工期较短。在市区里建设水底隧道时，城市生活因施工作业而受干扰和影响的时间，以沉管隧道为最短。

4. 操作条件好。基本上没有地下作业，水下作业亦极少，气压作业则完全不用。施工较为安全。

5. 对地质条件的适应性强，能在流砂层中施工，不需特殊设备或措施。

6. 适用水深范围几乎是无限制的，在实际工程中曾达到水下 60m，如以潜水作业的最大深度作为限度，则沉管隧道的最大深度可达 70m。

7. 断面形状选择的自由度较大，断面空间的利用率较高。一个断面内可容纳 4～8 个车道。

8. 水流较急时，沉设困难，须用作业台施工。

9. 施工时须与航道部门密切配合，采取措施（如暂时的航道迁移等）以保证坑道畅通。

11.1.3　沉管隧道的设计

水底道路用的沉管隧道，设计内容较多，涉及面较广，主要有：总体几何设计；结构设计；通风设计；照明设计；内装设计；给排水设计；供电设计；运行管理设施设计等。其中总体几何设计非常重要，常是决定隧道工程设计成败的一个关键。总体几何设计的构思是否先进，对整个工程的经济性和合理性常带来根本性的影响。绝不能简单地把工程能否建成、通车，视作衡量设计成败的准绳。

20 世纪 60 年代以后的水底道路隧道，都十分注意总体几何设计的革新。总是千方百计地降低覆盖率，把洞口建筑尽可能地移近水边（有的工例甚至把洞口移到河中）。虽然增加了引道的支挡建筑高度，使引道的设计和施工增添不少麻烦，同时也增加

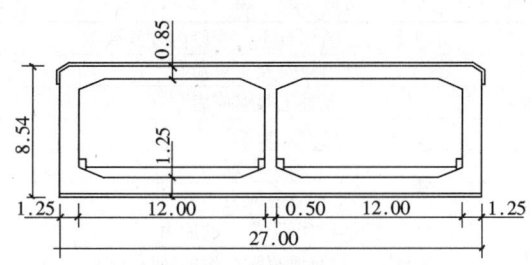

图 11-3　沉管隧道的断面

了局部工程费用，但却带来了通风方式的根本性变革。许多 20 世纪 60 年代和 70 年代建成的水底隧道，在隧管中不再设置风道（图 11-3），甚至连通风机房也省掉了。不论是土建费或设备费，建设费或运行费都得到大幅度的降低，这不能不引起高度重视。

11.2　沉管结构的设计

11.2.1　沉管结构的类型

沉管结构有两种基本类型：钢壳沉管和钢筋混凝土沉管。

钢壳沉管为外壁或内外壁均为钢壳，中间为钢筋混凝土或混凝土，钢壳和混凝土共同受力的复杂结构。它的特点是钢壳在船坞内预制，下水后浮在水面浇灌钢壳内的大部分混凝土，钢壳既是浇灌混凝土的外模板又是隧道的防水层，省去了钢筋混凝土管段预制所需的干坞工程。但是隧道耗钢量大，钢壳制作的焊接工作量大，防水质量难以保证；钢壳的防腐蚀、钢壳与混凝土组合结构受力等问题不易得到较好解决，且施工工序复杂；钢壳沉管由于制造工艺及结构受力等原因，断面一般为圆形，每孔一般只能容纳两车道，断面利用率很低、不经济。

钢筋混凝土沉管主要由钢筋混凝土组成，外涂防水涂料。沉管预制一般在干坞内进行，临时干坞工程量较大；管段预制时须采取严格的施工措施防止混凝土产生裂缝。但与钢壳管段相比，钢筋混凝土沉管用钢量少，造价相对较低。钢筋

混凝土管段一般采用矩形断面，因而断面利用率高，多管孔可随意组合。

11.2.2 沉管结构的荷载

作用在沉管结构上的荷载计有：结构自重、水压力、土压力、浮力、施工荷载、预应力、波浪和水流压力、沉降摩擦力、车辆活载、沉船荷载、地基反力、混凝土收缩影响、变温影响、不均匀沉陷影响、地震荷载等，见表 11-2。

沉 管 荷 载 表　　　　　　　　　　　表 11-2

序号	荷 载 类 型	横　向	纵　向
1	水土压力、结构自重、管段内外压载重	★	★
2	管内建筑及车辆荷载	★	★
3	混凝土收缩应力	★	
4	浮力、地基反力	★	★
5	施工荷载	★	★
6	温差应力	★	★
7	不均匀沉降产生的应力		★
8	沉船抛锚及河道疏浚产生的特殊荷载	★	★
9	地震荷载	★	★

注：1. 表中"★"标记表示作用有该种荷载；

2. 表中 1、2、3、4 项为基本荷载；5、6、7 为附加荷载；8、9 为偶然荷载。

在上述荷载中，只有结构自重及其相应的地基反力是恒载。钢筋混凝土的重度可分别按 24.6kN/m^2（浮运阶段）及 24.2kN/m^3（使用阶段）计算。至于路面下的压载混凝土的重度，则由于密实度稍差，一般可按 22.5kN/m^2 计算。

作用在管段结构上的水压力，是主要荷载之一。在覆土较小的区段中，水压力常是作用在管段上的最大荷载。设计时要按各种荷载组合情况分别计算正常的高、低潮水位的水压力，以及台风时或若干年一遇（如 100 年一遇）的特大洪水位的水压力。

土压力是作用在管段结构上的另一主要荷载，且常不是恒载。例如，作用在管段顶面上的垂直土压力（土荷载），一般为河床底面到管段顶面之间的土体重量。但在河床不稳定的场合下，还要考虑河床变迁所产生的附加土荷载。作用在管段侧边上的水平土压力，也不是一个常量。在隧道刚建成时，侧向土压力往往较小，以后逐渐增加，最终可达静止土压力。设计时应按不利组合分别取用其最小值与最大值。

作用在管段上的浮力，也不是个常量。一般来说，浮力应等于排水量，但作用于沉放在黏性土层中的管段上的浮力，有时也会由于"滞后现象"的作用而大于排水量。

施工荷载主要是端封墙、定位塔、压载等重量。在进行浮力设计时，应考虑施工荷载。在计算浮运阶段的纵向弯矩时，施工荷载将是主要荷载。如果施工荷载所引起的纵向负弯矩过大，则可调整压载水罐（或水柜）的位置来抵消一部分弯矩。

波浪力一般不大，不致影响配筋。水流压力对结构设计影响亦不大，但必须通过进行水工模拟试验予以确定，以便据以设计沉没工艺及设备。

沉降摩擦力是在覆土回填之后，沟槽底部受荷不均，沉降亦不均的情况下发生的。沉管底下的荷载比较小，沉降亦小，而其两侧荷载较大，沉降亦大；因而，在沉管的侧壁外侧就受到这种沉降摩擦力的作用

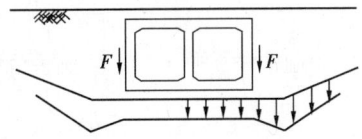

图 11-4　沉降摩擦力

（图 11-4）。如在沉管侧壁防水层之外再喷涂一层软沥青，则可使此项沉降摩擦力大为减小。

车辆活载在进行横断面结构分析时，一般是略去不计的。在进行道路隧道的纵断面结构分析时，亦常略去不计。

沉船荷载是船只失事后恰巧沉在隧道顶上时，所产生的特殊荷载。这种荷载究竟有多大，应视船只的类型、吨位、装载情况、沉没方式、覆土厚度、隧顶土面是否突出于两侧河床底面等等许多因素而定，因而在设计时只能作假设的估定，而不能统作规定。在以往的沉管设计中，常假定为 $50 \sim 130 \text{kN/m}^2$ 左右。近年来对计算这项荷载的必要性，也有不同的看法，因其发生的机率实在太小，犹如设计地上建筑时没有必要考虑飞机的失事荷载一样。

地基反力的分布规律，有不同的假定：

（1）反力按直线分布；

（2）反力强度与各点地基沉降量成正比（文克尔氏假定）；

（3）假定地基为半无限弹性体，按弹性理论计算反力。

在按文克尔氏假定设计时，有采用单一地基系数的，亦有采用多种地基系数的。日本东京港第一航道水底道路隧道，在设计时考虑到沉管底宽较大（37.4m），基础处理会有不匀之处，因而既采用了单一地基系数计算，亦采用了不同组合的多地基系数计算，然后作出内力包络图（图 11-5）。

混凝土收缩影响系由施工缝两侧不同龄期混凝土的（剩余）收缩差所引起，因此应按初步的施工计划，规定龄期差并设定收缩差。

变温影响主要由沉管外壁的内外侧温差所引起。设计时可按持续 5～7 天的最高气温或最低气温计算。计算时可采用日平均气温，不必按昼夜最高或最低气温计算。计算变温应力时，还应考虑徐变影响。

管段计算应根据管段在预制、浮运、沉设和运营等各不同阶段进行荷载组合，荷载组合一般考虑以下三种：

（1）基本荷载；

（2）基本荷载＋附加荷载；

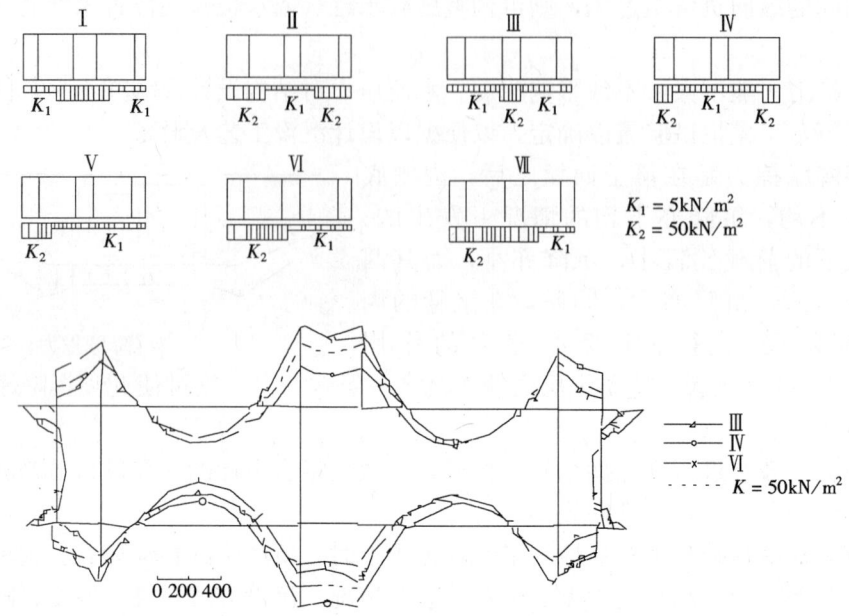

图 11-5   地基反力假设的一例

（3）基本荷载＋偶然荷载。

11.2.3   沉管结构的浮力设计

在沉管结构设计中，有一个与其他地下建筑迥然不同的特点，就是必须处理好浮力与重量间的关系，这就是所谓的浮力设计。浮力设计的内容包括干舷的选定和抗浮安全系数的验算，其目的是最终确定沉管结构的高度和外廓尺寸。

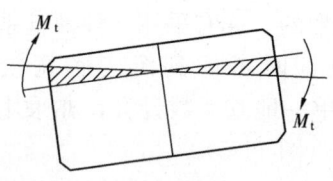

图 11-6   管段的干舷与反倾力矩

（一）干舷

管段在浮运时，为了保持稳定，必须使其管顶露出水面，露出的高度就称作为干舷。具有一定干舷的管段，遇到风浪而发生倾侧后，它就会自动产生一个反倾力矩 M_t（图 11-6），使管段恢复平衡。

一般矩形断面的管段，干舷多为 10～15cm，而圆形、八角形或花篮形断面的管段（图 11-7），则因顶宽较小，故干舷高度多采用 40～50cm。干舷高度不宜过小，否则稳定性差。但也不宜过大，因为管段沉设时，首先要灌注一定数量的压载水，以消除上述干舷所代表的浮力而下沉。干舷越大，所需压载水罐（或水柜）的容量就越大。因此，干舷过大就不经济。

在极个别的情况下，由于沉管的结构厚度较大，无法自浮（即没有干舷），则须于顶部设置浮筒助浮，或在管段顶上设置钢围堰，以产生必要的干舷。

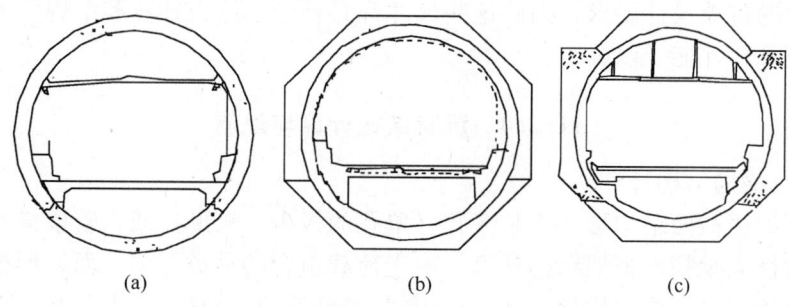

图 11-7　圆形、八角形和花篮形断面

(a) 圆形；(b) 八角形；(c) 花篮形

在制作管段时，混凝土的重度和模板尺寸，总不免有一定幅度的变动和误差，同时，在涨潮、落潮以及各不同施工阶段中，河水比重也会有一定幅度的变动。所以，在进行浮力设计时，应按最大的混凝土重度，最大的混凝土体积和最小的河水密度来计算干舷。

(二) 抗浮安全系数

在管段沉设施工阶段，应采用 1.05～1.10 的抗浮安全系数。由于在管段沉设完毕，进行抛土回填时，周围的河水会一时混浊起来，其密度将大于原来的河水密度，浮力亦即相应增加。因此，施工阶段的抗浮安全系数，务必确保在1.05 以上，否则很易导致"复浮"、使施工遭受麻烦。施工阶段的抗浮安全系数，应针对覆土回填开始前的情况进行计算。因此，临时安设在管段上的施工设备（如索具、定位塔、出入筒、端封墙等）的重量，均应不计。

在覆土完毕后的使用阶段，应采用 1.2～1.5 的抗浮安全系数。计算使用阶段的抗浮安全系数时，可考虑两侧填土的部分负摩擦力作用。

进行抗浮设计时，应按最小的混凝土容重和体积，最大的河水比重来计算各个阶段的抗浮安全系数。

(三) 沉管结构的外轮廓尺寸

根据沉管隧道使用阶段的通风要求及行车限界等确定隧孔的内净宽度，以及车行道净空高度。而沉管结构（图 11-8）的全高以及其他外廓尺寸的确定必须

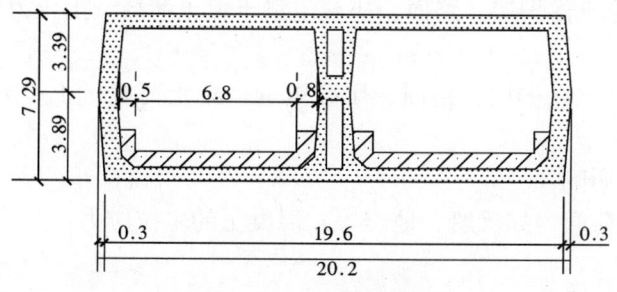

图 11-8　沉管的结构

满足沉管的抗浮设计要求，因此这些尺寸都必须经过浮力计算和结构分析的多次试算与复算，才能予以确定。

11.2.4 沉管结构计算与配筋

（一）横向结构计算

沉管的横截面结构形式多是多孔（单孔的极少）箱形框架，管段横断面内力一般按弹性支承箱形框架结构计算。由于荷载组合的种类较多，而箱形框架的结构分析必须经过"假定构件尺寸-分析内力-修正尺寸-复算内力"的几次循环，而且即使在同一节管段（一般为 100m 长）中，因隧道纵坡和河底标高变化的关系，各处断面所受水、土压力不同（尤其是接近岸边时，荷载常急剧地变化），不能仅按一个横断面的结构分析结果来进行整节管段的横向配筋。因此计算工作量一般都非常大。但自从计算机普及之后，这已不成问题，利用一般平面杆系结构分析的通用程序，就可迅速地得到解决。

（二）纵向结构计算

施工阶段的沉管纵向受力分析，主要是计算浮运、沉设时施工荷载（定位塔、端封墙等）所引起的内力。使用阶段的纵向受力分析，一般按弹性地基梁理论进行计算。沉管隧道纵断面设计需要考虑温度荷载和地基不均匀沉降以及其他各种荷载，根据隧道性能要求进行合理组合。

（三）结构验算及配筋

沉管结构的截面和配筋设计，应遵照交通部《公路桥涵设计规范》进行。

沉管结构的混凝土 28 天强度等级，宜采用 C30～C45。采用较高的强度等级，主要是为了抗剪的需要。设计时可根据施工进度计划的安排，尽量充分利用后期强度。在干坞规模较小，需分批浇筑时，尤可按更长的龄期计算。沉管结构在外防水层保护下的最大容许裂缝宽度为 0.15～0.2mm，因此不宜采用Ⅲ级或Ⅲ级以上的钢筋。钢筋的容许应力一般限于 135～160MPa，设计时采用的容许应力可按不同的荷载组合条件，分别加以相应的提高率：

a. 结构自重＋保护层、路面、压载重量＋覆土荷载＋土压力＋高潮水压力

0%

b. 结构自重＋保护层、路面、压载重量＋覆土荷载＋土压力＋低潮水压力

0%

c. 结构自重＋保护层、路面、压载重量＋覆土荷载＋土压力＋台风时或特大洪水位水压力   30%

d. A＋变温影响   15%

e. A＋特殊荷载（如沉船、地震等）混凝土的主拉应力   30%

其他应力   50%

沉管结构的纵向钢筋，一般不应少于 0.25%。

11.2.5　预应力的应用

在一般情况下，沉管隧道多采用普通钢筋混凝土结构，这是因为沉管的结构厚度往往不是由强度决定，而是由抗浮安全系数决定，预应力的优点未能充分发挥。预应力混凝土亦有提高抗渗性的长处，但由于结构厚度大，所施预加应力不高，单纯为了防水而采用预应力混凝土结构，也不经济。

然而当隧孔跨度较大（例如车道数较多，达三车道以上），而且水、土压力又较大（例如达到 $300\sim400\text{kN/m}^2$）时，沉管结构的顶、底板受到的剪力相当可观，这时如不采用预应力，就必须放大支托。但放大后的支托是不容许侵入车边净空限界的，因此只能相应地增加沉管结构的全高度（常需为此而增加 ±1～1.5m）。而增加沉管高度的结果，必然导致：

（1）增加沉管的排水量，但为保证规定的抗浮安全系数，又要相应地增加压载混凝土的数量；

（2）增加水底沟槽的开挖深度，亦即增加浅挖土方量；

（3）增加引道深度，不但使引道的支挡结构受到更大的土压力，从而增加这部分结构的工程量，有时更会遇到其他水文地质上的困难；

（4）增加隧道全长、总工程量和总造价。

在这种情况下，采用预应力混凝土结构就可得到较经济的解决。在有的沉管隧道中，仅在河中水深最大处的部分管段中采用了预应力混凝土结构，其余的管段仍用普通钢筋混凝土结构，这样可以更经济地发挥预应力的优点。荷兰鹿特丹市的培纳勒克斯（Benelux）水底道路隧道就是一例。

在沉管结构的横断面上采用预应力时，有两种做法。一种是全预应力，一种是部分预应力。

哈瓦那市的阿尔曼德斯（Almendares）河下的水底道路隧道（建成于 1953 年）是世界上第一条采用预应力混凝土的沉管隧道。该隧道是在顶、底板的上、下二侧对称地布置直索（图11-9）。

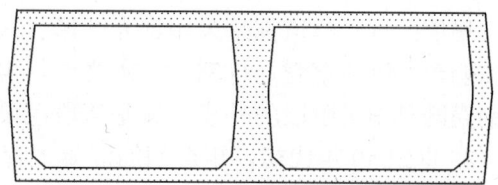

图 11-9　阿尔曼德斯隧道断

这种布索方式在荷载较大时便不经济，所以其后所有采用预应力的沉管隧道都改用了弯索。

然而，采用弯索后，又遇到另外的问题。因为沉管隧道所受的水、土压力要到沉设开始之后才陆续作用到沉管结构上去。这些水、土荷载远比沉管结构的自重大得多，有时大到十多倍以上。在实践中，难以做到配合管段的沉设，回填等工作的进展，随着外荷的增加而逐步施加预应力。全部预应力索都必须在制作干坞中张拉完毕，并做好压浆和锚具的防水处理。因此，就得在预应力索的对侧配置大量的普通非预应力钢筋，作临时抗衡之用，以防结构开裂过限。但这些普通非预应力钢筋在管段沉设和回填完毕之后，便不起永久性的作用，这就造成了浪费。

为了避免这种浪费，亦可在隧孔跨中，于顶、底板之间设置临时性的对拉预应力筋。在干坞中进行预应力索的张拉时，同时张拉这些临时性的对拉预应力筋，使起等代沉设和回填完毕后的水、土压力的作用。待沉设施工开始后，随着水、土压力的增加，逐步卸去这些临时拉筋中的应力，这样就可省去大量不起永久作用的普通钢筋。1967 年建成的加拿大勒方汀（Lafontaine）水底道路沉管隧道，就是用此解决这一问题的（图 11-10）。

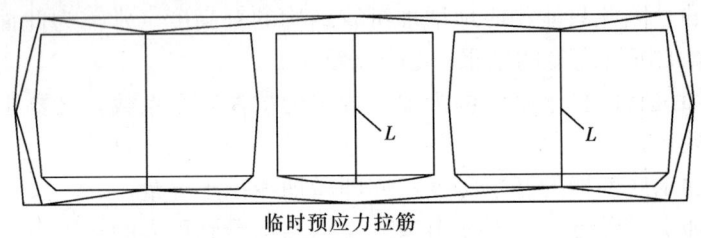

临时预应力拉筋

图 11-10　勒方汀隧道断面

在已建成的顶应力混凝土沉管隧道中，比较多的是采用部分预应力的。但一般仍配置一定数量的普通非预应力钢筋，以作临时抗衡之用，只是数量可少些。

11.3　沉管的防水设计

11.3.1　沉管的防水措施

早期的沉管隧道都是采用钢壳圆形、八角形或花篮形管段，利用船厂里的设备和船台，制成钢壳，待钢壳下水之后，再于浮态下进行衬砌混凝土的浇筑。这种钢壳既是施工阶段的外模，又是管段沉设以后使用阶段的防水层。

20 世纪 40 年代初，矩形钢筋混凝土管段开始应用于水底道路隧道，制作时不必再用船台，而改用干坞整体浇筑。从施工的需要来说，本可改用其他更省的办法来制作外模，但由于当时认为只有钢壳才是较为可靠的防水措施，所以最初的矩形管段，还是用四边包裹的钢壳。不但底板下边及二侧墙外边用钢板防水，连顶板上面亦用钢板防水。

20 世纪 50 年代以后，开始改用三边包裹的钢壳，顶板上的钢板改以柔性防水层代替，不但节省了钢材，降低了造价，而且也便利了施工。从 1956 年以后，又发展成为单边钢板防水加三边柔性防水的做法，只在底板之下仍保留钢板作防水层（取其在施工阶段不易被损坏）。

到 20 世纪 60 年代初，开始在一些沉管隧道的工例中，全部采用柔性防水，完全不用钢板。

柔性防水层的种类亦很多，最初使用的沥青油毡，20 世纪 50 年代开始采用了玻璃纤维布油毡，到 20 世纪 60 年代后期，异丁橡胶卷材开始应用于管段防水上。近年来又发展了涂料防水代替施工较麻烦的卷材防水。

以上所述都是设在管段外表面的防水措施，可概称外防水。除外防水以外，沉管自身防水亦是一项极为重要的防水措施。如果在施工和设计上，都有适当的措施，自身防水在一定条件下也可以取代外防水，最近已有实际工例。

11.3.2　钢壳与防水钢板

钢壳防水虽已不再常用，但到 20 世纪 70 年代仍有一些工例继续采用它，然而其主要的目的，已不仅是防水而已，另一更重要的目的是缩小干坞规模。如单纯作为防水措施，钢壳的缺点不少，主要是：

（1）耗钢量大。钢壳的构成，除了外皮是一层 6～10mm 厚的钢板外，还要不少由型钢组成的加劲和支撑件，因此耗钢量相当可观。

（2）焊接质量不保证。焊接质量问题，是钢壳防水中的一个棘手问题，虽然在施工中尽一切可能使用自动焊接设备，但是手焊仍是大量的。对焊缝做全面检验后，仍不免有焊接缺陷的发生与存在，常导致没完没了的堵漏工作。

（3）防锈问题仍未切实解决。钢材在水中的防锈问题，还未有较妥善的解决办法。目前多用喷涂环氧焦油的办法来防锈。喷涂前先用喷灯烧除钢壳表面污垢，而后喷涂防锈涂料，过后再用喷灯加热促其固化。由于涂料薄膜厚度很小，薄胶之外又不设防护层，所以施工时仍不免在个别地方被碰损。亦有用阴极保护法防锈的，但费用较高，工例不多。

（4）钢板与混凝土之间粘结不良。本来钢材与混凝土之间的粘结是比较良好的。可是在采用钢壳时，情况就不同了。在钢壳底部，常有夹气囊的现象，而在钢壳的两侧（特别在端部）尤多大面积脱离的现象。这种现象的存在，再加上焊缝质量和防锈措施的尚未切实解决，进入钢壳的水就会窜到另外的地方，并渗漏到隧道里面，堵漏工作非常困难。

由于钢壳防水的昂贵而不可靠，改用钢板防水（即仅在管段底板下用钢板防水层）的工例日渐增多。用在底板下的防水钢板，基本上不用焊接（至少完全不用手焊），而用拼接贴封的办法，从而排除了焊接质量问题（图 11-11）。

防水钢板的单位面积用钢量，比钢壳的单位面积用钢量低得多，仅为其 1/4 左右。主要是钢板厚度可以薄很多，而且又略去大量的加劲及支撑，基本上不再使用型钢。

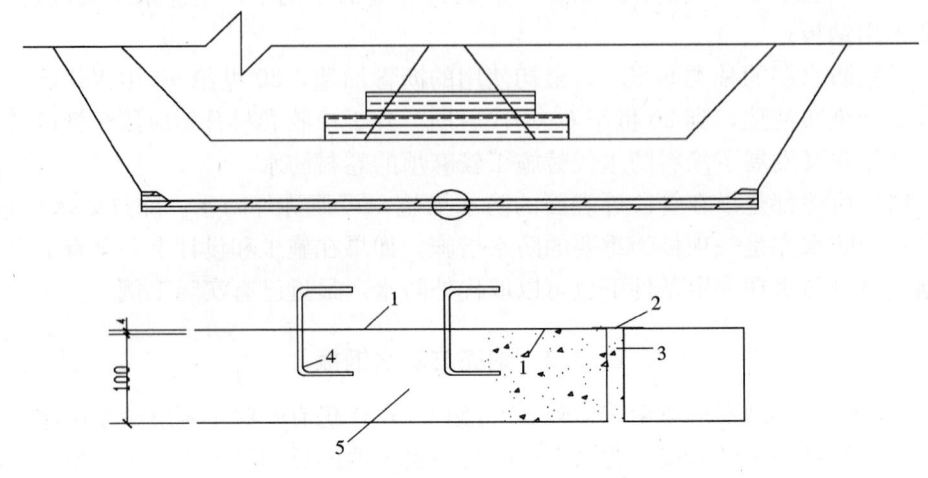

图 11-11　防水钢板的构造

1—防水钢板；2—贴封；3—填料；4—横栓；5—混凝土垫层

11.3.3　卷材防水与涂料防水

卷材防水层是用胶料把多层沥青类卷材或合成橡胶类卷材胶合成的粘贴式防水层。沥青类卷材品种很多，沉管隧道外防水用的卷材，以选用织物卷材为宜，取其强度大、韧性好。尤其是玻璃纤维布油毡更适于水下或地下工程，我国许多隧道均用这种卷材作防水层。这种玻璃纤维布油毡系以玻璃纤维织布为胎，浸涂沥青制成，性能全面，价格仅稍高于普通沥青油毡。

合成橡胶类卷材应用到沉管隧道防水上，最初是 1969 年建成的丹麦帘姆菲奥特斯（Limf jords）水底道路隧道。该隧道用的是异丁橡胶卷材，厚度仅 2mm。

卷材的层数，应视水头大小而定。水底隧道的水下深度一般为 20 多米，所用卷材层数有达 5~6 层之多。但如精心施工，三层亦已足够，采用三层的实例不在少数。卷材防水的主要缺点是施工工艺较繁，而且在施工操作过程中稍有不慎就会造成"起壳"而返工，返工时非常费事。随着化学工业的发展，涂料防水渐被引用到管段防水上来，它最突出的优点是操作工艺比卷材防水简单得多，而且在平整度较差的混凝土面上，可以直接施工。

目前涂料在管段防水上尚未普遍推广，主要是它的延伸率还不够（不及卷材）。在沉管隧道中，结构设计的容许裂缝开展宽度为 0.15~0.2mm，而防水设计的容许裂缝开展宽度为 0.5mm。防水卷材易于满足此要求，而防水涂料尚不能完全满足这项要求。因此提高延伸率，是当前防水涂料试验研究的一项主要课题。防水涂料的另一要求是能在潮湿的混凝土面上能直接涂布，目前也没有完全解决好。

11.4 变形缝与管段接头设计

11.4.1 变形缝的布置与构造

钢筋混凝土的沉管结构，如无适当的措施，很容易因隧道的纵向变形而开裂。假定混凝土浇筑温度为 5～15℃，沉管外侧温度为 10℃，内侧温度为 0～25℃，而整个沉管隧道又是整体无缝的，那么在变温影响下所产生的纵向应力可

达 40kg/m²，沉管结构势必发生严重的开裂。又如，管段在干坞中预制时，一般都是先浇筑底板，隔上若干时日后再浇筑竖墙和顶板。两次浇筑的混凝土，龄期、弹性模量、剩余收缩率均不相同，后浇的混凝土不能自由收缩，而要受到偏心受拉内力的作用，常易发生如图 11-12 所示的裂缝。此外，不均匀沉降、地震影响等都可能导致管段开裂。这

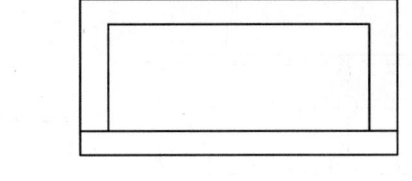
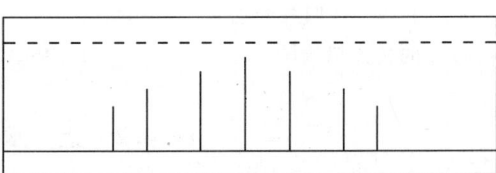

图 11-12　常见的收缩裂缝

种纵向变形所引起的裂缝都是通透的，对防水很不利。因此，在设计中必须采取适当措施加以防止。

最有效的措施是设置垂直于隧道轴线方向的变形缝，把每节管段分割成若干节段。根据各国的实践经验，节段的长度不宜过大，一般为 15～20m 左右（图 11-13）。

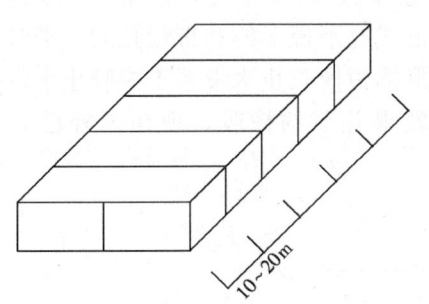

图 11-13　变形缝的布置（节段的划分）

变形缝的构造要满足三个主要要求：

（1）能适应一定幅度的线变形与角变形；

（2）施工阶段能传递弯矩，使用阶段能传递剪力；

（3）变形前后均能防水。

为满足第一个要求，变形缝左右两侧管段节段的端面之间，要留一小段间隙，不使直接接触。间隙中用防水材料充填。间隙的宽度，应按变温幅度与角变量来决定，一般不少于 2cm。

在管段浮运时，为了保持管段的整体性，变形缝一定要能传递由波浪引起的纵向弯矩。如管段结构的纵向钢筋在变形缝处全部切断，则需安设临时的预应力

索（或预应力筋），待沉设完毕后，再行撤去。如不设临时预应力设施，则可将变形缝处的外侧纵向钢筋切断，而临时保留内侧纵向钢筋，待沉设完毕后，再予切断（图11-14）。

为传递横向剪力，宜采用台阶缝，如图 11-15 所示。

为保证变形前后均能防水，一般均于变形缝处设置一道止水缝带，如图 11-15所示。

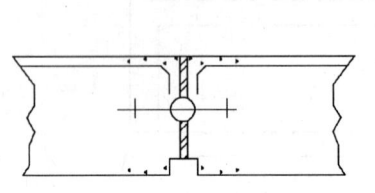

图 11-14　变形缝的临
时传力措施图

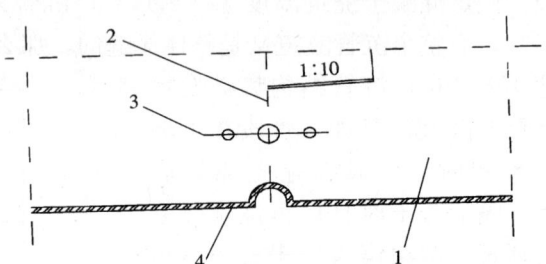

图 11-15　变形缝的抗剪措施
1—管壁;2—变形缝;3—钢片橡胶止水带;4—止水钢板

11.4.2　止　水　缝　带

在管段各节段间的变形缝，是保证管段不裂、不漏的"安全阀"，很要紧。所以必须进行精心的设计和施工。在变形缝的各组成部分中，最为主要的是既能适应变形，又能有效地堵住渗漏的止水缝带，又简称作止水带。

止水带的种类与形式很多。铜片等金属止水带现已很少采用。塑料（聚氯乙烯）止水带弹性较差，只能适应幅度较小的变形，预制管段中用得不多。在管段中用得较普遍的是橡胶止水带和钢边橡胶止水带。

橡胶止水带系用天然橡胶（生胶）或含胶率大于70%的天然橡胶，或合成橡胶（如氯丁橡胶等）制成。橡胶止水带的形式有平板形的和带管孔的。带管孔具有较高的柔度，能承受较大的剪切差动变形钢边橡胶止水带系于橡胶止水带的两端夹一扁钢片（图11-16），以提高止水效果并节约橡胶，现在国外已普遍推广。

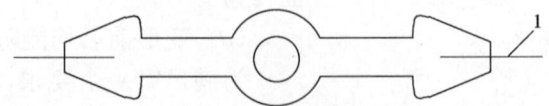

图 11-16　钢边橡胶止水带
1—钢边（0.7mm 厚钢板）

11.4.3　管　段　接　头

管段沉设完毕之后，须与前面已沉设好的管段（简称既设管段）或竖井接合起来。这项连接工作在水下进行，故亦称水下连接。

　　管段接头应具有以下功能和要求：第一是水密性的要求，即要求在施工和运营各阶段均不漏水；第二是接头应具有抵抗各种荷载作用和变形的能力；第三是接头的各构件功能明确，造价适度；第四是接头的施工性好，施工质量能够保证，并尽量做到能检修。常用接头有 GINA 止水带、OMEGA 止水带以及水平剪切键、竖直剪切键、波形连接件、端钢壳及相应的连接件，其中 GINA 带和 OMEGA 带起防水作用，水平剪切键可承受水平剪力，竖直剪切键可承受竖直剪力及抵抗不均匀沉降，波形连接件增加接头的抗弯抗剪能力，端钢壳主要是起安装端封门和接头其他部件、调整隧道纵坡的作用（图 11-17a）。

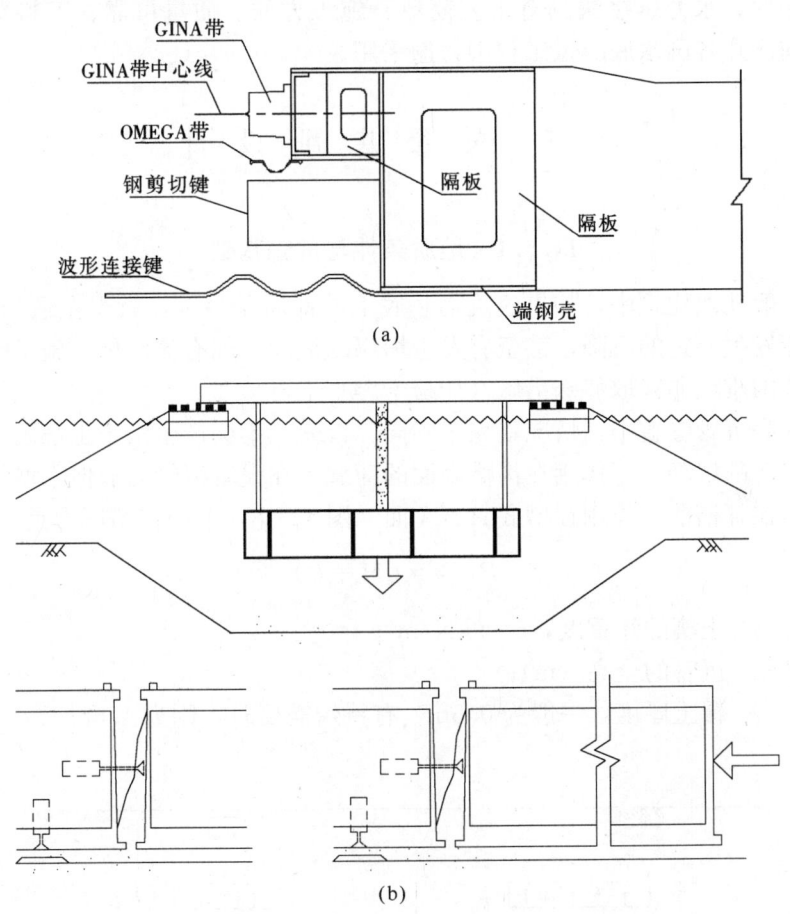

图 11-17　管段接头构造及水力压接法

（a）GINA 止水带接头构造图；（b）水下压接示意图

　　水下连接的方法有两种，一种是水下混凝土连接法，一种是水力压接法。目前采用水力压接法的较多。

　　水力压接法就是利用作用在管段上的巨大水压力使安装在管段前端面（即靠近已设管段或竖井的端面）周边上的一圈胶垫发生压缩变形，形成一个水密性相当良好可靠的管段间接头。在管段下沉就位完毕后，先将新设管段拉向既设管段并紧密靠上，这时胶垫产生了第一次压缩变形，并具有初步止水作用。随即将既设管段后端的端封墙与新设管段前端的端封墙之间的水（这时这部分水已与河水隔离）排走。排水之前，作用在新设管段前、后二端封墙上的水压力是相互平衡的。排水之后，作用在前端封墙上的水压力变成一个大气压力的空气压力。于是作用在后端封墙上的成千上万吨的巨大水压力就将管段推向前方，使胶垫产生第二次压缩变形（图 11-17b）。经二次压缩变形后的胶垫，使管段接头具有非常可靠的水密性。水力压接法具有工艺简单、施工方便、质量可靠、工料费省等优点，目前已在各国水底隧道工程中普遍采用。

11.5 沉管基础设计

11.5.1　地质条件与沉管基础

　　在一般地面建筑中，如果建筑物基底下的地质条件差，就得做适当的基础，否则就会发生有害的沉降，甚至有发生坍塌的危险。如有流砂层，施工时还会碰到麻烦或困难，非采取特殊措施（如疏干等）不可。

　　在水底沉管隧道中，情况就完全不同。首先，不会产生由于土壤固结或剪切破坏所引起的沉降。因作用在沟槽底面的荷载，在设置沉管后非但未增加，反倒减小了。在开槽前，作用在槽底 $A-A$ 面（图 11-18）上的初始压力是：

$$P_0 = \gamma_s(H+C)$$

式中　γ_s——土壤的浮重度，$5 \sim 9 \mathrm{kN/m^3}$；

　　　　H——沉管的全高（m）；

　　　　C——覆土厚度，一般为 $0.5\mathrm{m}$，有特殊需要时，则为 $1.5\mathrm{m}$。

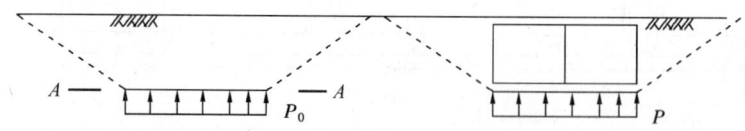

图 11-18　管段底面上的压力变化

　　在管段沉设，覆土回填完毕之后，作用在槽底 $A-A$ 面上的压力为：

$$P = (\gamma_t - 10)H$$

式中　γ_t——竣工后，管段的等效重度（包括覆土重量在内）（kN/m^3）。

设 $\gamma_s=7kN/m^3$，$H=8m$，$C=0.5m$，$\gamma_t=12.5kN/m^3$ 则

$$P_0=7\times(8+0.5)=59.5kN/m^3$$

$$P=(12.5-10)\times8=20kN/m^2\ll P_0$$

所以沉管隧道很少需要构筑人工基础以解决沉降问题。

此外，沉管隧道施工时是在水下开挖沟槽的，没有产生流砂现象的可能，不像地面建筑或其他方法施工的水底隧道（如明挖隧道、盾构隧道等）那样，遇到流砂时就必须采用费用较高的疏干措施。

所以，沉管隧道对各种地质条件的适应性很强，几乎没有什么复杂的地质条件能把沉管施工难倒。正因如此，一般水底沉管隧道施工时不必像其他水底隧道施工法那样，须在施工前进行大量的水上钻探工作。

11.5.2　基　础　处　理

沉管隧道对各种地质条件的适应性都很强，这是它的一个很重要的特点。然而在沉管隧道中，也仍须进行基础处理。不过其目的不是为了对付地基土的沉降，而是因为在开槽作业中，不论是使用哪一种类型的挖泥船，挖成后的槽底表面总有相当程度的不平整。这种不平整度，使槽底表面与沉管底面之间存在着很多不规则的空隙。这些不规则的空隙会导致地基土受力不匀而局部破坏，从而引起不均匀沉降，使沉管结构受到较高的局部应力，而致开裂。因此在沉管隧道中必须进行基础处理——垫平，以消灭这些有害的空隙。

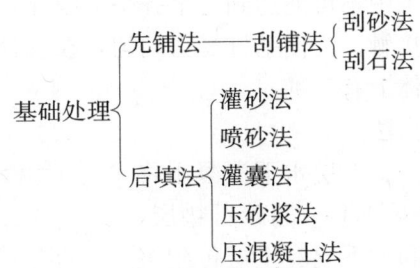

沉管隧道的各种基础处理方法，大体上可分为先铺法和后填法两大类。先铺法是在管段沉设之前，先在槽底上铺好砂、石垫层，然后将管段沉设在这垫层上。这种方法适用于底宽较小的沉管工程。后填法是在管段沉设完毕之后，再进行垫平作业。后填法大多（除灌砂法之外）适用于底宽较大的沉管工程。

沉管隧道的各种基础处理方法，概以消灭有害空隙为目的，所以各种不同的基础处理方法之间的差别，仅是"垫平"途径的不同而已。但是虽仅途径之异，其效率、效果以及费用上的出入都很大，因此设计时必须详作比较。

11.5.3　软弱土层中的沉管基础

如果沉管下的地基土特别软弱，容许承载力非常小，则仅作"垫平"处理是不够的。虽然这种情况一般说来是较少的，但如果遇到这种特别软弱的地基土，则仍应认真对待。

解决的办法有：

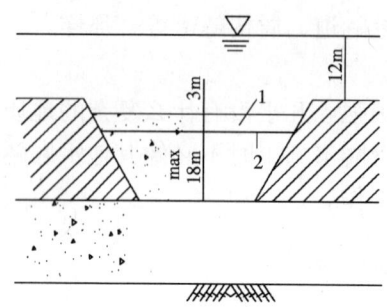

图 11-19　砂置换
1—砂置换；2—隧道底高程

（1）以砂置换软弱土层；

（2）打砂桩并加荷预压；

（3）减轻沉管重量；

（4）采用桩基。

在这些办法中，（1）会增加工程费用很多，且在地震时有液化危险。故在砂源较远时是不可取的。如在地震区内则更是不安全。丹麦的帘姆菲奥特斯水底道路隧道，曾用砂置换法，将软弱土层全部挖去，而后在隧址附近砂回填至原土面，如图 11-19 所示。

（2）亦会大量地增加工程费用，且不论加荷多少，要使地基土达到固结密实所需的时间都很长，对工期影响太大，所以一般不用。（3）对于减少沉降固然有效，但沉管的抗浮安全系数本来就不大，减轻沉管重量的办法并不实用。因此，比较适宜的办法还是采用桩基。

沉管隧道采用桩基后，也会遇到一些通常地面建筑所碰不到的问题。首先，基桩桩顶标高在实际施工中不可能达到完全齐平。因此，在管段沉设完毕后，难以保证所有桩顶与管底接触。为使基桩受力均匀，在沉管基础设计中必须采取一些措施。解决的办法大体上有三种：

（1）水下混凝土传力法

基桩打好后，先浇一、二层水下混凝土将桩顶裹住。而后再在水下铺上一层砂石垫层，使沉管荷载经砂石垫层和水下混凝土层传到桩基上去。美国的本克海特（Bankhead，1940 年建成）等水底道路隧道，曾用过此法（图 11-20）。

（2）砂浆囊袋传力法

在管段底部与桩顶之间，用大型化纤囊袋灌注水泥砂浆加以垫实，使所有基桩均能同时受力。所用囊袋既要具有较高的强度，又要具有充分的透水性，以保证灌注砂浆时，囊内河

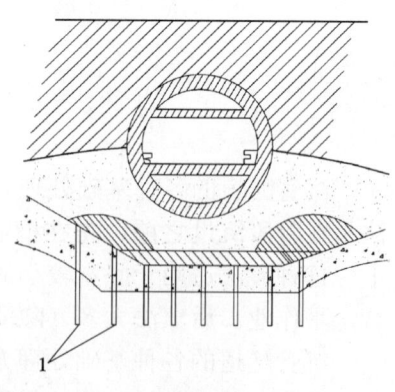

图 11-20　水下混凝土传力法
1—水下混凝土

水能顺利地排出囊外。砂浆的强度，不需要太高，略高于地基土的抗压强度即可。但流动度则要高些。故一般均在水泥砂浆中掺入斑脱土泥浆。瑞典的汀斯达特（Tjngstad，1968 年建成）水底道路隧道曾用此法解决接触问题（图 11-21）。

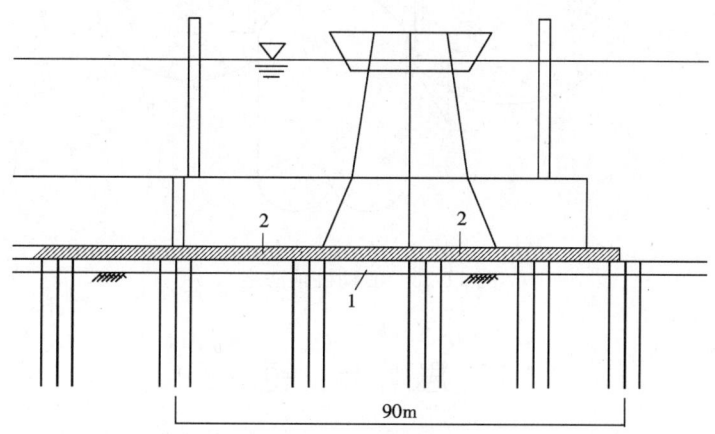

图 11-21　矿浆囊袋传力法
1—砂、石垫层；2—砂浆囊袋

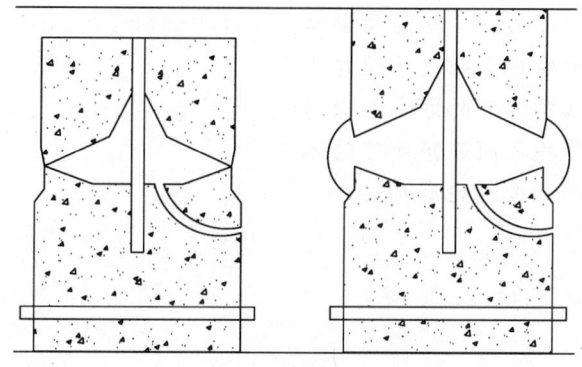

图 11-22　活动桩顶法之一

（3）活动桩顶法

荷兰鹿特丹市地下铁道河中沉管隧道工程中，首次采用了一种活动桩顶法。该法在所有的基桩顶端设一小段预制混凝土活动桩顶。在管段沉设完毕后，向活动桩顶与桩身之间的空腔中灌注水泥砂浆，将活动桩顶升到与管底密贴接触为止（图 11-22）。以后日本东京港第一航道水底道路隧道（1973 年建成）改用了一种钢制的活动桩顶。在基桩顶部与活动桩顶之间，用软垫层垫实。垫层厚度，按预计沉降量来决定。在管段沉设完毕后，在管底与活动桩顶之间，灌注砂浆加以填实（图 11-23）。

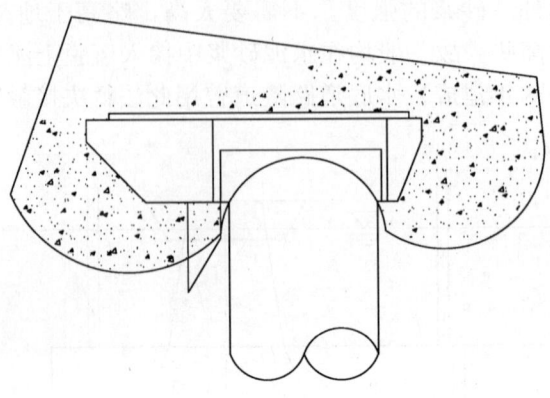

图 11-23　活动桩顶法之二

思　考　题

1. 沉管法结构的适用条件如何？它与盾构法隧道结构相比有何优缺点？
2. 沉管结构设计的关键点在哪些方面？
3. 沉管结构管段接头方式有哪几种？
4. 管段沉放的浮力受哪些因素影响？设计中如何考虑？
5. 简述沉管运输中干舷设计的意义。
6. 简述沉管结构设计的方法和原则。
7. 简述沉管管段之间连接处理的方法。
8. 沉管基础的处理措施有哪些？

第12章 基坑围护结构

12.1 概　述

基坑工程是土木工程中经常遇到，也是最为复杂的技术领域之一。基坑工程具有"地区性"的特点，因此基坑工程设计时必须充分重视结合当地的工程经验与地质条件，做到因地制宜。随着土力学、计算技术、测试仪器以及施工机具和施工工艺的不断发展，基坑工程技术正在不断的发展和完善。目前，国内已发展了多种符合我国国情的、实用的基坑支护方法，设计计算理论不断改进，施工工艺不断完善。

基坑围护结构的设计与施工工况紧密相关，必须保证围护结构在施工全过程中各工况条件下的安全，同时还要控制围护结构及其周围土体的变形，以保证周围环境（相邻建筑及地下公共设施等）的安全。在安全前提下，既要设计合理，又能节约造价、方便施工、缩短工期。要提高基坑工程的设计与施工水平，必须正确选择土压力计算方法和参数以及合理的围护结构体系，同时还要重视积累丰富的设计和施工经验。另外，我国的基坑工程行业技术规范与不少省市的地方性基坑工程技术规程也已颁布执行，可作为基坑工程设计与施工时的重要依据。

12.1.1　基坑围护结构的分类

基坑支护结构通常可分为桩（墙）式围护体系和重力式围护体系两大类，根据不同的工程类型和具体情况又可派生出多种围护结构形式，见表 12-1、图12-1。

桩（墙）式围护体系一般由围护墙结构、支撑（或锚杆）结构以及防水帷幕等部分组成。根据围护墙材料，桩（墙）式围护体系又可分为钢筋混凝土地下连续墙、柱列式钻孔灌注桩、钢板桩和钢筋混凝土板桩等形式。根据对围护墙的支撑方式，又可以分为内支撑体系和土层锚杆体系两类。桩（墙）式围护体系的墙体厚度相对较小，通常是借助墙体在开挖面以下的插入深度和设置在开挖面以上的支撑或锚杆系统平衡墙后的水、土压力和维持边坡稳定。对于开挖深度不大的基坑，经过验算也可采用无支撑、无锚杆的悬臂式桩（墙）式围护体系。

重力式围护体系一般是指不用支撑及锚杆的自立式墙体结构，厚度相对较大，主要借助其自重、墙底与地基之间的摩擦力以及墙体在开挖面以下受到的土体被动抗力来平衡墙后的水压力而维持边坡稳定。在基坑工程中，重力式围护体系的墙体在开挖面以下往往需要有足够的埋入深度。目前，在我国各地常用的水泥土围护体系以及地下连续墙一般都归于重力式围护体系中，其受力性能类似于悬臂式的桩（墙）式围护结构，但在板式围护结构中一般不计墙体自重及墙底摩阻力对墙体稳定的影响。

基坑支护结构分类   表 12-1

类　　型		支护形式及特点
边坡支护结构	土钉墙支护	适用于硬土地层或软土浅基坑，饱和含水地层采用复合土钉支护结构，特点是造价低廉
	钢丝网护坡	适用于岩石及硬土边坡或软土临时边坡
	护坡桩支护	采用抗滑桩支护
重力式支护结构	水泥土搅拌桩重力式挡土墙	适用于深度较小（软弱地层中小于7m）的基坑
	刚架重力式挡土墙	利用两排或以上刚性挡土墙结构连接形成一定宽度的重力坝，可以减小重力坝宽度及位移
	沉井式重力挡土结构	适用于深水环境的挡土结构
	混合重力式挡土墙	在不同重力坝结构中插入劲性材料或刚性桩，以减少重力坝位移
支（锚）撑式支护结构	锚杆或锚碇式支护结构	自钻式锚杆，可回收锚杆，预应力锚杆，非预应力锚杆
	内支撑支护结构	井字形对撑，边桁架支护，圆环支撑
中心岛支护结构	全中心岛	全部采用中心岛结构进行支护
	半中心岛	首层或浅层开挖采用内支撑，以下则采用中心岛支护，可以减少中心岛边坡高度及其放置时间以及减少基坑的位移
逆作法支护结构	全逆作法	利用先施工的主体结构楼板作支撑，从上往下逐层施工
	半逆作法	首层土方开挖采用顺做法支护，深层采用逆作法支护，其特点是加快浅层土方开挖速度
中心岛、逆作混合支护结构		采用中心岛施工中心部位主体结构，基坑周边采取逆作支护施工，可以减少全逆作法的施工困难
盖挖法支护结构		对地面交通环境影响小，时间短，特别适用于地面环境控制严格的城市地面道路下的基坑工程

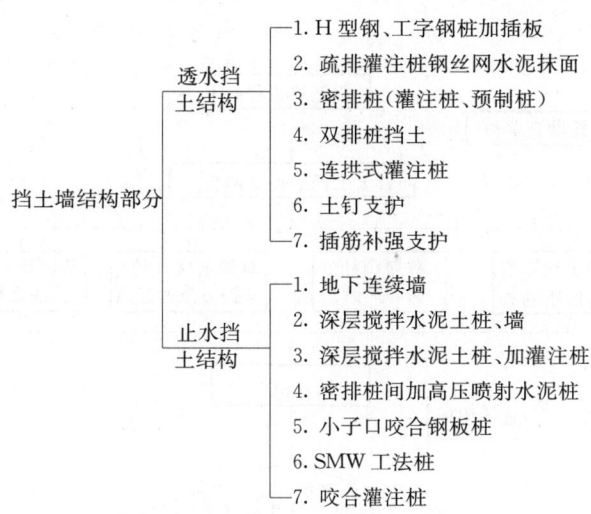

图 12-1　挡土墙结构分类

12.1.2　基坑围护结构设计的特点

基坑工程是面对各种各样的地基土和环境条件进行的施工作业，以下一些不确定因素将会影响到基坑围护结构的安全，设计中应充分重视并注意积累工程经验，切忌照本宣科与生搬硬套。

1. 外力的不确定性。作用在支护结构上的外力往往随着环境条件、水文地质条件施工方法和施工步骤等因素的变化而改变。

2. 变形的不确定性。变形控制是支护结构设计的关键，但影响变形的因素很多，围护墙体的刚度、支撑（或锚杆）体系的布置和构件的截面特性、地基土的性质、地下水的变化、侵蚀和管涌以及施工质量和现场管理水平等等都是产生变形的原因。

3. 土性的不确定性。地层分布的非均质性和土性的变异性导致在基坑的不同部位、不同施工阶段地基土对支护结构的作用或提供的抗力也随之而变化。

4. 一些偶然变化所引起的不确定因素。施工场地内土压力分布的意外变化、事先没有发现的地下障碍物或地下管线以及周围环境条件的改变等等，这些因素都会影响基坑工程的正常施工和安全。

12.2　基坑工程的设计内容

基坑工程设计与施工工作程序如图 12-2 所示，建筑基坑围护结构的设计一般包括以下内容：环境调查及基坑安全等级的确定，围护结构选型，围护结构设

计计算，围护结构稳定性验算，节点设计，井点降水、土方开挖方案以及监测要
求等。

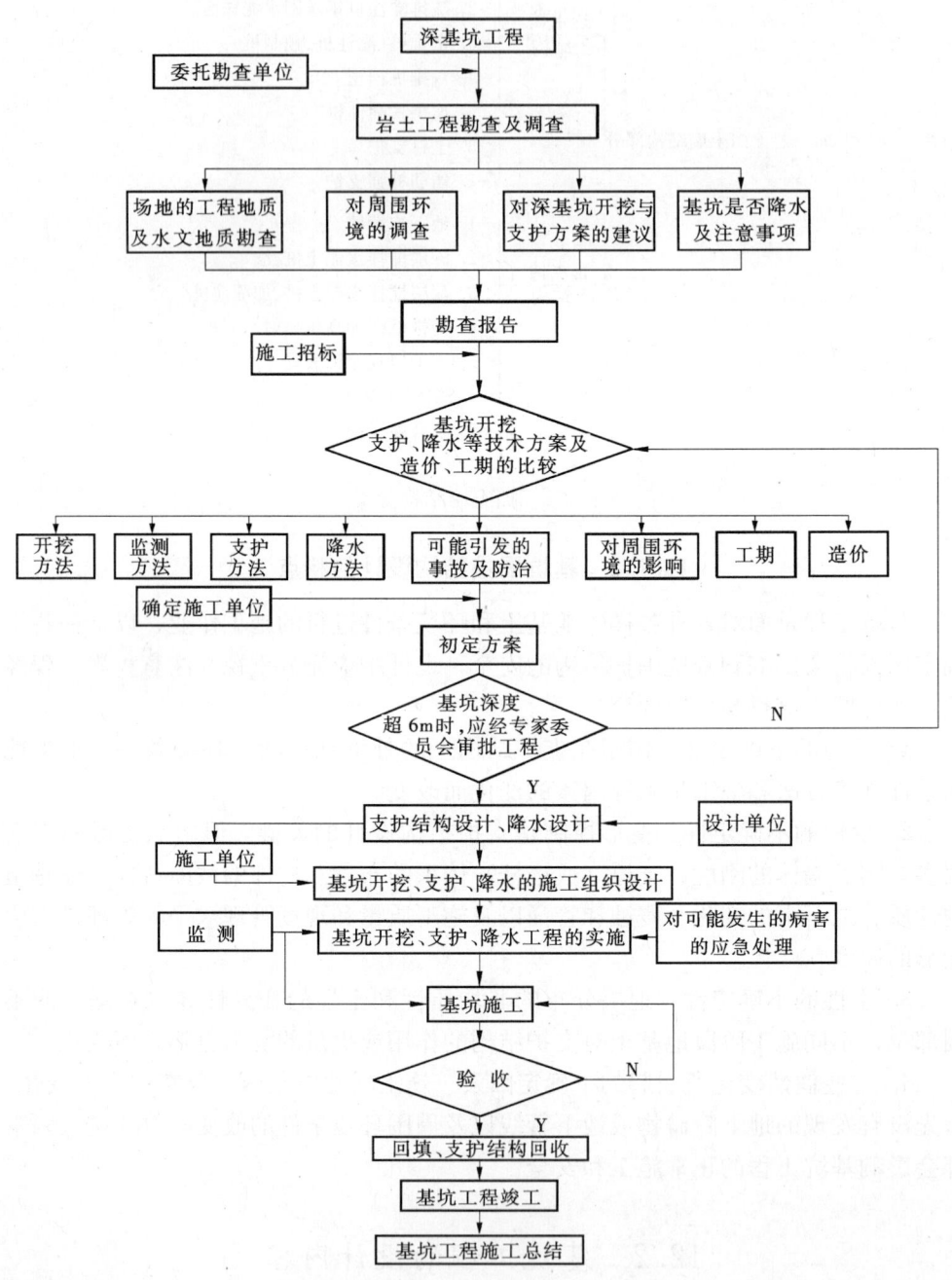

图 12-2　基坑设计与施工工作程序

12.2.1　环境调查及基坑安全等级

基坑工程围护设计中，首先应根据基坑的深度、地质条件以及周边环境条件确定基坑的安全等级（表 12-2），才能开始设计。因此进行基坑工程设计前，必须进行基坑工程相关的详细资料收集及环境调查工作。基坑围护结构设计所需的基本资料主要有：（1）工程水文地质资料；（2）场地环境条件资料，包括建筑红线，周边地下管线的种类、埋深、使用年限以及场地内地下人防等地下障碍物等；（3）所建工程的地下室结构、基础桩基图纸等；（4）与施工条件有关的资料，如对于地下连续墙设计时还应根据不同的安全等级提供有关实验资料。

围护结构应与其他建筑结构设计一样，要求在规定的时间内和规定的条件下完成各项预定功能，即：（1）能承受在正常施工和正常使用时可能出现的各种荷载；（2）在正常情况下，具有良好的工作性能；（3）在偶然的不利因素发生时和发生后，围护结构仍能保持整体稳定。此外，基坑围护结构还有以下特点：

1. 当围护结构仅仅作为地下主体结构施工所需要的临时性措施时，其使用期较短，一般不超过 2 年，而一般建筑结构所规定的设计基准期通常为 50 年。设计基准期的长短关系到结构材料的耐久性和偶然作用的概率等方面的问题。因此在非地震频发地区通常可不考虑地震力对围护结构的作用。

2. 基坑围护结构的设计计算理论目前尚不完备，满意的工程实测资料较少，因此还没有条件能够像建筑结构那样通过对材料性能、荷载作用及结构效应等方面统计分析得出结构可靠性的概率指标。

为了区别对待各种不同的情况，《建筑基坑工程技术规范》（YB 9258—97）根据结构破坏可能产生的后果严重程度（包括对主体工程和环境的危害程度、危及人的生命安全、造成的经济损失和社会影响等），把基坑划分为不同的安全等级，见表 12-2。《建筑基坑工程技术规范》（YB 9258—97）还根据工程性质、水文地质条件、基坑开挖深度及规模，把基坑划分为复杂、中等和简单三种等级。在软土地区，以一层、二层、三层地下室一般具有的深度划分为三种等级，见表 12-3。

<table>
<tr><td colspan="2">安全等级　表 12-2</td><td colspan="2">软土地区按深度划分复杂程度　表 12-3</td></tr>
<tr><td>安全等级</td><td>破坏结果</td><td>深度（m）</td><td>复杂程度</td></tr>
<tr><td>一</td><td>很严重</td><td>$H \leqslant 6$</td><td>简单</td></tr>
<tr><td>二</td><td>严重</td><td>$6 < H \leqslant 12$</td><td>中等</td></tr>
<tr><td>三</td><td>不严重</td><td>$H > 12$</td><td>复杂</td></tr>
</table>

12.2.2　围护结构的选择和布置

围护墙体和支撑（或锚杆）结构所用材料、形式及布置方式，应该根据工程规模、主体工程特点、场地条件、环境保护要求、岩土工程勘察资料、土方开挖方法以及地区工程经验等因素，经综合分析比较、在确保安全可靠的前提下，选择切实可行、经济合理的方案。

围护墙体和支撑结构的布置可参考表 12-4 及满足相关规范要求之外，尚应遵循以下原则：

（1）基坑围护结构的构件（包括围护墙、隔水帷幕和锚杆）在一般情况下不应超出工程用地范围，否则应事先征得政府主管部门或相邻地块业主的同意；

（2）基坑围护结构构件不能影响主体工程结构构件的正常施工；

（3）有条件时基坑平面形状尽可能采用受力性能较好的圆形、正多边形和矩形。

围护结构选型参考表　　　　　　　　　　表 12-4

开挖深度	围护结构选择	
	游泥及软土	一般黏性土
$H \leqslant 6m$	（a）水泥土搅拌桩 （b）$\phi 600$ 混凝土桩＋支撑或锚杆＋止水帷幕 （c）打入桩（钢、预应力混凝土桩）＋止水帷幕＋支撑或锚杆＋腰梁	（a）一级或二级以上放坡挖土 （b）放坡＋井点降水 （c）局部放坡＋土钉墙（或喷锚支护） （d）砖墙支护＋局部放坡＋面层加固 （e）局部放坡＋灌注桩（$\phi 600$）
$6m < H \leqslant 10m$	（a）混凝土桩（$\phi 800 \sim 1000$）＋止水帷幕＋支撑或锚杆＋（或中心岛） （b）地下连续墙（厚 $600 \sim 800$）＋支撑或锚杆 （c）打入桩＋支撑或锚杆＋止水帷幕 （d）水泥土地下连续墙＋支撑或锚杆	（a）局部放坡＋混凝土桩（$\phi 600 \sim 800$）＋支撑或锚杆＋止水帷幕 （b）局部放坡＋打入桩＋支撑或锚杆＋止水帷幕 （c）局部放坡＋水泥土地下连续墙＋支撑或锚杆 （d）局部放坡＋土钉墙（或喷锚支护）＋降水 （e）局部放坡＋拱形支护＋降水或止水帷幕
$H > 10m$	（a）地下连续墙＋支撑或锚杆 （b）大直径桩（$\phi 800 \sim 1000$）＋止水帷幕＋多支撑或锚杆（或中心岛） （c）地下连续墙（或大直径桩）＋内外土体加固＋支撑或锚杆＋止水帷幕 （d）地下连续墙＋逆作法	（a）局部放坡＋混凝土桩＋支撑或锚杆＋止水帷幕 （b）局部放坡＋地下连续墙＋支撑或锚杆 （c）局部放坡＋土钉墙（或喷锚支护）＋降水 （d）局部放坡＋打入桩＋支撑或锚杆＋止水帷幕

12.2.3　围护结构内力设计计算

通过设计计算确定围护结构构件的内力和变形，据以验算截面承载力和基坑位移。计算模型的假设条件必须符合支护结构的具体情况，所采用的有关参数应根据工程的具体条件和当地经验确定。由于支护结构的内力和变形随着施工的进展而不断变化，因此设计计算必须按不同施工阶段的工况条件分别进行验算，同时应考虑前一种工况对后续工况内力和变形的影响。

12.2.4　围护结构稳定性验算

围护结构稳定性验算通常包括以下内容：

（1）基坑边坡整体滑动稳定性验算。防止因为围护墙插入深度不够，使基坑边坡沿着墙底地基中某一滑动面产生整体滑动。

（2）围护墙体抗倾覆稳定性验算。防止开挖面以下地基水平抗力不足，使墙体产生绕前趾倾倒。

（3）围护墙底面抗滑移稳定性验算。防止墙体底面与地基接触面上的抗剪强度不足，使墙体底面产生滑移。

（4）基坑围护墙抗隆起稳定性验算。防止围护墙被动侧土体抗力不足，产生墙体踢脚和向基坑内涌土。

（5）抗竖向渗流稳定性验算。在地下水较高的地区，在基坑内外水头差或者坑底以下可能存在的承压水头作用下，防止承压水顶破上覆土层或由于地下水竖向渗流使开挖面以下地基土的被动抗力和地基承载力失效，产生坑底管涌和喷涌。

12.2.5 基坑周边环境安全评估

基坑的安全等级决定了周边环境变形的控制等级。应采用恰当的方法（详见12.5）对基坑工程开挖引起的周围地面沉降及其影响范围进行计算，调查影响范围内各种重要建构筑物及地下管线设施，逐一验算其是否满足允许变形条件，提出相应保护对策。

以上各项稳定验算内容都与围护墙的埋入深度有关，最后确定的围护墙埋入深度应同时满足12.2.4中各项验算要求。其中第（2）、（3）项验算主要针对重力式围护墙。对于有支撑或锚拉的板式支护结构，还应验算墙前土体被动抗力，防止墙体下部产生过大的变形。

围护结构稳定验算是在变形极限状态下的验算，所以都用主动土压力和被动土压力值进行计算。影响支护结构稳定的外界因素很多，各种变形现象往往不是完全独立存在的。目前一般都采取控制安全度的方法，用半经验、半理论公式分项验算，有时对同一个项目还要用多种方法进行验算，以达到总体上的稳定。

12.2.6 节 点 设 计

在基坑工程中，经常发生由于支护结构局部节点构造不合理或由于施工不注意而导致基坑过大变形，甚至危及整体安全，因此，必须充分重视节点设计这一环节。合理的节点构造应符合以下条件：（1）方便施工；（2）节点构造与设计计算的假设条件一致；（3）节点构造应起到防止构件局部失稳的作用；（4）尽可能减少节点自身的变形量；（5）关系整体稳定安全的节点应设置多道防线。

12.2.7 其 他 土 工 问 题

基坑围护结构设计与工程施工密切相关，除围护结构本身的设计外，其他影响基坑安全和稳定性的土工问题和施工因素，如降水、土方开挖、监测等也是至关重要的，因此也需要在设计中明确其具体要求。对于风险较大的基坑工程，还要求就以下几个方面做详细施工设计。

1. 井点降水

在地下水位较高的地区，降水是基坑设计必须考虑的一项内容，可以分为基坑内降水和基坑外降水两种情况。放坡开挖或无隔水帷幕的开挖施工通常在基坑外降水；围护墙设置隔水帷幕时通常采取坑内降水。降水深度通常控制在基坑开挖面以下 0.5～1.0m，降水过深时容易引起渗流所带来的不利影响。常用的井点类型有轻型井点、多级轻型井点、喷射井点及深井井点，设计时应该根据各类型井点适用条件、基坑规模、开挖深度和地层渗流条件并结合地区经验选择。当基坑开挖深度小于 3m 时，通常可采用重力排水（或称明排水），大于 3m 时宜采用井点降水。

2. 土方开挖

不适当的开挖方式往往是造成基坑事故的重要原因。围护结构设计应为土方开挖创造有利条件，同时应对开挖方式提出要求。其中最重要的要求是每阶段的开挖深度应与相应设计工况的计算模型一致，强调先支撑（或锚定）后开挖的原则。每次挖到规定深度后，应及时架设支撑，其时间间隔一般情况下不宜超过 48h，以防地基土变形的发展。对于大型基坑应结合主体工程情况，采取在平面上分区、分段，深度上分层的开挖方式，从而较为有效地减少事故的发生和对环境的影响。

3. 监测

基坑工程的监测是环境保护及信息化施工的必要条件，其内容一般包括以下几方面：（1）围护结构主要构件的内力和变形，如支撑轴向力，墙顶的水平位移和垂直位移，墙体竖向的变形曲线，以及立柱的沉降或回弹等；（2）基坑周围土体的变形、边坡稳定以及地下水位的变化和空隙水压力等，必要时还应对坑底土的回弹进行监测；（3）对周围环境中需要保护的对象进行专门内容的观察和监测，如基坑邻近的建筑物或构筑物，重要历史文物以及市政管线（包括煤气管、上下水管、通讯电缆、高压电缆等）和道路、桥梁、隧道等。通过监测可以验证支护结构设计的合理性。监测工作是基坑工程中不可忽视的一项重要内容。

12.3 基坑围护结构的内力计算

12.3.1 围护结构的计算模型及计算原则

基坑工程的计算模型涉及很多方面，包括结构模型、水土压力模型、稳定性分析模型等（参见表 12-5）。对于围护结构的计算一般采用考虑桩（墙）土共同作用的弹性地基上的杆系或框架模型，根据施工过程中发生的实际工况分步进行计算，同时考虑施工工况引起结构的先期位移以及支撑变形的影响或采用荷载增量法进行计算,即所谓的"先变形、后支撑"的原则。计算工况包括开挖阶段到内部结构回筑阶段各工况,最终的位移及内力设计值是各阶段累计内力变形值的包络值。

在围护结构的设计计算中,地基抗力系数是必须首先确定的一个参数。地基抗力系数(也称地基反力系数、基床系数、垫层系数、弹簧常数等)是决定桩土共同作用的重要参数,其计算取值方法很多,且结果有很大的差别。地基垂直方向和水平方向的地基抗力系数也有很大差异。按温克尔弹性地基假定,每一点的地基反力与该点的弹性变形成正比,即:

$$K = \frac{p}{u} \tag{12-1}$$

式中 K——地基抗力系数 (kPa/m);

p——地基抗力强度 (kPa);

u——位移量 (m)。

地基抗力系数主要由地质条件决定,当然与承力面积和深度有关系,其值一般通过实验求得,如果无条件时,也可按有关地质参数估算或查有关手册。

支护结构常见计算模型简介 表 12-5

计 算 模 型	简化形式及分析计算方法
桩土共同作用模型	将支护桩(墙)简化成梁、板结构,使用工程力学的方法进行求解,支护桩(墙)的内力计算主要有两种: (1)桩土协同作用分析:分别建立桩(墙)及土体的变形微分方程,使用位移和应力连续条件联合求解。一般情况下只能借助数值分析方法,如用有限元法或有限差分求解。 (2)用侧压力做桥梁,将桩(墙)从桩土共同作用体中分离出来,采用理论力学、材料力学中的一些力和力矩平衡知识就可得到内力的解
水平支点模型	主要有:(1)有限元方法;(2)自由土法;(3)等值梁法。其中等值梁法适于手算,其计算支点水平力时的假定为:基坑开挖面以下的土压力零点为转动点,保持此点的力矩平衡以求得各层水平支点力;假设下层开挖不影响上层计算水平支点力
支护结构的嵌固深度分析模型	理论上根据作用于结构上力的平衡条件由水平力及弯矩的平衡条件确定。但在工程实际中往往只计算两者之一,再乘以一个安全系数确定。悬臂式支护结构的嵌固深度由结构端部转动平衡条件确定;具有水平支点力的混合结构的嵌固深度有水平力平衡条件决定

12.3.2 桩(墙)内力的计算分析方法

(一)弹性地基杆系有限单元法

弹性地基杆系有限单元法是当前基坑工程设计的最常用方法,采用杆系有限单元法分析挡土结构的一般过程如下:

1. 结构理想化。即把挡土结构的各个组成部分,根据其结构受力特性,理想化为杆系单元,如两端嵌固的梁单元、弹性地基梁单元、弹性支承梁单元等。

2. 结构离散化。把挡土结构沿竖向划分成有限个单元,一般每隔 0.5m~1m 划分一个单元。为计算方便,尽可能将节点布置在挡土结构的截面和荷载突变处、弹性地基基床系数变化段及支撑或锚杆的作用点处。各单元以边界上的节点相连接。

3. 挡土结构的节点应满足变形协调条件,即结构节点的位移和连接在同一节点的每个单元的位移是互相协调的,并取节点的位移为基本未知量。

4. 单元所受荷载和单元节点位移之间的关系,以单元的刚度矩阵 $[K]^e$ 来确定,即:

$$\{F\}^e = [K]^e\{\delta\}^e \tag{12-2}$$

式中　　$\{F\}^e$——单元节点力;

　　　　$\{\delta\}^e$——单元节点位移;

　　　　$[K]^e$——单元刚度矩阵。

作用于结构节点上的荷载和结构节点位移之间的关系以结构的总刚度矩阵来联系。结构的总刚度矩阵是由各个单元的刚度矩阵,经矩阵变换得到。

5. 根据静力平衡条件,作用在结构节点的外荷载必须与单元内荷载相平衡。单元内荷载由未知节点位移和单元刚度矩阵求得。外荷载给定后,可求得未知的各节点位移,进而求得单元内力。对于弹性地基梁的地基反力,可由结构位移乘以基床系数值求得。

采用杆系有限单元法计算挡土结构,一般采用图 12-3 所示的计算模型。

图 12-3 是采用杆系有限单元法分析挡土结构的通用计算模型。地面以上(基底以上)部分挡土结构采用梁单元,基底以下部分为弹性地基梁单元,水平支撑杆为弹性支承单元。荷载为主动侧的土压力和水压力。

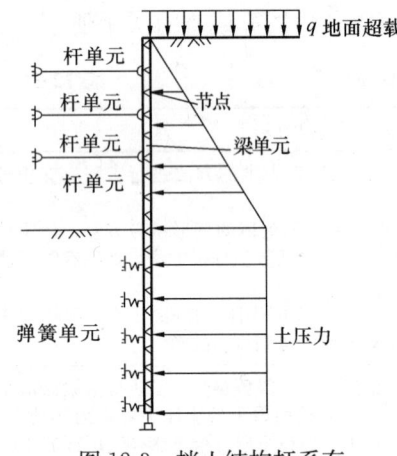

图 12-3　挡土结构杆系有限元计算模型

对于杆系(梁)单元,取梁轴线为 x 轴,则可写出该梁单元的刚度矩阵表达式:

$$\begin{Bmatrix} X_i \\ Y_i \\ M_i \\ X_j \\ Y_j \\ M_j \end{Bmatrix} = \frac{EI}{l} \begin{bmatrix} A/J & & & & 对 & \\ 0 & 12/l^2 & & & & \\ 0 & 6/l & 4 & & 称 & \\ -A/J & 0 & 0 & A/J & & \\ 0 & -12/l^2 & -6/l & 0 & 12/l^2 & \\ 0 & 6/l & 2 & 0 & -6/l & 4 \end{bmatrix} \begin{Bmatrix} u_i \\ v_i \\ \varphi_i \\ u_j \\ v_j \\ \varphi_j \end{Bmatrix} \tag{12-3}$$

式中　　X_i、X_j——节点 i、j 轴向力;

　　　　Y_i、Y_j——节点 i、j 剪切力;

　　　　M_i、M_j——节点 i、j 弯矩;

u_i、u_j——节点 i、j 轴向位移；

v_i、v_j——节点 i、j 横向位移；

φ_i、φ_j——节点 i、j 转角；

E——挡土结构材料弹性模量；

I——挡土结构截面惯性矩；

A——挡土结构截面面积；

l——单元长度。

对于支撑或锚杆，单元刚度矩阵为：

$$[K]^e = \frac{EA}{l} \begin{bmatrix} 0 & & \text{对} & & & \\ 0 & 1 & & & & \\ 0 & 0 & 0 & & \text{称} & \\ 0 & 0 & 0 & 0 & & \\ 0 & -1 & 0 & 0 & 1 & \\ 0 & 0 & 0 & 0 & 0 & 1 \end{bmatrix} \tag{12-4}$$

式中　E——支撑或锚杆材料弹性模量；

A——支撑或锚杆截面面积；

l——支撑或拉杆长度。

对于弹性地基梁单元，其刚度矩阵有两种假定：

（1）在弹性地基梁单元的每一节点处，各设置一附加弹性支承杆件或弹簧单元，其刚度为：

$$K = K_h B l \tag{12-5}$$

式中　K_h——地基土水平抗力系数；

B——梁计算宽度，常取 1m 或一标准段；

l——单元长度。

在单元长度较小的情况下，采取这一假定其精度能满足要求。

（2）采用 Winkler 弹性地基梁单元，其弹性曲线的微分方程式为：

$$EI \frac{\mathrm{d}^4 y}{\mathrm{d}x^4} = -Ky + q \tag{12-6}$$

式中　q——梁上荷载强度。

利用初参数法，可求解式（12-6）：

$$\begin{Bmatrix} M_{xi} \\ Q_i \\ M_{zi} \\ M_{xj} \\ Q_j \\ M_{zj} \end{Bmatrix} = \frac{2EI}{l^3} \begin{bmatrix} 1 & & \text{对} & & & \\ 0 & \gamma_1 & & & & \\ 0 & l\beta_1 & l^2\alpha_1 & & \text{称} & \\ 0 & 0 & 0 & l & & \\ 0 & -\gamma_2 & -l\beta_2 & 0 & \gamma_1 & \\ 0 & l\beta_2 & l^2\alpha_2 & 0 & -l\beta_1 & l^2\alpha_1 \end{bmatrix} \cdot \begin{Bmatrix} \theta_{xi} \\ y_i \\ \theta_{zi} \\ \theta_{xj} \\ y_j \\ \theta_{zj} \end{Bmatrix} \tag{12-7}$$

式中　　　　M_{xi}、M_{xj}——节点 i、j 处绕 x 轴弯矩；

　　　　　　Q_i、Q_j——节点 i、j 处剪力；

　　　　　　M_{zi}、M_{zj}——节点 i、j 处绕 z 轴弯矩；

　　　　　　θ_{xi}、θ_{xj}——节点 i、j 处绕 x 轴转角；

　　　　　　y_i、y_j——节点 i、j 处横向位移；

　　　　　　θ_{zi}、θ_{zj}——节点 i、j 处绕 z 轴转角；

　　　　　　E——挡土结构材料弹性模量；

　　　　　　I_z——挡土结构截面惯性矩；

　　　　　　l——梁单元长度；

α_1、α_2、β_1、β_2、γ_1、γ_2——为系数，表达式分别为：

$$\alpha_1 = \frac{\mathrm{ch}\lambda l \cdot \mathrm{ch}\lambda l - \cos\lambda l \sin\lambda l}{\mathrm{sh}^2\lambda l - \sin^2\lambda l} \cdot \lambda l$$

$$\alpha_2 = \frac{\mathrm{ch}\lambda l \cdot \sin\lambda l - \mathrm{sh}\lambda l \cos\lambda l}{\mathrm{sh}^2\lambda l - \sin^2\lambda l} \cdot \lambda l$$

$$\beta_1 = \frac{\mathrm{ch}^2\lambda l - \cos^2\lambda l}{\mathrm{sh}^2\lambda l - \sin^2\lambda l} \cdot (\lambda l)^2$$

$$\beta_2 = \frac{2\mathrm{sh}\lambda l \cdot \sin\lambda l}{\mathrm{sh}^2\lambda l - \sin^2\lambda l} \cdot (\lambda l)^2$$

$$\gamma_1 = 2(\alpha_1\beta_1 - \alpha_2\beta_2)$$

$$\gamma_2 = 2(\alpha_1\beta_2 - \alpha_2\beta_1)$$

其中　λ 为梁的弹性特征。

（二）挡土结构的有限元分析

以往采用的古典法以及山肩邦男法、弹性法等计算方法不能有效地计入基坑开挖时挡土结构及支撑轴力的变化过程，采用这些计算方法所得到的结果用于多道支撑的深基坑挡土结构分析时内力比实际情况的误差大，有的甚至达 3 倍以上。随着计算机的普及，有限单元法作为一种计算方法具有灵活、多样、限制少、易于模拟等优点而在挡土结构分析中已广为采用。在使用有限元对挡土结构分析时，可有效地计入基坑开挖过程中的多种因素，例如作用在挡土结构上被动侧和主动侧的水土压力的变化，支撑随开挖深度的增加其架设数量的变化，支撑预加轴力对挡土结构内力变化的影响，以及空间作用下挡土结构的空间效应问题等等。由此为有效、安全、经济地优化挡土结构形式和开挖过程开辟了新的途径。

挡土结构有限元分析法有两类，即现行规范推荐的"竖向平面弹性地基梁法"和"连续介质有限元法"，其中前者现也称为"弹性杆系有限元法"，而"连续介质有限元法"由于计算参数难以准确确定以及计算机容量和速度的限制等，目前还没得到广泛的应用，下面详细介绍"弹性杆系有限元法"。

1. 荷载

如图 12-4 所示，其中：

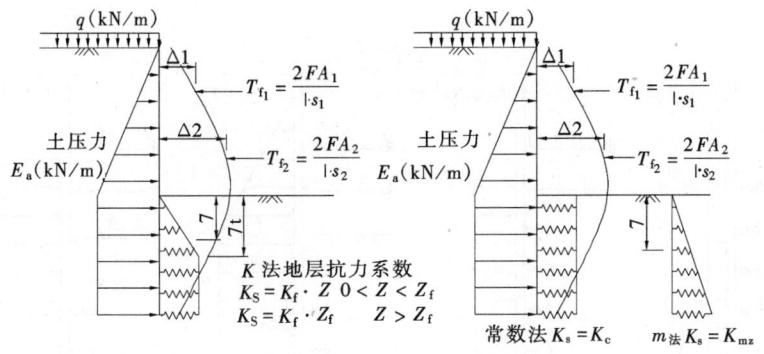

图 12-4　挡土结构荷载简图

q——地面超载，一般根据现场施工荷载及临近建构筑物实际荷重确定，一
　　般深基坑工程取为 $20 \sim 30 \mathrm{kN/m^2}$；

E_a——主动侧土压力一般由朗金土压力理论求得，且开挖面以上为梯形分
　　　布，开挖面以下为矩形分布。

土压力的大小、分布范围均随开挖面而变化，每一次开挖均会造成开挖面的
变化，所以，土压力也会随之变化。

2. 计算简图

为了正确计入施工因素，必须了解挡土结构在各个施工阶段中不同的变形状
态，挡土结构的变形状态如图 12-5 所示。

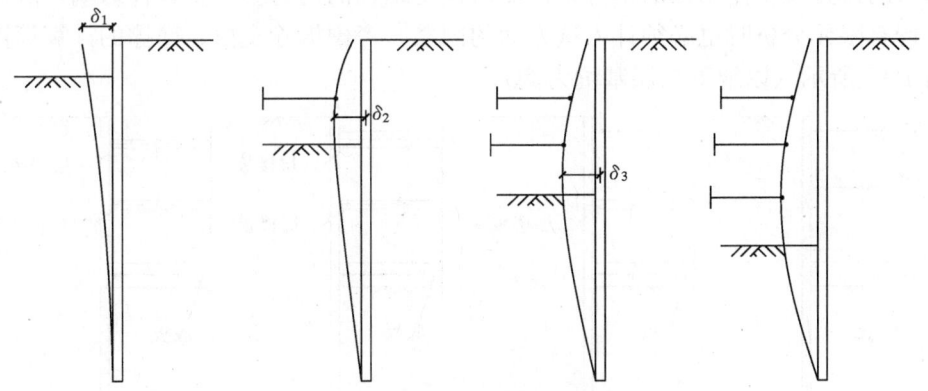

图 12-5　挡土结构的变形状态随开挖过程的变化

从图 12-5 中可知，支撑在架设之前，该点处的挡土结构已经发生了一定量
的变形，而支撑架设后该点的变形增量是很小的，即挡土结构的位移多在支撑架
设之前已经发生并影响挡土结构的内力。事实上因前期位移而在挡土结构中引起

的弯矩往往超过作用在挡土结构上水土压力引起的弯矩。

与挡土结构在各个施工阶段的变形特征相适应，各阶段的计算简图如图12-6所示。

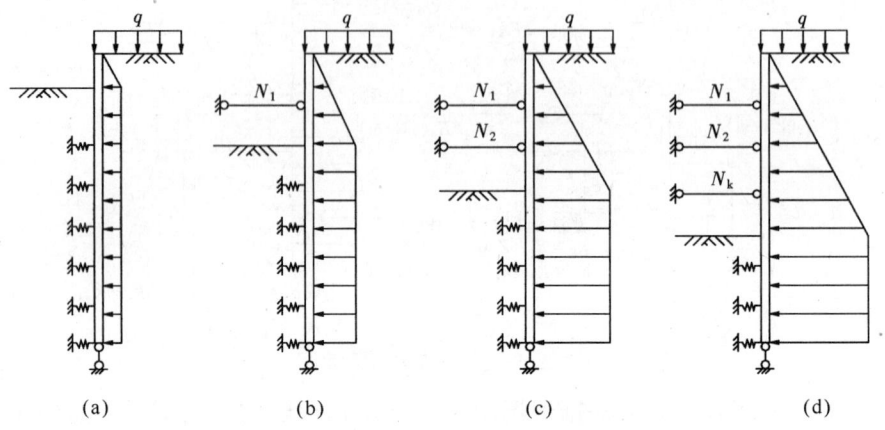

图 12-6　考虑开挖过程的结构计算简图

(a) 第一阶段；(b) 第二阶段；(c) 第三阶段；(d) 第四阶段

图中 N_1、N_2、N_k 为支撑杆轴力。地层抗力系数 K 可根据现场试验或按有关规定取用。

根据图 12-6 所示计算简图，可以分别求得各个不同阶段挡土结构的位移、弯矩和剪力以及支撑轴力。取各个阶段的点内力包络图作为挡土结构的最终设计依据。

开挖到基底后进行主体结构施工，支撑随主体结构施工而逐渐撤去时由于支撑点的位置及主体结构的本身条件而对挡土结构的内力会产生各种影响，因此在进行有限元分析时也必须计入这方面的因素。考虑拆除支撑、回撑的计算简图如图 12-7 所示（以地下二层基坑为例）。

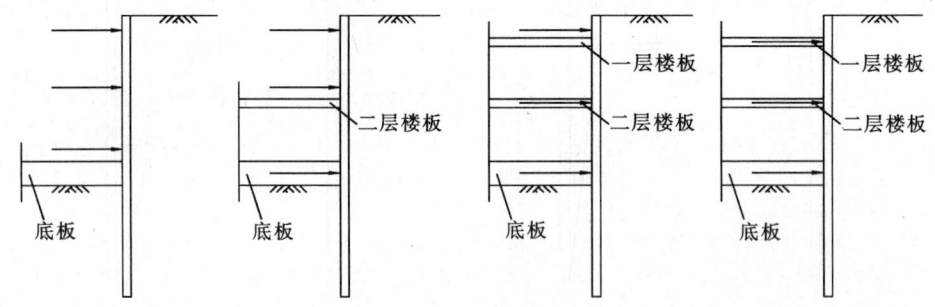

图 12-7　考虑拆撑、回撑的挡土结构计算简图

总之，在进行挡土结构的内力分析时，应针对各个不同的施工阶段进行全面分析计算后才能确保挡土结构全过程各阶段的正常使用。

3. 计算分析

对挡土结构进行有限元分析时，与常规的弹性力学有限元法相类似，首先对挡土结构进行离散化如图 12-8 所示。

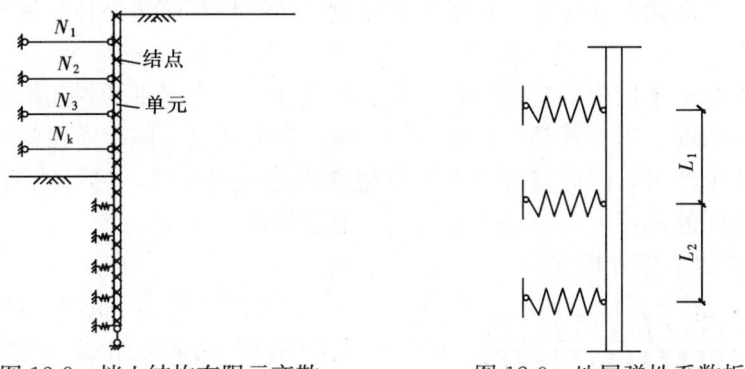

图 12-8　挡土结构有限元离散　　　　图 12-9　地层弹性系数折算

考虑到计算精度，挡土结构基本上以 1m 作为单元尺寸。除此之外，各阶段的开挖面位置，支撑作用点均应作为节点处理。弹簧可任意作用在开挖面以下挡土结构的节点上。挡土结构的每一单元均取为具有三个自由度（u、v、θ）的"梁单元"，而支撑则作为单自由度的"二力杆单元"，弹簧不作为单元，仅在形成总刚时将相应方向的刚度充入即可。

基本平衡方程：

$$[K]\{\delta\} = \{R\} \tag{12-8}$$

式中　　$[K]$——总刚矩阵；

　　　　$\{\delta\}$——位移矩阵；

　　　　$\{R\}$——荷载矩阵。

总刚矩阵 $[K]$ 形成后，可按照各施工阶段的计算简图将地层弹性系数 K 值叠加到总刚相应位置中。此时必须注意的是根据取用的 K 值数还必须乘以相邻两弹簧距离的平均值，即 $K' = \dfrac{L_1 + L_2}{2}$（图 12-9）。以 K' 替代 K 迭加入相应总刚。

由于挡土结构内力分析时，必须计入施工各阶段、各支撑安装前后及预加轴力的影响，所以必须修正式（12-8）。以上各种影响可通过对杆系的边界条件修正加以解决。

12.3.3　支撑体系平面框架的计算

在基坑围护结构设计中，围护结构支撑体系的选型和设计工作十分重要。随着建筑物对基坑要求的不断提高，基坑的平面几何尺寸和深度不断增加，几何形状千变万化，以前常用的将支撑体系分解成单根压杆来进行计算的设计已不能满足工程的需要。围护结构挡土桩（墙）的计算仅是在基于竖向平面问题假定的计算，这对于长条形基坑的设计计算是适用的。但大多数情况下，围护结构支撑体系在平面上的布置并非呈平面对称状态，平面上各支撑的内力、变形各不相同，需要按平面框架进行设计计算。因此，实际上在这种情况下支护体系是一个三维空间受力体系。为简化设计计算工作量，实际设计往往将其简化为独立的平面支撑系统进行计算。

在工程中将围护结构中的支撑体系在结构上设计成一个水平的封闭框架，可以提高它的整体刚度，当支撑是一种临时结构时，只需要满足施工阶段的各项技术参数和工况要求即可，因此在设计中可以将结构的几何布置，尽可能地优化，选择受力性能良好的几何形式，以方便施工、节省投资。

1. 力学模型和结构分析方法

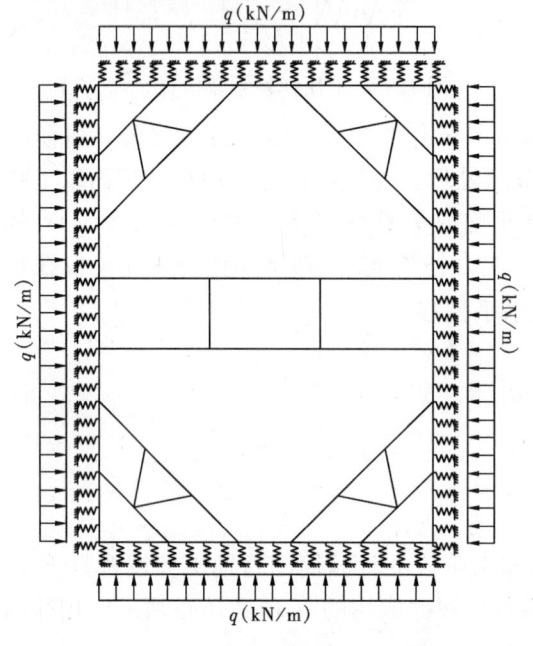

图 12-10   结构计算模型

基坑围护结构一般由围护体系和支撑体系两部分组成，严格地讲，封闭支撑体系与挡土结构共同组成一空间结构体系，二者共同承受土体的约束及荷载的作用，因此支撑体系的水平位移包括两部分：第一部分是荷载作用下，支撑体系的变形；第二部分是刚体位移（包括刚体平移及转动），该部分是由于基坑开挖过程中，基坑各侧壁上的荷载不同而发生的（坑壁上的荷载包括土压力，水压力和地面附加荷载三部分），该刚体位移的发生使得基坑各侧壁上的荷载重新调整，直至平衡。当基坑各侧壁荷载相差不大时，调整量很小，即刚体位移非常小，这时挡土墙的平衡是介于主动极限平衡和被动极限平衡之间的一种平衡形式。在不考虑支撑体系刚体位移的前提下，为了简化计算，可以将围护体系和支撑体系在考虑相互作用后分别单独计算，围护体系沿基坑周边取单位长度围护壁为计算单元（图12-4）。

支撑体系按平面封闭框架结构设计，其外荷载由围护体系直接作用在封闭框架周边与围护体系连接的围檩上，在封闭框架的周边约束条件视基坑形状、地基土物理力学性质和围护体系的刚度而定。计算模型如图 12-10 所示，图中 q 为按平面竖向杆系有限元计算得到的各层支撑轴力（每单位延米分布轴力）。对这个封闭框架结构，我们要计算它在最不利荷载作用下，产生的最不利内力组合和最大水平位移，因此我们依据基坑的开挖方式及开挖的不同阶段考虑多种不同工况，对每一种工况的不利荷载，分别计算围护体系和支撑体系的内力及水平位移，计算程序及要点如下：

（1）选择合适的结构几何参数，计算支撑的水平变形刚度 K_c 为：

$$K_c = \frac{1}{\delta} \qquad (12\text{-}9)$$

式中 δ——支撑的变形柔度，其物理含义为：当支撑沿基坑周边承受单位均布支撑力 $R = 1$ 时，支撑点（即围檩）的水平位移。

实际上，由于支撑在支撑力作用下，围檩上不同截面点的水平位移不相同，所以对于不同地方的围护墙体结构，支撑刚度 K_c 并不相同，为了控制基坑边缘的最大水平位移，在设计计算中，取围檩的最大水平位移为水平变形柔度，即

$$\delta = \delta_{max} \qquad (12\text{-}10)$$

这样使计算偏于安全。

（2）求得刚度 K_c 后，根据工程地质勘察提供的有关数据，利用板桩挡土墙（加支撑、锚杆）的有限单元法计算程序，计算围护墙体结构的内力和基坑边缘的最大水平位移 Δ_{max}，并计算支撑对围护墙体结构的支撑力 R_0。

（3）判别基坑边缘最大水平位移是否满足设计要求，即：

$$\Delta_{max} \leqslant [\Delta] \qquad (12\text{-}11)$$

式中 $[\Delta]$——基坑边缘允许的最大水平位移。

如果式（12-11）不满足，则重新调整支撑的几何参数，提高其水平刚度，重复式（12-9）、式（12-11）的计算；当 $\Delta_{max} \geqslant [\Delta]$ 时，为了调整整个基坑的刚度，通常采用以下三种调整方式：

①调整支撑体系的高程布置；

②加大支撑体系的杆件截面尺寸，即增加支撑体系的水平变形刚度；

③加大挡土墙厚度或加长入土深度；

上述三种调整方式中，①对基坑水平变形的控制最有效，所以通常先调整支撑体系的高程布置，如条件①仍无法满足，再按②、③调整。

如（12-11）式满足，则进行下面步骤④的计算。

④用有限单元法计算支撑的内力并进行配筋计算或钢支撑强度、稳定性验算。

2. 设计计算流程图

当基坑各侧壁荷载相差较大时，如相邻基坑同时开挖，基坑坑外附近有相邻工程在进行预制桩施工等，这时基坑侧壁的不平衡荷载可能引起整个基坑向一侧"漂移"，支撑体系的刚体位移很大，此项因素绝不可忽略，为此，要考虑围护体系外围土体的约束作用，可根据地层特性，采用适当刚度的弹簧模拟之。为了计算该刚体位移，必须将支撑体系与挡土结构一同视为空间结构分析，如采用钻孔灌注桩作为挡土结构，可将围护桩沿基坑周边按"刚度等效"进行连续化，这样，整个结构体系可简化为带内撑杆的薄壁结构，按薄壁结构有限元进行内力位

移计算。由于土体约束条件非常复杂，所以空间结构的计算实施方法还有待进一步研究。基坑支护整体计算流程如图 12-11 所示。

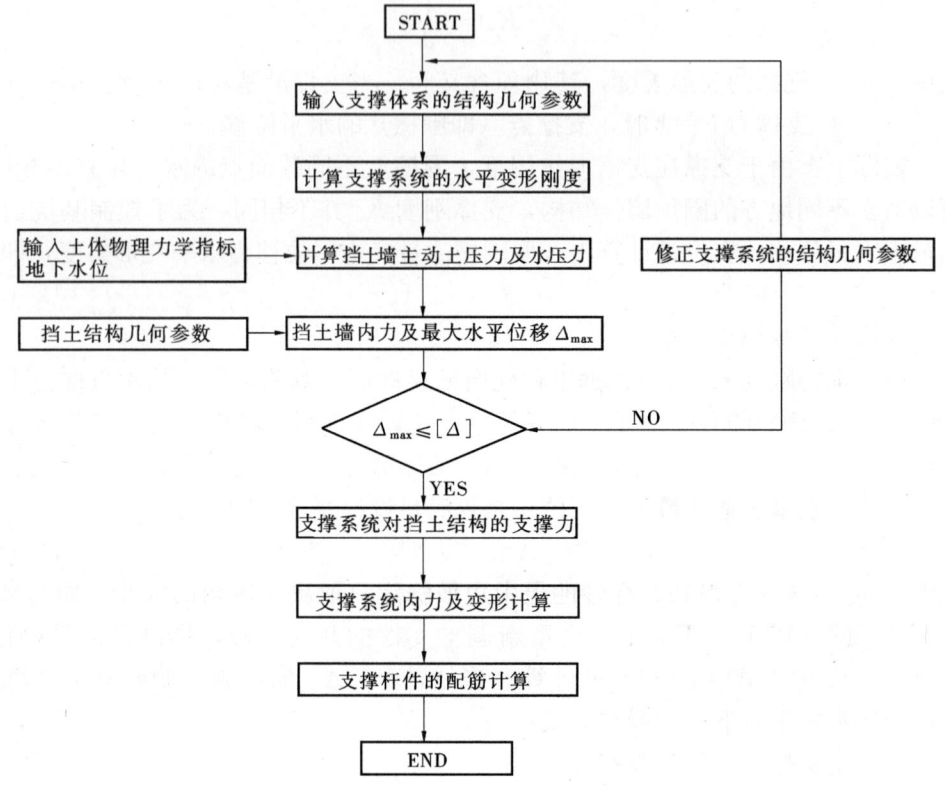

图 12-11   基坑支护整体计算流程

为得到更为精确的计算结果，可以采用反复迭代计算的方法，使平面框架计算的变形与挡墙的变形相协调；也可以采用子结构法，将平面框架作为子结构进行刚度凝聚，计入竖向杆系有限元总刚中，得到满足变形协调条件的精确解。

12.4   基坑稳定性验算

前面我们对支护结构的荷载、支护结构的内力计算进行了简要的讨论。但在实际工程中，仅进行上述分析是不够的，还需要进行基坑稳定性验算。基坑稳定性验算主要是计算基坑在外荷载作用下是否会丧失稳定（简称失稳），基坑失稳的表现形式是多种多样的，主要有：（1）整体失稳破坏；（2）承载力不足导致的破坏；（3）基底滑动破坏；（4）基底侵蚀、管涌；（5）渗流；（6）支挡结构破坏；（7）被动土压力丧失等。产生这些破坏的原因是多方面的，但为了避免这些破坏的发生，在基坑设计与施工中必须专门进行稳定性验算、使地基（也是支护结构本身）的稳定性具有一定的安全度。以下对基坑稳定性验算的要点进行简要说明。

12.4.1　边　坡　稳　定

所谓边坡稳定是指防止基坑边坡上的部分土体脱离整体而沿着某一个面向下滑动所需要的安全度。在放坡开挖的基坑中需要控制边坡稳定。在没有支护结构的基坑中、当地基深部存在软弱土层时，也需要防止在围护墙底以下可能产生的深层滑动面。

（一）砂性土的边坡稳定

当砂性土边坡的坡角小于土的内摩擦角时，通常不会产生滑坡，由边坡上土体的平衡关系可以得到砂性土稳定的安全系数为：

$$K = \frac{\tan\varphi}{\tan\alpha} \tag{12-12}$$

式中　K——边坡抗滑安全系数，$K \geqslant 1.10 \sim 1.15$；

　　　　φ——土的内摩擦角（°）；

　　　　α——边坡的坡角（°）。

由式（12-12）可知，在砂性土中边坡稳定只取决于坡角的大小，而与坡的高度或土体的重量无关。

当地下水位高于基坑开挖面时，需要考虑动水压力对边坡稳定性的影响。此时土柱的抗滑安全度为（推导略）：

$$K = \left(\frac{1}{1+T_u}\right)\frac{\tan\varphi}{\tan\alpha} \tag{12-13}$$

式中　$T_u = T_w/T = \gamma_w ibh/Q\sin\alpha$

b, h, Q——分别为单位长度土柱的宽度、土柱在水位线以下的高度、土体的自重；

　　　　i——水位线以下土柱部分平均水力梯度（可由流网图确定）；

　　　　γ_w——水的重度。

若动水力等于零，则 $T_u = 0$，此时式（12-12）与式（12-13）相同。

（二）黏性土边坡的稳定

在黏性土中，边坡失稳时的滑动面近似于圆弧，滑动体绕某个中心向下带旋转性的滑动，在这种情况下的边坡稳定通常采用条分法分析。条分法的基本假定是：

（1）边坡失稳时，滑动体沿着一个近似于圆筒形的滑动面下滑。但当地基有软弱夹层时，可按实际可能发生的非圆弧滑动面验算。

（2）考虑平面问题。在实际工程中，可根据地基情况、边坡形状和地面荷载基本相同的原则，把边坡分成几个区段，在每个区段中选取有代表性的断面作为验算断面。

边坡滑动面可以有很多个,其中最可能产生滑动的危险面要通过试算才能确定。具体步骤可参阅有关手册。

12.4.2 基坑抗隆起稳定

随着深基坑逐步向下开挖,坑内外的压力差不断增大,就有可能会发生基坑坑底隆起现象。特别在软黏土地基中开挖时很容易发生基坑底土向上隆起现象。由于坑内外地基土体的压力差、使墙背土向基坑内推移,造成坑内土体向上隆起,坑外地面下沉的变形现象,控制这种现象发生的验算大致根据两种假定,即滑动面假定和地基极限承载力假定。

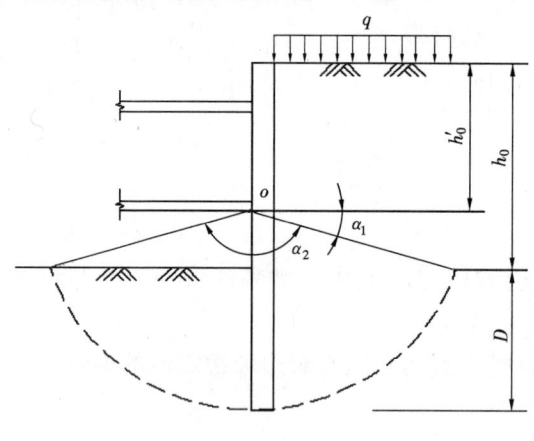

图 12-12 滑动面假定

(一)圆弧滑动抗隆起稳定验算

如图 12-12 所示,在开挖面以下,假定一个圆弧滑动面。根据在滑动面上土的抗剪强度对滑动圆弧中心的力矩与墙背开挖面标高以上土体重量(包括地面荷载)对滑动中心的力矩平衡条件,计算隆起的安全度。转动中心的位置通常认为可定在基坑最下一道支撑与围护墙的交点处,滑动面位于墙底。

若不考虑插入基坑开挖面以下的墙体对抗隆起的作用,则隆起滑动力矩 M_{SL} 和抗隆起力矩 M_{RL},可分别按下式计算:

$$M_{SL} = \frac{1}{2}(\gamma h'_0 + q)D^2$$

$$M_{RL} = R_1 k_a \tan\varphi + R_2 \tan\varphi + R_3 c$$

式中

$$R_1 = D\left(\frac{\gamma h_0^2}{2} + q h_0\right) + \frac{1}{2}D^2 q_f(\alpha_2 - \alpha_1 + \sin\alpha_2\cos\alpha_2 - \sin\alpha_1\cos\alpha_1)$$

$$- \frac{1}{3}\gamma D^3(\cos^3\alpha_2 - \cos^3\alpha_1)$$

$$R_2 = \frac{1}{2}D^2 q_f\left[\alpha_2 - \alpha_1 - \frac{1}{2}(\sin2\alpha_2 - \sin2\alpha_1)\right] - \frac{1}{3}\gamma D^3\left[\sin^2\alpha_2\cos\alpha_2\right.$$

$$\left. - \sin^2\alpha_1\cos\alpha_1 + 2(\cos\alpha_2 - \cos\alpha_1)\right]$$

$$R_3 = h_0 D + (\alpha_2 - \alpha_1)D^2$$

$$q_f = \gamma h'_0 + q \quad k_a = \tan^2\left(\frac{\pi}{4} - \frac{\varphi}{2}\right)$$

上式中 α_1 和 α_2 均应以弧度计入，其他符号如图 12-11 所示。

则抗隆起安全系数：

$$K = \frac{M_{RL}}{M_{SL}} \quad (12\text{-}14)$$

K——抗隆起安全系数，$K \geqslant 1.20$。

（二）地基极限承载力假定

1. Terzaghi-Peck 方法

如图 12-13 所示，当开挖面以下形成滑动面时，由于墙后土体下沉，使墙后土在竖直面上的抗剪强度得以发挥，减少了在开挖面标高上墙后土的垂直压力，其值可按下式估算：

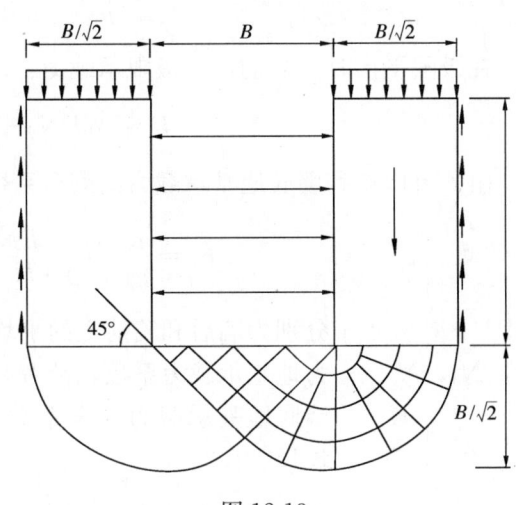

图 12-13

$$p = W - S_u H = (\gamma H + q)\frac{B}{\sqrt{2}} - S_u H$$

相应的垂直分布力为：$p_u = \gamma H + q - \dfrac{\sqrt{2}}{B} S_u H$，在饱和软土中土的抗剪强度采用 $\varphi = 0$，$S_u = c$，地基极限承载力为 $R = 5.7c$，由此可以得到抗隆起的安全系数：

$$K = \frac{R}{p_u} = \frac{5.7c}{\gamma H + q - \dfrac{\sqrt{2}}{B}cH} \quad (12\text{-}15)$$

式中　γ——墙背开挖面以上土的平均重度；

　　　c——土的黏聚力；

　　　K——抗隆起安全系数，根据基坑安全等级确定。

2. 墙底地基承载力验算

同济大学侯学渊教授等人提出了考虑 c，φ 值的地基承载力的稳定验算方法。该方法在土体墙体中包括了 c，φ 的因素，同时参照普朗特尔和泰沙基的地基承载力公式，并假定以板桩底平面作为求极限承载力的基准面，如图 12-14 所示，墙背在围护墙底平面上的垂直荷载：

$$p_1 = \gamma_a (H + D) + q$$

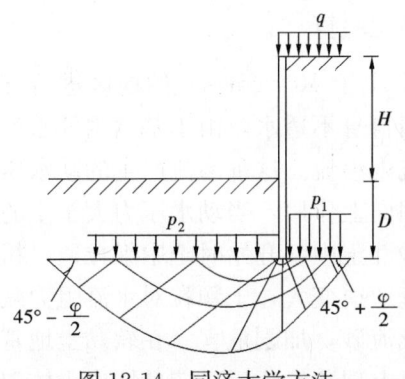

图 12-14　同济大学方法

墙前在围护墙底平面上的垂直荷载：

$$p_2 = \gamma_b D$$

在极限平衡时，墙前地基极限承载力：

$$R = \gamma_b D N_d + c N_c$$

由此可以得到墙底地基承载力的安全系数：

$$K = \frac{R}{p_1} = \frac{\gamma_b D N_d + c N_c}{\gamma_a(H + D) + q} \qquad (12\text{-}16)$$

式中　γ_a，γ_b——分别为墙后和墙前土的平均重度；

$\quad\quad N_d$，N_c——为地基承载力系数，参考有关地基规范取用；

$\quad\quad K$——墙底地基承载力安全系数，由基坑安全等级决定，一般 $K \geqslant$ 1.15~1.25。

12.4.3　整体稳定性验算

整体稳定性验算可用毕肖普法，其安全系数公式为：

$$K = \frac{\sum \left[c_i b_i + (W_i - u_i b_i)\tan\varphi_i \right]/m_i}{\sum W_i \sin\alpha_i} \qquad (12\text{-}17)$$

$$m_i = \cos\alpha_i + \frac{\tan\varphi_i \sin\alpha_i}{K} \qquad (12\text{-}18)$$

式中　W_i——土条质量；

$\quad\quad u_i$——土条的孔水压力；

$\quad\quad \alpha_i$——土条底面与水平线的夹角；

$\quad\quad b_i$——土条宽度。

各参数具体算法可参阅有关手册。

12.4.4　坑底抗渗流稳定验算

在地下水丰富、渗透系数较大（渗透系数不小于 $10^{-6}\,\text{cm/s}$）的地区进行支护开挖时，通常需要在基坑内降水。如果围护墙自身不透水，由于基坑内外水位差，导致基坑外的地下水绕过围护墙下端向基坑内渗流。这种渗流产生的动水压力在墙背后向下作用，而在墙前（基坑内侧）则向上作用，当动水压力大于土的水下重度时，土颗粒就会随水流向上喷涌。在砂性土中，开始时土中细粒通过粗粒的间隙被水流带出，产生管涌现象。随着渗流通道变大，土颗粒对水流阻力减小，动水力增加，使大量砂粒随水流涌出，形成流砂，加剧危害。在软黏土地基中渗流力往往使地基产生突发性的泥流涌出。以上现象发生后。使基坑内土体向上推移，基坑外地面产生下沉、墙前被动土压力减少甚至丧失，危险支护结构的稳定。验算抗渗流稳定的基本原则是使基坑内土体的有效压力大于地下水向上的渗流压力。图 12-14 是 Terzaghi-Peck 方法的计算简图。设围护墙在开挖面以下的埋入深度为 D，墙下端宽度为 $D/2$ 范围内的平均超静水头为 h_a，则作用在土体 $bcde$ 下端的渗流压力 $U=\gamma_w h_a$，土体的有效应力 $p=\gamma'D$，则抗渗流稳定的安全度 K 为：

$$K = \frac{p}{U} = \frac{\gamma'D}{\gamma_w h_a} \tag{12-19}$$

抗渗流稳定所要求的插入深度：

$$D \geqslant \frac{K\gamma_w h_a}{\gamma'} \tag{12-20}$$

式中　γ_w——水重度；

　　　γ'——土的水下重度。

在墙下端 $D/2$ 宽度范围内的平均超静水头 h_a 是变化的，需要通过绘制流网图确定。作为一种略算法，如图 12-15 所示，取沿围护墙的最短流线 $a—b—c—b$ 来求墙下端的水头替代 h_a（h_1 为开挖面以上产生水力坡降的土层厚度）：设平均水力坡度为 i，$i=h/(h_1+2D)$，则

$$h_a = h - i(h_1 + D) = \frac{Dh}{h_1 + 2D} \tag{12-21}$$

将式（12-20）代入式（12-21）可得：

$$D \geqslant \frac{K\gamma_w h - \gamma' h_1}{2\gamma'} \tag{12-22}$$

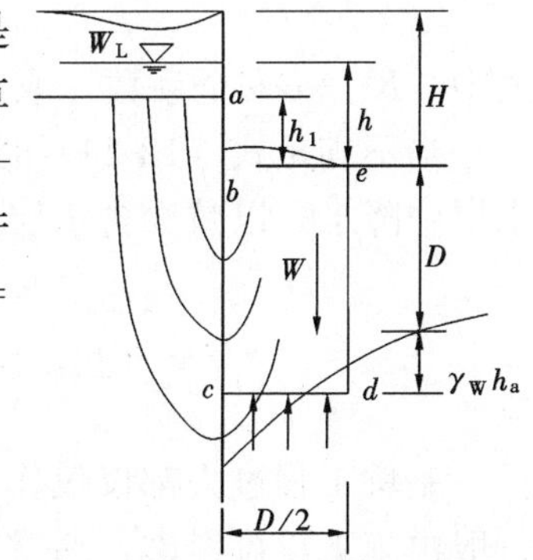

图 12-15　抗渗流验算简图

式（12-22）中的安全系数 K 应大于 1.2；h_1 取开挖面以上至透水性良好的土层，（如松散填土，中、粗砂，砾石等）底面之间的距离，对于土层可取 $(0.7\sim1.0)\,h$。

12.4.5　承 压 水 的 影 响

如图 12-16 在不透水的黏土层下，有一层承压含水层。或者含水层中虽然不是承压水，但由于土方开挖形成的基坑内外水头差，使基坑内侧含水层中的水压力大于静水压力。此超静水压力向上浮托开挖面下黏土层的底面，有可能使开挖面上抬，或者承压水携带土粒沿围护墙内表面和基坑内桩的周面与土层接触处的薄弱部位上喷，形成管涌现象。当发生这种情况时，同样会导致基坑外的周围地面下沉。

对于这种情况，Tschebotarioff 的验算方法是：

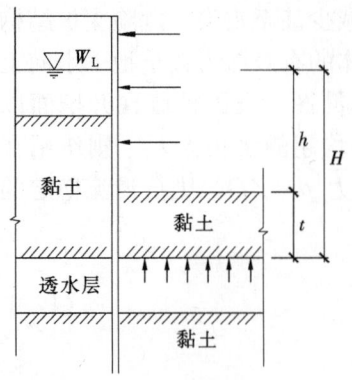

图 12-16   承压水引起的隆起

设下部含水层顶面与围护墙背面的水位差为 $H=h+t$，黏土层的饱和重度为 γ_{sat}，水的重度为 γ_w，则抵抗承压水上托力所需要的黏土层厚度为：$t \geqslant \dfrac{h\gamma_w}{\gamma_{sat}}$。因为 $H=h+t$，所以上式可写为：

$$t \geqslant \frac{h\gamma_w}{\gamma_{sat} - \gamma_w} \qquad (12\text{-}23)$$

在下面有承压透水层的黏土中开挖时，基底隆起通常是突发性的和灾难性的。为了防止这种现象发生，基坑底部任一点的孔隙水压力不宜超过该点总压力的 70%。若以此引入一个安全系数，则式（12-23）可改写为：

$$t \geqslant \frac{h\gamma_w}{\gamma_{sat}/K - \gamma_w} \qquad (12\text{-}24)$$

式中 K——安全系数，取 $K=1.43$。

当不满足式（12-24）时，应把围护墙加深到下部不透水层中或者在承压含水层中降水，以减少含水层的水压力。

12.5   基坑工程的变形计算

基坑工程过去都仅仅作为地下室施工的一种临时施工措施，其围护结构设计一般由施工单位考虑，通常按强度和稳定来验算，以满足施工要求为目的。随着建设的发展，尤其在建筑群中间，基坑设计的强度和稳定性仅是必要条件，很多场合主要控制条件是变形。基坑的变形计算比较复杂，而且不够成熟。有关基坑变形控制的要求可参见《建筑基坑工程技术规范》（YB925—97）中的规定。基坑变形计算包括基坑坑底隆起或回弹计算及基坑围护墙外地层变形估算。基坑隆起或回弹变形既是基坑工程安全的重要指标，也是控制后建主体结构回弹再压缩变形的关键数据；基坑围护墙外地层变形是基坑工程环境保护的重要指标，也是评价基坑围护结构设计方案是否达到基坑安全等级要求的重要指标，基坑设计根据该指标提出周围环境的具体保护措施。

12.5.1   基坑坑底隆起变形计算

（一）实用计算法

基坑开挖时土体隆起量按下式计算：

$$s_c = \sum_{i=1}^{n} b \frac{\rho_0}{E_{ei}} (\delta_i - \delta_{i-1}) \qquad (12\text{-}25)$$

式中　E_{ei}——第 i 层土体的割线膨胀模量；

　　　　ρ_0——基坑顶面荷载，即把挖取的土重反向作用于基坑顶面；

　　　　b——基坑宽度；

　δ_i，δ_{i-1}——沉降系数。

基坑再加荷沉降变形按下式计算：

$$s_c = b\rho_0 \sum \frac{1}{E_{ei}}(\delta_i - \delta_{i-1}) \qquad (12-26)$$

式中　E_{ei}——第 i 层土体的割线再压缩模量；

　　　　ρ_0——基坑顶面荷载，即建筑物传下的荷载。

（二）同济大学模型试验经验公式

同济大学对深基坑工程采用室内相似模拟试验，对不同地质条件和开挖深度的基坑的坑底隆起进行了一系列试验，得到以下基坑隆起计算的经验公式：

$$\delta = -29.17 - 0.0167\gamma H' + 12.5\left(\frac{t}{H}\right)^{-0.5} + 0.637\gamma c^{-0.04}(\tan\varphi)^{-0.54}$$

$$(12-27)$$

式中　δ——基坑隆起量（cm）；

　　　　H——基坑开挖深度，$H' = H + \dfrac{q}{\gamma}$（m）；

　　　　q——地面超载（kPa）；

　　　　t——墙体入土深度（m）；

c，φ，γ——土体的黏聚力（kPa）、内摩擦角（度）和土的重度（kN/m³）。

式（12-27）考虑了开挖深度 H、入土深度 t、地顶超载 q、土性 c，φ，γ 等因素。该式表明：隆起量与基底平面处的荷载成正比；入土深度增大，隆起量减小；开挖深度增大、隆起量也增大；隆起量与 t/H 成曲线关系；隆起量随土体重度增加而增加，而随 c，φ，γ 值的增加呈负指数减少。式（12-27）综合考虑了多种因素，特别是墙体入土深度因素，经与上海基坑工程实测值对比，较符合实际情况。

由模型实验研究结果还可以得出在已知基底容许隆起量时求墙体入土深度的经验公式：

$$\frac{t}{H} = \frac{1}{[0.08[\delta] + 2.33 + 0.00134\gamma H' - 0.051\gamma c^{-0.04}(\tan\varphi)^{-0.54}]^2} \qquad (12-28)$$

式中　$[\delta]$——基底容许隆起量，其取值分别如下：

当基坑旁无建筑物或地下管线时为 $H/100$；当基坑旁有建筑物或地下管线时为 $(0.2 \sim 0.5)H/100$；当有特殊要求时为 $(0.04 \sim 0.2)H/100$。当 $[\delta] \leqslant 0.5H/100$ 时需进行地基加固。

（三）有限单元法

充分利用现代化的计算工具，将分层总和法和有限单元法同时结合应力感应图，综合考虑基坑外侧正荷载和基坑内负荷载对地基回弹的共同作用，是目前基坑设计和计算发展的方向和途径。

12.5.2   基坑围护墙外土体沉降估算

基坑围护墙外地表沉降计算，是基坑设计计算的重要内容，也是基坑围护工程环境保护的重要指标。由于一般基坑挡土墙的计算采用荷载结构模型，无法得到周边地层的变形，因此一般采用由基坑挡土墙的水平位移推算的方法。推算方法可以采用有限元法，也可采用经验方法。这里主要介绍两种常用的经验计算方法。

经验计算方法首先结合工程经验假定坑外地表沉降曲线，然后根据地层损失相等的概念，即假定地表沉降槽的面积等于挡土墙水平变形与挡墙初始位置围成的面积相等。这样，只要计算得到墙体的变形，即可推算坑外地表的沉降曲线。

1. 三角形沉降曲线

三角形沉降曲线一般发生在围护墙位移较大的情况，如图 12-17 所示。

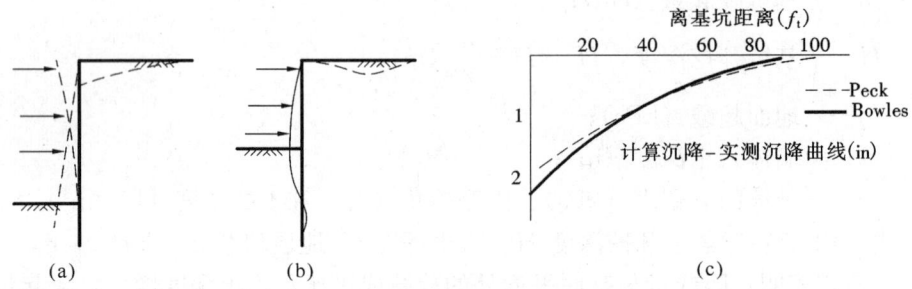

图 12-17   地表沉降曲线类型

(a) 三角形；(b) 指数曲线；(c) 抛物线

地表沉降范围为：

$$x_0 = H_g \tan\left(45° - \frac{\varphi}{2}\right)$$

式中 H_g——围护墙的高度；

φ——墙体所穿越土层的平均内摩擦角。

沉陷面积与墙体的侧移面积相等，可得：

$$\frac{1}{2} x_0 \delta_{max} = S_w$$

$$\delta_{max} = \frac{2S_w}{x_0}$$

2. 指数曲线

假设地面沉降槽取用正态分布曲线，计算模式见图 12-18 和图 12-19。

并在此假定的基础上取 $x_0 \approx 4i$ （i 为沉降槽拐点坐标）。

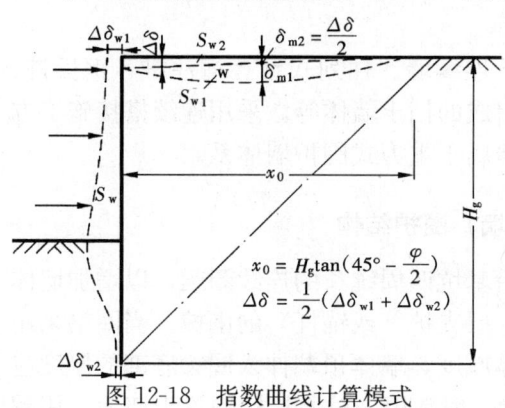

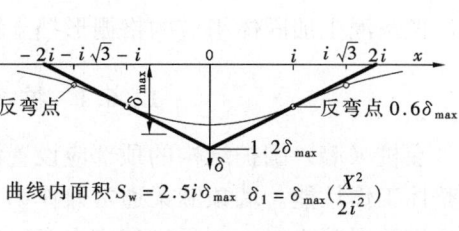

$x_0 = H_g\tan\left(45° - \dfrac{\varphi}{2}\right)$

$\Delta\delta = \dfrac{1}{2}(\Delta\delta_{w1} + \Delta\delta_{w2})$

曲线内面积 $S_w = 2.5i\,\delta_{max}$ 　$\delta_1 = \delta_{max}\left(\dfrac{X^2}{2i^2}\right)$

图 12-18　指数曲线计算模式　　　　　图 12-19　沉降槽曲线

$$S_{w1} = 2.5\left(\frac{1}{4}x_0\right)\delta_{m1} \quad \delta_{m1} = \frac{4S_{w1}}{2.5x_0} \quad x_0 = H_g\tan\left(45° - \frac{\varphi}{2}\right)$$

$$\Delta\delta = \frac{1}{2}(\Delta\delta_{w1} + \Delta\delta_{w2})$$

式中　$\Delta\delta_{w1}$——围护墙顶水平位移；

　　　$\Delta\delta_{w2}$——围护墙底水平位移，为防止出现"踢脚"和上支撑失稳，一般要求控制小于 20mm。

则

$$S_{w2} = \frac{1}{2}x_0\Delta\delta$$

$$S_{w1} = S_w - S_{w2} = S_w - \frac{x_0}{2}\Delta\delta$$

$$\delta_{m1} = \frac{4S_{w1}}{2.5x_0} = \frac{4}{2.5}\left(\frac{S_w - \frac{x_0}{2}\Delta\delta}{x_0}\right) = \frac{4S_w}{2.5x_0} - \frac{2\Delta\delta}{2.5} = \frac{1.6S_w}{x_0} - 0.8\Delta\delta$$

可计算出各点沉降：

$$\Delta\delta_i = \delta_{m1}\left(\frac{x_i}{x_0}\right)^2$$

最大沉降值：

$$\Delta\delta_{max} = \delta_{m1} + \delta_{m2} = \delta_{m1} + \frac{\Delta\delta}{2} = \frac{1.6S_w}{x_0} - 0.3\Delta\delta$$

12.6　常见围护结构及其构造设计

基坑围护结构可以分为桩（墙）式和重力式两类体系。桩（墙）式体系的墙体厚度相对较小，靠墙体的埋入深度和支撑体系（或拉锚）抵抗墙后的水土压力。重力式围护墙的厚度一般较大，主要靠墙体的自重和埋入深度保持墙后土体的稳定。

常用的桩（墙）式围护结构有：地下连续墙、柱列式钻孔灌注桩、钢板桩、钢筋混凝土板桩以及由间隔立柱和横板组成的挡土墙体等。采用连续搭接施工方法，把水泥土加固体组成的格栅形挡土墙属于重力式围护墙体系。

12.6.1　桩（墙）围护结构

在桩（墙）围护结构的顶部应设置沿基坑四周统长的连续圈梁，以增加墙体的整体工作性能。墙顶圈梁通常兼作第一层支护（或锚杆）的围檩。当圈梁采用现浇钢筋混凝土时，圈梁宽度应大于墙体厚度，墙体顶端伸入圈梁底部的厚度应不小于 50mm。钢板桩围护墙的顶部圈梁一般常用一对通长槽钢置于墙前，用螺栓与墙体连接。

当基坑深度不大（在地下水位较高的软土地区不超过 4m），环境条件容许有较大的变形时，可以采用不设支撑（或锚拉）的悬臂式围护墙。设计围护结构时需要验算以下内容：

（1）围护结构（包括墙体、支撑或锚拉体系）和地基的整体抗滑动稳定性，一般采用通过墙底的圆弧滑动面计算；

（2）基坑底部土体的抗隆起稳定性；

（3）基坑底部土体的抗渗流管涌稳定性；

（4）围护结构的内力和变形计算，通常采用弹性地基反力法计算，对于自立式围护墙以及单道支撑（或锚钉）的围护墙也可以采用极限平衡法计算。对于钢筋混凝土墙体，当采用弹性地基反力法计算时，墙体的抗弯刚度应乘以 0.65～0.75 的折减系数（预应力墙体除外）。对于有支撑（或锚拉）的围护结构当采用极限平衡法计算时，由于支撑（或锚拉）点假定为墙体的不动支点，因此墙体跨中最大弯矩计算值一般偏大，截面设计时应乘以 0.6～0.8 的折减系数。

（一）柱列式钻孔灌注桩

利用并列的钻孔灌注桩组成的围护墙体由于施工简单，墙体刚度较大，造价比较低，因此在我国用的较多。就挡土而言，钻孔灌注桩围护墙可用于开挖深度较大的基坑，但在地下水位较高地区往往由于隔水措施失效而导致基坑事故的例子时有发生。因此当开挖深度较大而又缺乏有把握的隔水手段时，不宜采用钻孔灌注桩作为围护墙。

1. 墙体构造

用于围护墙体的钻孔灌注桩一般直径 500～1200mm。邻桩的中心距一般不大于桩径的 1.5 倍，在地下水位低的地区，当墙体没有隔水要求时，中心距还可以再大一些，但不宜超过桩径的 2 倍。为防止桩间土塌落，可采用在桩间土表面抹水泥砂浆或对桩间土注浆加固等措施予以保护。

在地下水位较高地区采用钻孔灌注桩围护墙时，必须在墙后设隔水帷幕。图 12-19 为采用不同隔水方法的钻孔灌注桩墙构造。其中图 12-20（a）由于施工偏差，桩间的树根桩或注浆体往往难于封堵灌注桩的间隙而导致地下水流入基坑。因此在开挖深度超过 5m 时，必须慎重使用。其余几种形式的隔水帷幕效果相对比较可靠。隔水帷幕下端深度应满足地基土抗渗流稳定的要求。

墙体顶部圈梁构造如图 12-21 所示，当圈梁兼作支撑围檩时，其截面尺寸应根据静力计算确定，梁宽 B 通常不宜小于支撑间距的 1/6。圈梁顶面标高宜低于主体工程地下管线的埋设深度，以便于今后管线施工。

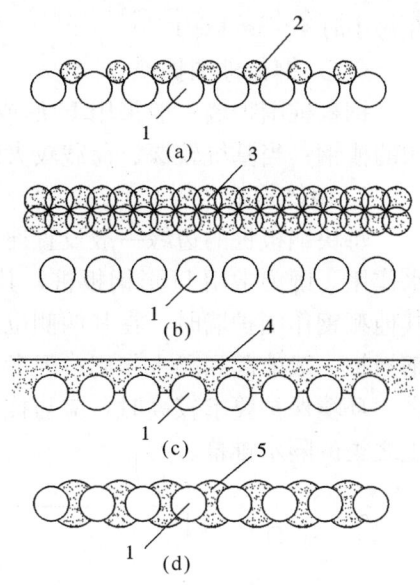

图 12-20 隔水帷幕

1—灌注桩；2—注浆或树根桩；3—搅拌桩；
4—高压喷射；5—旋喷桩

2. 墙体截面计算

钻孔灌注桩墙体截面内力应根据支护结构静力计算确定，截面承载能力可按现行《混凝土结构设计规范》（GB 50010—2002）中的圆截面受弯构件正截面受弯承载力计算。桩内钢筋笼通常全长配筋，也可根据弯矩包络图分段配筋，以节省钢材。

3. 墙体施工

柱列式钻孔灌注桩围护墙体可以采用一般钻孔灌注桩施工机械和施工过程中有关技术要求进行施工。

在钻孔时为了防止邻桩混凝土坍落或损伤，相邻桩位的施工间隔时间不应小于 72h。实际施工时一般应采取每间隔 3～5 根桩位跳打力法。此时在每一个跳打间隔内，总有一根桩是在左右已成桩的条件下嵌入施工。为了能使其正确就位，要求围护桩的容许施工误差小于普通工程桩。桩位偏差应控制在正负 30mm 以内。桩身垂直度偏差小于 1/200，桩径变化应控制在 5/100 以内。为此在地下水位较高的软土地区，当采用一般回转式钻机成孔时，除必须采用优质泥浆护壁外、钻杆直径不应小于 89mm，最好采用 114mm 钻杆，必要时可在钻头上加配重，以保证成孔垂直度。此外，钻头旋转速度应控制在每分钟 40～70 转范围内，在淤泥土内应小于每分钟 40 转。在地层中的进钻速度应控制

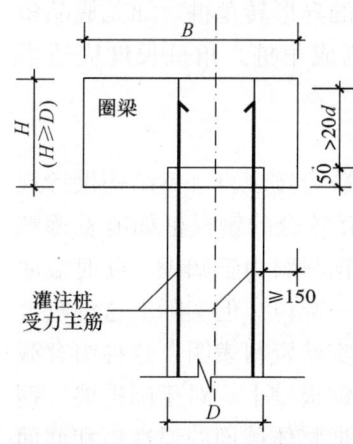

图 12-21 圈梁构造

在每小时 4～5m 以内。

（二）钢板桩围护墙

钢板桩围护墙一般采用 U 形或 Z 形截面形状，当基坑较浅时也可采用正反扣的槽钢；当基坑较深、荷载较大时也可采用钢管、H 钢及其他组合截面钢桩。

1. 墙体构造

每块钢板桩的边缘一般设置通常锁口，使相邻板桩能相互咬合起到挡水和隔水作用。国内常用 U 形钢板桩，其性能和特点可参阅有关手册。当采用钢管或其他型钢作围护墙时，在其两侧也应加焊通长锁口，如图 12-22 所示。带锁口的钢板桩一般能起到隔水作用，但考虑到施工中的不利因素，在地下水位较高的地区。环境保护要求较高时，应与柱列式围护墙一样，在钢板桩背面另外加设水泥土之类的隔水帷幕。

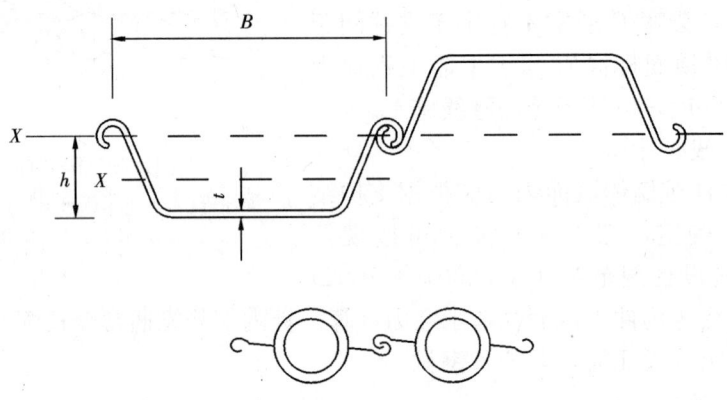

图 12-22　钢板桩

B—宽度；*h*—有效高度；*t*—厚度；*X*—形心轴

钢板桩围护墙可以用于圆形、矩形、多边形等各种平面形状的基坑，对于矩形和多边形基坑在转角处应根据转角平面形状设相应的异形转角桩，如无成品角桩，可将普通钢板桩裁开后，加焊型钢或钢板后拼制成角桩。角桩长度应适当加长。

2. 墙体截面计算

截面内力应根据支护结构静力计算确定、截面承载力按现行《钢结构设计规范》（GB 50017—2003）计算。如图 12-22 所示，相互咬合的钢板桩如能发挥整体作用，其截面性能指标要比单块钢板桩大得多。根据材料力学知识，此时截面中性轴应在咬合部位，截面最大剪应力也将产生在这一部位。但实际上这种咬合连接构造能否有效地传递剪力是有疑问的。根据有关实验资料表明，这种组合截面受力后，发现中性轴并不在咬合处，而是位于单块钢板桩上。对于围护墙，钢板桩的应力和变形是重要的控制参数，因此设计时应把整体截面的惯性矩和截面抵抗矩作适当折减后使用。

3. 墙体施工

钢板桩通常采用锤击、静压或振动等方法沉入土中，这些方法可以单独或相互配合使用。

钢板桩一般作为临时性的基坑支护，在地下主体工程完成后即可将钢板桩拔除，但是在拔除钢板桩时容易引起周围地基土体的侧向位移和沉降，从而影响周边环境安全，发生这种情况的原因主要时：（1）主体工程完成后，基坑内四周回填土没有充分填实，板桩拔除后将使坑壁土体卸载而变形；（2）拔钢板桩时，粘着在钢板桩内表面的土体随之带出，在土中形成宽度相当于板桩截面高度，深度接近于板桩长度的空隙、此空隙很难用常规方法填实。根据近年来的实践经验，在这种情况下采用跟踪注浆的办法效果较好。具体做法有两种：第一，沿着拔桩方向在钢板桩外侧土中事先插入注浆管，待板桩起拔后随即通过临近的注浆管往土层中压浆，使浆液充填钢板桩留下的空隙；第二，是在钢板桩起拔后，随即在桩位孔中插入套好布袋或塑料袋的压浆管直至空隙底部，而后马上压浆，浆液使布袋（或塑料袋）膨胀而充填空隙。

（三）钢筋混凝土桩墙

墙体一般由预制钢筋混凝土板桩组成，当考虑重复使用时，宜采用预制的预应力混凝土板桩。桩身截面通常为矩形，也可以用 T 形或工字形截面。

1. 墙体构造

板桩两侧一般做成凹凸榫，如图 12-23 所示。也有做成 Z 形缝或其他形式的企口缝。阳榫各面尺寸应比阴榫小 5mm。板桩的桩尖沿厚度方向做成楔形，为使邻桩靠接紧密，减小接缝和倾斜，在阴榫一侧的桩尖消成 45°～60°的斜角，阳榫一侧不削。角桩及定位桩的桩尖做成对称形。矩形截面板桩宽度通常用 50～80cm，厚度 25～50cm。T 形截面板桩的肋后一般为 20～30cm，肋高 50～75cm，混凝土强度等级不宜小于 C25，预应力板桩不宜小于 C40。考虑沉桩时的锤击应力作用，桩顶都应配 4～6 层钢筋网，桩顶以下和桩尖以上各 1.0～1.5m 范围内

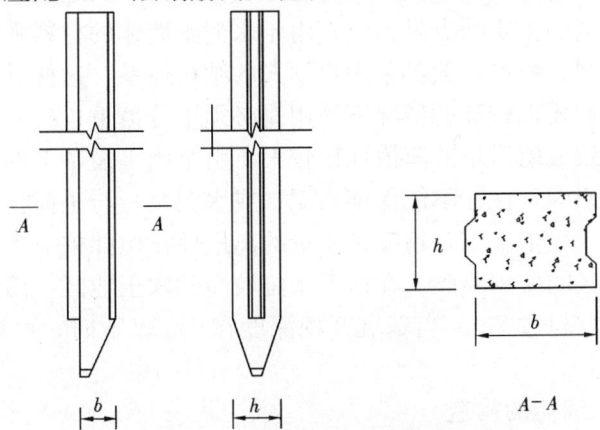

图 12-23　矩形钢筋混凝土板桩

箍筋间距不宜大于 100mm，中间部位箍筋间距 200～300mm。当板桩打入硬土层时，桩尖宜采用钢靴，榫壁应配构造钢筋。

在基坑转角处应根据转角的平面形状做成相应的异型转角桩，转角桩或定位桩的长度应比一般部位的桩长 1～2m。

2. 截面计算

截面内力根据支护结构的静力特征由计算确定，并应考虑板桩在起吊和运输过程中产生的内力。截面承载力应按现行《混凝土结构设计规范》确定。

3. 墙体施工

钢筋混凝土板桩通常采用锤击、静压和振动等方法沉入土中，这些方法可以单独使用，也可以相互配合使用，打桩前应根据围护墙的水平总长度和板桩规格事先确定所需要的板桩数量。沉桩应分段进行，不应单独打入。定位桩应确保它的沉桩垂直度，否则应采取纠正措施。其他板桩在定位桩打好后，以此沿着导架逐块打入土中。

12.6.2　重力式围护墙的设计与施工

基坑工程中的重力式支护墙，一般是指厚度较大的水泥土墙体，用特殊的深层搅拌机械，在地面以下就地把土与水泥强行搅拌，形成柱状的加固体，并采用连续施工的搭接方法可以把柱状加固体组成墙体，用在基坑中。由于它的材料强度比较低，主要是靠墙体的自重平衡墙后的土压力，因此常常将其作为重力式挡土墙对待，这种支护墙体适用于软土地基，但不宜在有较多碎石、砖块及其他有机质杂物的填土层中使用。

水泥土墙作为基坑的支护结构有以下优点：（1）水泥土加固体的渗透系数比较小，一般不大于 10^{-7} cm/s。因此墙体有良好的隔水性能，不需要另作防水帷幕；（2）水泥土支护墙一般采取自立式的，不加支撑，所以开挖较方便；（3）水泥土墙体的工程造价比较低，当基坑开挖深度不大时，其经济效益更为显著。

水泥土支护墙的主要缺点是：（1）由于水泥土墙体的材料强度比较低，不能适应支撑力的作用，所以一般都采用自立式的结构体系，这样基坑的位移量就比较大，在环境保护要求较高的情况下采用时必须十分慎重；（2）墙体材料强度受施工因素影响导致成墙质量的离散性比较大，由于施工设备上的原因、施工管理和施工操作上的原因，往往不能保证水泥（或水泥浆）与土搅拌得很均匀而影响加固体的强度。一般情况下，粉喷桩质量的离散性比搅拌桩更大。

根据上海地区的使用经验，在地下水位较高的软土地区，用水泥土支护墙的基坑开挖深度不宜超过 7m。当基坑开挖深度在 5m 以下时，可以获得较好的技术经济效果。

（一）水泥土墙体的构造

如图 12-24 所示，水泥土支护墙一般设计成格栅形，截面置换率一般为

0.7～0.8,并应满足下式:

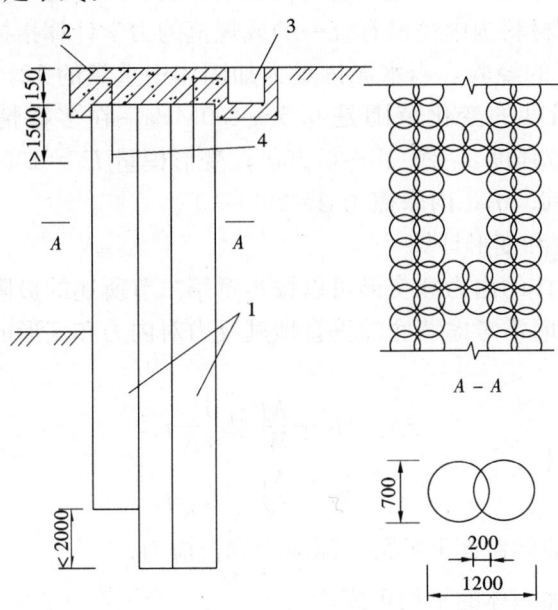

图 12-24　水泥土支护墙
1—搅拌桩；2—混凝土压顶；3—排水沟；4—插筋

$$Fγ \leqslant cU \tag{12-29}$$

式中　F——每个格子的土体面积；

　　　$γ$——格子内土体的自然重度；

　　　c——格子内土体的黏聚力；

　　　U——格子内土体的周长（m）。

根据大多数国产设备规格，双钻头的搅拌桩钻机一次可成型直径 700mm 的"8"字形柱状体，如图 12-24 所示。粉喷桩钻机一般每次成型直径 500mm 圆柱体。组成墙体时，邻桩的搭接长度不宜小于 200mm。

为增加墙体的整体性，在墙顶浇筑厚度不小于 150mm 的混凝土压顶。一般在压顶内配 $φ8@150×150$ 的钢筋网。同时在每根桩的桩顶应预留一根直径 10mm 的插筋浇入压顶。有时在墙体的前后排桩体中插毛竹。墙体的厚度及插入深度应根据工程地质条件由计算确定。当基坑开挖深度小于 5m 时，一般可按经验选取墙厚等于 0.6～0.8 倍开挖深度，在开挖面以下的插入深度取 0.8～1.2 倍开挖深度。

（二）水泥土支护墙体的验算项目

1. 墙体材料力学指标

影响水泥土加固体强度指标的主要因素有：水泥掺入量、原状土性质、土体含水量、施工质量以及养护期等。虽然目前水泥土在地基处理及支护结构中用得相当普遍，但对这种材料的力学性能尚缺乏系统的和具有足够数量的试验或统计资料，所以对这种材料国内还没有统一的或规范的力学计算指标。

根据上海地区的经验，当水泥掺量为加固体中重量的 $12\%\sim15\%$ 时，加固体的无侧限抗压强度的变化范围是 $0.5\sim4.0$ MPa，在多数情况下 $q_u=0.7\sim2.0$ MPa；材料抗拉强度 $\sigma_t=0.15\sim0.25q_u$；变形模量 $E_0=100\sim150q_u$；加固体的黏聚力 $c=0.2\sim0.3q_u$；内摩擦角 $\varphi=20°\sim40°$。

2. 墙体的内力和变形计算

水泥土支护墙体的内力和变形可以按本章第二节所述的极限平衡法或弹性地基反力法计算，同时需考虑墙底的垂直地基反力对内力和变形的影响。墙体截面应力应满足下式：

$$\sigma_1 = \bar{\gamma}h + \frac{M}{W} \leqslant \frac{1}{2K}q_u$$

$$\sigma_2 = \bar{\gamma}h - \frac{M}{W} \leqslant \frac{1}{6K}q_u \tag{12-30}$$

式中　σ_1、σ_2——墙体截面上的最大压应力和拉应力；

　　　$\bar{\gamma}$——加固体的平均重度；

　　　h——计算截面至墙顶的距离；

　　　M——由静力条件确定的单位墙段长度上的最大弯矩；

　　　W——单位墙段长度的折算截面抵抗矩。

对于格栅形的墙体可以折算成工字形截面计算：

　　　K——安全系数，$K=2.0$。

3. 抗倾覆验算

如图 12-24 所示，验算墙体绕前趾 A 的抗倾覆安全系数：

$$K = \frac{\frac{1}{3}H_1E_{p1} + \frac{1}{2}H_1E_{p2} + \frac{1}{2}B(W+qB)}{\frac{1}{2}H^2K_aq + \frac{1}{3}(H-h)E_a} \tag{12-31}$$

式中　W——墙体自重；

　　　K——抗倾覆安全系数，$K\geqslant1.2$；

其余符号见图 12-25。

$$e_{a1} = \gamma HK_a - 2c\sqrt{K_a}, e_{a2} = qK_a, e_{p1} = \gamma H_1K_p$$

$$e_{p2} = 2\sqrt{K_p}, h = \frac{c}{\gamma\tan\varphi}\frac{1-K_a}{K_a}$$

4. 抗滑移验算

验算墙体沿底面滑动的安全系数：

$$K = \frac{W\tan\varphi_1 + Bc_1 + Ep_1 + Ep_2}{HK_aq + E_a} \tag{12-32}$$

式中　K——抗滑安全系数，$K\geqslant12$；

φ_1，c_1——墙底土体的内摩擦角和黏聚力；

其余符号见图 12-25。

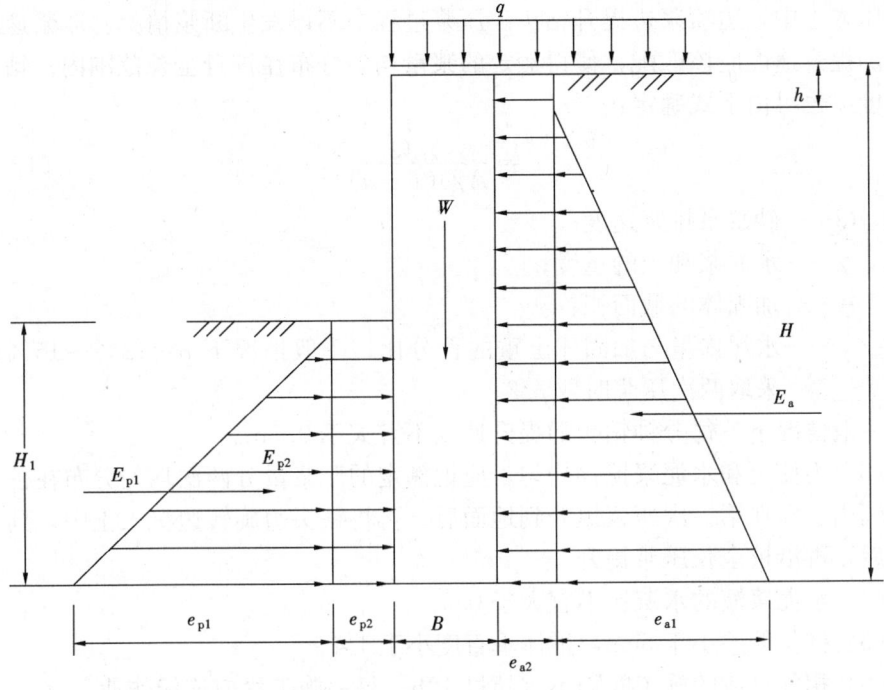

图 12-25　计算简图

以上两式是目前水泥土围护墙常用的稳定验算公式，实际上是借用了重力式挡土墙的稳定验算方法。但是在软土地区，当土的抗剪强度较小时，用这两个公式计算，常常会发现墙体的埋置深度愈大，抗倾覆和抗滑移的安全系数愈小的不正常情况。为此建议可按以下思路考虑：传统的重力式挡土墙埋置深度一般较浅，但水泥围护墙的埋置深度较大（与板式围护墙基本相同），因此可以假定在极限状态时的土压力作用下，墙体绕开挖面以下某点作刚体转动。

5. 其他验算项目

对于水泥土支护结构，还应与其他形式的支护结构一样，要按本章第四节所述方法验算边坡稳定、沿墙内边坑底土抗隆起、抗渗流以及坑底土有承压水作用时的抗隆起等。

（三）水泥土支护墙的施工要点

无论是搅拌桩墙体还是粉喷桩墙体，施工的关键问题是要保证水泥和土体搅拌均匀，并且要确保与邻桩的搭接长度。这两个问题直接影响着墙体的材料强度和抗渗性能。

1. 搅拌桩墙体的施工要点

（1）搅拌机械就位对中后，启动搅拌机把钻头沿着导向架边旋转边沉入土中。控制好下沉速度，使土体充分破碎。

（2）钻头下沉到设计深度后，提升 15～20cm，开启砂浆泵、把准备好的水泥浆压入土中，边喷浆边提升钻头。压浆过程中不得发生断浆情况。压浆速度与钻头的提升速度应该匹配，使得额定的浆量均匀分布在桩身全长范围内。钻头提升速度 v 也可由下式确定：

$$v = \frac{\gamma_\mathrm{m} Q}{A \gamma \rho (1+a)} \tag{12-33}$$

式中　Q——砂浆泵排浆速度；

γ_m，γ——水泥浆和土的重度；

A——加固体的截面积；

ρ——水泥掺量与加固体土重的百分比，一般情况下 $\rho = 12\% \sim 15\%$；当采取两次压浆时取 $\rho/2$。

一般情况下，每分钟钻头的提升速度不宜大于 0.5m。

（3）为使土和水泥浆搅拌均匀，应把额定的压浆量分两次均匀分布在桩身全长范围内。即在第一次压浆提升到地面后，再将钻头边旋转边沉入土中，到设计深度后，再沿桩全长压浆提升。

（4）水泥浆液的水灰比不宜大于 0.5。

（5）桩位偏差小于 5cm，桩体垂直度小于 1%。

（6）相邻桩体的施工间隔不宜超过 12h，每一施工段应连续作业。

2. 粉喷桩墙体的施工要点

粉喷桩墙体是用压缩空气把水泥以雾状喷入加固体，通过钻头旋转与地基深层的原状土充分搅拌均匀而形成。它的施工过程和施工要求基本上和搅拌桩墙体相同。较详细的要求可参见有关地基处理手册。

思　考　题

1. 基坑围护结构的形式有哪几种？其各自的适用条件如何？

2. 基坑围护结构方案的选择需要考虑哪些条件的影响和制约？

3. 基坑围护结构设计包含哪些内容？试分别阐述其在基坑设计中的用途和重要性。

4. 基坑围护设计的计算方法的主要要点是什么？

5. 作用在围护结构上的荷载如何确定？它会受到哪些施工因素的影响？

6. 围护结构的计算为什么要考虑施工过程的影响？如何考虑？

7. 如何确定围护结构深度及宽度？需要采用哪些验算方法？

8. 重力式挡土结构设计计算内容与有支撑的挡土结构有何不同？试阐述其理由。

第13章 顶管、管幕及箱涵结构

13.1 顶 管 结 构

13.1.1 概 述

顶管法（Pipe Jacking Method）是非开挖技术（trenchless technology）的一种典型方法。与盾构法相比，顶管法一般用于修建中小型地下市政管道。顶管结构是一种采用顶管机械分段顶进施工的预制管道结构。

随着国民经济的不断发展，市政管道工程和地下通道工程日益增多。目前这类工程普遍采用明挖法施工。但在软土地区，开挖沟槽必须采取围护措施和降水措施，不仅会影响市区繁忙的交通，还会危及临近的管线和建筑物的安全。采用顶管法施工可显著减小对邻近建筑物、管线和道路交通的影响，具有广泛的应用前景。本章介绍顶管法的关键技术，顶管工程的设计，常用顶管及中继环，各类管道及其接口等，以便对顶管法的功能和适用环境、顶管结构的设计计算内容和方法有一定的了解。

顶管法是采用液压千斤顶或具有顶进、牵引功能的设备，以顶管工作井作承压壁，将管子按设计高程、方位、坡度逐根顶入土层直至达到目的地的一种修建隧道或地下管道的施工方法（见图 13-1）。

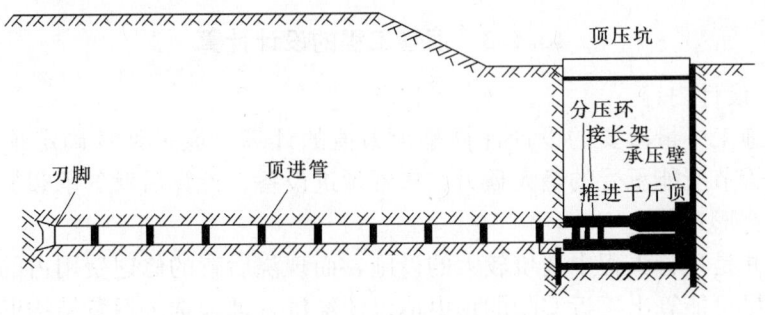

图 13-1 顶管法施工示意图

顶管技术可用于特殊地质条件下的管道工程，主要有：①穿越江河、湖泊、港湾水体下的供水、输气、输油管道工程；②穿越城市建筑群、繁华街道地下的上下水、煤气管道工程；③穿越重要公路、铁路路基下的通信、电力电缆管道工程；④水库、坝体、涵管重建工程等。

随着现代科学技术的发展，先后发明了中继环接力顶推装置、触变泥浆减阻顶进技术、自动测斜纠偏技术、泥水平衡技术、土压平衡技术、气压保护技术和曲线顶管技术等，大大地推进了顶管技术的发展。

对于长距离顶管，由于管壁四周的土体总摩阻力和迎面阻力很大，常常将管道分段，在每段之间设置中继环，且在管壁四周加注减摩剂以进行长距离管道的顶推。

13.1.2 顶管的分类

（一）按口径分

按顶管管道内径大小可分为小口径、中口径和大口径三种。

根据我国顶管施工的实际情况，小口径一般指内径小于 800mm 的顶管；中口径一般指介于 800～1800mm 口径范围的顶管。

（二）按顶进距离分

按顶管一次顶进距离的长短可分为中短距离、长距离、超长距离三种。长距离顶管与中短距离顶管的区分一般以是否需要采用中继环比较合适。根据目前国内顶管达到的施工技术水平，顶管长度超过 300m 才需要设置中继环，而超长距离顶管是指 1km 以上的顶管。

（三）按管材分

按顶管管材分可分为钢管顶管、混凝土顶管、玻璃钢顶管及其他复合材料顶管等。

（四）按顶进轴线分

按顶管轴线是直线还是曲线可分为直线顶管和曲线顶管，其中曲线顶管以曲率半径 300m 为界，又可分为常曲线顶管和急曲线顶管。

13.1.3 顶管工程的设计计算

（一）设计内容

顶管施工中最重要的设计计算是顶力值的计算。通过计算确定顶进设备能力、验算管节所能承受的最大顶力、布置顶进设备、计算后背的承载能力和选择相应的后背形式等。

工作井是顶管工程中造价较大的设施，而现浇后背的修建费用占的比率也很高。所以尽可能算出接近实际的顶力值以便经济合理地选定后背结构形式。如后背结构的设计荷载小于实际顶力值，在最大顶力作用下除后背破坏外，还可能使后背土体遭到破坏，轻者地面出现裂缝，重者产生向上滑移直到地面隆起使后背土体丧失承载能力、工程停顿。如估算的顶力过大，就要提高后背造价。

管端面上所能承受的顶力取决于管材、管径和管壁厚度。当计算求得的顶力值大于端面的承压能力，将导致管体破坏。如用的是钢筋混凝土管就产生脱皮、裂缝、甚至破裂，如用的是钢管，管口会出现卷曲变形、管缝开裂等。

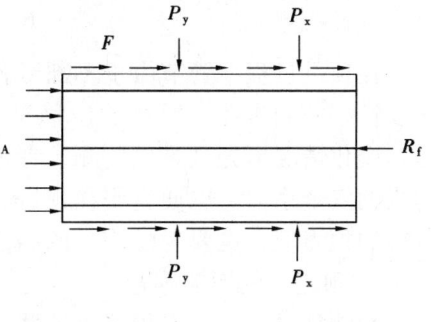

顶力值还涉及施工方案的选择。当顶力值过大，后背结构或管材强度不能承受全部顶力时，就应考虑采用适当的辅助措施，如采用膨润土泥浆润滑减阻。当顶距较长采用减阻措施不能满足要求时，或土呈松散或液化状态难以灌注润滑剂时，就要采用中继间进行接力顶进。

后背土的土抗力值的计算与顶力值、后背结构形式有同等的重要性。应比较准确地算出土抗力值，以期在保证安全的前提下充分发挥土体的抗力。如对土抗力值估计过高，当顶进过程中顶力较大时，一般会出现土的弹性变形过大，使千斤顶的部分行程消耗于回弹变形上，造成顶进效率下降。严重时后背土遭到破坏，不能继续顶进。

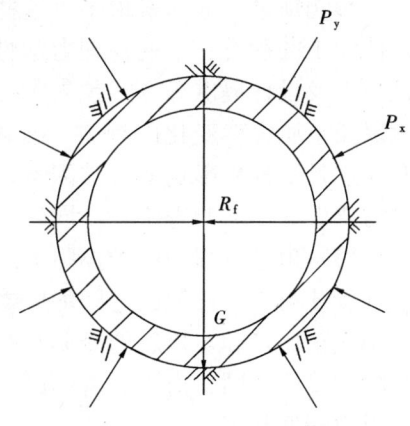

（二）顶进力计算

图 13-2　管节上的外力

1. 顶进力的构成

为了推动管道在土体内顺利前进，千斤顶的顶力值 R_f 需要克服作用于管道的外力，统称为顶进阻力，包括贯入阻力、摩擦阻力、管节自重产生的摩擦阻力。

顶进过程中，如土质均匀，则摩擦系数是一常数，而且不过量校正则无局部阻力，此时作用于管节的外力如图 13-2 所示。

图 13-2 中　P_x——由竖向土压力施加管壁的法向力（kN）；

$\quad\quad\quad\quad$ P_y——由水平土压力施加管壁的法向力（kN）；

$\quad\quad\quad\quad$ G——管节自重（kN）；

$\quad\quad\quad\quad$ f——管壁与土间的摩擦系数；

$\quad\quad\quad\quad$ F——摩阻力（kN）；

$\quad\quad\quad\quad$ R_f——顶力（kN）；

$\quad\quad\quad\quad$ P_A——贯入阻力（kN）。

根据轴向力平衡原理，可以求出顶力值。此值为管前的贯入阻力和沿顶进长度的摩阻力之和。将摩阻力记为 $\sum F$，则有

$$\sum F = f(p_x + p_y + G) \tag{13-1}$$

$$R_\mathrm{f} = P_\mathrm{A} + \sum F \tag{13-2}$$

在顶进过程中管节由于不断受各种外界因素的影响，如土质、误差校正、千斤顶行程的同步性、后背的位移等，所以管节周壁的受力状态经常处于变化之中，变化情况事先又难以估测。考虑到这些因素，确定顶进设备能力时一定要有适当的安全系数，以便克服在顶进过程中所遇到的各种意外阻力，既应保证安全可靠的顶力值，也要考虑施工的经济性。

2. 顶进力的影响因素

影响顶进力的因素很多，这些因素既有一定的规律性，也有其特殊性。外部条件如土的种类、土的物理力学性质、覆土深度、管材和管径等，可通过调查、试验以及设计提供等方式预先掌握。但是在施工过程中，由于操作不当、设备故障以及土质突然变化的坍方、土液化、大量涌水等原因，都能造成顶力突然上升。这是受外界影响的特殊因素，事先都难以估计，也不可能计算。因此在开工前需要做周密的调查研究，同时对施工中可能出现的问题进行预估。

(1) 顶进过程中的摩擦阻力

管壁与土层接触面之间的摩擦力，与垂直于接触面上的作用力（法向力）的大小成正比，并与接触的介质有关。例如管壁直接与土接触与灌注触变泥浆时的摩阻力显然不同，由于后者的摩擦系数受泥浆润滑的影响较前者要小得多，所以摩阻力降低甚多。

土内的管节四周受有土压力。这些土压力的大小取决于覆土深度、土的重度、土的内摩擦角及黏聚力。一般情况下覆土越深，土柱越高，土压力也越大，摩阻力也随着土压力的增加而变大，此时管节下部的土施加于管体的抗力也会产生。

摩阻力与土的种类和管材性质有关。如在砂、砾层内顶管，由于砂砾土重度较黏性土大，使土压力增加，同时砂砾土表面较黏性土粗糙，所以其摩擦系数也大，这就使摩阻力增加。管节表面光滑时，摩阻力就低，故在同一条件下顶进钢管就比顶进钢筋混凝土管省力。

(2) 管端的贯入阻力

向土内顶进时，在首节管端面上要受到土的阻力，称贯入阻力，也称迎面阻力。

贯入阻力与土的种类及含水量多少有关，还受管端结构形式的影响。软土容易贯入，而干燥的黏土或砂砾石土贯入阻力就大。

管端装有刃脚，贯入阻力的产生首先来自刃脚入土时土的抗剪力，随着前进迎面土抗力和管壁与土之间的摩阻力逐渐增加。土通过刃口挤入管内时，又产生土与刃脚之间的摩阻力，此摩阻力的垂直分力压缩土层，而水平分力挤压刃脚形成土抗力。土的抗剪力、刃脚外壁与土之间的摩阻力、刃脚斜面上的土抗力和对土的压缩力等，组成全部的贯入阻力。此贯入阻力的大小主要取决于刃脚形式和尺寸，刃脚角小，虽利于贯入土内，但刃脚刚度降低，使刃脚容易变形，变形后反而增加贯入阻力。贯入阻力还随贯入面积或周长加大而增加。

工作面的稳定性对贯入阻力也有一定影响。工作面稳定暂时不致塌方，允许向管前有一定的超挖量，管端无需贯入土内就可顶进。此时，不存在贯入阻力。反之，采用挤压顶进，无论出土与否，贯入阻力仍取决于土的抗剪强度。在软土内顶进比在低含水量的黏性土内顶进要省力得多。一般顶管中，贯入阻力较摩阻力要小，当土种类无变化时，贯入阻力是个常数。

3. 顶进力计算

(1) 理论公式

顶进力的计算式为：

$$R_f = K[f(2P_v + 2P_H + P_B) + P_A]$$ (13-3)

式中 R_f——计算顶力（kN）；

P_v——管顶上的竖向土压力（kN）；

P_H——管侧的侧土压力（kN）；

P_B——全部欲顶进的管段重量（kN）；

f——管壁与土间的摩擦系数；

P_A——管端部的贯入阻力（kN）；

K——安全系数，一般采用 1.2。

管顶覆土的竖向土压力计算用下式：

$$P_v = K_P \cdot \gamma \cdot H \cdot D_1 \cdot L$$ (13-4)

式中 K_p——竖向土压力系数，如图 13-3 所示；

γ——土的重度（kN/m³）；

H——管顶覆土深度（m）；

D_1——顶入管节外径（m）；

L——顶进管段长度（m）。

管侧土压力用下式计算：

$$P_H = \gamma \left(H + \frac{D_1}{2}\right) D_1 L \tan^2 \left(45° - \frac{\varphi}{2}\right)$$ (13-5)

式中 φ——土的内摩擦角（°）。

施工前应沿管线进行钻探，取土样进行试验求出有关土的各项性质指标。管壁与土间的摩擦系数值可参阅表 13-1。

管段重量 P_B 计算用下式计算：

$$P_B = G \cdot L$$ (13-6)

式中 G——管节单位长度重量（kN/m）；

L——顶进总长度（m）。

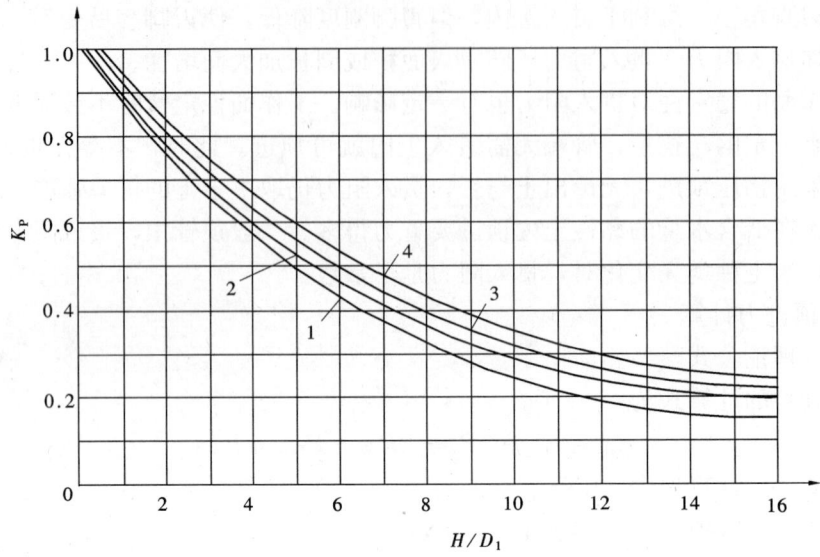

图 13-3　H/D_1-K_p 关系

1—黏土和耕植土（干燥）；2—砂土硬黏土耕植土

（湿的或者饱和的）；3—塑性黏土；4—流塑性黏土

管壁与土间的摩擦系数

表 13-1

土的种类	钢筋混凝土管			钢　管		
	干　燥	潮　湿	一般值	干　燥	潮　湿	一般值
软　土		0.20	0.20		0.20	0.20
黏　土	0.40	0.20	0.30	0.40	0.20	0.30
砂黏土	0.45	0.25	0.35	0.38	0.32	0.34
粉　土	0.45	0.30	0.38	0.45	0.30	0.37
砂　土	0.47	0.35	0.40	0.48	0.32	0.39
砂砾土	0.50	0.40	0.45	0.50	0.50	0.50

　　从理论上计算贯入阻力是比较复杂的，即使算出也不精确，故一般多采用经验值。贯入阻力与土的种类及其物理性质指标有关，也受工作面上操作方法的影响。

　　（2）顶力计算的经验公式

　　顶进钢筋混凝土管时，顶力值可用下列经验公式估算：

$$R_f = n \cdot G \cdot L \tag{13-7}$$

式中　n——土质系数；

　　　G——管节单位长度重量（kN/m）；

　　　L——顶进管段长度（m）。

　　土质系数 n 是按管顶土的种类判断它能否形成卸力拱而定，见表 13-2。

土质系数 n 值　　　　　　　　　　　　　　　　　　表 13-2

土的种类、含水量及工作面稳定状态	n 值
软土、砂黏土、含水量不大的粉土、砂土，挖土后能短期或暂时形成土拱时	1.5～2
密实砂土、含水量大的粉土、砂土、砂砾土，挖土后不能形成土拱，但塌方尚不严重时	3～4

（3）管段允许顶力计算

钢管允许顶力可按下式计算：

$$F = \frac{\pi}{K}\sigma_{\mathrm{T}} t(d+t)$$

式中　F——钢管允许顶力（kN）；

　　　K——安全系数，取 $K=4$；

　　　σ_{T}——钢材的屈服应力（kPa），Q235 钢 $\sigma_{\mathrm{T}}=210\mathrm{MPa}$；

　　　t——钢管的壁厚（m）；

　　　d——钢管内径（m）。

混凝土管允许顶力可按下式计算：

$$F = \frac{\pi}{K}\sigma(t-L_1-L_2)(d+t)$$

式中　F——混凝土管允许顶力（kN）；

　　　K——安全系数，取 $K=5$～6；

　　　σ——混凝土抗压强度（kPa）；

　　　t——壁厚（m）；

　　　L_1——密封圈槽底与外壁距离（m）；

　　　L_2——木垫片至内壁的预留距离（m）；

　　　d——混凝土管内径（m）。

（4）顶力计算例题

【例题 13-1】　某工程顶进直径为 1640mm 的钢筋混凝土管，顶进长度为 30m，管顶覆土深度为 5m，土重度 $\gamma=17\mathrm{kN/m^3}$，土的摩擦角 $\varphi=20°$，摩擦系数 $f=0.25$，求最大顶力值。

设混凝土管外径 $D_1=1910\mathrm{mm}$，管节单位长度重量 $G=20\mathrm{kN/m}$。

【解】

　　　　　　现在　　　　　　　　　　$H/D_1 = 5/1.91 = 2.6$

由图 13-3 查得 $K_p=0.7$。又 $\gamma=17\mathrm{kN/m^3}$，$L=30\mathrm{m}$，故管顶的竖向土压力为：

　　$P_\mathrm{v} = K_\mathrm{P} \cdot \gamma \cdot H \cdot D_1 \cdot L = 0.7 \times 17 \times 5 \times 1.91 \times 30 = 3409\mathrm{kN}$

管侧的水平土压力为：

$$P_\mathrm{H} = \gamma\left(H+\frac{D_1}{2}\right)D_1 L \tan^2\left(45° - \frac{\varphi}{2}\right)$$

$$= 17\left(5+\frac{1.91}{2}\right)\times 1.91\times 30\times \tan^2\left(45°-\frac{20°}{2}\right)=2844\text{kN}$$

管段全长总重 $P_B = GL = 20\times 30 = 600\text{kN}$

全管段长的总摩阻力值

$$F = f(2P_v + 2P_H + P_B)$$

$$= 0.25(2\times 3409 + 2\times 2844 + 600) = 3276.5\text{kN}$$

如果管端无刃脚，则 A 为管段面积：

$$A = \frac{(D_1^2 - D^2)}{4}\cdot \pi = \frac{(1.91^2 - 1.64^2)}{4}\cdot 3.1416 = 0.753\text{m}^2$$

取黏性土 $R_A = 500\text{kN/m}^2$，则贯入阻力 $P_A = R_A\cdot A = 500\cdot 0.753 = 376.5\text{kN}$

总需顶力值为摩阻力与贯入阻力之和，并考虑安全系数为 1.2，则总顶力为：

$$R_f = K\cdot (F + P_A) = 1.2(3276.5 + 376.5) = 1.2\times 3653 = 4383.6\text{kN}$$

（三）后靠背的设计计算

1. 计算原理

最大顶力确定后就可进行后背的结构设计。后背结构及其尺寸主要取决于管径大小和后背土体的被动土压力——土抗力。计算土抗力的目的是考虑在最大顶力条件下保证后背土体不被破坏，以期在顶进过程中充分利用天然的后背土体。

当顶力通过后背传到土体后，土受压缩产生位移，同时产生被动土压力作用于后背上，此种被动土压力称土抗力。后背土体未破坏前，土体在顶力反复作用下，土的应力-应变曲线基本呈一直线。图 13-4 所示是某工程在砂黏土后背上试验取得的应力-应变曲线。从图中 b—c 点可看到土压力并未增加，但土的压缩变形继续增加，此种情况说明后背土体已遭到破坏，卸荷后后背回弹，残余变形达 2.4cm。

由于最大顶力一般在顶进段接近完成时出现，所以后背计算时应充分利用土

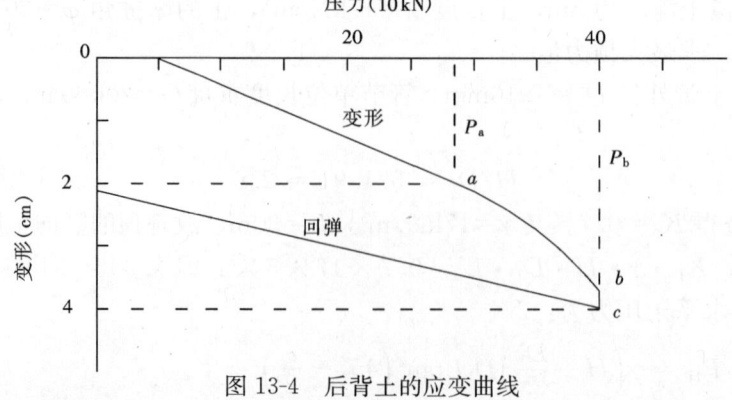

图 13-4   后背土的应变曲线

抗力，而且在工程进行中应严密注意后背土的压缩变形值，将残余变形控制在 2.0cm 左右。当发现变形过大时，应考虑采取辅助措施，必要时可对后背土进行加固，以提高土抗力。

后背土体受压后产生的被动土压力应按下式计算：

$$\sigma_p = K_p \cdot \gamma \cdot h \tag{13-8}$$

式中　σ_p——被动土压力（kN/m^2）；

　　　K_p——被动土压力系数；

　　　h——后背土的高度（m）；

　　　γ——后背土的重度（kN/m^3）。

被动土压力系数与土的内摩擦角有关，其计算式如下

$$K_p = \tan^2\left[45° + \frac{\varphi}{2}\right] \tag{13-9}$$

不同土的 K_p 值见表 13-3。

土的主动和被动土压力系数值　　　　表 13-3

土名称	φ（°）	被动土压力系数 K_p	主动土压力系数 K_A	K_p/K_A
软　土	10	1.42	0.70	2.03
黏　土	20	2.04	0.49	4.16
砂黏土	25	2.46	0.41	6.00
粉　土	27	2.66	0.38	7.00
砂　土	30	3.00	0.33	9.09
砂砾土	35	3.69	0.27	13.67

在考虑后背土的土抗力时，按下式计算土的承载能力：

$$R_c = K_r \cdot B \cdot H \cdot \left(h + \frac{H}{2}\right)\gamma \cdot K_p \tag{13-10}$$

式中　R_c——后背土的承载能力（kN）；

　　　B——后背墙的宽度（m）；

　　　H——后背墙的高度（m）；

　　　h——后背墙顶至地面的高度（m）；

　　　γ——土的重度（kN/m^3）；

　　　K_p——被动土压力系数；

　　　K_r——后背的土抗力系数。

后背结构形式不同，使土受力状况也不一样，为了保证后背的安全，根据不同的后背形式，采用不同的土抗力系数值。

（1）无板桩

后背不需要打板桩，而背身直接接触土面如图 13-5 所示，此时用计算公式计算土的承载力时，土抗力系数采用 0.85，则计算公式变为：

$$R_c = 0.85 \cdot B \cdot H \cdot \left(h + \frac{H}{2}\right)\gamma \cdot K_p \qquad (13\text{-}11)$$

（2）有板桩

后背打入钢板柱，顶力通过钢板桩传递，如图 13-6 所示。此时土抗力系数取决于不同的后背形式及后背的覆土高度。覆土高度 h 值越小，土抗力系数 K_r 值也越小。有板桩支撑时，应考虑在板桩的联合作用下，土体上顶力分布范围扩大导致集中应力减少，因而土抗力系数 K_r 值增加。图 13-7 是土抗力系数曲线。它是不同后背的板桩支承高度 h 值与后背高度 H 的比值下，相应的土抗力系数 K_r 值。

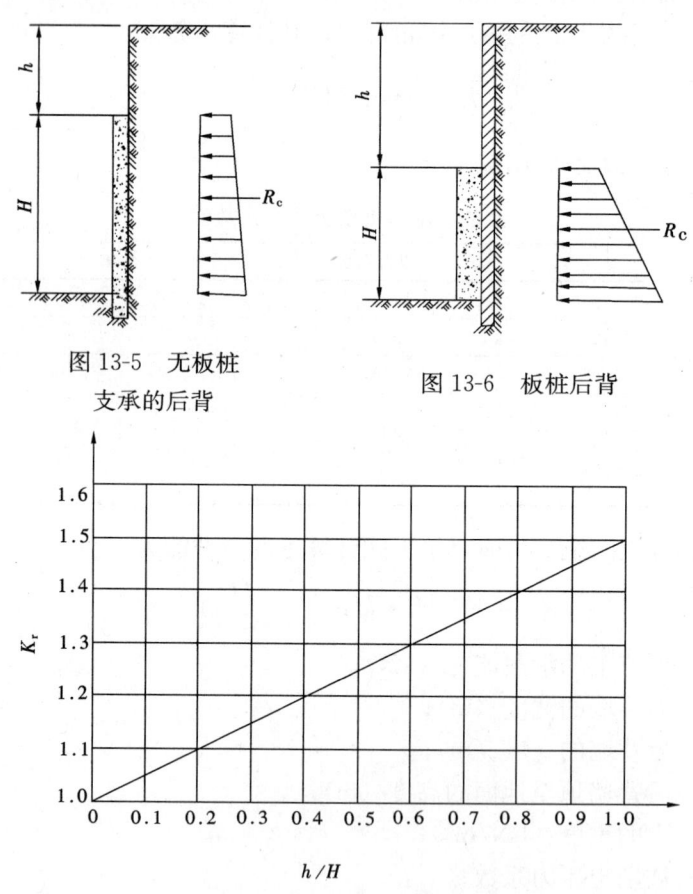

图 13-5　无板桩
支承的后背

图 13-6　板桩后背

图 13-7　土抗力系数曲线

2. 设计算例

【例题 13-2】　某工程设置的后背，高度 H 为 3.5m，宽度 B 为 4m，$\gamma = 19\mathrm{kN/m^3}$，后背顶到地面的高度 h 为 3m，没有板桩支承。后背土为砂性土，$\gamma = 19\mathrm{kN/m^3}$，内摩擦力 φ 为 30°，问能否承受 6000kN 的顶力。

【解】

$$h/H = 3/3.5 = 0.86$$

从表 13-3 土的主动和被动土压力系数值查得 $\varphi = 30°$ 时，$K_p = 3.00$，利用公式（13-11）

$$R_c = 0.85 \cdot B \cdot H \cdot \left(h + \frac{H}{2}\right)\gamma \cdot K_p$$

$$= 0.85 \times 4 \times 3.5 \times \left(3 + \frac{3.5}{2}\right) \times 19 \times 3$$

$$= 3221.925\text{kN}$$

因 $R_c < 6000\text{kN}$，故不满足要求。

考虑改变后背尺寸，将宽度加大至 7.5m，代入公式得：

$$R_c = 0.85 \cdot B \cdot H \cdot \left(h + \frac{H}{2}\right)\gamma \cdot K_p$$

$$= 0.85 \times 7.5 \times 3.5 \times \left(3 + \frac{3.5}{2}\right) \times 19 \times 3$$

$$= 6041\text{kN}$$

现 $R_c > 6000\text{kN}$，故安全。

确定后背尺寸为：3.5m×7.5m。

13.1.4　顶管施工的主要设备

（一）常用顶管工具管

目前常用的顶管工具管有手掘式、挤压式、泥水平衡式、三段两铰型水力挖土式和多刀盘土压平衡式等。

手掘式顶管工具管为正面全敞开、采用人工挖土，如图 13-8 所示。

挤压式顶管工具管正面有网格切土装置或将切口刃脚放大，由此减小开挖面，采用挤土顶近，如图 13-9 所示。

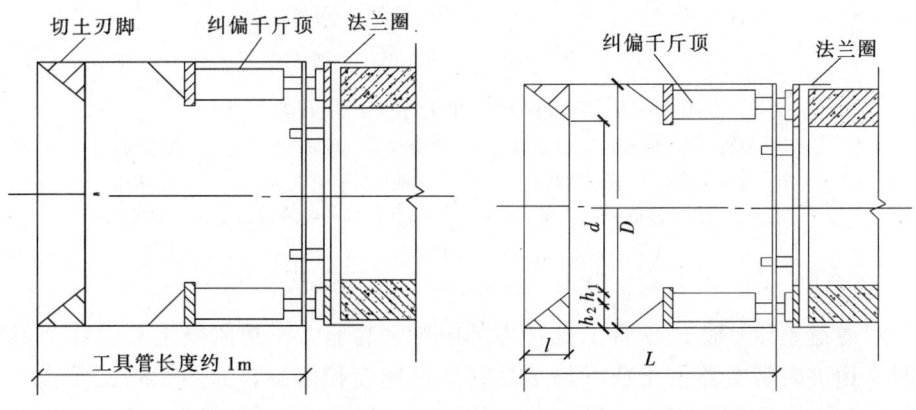

图 13-8　手掘式顶管工具管图　　　　图 13-9　挤压式顶管工具管图

泥水平衡式顶管工具管正面设置削土刀盘，其后设置密封舱，在密封舱中注入稳定正面土体的护壁泥浆，刮土刀盘刮下的泥土沉入密封舱下部的水中并通过水力运输管道排放至地面的泥水处理装置，如图 13-10 所示。

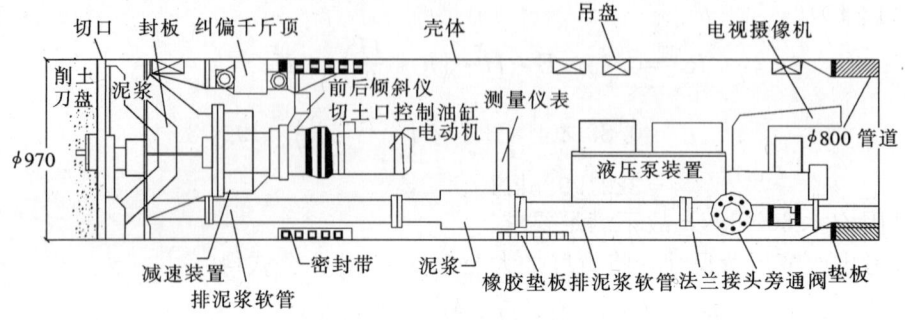

图 13-10　泥水平衡式顶管工具

三段两铰型水力挖土式顶管的工具管的内腔分为前、中、后三个舱室。前舱为冲泥舱，舱前端共有切削、挤压土的格栅。中舱为操作室，两者之间用胸板隔开。后舱为控制室。设有各种测试仪器和仪表。在千斤顶顶推下，格栅将土体切开，再经高压水射流破碎、搅混成流态，内吸泥泵吸出并送入水力运输管道排放至地面的贮泥水池，如图 13-11 所示。

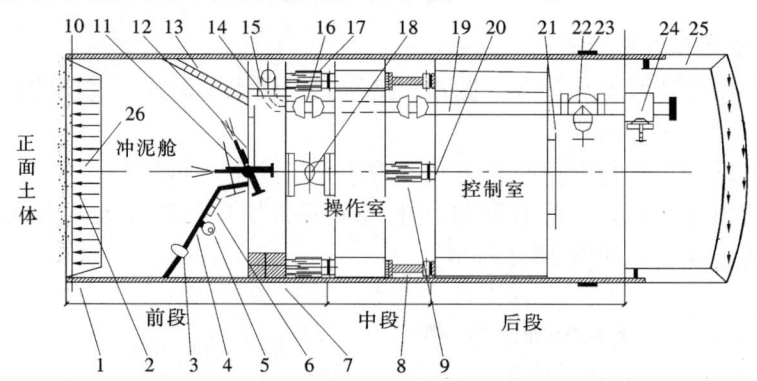

图 13-11　三段两铰型水力挖土式顶管的工具管

1—刃脚；2—格栅；3—照明灯；4—胸板；5—真空压力表；6—观察窗；7—高压水仓；8—垂直铰链；9—左右纠偏油缸；10—水枪；11—小水密门；12—吸口格栅；13—吸泥门；14—阴井；15—吸管进口；16—双球活接头；17—上下纠偏油缸；18—水平铰链；19—吸泥管；20—气阀门；21—大水密门；22—吸泥管闸阀；23—泥浆环；24—清理阴井；25—管道；26—气压

多刀盘土压平衡式顶管工具管头部设置密封舱，密封阴极上装设数个刀盘切土器，顶进时螺旋器出土速度与工具管推进速度相协调，如图 13-12 所示。

近年来，顶管法已普遍用于建筑物密集市区以及穿越江河、堤坝和铁路路基的地下工程。钢筋混凝土管道和外包钢板复合式钢筋混凝土管道的顶距已达

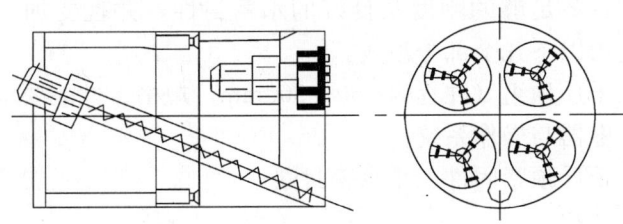

图 13-12　多刀盘土压平衡式

100～290m。钢管的顶距已达 1200m。在合理的施工条件下，采用一般顶管工具管引起的地表沉降量可控制在 50～100mm，而采用泥水平衡式顶管工具管引起的地表沉降更在 30mm 以下。

上述顶管工具管的基本原理及施工工艺与盾构基本相似。在顶管施工中，已实现地面遥控操作。管道轴线和标高可采用激光测量仪连续量测，并能做到及时纠偏，智能化程度较高。

（二）中继环

1. 中继接力原理

在长距离的顶管工程中，当顶进阻力（即顶管掘进迎面阻力和管壁外围摩阻力之和）超过主千斤顶的容许总顶力、管节容许的极限压力或工作井承压壁后背土体极限反推力三者中之一，无法一次达到顶进距离要求时，应采用中继接力顶进技术，实施分段顶进。使顶入每段管道的顶力降低到允许顶力范围内。

采用中继环接力技术时，将管道分成数段，在段与段之间设置中继环，如图 13-13 所示。中继环将管道分成前后两个部分，中继油缸工作时，后面的管段成为受压后座，前面管段被推向前方。中继环按先后次序逐个启动，实现管道分段顶进，由此达到减小顶力的目的。采用中继接力技术以后，管道的顶进长度不再受承压壁后背土体极限反推力大小的限制，只要增加中继环的数量，就可以增加管道顶进的长度。中继接力技术是长距离顶管不可缺少的技术措施。

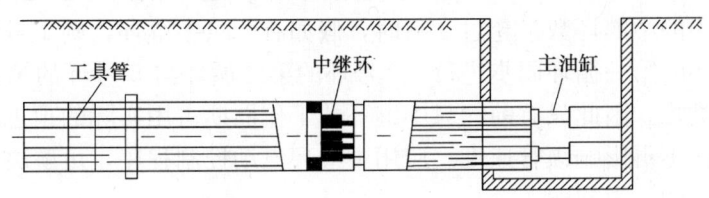

图 13-13　中继环示意图

中继环安装的位置应通过顶力计算，第 1 组中继环主要考虑工具管的迎面阻力和管壁摩阻力，并应有较大的安全系数。其他中继环则考虑克服管壁的摩阻力，可预留适当的安全系数。

2. 中继环构造

中继环必须具备足够的刚度及良好的水密封性，并且要加工精确、安装方便。其主体结构由以下几个部分组成：

（1）短冲程千斤顶组（冲程为150～300mm，规格、性能要求一致）；

（2）液压、电器与操作系统；

（3）壳体与千斤顶紧固件、止水密封圈；

（4）承压法兰片。

液压操纵系统应按现场环境条件布置，可采用管内分别控制或管外集中控制。中继环的壳体应和管道外径相同，并使壳体在管节的移动有较好的水密封性和润滑性，滑动的一端应与管道采用特殊管节相接。

用于钢管管道的中继环构造如图13-14所示，其前后管段均设置环形梁，前环形梁上均布中继油缸，两环形梁间设置替顶环。供中继油缸拆除时使用。前后管段间是套接的，其间有橡胶密封环以防止泥水渗漏。前后环形梁在顶进结束后割除。

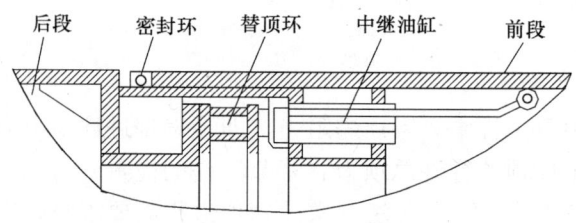

图13-14   中继环构造图

3. 中继环自动控制

中继环序号从工具管向工作井依次按1号、2号……编号。工作时，首次启动1号中继环工作，其后面的管段即成其顶推后座，等该中继环顶推行程达到允许行程后停止1号中继环，启动2号中继环工作，直到最后启动工作井主千斤顶，使整个管道向前顶进了一定长度。

中继环是根据控制的指令出动或停止操作的，它严格按照预定的程序动作，当置于管道中的中继环数量超过3只时，假如有5只中继环，则1号环的第二循环可与4号环的第一循环同步进行，2号环的第二循环与5号环的第一循环同步进行，依次类推。因此只有前三只中继环的工作周期占用实际的顶进时间，其余中继环的动作不再影响顶管速度。应用中继环自动控制程序，可解决长距离顶管的中继环施工的工效问题。

13.1.5 顶管施工主要技术措施

1. 顶进中的方向控制

在顶管的顶进过程中要严格控制方向，以便于一方面能校正在建线上、航线上管道偏差；另一方面能保证曲线、坡道上所要求的方向变更。

　　在顶进过程中，应经常对管道的轴线进行观测，发现偏差须及时采取措施纠正。

　　管道偏离轴线主要是由于作用于工具管的外力不平衡造成的，外力不平衡的主要原因是：

　　（1）推进的管线不可能绝对在一定直线上；

　　（2）管道曲面不可能绝对垂直于管道轴线；

　　（3）管节之间垫板的压缩性不完全一致；

　　（4）顶管迎面阻力的合力不一定与顶管后端推进顶力的合力重合一致；

　　（5）推进的管道在发生挠曲时，沿管道纵向的一些地方会产生约束管道挠曲的附加抗力。

　　上述原因造成的直接结果就是顶管的顶力产生偏心。顶进施工中应随时监测顶进中管节接缝上的不均匀压缩情况，从而推算接头端面上的应力分布状况及顶推合力的偏心度，并据此调整纠偏幅度，防止因偏心度过大而使管节接头压损或管节中部出现环向裂缝。

　　顶进中的方向控制可采用以下几种措施：

　　（1）严格控制挖土，两侧均匀挖土，左右侧切土钢刀角要保持吃土 10cm，正常情况下不允许超挖；

　　（2）发生偏差，对采用调整纠偏千斤顶的编组操作进行纠正，要逐渐纠正，不可急于求成，否则会造成忽左忽右；

　　（3）利用挖土纠偏，多挖土一侧阻力小，少挖土一侧阻力大，利用土本身的阻力纠偏；

　　（4）利用承压壁顶铁调整，加换承压壁顶铁时，可根据偏差的大小和方向。将一侧顶铁楔紧，另一侧顶铁楔松或留 1～3cm 的间隙，顶进开始后，则楔紧一侧先走，楔松一侧不动，这种方法很有效，但要严格掌握顶进时楔的松紧程度，掌握不好容易使管道由于受力不均匀出现裂缝。

　　以上这些措施在顶进施工中可以同时采用，也可单独使用，主要根据具体情况采取相应的措施。

　　2. 减少顶进阻力的措施

　　顶管的顶进阻力主要由迎面阻力和管壁外周摩阻力两部分组成。为了充分发挥顶力的作用，达到尽可能长的顶进距离，除了在管道中间设置若干个中继环外，更为重要的是尽可能降低顶进中的管壁外周摩阻力。目前常用的顶管减阻措施为触变泥浆减阻。

　　（1）原理及适用条件

　　将按一定配合比制成的膨润土泥浆压入己顶进土层中的管节外壁，并填满管节外壁与周围土层间的空隙。此时管壁周围形成一个充满泥浆的外环，在外环和圆管之间，通过膨润土泥浆，使土压力间接传递到圆管上。由于圆管整体均为膨润土悬浮液所包围，必然受到浮力。故在顶进中，只要克服管壁与膨润土泥浆间的摩阻力即可。由于膨润土泥浆的触变性及其润滑作用是相当突出的，在未压注泥浆的情况下，管壁表面摩阻力约为 $10\sim15kPa$，而采用泥浆压注后总阻力仅为一般顶进法的 $1/6\sim1/4$。

（2）性能及制作

触变泥浆系膨润土、苛性钠（NaOH）或碳酸钠（Na_2CO_3，）及水，按一定的配合比混合而成。加碱的作用在于使泥浆形成胶体，保持良好的稠度及和易性，土颗粒不易沉淀。配合比的参考资料见表13-4。

触变泥浆配合比　　　　　　　　　　　　　　表 13-4

配方号	干膨润土重量比（%）	水重量比（%）	碱重按土重量的百分比计
1	20	80	4
2	25	75	4
3	14	86	2

触变泥浆的制作方法是先将膨润土碾成粉末，徐徐洒入水中拌合，使其呈泥浆状，再将碱水倒入泥浆中拌合均匀。此后泥浆逐渐变稠，数小时后即成糊状。由于膨润土都是天然沉积的黏土。产地不同，化学成分常有变化，故制浆配合比，亦应相应调整。例如按某种配合比制成泥浆后，如经过一昼夜后仍然太稀，此时可先提高用碱量，或同时适当增加膨润土。再过 24h，如泥浆呈糊状即为适度。最好的办法是用剪力仪测出剪力与稠度，使泥浆稠度掌握适度。

触变泥浆的稠度与压入土层中的土壤颗粒粒径有关，故在每立方米泥浆中应有适量的膨润土，才能保证泥浆的稳定性。如果泥浆太稀时，就失去其支点和润滑作用。在通常情况下，每立方米泥浆中至少应有 40kg 膨润土。表 13-5 为土的颗粒粒径与泥浆中的膨润土含量关系。

土的颗粒粒径与泥浆中的膨润土含量关系　　　　　　表 13-5

压浆土层的土的平均粒径（mm）	每立方米泥浆中干膨润土含量（kg/m³）	压浆土层的土的平均粒径（mm）	每立方米泥浆中干膨润土含量（kg/m³）
50.0	100	1.0	34
30.0	82	0.3	24
10.0	60	0.2	21
3.0	45	0.1	18
2.0	40		

（3）压浆

在整个顶进过程中，在顶进范围内，要不断地压注膨润土泥浆，并使其均匀地分布于管壁周围。为此，压浆嘴必须沿管壁周围均匀设置。压浆嘴的间距及其数量，应按泥浆在土壤中的扩散程度而定。如在密实的砂层和砂砾层中，间距要小；在松散的砾石层中则可适当放大。压浆嘴的布置，可采用在整个管周上用一根环形管与各压浆嘴相连接，也可将压浆嘴分成上半部和下半部，各自连成一组。在顶进中出圆管下半部压浆嘴压浆易于扩散，而在静止时则由上半部压浆嘴压浆易于扩散。为避免泥浆流入工作面，通常在切削环后部第二节圆管处开始压浆。由于顶进中泥浆是随着圆管向前移动的，常常会使后部形成空隙，故每隔一定距离应设置压浆孔进行中间补浆。

为了使压浆产生良好的效果，施工时应做到：

1）对工点进行调查研究，摸清土层情况，分析出大颗粒含量及颗粒级配；

2）根据土层颗粒粒径，确定膨润土泥浆的稠度；

3）计算出土层压力，据以求出膨润土悬浮液注入的压力；

4）注意做到连续压浆，使其饱满、均匀。

13.2　管　幕　结　构

13.2.1　管幕法的特点及适用范围

管幕法（Pipe roofing method）作为穿越道路、铁路、结构物、机场等的非开挖技术，在日本、美国和中国台湾都取得了较好的效果。管幕钢管依靠锁口相连，并在锁口处注入止水剂或者砂浆，形成密封的止水管幕。管幕有多种形状，如半圆形、圆形、门字形、口字形等。然后在管幕的保护下，对管幕内土体加固处理后，边开挖边支撑，直至管幕段开挖贯通，再浇筑结构体；或者先在两侧工作井内现浇箱涵，然后边开挖土体边推进箱涵。该工法由于管幕的作用，可以显著减少地面沉降。

为降低对地面活动及其他地下设施与管线的影响，管幕工法在近年来城市隧道施工中，已广泛成为工程界接受和选择的方案之一。世界许多国家，如美国、德国、葡萄牙及日本等皆有成功使用管幕工法的施工案例，然而这些工程大多施工在砂土或卵砾石等土层中，也有部分在岩层中，在软弱黏土中施工的大型管幕工程则较少。

管幕工法严格来说应为隧道施工的辅助工法，其目的主要是作为隧道开挖时的临时挡土设施，并减少施工时对地面活动及其他地下设施与管线之影响，必要时亦可提供施工时的止水功能。相对于常见的隧道工法如盾构工法（shield tunnel method）或新奥法（new austrian tunneling method，NATM），管幕工法的优点在于，在开挖面无法自立的地质中进行隧道施工时提供临时挡土及止水设施（隧道断面几何形状可根据设计需要变化），以及在长度较短的隧道施工时，费用较盾构法节省。在覆土厚度较小，但又无法采用明挖（cut-and-cover）法施工的工程，管幕工法具有以上其他工法无法替代的优势。软土隧道工程，若无法采用明挖法施工，且对地层变形（地表沉陷）限制较严格，以及隧道几何形状不利于采用盾构工法等情形下，管幕工法可能是唯一选择。（此时管幕之构筑，如顶管精度、管幕闭合及隧道开挖时的土体稳定沉降控制及支撑架设等与工程成败有密切的关系。）土层与管幕结构以及支撑的相互作用需在设计及分析时作详细考虑，并在施工中进行监测与设计反馈分析，根据分析结果随时修正设计与施工，方可顺利完成工程[1]。

管幕工法是以单管推进为基础，将各单管以榫头于钢管侧缘相接形成管排，并在接榫空隙注入止水填剂以达到管排止水要求。管排形状可为线形、半圆形、圆形或拱形，再以管排单元的组合形成马蹄形管幕、口字形管幕及门字形管幕（图13-15）。其中，口字形及圆形管幕的止水性及结构完整性较佳。常用管幕钢管外接式锁口如图13-16所示。

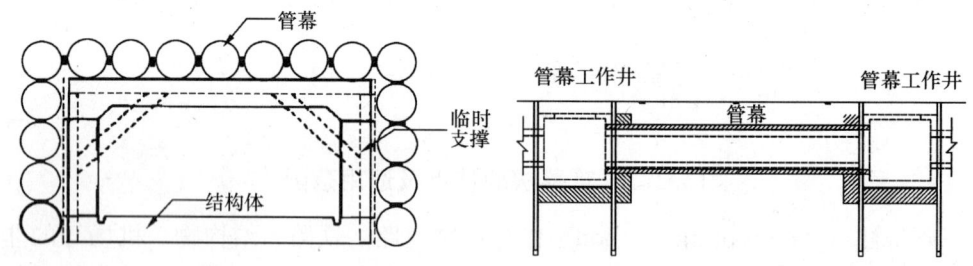

图 13-15　管幕工法示意图

管幕是由刚性较高的钢管形成临时挡土结构，以减少开挖时对邻近土体扰动，降低地层变形，达到开挖时不影响地面活动，且维持上部结构体与管线正常功能等目的。对于管幕内隧道开挖方式亦可根据设计条件对土体变形的要求及工程费用而有不同选择，一般可使用人工或配合机械挖掘及架设支撑的方式，若对于土体变形限制要求较高，则可配合地层改良或其他工法如箱涵顶进、无限自走工法（endless self advance method ESA）等进行开挖。

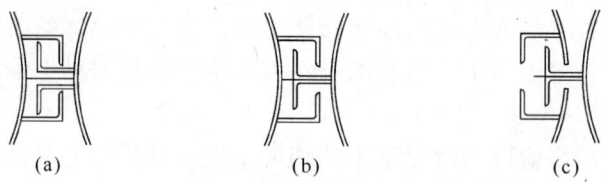

图 13-16　常用管幕钢管外接式锁口

管幕工法在日本、西欧、马来西亚及中国台湾应用较普及，为大都市地下空间开发和利用积累了不少经验和数据，不失为一种成功的暗挖方法。但是该工法还存在着成本较高的缺点，主要有两点：（1）作为管幕的钢管埋入土体，不能再回收，成本较高；（2）高精度的顶管机研制或购置费用较高。

13.2.2　管幕结构的力学分析

管幕技术在国内的应用刚刚起步，管幕结构的设计计算方法还不成熟。目前主要有两种方法：一是采用两维平面有限元方法，按地层中的弹性刚架进行计算，计算工况按开挖时的实际开挖工况为准，也可按荷载结构模型，如图 13-17 所示，将地层作用等效为土体弹簧。二是采用一维弹性地基梁解析方法，如图 13-17（b）所示。这里主要详细介绍后一种方法。

在实际工程中钢管幕的纵向两端是嵌固在两侧工作井壁的地下连续墙上的，因此可将钢管端部视为固定端。随着管幕内土方开挖掘进，使得管幕下的初始应力发生变化，该应力变化量导致钢管幕产生竖向变形。设在未开挖掘进前钢管幕下的初始土压力为 p_0，则开挖后钢管幕下的土压力变化量为 $p_g - p_0$，在掘进面前端滑移土体范围内的钢管幕下的土压力变化量为 $p_u - p_0$。则钢管幕力学分析模型可表示为如图 13－17 所示，其中 L_z 为箱涵已顶进的长度，为表述方便，记 z_a、z_b、z_c 分别为作用于地基梁

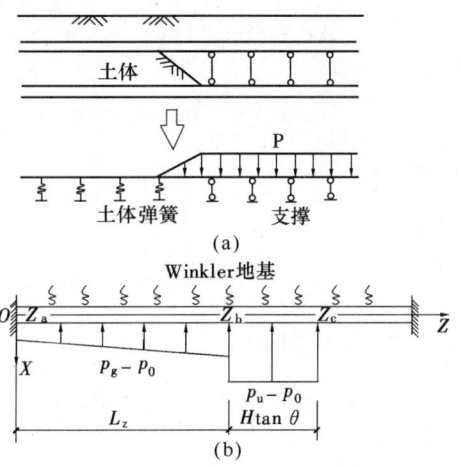

图 13-17　管幕结构计算模式示意图

上的分布荷载的端点距坐标原点 o 的距离，显然有 $z_b = L_z$。于是就可以根据 Winkler 地基梁方法计算顶部钢管的竖向位移。

对于图 13-17（b）所示的 Winkler 地基梁模型，其两端的边界条件均为竖向位移 $x = 0$ 和转角 $\xi = 0$，由弹性地基梁理论可以得到梁体任一截面处的竖向位移 x 和转角 ξ 的一般表达式为：

$$
\left.
\begin{aligned}
x &= M_0 2\alpha^2 \varphi_1 / uK + Q_0 \alpha \varphi_4 / uK - \Delta x \\
\xi &= M_0 2\alpha^3 \varphi_2 / uK + Q_0 2\alpha^2 \varphi_3 / uK - \Delta \xi
\end{aligned}
\right\}
\tag{13-12}
$$

其中，M_0、Q_0 分别为在左端点 $z = 0$ 处的截面弯矩、剪力，需要根据另一端（右端点）的边界条件确定；u 为梁的计算宽度；K 为地基弹性系数；α 为弹性地基梁的特征系数：$\alpha = \sqrt[4]{\dfrac{KB}{4EI}}$；$\varphi_1 \sim \varphi_4$ 为弹性地基计算参数；Δx、$\Delta \xi$ 则根据地基梁横截面的不同位置 z 按式（13-13）～（13-16）计算。

当 $0 \leqslant z \leqslant z_a$ 时，

$$
\Delta x = 0, \Delta \xi = 0
\tag{13-13}
$$

当 $z_a \leqslant z \leqslant z_b$ 时，

$$
\left.
\begin{aligned}
\Delta x &= \frac{a_1 - p_0}{K}\left[1 - \varphi_{1\alpha(z-z_a)}\right] + \frac{a_2}{K}\left[(z - z_a) - \frac{1}{2\alpha}\varphi_{2\alpha(z-z_a)}\right] \\
\Delta \xi &= \frac{(a_1 - p_0)\alpha}{K}\varphi_{4\alpha(z-z_a)} + \frac{a_2}{K}\left[1 - \varphi_{1\alpha(z-z_a)}\right]
\end{aligned}
\right\}
\tag{13-14}
$$

当 $z_b \leqslant z \leqslant z_c$ 时，

$$
\left.
\begin{aligned}
\Delta x &= \frac{a_1 - p_0}{K}\left[\varphi_{1\alpha(z-z_b)} - \varphi_{1\alpha(z-z_a)}\right] + \frac{a_2}{K}\left\{(z_b - z_a)\varphi_{1\alpha(z-z_b)}\right. \\
&\quad \left. + \frac{1}{2\alpha}\left[\varphi_{2\alpha(z-z_b)} - \varphi_{2\alpha(z-z_a)}\right]\right\} + \frac{p_u - p_0}{K}\left[1 - \varphi_{1\alpha(z-z_b)}\right] \\
\Delta \xi &= -\frac{(a_1 - p_0)\alpha}{K}\left[\varphi_{4\alpha(z-z_b)} - \varphi_{4\alpha(z-z_a)}\right] - \frac{a_2\alpha}{K}\left\{(z_b - z_a)\varphi_{4\alpha(z-z_b)}\right. \\
&\quad \left. - \frac{1}{\alpha}\left[\varphi_{1\alpha(z-z_b)} - \varphi_{1\alpha(z-z_a)}\right]\right\} + \frac{(p_u - p_0)\alpha}{K}\varphi_{4\alpha(z-z_b)}
\end{aligned}
\right\}
\tag{13-15}
$$

当 $z \geqslant z_c$ 时，

$$
\left.
\begin{aligned}
\Delta x &= \frac{a_1 - p_0}{K}\left[\varphi_{1\alpha(z-z_b)} - \varphi_{1\alpha(z-z_a)}\right] + \frac{a_2}{K}\left\{(z_b - z_a)\varphi_{1\alpha(z-z_b)}\right. \\
&\quad \left. + \frac{1}{2\alpha}\left[\varphi_{2\alpha(z-z_b)} - \varphi_{2\alpha(z-z_a)}\right]\right\} + \frac{p_u - p_0}{K}\left[\varphi_{1\alpha(z-z_c)} - \varphi_{1\alpha(z-z_b)}\right] \\
\Delta \xi &= \frac{(a_1 - p_0)\alpha}{K}\left[\varphi_{4\alpha(z-z_b)} - \varphi_{4\alpha(z-z_a)}\right] - \frac{a_2\alpha}{K}\left\{(z_b - z_a)\varphi_{4\alpha(z-z_b)}\right. \\
&\quad \left. - \frac{1}{\alpha}\left[\varphi_{1\alpha(z-z_b)} - \varphi_{1\alpha(z-z_a)}\right]\right\} - \frac{(p_u - p_0)\alpha}{K}\left[\varphi_{4\alpha(z-z_c)} - \varphi_{4\alpha(z-z_b)}\right]
\end{aligned}
\right\}
$$

$$\tag{13-16}$$

实际计算时，将 M_0、Q_0 代入式（13-12）中，就可得到在地基梁的任一横截面 z 处的竖向位移 x 及转角 ξ 的计算表达式。

13.2.3　管幕工法顶进施工

对于管幕钢管顶进而言，由于锁口之间的约束作用，所以纠偏比较困难，施工的难点主要是钢管幕顶进的高精度方向控制。

管幕钢管顶进过程中，如果顶进偏差过大，会导致锁口变形或开裂，使管幕无法闭合。甚至会因管幕偏差过大导致箱涵无法推进。本工程管幕段的方向控制精度要求是：上下 $\pm 15mm$，左右 $\pm 20mm$。根据工程具体情况，从如下三个方面来保证顶进的高精度方向控制：

1. 掘进机系统的精度控制

通过（1）采用计算机轨迹控制软件来指导施工；（2）采用泥水平衡掘进机施工保持开挖面的稳定；（3）为掘进机装备激光反射纠偏系统、倾斜仪传感器和纠偏油缸行程仪传感器以及偏转传感器等措施提高顶进精度；（4）建立健全可靠的精度管理和监督机制等措施，提高掘进机系统的方向显示和控制精度。

2. 采用特殊构造措施，提高纠偏的灵敏性

为使机头纠偏能带动后续整体刚性钢管导向，一是提高机头长径比，二是在机头后方紧跟三节过渡钢管。钢管之间以可以产生微小空隙的铰相连，形成多段可动的铰构造，这样在纠偏油缸的作用下，可以带动后续钢管，达到纠偏和导向的目的。

3. 采用合理的施工方法及顶进顺序

实践表明，单根钢管的顶进精度可以达到 20mm，因此通过设计合理的钢管顶进顺序，可以控制管幕的累积偏差在允许的范围内。本工程中，钢管先顺序顶进，当累积偏差不能满足精度要求时，则增加基准管，同时对闭合钢管根据测量结果，用异形锁口来封闭。

13.3 箱 涵 结 构

13.3.1 结 构 形 式

箱涵结构是重要的水工建筑物，它被广泛应用于水利、桥梁道路的建设中。箱涵结构由洞身、进口建筑物和出口建筑物三部分组成。

箱涵进口建筑物由进口翼墙（或护锥）、护底和涵前铺砌构成。洞身位于填土下面，是箱涵过水的主要部分。箱涵出口建筑物由出口翼墙（或锥体）、护底和出口防冲铺砌或消能设施构成。通常无压缓坡箱涵（图 13-18）出口流速不大，故出口多做一段防冲铺砌。有压、半有压或陡坡箱涵（图 13-19）出口流速较大，常需设消能设施。

箱涵结构多采用现场浇筑的钢筋混凝土结构，如图 13-20 所示。

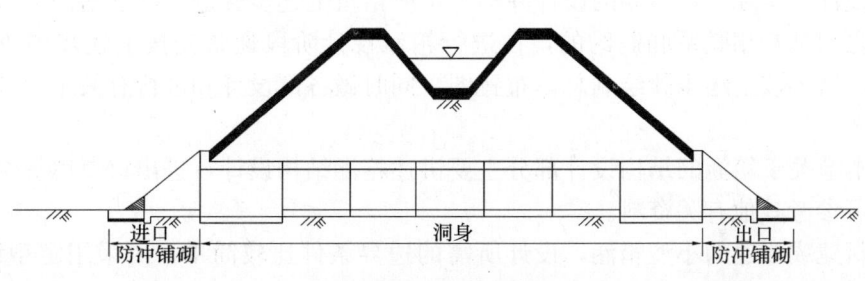

图 13-18 缓坡箱涵

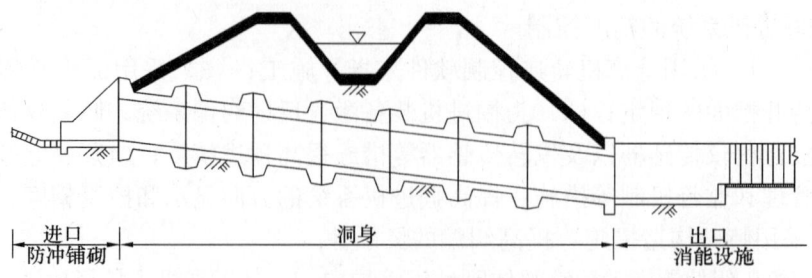

图 13-19   陡坡箱涵

进口   洞身   出口
防冲铺砌   消能设施

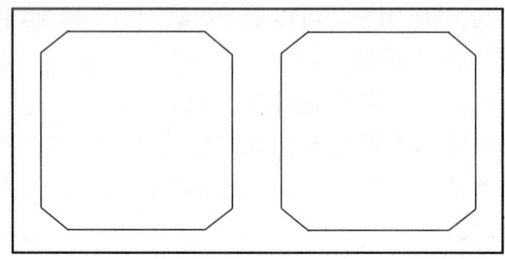

图 13-20   箱涵结构

13.3.2   箱涵结构的设计

（一）箱涵的设计阶段

箱涵工程一般可采用两阶段设计，即初步设计和技术施工图设计。对设计方案及主要技术原则已经明确的简易工程，可将初步设计和技术设计施工合为一阶段设计。以下主要介绍技术施工设计的内容和步骤，初设的步骤可比照技术施工设计适当简化。

（二）箱涵的设计内容和步骤

在设计箱涵所需基本资料已具备的前提下，首先应进行轮廓尺寸设计；然后结合水力设计确定箱涵进出口底高程、纵坡及孔径尺寸；再次结合水力设计确定箱涵出口防冲铺砌或消能设施的尺寸，最后进行结构及进出口翼墙的结构设计及防渗防水等设计。在渠（路）下箱涵设计中，还需进行进出口引渠或移河改道等工程设计。实际上，箱涵的设计并不一定严格按上述步骤进行，这是因为各设计步骤之间是互相联系和制约的，在进行箱涵设计阶段通常先按上述步骤进行考虑，然后再按上述步骤绘制总体布置图，同时做各部设计和进行有关水力和结构计算。

本节关于箱涵的结构设计部分主要讲述箱涵结构设计，进出口翼墙等结构的设计可参考其他有关资料。

新建或改建的小型箱涵，设计所需的边界条件比较简单，可采用定型设计，在采用定型设计时，应注意其使用条件，切忌生搬硬套。

（三）作用在箱涵上的荷载

为了求解箱涵的内力，选择合理的设计断面，首先必须计算作用在箱涵上的各种荷载。作用于箱涵上的主要荷载有：填土的垂直土压力，地面静荷载及活荷载，箱涵自重力，填土的水平土压力，内外水压力等。

1. 垂直土压力计算

为避免在箱涵施工中进行大开挖，或为保证道路或渠堤的完整性，在箱涵施工中有时采用顶管法或盾构法。上述施工方法的特点是在距地面较深的地方取土，在施工中被扰动的土体仅局限于箱涵周围邻近的土体，这时箱涵上部的破坏区域为一天然卸力拱形，如图 13-21 所示，作用于箱涵上部的土压力为与箱涵顶宽相对应的卸力拱内部分的土压力。拱圈的尺寸，应根据不同拱的断面形式及普氏坚固系数 f_{KP} 确定。

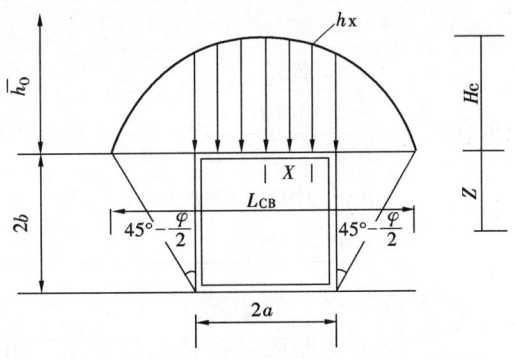

图 13-21　$f_{KP} < 2.0$ 时，箱涵垂直土压力的分布示意图

（1）$f_{KP} < 2.0$ 的情况

一般箱涵多修建在此类土质中。此时箱涵所受垂直土压力为介于卸力拱与箱涵顶所切建筑物水平投影间的土重，如图 13-20 所示。图中 $\overline{h}_0$ 为拱圈矢高；h_x 为横坐标等于 x 处拱圈的高度；γ 为土的重度；L_{CB} 为拱圈跨长，σ_z 为对应不同 α 角的垂直土压力，q_B 为作用于箱涵顶点处（$\alpha'' = 0$）的 σ_z 值。其中

$$\overline{h}_0 = \frac{L_{CB}}{2 f_{KP}} \qquad (13\text{-}17)$$

$$\left.\begin{array}{l} h_x = \overline{h}_0 \left(1 - \dfrac{4\alpha^2}{L_{CB}^2} \right) \\[3mm] \sigma_z = \gamma h_\alpha \end{array}\right\}$$

$$q_B = [\sigma_z]_{x=0} = \gamma \overline{h}_0 = \frac{\gamma L_{CB}}{2 f_{KP}}$$

箱涵结构

$$L_{CB} = 2a + 4b \tan\left(45° - \frac{\varphi}{2} \right) \qquad (13\text{-}18)$$

式中　L_{CB}——卸力拱圈跨长；

　　　f_{KP}——普氏坚固系数，其取值见表 13-6。

普氏坚固系数   表 13-6

土 的 种 类		f_{KP}	γ γ（kN/m³）	φ（°）
普通土	软板岩、软石灰石、冻结的土、普通泥灰石、破坏的软岩、灰质卵石及初卵石、多石的土	2.0	24	65
	碎石土破坏的板岩、变坏的卵石或碎石，变硬的黏土	1.5	18～20	60
	密实的土（$f_{KP}=1.0～1.4$），密实黏土、含有石块的土	1.0	18	45
	黏土、黄土	0.8	16	40
松软土	砂、净小卵石	0.7	15	35
	有机土、轻质砂黏土、湿砂	0.6	15	30
不稳定土	砂、小卵石、新堆积土	0.5	17	27
	流砂、泥泞的土	0.3	15～18	9

（2）$f_{KP}>2.0$ 的情况

$f_{KP}>2.0$ 为坚固系数较高的土壤（如岩石），这时对箱涵两侧将不产生主动土压力（仅当箱涵变形时产生弹性抗力），此时卸力拱的跨长将等于箱涵的跨径。

$$\left. \begin{array}{l} \bar{h}_0 = \dfrac{a}{f_{KP}} \\ q_B = \gamma \bar{h}_0 \\ \text{垂直土压力合力} \qquad G_B = \dfrac{4\gamma}{3f_{KP}}a^2 \end{array} \right\} \qquad (13\text{-}19)$$

（3）$H<\bar{h}_0$

若求得的卸力拱圈矢高 $\bar{h}_0$ 大于箱涵上部覆土深度 H 时，为简化计算，可取覆土深度作为卸力拱的矢高，即 $\bar{h}_0=H$，这时 $q_B=\gamma H$。

2. 箱涵结构侧向土压力计算

作用于箱涵的侧向土压力与箱涵的刚度、埋置方式及填土性质等有关。对于刚性箱涵，处于箱涵两侧的填土可近似地认为对箱涵产生主动土压力作用；对于柔性涵管，在垂直土压力作用下可能会产生较大变形，从而使周围土对涵管侧壁产生被动的弹性抗力作用。用顶管法施工的箱涵应按卸力拱理论计算侧压力。

按破坏棱体理论计算，在图 13-22 中，抛物线 $M'O'N'$ 以内土体积（单位长度）为：

$$V' = \frac{2}{3}L_{CB}H_C = \frac{1}{3}\frac{L_{CB}^2}{f_{KP}} = \frac{1}{3f_{KP}}\left[2a+4b\times\tan\left(45°-\frac{\varphi}{2}\right)\right]^2 \quad (13\text{-}20)$$

在抛曲线 MON 及 $M'O'N'$ 之间的土体积为：

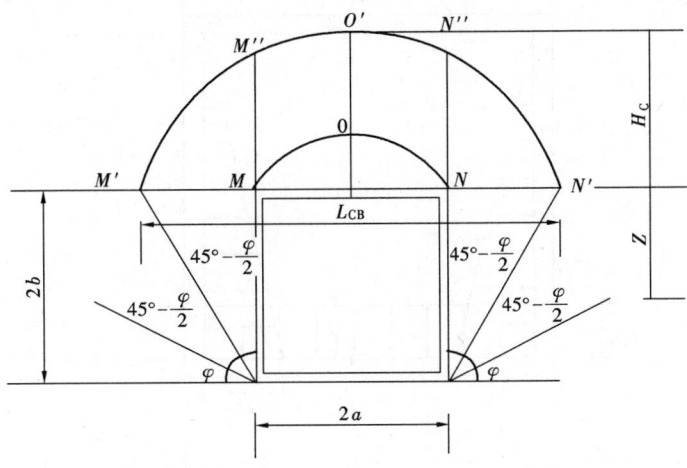

图 13-22　按卸力拱计算侧压力图

$$V = V' - \frac{(2a)^2}{3f_{KP}} = \frac{8b}{3f_{KP}}\tan\left(45° - \frac{\varphi}{2}\right) \times \left[2a + 2b \times \tan\left(45° - \frac{\varphi}{2}\right)\right] \quad (13\text{-}21)$$

单位宽度上的超载 q_S 为：

$$q_S = \frac{\gamma V}{4b \times \tan\left(45° - \frac{\varphi}{2}\right)} = \frac{2\gamma\left[2a + 2b \times \tan\left(45° - \frac{\varphi}{2}\right)\right]}{3f_{KP}} \quad (13\text{-}22)$$

距箱涵顶点为 Z 的土侧压力 q_σ 为：

$$q_\sigma = q_S\tan^2\left(45° - \frac{\varphi}{2}\right) + \gamma Z\tan^2\left(45° - \frac{\varphi}{2}\right)$$

$$ = \gamma\tan^2\left(45° - \frac{\varphi}{2}\right)\left\{\frac{2}{3f_{KP}}\left[2a + 2b \times \tan\left(45° - \frac{\varphi}{2}\right)\right] + Z\right\}$$

$$(13\text{-}23)$$

作用于箱涵垂直边墙上的总侧压力 G_σ 为：

$$G_\sigma = 2\gamma b\tan^2\left(45° - \frac{\varphi}{2}\right)\left\{\frac{2}{3f_{KP}}\left[2a + 2b \times \tan\left(45° - \frac{\varphi}{2}\right)\right] + b\right\} \quad (13\text{-}24)$$

式中　b——箱涵高度之半；

　　　a——箱涵宽度之半。

3. 箱涵的内外水压力计算

（1）箱涵的内水压力计算

对于无压箱涵以充满水流时为最不利条件，充满水流箱涵（图 13-23），作用垂直内边墙的内水静压力顶部为 0，底部为 $\gamma_B h_0$；作用于底板的内水静压力为 $\gamma_0 h_0$，总水重力为 $D\gamma_0 h_0$。

（2）箱涵的外水压力计算

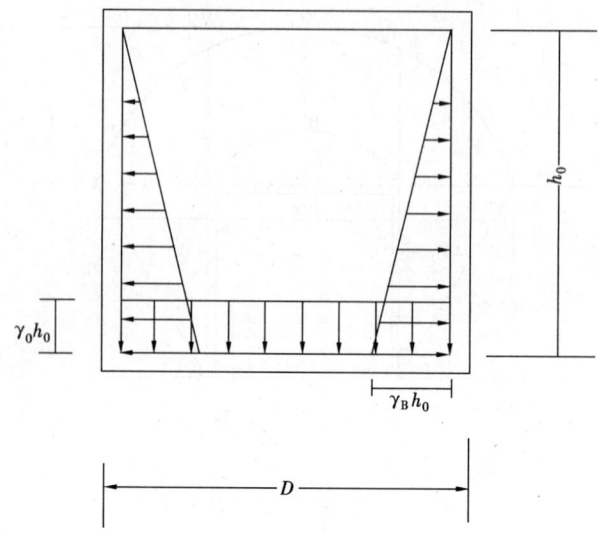

图 13-23 无压箱涵内水压力

当箱涵位于地下水位以下时，则箱涵将受到外水压力作用，箱涵所受到的外水压力，也可分为无压箱涵外静水压力和均匀外水压力两部分，如图 13-24 所示，外水静压力为 $\gamma_B h_0$。

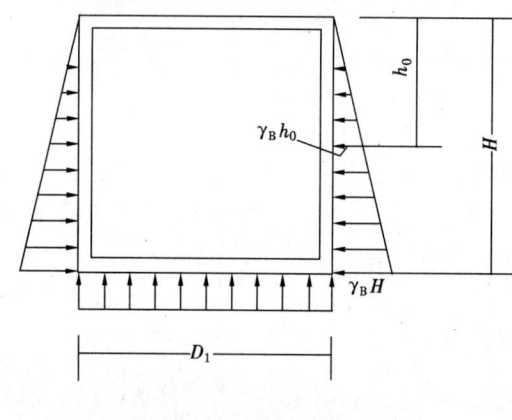

均匀外水压力强度可按箱涵外顶部到最高地下水位间的高度计算，即 $P'_0 = \gamma_B h$，箱涵的均匀外水压力分布，如图 13-25 所示。

为使箱涵获得最不利的荷载组合情况，箱涵外地下水压力，仅在箱涵内无水时期的荷载组合情况下加以考虑。

当单独考虑地下水的外水压力作用时，在垂直和侧向土压力计算中，应取其浮重度进行计算。

图 13-24 箱涵外静水压力

4. 车辆荷载的计算

作用于箱涵上的车辆荷载分计算荷载和验算荷载两种。荷载以汽车车队表示，验算荷载以履带车或平板挂车表示。

（1）计算荷载

汽车荷载由行驶于箱涵上的汽车行列组成，包括一辆加重车及若干辆标准车。汽车行列在行车道上的纵横向布置均取最不利位置，以使计算部位发生最大应力。计算荷载的汽车车队分汽车－10 级、汽车－15 级、汽车－20 级和汽车一超 20 级四个等级。车队的纵向排列及横向布置如以及其他主要技术指标规定参照相关规范规定。

（2）验算荷载

验算荷载分为 500kN 履带车（简称履带－50），800、1000 和 1200kN 平板挂车（简称挂车－80、挂车－100 和挂车－120）四级，主要技术指标规定参照相关规范。

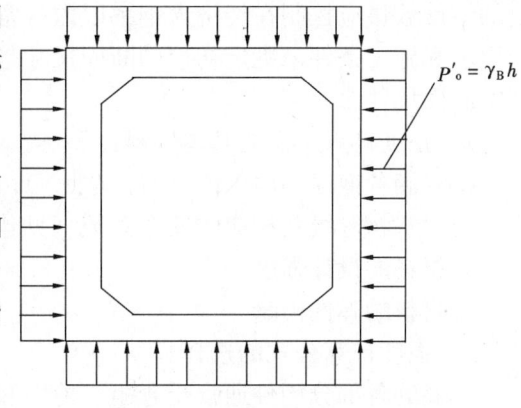

图 13-25 箱涵均匀外水压力

（四）箱涵结构设计计算

1. 箱涵结构设计的步骤和方法

（1）初拟箱涵的断面尺寸

箱涵的孔径由水力计算确定，其断面尺寸及配置钢筋数量则需通过结构设计确定。

箱涵属于超静定结构，其结构内力的大小与各杆的刚度有关，因此，为求解内力，需预先拟定箱涵的断面尺寸。

箱涵的断面尺寸，通常需根据实践经验或参考有关的设计资料初步拟定。

单孔箱涵顶板和侧墙的厚度一般取其跨径的 1/12～1/9。底板的厚度一般取等于顶板或略大于顶板的厚度。

双孔箱涵顶板的厚度一般可取跨径的 1/13～1/12。底板厚度一般取等于或略大于顶板阶厚度。

（2）荷载计算

作用于箱涵的荷载通常有垂直土压力、活荷载、箱涵自重力、土的侧向压力及内外水压力等。作用于箱涵上的一切垂直荷载将由底板下的地基反力平衡；地基反力是作用在箱涵底面的一种外荷载。地基反力的分布与箱涵的路径及地基等条件有关。对于一般跨径较小箱涵，为简化计算，多假定地基反力按均匀分布。

（3）内力计算

求解箱涵结构的内力一般要建立与未知数相等的条件方程式，并将其联立进行求解。根据选取未知量的不同，箱涵的解法分力法和位移法两种。力法是以多余未知力作为未知量，而变位法则是以节点的变位作为未知量。解箱涵的内力，位移法较为适用，属于这一类的方法有转角位移法、力矩分配法等。

求解箱涵内力时，应结合箱涵的结构特点及荷载分布情况，采用不同的内力计算方法。

（4）强度计算

强度计算的目的是保证设计断面具有足够的承载能力，以防止由于各种内力作用而引起的破坏，并据此确定合理的断面尺寸及所需配置的钢筋数量。计算得出的钢筋数量应控制在经济含钢率以内（常用 0.3%～0.8%）。同时还应根据构造要求和施工条件来判定初拟的断面尺寸是否合适，如不符合上述要求则需更新拟定断面尺寸。

1）强度计算所需的基本资料：

①箱涵各截面的内力值（M、Q、N）；

②建筑物等级及相应的安全系数（见建筑结构荷载规范）；

③材料的设计强度；

④材料的弹性模量。

2）强度计算公式的选择。

箱涵的各部分构件通常受弯矩、剪力和轴力三种内力作用，在进行配筋计算时应注意根据不同部位所受上述三种内力的大小采用不同的公式进行配筋计算。

水头较低的有压、半有压或无压箱涵，其各部分构件多属于偏心受压构件。偏心受压构件又可分为大偏心和小偏心受压两种情况。混凝土结构设计可参照《混凝土结构设计规范》。

13.3.3   沉 降 缝 的 设 置

（1）涵洞和急流槽、端墙、翼墙等须在结构分段处设置沉降缝以防止由于受力不均，基础产生不均衡沉降而使结构物破坏，沉降缝必须贯穿整个断面（包括基础），缝宽约 2～3cm。

（2）涵身每隔 4～6m 应设沉降缝一道，具体设置需根据地基土的情况及路堤填土高度而定。高路堤下的涵洞，在路基边缘下的涵身及基础均应设置沉降缝。

（3）凡地基土质发生变化，基础埋置深度不一或基础对地基的压力发生较大变化，以及基础填挖交界处，均应设置沉降缝。

（4）凡采用填土抬高基础的箱涵，都应设置沉降缝，其间距不宜超过 3m。

（5）置于岩石地基上的涵洞，可以不设沉降缝。

13.3.4   涵管顶进施工法

顶进施工法目前已为铁路、公路、水利施工单位广泛采用。近几年来随着施工工艺不断提高，顶进施工法也在逐步完善。从顶入单孔发展到顶入多孔（5～6孔）钢筋混凝土框架。顶进的施工手法除一般顶入法外，已逐步采用顶拉法、对顶法、对拉法、中继环顶入法等。

涵管顶进的施工方法有如下优点：

（1）不受涵管之上行车及其他设施的限制。由于涵管顶进法是在道路或建筑物之下进行施工的，因此不影响车辆的通行，不需另修复线。涵管之上的水渠和土坝可不受破坏，这是顶管法最突出的优点。

（2）工程造价低：由于涵管顶进是洞挖工程，显然较开槽明挖土方量少，同时涵管顶进施工方法的现场和设备比较简单，修建费用少。

（3）进度快、工期短：涵管顶入法一般在汛期和雨天仍可继续施工，又加之开挖工程量和辅助工程量少，所以使用这种方法较开槽明挖施工进度快。

（4）施工简单：涵管顶入法一般所需设备比较简单。

涵管顶入法尽管有上述优点，但其应用也受一些条件限制，这些条件是：

（1）当涵管要穿过土坝或填方路（渠）堤时，要求通过土体的土质必须较密实，其沉陷也应基本稳定，涵管通过处的基础土质也要求坚实。如涵管在原状土中通风，该土为黏性很低的土或含砾石较多的土则容易塌洞，同时含砾石很多的土壤顶进也很困难，对于上述情况不宜采用顶管法。

（2）当涵管在地下水位高的土体中通过时，需采用集中排水降低地下水位到工作坑底板高程以下，这时排水设施的费用较大，在这种条件下，采用开槽明挖还是采用涵管顶入法需通过方案比较确定。

（3）当采用涵管顶入法施工时，设置截水环和做好接缝止水的前提下，不宜用于水头较高的有压涵管。

（4）用顶入法施工的涵管纵坡不能过大，渠堤或路下的陡坡排涵不宜用顶管法施工。

13.3.5　算　例

1. 设计条件

一单孔箱涵、内净跨 1.5m、高 1.6m，用填埋式构筑，如图 13-26 所示。顶部填土高度 $H=6$m，回填土重度 $\gamma=18$kN/m³，内摩擦角 $\varphi=30°$。地基土为砂质黏土，地面设计活荷载为汽—10（单车行驶）、地下水位很低，不考虑外水压力，设计钢筋混凝土箱涵的断面尺寸，如图 13-26 所示。

2. 箱涵的断面尺寸

初拟箱涵的顶板、底板及侧墙厚度均为 240mm。

3. 荷载计算

（1）垂直土压力的计算

由地基土性质取 $\gamma=0.2$，平基敷管 $a_0=1.0$，则 $\gamma a_0=0.2$，又 $\dfrac{H}{D}=\dfrac{6}{1.98}=3.03$，得 $C_h=4.1$。

垂直土压力合力：$G_B=C_h\gamma D^2=4.1\times18\times1.98^2=289.33$kN

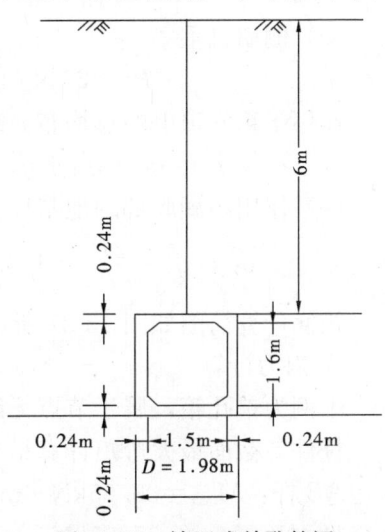

图 13-26　填埋式单孔箱涵

垂直土压力强度：$q_B = \dfrac{G_B}{D} = \dfrac{289.33}{1.98} = 146.13\text{kN/m}$

（2）侧向土压力的计算

作用于箱涵顶板厚度中心线处侧向土压力强度为：

$$q_1 = \gamma H_1 \tan^2\left(45° - \frac{\varphi}{2}\right) = 18 \times \left(6 + \frac{0.24}{2}\right) \times \tan^2\left(45° - \frac{30}{2}\right) = 36.72\text{kN/m}$$

作用于箱涵底板厚度中心线处侧向土压力强度为：

$$q_2 = \gamma H_2 \tan^2\left(45° - \frac{\varphi}{2}\right) = 18 \times \left(6 + 0.24 + 1.6 + \frac{0.24}{2}\right)$$

$$\times \tan^2\left(45° - \frac{30}{2}\right) = 47.71\text{kN/m}$$

（3）汽车荷载产生的垂直压力计算

汽-10 加重车重量为 150kN，后轮轮压 $P = 100/2 = 50\text{kN}$；着地宽度 $d = 0.5\text{m}$；着地长度 $c = 0.2\text{m}$，轮距 1.8m。

$$H = 6.0\text{m} > \frac{1.8 - d}{2\tan 30°} = \frac{1.8 - 0.5}{2 \times 0.58} = 1.12\text{m}$$

$$q'_B = \frac{P}{(c + 1.15H)\left(d + \dfrac{1.8 - d}{2} + H\tan 30°\right)}$$

$$= \frac{50}{(0.2 + 1.15 \times 6)\left(0.5 + \dfrac{1.8 - 0.5}{2} + 6 \times \tan 30°\right)}$$

$$= 1.5\text{kN/m}$$

（4）顶板自重力

$$q''_B = \gamma_1 \delta = 25 \times 0.24 = 6\text{kN/m}$$

（5）侧墙自重

$$P = 25 \times (1.6 + 0.24) \times 0.24 = 11\text{kN}$$

作用于箱涵顶上的总均布荷载（包括自重力）

$$q_3 = q_B + q'_B + q''_B = 146.13 + 1.5 + 6 = 153.63\text{kN}$$

（6）作用箱涵底部的地基反力

$$q_4 = q_3 + \frac{2P}{l} = 153.63 + \frac{2 \times 11.0}{(1.5 + 0.24)} = 166.27\text{kN/m}$$

箱涵计算简图如图 13-27 所示。

4. 内力计算

本例为单孔箱，属于节点无线位移结构，用结构力学求解出箱涵内力。

杆件各截面最大弯矩计算结果如下：

AB 杆：$M_{max} = 33.65\text{kN·m}$

DC 杆：$M_{max} = 35.95\text{kN·m}$

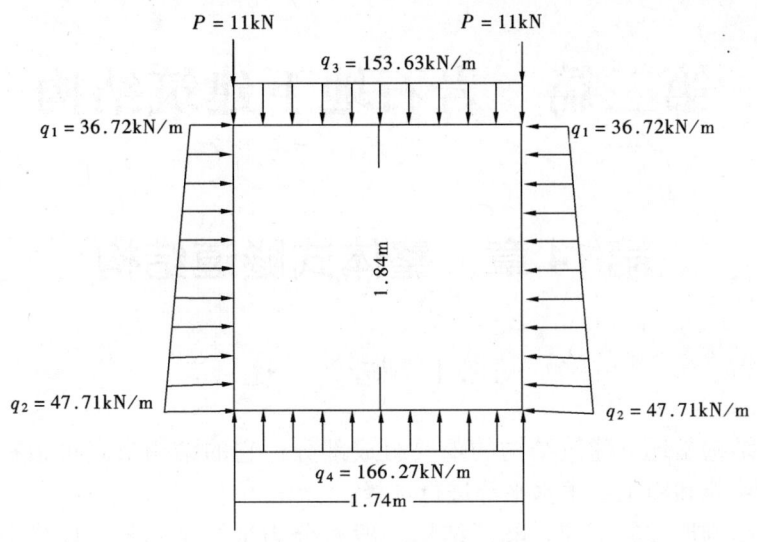

图 13-27　箱涵计算简图

CA 杆：$M_{max}=-7.89\text{kN}\cdot\text{m}$（立墙外侧受拉，为最小负弯矩）。

5. 根据内力对结构进行配筋（从略）

思　考　题

1. 顶管结构的适用范围如何？
2. 顶管结构的设计内容有哪些？其关键是什么？
3. 顶管结构的施工荷载包括哪些？施工阶段需要进行哪些验算？
4. 如何确定顶管机的最大推力？
5. 何谓箱涵结构？试举例说明其施工方法。
6. 如何确定箱涵结构的计算模式，设计中如何考虑路面车辆荷载？
7. 箱涵结构的构造特点有哪些？如何考虑？

第三篇 岩石地下建筑结构

第14章 整体式隧道结构

14.1 概 述

隧道结构是地下建筑结构的重要组成部分，它的结构形式可根据地层的类别、使用功能和施工技术水平等进行选择。

按照结构形式的不同，隧道结构一般可分为半衬砌结构、厚拱薄墙衬砌结构、直墙拱形衬砌结构、曲墙结构、复合衬砌结构和连拱隧道结构等形式。

14.1.1 结构形式、受力特点和适用条件

（一）半衬砌结构

在坚硬岩层中，若侧壁无坍塌危险，仅顶部岩石可能有局部滑落时，可仅施作顶部衬砌，不作边墙，喷一层不小于2cm厚的水泥砂浆护面，即为半衬砌结构，如图14-1（a）所示。

（二）厚拱薄墙衬砌结构

在中硬岩层中，拱顶所受的力可通过拱脚大部分传给岩体，充分利用岩石的强度，使边墙所受的力大为减少，从而减少边墙的厚度，形成所谓的厚拱薄墙结构，如图14-1（a）所示。

这种结构适宜用在水平压力较小，且稳定性较差的围岩中。对于稳定或基本稳定的围岩中的大跨度、高边墙洞室，如采用喷锚结构施工装备条件存在困难，或喷锚结构防水达不到要求时，也可考虑使用。

（三）直墙拱形衬砌结构

在一般或较差岩层中的隧道结构，通常是拱顶与边墙浇筑在一起，形成一个整体结构，即直墙拱形衬砌结构，这是一种被广泛应用的隧道结构形式，如铁路隧道等，如图14-1（b）所示。

（四）曲墙衬砌结构

在很差的岩层中，岩体松散破碎且易于坍塌，衬砌结构一般由拱圈、曲线形侧墙和仰拱形底板组成，形成所谓的曲墙衬砌结构。该种衬砌结构的受力性能相对较好，但对施工技术要求较高，这也是一种被广泛应用的隧道结构形式，在公路隧道中宜采用曲边墙拱形断面，如图14-1（c）所示。

（五）复合衬砌结构

复合支护结构一般认为围岩具有自支承能力，支护的作用首先是加固和稳定围岩，使围岩的自支承能力可充分发挥，从而可允许围岩发生一定的变形并由此减薄支护结构的厚度。工程施工时，一般先向洞壁施作柔性薄层喷射混凝土，必要时同时设置锚杆，并通过重复喷射增厚喷层，亦可在喷层中增设网筋稳定围岩。围岩变形趋于稳定后，再施作内衬永久支护。复合衬砌结构常由初期支护和二次支护组成，防水要求较高时须在初期支护和两次支护间增设防水层，如图 14-1（d）所示。

（六）连拱隧道结构

隧道设计中除考虑工程地质、水文地质等相关条件外，同时受线路要求以及其他条件的制约，还需要考虑安全、经济、技术等方面的综合比较。因此，对于长度不是特别长的公路隧道（100～500m），尤其是处于地质、地形条件复杂及征地受严格限制地区的中小隧道，常采用连拱隧道的形式。如图 14-1（e）所示。

连拱隧道主要适用于洞口地形狭窄，或对两洞间距有特殊要求的中短隧道，按中墙结构形式不同可分为整体式中墙和复合式中墙两种形式。

14.1.2　隧道结构设计的一般技术要求

（一）衬砌截面类型和几何尺寸的确定

隧道衬砌结构类型应根据隧道围岩地质条件、施工条件和使用要求确定。高速公路、一级公路、二级公路的隧道应采用复合式衬砌；汽车横通道、三级及三级以下公路隧道，在Ⅰ、Ⅱ、Ⅲ级围岩条件下，除洞口段外，可采用喷锚衬砌，隧道洞口段宜采用复合式衬砌或整体式衬砌。

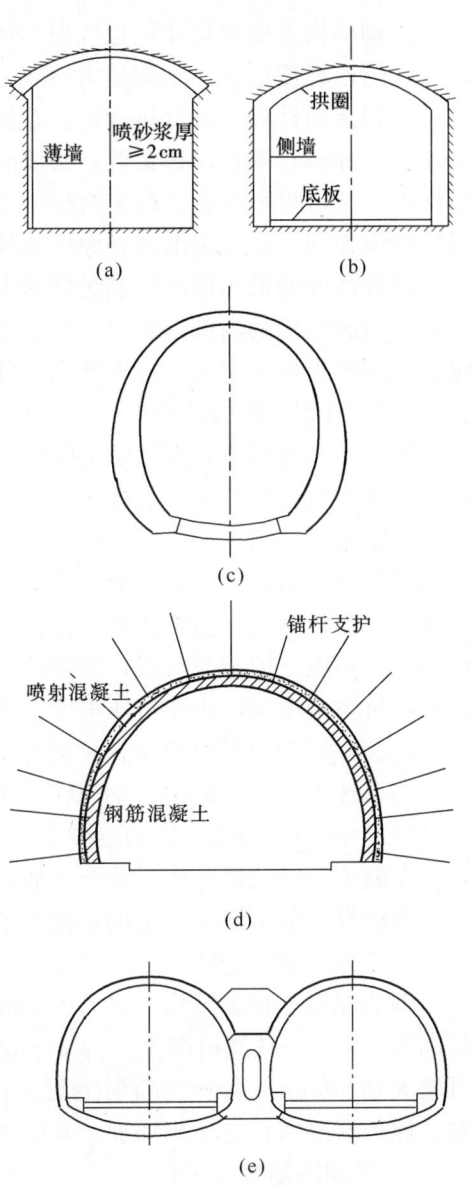

图 14-1　隧道结构形式

(a) 半衬砌结构；(b) 直墙拱结构；(c) 曲墙结构；
(d) 复合衬砌结构；(e) 连拱隧道结构

衬砌结构类型和尺寸，也应根据使用要求、围岩级别、围岩地质和水文地质条件、隧道埋置位置、结构受力特点，并结合工程施工条件、环境条件，通过工程类比和结构计算综合分析确定。在施工阶段，还应根据现场围岩监控量测和现场地质跟踪调查调整支护参数，必要时可通过试验分析确定。另外，为了便于使用标准拱架模板和设备，确定衬砌的方案时，类型要尽量少，且同一跨度的拱圈内轮廓应相同。一般采取调整厚度和局部加筋等措施来适应不同的地质条件。

衬砌截面的最小厚度应满足构造要求，可参考相关文献。衬砌几何尺寸的计算，当衬砌结构的内部净跨、净高、墙高以及拱轴形状、厚度及其变化规律确定以后，即可根据几何关系计算其余尺寸，亦可参考有关文献。

（二）衬砌材料的选择

衬砌结构材料应具有足够的强度、耐久性和防水性。此外，在特殊条件下，还要求具有抗侵蚀性和抗冻性等。从经济角度考虑，衬砌结构材料还要满足成本低，易于机械化施工等条件。常用的衬砌材料主要包括：混凝土、喷射混凝土、钢筋混凝土及石材等。其中混凝土是目前国内外广泛采用的建筑材料，它的优点是能够机械化施工，整体性和抗渗性较好，强度高，耐久性好；缺点是浇筑后需要养护而不能立即承受荷载，需要达到一定强度后方可拆除模架和模板。此外，混凝土抗拉强度远远小于抗压强度。为提高混凝土的强度，通常采用钢筋混凝土结构，这样衬砌截面可以减薄。而采用钢筋混凝土衬砌的缺点是钢筋的用量较大，而在地下建筑结构中，钢筋较易腐蚀。

（三）衬砌结构的一般构造要求

在隧道结构的设计中，除合理的选择结构形式、材料及确定衬砌截面的尺寸外，尚应根据地下结构与地面结构的差异，在构造方面满足以下要求：

1. 混凝土的保护层

钢筋混凝土衬砌结构，受力钢筋的混凝土保护层最小厚度一般规定为装配式衬砌为20mm，现浇衬砌内层为25mm，外层为30mm。若有侵蚀性介质作用时可增大到50mm，钢筋网喷射混凝土一般为20mm。然而，随着截面厚度的增加，保护层厚度也应适当增加，其值可参考相关规范。

2. 衬砌的超挖或欠挖

隧道结构施工中，洞室的开挖尺寸不可能与衬砌所设计的毛洞尺寸完全符合，这就产生了衬砌的超挖或欠挖问题。超挖通常会增加回填的工作量，而欠挖则不能保证衬砌截面尺寸，故对超、欠挖有一定的限制。衬砌的允许超欠挖均按设计毛洞计算。

现浇混凝土衬砌一般不允许欠挖，如出现个别点欠挖，欠挖部分进入衬砌截面的深度，不得超过衬砌截面厚度的1/4，并不得大于15cm，面积不大于1m²。通常隧道衬砌结构，平均超挖允许值不得超过10～15cm，对于洞室的某些关键部位，如穹顶的环梁岩台，厚拱薄墙衬砌（及半衬砌）的拱座岩台，岔洞的周边等，超挖允许值更应该严格控制，一般也不宜超过 15cm。

　　3. 变形缝的设置

　　变形缝一般是指沉降缝和伸缩缝。其中沉降缝是为了防止结构因局部不均匀下沉引起变形断裂而设置的，而伸缩缝是为了防止结构因热胀冷缩，或湿胀干缩产生裂缝而设置的。因此，沉降缝是满足结构在垂直与水平方向上的变形要求而设置的，伸缩缝是满足结构在轴线方向上的变形要求而设置的。沉降缝、伸缩缝缝宽应大于 20mm，缝内可夹沥青木板和沥青麻丝。伸缩缝、沉降缝应垂直于隧道轴线竖向设置。

14.2　半 衬 砌 结 构

14.2.1　半衬砌结构的形式

　　半衬砌结构一般是指隧道开挖后，只在拱部构筑拱圈，而侧壁不构筑侧墙（或仅砌筑构造墙）的结构，该种结构适合于围岩比较稳定、完整性较好的岩层中。

　　半衬砌结构包括半衬砌结构和厚拱薄墙衬砌结构。其中半衬砌结构为仅做拱圈，不做边墙的衬砌结构；厚拱薄墙衬砌结构为拱脚直接放在岩石上起维护作用，与薄墙基本互不联系的衬砌结构。

　　半衬砌结构宜用在无水平压力且顶部稳定性较差的围岩中，对于稳定或基本稳定的围岩中的大跨度、高边墙洞室，如喷锚结构达不到要求时，也可考虑采用。

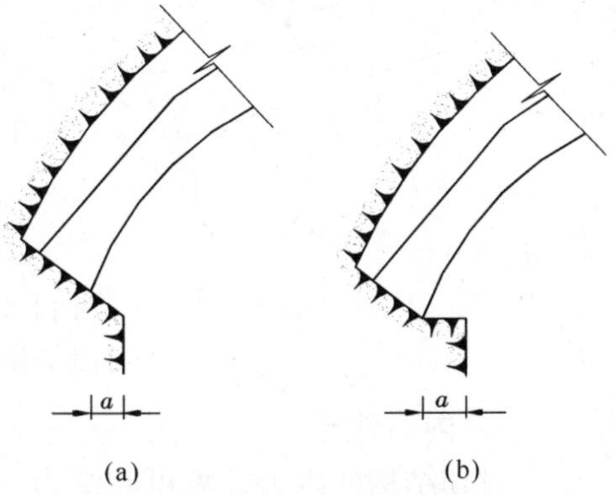

图 14-2　合理拱座形式
(a) 斜拱座；(b) 折线形拱座

　　半衬砌结构的关键部位就是拱座，拱座应采取受力明确的合理形式，通常采用斜拱座和折线形拱座（如图 14-2 所示）。

　　台阶的宽度尺寸 a 与地质条件、施工方法、隧道尺寸等因素有关，一般为 0.3~1.2m，具体可参考相关规范。

14.2.2　半衬砌结构的内力计算方法

　　（一）基本假定

　　根据半衬砌结构的特点和受力特征，其内力计算的基本假定如下：

1. 半衬砌结构的墙与拱脚基本上互不联系，故拱圈对薄墙影响很小。因此，内力计算时可忽略拱圈和薄墙的相互影响，把厚拱薄墙衬砌视为半衬砌结构。

2. 拱脚处的约束既非铰接，亦非完全刚性固定，而是介于两者之间的"弹性固定"，即只能产生转动和沿拱轴切线方向的位移，且岩层将随拱脚一起变形，并假定其变形符合温克尔（E. Winker）假设。

3. 半衬砌结构在各种垂直荷载作用下，拱圈的绝大部分位于脱离区，因此，可忽略弹性抗力的影响，这样考虑是偏于安全的。

4. 半衬砌结构，实际上是一个空间结构，但由于其纵向较之其跨度方向大的多，受力特征符合平截面假设，计算时按平面应变问题处理，这样简化的计算结构偏于安全。

（二）计算简图

基于上述基本假定，半衬砌结构的计算简图如图 14-3 所示。该力学模型为弹性固定无铰拱三次超静定结构。根据结构力学的最基本方法——力法可求解结构内力。

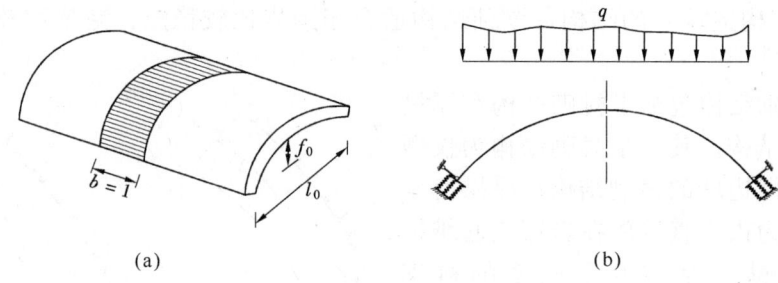

图 14-3 计算简图
(a) 微元体；(b) 计算简图

（三）内力计算

半衬砌结构的内力计算可归结为一个弹性无铰拱的力学问题，按荷载可分为对称和非对称两个问题进行讨论。

需要说明的是，这里的对称问题是结构和荷载均为对称（以后称为"对称问题"）的情况；非对称问题是结构对称，而荷载不对称（以后称为"非对称问题"）的情况。

1. 对称问题的解

根据结构力学的力法，在拱顶截面切开，以多余未知力 X_1（弯矩）、X_2（轴力）、X_3（剪力）代替半拱之间的作用力（图 14-4）。规定图中所示未知力方向为正，拱脚截面的转角以向拱外转为正，水平位移以向外移为正，反之为负。值得注意的是，在对称问题中 $X_3=0$，左、右拱脚具有对称弹性变位。

根据拱顶截面相对转角和相对水平位移为零的条件，可建立变形协调方程为：

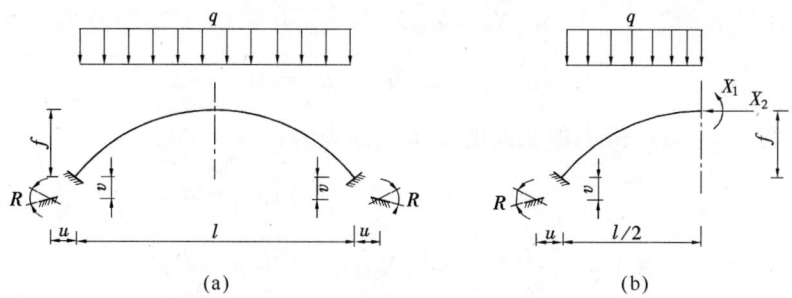

图 14-4 计算简图及基本结构

(a) 计算简图；(b) 基本结构

$$\left.\begin{array}{l} X_1\delta_{11} + X_2\delta_{12} + \Delta_{1p} + \beta_0 = 0 \\ X_1\delta_{21} + X_2\delta_{22} + \Delta_{2p} + u_0 + f\beta_0 = 0 \end{array}\right\} \tag{14-1}$$

式中 δ_{ik}——拱顶截面处的单位变位，即在基本结构中，拱脚为刚性固定时，悬臂端在 $X_k = 1$ 作用下，沿未知力 X_i 方向产生的变位（i，$k=1$，2）。由位移互等定理知 $\delta_{ik} = \delta_{ki}$；

       Δ_{ip}——拱顶截面处的载变位，即在基本结构中，拱脚为刚性固定时，在外荷载作用下，沿未知力 X_i 方向产生的变位（$i=1$，2）；

   β_0，u_0——拱脚截面总弹性转角及总水平位移。

根据计算简图 14-4 的关系和变位叠加原理，可以得到 β_0 和 u_0 的表达式为：

$$\left.\begin{array}{l} \beta_0 = X_1\beta_1 + X_2(\beta_2 + f\beta_1) + \beta_p \\ u_0 = X_1u_1 + X_2(u_2 + fu_1) + u_p \end{array}\right\} \tag{14-2}$$

式中 β_1，u_1——拱脚截面处作用有单位弯矩 $M_A = 1$ 时，该截面的转角及水平位移；

       β_2，u_2——拱脚截面处作用有单位水平推力 $H_A = 1$ 时，该截面的转角及水平位移，由位移互等定理知 $\beta_2 = u_1$；

       β_p，u_p——外荷载作用下，基本结构拱脚截面的转角及水平位移；

          f——拱轴线矢高；

其余符号含义同前。

这里的 β_1，β_2，u_1，u_2，β_p，u_p 均称为拱脚弹性固定系数，计算方法见 14.2.3 节。

由公式（14-1）和公式（14-2）联立，并注意到 $\delta_{12} = \delta_{21}$，$\beta_2 = u_1$，经整理可得求解多余未知力 X_1，X_2 的方程组为：

$$\left.\begin{aligned} a_{11}X_1 + a_{12}X_2 + a_{10} = 0 \\ a_{21}X_1 + a_{22}X_2 + a_{20} = 0 \end{aligned}\right\} \tag{14-3}$$

解方程（14-3），得拱顶截面的多余未知力为：

$$X_1 = \frac{\begin{vmatrix} -a_{10} & a_{12} \\ -a_{20} & a_{22} \end{vmatrix}}{\begin{vmatrix} a_{11} & a_{12} \\ a_{21} & a_{22} \end{vmatrix}}; X_2 = -\frac{\begin{vmatrix} a_{11} & -a_{10} \\ a_{21} & -a_{20} \end{vmatrix}}{\begin{vmatrix} a_{11} & a_{12} \\ a_{21} & a_{22} \end{vmatrix}} \tag{14-4}$$

式中 a_{ik}（i，$k=1$，2）的物理意义是，基本结构取为弹性固定悬臂梁时的单位位移；a_{i0}（$i=1$，2）为荷载引起的位移；若令式中的 $\beta_1 \sim \beta_p$，$u_1 \sim u_p$ 为零，则所得的结果，即为刚性固定时的单位位移。例如：$a_{11}=\delta_{11}+\beta_1$，当 $\beta_1=0$ 时，$a_{11}=\delta_{11}$ 为刚性固定时的单位位移，其余类似。因此，刚性固定无铰拱结构，仅是弹性固定无铰拱结构的一个特例。

2. 非对称问题的解

图 14-5 是非对称问题的计算简图和基本结构，取全拱作为基本计算结构。拱的内力和拱脚变位的正负号规定与对称问题相同。

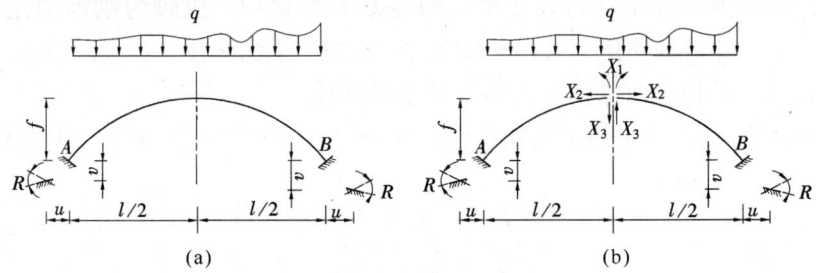

图 14-5 计算简图及基本结构

(a) 计算简图；(b) 基本结构

根据拱顶截面处的相对转角、相对水平位移和垂直位移为零的条件，可建立变形协调方程式为：

$$\left.\begin{aligned} X_1\delta_{11} + X_2\delta_{12} + \Delta_{1p} + (\beta_{0L} + \beta_{0R}) = 0 \\ X_1\delta_{21} + X_2\delta_{22} + \Delta_{2p} + (u_{0L} + u_{0R}) + f(\beta_{0L} + \beta_{0R}) = 0 \\ X_3\delta_{33} + \Delta_{3p} + (v_{0L} + v_{0R}) + \frac{l}{2}(\beta_{0R} - \beta_{0L}) = 0 \end{aligned}\right\} \tag{14-5}$$

式中：拱脚截面的总弹性转角、总水平位移、总垂直位移分别为 β_{0L}、u_{0L}、v_{0L}（左拱脚）和 β_{0R}、u_{0R}、v_{0R}（右拱脚）。其中 $\delta_{13}=\delta_{31}=\delta_{23}=\delta_{32}=0$，其余符号含义同式（14-1）。

根据位移叠加原理，可求得 β_{0L}、u_{0L}、v_{0L} 及 β_{0R}、u_{0R}、v_{0R} 的表达式为：

$$\left.\begin{aligned}
\beta_{0L} &= X_1 \beta_{1L} + X_2 (\beta_{2L} + f\beta_{1L}) + X_3 \left(\beta_{3L} - \frac{l}{2}\beta_{1L} \right) + \beta_{pL} \\
\beta_{0R} &= X_1 \beta_{1R} + X_2 (\beta_{2R} + f\beta_{1R}) + X_3 \left(\beta_{3R} + \frac{l}{2}\beta_{1R} \right) + \beta_{pR} \\
u_{0L} &= X_1 u_{1L} + X_2 (u_{2L} + fu_{1L}) + X_3 \left(u_{3L} - \frac{l}{2}u_{1L} \right) + u_{pL} \\
u_{0R} &= X_1 u_{1R} + X_2 (u_{2R} + fu_{1R}) + X_3 \left(u_{3R} + \frac{l}{2}u_{1R} \right) + u_{pR} \\
v_{0L} &= X_1 v_{1L} + X_2 (v_{2L} + fv_{1L}) + X_3 \left(v_{3L} - \frac{l}{2}v_{1L} \right) + v_{pL} \\
v_{0R} &= X_1 v_{1R} + X_2 (v_{2R} + fv_{1R}) + X_3 \left(v_{3R} + \frac{l}{2}v_{1R} \right) + v_{pR}
\end{aligned}\right\} \quad (14\text{-}6)$$

式中　v_{1L}、v_{2L}、v_{3L}——左拱脚截面处作用有（M_A、H_A、V_A）$=1$ 时，该截面的垂直位移；

v_{1R}、v_{2R}、v_{3R}——右拱脚截面处作用有（M_B、H_B、V_B）$=1$ 时，该截面的垂直位移；

v_{pL}、v_{pR}——外荷载作用下，基本结构左、右拱脚截面的垂直位移。

其余符号的意义同公式（14-2）。

同样地，$\beta_{1L} \sim \beta_{pL}$，$u_{1R} \sim u_{pR}$ 等被称为左、右拱脚的弹性固定系数。

联立公式（14-5）和公式（14-6），并注意利用位移互等定理，经整理后可得到求解多余未知力 X_1、X_2、X_3 的方程组为：

$$\left.\begin{aligned}
a_{11}X_1 + a_{12}X_2 + a_{13}X_3 + a_{10} &= 0 \\
a_{21}X_1 + a_{22}X_2 + a_{23}X_3 + a_{20} &= 0 \\
a_{31}X_1 + a_{32}X_2 + a_{33}X_3 + a_{30} &= 0
\end{aligned}\right\} \quad (14\text{-}7)$$

式中，系数 a_{ik} 等的物理含义同前。

解方程组（14-7），得拱顶截面的多余未知力为：

$$X_1 = \frac{\begin{vmatrix} -a_{10} & a_{12} & a_{13} \\ -a_{20} & a_{22} & a_{23} \\ -a_{30} & a_{32} & a_{33} \end{vmatrix}}{\begin{vmatrix} a_{11} & a_{12} & a_{13} \\ a_{21} & a_{22} & a_{23} \\ a_{31} & a_{32} & a_{33} \end{vmatrix}}; \quad X_2 = \frac{\begin{vmatrix} a_{11} & -a_{10} & a_{13} \\ a_{21} & -a_{20} & a_{23} \\ a_{31} & -a_{30} & a_{33} \end{vmatrix}}{\begin{vmatrix} a_{11} & a_{12} & a_{13} \\ a_{21} & a_{22} & a_{23} \\ a_{31} & a_{32} & a_{33} \end{vmatrix}}; \quad X_3 = \frac{\begin{vmatrix} a_{11} & a_{12} & -a_{10} \\ a_{21} & a_{22} & -a_{20} \\ a_{31} & a_{32} & -a_{30} \end{vmatrix}}{\begin{vmatrix} a_{11} & a_{12} & a_{13} \\ a_{21} & a_{22} & a_{23} \\ a_{31} & a_{32} & a_{33} \end{vmatrix}}$$

3. 拱圈任意截面的内力表达式

拱顶截面的多余未知力求出后，按静力平衡条件即可计算出拱圈任意截面 i 的内力（图 14-6），即

$$M_i = X_1 + X_2 \cdot y_i \mp X_3 x_i + M_{ip}^0 \\
N_i = X_2 \cos\varphi_i \pm X_3 \sin\varphi_i + N_{ip}^0 \\
Q_i = \pm X_2 \sin\varphi_i + X_3 \cos\varphi_i + Q_{ip}^0$$

(14-8)

式中　M_{ip}^0、N_{ip}^0、Q_{ip}^0——分别为基本结构在外荷载作用下，截面 i 处产生的弯矩、轴力和剪力；

　　　　φ_i——截面 i 与竖直线间的夹角。

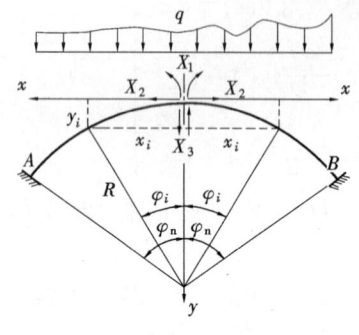

图 14-6　拱圈任意
截面内力计算图

并请注意，弯矩 M_i 以截面内缘受拉为正，轴力 N_i 以截面受压为正，剪力 Q_i 以使曲梁顺时针转动为正；该公式为非对称问题的表达式，公式中的正负号分别为左半拱和右半拱，计算对称问题时可令 $X_3 = 0$。

14.2.3　拱脚弹性固定系数的确定

求得单位位移和荷载引起的位移后，由拱顶截面变形协调方程可知，要获得多余未知力的解，尚需求出拱脚弹性固定系数。

根据局部变形理论和支承面仍为平面的假定，并认为拱脚与支承面间的摩擦力足够大，可以平衡该面上的剪力，即不产生沿该面方向的变位。

（1）当单位弯矩作用在拱脚地层上时，地层支承面便绕中心点转动 β 角（图 14-7a），拱脚边缘处地层应力为：

$$\sigma = \frac{M}{W} = \frac{6}{bd_j^2}$$

(14-9)

式中　b、d_j——分别为拱脚截面宽度和厚度。

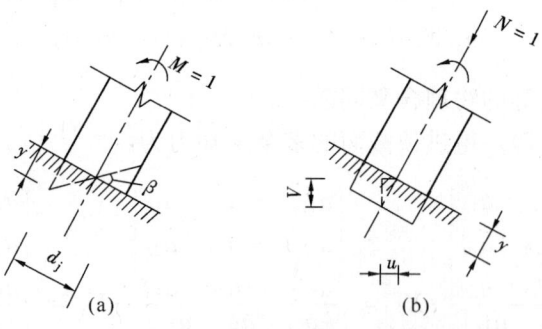

图 14-7　拱脚截面单位变位计算

又由局部变形理论 $\sigma = Ky$ 及 $\tan\beta = \dfrac{y}{d_j/2} \approx \beta$ 可得：

$$\beta = \frac{1}{KI_j}$$

(14-10)

式中　I_j——拱脚截面的惯性矩；

　　　K——围岩弹性抗力系数；

　其余符号含义同前。

在单位弯矩作用下，因拱脚处无线位移，故水平及垂直位移均为零，这时的拱脚弹性固定系数 $u=v=0$。

（2）当单位轴力作用在拱脚岩层上时，拱脚截面只产生沿轴向的沉陷，这时地层的正应力为（图 14-7b）：

$$\sigma = \frac{1}{bd_j} \tag{14-11}$$

由局部变形理论

$$y = \frac{\sigma}{K} = \frac{1}{Kbd_j} \tag{14-12}$$

所以有

$$\left. \begin{aligned} u &= \frac{\cos\varphi_j}{Kbd_j} \\[2mm] v &= \frac{\sin\varphi_j}{Kbd_j} \end{aligned} \right\} \tag{14-13}$$

在单位轴力作用下，这时的弹性固定系数 $\beta=0$。

（3）当外荷载作用下产生的弯矩和轴力作用在拱脚岩层上时，若基本结构拱脚处弯矩和轴力分别为 M_p^0 和 N_p^0，利用叠加原理，这时的拱脚弹性固定系数为：

$$\left. \begin{aligned} \beta_p &= M_p^0 \beta = \frac{M_p^0}{KI_j} \\[3mm] u_p &= M_p^0 u + \frac{N_p^0 \cos\varphi_j}{Kd_j b} = \frac{N_p^0 \cos\varphi_j}{Kd_j b} \\[3mm] v_p &= M_p^0 v + \frac{N_p^0 \sin\varphi_j}{Kd_j b} = \frac{N_p^0 \sin\varphi_j}{Kd_j b} \end{aligned} \right\} \tag{14-14}$$

14.2.4　拱圈变位值计算

根据结构力学中的位移法，曲梁某一点在单位力作用下的变位计算基本公式为：

$$\delta_{ik} = \int \frac{M_i M_k}{EI} \mathrm{d}s + \int \frac{N_i N_k}{EA} \mathrm{d}s \quad (f/l \leqslant 1/4) \tag{14-15}$$

$$\delta_{ik} = \int \frac{M_i M_k}{EI} \mathrm{d}s \quad (f/l > 1/4) \tag{14-16}$$

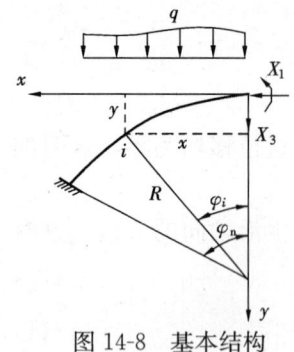

图 14-8 基本结构
单位变位计算图

式中 f/l——拱的矢跨比；

EI、EA——分别为拱圈的抗弯和抗压刚度，其中 E
为拱圈材料的弹性模量；

I、A——分别为拱圈截面的惯性矩和截面积；
其余符号含义同前。

图 14-8 为拱圈基本结构的单位位移计算图。

根据上述变位计算基本公式（14-15），在 X_1、X_2、X_3 及荷载作用下，拱圈结构的单位变位及载变位的一般公式为：

$$\delta_{11} = \int_0^{s/2} \frac{M_1^2}{EI}\mathrm{d}s + \int_0^{s/2} \frac{N_1^2}{EA}\mathrm{d}s = \int_0^{s/2} \frac{1}{EI}\mathrm{d}s$$

$$\delta_{12} = \delta_{21} = \int_0^{s/2} \frac{M_1 M_2}{EI}\mathrm{d}s + \int_0^{s/2} \frac{N_1 N_2}{EA}\mathrm{d}s = \int_0^{s/2} \frac{y}{EI}\mathrm{d}s$$

$$\delta_{22} = \int_0^{s/2} \frac{M_2^2}{EI}\mathrm{d}s + \int_0^{s/2} \frac{N_2^2}{EA}\mathrm{d}s = \int_0^{s/2} \frac{y^2}{EI}\mathrm{d}s + \int_0^{s/2} \frac{\cos^2\varphi}{EA}\mathrm{d}s$$

$$\delta_{33} = \int_0^{s/2} \frac{M_3^2}{EI}\mathrm{d}s + \int_0^{s/2} \frac{N_3^2}{EA}\mathrm{d}s = \int_0^{s/2} \frac{x^2}{EI}\mathrm{d}s + \int_0^{s/2} \frac{\sin^2\varphi}{EA}\mathrm{d}s$$

$$\Delta_{1p} = \int_0^{s/2} \frac{M_1 M_p}{EI}\mathrm{d}s + \int_0^{s/2} \frac{M_1 M_p}{EA}\mathrm{d}s = \int_0^{s/2} \frac{M_p}{EI}\mathrm{d}s$$

$$\Delta_{2p} = \int_0^{s/2} \frac{M_2 M_p}{EI}\mathrm{d}s + \int_0^{s/2} \frac{N_2 N_p}{EA}\mathrm{d}s = \int_0^{s/2} \frac{y M_p}{EI}\mathrm{d}s + \int_0^{s/2} \frac{N_p \cos\varphi}{EA}\mathrm{d}s$$

$$\Delta_{3p} = \int_0^{s/2} \frac{M_3 M_p}{EI}\mathrm{d}s + \int_0^{s/2} \frac{N_3 N_p}{EA}\mathrm{d}s = -\int_0^{s/2} \frac{x M_p}{EI}\mathrm{d}s + \int_0^{s/2} \frac{N_p \sin\varphi}{EA}\mathrm{d}s$$

（14-17）

式中   （1）当 $X_1 = 1$ 作用时，$M_1 = 1$，$N_1 = 0$；当 $X_2 = 1$ 作用时，$M_2 = y$，$N_2 = \cos\varphi$；当 $X_3 = 1$ 作用时，$M_3 = -x$，$N_3 = -\sin\varphi$；当 q 作用时为 M_p 和 N_p；

（2）当矢跨比 $f/l > 1/4$ 时，可不考虑轴力的影响，故公式（14-17）中的含 $1/EA$ 项应舍去；

（3）根据公式（14-17）计算基本结构的单位变位 δ_{ik} 及 Δ_{ip} 时，拱轴线、截面及荷载规律应能用数学形式表现。对于复杂情况，宜采用分段求和的近似积分方法。

（4）其余符号含义同前。

值得指出的是，拱圈变位值的计算归根到底是求定积分，但当拱轴线、截面及荷载的变化规律所用的数学表达式非常复杂时，使积分存在困难。因此，实际工程中，此情况可采用数值积分法计算，拱的变位值通常采用辛普生公式近似计算，可参考有关文献。

14.3　直　墙　拱　结　构

直墙拱结构一般由拱圈、竖直侧墙和底板组成（图 14-9）。该结构与围岩的超挖部分应密实回填，回填方式一般根据工程要求、地质状况等确定。采用直墙拱结构形式较多，具有整体性和受力性能好的优点，但也存在防水防潮较为困难、超挖量大、不易检修等缺点。

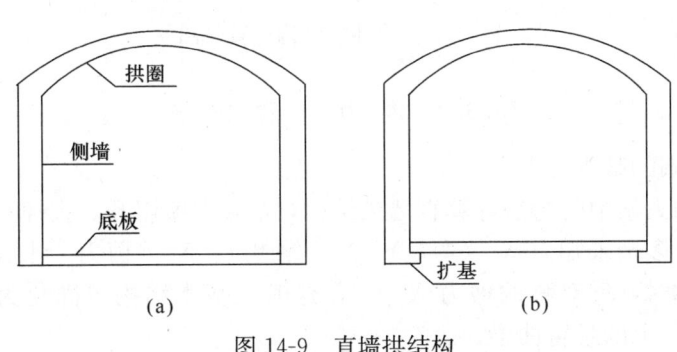

图 14-9　直墙拱结构
（a）基本组成；（b）扩基结构

14.3.1　计　算　简　图

直墙拱结构的底板不是受力构件，因而该种结构系统由拱圈和侧墙共同承受外力作用，计算内力和位移值的关键是如何考虑弹性抗力。因此，计算时应做必要的假定和简化。

（一）基本假定

1. 直墙拱结构是一个空间结构，但其纵向长度远大于其跨度，可按平面应变问题处理；

2. 拱圈与边墙整体连接，地层压力、结构自重等以梯形分布，拱圈抗力区假定为二次抛物线规律或不考虑（回填不密实时）；

3. 边墙视为弹性地基梁，弹性抗力按局部变形理论确定；

4. 墙底与基岩间的摩擦力足够大，克服剪力作用，不产生水平移动，因此，边墙可视为绝对刚性的地基梁；

5. 实际工程中边墙与底板通常分别浇筑，计算中不予考虑。

（二）计算简图

基于上述基本假定，直墙拱结构的计算简图如图 14-10 所示。

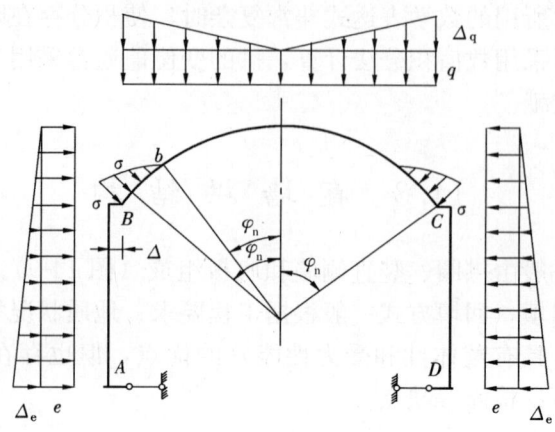

图 14-10 直墙拱结构计算简图

14.3.2 内 力 计 算 方 法

（一）拱圈的基本方程

基于结构力学中的力法计算直墙拱结构，先从拱顶切开，去掉三个方向的多余联系，而以多余未知力 X_1（弯矩）、X_2（轴力）、X_3（剪力）来代替。对于结构和荷载对称时，反对称的剪力 $X_3 = 0$，这时，基本结构可简化为弹性固定墙（弹性地基梁）上的悬臂曲梁。

根据拱顶切口处相对转角和相对水平位移为零的条件，可列出对称条件下拱圈的力法方程为：

$$\left.\begin{aligned} \delta_{11}x_1 + \delta_{12}x_2 + \Delta_{1p} + \Delta_{1\sigma} + 2\beta_0 = 0 \\ \delta_{21}x_1 + \delta_{22}x_2 + \Delta_{2p} + \Delta_{2\sigma} + 2u_0 + 2\beta_0 f = 0 \end{aligned}\right\} \qquad (14-18)$$

式中　β_0、u_0——分别为拱脚转角和水平位移；

　　　　$\Delta_{1\sigma}$、$\Delta_{2\sigma}$——弹性抗力 σ 引起的拱顶切口处的相对角位移与相对水平位移；

　　　　其余符号含义同前。

由于拱脚的角变及水平位移应等于墙顶的角位移和水平位移，因此，拱脚转角 β_0 和水平位移 u_0 可用下式表达：

$$\left.\begin{aligned} \beta_0 =\ & x_1\beta_1 + x_2(\beta_2 + f\beta_1) + (M_{np}^0 + M_{n\sigma}^0)\beta_1 \\ & + (Q_{np}^0 + Q_{n\sigma}^0)\beta_2 + (V_{np}^0 + V_{n\sigma}^0 + V_c)\beta_3 + \beta_{ne} \\ u_0 =\ & x_1 u_1 + x_2(u_2 + fu_1) + (M_{np}^0 + M_{n\sigma}^0)u_1 \\ & + (Q_{np}^0 + Q_{n\sigma}^0)u_2 + (V_{np}^0 + V_{n\sigma}^0 + V_c)u_3 + u_{ne} \end{aligned}\right\} \qquad (14-19)$$

式中　β_1、u_1——墙顶在单位力矩作用下发生的墙顶的角位移和水平位移；

　　　　β_2、u_2——墙顶在单位水平力作用下发生的墙顶的角位移和水平位移；

　　　　β_3、u_3——墙顶在单位竖向力作用下发生的墙顶的角位移和水平位移；

β_{ne}、u_{ne}——梯形分布的水平力 e 引起的墙顶的角位移和水平位移，即墙顶的荷载引起的位移；

M_{np}^0、Q_{np}^0、V_{np}^0——基本结构中左半拱上的荷载引起的墙顶弯矩、水平力和竖向力；

$M_{n\sigma}^0$、$Q_{n\sigma}^0$、$V_{n\sigma}^0$——基本结构中左半拱上的弹性抗力引起的墙顶弯矩、水平力和竖向力；

V_c——边墙自重，但不包括下端加宽的一段。

将式（14-19）代入式（14-18），则有

$$\left.\begin{array}{l} a_{11}x_1 + a_{12}x_2 + a_{1p} = 0 \\ a_{21}x_1 + a_{22}x_2 + a_{2p} = 0 \end{array}\right\} \qquad (14\text{-}20)$$

解此方程组，可得：

$$X_1 = \frac{\begin{vmatrix} -a_{1p} & a_{12} \\ -a_{2p} & a_{22} \end{vmatrix}}{\begin{vmatrix} a_{11} & a_{12} \\ a_{21} & a_{22} \end{vmatrix}}; X_2 = -\frac{\begin{vmatrix} a_{11} & -a_{1p} \\ a_{21} & -a_{2p} \end{vmatrix}}{\begin{vmatrix} a_{11} & a_{12} \\ a_{21} & a_{22} \end{vmatrix}} \qquad (14\text{-}21)$$

式中　$a_{11} = \delta_{11} + 2\beta_1$；

$a_{12} = a_{21} = \delta_{12} + 2(\beta_2 + f\beta_1)$；

$a_{22} = \delta_{22} + 2u_2 + 4f\beta_2 + 2f^2\beta_1$；

$a_{1p} = \Delta_{1p} + \Delta_{1\sigma} + 2(M_{np}^0 + M_{n\sigma}^0)\beta_1 + 2(Q_{np}^0 + Q_{n\sigma}^0)\beta_2$
$\qquad + 2(V_{np}^0 + V_{n\sigma}^0 + V_c)\beta_3 + 2\beta_{ne}$

$a_{2p} = \Delta_{2p} + \Delta_{2\sigma} + 2(M_{np}^0 + M_{n\sigma}^0)u_1 + 2(Q_{np}^0 + Q_{n\sigma}^0)u_2$
$\qquad + 2(V_{np}^0 + V_{n\sigma}^0 + V_c)u_3 + 2u_{ne} + 2f(M_{np}^0 + M_{n\sigma}^0)\beta_1$
$\qquad + 2f(Q_{np}^0 + Q_{n\sigma}^0)\beta_2 + 2f(V_{np}^0 + V_{n\sigma}^0 + V_c)\beta_3 + 2f\beta_{ne}$

（二）拱圈基本方程中各参数的确定

这里仅讨论单心圆拱的情况。

1. 单位变位 δ_{ik} 的计算

根据拱圈结构单位变位的计算公式（14-17）可求得 δ_{ik} 的计算式，即

$$\left.\begin{array}{l} \delta_{11} = \dfrac{2R}{EI_0}(\varphi_n - \xi K_0) \\[2mm] \delta_{12} = \delta_{21} = \dfrac{2R^2}{EI_0}(k_1 - \xi K_1) \\[2mm] \delta_{22} = \dfrac{2R^3}{EI_0}(k_2 - \xi K_2) + \dfrac{2R}{EA_0}(k'_2 - \xi'K'_2) \\[2mm] \delta_{33} = \dfrac{2R^3}{EI_0}(k_3 - \xi K_3) \end{array}\right\} \qquad (14\text{-}22)$$

$$K_0 = \frac{1 - \cos\varphi_\mathrm{n}}{\sin\varphi_\mathrm{n}};$$

$$k_1 = \varphi_\mathrm{n} - \sin\varphi_\mathrm{n};$$

$$K_1 = \frac{1}{\sin\varphi_\mathrm{n}}\left(1 - \cos\varphi_\mathrm{n} - \frac{1}{2}\sin^2\varphi_\mathrm{n}\right);$$

$$k_2 = \frac{3}{2}\varphi_\mathrm{n} - 2\sin\varphi_\mathrm{n} + \frac{1}{2}\sin\varphi_\mathrm{n}\cos\varphi_\mathrm{n};$$

$$K_2 = \frac{1}{\sin\varphi_\mathrm{n}}\left(\frac{1}{3} - \cos\varphi_\mathrm{n} + \cos^2\varphi_\mathrm{n} - \frac{1}{3}\cos^3\varphi_\mathrm{n}\right);$$

$$k'_2 = \frac{1}{2}(\varphi_\mathrm{n} + \sin\varphi_\mathrm{n}\cos\varphi_\mathrm{n});$$

$$K'_2 = \frac{1}{8\sin^2\varphi_\mathrm{n}}(\varphi_\mathrm{n} - \sin\varphi_\mathrm{n}\cos\varphi_\mathrm{n} + 2\cos\varphi_\mathrm{n}\sin^3\varphi_\mathrm{n});$$

$$k_3 = \frac{1}{2}(\varphi_\mathrm{n} - \sin\varphi_\mathrm{n}\cos\varphi_\mathrm{n});$$

$$K_3 = \frac{1}{\sin\varphi_\mathrm{n}}\left(\frac{1}{3}\cos^3\varphi_\mathrm{n} - \cos\varphi_\mathrm{n} + \frac{2}{3}\right)$$

式中　φ_n——拱脚截面与竖直面的夹角（图 14-10）；

　　　　R——拱轴线半径；

　　　　I_0——拱顶截面的惯性矩；

　　　　I_n——拱脚截面的截面积；

　　　　A_0——拱顶截面的截面积；

　　　　E——材料的弹性模量：

$$\xi = 1 - \frac{I_0}{I_\mathrm{n}};$$

$$\xi' = 1 - \frac{A_0}{A_\mathrm{n}}。$$

注意到式（14-22）是根据变厚度单心圆拱导出的，当用于等厚度的单心圆拱时，$\xi = \xi' = 0$。

2. 载变位 Δ_{ip} 的计算

根据拱圈结构单位变位的计算公式（14-17）同样可求得 Δ_{ip} 的计算式。

（1）竖向均布荷载 q 作用下的位移（图 14-10）

$$\Delta_{1q} = -\frac{2qR^3}{EI_0}(\alpha_1 - \xi A_1) \tag{14-23a}$$

$$\Delta_{2q} = -\frac{2qR^4}{EI_0}(a_2 - \xi A_2) \tag{14-23b}$$

式中　$a_1 = \dfrac{1}{4}\ (\varphi_n - \sin\varphi_n\cos\varphi_n)$；

$\quad A_1 = \dfrac{1}{6\sin\varphi_n}(2 - 3\cos\varphi_n + \cos^3\varphi_n)$；

$\quad a_2 = \dfrac{1}{2}\left(\dfrac{1}{2}\varphi_n - \dfrac{1}{2}\sin\varphi_n\cos\varphi_n - \dfrac{1}{3}\sin^3\varphi_n\right)$；

$\quad A_2 = \dfrac{1}{2\sin\varphi_n}\left(\dfrac{2}{3} - \cos\varphi_n + \dfrac{1}{3}\cos^3\varphi_n - \dfrac{1}{4}\sin^4\varphi_n\right)$；

其余符号含义同前。

（2）水平均布荷载 e 作用下的位移（图 14-10）

$$\Delta_{1e} = -\frac{2eR^3}{EI_0}(a_3 - \xi A_3) \tag{14-24a}$$

$$\Delta_{2e} = -\frac{2eR^4}{EI_0}(a_4 - \xi A_4) \tag{14-24b}$$

式中　$a_3 = \dfrac{1}{4}\ (3\varphi_n - 4\sin\varphi_n + \sin\varphi_n\cos\varphi_n)$；

$\quad A_3 = \dfrac{1}{2\sin\varphi_n}\left(\dfrac{1}{3} - \cos\varphi_n + \cos^2\varphi_n - \cos^3\varphi_n\right)$；

$\quad a_4 = \dfrac{1}{2}\left(\dfrac{5}{2}\varphi_n - 4\sin\varphi_n + \dfrac{3}{2}\sin\varphi_n\cos\varphi_n + \dfrac{1}{3}\sin^3\varphi_n\right)$；

$\quad A_4 = \dfrac{1}{8\sin\varphi_n}\ (7 - 4\cos\varphi_n - 6\sin^2\varphi_n - 4\cos^3\varphi_n + \cos^4\varphi_n)$；

其余符号含义同前。

（3）竖向三角形分布荷载 Δ_q 作用下的位移（图 14-10）

$$\Delta_{1\Delta_q} = -\frac{2\Delta_q R^3}{EI_0}(a_5 - \xi A_5) \tag{14-25a}$$

$$\Delta_{2\Delta_q} = -\frac{2\Delta_q R^4}{EI_0}(a_6 - \xi A_6) \tag{14-25b}$$

式中　$a_5 = \dfrac{1}{6\sin\varphi_n}\left(\dfrac{2}{3} - \cos\varphi_n + \dfrac{1}{3}\cos^3\varphi_n\right)$；

$\quad A_5 = \dfrac{1}{6\sin^2\varphi_n}\left(\dfrac{3}{8}\varphi_n - \dfrac{3}{8}\sin\varphi_n\cos\varphi_n - \dfrac{1}{4}\cos\varphi_n\sin^3\varphi_n\right)$；

$\quad a_6 = \dfrac{1}{6\sin\varphi_n}\left(\dfrac{2}{3} - \cos\varphi_n + \dfrac{1}{3}\cos^3\varphi_n - \dfrac{1}{4}\sin^4\varphi_n\right)$；

$\quad A_6 = \dfrac{1}{6\sin^2\varphi_n}\left(\dfrac{3}{8}\varphi_n - \dfrac{3}{8}\sin\varphi_n\cos\varphi_n - \dfrac{1}{4}\cos\varphi_n\sin^3\varphi_n - \dfrac{1}{5}\sin^5\varphi_n\right)$；

其余符号含义同前。

（4）水平分布荷载 Δ_e 作用下的位移（图 14-10）

$$\Delta_{1\Delta_e} = -\frac{2\Delta_e R^3}{EI_0}(a_7 - \xi A_7) \tag{14-26a}$$

$$\Delta_{2\Delta e} = -\frac{2\Delta_e R^4}{EI_0}(a_8 - \xi A_8) \tag{14-26b}$$

式中　$a_7 = \dfrac{1}{6}\dfrac{1}{(1-\cos\varphi_n)}\left(\dfrac{5}{2}\varphi_n - 4\sin\varphi_n + \dfrac{3}{2}\sin\varphi_n\cos\varphi_n + \dfrac{1}{3}\sin^3\varphi_n\right);$

$A_7 = \dfrac{1}{6\sin\varphi_n}\dfrac{1}{(1-\cos\varphi_n)}\left(\dfrac{7}{4} - \cos\varphi_n - \dfrac{3}{2}\sin^2\varphi_n - \cos^3\varphi_n + \dfrac{1}{4}\cos^4\varphi_n\right);$

$a_8 = \dfrac{1}{6}\dfrac{1}{(1-\cos\varphi_n)}\left(\dfrac{35}{8}\varphi_n - 8\sin\varphi_n + \dfrac{27}{8}\sin\varphi_n\cos\varphi_n + \dfrac{4}{3}\sin^3\varphi_n + \dfrac{1}{4}\sin\varphi_n\cos^3\varphi_n\right);$

$A_8 = \dfrac{1}{6\sin\varphi_n}\dfrac{1}{(1-\cos\varphi_n)}\left(\dfrac{11}{5} - \cos\varphi_n - 2\sin^2\varphi_n - 2\cos^3\varphi_n + \cos^4\varphi_n - \dfrac{1}{5}\cos^5\varphi_n\right);$

其余符号含义同前。

3. 弹性抗力引起的位移 $\Delta_{i\sigma}$ 的计算

顶拱的弹性抗力 σ 的分布规律可近似地用下式表示：

$$\sigma = \sigma_n \frac{\cos^2\varphi_b - \cos^2\varphi}{\cos^2\varphi_b - \cos^2\varphi_n} \tag{14-27}$$

式中　σ_n——拱脚处的弹性抗力；

σ——拱的 nb 段上任意点的弹性抗力，σ_n 和 σ 的作用线与拱轴线上相应点的切线相垂直；

φ_b——通常定为 $45°$。

通过积分求解，弹性抗力引起的位移为：

$$\Delta_{1\sigma} = -\frac{2R^3}{EI_0}(a_9 - \xi A_9)\sigma_n \tag{14-28a}$$

$$\Delta_{2\sigma} = -\frac{2R^4}{EI_0}(a_{10} - \xi A_{10})\sigma_n \tag{14-28b}$$

式中　$a_9 = \dfrac{1}{3}\dfrac{1}{(1-2\cos^2\varphi_n)}\left(\dfrac{3}{2} - \sqrt{2}\sin\varphi_n - \sqrt{2}\cos\varphi_n + \sin\varphi_n\cos\varphi_n\right);$

$A_9 = \dfrac{1}{3\sin\varphi_n}\dfrac{1}{(1-2\cos^2\varphi_n)}\Bigg(\dfrac{\sqrt{2}}{6} - \dfrac{\sqrt{2}}{8}\pi + \dfrac{\sqrt{2}}{2}\varphi_n + \cos\varphi_n - \dfrac{\sqrt{2}}{2}\sin^2\varphi_n$

$\qquad - \dfrac{\sqrt{2}}{2}\sin\varphi_n\cos\varphi_n - \dfrac{2}{3}\cos^3\varphi_n\Bigg);$

$a_{10} = \dfrac{1}{3}\dfrac{1}{(1-2\cos^2\varphi_n)}\Bigg[\dfrac{3}{2} + \dfrac{\sqrt{2}}{3} - \dfrac{\sqrt{2}}{8}\pi + \dfrac{\sqrt{2}}{2}\varphi_n - (1+\sqrt{2})\sin\varphi_n - \sqrt{2}\cos\varphi_n$

$\qquad - \dfrac{\sqrt{2}}{2}\sin^2\varphi_n + \left(1 + \dfrac{\sqrt{2}}{2}\right)\sin\varphi_n\cos\varphi_n + \dfrac{2}{3}\sin^3\varphi_n\Bigg];$

$A_{10} = \dfrac{1}{3\sin\varphi_n}\dfrac{1}{(1-2\cos^2\varphi_n)}\Bigg[\dfrac{11}{24} + \dfrac{\sqrt{2}}{6} - \dfrac{\sqrt{2}}{8}\pi + \dfrac{\sqrt{2}}{2}\varphi_n + \cos\varphi_n - \dfrac{1}{2}(1+\sqrt{2})\sin^2\varphi_n$

$$-\frac{\sqrt{2}}{2}\sin\varphi_n\cos\varphi_n-\frac{\sqrt{2}}{2}\sin^3\varphi_n-\frac{1}{3}(2+\sqrt{2})\times\cos^3\varphi_n+\frac{1}{2}\sin^4\varphi_n\Big];$$

其他符号含义同前。

需要指出的是，式（14-28）仅适用于单心圆拱情形，若为三心圆拱，仍需基于数值积分求解。

4. 墙顶单位变位和墙顶载变位的计算

根据弹性地基梁理论，边墙可分为短梁、长梁和刚性梁三种形式，因此墙顶单位变位和载变位可按不同梁形式的计算公式确定。

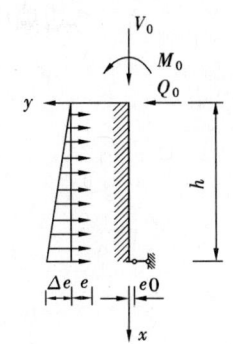

图 14-11

（1）当边墙属于短梁时（图 14-11）

令 $M_0=1$，$Q_0=1$，$V_0=1$ 和梯形分布荷载分别单独作用在边墙上，根据弹性地基梁短梁的计算公式可求出墙顶单位变位及墙顶载变位为：

$$\left.\begin{aligned}
\beta_1 &= \frac{4\alpha^3}{K}\left[\frac{\varphi_{11}+\varphi_{12}A}{\varphi_9+\varphi_{10}A}\right]\\[2mm]
u_1 &= \beta_2 = \frac{2\alpha^2}{K}\left[\frac{\varphi_{13}+\varphi_{11}A}{\varphi_9+\varphi_{10}A}\right]\\[2mm]
u_2 &= \frac{2\alpha}{K}\left[\frac{\varphi_{10}+\varphi_{13}A}{\varphi_9+\varphi_{10}A}\right]\\[2mm]
\beta_3 &= \frac{2\alpha^3 e_0}{K}\left[\frac{\varphi_1 A}{\varphi_9+\varphi_{10}A}\right]\\[2mm]
u_3 &= \frac{\alpha^2 e_0}{K}\left[\frac{\varphi_2 A}{\varphi_9+\varphi_{10}A}\right]
\end{aligned}\right\} \tag{14-29}$$

$$\left.\begin{aligned}
\beta_e &= -\frac{\alpha}{K}\left[\frac{\varphi_4+\varphi_3 A}{\varphi_9+\varphi_{10}A}\right]e-\frac{\alpha}{K}\left[\frac{\left(\varphi_4-\frac{\varphi_{14}}{\alpha h}\right)+\left(\varphi_3-\frac{\varphi_{10}}{\alpha h}\right)A}{\varphi_9+\varphi_{10}A}\right]\Delta e\\[3mm]
u_e &= -\frac{1}{K}\left[\frac{\varphi_{14}+\varphi_{15}A}{\varphi_9+\varphi_{10}A}\right]e-\frac{1}{K}\left[\frac{\dfrac{\varphi_2}{2\alpha h}-\varphi_1+\dfrac{\varphi_4 A}{2}}{\varphi_9+\varphi_{10}A}\Delta e\right]
\end{aligned}\right\} \tag{14-30}$$

式中 K——岩石的弹性压缩系数；

e、Δe——分别为边墙的均布荷载与三角形荷载；

$$A=\frac{6K}{\alpha^3 B^3 K_b};$$

K_b——边墙下端基岩处岩石的弹性压缩系数；

B——边墙下端基底宽度；

e_0——边墙中线对墙基底中线的偏心距；

$$\varphi_9 = \frac{1}{2}(\mathrm{ch}^2\alpha x + \cos^2\alpha x);$$

$$\varphi_{10} = \frac{1}{2}(\mathrm{sh}\alpha x\,\mathrm{ch}\alpha x - \sin\alpha x\cos\alpha x);$$

$$\varphi_{11} = \frac{1}{2}(\mathrm{sh}\alpha x\,\mathrm{ch}\alpha x + \sin\alpha x\cos\alpha x);$$

$$\varphi_{12} = \frac{1}{2}(\mathrm{ch}^2\alpha x - \sin^2\alpha x);$$

$$\varphi_{13} = \frac{1}{2}(\mathrm{sh}^2\alpha x + \sin^2\alpha x);$$

$$\varphi_{14} = \frac{1}{2}(\mathrm{ch}^2\alpha x - \cos\alpha x)^2;$$

$$\varphi_{15} = \frac{1}{2}(\mathrm{sh}\alpha x + \sin\alpha x)(\mathrm{ch}\alpha x - \cos\alpha x)。$$

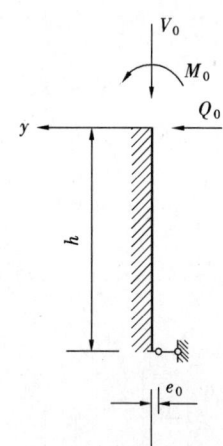

图 14-12

（2）当边墙属于长梁时（图 14-12）

图 14-12 的长梁仅墙顶作用着 M_0、Q_0 和 V_0，令 $V_0=0$，然后再令 $M_0=1$ 和 $Q_0=1$ 分别单独作用于墙顶，则可求得墙顶的单位变位为：

$$\left.\begin{aligned}\beta_1 &= \frac{4\alpha^3}{K}\\ u_1 = \beta_2 &= \frac{2\alpha^2}{K}\\ u_2 &= \frac{2\alpha}{K}\end{aligned}\right\} \tag{14-31}$$

式中符号含义同前。

需要说明的是，按长梁理论计算时，M_0 与 Q_0 不引起墙下端的位移与内力，但 V_0 与墙自重因有偏心距 e_0，会使墙下端产生弯矩和剪力，但对衬砌厚度影响较小，可以忽略不计。

（3）当边墙属于刚性梁时（图 14-13）

刚性墙受力后仅发生整体旋转，令 $M_0=1$，$Q_0=1$，$V_0=1$ 和梯形分布荷载分别单独作用在边墙上，根据弹性地基梁刚性梁的计算公式可求出墙顶单位变位及墙顶载变位为：

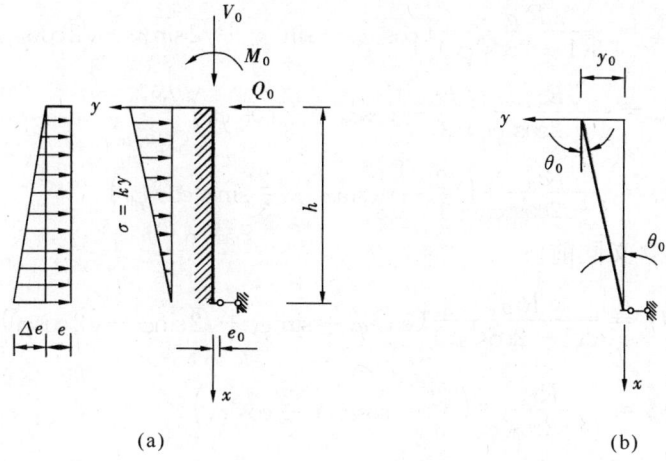

图 14-13

$$\left.\begin{aligned}
\beta_1 &= \frac{\beta_b}{G} \\
u_1 = \beta_2 &= \frac{h\beta_b}{G} \\
u_2 &= \frac{h^2\beta_b}{G} \\
\beta_3 &= \frac{e_0\beta_b}{G} \\
u_3 &= \frac{he_0\beta_b}{G}
\end{aligned}\right\} \tag{14-32}$$

$$\left.\begin{aligned}
\beta_{ne} &= -\frac{h^2\beta_b}{G}\left(\frac{e}{2}+\frac{\Delta e}{6}\right) \\
u_{ne} &= -\frac{h^3\beta_b}{G}\left(\frac{e}{2}+\frac{\Delta e}{6}\right)
\end{aligned}\right\} \tag{14-33}$$

式中　$\beta_b = \dfrac{12}{K_b B^3}$;

$\qquad G = 1 + \dfrac{1}{3}\beta_b K h^3$;

h——边墙高度；

其余符号含义同前。

（4）弹性抗力 σ 引起的弯矩 $M_{n\sigma}^0$、水平力 $Q_{n\sigma}^0$ 与竖向力 $V_{n\sigma}^0$ 的计算

假定弹性抗力的分布规律为式（14-27），则通过计算 $M_{n\sigma}^0$、$Q_{n\sigma}^0$、$V_{n\sigma}^0$ 的表达式为：

$$M_{n\sigma}^{0} = \frac{R^2\sigma_n}{3(1-2\cos^2\varphi_n)}\left(\cos^2\varphi_n - \sin^2\varphi_n + \sqrt{2}\sin\varphi_n - \sqrt{2}\cos\varphi_n\right)$$

$$Q_{n\sigma}^{0} = \frac{R\sigma_n}{1-2\cos^2\varphi_n}\left(\frac{\sqrt{2}}{3} - \cos\varphi_n + \frac{2}{3}\cos^3\varphi_n\right) \tag{14-34a}$$

$$V_{n\sigma}^{0} = \frac{R\sigma_n}{1-2\cos^2\varphi_n}\left(\frac{\sqrt{2}}{3} - \frac{1}{3}\sin\varphi_n - \frac{2}{3}\sin\varphi_n\cos^2\varphi_n\right)$$

式中符号含义同前。

$$M_{i\sigma}^{0} = \frac{R^2\sigma_n}{3(1-2\cos^2\varphi_n)}\left(\cos^2\varphi_i - \sin^2\varphi_i + \sqrt{2}\sin\varphi_i - \sqrt{2}\cos\varphi_i\right)$$

$$Q_{i\sigma}^{0} = \frac{R\sigma_n}{1-2\cos^2\varphi_n}\left(\frac{\sqrt{2}}{3} - \cos\varphi_i + \frac{2}{3}\cos^3\varphi_i\right) \tag{14-34b}$$

$$V_{i\sigma}^{0} = \frac{R\sigma_n}{1-2\cos^2\varphi_n}\left(\frac{\sqrt{2}}{3} - \frac{1}{3}\sin\varphi_i - \frac{2}{3}\sin\varphi_i\cos^2\varphi_i\right)$$

式中符号含义同前。

14.3.3　设计计算步骤及算例

一、计算步骤

总结上节所述,用力法计算直墙拱结构的步骤如下:

1. 顶拱的计算

(1) 用力法方程式(14-20)求解多余力 x_1 和 x_2,式中的 a_{ik} 值按式(14-21)计算,解出的 x_1 和 x_2 均含有弹性抗力 σ_n。

(2) 将 x_1 和 x_2 代入式(14-19)的第二式求出 u_0,其中仍含有 σ_n。按温克尔假定有:

$$\sigma_n = Ku_0\sin\varphi_n \tag{14-35}$$

式中　K——围岩弹性压缩系数;

　　　φ_n——拱脚截面与竖直面的夹角;

　　　u_0——拱脚(墙顶)的水平位移。

将 u_0 代入式(14-35)就可求出 σ_n 的值。

(3) 求出 x_1 和 x_2 的数值后,利用静力平衡条件计算顶拱各截面的内力。

2. 边墙的计算

(1) 由式(14-19)确定初参数 y_0 与 θ_0,即 $y_0 = u_0$ 而 $\theta_0 = \beta_0$,初参数 M_0 和 Q_0 可由下式确定:

$$M_0 = x_1 + fx_2 + M_{np}^{0} + M_{n\sigma}^{0}$$
$$Q_0 = x_2 + Q_{np}^{0} + Q_{n\sigma}^{0} \tag{14-36}$$

式中符号含义同前。

(2) 当四个初参数 y_0、θ_0、M_0、Q_0 确定后,然后按短梁、长梁或刚性梁相对应的公式进行计算，求边墙的角位移、位移和内力。

二、算例

【例题 14-1】　如图 14-14 所示的直墙拱其宽度为 1.00m。拱顶是变厚度的单心圆拱，拱顶的厚度 $d_0 = 0.80$m，拱脚的厚度 $d_n = 1.05$m，边墙的厚度为 1.30m。所承受的荷载及其他尺寸均示于图中。材料的弹性模量 $E = 1.4 \times 10^7$ kN/m²，围岩的弹性压缩系数 $K = 1.7 \times 10^5$ kN/m³。求结构的内力。

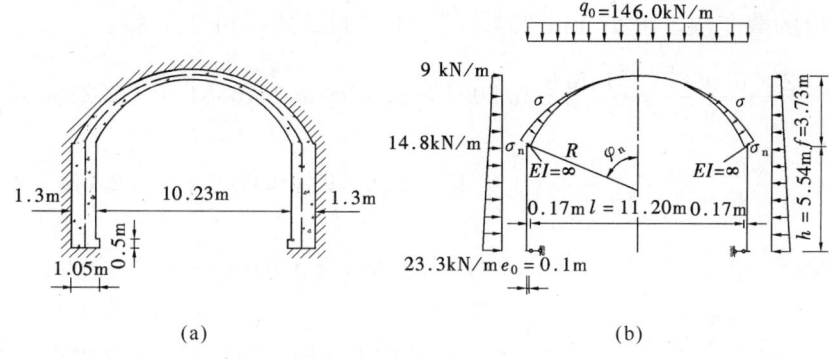

图 14-14

(a) 直墙拱；(b) 计算简图

【解】

（一）顶拱的计算

（1）几何尺寸

$$R = 6.0667\text{m}, \varphi_n = 67°22'50'', \sin\varphi_n = 0.9231, \cos\varphi_n = 0.3846$$

$$EI_0 = 1.4 \times 10^7 \times \frac{0.8^3}{12} = 5.973 \times 10^5$$

$$I_0 = \frac{0.8^3}{12} = 0.04266, I_n = \frac{1.05^3}{12} = 0.09647$$

$$\xi = 1 - \frac{I_0}{I_n} = 1 - \frac{0.04266}{0.09647} = 0.5579$$

边墙的弹性标准值：

$$\alpha = \sqrt[4]{\frac{K}{EI}} = \sqrt[4]{\frac{1.7 \times 10^5}{4 \times 1.4 \times 10^7 \times \frac{1.3^3}{12}}} = 0.3588$$

$$\alpha h = 0.3588 \times 5.54 = 1.9878 < 2.75（边墙属于短梁）$$

（2）计算式（14-21）中的各项数值

a. 拱的单位变位，由式（14-22）得：

$$\delta_{11} = \frac{2 \times 6.0667}{5.973 \times 10^5}(1.1781 - 0.5579 \times 0.6682) = 1.63589 \times 10^{-5}$$

$$\delta_{12} = \delta_{21} = \frac{2 \times 6.0667^2}{5.973 \times 10^5}(0.2542 - 0.5579 \times 0.2062) = 1.71498 \times 10^{-5}$$

$$\delta_{22} = \frac{2 \times 6.0667^3}{5.973 \times 10^5}(0.0962 - 0.5579 \times 0.0849) = 3.65107 \times 10^{-5}$$

b. 拱的载变位，由式（14-23）、式（14-24）、式（14-26）得：

$$\Delta_{1q} = -\frac{2 \times 6.0667^3 \times 146.0}{5.973 \times 10^5}(0.2061 - 0.5579 \times 0.1638) = -1.2350 \times 10^{-2}$$

$$\Delta_{2q} = -\frac{2 \times 6.0667^4 \times 146.0}{5.973 \times 10^5}(0.0747 - 0.5579 \times 0.0652) = -2.5379 \times 10^{-2}$$

$$\Delta_{1e} = -\frac{2 \times 6.0667^3 \times 9.0}{5.973 \times 10^5}(0.0481 - 0.5579 \times 0.0424) = -1.64486 \times 10^{-4}$$

$$\Delta_{2e} = -\frac{2 \times 6.0667^4 \times 9.0}{5.973 \times 10^5}(0.0215 - 0.5579 \times 0.0196) = -4.31287 \times 10^{-4}$$

$$\Delta_{1\Delta e} = -\frac{2 \times 6.0667^3 \times 5.8}{5.973 \times 10^5}(0.0116 - 0.5579 \times 0.0106) = -2.5644 \times 10^{-5}$$

$$\Delta_{2\Delta e} = -\frac{2 \times 6.0667^4 \times 5.8}{5.973 \times 10^5}(0.0056 - 0.5579 \times 0.0052) = -7.1001 \times 10^{-5}$$

将以上三种荷载引起的位移相迭加，则得：

$$\Delta_{1P} = \Delta_{1q} + \Delta_{1e} + \Delta_{1\Delta e} = -1.25405 \times 10^{-2}$$

$$\Delta_{2P} = \Delta_{2q} + \Delta_{2e} + \Delta_{2\Delta e} = -2.58817 \times 10^{-2}$$

c. 拱的弹性抗力位移，由式（14-28）得：

$$\Delta_{1\sigma} = -\frac{2 \times 6.0667^3}{5.973 \times 10^5}(0.0027 - 0.5579 \times 0.0026)\sigma_n = -9.342\sigma_n \times 10^{-7}$$

$$\Delta_{2\sigma} = -\frac{2 \times 6.0667^4}{5.973 \times 10^5}(0.0015 - 0.5579 \times 0.0014)\sigma_n = -3.2609\sigma_n \times 10^{-6}$$

d. 墙顶（拱脚）的单位位移与荷载引起的位移：

由于对称关系，只计算左边墙。边墙属于短梁，按式（14-29）和式（14-30）求墙顶单位位移及墙顶荷载引起的位移。

$$A = \frac{6K}{\alpha^3 B^3 K_b} = \frac{6 \times 1.7 \times 10^5}{0.3588^3 \times 1.5^3 \times 1.7 \times 10^5} = 38.4875$$

式中各函数 φ，按 $\alpha h = 1.9878 \approx 2$，根据相关公式计算可得：

$$\beta_1 = \frac{4 \times 0.0462}{1.7 \times 10^5}\left(\frac{6.6333 + 6.6637 \times 38.4875}{7.1637 + 7.0116 \times 38.4875}\right) = 1.0324 \times 10^{-6}$$

$$u_1 = \beta_2 = \frac{2 \times 0.1287}{1.7 \times 10^5}\left(\frac{6.9906 + 6.6333 \times 38.4875}{7.1637 + 7.0116 \times 38.4875}\right) = 1.4336 \times 10^{-6}$$

$$u_2 = \frac{2 \times 0.3588}{1.7 \times 10^5}\left(\frac{7.0116 + 6.9906 \times 38.4875}{7.1637 + 7.0116 \times 38.4875}\right) = 4.2065 \times 10^{-6}$$

$$\beta_3 = \frac{2 \times 0.0462 \times 0.1}{1.7 \times 10^5}\left(\frac{-1.5656 \times 38.4875}{7.1637 + 7.0116 \times 38.4875}\right) = -1.18 \times 10^{-8}$$

$$u_3 = \frac{0.1287 \times 0.1}{1.7 \times 10^5}\left(\frac{1.9116 \times 38.4875}{7.1637 + 7.0116 \times 38.4875}\right) = 2.01 \times 10^{-8}$$

$$\beta_{ne} = -\frac{0.3588}{1.7 \times 10^5}\left(\frac{4.9301 + 3.2980 \times 38.4875}{7.1637 + 7.0116 \times 38.4875}\right) \times 14.8 - \frac{0.3588}{1.7 \times 10^5}$$

$$\times \left[\frac{\left(4.9301 - \dfrac{8.7295}{1.9878}\right) + \left(3.2980 - \dfrac{7.0116}{1.9878}\right) \times 38.4875}{7.1637 + 7.0116 \times 38.4875}\right] \times 8.5$$

$$= -1.5639 \times 10^{-5}$$

$$u_{ne} = -\frac{1}{1.7 \times 10^5}\left(\frac{8.7295 + 9.4770 \times 38.4875}{7.1637 + 7.0116 \times 38.4875}\right) \times 14.8 - \frac{1}{1.7 \times 10^5}$$

$$\times \left[\frac{\dfrac{1.9116}{2 \times 1.9878} + 1.5656 + \dfrac{4.9301 \times 38.4875}{2}}{7.1637 + 7.0116 \times 38.4875}\right] \times 8.5$$

$$= -1.36234 \times 10^{-4}$$

e. 左半拱上的荷载引起墙顶处的竖向力、水平力和力矩，是由于拱上的竖向荷载和水平荷载引起的。

$$V_{nP}^0 = \frac{11.20}{2} \times 146.0 = 817.600$$

$$Q_{nP}^0 = -\frac{1}{2}(9.0 + 14.8) \times 3.73 = -44.387$$

$$M_{nP}^0 = -\left(\frac{1}{8} \times 146.0 \times 11.20^2 + \frac{3.73^2}{2} \times 9.0 + \frac{3.73^2}{6} \times 5.8\right) - 817.6 \times 0.17$$

$$= -2504.329$$

在求 M_{nP}^0 的式中，其最后一项是由于 V_{nP}^0 与墙轴线有偏心距 0.17m 所产生的力矩。

由于弹性抗力 σ 所引起的：

$$V_{n\sigma}^0 = 0.1036 \times 6.0667\sigma_n = 0.6285\sigma_n$$

$$Q_{n\sigma}^0 = -0.1783 \times 6.0667\sigma_n = -1.0817\sigma_n$$

$$M_{n\sigma}^0 = -0.0275 \times 6.0667^2\sigma_n - 0.6285\sigma_n \times 0.17 = -1.119\sigma_n$$

以上三项是根据式（14-34）算出。在求 $M_{n\sigma}^0$ 的式中，其最后一项是由于 $V_{n\sigma}^0$ 与墙轴线有偏心距 0.17m 所产生的力矩。

边墙自重（不包括下端加宽的一段）为：

$$V_c = 5.04 \times 1.3 \times 1 \times 23 = 150.696$$

以上各项力的正负号规定同前。

将以上算出的各项数值代入式（14-21）中，则得

$$a_{11} = (16.3589 + 2 \times 1.0324) \times 10^{-6} = 1.84237 \times 10^{-5}$$

$$a_{12} = a_{21} = [17.1498 + 2 \times (1.4336 + 3.73 \times 1.0324)] \times 10^{-6} = 2.77187 \times 10^{-5}$$

$$a_{22} = [36.5107 + 2 \times 4.2065 + 4 \times 3.73 \times 1.4336 + 2 \times 3.73^2 \times 1.0324] \times 10^{-6}$$
$$= 9.50404 \times 10^{-5}$$

$$a_{1P} = -1.25405 \times 10^{-2} - 9.334\sigma_n \times 10^{-7} - 2 \times (2504.329 + 1.119\sigma_n)$$
$$\times 1.0324 \times 10^{-6} - 2 \times (44.387 + 1.0817\sigma_n) \times 1.4336 \times 10^{-6} + 2$$
$$\times (817.600 + 0.6285\sigma_n + 150.696) \times (-1.18) \times 10^{-8} - 2 \times 1.5639 \times 10^{-5}$$
$$= -1.7892875 \times 10^{-2} - 6.3602\sigma_n \times 10^{-6}$$

$$a_{2P} = -2.58817 \times 10^{-2} - 3.2609\sigma_n \times 10^{-6} - 2 \times (2504.329 + 1.119\sigma_n)$$
$$\times 1.4336 \times 10^{-6} - 2 \times (44.387 + 1.0817\sigma_n) \times 4.2065 \times 10^{-6}$$
$$+ 2 \times (817.600 + 0.6285\sigma_n + 150.696) \times 2.01 \times 10^{-8} - 2 \times 1.36234 \times 10^{-4}$$
$$- 2 \times 3.73 \times (2504.329 + 1.119\sigma_n) \times 1.0324 \times 10^{-6}$$
$$- 2 \times 3.73 \times (44.387 + 1.0817\sigma_n) \times 1.4336 \times 10^{-6}$$
$$+ 2 \times 3.73 \times (817.600 + 0.6285\sigma_n + 150.696) \times (-1.18)$$
$$\times 10^{-8} - 2 \times 3.73 \times 1.5639 \times 10^{-5}$$
$$= -5.3633291 \times 10^{-2} - 3.57858\sigma_n \times 10^{-5}$$

（3）求解多余力 x_1 和 x_2

将以上算出的各 a 值代入式（14-20）得

$$1.84237x_1 + 2.77187x_2 - 1789.2875 - 0.63602\sigma_n = 0$$
$$2.77187x_1 + 9.50404x_2 - 5363.3291 - 3.57858\sigma_n = 0$$

解出

$$x_1 = 217.673 - 0.4045\sigma_n$$
$$x_1 = 500.836 + 0.4915\sigma_n$$

下面求弹性抗力 σ_n：

由式（14-19）求墙顶的角位移和水平位移得

$$\beta_0 = (217.673 - 0.4045\sigma_n) \times 1.0324 \times 10^{-6} + (500.836 + 0.4915\sigma_n)$$
$$\times (1.4336 \times 10^{-6} + 3.73 \times 1.0324 \times 10^{-6}) - (2504.329$$
$$+ 1.119\sigma_n) \times 1.0324 \times 10^{-6} - (44.387 + 1.0817\sigma_n)$$
$$\times 1.4336 \times 10^{-6} - (817.600 + 0.6285\sigma_n + 150.696)$$
$$\times (-1.18) \times 10^{-8} - 1.5639 \times 10^{-5}$$
$$= (195.203 - 0.5337\sigma_n) \times 10^{-6}$$

$$u_0 = (217.673 + 0.4045\sigma_n) \times 1.4336 \times 10^{-6} + (500.836 + 0.4915\sigma_n)$$
$$\times (4.2065 \times 10^{-6} + 3.73 \times 1.4336 \times 10^{-6}) - (2504.329 + 1.119\sigma_n)$$
$$\times 1.4336 \times 10^{-6} - (44.387 + 1.0817\sigma_n) \times 4.2065 \times 10^{-6} - (817.600$$
$$+ 0.6285\sigma_n + 150.696) \times 2.01 \times 10^{-8} - 1.36234 \times 10^{-4}$$
$$= (1203.252 - 2.0260\sigma_n) \times 10^{-6}$$

将以上算出的 u_0 代入式（14-35）得：

$$\sigma_n = 1.7 \times 10^5 \times (1203.252 - 2.0260\sigma_n) \times 10^{-6} \times 0.9231$$

得
$$\sigma_n = 143.276$$

由此可得

$$x_1 = 217.673 - 0.4045 \times 143.276 = 159.7187 \text{kN} \cdot \text{m}$$

$$x_2 = 500.836 + 0.4915 \times 143.276 = 571.256 \text{kN}$$

$$\beta_0 = (195.203 - 0.5337 \times 143.276) \times 10^{-6} = 1.18737 \times 10^{-4}$$

$$u_0 = (1203.252 - 2.0260 \times 143.276) \times 10^{-6} = 9.12975 \times 10^{-4}$$

（4）求拱顶的内力

将左半拱分为六等段（图 14-14a），计算 0～6 各截面的弯矩 M 及轴力 N，即

$$M_i = x_1 + x_2 y - \frac{q_0 x^2}{2} - \frac{ey^2}{2} - \frac{\Delta e y^3}{6f} - M_{i\sigma}$$

$$N_i = x_2 \cos\varphi + q_0 x \sin\varphi - ey\cos\varphi - \frac{\Delta e y^2}{2f}\cos\varphi + V_{i\sigma}\sin\varphi - H_{i\sigma}\cos\varphi$$

式中 $M_{i\sigma}$、$V_{i\sigma}$、$H_{i\sigma}$ 按式（14-34b）计算。

坐标尺寸的计算见表 14-1，弯矩 M_i 的计算见表 14-2，轴力 N_i 的计算见表 14-3。顶拱上的荷载见图 14-14（b），为：

$$q_0 = 146.0\text{kN/m}, e = 9.0\text{kN/m}, \Delta e = 14.8 - 9.0 = 5.8\text{kN/m}$$

拱轴线的坐标　　　　　　　　　　　　　　　表 14-1

截　面	φ	$\sin\varphi$	$\cos\varphi$	x	y
0	00°00′00″	0.0000	1.0000	0.0000	0.0000
1	11°13′48.3″	0.1948	0.9809	1.1818	0.1159
2	22°27′36.6″	0.3821	0.9242	2.3181	0.4599
3	33°41′24.9″	0.5547	0.8321	3.3652	1.0186
4	44°55′13.2″	0.7061	0.7081	4.2837	1.7709
5	56°09′01.6″	0.8305	0.5571	5.0384	2.6869
6	67°22′50.0″	0.9231	0.3846	5.6000	3.7300

拱的弯矩 M_i　　　　　　　　　　　　　　表 14-2

截面	x_1	$x_2 y$	$\dfrac{q_0 x^2}{2}$	$\dfrac{ey^2}{2}$	$\dfrac{\Delta e y^3}{6f}$	$M_{i\sigma}$ (kN·m)	M_i (kN·m)
0	159.718	0.0000	0.0000	0.0000	0.0000	—	159.718
1	159.718	66.209	−101.955	0.0600	0.0000	—	123.912
2	159.718	262.721	−392.272	−0.9520	−0.0260	—	29.189
3	159.718	581.881	−826.694	−4.6690	−0.2740	—	−90.038
4	159.718	1011.637	−1339.556	−14.1120	−1.4400	—	−183.753
5	159.718	1534.908	−1853.139	−32.4870	−5.0280	−18.0230	−214.051
6	159.718	2130.785	−2289.280	−62.6080	−13.4510	−145.0140	−219.850

拱的轴力 N_i　　　　　　　　　　　　　　表 14-3

截面	$x_2 \cos\varphi$	$q_0 x \sin\varphi$	$ey\cos\varphi$	$\dfrac{\Delta e}{2f}y^2\cos\varphi$	$V_{i\sigma}\sin\varphi$	$H_{i\sigma}\cos\varphi$	N_i (kN)
0	57.1256	0.0000	0.0000	0.0000	—	—	571.256
1	56.0345	33.610	−1.023	−0.010	—	—	592.922
2	52.7955	129.312	−3.825	−0.152	—	—	653.290
3	47.5342	272.538	−7.628	−0.671	—	—	739.581
4	40.4506	441.606	−11.286	−1.727	—	—	833.099
5	31.8247	610.9202	−13.471	−3.127	23.271	−20.287	915.555
6	21.9705	754.732	−12.911	−4.160	83.125	−59.606	980.885

（二）边墙的计算

因对称，故仅计算左边墙。边墙属于短梁，按短梁相应公式计算。墙顶的力矩 M_0 及水平力 Q_0（正负见图 14-11）：

$$M_0 = x_1 + fx_2 + M_{nP}^0 + M_{n\sigma}^0 + \frac{q_0 l}{2} \times 0.17 + V_{n\sigma}^0 \times 0.17$$

$$= 159.718 + 3.73 \times 571.256 - (2289.280 + 62.608 + 13.451)$$

$$- 146.0 \times 5.6 \times 0.17 - 90.050 \times 0.17$$

$$= -374.151 \text{kN} \cdot \text{m}$$

上式中的最后两项是由于拱脚轴线与边墙轴线偏心距 0.17m 所引起的弯矩。

$$Q_0 = x_2 + Q_{nP}^0 + Q_{n\sigma}^0$$

$$= 517.256 - (9.0 + 14.8) \times \frac{1}{2} \times 3.73 - 154.981$$

$$= 371.888 \text{kN}$$

在以上二式中 $V_{n\sigma}^0$ 和 $Q_{n\sigma}^0$ 是按式（14-34a）算出。

墙顶的竖向力为：

$$V_0 = V_{nP}^0 + V_{n\sigma}^0 = \frac{q_0 l}{2} + V_{n\sigma}^0 = \frac{146.0 \times 11.2}{2} + 90.050 = 907.650$$

墙顶的角变 θ_0 与水平位移 y_0 为：

$$\theta_0 = \beta_0 = 1.18737 \times 10^{-4}$$

$$y_0 = u_0 = 9.12975 \times 10^{-4}$$

将边墙分为五等段，每段的自重为：

$$N_d = \frac{5.54}{5} \times 1.3 \times 23 = 33.1$$

将坐标原点取在墙顶，求 7～12 各截面（图 14-15a）的弯矩 M_i、轴力 N_i 和弹性抗力 σ_i。将以上各相应的数值代入式（14-9），得

$$\sigma_i = Ky = 1.7 \times 91.2975\varphi_1 - 1.7 \times 11.8737 \times \frac{1}{2 \times 0.3588}\varphi_2$$

$$- 371.4151 \times 2 \times 0.3588^2\varphi_3 + 371.888 \times 0.3588\varphi_4$$

$$- 14.8(1 - \varphi_1) - \frac{8.5}{5.54}\left(x - \frac{1}{2 \times 0.3588}\varphi_2\right)$$

$$= 170.006\varphi_1 - 25.991\varphi_2 - 96.334\varphi_3 + 133.433\varphi_4 - 14.8 - 1.534x$$

$$M_i = -371.4151\varphi_1 + 371.888 \times \frac{1}{2 \times 0.3588}\varphi_2 - 91.2975 \times \frac{1.7}{2 \times 0.3588^2}\varphi_3$$

$$+ 11.8737 \times \frac{1.7}{4 \times 0.3588^3}\varphi_4 - \frac{14.8}{2 \times 0.3588^2}\varphi_3 - \frac{8.5}{4 \times 0.3588^3 \times 5.54}\varphi_4$$

$$= -374.151\varphi_1 + 518.239\varphi_2 - 660.268\varphi_3 + 100.947\varphi_4$$

函数 $\varphi_1 \sim \varphi_4$ 可根据相应公式算出，计算结果见表 14-4。弯矩图和轴力图见图 14-15（b）。

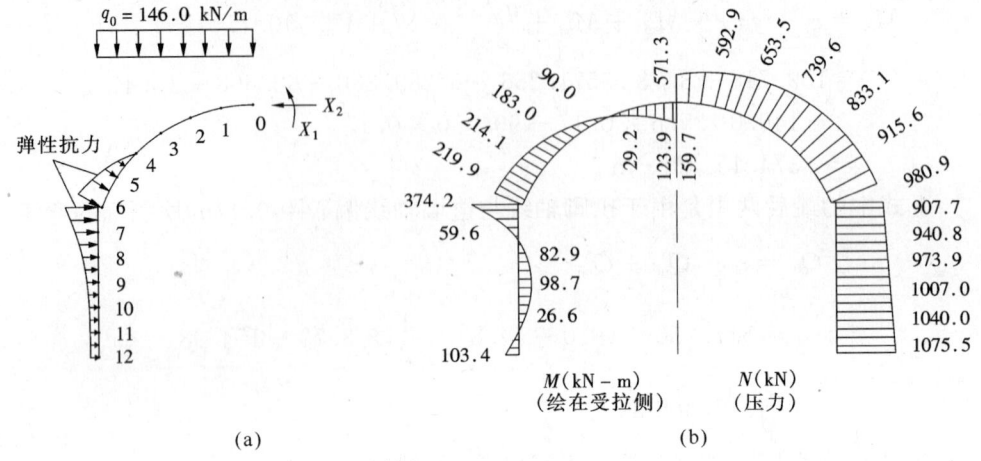

图 14-15

直墙的 M_i、N_i、σ_i 　　　　　　　　　　　　　表 14-4

截面	x	αx	φ_1	φ_2	φ_3	φ_4	M_i (kN·m)	N_i (kN)	σ_i (kN/m)
7	0	0	1.0000	0	0	0	−374.151	907.650	155.206
8	1.108	0.4	0.9957	0.7994	0.1600	0.0427	−59.595	940.750	122.283
9	2.216	0.8	0.9318	1.5782	0.6372	0.3406	82.911	973.850	83.257
10	3.324	1.2	0.6561	2.2346	1.4070	1.1406	98.720	1006.950	50.215
11	4.432	1.6	−0.0753	2.5070	2.3746	2.6458	26.613	1040.050	24.723
12	5.540	2.0	−1.5656	1.9116	3.2980	4.9301	−103.448	1075.450	1.155

　　计算结果表明，沿边墙的弹性抗力均为压力（对围岩）。根据假定，边墙下端不能产生位移，故该处的弹性抗力应等于零，而计算结果却并不等于零，这是由于计算误差所致。

14.4　复合衬砌结构

　　20 世纪 50 年代以来，新奥法技术（New Austrian Tunneling Method）在奥地利学者腊布希维兹（L. V. Rabcewicz）等一大批学者和工程技术人员的努力下开始形成，并于 1962 年正式命名，复合衬砌结构作为一种结构形式也应运而生。

14.4.1　复合衬砌的构造

　　复合衬砌结构常由初期支护和二次支护组成，防水要求较高时须在初期支护和二次支护间增设防水层。

　　初期支护常为喷射混凝土支护，必要时增设锚杆加固围岩，成为锚喷支护。

岩石条件较差时，可在喷层中增设网筋或型钢拱架，也可采用钢纤维喷射混凝土支护围岩。施工时常先施作薄层喷射混凝土封闭围岩，然后施作锚杆、挂网和分次逐步加厚喷层至设计厚度值。穿越石质条件极差的断层破碎带时，常需借助设置超前锚杆和注浆工艺预先加固地层。对大断面地下洞室，埋深较大、岩石条件中等、成洞条件较差时还常施作预应力锚索改善围岩的受力变形状态，帮助围岩保持稳定。

二次支护常为整体式现浇混凝土衬砌，或为喷射混凝土衬砌，必要时可借助设置钢筋增强截面。其中整体式浇筑混凝土衬砌有表面平顺光滑，外观视觉较好，通风阻力较小等优点，适宜于对室内环境有较高要求的场合；喷射混凝土衬砌工艺简单，省工省时，投资较低，但外观视觉相对较差，通风阻力较大，对室内环境要求较低时宜于采用，否则需另设内衬改善景观和通风条件。

二次支护的厚度和配筋量主要取决于洞形、净空尺寸、围岩地层的工程地质条件和施作支护的时机。岩质较好、跨度不大时常在围岩变形趋于稳定后施作，截面厚度和配筋量可按构造要求确定；岩质较差或岩质中等但跨度较大时，则常在围岩变形尚未稳定时施作，故需与初期支护共同承受形变压力的作用，截面厚度和配筋量需由计算确定。

防水层的常见形式有塑料板防水层和喷涂防水层两类，前者多采用厚1～2mm 的聚乙烯塑料板，后者常为厚 3～5mm 的阳离子乳化沥青氯丁胶乳。防水层应在初期支护变形基本稳定后，二次衬砌灌注前施作，二次衬砌应能同时承受水压力的作用。水压力过大时，应设置合适的排水通道疏水导流。

14.4.2　复合衬砌结构的计算原理和方法

（一）复合结构的承载机理

围岩破坏一般自洞周开始，首先出现的破坏通常是张性破裂，接着是塑性剪切流动破坏，如能及时施作支护，使在洞周形成处于稳定状态的承载环，洞室围岩即可保持稳定。

形成洞周承载环的方法有两种：第一种方法是通过锚杆支护所及的范围内形成了承载能力较强的承载环；第二种方法是施作衬砌结构，或施作由喷层（必要时同时设置锚杆和网筋）和衬砌结构共同组成的复合结构，使衬砌结构或复合结构成为洞周承载环。因此，由复合结构构成的承载环同时具有两类承载环的承载机理的特点。

（二）复合结构的计算

在用数值方法分析洞室围岩的稳定性时，通常的做法是先按线弹性、弹塑性或弹粘塑性模型进行应力分析，然后用屈服准则判断进入塑性状态的围岩的部位和范围的大小。目前最常采用的屈服准则是德鲁克-普拉格准则和莫尔-库仑准则。这两个准则有普遍适用性。但是，在坚硬围岩中出现的破坏常是表面附近的张性破坏，而对剪切破坏则有较大的承受能力。由此可见对于这类岩石的稳定性分析，有必要增补用于检验围岩的抗张拉承载能力的判据。

大量洞室长期观测的资料表明，软弱地层或节理岩体中，洞室围岩的变形通常都具有流变变形的特征，使在采用复合支护作为隧道结构时，各层支护将因施作时间不同而具有不同的受力变形特点。其中第一层支护设置时间最早，支护发生的变形量最大，其承载能力将较充分地发挥。中间各层支护一般都在实测变形量过大，变形速率发展过快，或前一层支护承载能力的发挥已接近极限时（其外观表现为喷层出现裂缝等）施作，承受的荷载应为与自施作支护时起发生的变形量相应的形变压力。通常情况下，洞周围岩承受的地层压力最大，初期支护次之，最后修筑的内衬结构层的变形和受力都最小。在约束围岩的同时允许围岩产生适当的变形，充分发挥围岩的自支承能力，以及借助调整支护结构层的施作时间（适时支护）改善结构层受力的分布，使其承载力提高等，是复合支护受力变形的主要特点。

复合支护自问世以来，早期设计采用的计算方法均为地下建筑结构设计常用的方法，即荷载结构法和地层结构法。这些方法的缺点，是不能反映复合支护的施作过程对结构受力变形的影响，由此导致计算结果常与实际不符。一般说来，地层岩性较差，采用荷载结构法计算内力时可望取得较好的结果，而当围岩地层的自支承能力较好时，计算结果则常有较大的误差。目前，对复合支护的设计开展建立计算方法的研究已取得一定成果。已经建立的方法可分为黏弹性分析法和弹粘塑性分析法两类。两类方法都以隧道施工力学研究的成果为基础，并都以可反映支护施作过程和时机对结构受力变形的影响为特点。鉴于这些方法能反映围岩自支承能力的作用，故可用于地层岩性较好，适宜于采用地层结构法计算结构内力的场合。具体的计算方法这里不再赘述，可参考相关文献。

14.5　连拱隧道结构

14.5.1　概　述

连拱隧道是洞体衬砌结构相连的一种特殊双洞结构形式，即连拱隧道的侧墙相连。该隧道形式主要用在山区地形较为狭窄，或桥隧相连地段，其最大优点是双洞轴线间距可以很小，可减小占地，便于洞外接线。同时，连拱隧道较独立的双洞设计，施工更为复杂、工程造价更高、工期更长，从各地采用连拱隧道的经验看，主要用在500m以下的隧道居多，而中、长隧道一般不采用这一结构形式。在地形极其困难的条件下也有采用这一结构形式，如浙江温州肩牛山隧道长700m。也有采用从连拱隧道过渡到独立双洞的隧道，如重庆菜园路龙家湾隧道长762m，就采用了从连拱到小净距和独立双洞的结合形式。但总体来看连拱隧道还主要用于短隧道较为适宜。连拱隧道的设计计算理论尚不成熟,其发展大体经历了两个阶段,第一阶段主要采用中墙一次施作的结构形式,一般结构如图 14-16 所示。它与单洞隧道主要区别在于中墙一次施作和排水系统不同,其中墙在中导洞贯通后即浇筑,它既是初期支护和二次衬砌的支撑点,又是防水层的支撑结构。洞室开挖后初期支护支撑于中墙,而防水层则绕过初期支护与中墙的结合部越过中墙顶与洞室内其他防排水设施形成完整的排防水系统;中墙的中央纵向每隔一定间距埋设竖向排水管,以排除中墙顶凹部的积水。中墙与中导洞之间的空洞是待初期支护和中墙防水层施工完成后回填,其优点是双洞净距最小。但它也有三个较为明显的缺点:(1)由于中墙与中导洞之间的空洞得不到及时的回填造成开挖时毛洞跨度增大,B/H 值较大(B 为毛洞跨度,H 为毛洞高度),使洞周围岩处于较为不利的受力状态,从而影响施工安全和进度。在回填空洞时,由于受支护等因素干扰施工,往往没办法回填密实,这就给营运安全留下隐患;(2)由于部分围岩裂隙水经中墙顶凹部通过排水管排入排水沟,容易造成凹部集水,并且该部排防水系统施工难度大,质量难以控制,造成隧道中墙渗漏水,影响结构耐久性和营运安全;(3)由于行车单洞两侧不对称,结构不美观。因此,对这一结构形式一般不倡导。

中墙分次施作连拱隧道的一般结构如图 14-16 所示。它与中墙一次施作的连拱隧道的主要区别在于中墙和中墙处的排防水处理。在中导洞贯通后随即修建中墙,要求中墙顶部与中导洞顶紧密接触,这就克服了中墙与围岩间存在着空洞的缺点,使主洞开挖时毛洞跨度相对减小,有利于洞周围岩的稳定,从而减少了施

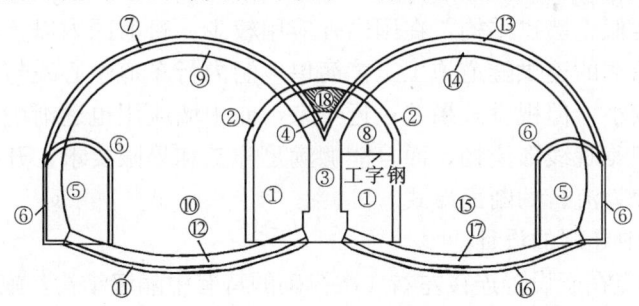

图 14-16 整体式中墙连拱隧道一般结构图

注:图中①、②……⑱为施工工序。

工时的辅助措施,加快了施工进度,节省了工程投资,并大大提高结构的可靠性,使施工与营运安全得到进一步的保证。由于中墙分次施作两侧外轮廓与双洞隧道初期支护轮廓一致,有利于防水板的全断面铺设,从而使连拱隧道中间部分的排防水结构与独立的单洞隧道相同。其施工工艺相对较为简单,质量容易控制,隧道建成后排防水系统运作可靠,且较美观。因此,在有条件加大中墙厚度的地段宜采用这一结构形式。

14.5.2　连拱隧道的设计和计算方法

由于连拱隧道的结构形式特殊，其中墙的存在有其特殊性，如何形成一套反映连拱隧道实际受力机理的荷载模式是连拱隧道设计中的重要部分。因此，按一般的力学方法较难获得解析解，目前主要采用数值方法进行计算。连拱隧道的设计一般也是沿用单洞的设计方法，即常用的设计方法：荷载结构法和地层结构法。这两种方法均可以用数值方法来求解。由于公路隧道的锚杆、初衬、二衬等结构在几何形状上分别具有两个方向或一个方向的尺度比其他方向小得多的特点。计算时有限单元法软件可采用专门的杆梁板壳单元来模拟这些结构构件，尽管尚存在一定不足之处。

（一）内轮廓的设计

隧道内轮廓线是决定衬砌断面大小最基本的要素。内轮廓线的确定，首先要考虑结构受力和行车界限，此外还应从经济上、美学上加以比较，以求得合理的断面形式。公路中的双向连拱隧道横断面的设计一般按现行设计规范执行，要考虑行车道宽、两侧路缘带宽、中隔墙宽、建筑界限高度等因素，还应考虑洞内排水、通风、照明、消防、营运管理等附属设施所需空间，并考虑围岩压力影响、施工方法等必要的富余量。一般情况下，无论是双向四车道还是双向六车道的连拱隧道，均采用上行线和下行线左右对称的结构，但个别也有设计成左右不对称的结构。对于单洞的净空轮廓，一般包括中墙、边墙和拱部三部分的组合。如果将三者进行组合，可把连拱隧道的净空轮廓分为直边墙、曲边墙和曲中墙三种。其中直边墙形式类似直墙拱结构，在国内外应用较少；目前国内以直中墙应用最多，直中墙净空轮廓的连拱隧道施工工艺简单，洞内行车道中心线与洞外路基行车道中心线偏离较小，但视觉效果差；近年来，曲中墙应用也逐渐增多，例如曲墙半圆拱不仅造型美观线形流畅，而且能够满足施工和界限要求，开挖面小，施工方便，是一种较为流行的断面形式。

（二）中墙与中导洞的设计

连拱隧道的特点在于设置连接左右二次衬砌的特有中隔墙结构，施工时一般以中导洞超前，随后浇筑中墙，中墙成为左右二次衬砌结构的支撑点，因此，中墙和中导洞的设计与施工是整个隧道的关键部分，在设计和施工中有举足轻重的作用，成功与否将关系到整个连拱隧道的成败，尤其是防水系统是连拱隧道的关键问题之一。

1. 中墙的设计

复合式中墙连拱隧道一般结构如图 14-17 所示。中墙的形式取决于隧道内轮廓的要求，一般设计成直墙或曲墙，此外，还应该考虑中墙和二次衬砌的连接形式。连接形式关系到结构的整体安全和稳定以及施工方法的选取，但是与二次衬砌的连接部位往往也是结构的薄弱环节，成为地下水渗漏的主要部位，处理不当，会严重影响隧道的使用功能和寿命。因此，中墙的设计应该和二次衬砌共同考虑，内轮廓的设计也应该考虑中墙与二次衬砌连接后的形状。根据国内外连拱隧道的设计经验，中墙和二次衬砌的连接形式主要可分为如下四种形式：

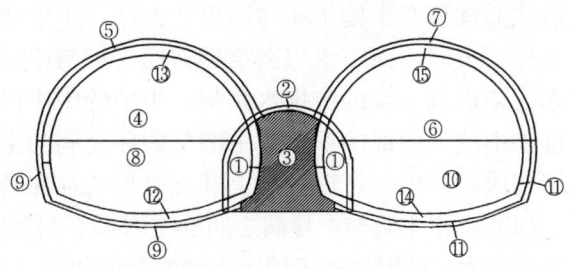

图 14-17 复合式中墙连拱隧道一般结构图
注：图中①、②……⑮为施工顺序。

（1）上部支撑形式。即将中墙作为双洞结构的共同部分，二次衬砌的拱脚支撑在中墙的上部，中墙设计的相对较厚，如图 14-18（a）所示。

（2）贴壁式支撑。即将双洞按两个独立的洞来考虑，中墙相对独立于左右洞，成为双洞间的充填结构。在中墙先行施工结束后，二次衬砌的施筑和单洞的方法相同，如图 14-18（b）所示。

（3）下部支撑。介于上部支撑和贴壁式支撑之间，二次衬砌的支撑点转移到中墙的基础上，如图 14-18（c）所示。

（4）混合式支撑。即将中墙设计成非对称形式，是（1）和（2）形式的混合使用，如图 14-18（d）所示。

其中上部支撑连接形式最为常见，不同的是一般采用直墙。采用直墙上部支

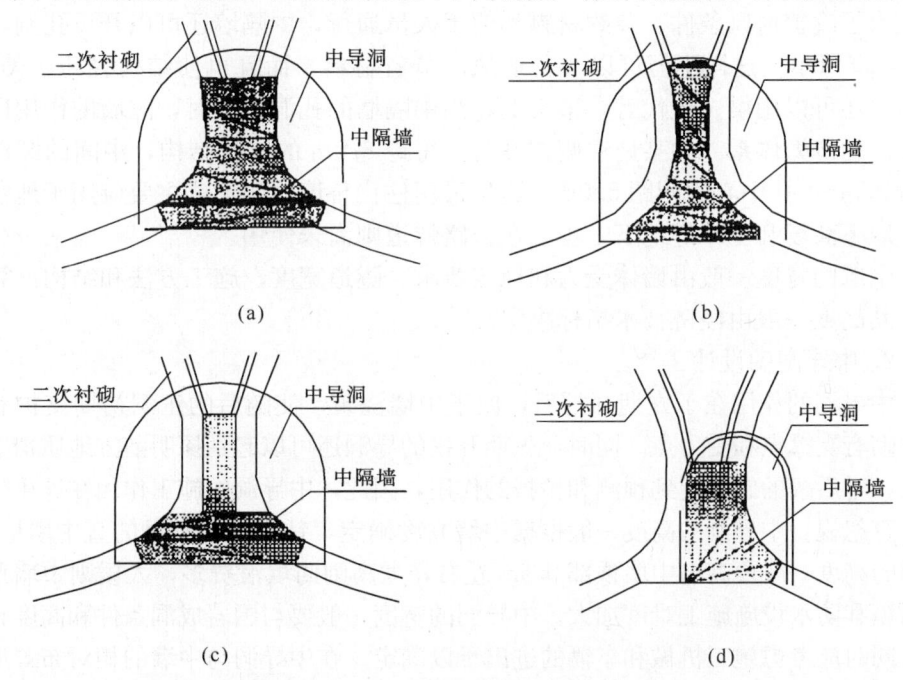

图 14-18 二次衬砌在中墙处的支撑方式
（a）上部支撑；（b）贴壁式支撑；（c）下部支撑；（d）混合式支撑

撑形式的优点在于施工相对简单、方便，中墙质量易于保证。由于开挖后初期支护支撑于中墙，而防水层需绕过初期支护与中墙的连接部位越过墙顶与洞内其他排水设施形成完整的防排水系统，中墙的中央纵向每隔一定距离埋设竖向排水管以排除中墙顶凹部的积水，中墙与中导之间的空隙是在初期支护和中隔墙防水层施工完成后回填，可以看出上部支撑形式存在着两个较为明显的缺点：

(1) 由于中墙与中导洞之间的空隙得不到及时的回填造成开挖毛洞跨度增大，高跨比变大，使围岩处于较为不利的受力状态。在回填空隙时由于受支护等因素的干扰，施工时往往没办法回填密实，从而影响施工进度，也留下安全隐患。

(2) 由于部分围岩裂隙水需经墙顶凹部通过排水管排入排水沟，这样容易造成凹部积水，并且该处防水系统施工难度大，质量难以控制，造成中墙与二次衬砌连接处的纵向施工缝渗漏水，影响结构的耐久性和运营的安全。

而贴壁式连接方式则克服了上部支撑形式中墙与中导洞之间存在空隙的缺点，使主洞开挖时毛洞跨度相对减小，并有利于洞周围岩的稳定，从而减少施工时辅助措施，加快了施工进度，节省了工程投资，并大大提高结构的可靠度，使运营安全得到更进一步的保证。由于中墙两侧外轮廓与双洞隧道初期支护轮廓一致，有利于防水板的全断面铺设。一二次衬砌分段浇筑的施工缝转移到墙角，从而使曲中墙连拱隧道中间部分的排水结构与独立的单洞隧道相同，其施工工艺相对较为简单，质量容易控制，隧道建成后防排水系统运作可靠。

为了改善通风条件、节约材料和便于人员通行，中隔墙还可以开设孔洞，如图 14-19 所示，这样不但可以改善通风，节省材料，而且也使结构轻巧、美观。中隔墙还可以用梁、柱代替，事实上，当中隔墙的孔洞较大时，隔墙的作用即变成梁柱的传力体系。如某地铁侧式站台，每跨 8.0m 的连拱结构，中间的圆洞直径为 2.5m，孔中心的间距 5.0m。这种采用柱代替墙体的形式主要应用于地铁车站、地下商场和车库等地下工程，在公路隧道则尚未使用。

中墙的宽度一般由墙体受力和稳定要求、隧道宽度、施工方法和结构计算而定，其高度一般由经济技术指标决定。

2. 中导洞的设计

中导洞的作用在于先期开挖后，便于中墙浇筑，使随后的正洞初期支护和二次衬砌有支撑点和受力点。同时，先期开挖的导洞还可以起到探明前方地质情况的作用，对后续的施工起到预测和预报的作用，因此，中导洞的施工作用在连拱隧道中不容忽视。中导洞的高度一般根据中墙高度确定，针对目前常见的直中墙形式，导洞的高度一般要高出中墙顶部 0.5m 左右，太高则回填浪费多，太矮则中墙顶部的回填和防水设施施工难度加大。中导洞的宽度一般要与围岩成洞条件和高度相协调，同时应考虑施工机械和车辆的进出予以确定。在中导洞与中墙的相对布置形式上应充分考虑上述因素，一般形式见图 14-20，即对称中墙布置和不对称中墙布置。根据已建连拱隧道的施工经验，中导洞轴线与中墙的竖轴线应该偏离一定的距离，

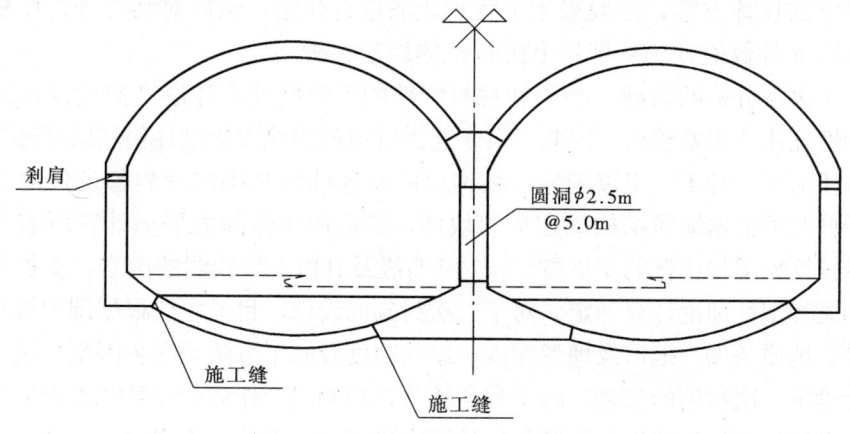

图 14-19　带圆孔的中墙

一方面使机械车辆进出方便，另一方面使后开挖一侧的洞室围岩与中墙间空隙尽量减小，减少防止中墙偏压而采取措施所需要的临时支护材料，也使先行开挖侧的洞室跨度尽量小，对保证施工过程的安全稳定有一定的作用。

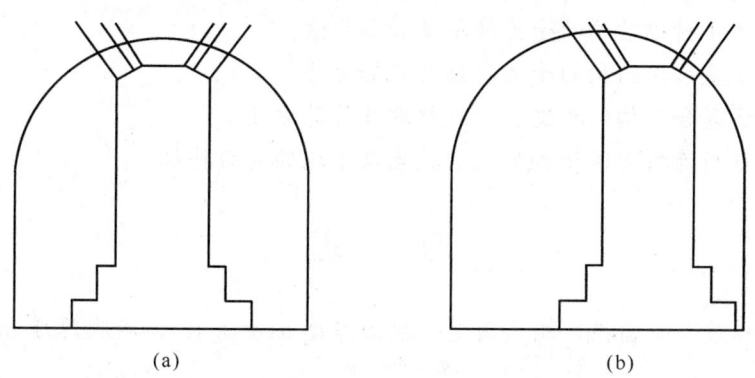

(a)　　　　　　　　　　　　　　　(b)

图 14-20　中导洞布置形式

（a）对称于中墙布置；（b）不对称于中墙布置

3. 锚喷支护的设计

新奥法通常以"管超前、少扰动、早喷锚、勤量测、紧封闭"为设计原则，以光面或预裂爆破为主要开挖方式，以喷射混凝土、锚杆、钢拱架为初期支护，形成隧道开挖支护的完整体系。喷锚支护不仅是永久衬砌的组成部分，而且也是施工期维持工作面稳定的手段，尤其当喷锚与钢支撑等联合使用时，支护能力强，可作为大断面开挖的施工支护。由于喷锚与围岩共同组成支护体系，抑制围岩变形，因而作用在二次衬砌上的荷载不再是全部松散压力，其截面厚度大为减小。锚喷初期支护参数一般是由围岩类别、跨度、埋深等参照工程类比而确定。对于连拱隧道，鉴于目前国内同类工程实例不多，设计规范也没有涉及这方面的内容，一般采用新奥法信息化设计模式，应用多种方法进行比较，力求做出既安全又经济的设计方案，一般采用工程类比法进行初定，然后对结构进行校核，并通过有限元等数值方法从理论上进行整体稳定分析。

由于力学分析的荷载、结构和材料特性的不明确性，隧道支护设计计算结果与实际情况往往相差较远，因此，对于连拱隧道的锚喷支护设计仍然以半经验半理论的方法为主。对于Ⅰ、Ⅱ级围岩，结构面的不连续性是决定围岩稳定性的主要因素，计算时可根据地质结构确定危岩块体，然后用块体静力平衡计算所需支护抗力，并核算喷层与锚杆的支护参数。对于Ⅲ级及其以上较软弱的围岩，支护参数可根据相关弹塑性理论计算确定。对于二次衬砌的设计，目前主要根据围岩级别、水文条件、地质条件、地形及埋置深度、结构跨度及施工方法等多种因素，按工程类比综合确定二次衬砌的参数。除工程类比法，必要时应作数值计算和理论分析，一般可按弹塑性力学方法进行验算，先计算变形压力，而后验算强度。

思 考 题

1. 简述隧道结构的基本形式及其特点。
2. 简述半衬砌结构的受力特征及计算方法。
3. 简述直墙拱结构的受力特征及计算方法。
4. 简述复合结构的构造、承载机理及计算方法。
5. 试分析连拱隧道结构形式的特点及中墙的受力特征。

习 题

1. 变厚度单心圆拱，拱脚固定，拱顶厚度 $d_0 = 0.4\text{m}$，拱脚厚度 $d_n = 0.5\text{m}$，

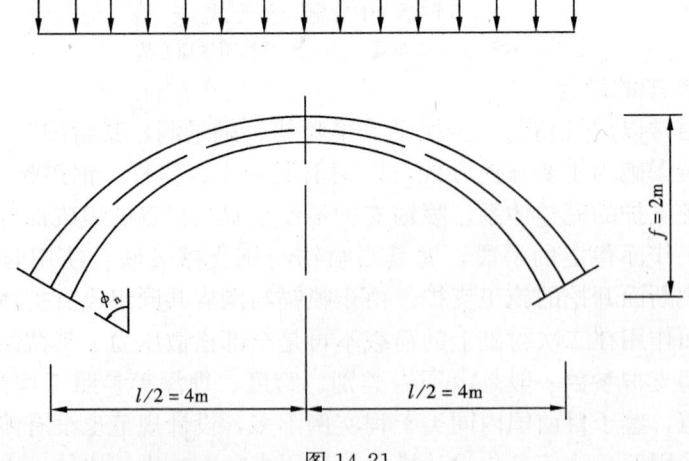

图 14-21

拱截面宽度 $b=1m$，跨度 $l=8m$，矢高 $f=2m$。受竖向均布荷载 $q_0=50kN/m$，求解并绘制拱的内力 M、N 和 Q 图（图 14-21）。

2. 如图 14-22 所示，等厚度单心圆拱，拱脚固定，厚度 $d=0.4m$，截面宽度 $b=1m$，跨度 $l=8m$，矢高 $f=2m$。受竖向集中荷载 $P=100kN$，求拱脚的水平反力 H、竖向反力 V 和固端弯矩 M。

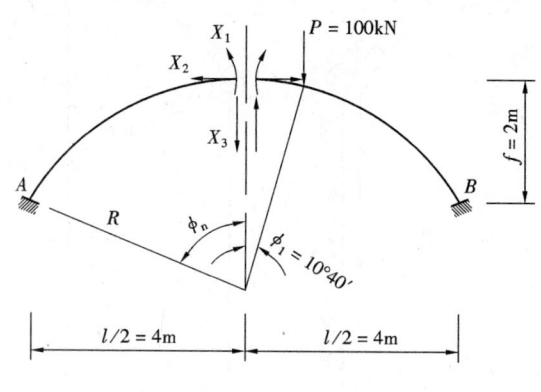

图 14-22

3. 如图 14-23 所示变厚度、单心圆、弹性固定无铰拱，跨度 $l=8m$，矢高 $f=2m$，拱顶厚度 $d_0=0.4m$，拱脚厚度 $d_n=0.5m$，截面宽度 $b=1m$。围岩的弹性压缩系数 $K=6\times10^5 kN/m^3$，混凝土的弹性模量 $E=1.4\times10^7 kN/m^2$。受竖向均布荷载 q_0，求多余力 x_1 与 x_2。

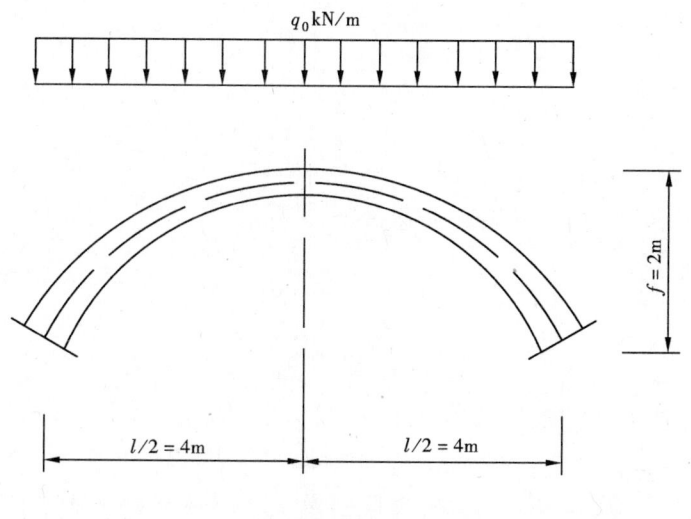

图 14-23

4. 如图 14-24 所示，某一直墙拱，顶拱为等厚度单心圆拱，顶拱和边墙的厚度均为 $0.5m$，宽度为 $1.0m$。跨度 $l=6.3m$，拱的矢高 $f=2.1m$。竖向均布荷载（包括地层压力与结构自重）$q_0=55kN/m$。材料的弹性模量

$E=14\times10^7\,\mathrm{kN/m^2}$，围岩的弹性压缩系数 $K=4\times10^5\,\mathrm{kN/m^3}$。求结构的内力。

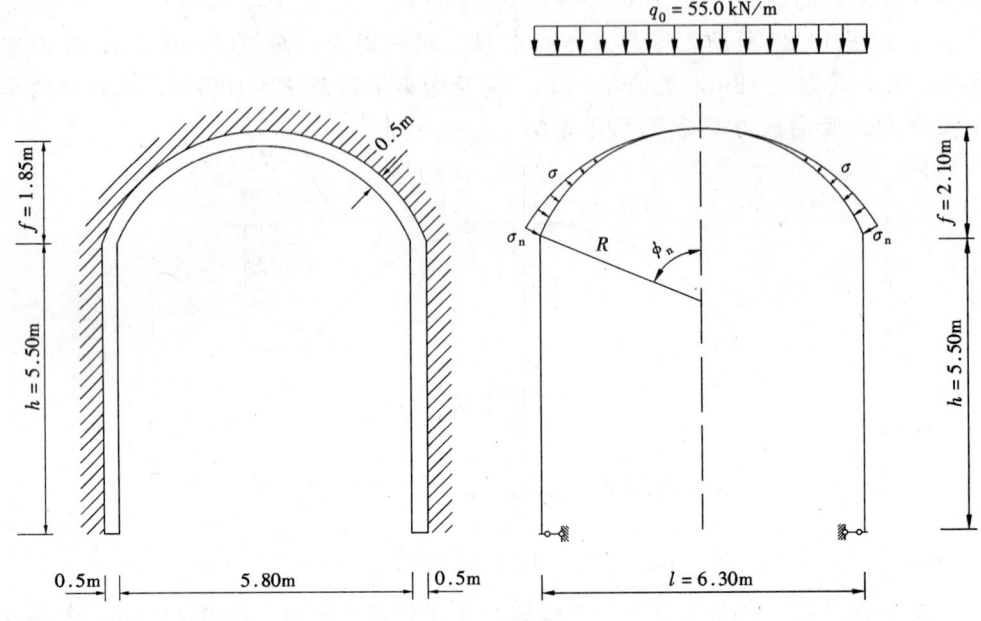

图 14-24

第 15 章 喷锚支护

15.1 概　　述

喷锚支护是由喷射混凝土、锚杆、钢筋网组成的喷锚联合支护或喷锚网联合支护，主要作用是加固围岩，它既可以作为临时支护用于加固局部岩体，也可以作为永久支护。

喷锚支护具有施工及时、与围岩密贴和共同变形等特点。在围岩变形破坏以前，喷锚支护与围岩构成了共同作用体系，可充分利用围岩的强度和自稳能力，使围岩、锚杆和喷射混凝土三者共同承受围岩的形变压力，即将围岩既作为荷载又视为结构的组成部分。

喷锚支护的设计根据国家规范的规定，主要采用工程类比法，必要时辅以监控量测法和理论验算法。工程类比设计法通常有直接类比法和间接类比法。直接类比法一般考虑围岩的岩体强度、岩体完整性、地下水的影响程度、工程的形状与尺寸、施工方法及使用要求等方面因素，将拟设计的工程与上述条件基本相同的已建工程进行对比，由此确定喷锚支护的类型与参数。间接类比法一般是根据现行喷锚支护技术规范（《锚杆喷射混凝土支护技术规范》GB 50086—2001），按其围岩级别及喷锚支护设计参数确定拟建工程的喷锚支护类型与参数。其中喷锚支护参数既包括支护类型、支护数量和尺寸，又包括工程开挖程序、方法及支护施作时间等。

喷锚支护的施工主要是运用新奥法施工原理。新奥法是 20 世纪 60 年代初由奥地利学者 L. V. Rabcewicz 等人总结形成的新奥地利隧洞施工法，英文全名为 New Austrian Tunneling Method，简称为 NATM。新奥法的核心是充分调动岩体本身的自承能力，采用正确的设计施工方法，以达到最好的经济效果。新奥法的要点是：尽可能地防止岩体扰动，开挖后主动实施一次支护，以防止围岩扰动或恶化，然后视需要再做二次支护；所有的支护应相当柔性，以适应围岩的变形；在施工过程中对变形、应力等进行监控量测，以利于调整支护措施，有效控制变形。

15.2 围　岩　分　级

15.2.1 围 岩 分 级 依 据

围岩分级是工程类比设计的重要依据，主要目的是便于运用工程类比法获得地下工程喷锚支护的设计参数。影响围岩稳定的因素是多方面的，要在围岩分级中全面地反映所有因素的影响是困难的，同时也是不现实的，因此在围岩分级中主要考虑下述几个分级指标：

一、岩体的结构特征及其完整性

岩体的结构特征及其完整性是指围岩被各种结构面切割的破碎程度及其组合状态，通常取决于岩体结构类型、地质构造影响与结构面发育情况。

二、岩体的物理力学性质

岩体的物理力学性质，即围岩的岩石强度、物理特性、水理性质等是决定岩体稳定状态的最主要的因素。在围岩分级中主要是岩石单轴饱和极限抗压强度 R_c 较有意义。通常以 $R_c=30MPa$ 作为软、硬岩的分界指标，而 $R_c<5MPa$ 的岩（土）体属于半岩质，或略具有结构强度的土体。

三、地下水的影响

地下水对围岩稳定有很大的影响，是造成围岩失稳的重要原因之一。因此在围岩分级中通常采取"遇水降级"的经验处理方法，即视围岩性质、地下水性态、流通条件等，将围岩级别适当降低。但对于较好的围岩，因水的影响小，一般情况下不做降级处理。

四、原岩应力的影响

地下工程通常在有原始应力的岩体中修筑，在埋深和构造应力不大的坚硬岩体中开挖洞室，原岩应力不会有明显影响，但在高地应力地区，原岩应力的影响较大，因此岩体的初始应力场常常成为判断围岩级别的依据。在围岩分级中，应当考虑初始应力场的影响。

在围岩分级中，除了上述定性和定量指标外，还有一些综合指标，它同时能反映上述多种因素，例如 RQD 指标、声波纵波速度、围岩自稳时间及变形量等。尤其是应用较广的声波纵波速度能较好综合反映岩体的完整性和强度，而且测试简易、快速，因此国内外多个围岩分级中都采用了这一指标，并与其他指标相结合进行分级。

15.2.2　围岩分级方法

围岩分级方法根据所考虑因素的多少及分级指标的不同可分为如下几种：

一、单因素岩石力学指标分级法

地下工程的发展初期，人们对岩体的工程地质和水文地质条件认识不足，因此当时围岩分级多以岩石强度指标作为分级的依据，有的还以岩石的其他力学指标作为分级依据，如弹性模量等。这种单一因素的分级方法以前在我国应用很广，但由于其不能全面反映围岩的稳定性，目前已较少应用。普氏分级是这种分级法的代表之一。

二、多因素综合指标分级法

这种分级方法主要是勘测，或者对开挖后围岩状态进行测试所获得的资料为指标的分级方法。该方法的指标虽是单一的，但反映的因素却是综合的。围岩的弹性波速度是反映岩性和岩体完整性的综合指标，既可以反映岩石的软硬，又可表达岩体的破碎程度，因此以声波指标作为围岩分级的依据，在国内外应用较多，但声波波速不能反映结构面产状与洞轴线关系以及结构面与临空面的不利组合等信息。

三、定性与定量多因素指标相结合分级法

该法是目前国内外应用最广的一种分级方法，能够综合考虑上述多种因素，较适合目前的技术状况。典型的有早期的太沙基分级法、我国铁路隧道的围岩分级法及目前我国国家标准《锚杆喷射混凝土支护技术规范》（GB 50086—2001）的分级方法等。

四、组合指标函数法

该法认为岩体的稳定性可概化为多种因素参数的函数，然后将这些参数按一定函数关系式进行组合，从而得到一个组合指标，并以此作为围岩分级的依据。函数的组合方法通常有乘积法和和差法（记分法）两种。组合指标函数能够全面地考虑多个因素，而且最终获得一个定量指标，便于应用。因此从理论上讲是较先进的，也是今后发展的方向，但目前还不成熟。代表性的方法有巴顿（Barton）的岩体质量 Q 分级、中国科学院地质研究所谷德振岩体质量系数分级等。

本教材围岩分级采用的是中华人民共和国交通部发布的《公路隧道设计规范》（JTGD 70—2004），该规范的分级基本执行《工程岩体分级标准》（GB 50218—94）的方法和思路，主要基于以下考虑：

1.《工程岩体分级标准》（GB 50218—94）是由我国水利水电部门会同铁道部、建设部和总参的有关单位共同制订的，该标准为国家基础标准之一，属强制性国家标准。

2.《工程岩体分级标准》（GB 50218—94）是在国内外特别是国内多个部门成果的基础上提出的，是一个各类型岩土工程都能适用的分级标准，有利于统一我国工程岩体（或围岩）分级的方法和标准。

3.《工程岩体分级标准》（GB 50218—94）的围岩分级采用定性与定量相结合的方法，将岩石坚硬程度、岩体完整程度两大基本因素和地下水、结构面产状、初始地应力状况作为修正因素，这些分级方法和规定是总结我国大多数围岩分级提出的，已得到了大部分同行的认可。

4. 定性与定量相结合，可以提高分级的准确性，以减少采用定性分级造成的误差。

公路隧道围岩分级表是基于《工程岩体分级标准》（GB 50218—94）经修正后提出的。

15.2.3　围岩分级表

采用定性和定量多因素指标相结合的分级方法，在《工程岩体分级标准》（GB 50218—94）基础上，根据调查、勘探、试验等资料、岩石隧道的围岩定性特征、围岩基本质量指标（BQ）或修正的围岩质量指标［BQ］值、土体隧道中的土体类型、密实状态等定性特征，确定围岩分级（表15-1）。

公路隧道围岩分级 表 15-1

围岩级别	围岩或土体主要定性特征	围岩基本质量指标（BQ）或修正的围岩基本质量指标［BQ］
Ⅰ	坚硬岩，岩体完整，巨整体状或巨厚层状结构	＞550
Ⅱ	坚硬岩，岩体较完整，块状或厚层状结构	550～451
	较坚硬岩，岩体完整，块状整体结构	
Ⅲ	坚硬岩，岩体较破碎，巨块（石）碎（石）状镶嵌结构 较坚硬岩或较软硬岩层，岩体较完整，块状体或中厚层结构	450～351
Ⅳ	坚硬岩，岩体破碎，碎裂结构	350～251
	较坚硬岩，岩体较破碎-破碎，镶嵌碎裂结构	
	较软岩或软硬岩互层，且以软岩为主，岩体较完整—较破碎，中薄层状结构	
	土体：1. 略具压密或成岩作用的黏性土及砂性土 2. 黄土（Q_1、Q_2） 3. 一般钙质、铁质胶结的碎石土、卵石土、大块石土	
Ⅴ	较软岩，岩体破碎；软岩，岩体较破碎-破碎；极破碎各类岩体。碎、裂状、松散结构	＜250
	一般第四系的半干硬至硬塑的黏性土及稍湿至潮湿的碎石土、卵石土、圆砾、角砾土及黄土（Q_3、Q_4）。非黏性土呈松散结构、黏性土及黄土呈松软结构	
Ⅵ	软塑状黏性土及潮湿、饱和粉细砂层、软土等	

注：1. 本表不适用于特殊条件的围岩分级，如膨胀性围岩、多年冻土等；
2. 当根据岩体基本质量定性划分和（BQ）值确定的级别不一致时，应重新审查定性特征和定量指标计算参数的可靠性，并对它们重新观察、测试。

一般认为，服务于工程设计的围岩分级是按其稳定性分级的。实际上，围岩的稳定性不仅取决于自然的地质因素，而且还与工程规模、洞室形状及施工条件等人为因素有关，因此目前这种根据地质因素划分围岩级别的方法实际上是岩体质量分级，它仅与岩体质量有关，而与工程状况和施工状况无关。严格来说，目前的围岩分级也不完全等同于岩体质量分级，例如分级中考虑的岩体结构特征既与自然条件有关，也与人为条件有关。

15.3　喷锚支护设计

喷锚支护，是将喷射混凝土和锚杆作为加强和利用围岩自身承载力的手段，因此设计时，必须从具体围岩的变形、破坏和稳定性出发，进行分析研究，针对不同的围岩，采取不同的设计原则。喷锚支护设计在原则上必须考虑下列几个问题：

（1）工程地质条件和岩体力学特性。工程地质条件和岩体力学特性是喷锚支护设计的基本资料，将关系到洞体布局、喷锚支护形式及参数的选取等。

（2）依据不同的围岩压力特点，对拱、墙等不同部位，采用不同的支护参数。对于中等以上的围岩，破坏形式主要为局部失稳而承受松散地压，支护参数的选取遵循"拱是重点、拱墙有别"的原则；而对不稳定围岩，主要承受变形地压，拱墙宜采用相同的支护参数。

（3）喷锚支护设计力求体现喷锚支护灵活性的特点，对于围岩局部和整体加固采取等强度支护原则，对于不同的岩体和不同的部位分别采用不同的支护类型与参数。如缓倾角的层状岩体或软硬互层的层状岩体，宜在拱部采用喷锚支护，而边墙采用喷射混凝土支护。又如岩层走向与洞轴线夹角较小，且为陡倾角岩层时，则必须在易向洞内顺层滑落的边墙上采用喷锚支护。

（4）喷锚支护设计应遵循实测位移评价的原则。鉴于喷锚的灵活性和易补性，使得有可能将实测位移看作为喷锚设计的一个组成部分。但由于岩体的地质条件和施工条件过于复杂，以致不大可能使所有的实测参数和模拟与实际情况完全一致。因此，施工期和施工后的位移观测可以对实际喷锚情况作出客观评价，为修改设计和补充加固提供基础资料。另一方面，也正因为采用实测位移评价原则和喷锚具有易补性这一优点，可以避免过于保守的设计，使喷锚支护设计完全可以做到安全可靠及更经济。

15.3.1　按局部作用原理的设计

一、锚杆的计算和设计

根据局部作用设计锚杆时，通常是基于悬吊原理。假定拱顶有一危岩 ABC（见图 15-1）需用锚杆加固。在节理裂隙上的抗剪力均已丧失的情况下，其重量 G 全部由锚杆悬吊，由静力平衡条件得：

$$\left.\begin{array}{l} Q = \dfrac{G\sin\alpha}{\sin\theta} \\[3mm] N = \dfrac{G\sin(\theta-\alpha)}{\sin\theta} \end{array}\right\} \tag{15-1}$$

式中　Q——裂隙 BC 上锚杆所承受的剪力；

N——锚杆应承受的拉力；

θ——锚杆与裂隙 BC 的夹角；

α——锚杆与垂直线的夹角。

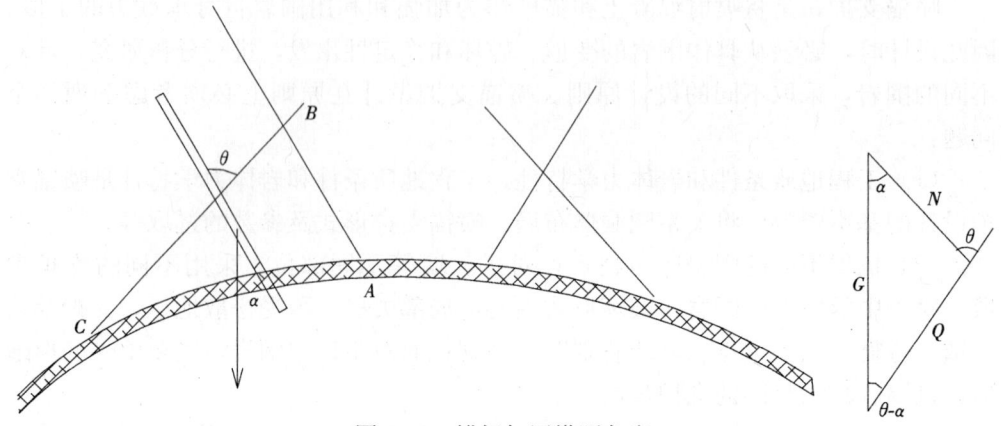

图 15-1　锚杆加固拱顶危岩

锚杆所需的截面积为：

$$A_s = \frac{KN}{R_t}$$
$$A_s = \frac{KQ}{\tau_s}\sin\theta \qquad\qquad (15-2)$$

式中　A_s——所需锚杆钢筋的截面积；

R_t——锚杆钢筋抗拉设计强度；

τ_s——锚杆钢筋抗剪设计强度；

K——安全系数，一般取 $1.5\sim2.0$。

锚杆必须穿过被悬吊的危岩，并锚固在稳定岩层中。因此，锚杆的设计长度必须满足：

$$l = l_m + h_r + l_e \qquad\qquad (15-3)$$

式中　l——锚杆的设计长度；

l_m——锚固长度，即锚杆插入稳定岩层中的长度；

h_r——加固长度，即沿锚杆方向所悬吊的危岩高度；

l_e——锚杆的外露长度。

当危岩处于侧壁上时（图 15-2），作用在锚杆上的力为：

$$N = \frac{G\sin(\alpha-\theta)}{\sin\theta}$$
$$Q = G\cos(\alpha-\theta) - G\sin(\alpha-\theta)\tan\varphi \qquad\qquad (15-4)$$

式中　φ——滑动面 BC 上岩体的内摩擦角；

其余符号含义同前。

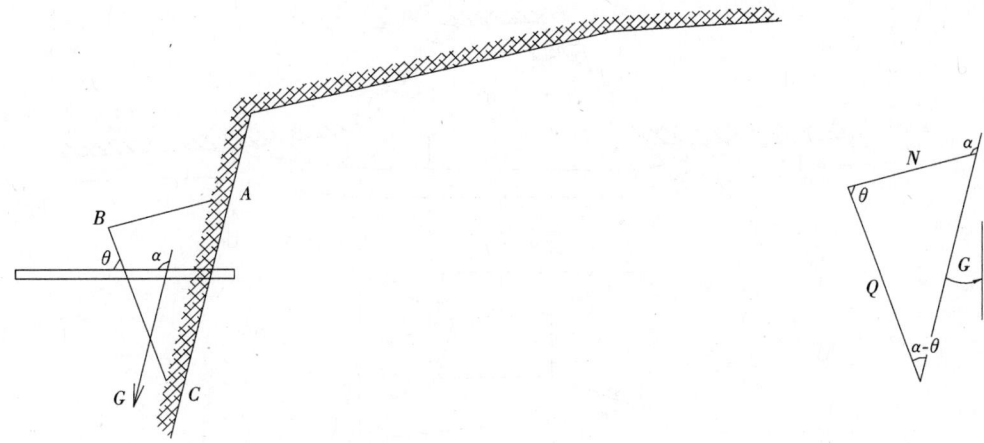

图 15-2　锚杆加固侧壁危岩

N 是压力，可由岩体本身承受，锚杆则主要用来承受剪切力。

二、喷射混凝土的计算和设计

被节理裂隙切割形成的块状围岩中，围岩结构面的组合，对围岩的变形和破坏起控制作用。采用喷射混凝土支护洞室，能够有效地防止围岩松动、离层和塌落，为达到这些功能就要求喷射混凝土层应有足够的抗拉力，使喷层在节理面处不出现冲切破坏；同时喷层和围岩间也应有足够的粘结力，使喷层不出现撕裂现象。这种观点可称为局部加固原理。

假设不稳定岩面块体的重量为 G，在保证喷层不沿危岩周边剪切破坏的条件下，喷层厚度应为（图 15-3）：

$$d_C = \frac{KG}{U\tau_s} \tag{15-5}$$

式中　U——危岩周边长度；

　　　K——安全系数；

　　　τ_s——喷层的抗剪强度极限值。

若按抗拉强度进行校核，这时可取 τ_t 来代替式（15-5）中的 τ_s。

根据弹性地基梁理论，可将喷层看作弹性地基上半无限长梁进行验算，作用在梁端上的集中力 P 近似取为：

$$P = \frac{G}{U} \tag{15-6}$$

式中符号含义同前。

根据局部变形理论，梁端位移为：

$$y = \frac{2P\alpha}{k} \tag{15-7}$$

梁端的弹性拉力为：

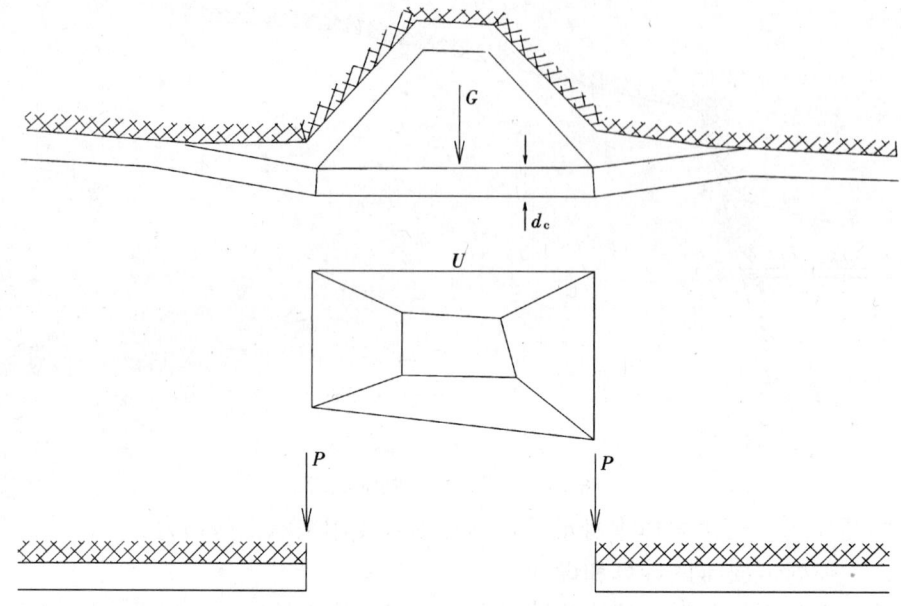

图 15-3   喷射混凝土加固

$$\sigma = ky = 2P\alpha \tag{15-8}$$

其中 α 为弹性地基梁的弹性特征系数，即

$$\alpha = \sqrt[4]{\frac{k}{4EI}} = 1.316\sqrt[4]{\frac{k}{Ed^3}} \tag{15-9}$$

式中 k——弹性拉力（拉伸）系数；

　　　　E——喷射混凝土的弹性模量；

　　　　d——喷层厚度。

代入 P 和 α 的数值，得：

$$\sigma = 2\frac{G}{U} \times 1.316\sqrt[4]{\frac{k}{Ed^3}} \tag{15-10}$$

这一应力不能超过喷层与岩石间的粘结强度 σ_u，考虑强度安全系数 K，则：

$$K\sigma = \sigma_u \tag{15-11}$$

喷层厚度为：

$$d = 3.63\left(\frac{KG}{U\sigma_u}\right)^{4/3}\left(\frac{k}{E}\right)^{1/3} \tag{15-12}$$

15.3.2　按整体作用原理的设计

一、锚杆的计算和设计

用锚杆群对洞室围岩做整体加固时，被锚杆加固的不稳定围岩可视为锚杆组合拱。并认为锚杆组合拱内切向缝（与拱轴线相切）的剪力由锚杆承受，斜向缝（与拱轴线斜交）的剪力由锚杆和岩石共同承受，径向缝（与拱轴线的切线垂直）的剪力由岩石承受（图 15-4）。

锚杆长度应超过组合拱高度：

$$l = Kh_z + l_e \tag{15-13}$$

式中　K——安全系数，可取为 1.2；

　　　h_z——组合拱高度；

　　　l_e——锚杆外露长度。

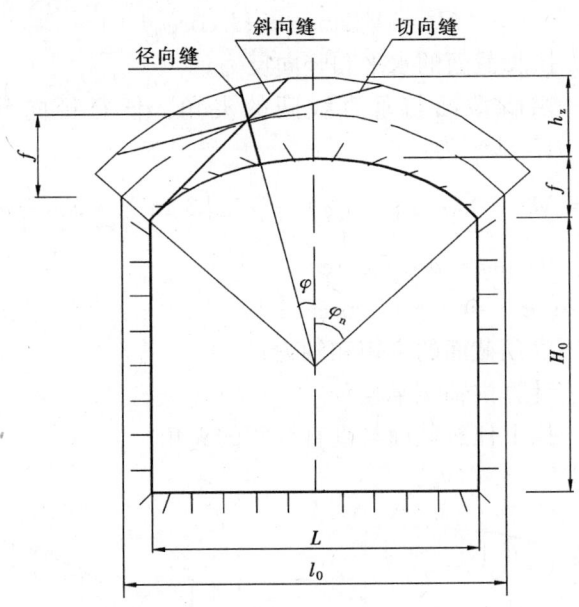

图 15-4　组合拱原理的计算

组合拱计算跨度，可近似取为：

$$l_0 = L + h_z \tag{15-14}$$

式中　l_0——组合拱计算跨度；

　　　L——毛洞跨度。

组合拱假定为两端固定的等截面圆拱，荷载按自重形式均布于拱轴上。单位长度上的荷载为：

$$q = \gamma h b \tag{15-15}$$

$$h = N_0 K_L$$

$$K_L = \frac{l_m}{6}$$

式中　h——荷载高度；

　　　N_0——围岩压力基本值，根据围岩类别确定；

l_m——洞室跨度；

γ——围岩重度；

b——组合拱纵向宽度；

k_2——跨度调整系数。

组合拱的计算是近似的，按照固端割圆拱的公式进行内力分析，可计算出多个截面上的弯矩、轴力和剪力。

拱脚处径向截面内力（图 15-5a）为：

$$\left.\begin{aligned} Q_n &= H_n\sin\varphi_n - V_n\cos\varphi_n \\ N_n &= V_n\sin\varphi_n + H_n\cos\varphi_n \end{aligned}\right\} \tag{15-16}$$

式中　H_n、V_n——拱脚截面的水平和竖向反力；

φ_n——拱脚截面与垂直线间的夹角。任意径向截面之内力（图 15-5b）为：

$$\left.\begin{aligned} M_\varphi &= M_0 + N_0 r(1-\cos\varphi) - qr^2\varphi\left(2\sin\frac{\varphi}{4}\cdot\cos\frac{3}{4}\varphi\right) \\ Q_\varphi &= N_0\sin\varphi - qr\varphi\cdot\cos\varphi \\ N_\varphi &= qr\varphi\cdot\sin\varphi + N_0\cos\varphi \end{aligned}\right\} \tag{15-17}$$

式中　M_0、N_0——拱顶截面的弯矩和轴力；

r——计算拱轴线半径；

φ——拱上任意截面与垂直线间的夹角。

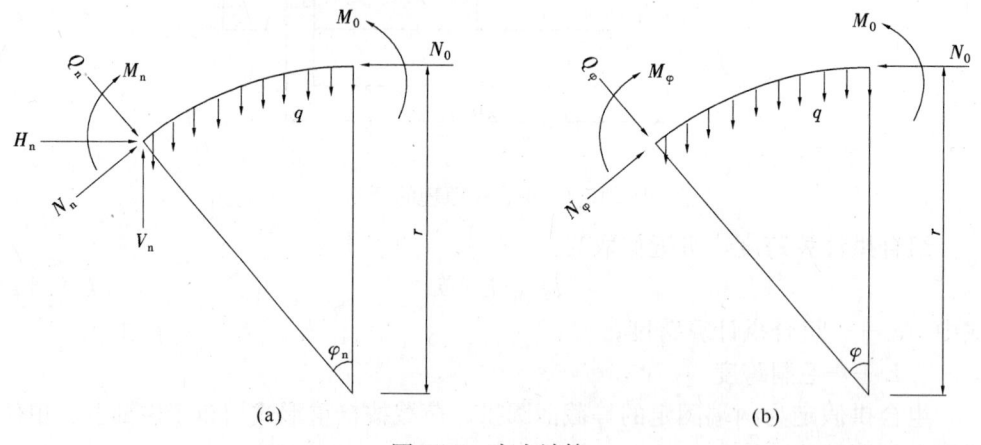

图 15-5　内力计算

根据内力数值来校核各个截面组合拱的强度，校核时主要在径向、切向或斜向的裂缝或结构面上进行。

组合拱计算虽然考虑了围岩的自承能力，但主要是从结构力学的概念进行分析的，尚不能完全反映喷锚支护的共同作用本质。其存在的主要问题是组合拱高度难以精确确定，通常将普氏自然拱高度或围岩分级中围岩的换算高度作为组合拱的高度；其次，把自重作为组合拱的唯一荷载，尚缺乏依据；此外，要清楚掌握围岩的结构特征，如结构面长度、走向及其分布规律也还有一定困难。

二、喷射混凝土的计算和设计

由于洞室围岩被若干组节理裂隙切割，存在一些不同倾向的缝，如径向缝、斜向缝和切向缝。采用喷射混凝土加固后，可认为第一层岩石与喷射混凝土结成整体，形成组合拱。现假定为一端固定的割圆拱，承受围岩荷载高度的全部岩石重量。荷载以自重形式作用于该组合拱的拱轴线上（图 15-6），大小为：

$$q = (\gamma_r h + \gamma_c d)b \tag{15-18}$$

式中　γ_r、γ_c——分别为围岩和喷射混凝土重度；

　　　　h——围岩荷载高度；

　　　　b——组合拱纵向宽度。

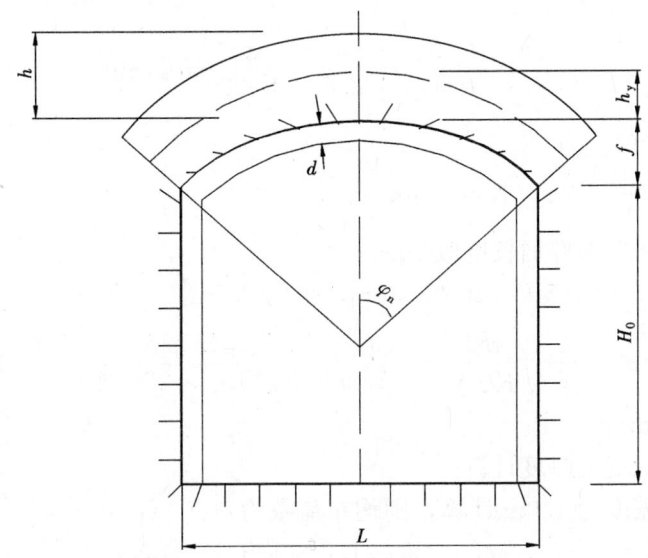

图 15-6　喷射混凝土组合拱计算

组合拱高度及计算跨度：

$$\left.\begin{array}{l} h_z = h_y + d \\ l_0 = L + h_y + d \end{array}\right\} \tag{15-19}$$

式中　h_y——组合拱中采用的岩石拱高度；

　　　　d——喷射混凝土厚度；

　　　　l_0——组合拱的计算跨度。

喷射混凝土岩石组合拱截面内力的计算公式和锚杆岩石组合拱相同。

根据内力数值计算来校核各个截面组合拱的强度，同样校核时主要在径向、切向或斜向的裂缝上进行。

15.3.3 算 例

【例题 15-1】 有一地下洞室，开挖宽度为 10m，高为 12m，顶部为割圆拱。围岩为石英砂岩，属稳定性较差的 V 级围岩，其重度为 25kN/m³。采用 16 锰 d_m =20mm 的螺纹钢筋砂浆锚杆，抗拉设计强度为 R_g =340MPa。喷射混凝土为 C20，抗拉设计强度为 0.84MPa。钻孔直径 38mm，砂浆与钢筋的粘结力 3MPa，与钻孔岩石的粘结力为 2MPa。试设计该洞室的喷锚支护。

【解】

一、锚杆参数的计算

锚杆长度： $$l = l_1 + h_y + l_2 + l_3$$

锚固长度： $$l_1 = \frac{d_m R_g}{4\tau_m} = \frac{2}{4} \times \frac{340}{3} = 57\text{cm}$$

$$l_1 = \frac{d_m^2}{d_z} \frac{R_g}{4\tau_z} = \frac{2^2}{3.8} \times \frac{340}{4 \times 2} = 45\text{cm}$$

取 l_1 =57cm

取 $h_y = h = \frac{1}{6} \times 0.9 \times 10 = 1.5\text{m}$

l_2 取 5cm，l_3 为外加长度取 20cm。

则 l =0.57+1.5+0.05+0.20=2.32m，采用 2.5m。

锚杆间距：$a = \frac{d_m}{2} \sqrt{\frac{\pi R_g}{K h_y \gamma}} = \frac{2.0}{2} \sqrt{\frac{\pi \times 340}{1.5 \times 1.5 \times 25 \times 10^{-3}}} = 138\text{cm}$

取 a =1.2m。

二、喷射混凝土厚度计算

如取单位宽度为 1.0m 计算，则均布荷载为：

$$q = \frac{\gamma a}{2} b = \frac{25 \times 1.2 \times 1.0}{2} = 15\text{kN/m}$$

弯矩： $$M = \frac{1}{10} q a^2 = \frac{1}{10} \times 15 \times (1.2)^2 = 2.16\text{kN} \cdot \text{m}$$

应力 $$\sigma = \frac{M}{W} = \frac{2.16 \times 10^3}{\frac{100 \times d^2}{6}} = \frac{129.6}{d^2} \leqslant [\sigma_l]_h$$

因 $[\sigma_l]_h$ =0.84MPa

所以 $$d = \sqrt{\frac{129.6}{0.84}} = 12.4\text{cm}$$

取 d =12cm。

以上按悬吊设计原理计算时，喷锚结构的参数为：锚杆直径 20cm，长 2.5m，间距 1.2m，喷射混凝土厚度为 12cm。

必须指出，此设计参数并不是唯一的，例如采用锚杆间距 1.0m，喷射混凝土厚度 9cm 也是可以的。

15.4　施工信息的反馈

新奥法的重要思想之一是"适时支护"，即过迟的支护会引起洞室变形的不收敛，造成破坏；而过早的支护往往需要过大的支护力，这又容易造成支护的浪费或支护的破坏。但是，要做到施工开挖之前就能准确地确定各项支护参数以及最优开挖支护方案，并非易事。地下洞室的稳定性与许多因素有关，如岩体构造、岩体材料的物理力学特性、初始地应力、地下水作用和时间等。地下工程的设计者们总是试图事先确定上述因素，利用各种方法确定最优的支护类型和参数，但即使再大规模的室内试验和再大型的电子计算机，也还没有可能精确地模拟整个工程区域的岩体材料性质和地质构造因素。实际工程中，总是要采用大量的简化，因此其结果用于宏观控制有较大意义，但用于工程施工还有一定距离。因此，施工信息反馈，即所谓的信息化设计就是适应上述情况而提出的一种新的围岩稳定性评价方法和地下工程设计方法。与其他方法不同，基于施工信息反馈的信息化设计要求在施工过程中布置监测系统，从现场围岩的开挖及支护过程中获得围岩稳定性及支护设施的工作状态信息。地下工程的围岩是一个包含有各种复杂因素的共同作用的模糊系统，具有很多不确定条件，用常规的力学方法难以描述围岩与支护的力学特征和变化势态。为了避开这项难度很大的工作，我们可将上述模糊系统看作一个"黑箱"，工程施工看作"输入"因素，而监测的结果则为系统的"输出"结果。这些输出信息包含了各种因素的综合作用，通过分析研究这些输出信息，就可以间接地描述围岩的稳定性和支护的作用，并反馈于施工决策、系统修正和确定新的开挖方案的支护参数。

施工信息反馈方法并不排斥以往的各种计算、模型试验和经验类比等设计方法，而是把它们最大限度地包含在自己的决策支持系统中去，以发挥各种方法特有的长处。

反馈分析相当于力学计算的逆命题，不是由已知边界条件、荷载、材料的物理力学参数求解域内各点的位移和应力，而是根据部分测点的位移、应力反求材料参数及初始地应力，同时对洞室稳定性进行判断。反馈分析有"正演法"和"逆演法"两种。正演法仍利用力学计算应力分析的基本格式，对反馈分析所需的参数进行数学上的近似，并进行不断的优化。如在位移反馈分析中采用如下的目标函数 J：

$$J = \sum_{i}^{n} (u_{mi} - u_{ci})^2 \qquad (15\text{-}20)$$

式中　u_{mi}——实测位移；

　　　u_{ci}——计算位移。

可用各种优化方法使目标函数 J 趋于最小，即可得到相应的参数，这种方法适应性广，但计算量大。

"逆演法"则需要建立一套与常规应力分析格式相反的计算公式。在线弹性情况下，可用迭加原理建立逆演法的计算格式，非线性情况则并非易事。但无论是"正演"还是"逆演"，所得出的弹性模量和其他参数，都只能是"等效参数"，或称"综合参数"，不再是弹性力学概念上的弹性模量和参数了。

15.5　围岩稳定性的分析

在岩体中开挖和构筑结构物时，必将引起岩体初始应力场的改变。围岩稳定性分析涉及岩体对工程活动的响应，人们所关心的问题通常是在岩石中产生的次生应力和位移以及岩体的稳定性。然而必须认识到，岩体是结构体和结构面的组合体，岩体中存在各种各样的结构面，因而岩体是不连续的介质。为了分析围岩的稳定性，人们提出了岩体结构这一概念，认为岩体是有结构的，岩体的力学作用主要受岩体结构面及岩体结构控制着。因此，围岩的稳定性分析通常是指围岩的局部稳定分析，并进一步依据各局部单元的分析结果，评判围岩的整体稳定性。

围岩出现局部失稳的原因主要是由于岩体中的软弱结构面与洞室临空面的不利组合所构成的不稳定块体的掉落和塌滑所造成。应当引起注意的是，不稳定块体并非全是由软弱结构面与临空面切割而成，很多情形下，它是由软弱结构面、临空面以及由于不利受力状态而形成的切割面等所组成。目前，国家喷锚支护技术规范中，规定必须对围岩进行稳定性分析计算，并当原设计采用的喷锚支护结构不足以维持不稳定块体的稳定时，必须对不稳定块体进行局部加固。此外，为及时预报出现围岩局部塌落事故，也要求在施工时对围岩中不稳定块体的稳定性进行分析。

不稳定块体的计算与加固是通过下述步骤来进行的：

一、不稳定块体的几何分析

不稳定块体的几何分析是指确定结构面面积、结构体体积和重量等，这些都是稳定分析中的必要数据。不稳定块体的几何分析是以地质勘察工作所获得的地质结构面产状和测点坐标，以及工程设计开挖的几何参数为前提的，有了这些参数就可以通过解析法或图算法来确定不稳定块体的几何参数。

二、失稳方式的运动学分析

运动学分析的主要任务是判别不稳定块体的运动趋势和失稳方式。运动学分析是在上述几何学分析的基础上，再考虑荷载的作用。荷载一般包括重力、地应力及动态力（地震力、爆破抗动等）。但通常仅研究静态力，动态力不予考虑。地应力引起的围岩应力场对围岩的稳定性是有影响的，但一般的地下工程常常不给出地应力数据，而且不考虑地应力影响通常是偏于安全的。因此，喷锚支护设计中，一般局部稳定分析不考虑由地应力引起的围岩应力的作用。由于不稳定块体边界切割面的情况不同，初始位移趋势可能有多种发展结果，即可能有多种失稳方式：（1）由于受到边界切割面的限制，结构体不能向临空面位移，而是在某一结构面上压紧，或者所有结构面不能脱开，则结构体是稳定的；（2）由于切割面的影响，产生沿结构面或结构面交线滑动，位移方向指向临空面，这时形成滑动失稳；（3）当合力矢量作用于边界面以外，或是结构体受力位移后形成一定力矩时，若指向临空面，则可能发生转动或倾倒；（4）不受切割面影响，结构体的初始位移即造成所有结构面上的拉开，这时形成崩落或抛出。归纳起来，岩石结构体的运动状态可能为稳定、崩落、滑动、转动、倾倒等。常见的失稳运动方式是崩落和滑动，因而设计时，通常不考虑转动和倾倒的失稳方式。

三、稳定系数的计算分析

稳定分析是根据岩石结构体受力运动和阻抗力的对比关系，确定相对于极限状态时的稳定程度，作出稳定性评价。

1. 拱顶不稳定块体的稳定程度

当不考虑原岩应力时，坠落是自由的，稳定系数 $\eta = 0$。一般以结构体重量作为喷锚支护设计的依据。

2. 边墙不稳定块体的稳定系数

（1）单面滑动（图 15-7）

不稳定块体在自重作用下可能沿底面积的倾向滑动，稳定系数为：

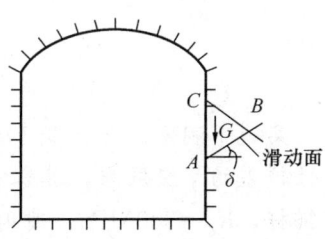

$$\eta = \frac{Q\cos\delta \cdot \tan\varphi + \Delta F \cdot c}{Q\sin\delta} \qquad (15\text{-}21)$$

式中　Q——不稳定块体重量；

　　　　δ——滑动面倾角；

　φ、c——滑动面内摩擦角和粘结力；

　　ΔF——滑动面面积。

图 15-7　边墙不稳定块体单面
滑动计算示意图

（2）双面滑动

不稳定块体可能沿两结构面的交线滑动，其稳定系数为：

$$\eta = \frac{Q\cos\delta(\sin\delta_2 \tan\varphi_1 + \sin\delta_1 \tan\varphi_2) + (\Delta F_1 c_1 + \Delta F_2 c_2) \cdot \sin(180° - \delta_1 - \delta_2)}{Q\sin\delta\sin(180° - \delta_1 - \delta_2)}$$

$$(15\text{-}22)$$

式中　　　　Q——结构体自重；

δ——结构面交线倾角；

δ_1——交线的法线与滑动面 F_1 的夹角；

δ_2——交线的法线与滑动面 F_2 的夹角；

φ_1、c_1、φ_2、c_2——分别为相应的滑动面 F_1、F_2 的内摩擦角和黏聚力；

ΔF_1、ΔF_2——滑动面 F_1、F_2 的面积。

四、不稳定块体的喷锚支护计算

喷锚支护是当前加固不稳定块体的主要支护方式，尤其是采用锚索支护，其加固效果远优于其他支护形式。对可能失稳的不稳定块体需进行局部加固计算和锚喷支护的强度计算，以确定喷层厚度、锚杆根数和参数以及锚杆的布置方案。一般情况下，喷层厚度按整体加固要求确定，局部加固主要是计算锚杆的根数和参数。

在进行局部稳定分析后，可对围岩整体加固进行支护设计。

思　考　题

1. 试述喷锚支护设计的基本原理。

2. 围岩分级的依据是什么？分级方法有哪些？

3. 喷锚支护设计中的局部作用原理和整体作用原理有何不同？

4. 施工信息反馈分析有哪些方法？

5. 围岩稳定性分析中块体失稳形式有哪些？其稳定性是如何确定的？

习　题

某地下洞室，开挖宽 11m，高 13m，顶部为割圆拱。围岩为石英砂岩，属稳定性较差的 V 级围岩，其容重为 26kN/m³。采用 16 锰 $d_m = 20$mm 的螺纹钢筋砂浆锚杆，$R_g = 340$MPa。喷射混凝土为 C25，抗拉设计强度为 0.89MPa。钻孔直径 42mm，砂浆与钢筋的粘结力为 3MPa，与钻孔岩石的粘结力为 2MPa。试设计该洞室的喷锚支护。

第16章 特 殊 结 构

16.1 概　述

　　地下建筑结构中，穹顶直墙结构、洞门、岔洞、竖井和斜井的设计与计算也是重要的课题。由于使用要求的不同，会出现多种不同的布置形式、类型与构造。目前对特殊结构的设计主要采用工程类比法，在构造上加强处理，在结构设计和构造形式上保证结构受力明确、施工方便。

16.2 穹 顶 直 墙 结 构

　　穹顶直墙衬砌结构是一种圆底薄壁空间结构。它具有良好的受力性能和较小的表面积。可以节省材料、降低造价。这种衬砌结构一般包括顶、墙整体连接的整体式结构和顶、墙互不联系的分离式结构两种。这里仅介绍常用的分离式结构，它主要用于无水平压力或水平压力较小的围岩中，但须验算环墙的强度。

16.2.1　衬砌的结构形式与尺寸

　　穹顶直墙衬砌由穹顶（顶盖）、环梁（支座环）、环墙及底板组成（图16-1）。

　　衬砌的几何尺寸，主要由使用要求、地质条件、施工条件、材料供应等因素决定。当作地下油罐用时，应使衬砌表面积小而盛油量大，即用料最省、造价最低，目前修建的油罐内径一般为墙高的1~2倍（地质条件好的取高值，一般硬质岩整体性较好时，取 1.5 左右为宜）。当用作回车场时，应使岔洞交于环墙，这样，既构造简单、施工方便，也有利于受力。

　　穹顶通常为等厚度钢筋混凝土球面壳体，它是由一根平面圆弧绕位于同一平面且通过圆弧圆心的一根轴旋转而成的曲面，其几何尺寸计算与割圆拱相似。

　　穹顶一般采用矢跨比为 1/7~1/5 的扁球壳，厚

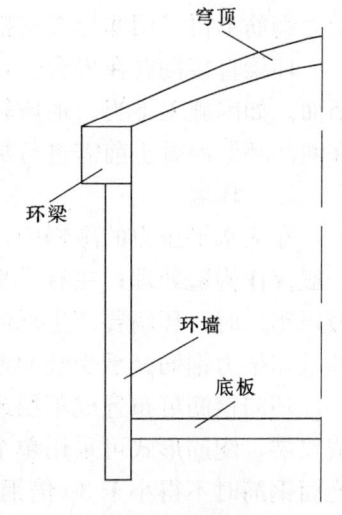

图 16-1　分离式穹顶直墙衬砌示意图

度可先按 $\delta=(0.012 \sim 0.014)D_0$ 估算，目前常用 20～30cm。为了便于应用现有薄壳理论，δ 值不能太大，应符合 $\delta/R \leqslant 1/20$（R 为穹顶曲面球的计算半径）的要求。但在环梁附近的穹顶，应根据其内力大小均匀地逐渐增厚（图 16-1），增厚区弧长一般小于 1/7.5 穹顶内缘底直径，增加的厚度不小于穹顶中央部分的厚度。

环梁为等截面圆形封闭曲梁，多采用高宽比为 1 左右的矩形截面，常用宽 b_h ≥60cm，高 h_h ≥40cm。

环墙一般为等截面或内斜外直的变截面，厚 20～40cm，当内外均无水平压力时，可由构造确定，否则，需进行计算。

在岩石地下建筑中，底板为平板，厚度一般按构造确定，取值为 15～30cm。

16.2.2　衬　砌　构　造

一、穹顶

穹顶一般做成现浇钢筋混凝土结构，当跨度很小时，也可做成砌体局部辅以钢筋混凝土的结构。穹顶主要承受垂直均布荷载，在中央区弯矩很小，以经向和纬向压力为主，这个区域可以不配钢筋或按含钢率不小于 0.1% 构造配筋。环梁附近的边缘区有经向压力、纬向压力及较大的经向弯矩存在，需要配筋。钢筋混凝土穹顶的配筋，由辐射状的径向钢筋和同心圆状的纬向钢筋构成的正交钢筋网组成。当穹顶上作用集中荷载时，需根据计算设置附加钢筋网，具体的配筋可参考相关规范。

二、环梁

环梁通常是一个拉弯构件，可按偏心受拉构件设计，上下对称配筋。常用受力钢筋直径为 $\phi 12 \sim 16mm$，并配有直径 $\phi 6 \sim 8mm$、间距 25～30cm 的封闭箍筋。受力钢筋不得采用非焊接的搭接接头。

环梁直接搁置在岩台上，应采用控制爆破法开挖岩台，保证岩台稳定及设计断面。如因施工不当、地质较差等原因不能保证岩台设计断面或使岩台破裂时，在灌注环梁混凝土前需进行加固处理。

三、环墙

在无水平压力的围岩中，环墙的受力主要取决于使用要求，若无使用荷载，一般仅作构造处理；在有水平压力的围岩中，或虽无水平压力但有使用荷载（如液压等）时，环墙要产生环向拉（压）力及竖、环向弯矩，这时需配置环向钢筋和既作架力钢筋又承受竖向弯矩的竖向受力钢筋。

环向钢筋可布置成单层或双层，一般当环墙较厚时（不小于 20cm），常布置成双层，配筋形式可采用单个钢筋环。单个钢筋环中如果采用搭接，搭接长度在光面钢筋时不得小于 30 倍钢筋直径，且必须设置弯钩，接头应当错开。常用的环向钢筋直径为 $\phi 8 \sim 10mm$，间距 20～25cm；竖向钢筋直径为 $\phi 10 \sim 16mm$，间距 20～30cm，一般双层配置，这对抵抗温差变化、混凝土收缩等影响而出现的裂缝是有利的。竖向钢筋也可以分段配置或只将半数的竖向钢筋伸至墙顶，另一半在墙高中部交替截断。

四、底板

底板为弹性地基圆板。在岩石地下结构中，分离式穹顶直墙衬砌的底板，在可能承受的边缘分布集中力、边缘分布弯矩及液体均布压力等荷载作用下，内力很小，可不计算，一般仅做构造处理。

16.2.3　分离式穹顶结构的计算原理

分离式穹顶直墙结构的环墙与穹顶和环梁是互不联系的，计算时需要分别考虑。穹顶结构是球面薄壳，环梁是直接搁置在围岩上的弹性地基环梁，二者整体连接共同工作。计算简图的简化原则为：（1）将穹顶视为其边缘与弹性地基环梁整体连接的球面薄壳结构，忽略穹顶局部增厚的影响；（2）弹性地基环梁与地面壳体的环梁不同，侧面及底面均与围岩紧密接触，计算时应考虑侧面及底面的弹性抗力作用；（3）计算时还应考虑环梁与围岩间存在的摩擦力；（4）弹性地基环梁可按结构力学方法计算，穹顶的球面薄壳按壳体结构理论计算。

分离式穹顶结构的计算关键是如何考虑环梁区的围岩弹性抗力及环梁与围岩间的摩擦力。计算表明，若考虑环梁区的围岩弹性抗力及底部摩擦力时，将使环梁内力及壳体最大纬向拉力较不考虑围岩弹性抗力和摩擦力时减小很多，并对弯矩也有一定影响。作用于穹顶上的荷载，除自重、回填层重及使用荷载外，围岩压力应按空间洞室确定。具体的计算可参考文献 [1]、[2]。

16.3　洞　　门

洞门附近通常都比较破碎松软，易于失稳，形成崩塌。为了保护岩（土）体的稳定和使车辆不受崩塌、落石等威胁，确保行车安全，应该选择恰当的洞门形式，并对边、仰坡进行适宜的护坡。洞门设计主要是洞门墙的设计。洞门墙是用以阻止削坡坍塌的构筑物，实质上是为了加固地下建筑口部的洞门仰坡及与洞门相连的那部分路堑边坡的挡土墙。此外，洞门墙还能把仰坡汇流的地表水引离洞口，洞门形式的设计应保证运营安全，并与周边环境协调。

16.3.1　洞门的类型和构造

（一）洞门类型

洞门基本上可分为如下几类：

1. 端墙式（图 16-2）

由洞口衬砌和端墙组成的洞门称为端墙式洞口。它用于仰坡岩层比较稳定，不会产生很大水平主动压力时的地下建筑口部。端墙式洞门一般适用于岩质稳定

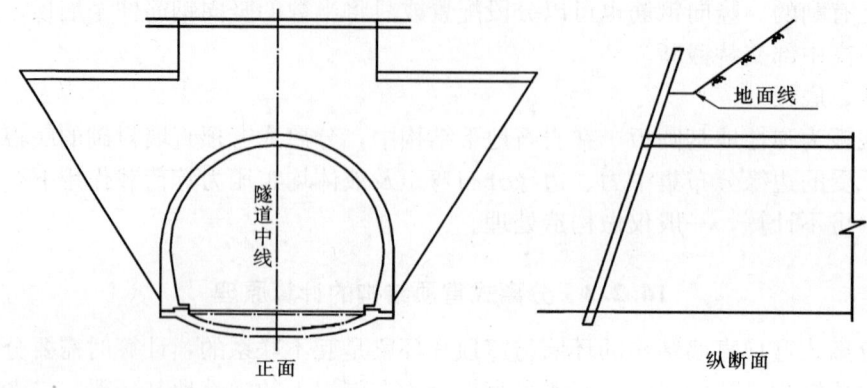

图 16-2　端墙式洞门

的Ⅲ级以上围岩和地形开阔的地区，洞口衬砌应与洞内衬砌连成整体，以加强结构的稳定性。

　　2. 翼墙式（图 16-3）

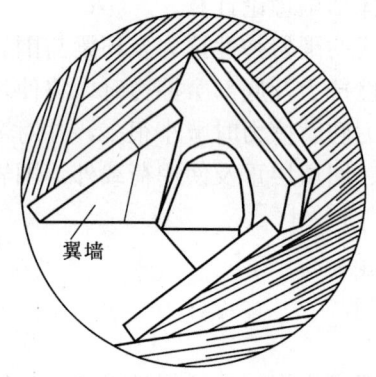

图 16-3　翼墙式洞门

　　由洞口衬砌和端墙，以及翼墙组成的洞门称为翼墙式洞门。它用于岩层较差，仰坡不稳定，可能产生很大水平主动压力的地下建筑口部。翼墙式洞门适用于地质较差的Ⅳ级以下围岩，以及需要开挖路堑的情况。在端墙两侧设置的翼墙，能保证端墙的稳定和支持洞口路堑边坡，加固坡脚的作用。端墙应与衬砌连成整体，以加强洞门结构的稳定性。

　　3. 柱式洞门（图 16-4）

　　柱式洞门是在端墙上增加对称的两个立柱，不但雄伟壮观，而且可对端墙局部加强，增加洞门的稳定性。此种形式一般适用于城镇、乡村、风景区附近的隧道。

　　4. 台阶式洞门（图 16-5）

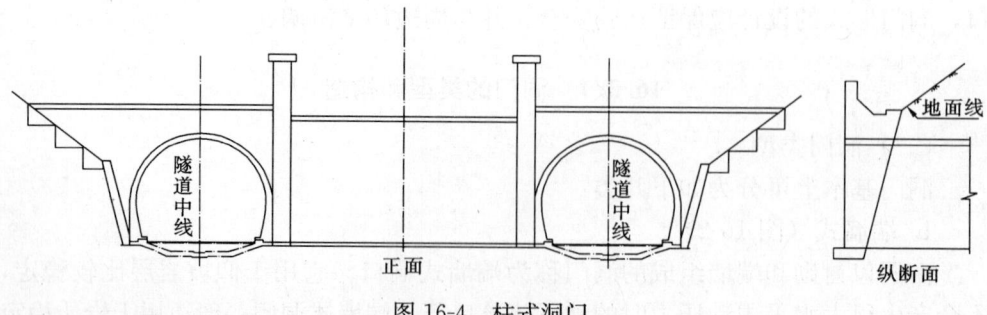

图 16-4　柱式洞门

台阶式洞门在沿溪线傍山隧道半路堑情况下常采用这种形式，为了适应山坡地形，将端墙常做成台阶式。

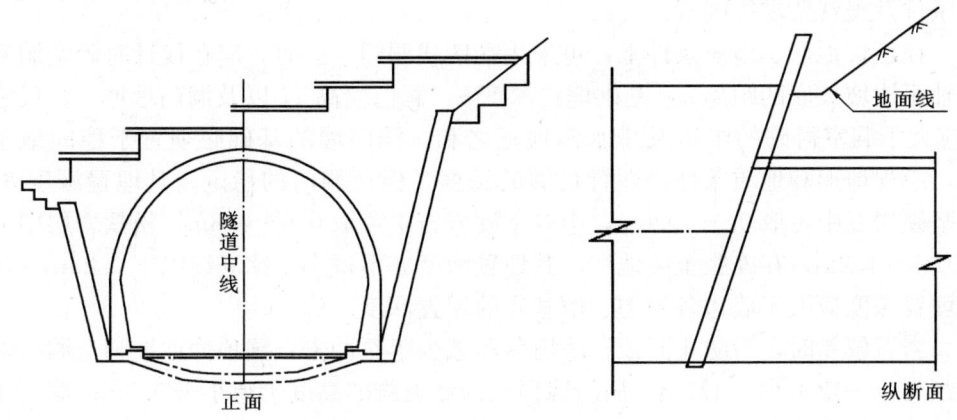

图 16-5 台阶式洞门

5. 环框式洞门（图 16-6）

环框式洞门形式最简单，一般适用于洞口地形陡峭、岩层完整、坚硬而且无风化岩层，开挖后边坡和仰坡稳固，坡面无坍塌可能，坡面上汇水量少，对隧道的施工和运营无影响。环框与洞口衬砌用混凝土整体灌注。当洞口为松软的堆积层时，通常应避免大的仰、边坡，一般宜采用接长明洞，恢复原地形地貌的办法。环框上方及两侧仍应设置排水沟渠，以排除地表水，防止漫流。

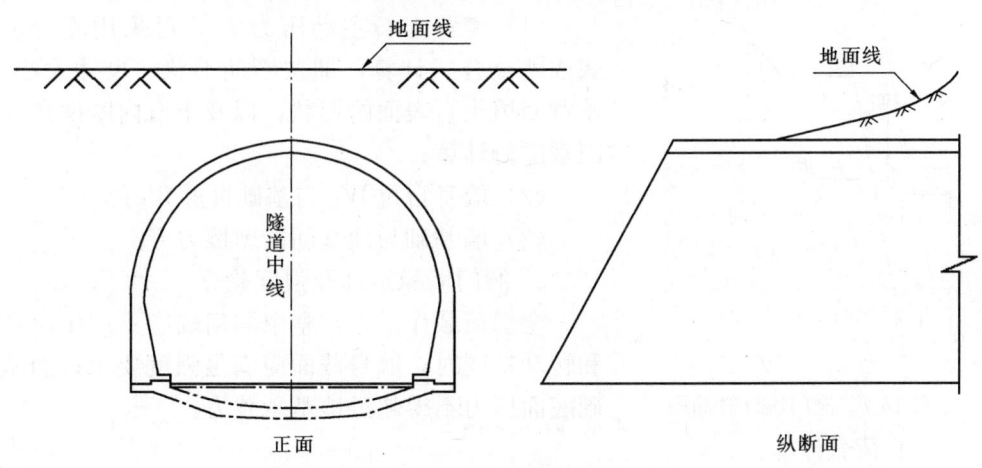

图 16-6 环框明洞洞门

（二）洞门尺寸和构造

洞门宜与隧道轴线正交。

洞门墙应根据实际需要设置伸缩缝、沉降缝和泄水孔；其结构的最小截面厚度，应根据不同的材料种类拟定，一般不得小于 30～50cm。

洞门墙的正面尺寸，取决于所采用的洞门墙形式、边坡坡度、衬砌形式、地质条件及美观要求等因素。

在正常地形、地质条件下，可采用端墙式洞门。此时，应在设计时确定洞室中轴至边坡坡底的距离 a，基础埋置深度 h，洞门墙高 H 以及洞门墙厚 d。尺寸 a 应大于洞室衬砌的半跨及排水沟顶宽之和。洞门墙的基础必须置于稳固地基上，应视地形和地质条件，埋置足够的深度，保证洞门的稳定。其埋置深度 h，在坚硬岩石中可取 0.4～0.6m，中等坚硬岩石中可取 0.6～0.8m，松软岩层中可取 0.8～1.2m，在冻胀土壤地区，其埋置深度亦不得小于冰冻线以下 0.25m。基地埋置深度应大于墙边各种沟、槽基底的埋置深度。

岩石较差时，为防止洞顶石块坍落及减少落石冲击，洞顶仰坡坡脚至洞门墙背距离，一般不小于 1.5m；洞门墙顶至仰坡坡脚的高度不得小于 0.5m；洞门墙与仰坡之间水沟的沟底至衬砌拱顶外缘底高度通常不小于 1m（水沟底下如有填土应紧密夯实）。洞门墙应向后倾仰，其倾斜坡度一般为 1∶0.05～1∶0.02。

16.3.2　计 算 原 理

洞门墙可视为挡土墙来验算其强度，并应验算绕墙趾倾覆及沿基底滑动的稳定，从而最后决定洞门墙结构各部分尺寸。

计算公式及步骤

1. 洞门墙承受的荷载（图 16-7）

（1）墙背土石主动压力 E_a，可采用库仑公式或朗金公式计算，即按断面形状、尺寸大小、墙背回填土石表面的形状，以及土石内摩擦角等因素进行计算；

（2）墙身自重 W_1 与基础自重 W_2；

（3）墙基础与地基间的摩擦力 F。

2. 洞门墙稳定性及强度验算

全部荷载作用下，整个洞门墙应不产生滑动和转动；同时，墙身截面应满足强度要求；而基础底面压力不得超过地基承载力。

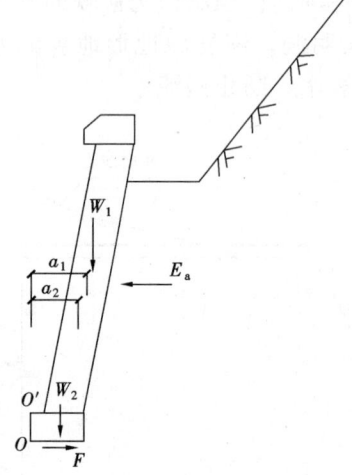

图 16-7　洞门墙计算简图

（1）荷载计算

土石主动压力 E_a，可按库仑公式或朗金公式计算。并根据墙的几何尺寸及所用材料的重度计算墙身和基础的自重。

（2）稳定性验算（图 16-8）

①倾覆稳定验算

对墙前前趾 O 的倾覆力矩为：

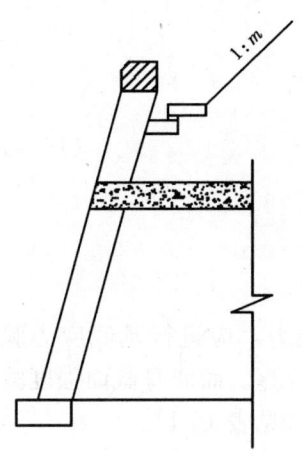
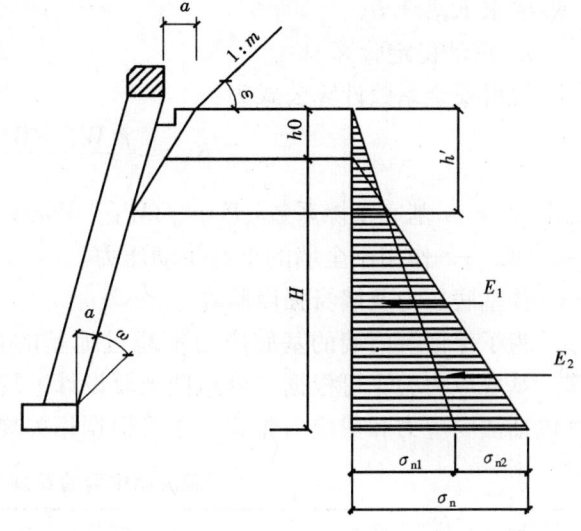

图 16-8 洞门墙稳定性验算

$$M_0 = E_1 b_1 + E_2 b_2 \tag{16-1}$$

式中 b_1，b_2——力臂，其中

$$b_1 = \frac{1}{3}(H + h_0)$$

$$b_2 = \frac{1}{3}(H + h_0 - h')$$

$$E_1 = \frac{1}{2}(H + h_0)\sigma_{H_1}$$

$$E_2 = \frac{1}{2}(H + h_0 - h')\sigma_{H_2}$$

而

$$\sigma_{H_1} = \frac{H + h_0}{h'}\sigma'_k$$

$$\sigma_{H_2} = \sigma_H - \frac{H + h_0}{h'}\sigma'_k$$

$$h' = \frac{a}{\tan w - \tan \alpha}$$

对墙基前趾 O 的抗倾覆力矩为：

$$M_y = W_1 a_1 + W_2 a_2 \tag{16-2}$$

式中 W_1，W_2——洞门墙身及基础自重；

a_1，a_2——W_1，W_2 对墙基前趾 O 的力臂。

因此抗倾覆安全系数为：

$$K_r = \frac{M_y}{M_0} \tag{16-3}$$

一般要求 $K_r \geqslant 1.5$。

② 滑动稳定验算

抗滑安全系数计算公式为：

$$K_s = \frac{f(W_1 + W_2)}{E_a} \qquad (16-4)$$

式中 f——基底摩擦系数，$F = f(W_1 + W_2)$；

E_a——作用于全墙的土石主动压力。

③基底压力及墙身强度验算

为了保证洞门墙的基底应力不超过地基的容许承载力，应进行基底应力验算。基底应力验算可根据《公路挡土墙设计》规范进行计算。而墙身截面强度验算包括法向应力和剪应力验算，亦可根据相关规范进行（见表16-1）。

洞门墙主要验算规定 表 16-1

墙身截面荷载效应值 S_d	≤结构抗力效应值 R_d（按极限状态计算）
墙身截面偏心距 e	≤0.3 倍截面厚度
基底应力 σ	≤地基容许承载力
基底偏心距 e	岩石地基≤B/4～B/5；土质地基≤B/6（B 为墙底厚度）
滑动稳定安全系数 K_c	≥1.3
倾覆稳定安全系数 K_0	≥1.6

洞门设计计算参数应按现场试验资料采用。当缺乏试验资料时，可参照表16-2选用。

洞门设计计算参数 表 16-2

仰坡坡度	计算摩擦角 ϕ (°)	重度 γ (kN/m²)	基底摩擦系数 f	基底控制压应力 (MPa)
1：0.50	70	25	0.6	0.8
1：0.75	60	24	0.5	0.6
1：1.00	50	20	0.4	0.40～0.35
1：1.25	43～45	18	0.4	0.30～0.25
1：1.50	38～40	17	0.35～0.40	0.25

16.4 岔 洞

洞室在平面和空间方面纵横交错的交汇贯通处的衬砌结构，即为岔洞结构。根据地下建筑的不同使用要求，会呈现不同的布置形式，如"棋盘式"、"放射式"等。

岔洞结构为一空间结构体系，其受力状态或构造形式等方面非常复杂，并在岔洞处的围岩因应力集中极易失稳。

16.4.1 岔洞形式

工程中常见的岔洞形式有：

1. 垂直正交岔洞结构

这种形式的岔洞结构平面轴线相互垂直。包括双向的十字形岔洞形式及 L 形和 T 字形岔洞结构，如图 16-9（a）、（b）、（c）所示。

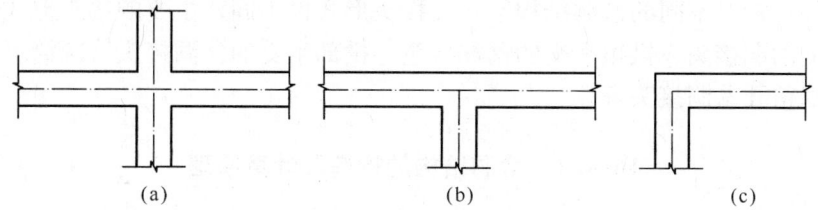

(a)　　　　　　　(b)　　　　　　　(c)

图 16-9　垂直正交岔洞结构

(a) 十字形；(b) T 形；(c) L 形

2. 斜向交叉岔洞结构

这种形式的岔洞结构平面轴线互不垂直，且两相交轴线间的最小夹角 $\alpha \geqslant 60°$，如图 16-10 所示。

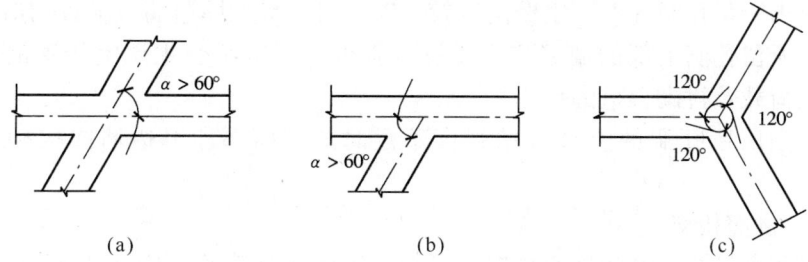

(a)　　　　　　　(b)　　　　　　　(c)

图 16-10　斜向交叉岔洞结构

(a) 双向贯穿交叉；(b) 单向交叉；(c) 三向交叉

3. 混合式岔洞结构

这种形式的岔洞结构平面轴线有的相互垂直，有的不垂直，它是垂直正交和斜向交叉岔洞结构的混合形式，如图 16-11 所示。

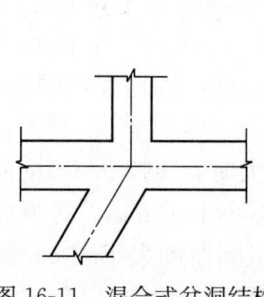

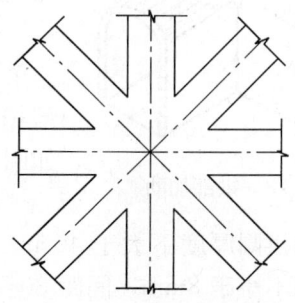

图 16-11　混合式岔洞结构　　　　图 16-12　放射式岔洞结构

4. 放射式岔洞结构

这种形式的岔洞结构平面轴线以多于 4 条的数量交于一点，如图 16-12 所示。

实践表明，岔洞处相交的洞室越少，且各平面轴线相互垂直时，岔洞结构的受力情况较其他平面形式有利，故设计上常采用平面垂直正交岔洞结构。其他特殊的岔洞结构形式，仅在特殊情况下才采用。

此外，针对不同的岔洞结构形式，接头形式也不同，主要的接头形式包括边墙相交的岔洞接头、拱顶平交的岔洞接头、拱部半交的岔洞接头、圆筒形岔洞接头及边墙留孔岔洞接头等。

16.4.2   岔洞结构的构造及计算原理

目前对于岔洞结构尚无统一的计算方法，可运用有限元法对岔洞结构进行数值分析，但岔洞结构的计算和设计仍主要是按工程类比法，并根据现有经验做适当构造处理。

（一）边墙相交或边墙留孔

构造的主要要求为：

（1）当所留孔洞的上部墙壁高度较小时，可局部加厚边墙或配置构造钢筋；

（2）所留孔洞上部的墙壁应有足够的强度，起着承受主洞室传来的围岩压力、回填荷载及衬砌自重的作用；

（3）当所留孔洞的上部墙壁强度不足时，可局部加厚边墙或按构造配置钢筋。

（二）拱部相交

根据岔洞接头所处的地质情况，一般可采用加厚截面或按 0.2% 配筋率配置构造钢筋的办法来处理。

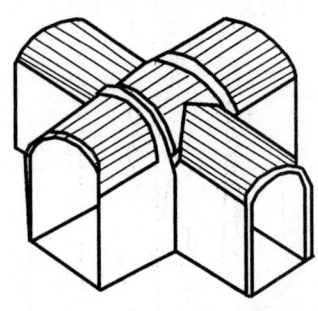

图 16-13   拱部加肋

主要的构造要求为：

（1）当跨度较小时，可加厚截面。其中，岔洞处的拱部和边墙厚度可增加 5~10cm，加厚范围一般大于或等于 3m。

（2）当岔洞处的围岩稳定性较差时，如其中一个洞室的跨度不大，而另一个较大时，可在拱部相交的两侧加设拱肋，以增强岔洞结构的刚度，如图 16-13 所示。

（3）当跨度较大时，应按 0.2% 配筋率配置构造钢筋；如拱圈厚度不大于 40cm，受力筋直径不小于 12mm，间距 20~30cm；分布筋直径不小于 8mm，间距 30~50cm。如果拱圈厚度大于 40cm 受力筋直径不小于 16mm，间距 20~30cm。拱圈配筋加强范围，一般取 (1/3~1/2) L，但不小于 3m。

（4）斜交拱的配筋，可通过对斜交拱的近似计算确定。斜交拱内力按两端固定在边墙上的无铰拱计算，所承受的荷载有垂直围岩压力、回填荷载、斜交拱自重，以及由搭接拱脚传给斜交拱的三角形垂直荷载。斜交拱及搭接拱均按双面配置钢筋。

总之，关于岔洞结构，目前尚无比较实用的合理计算方法，可通过有限元等数值方法进行分析，并采取一些必要的构造处理措施来弥补岔洞结构计算中的不足。

16.5 竖井和斜井

地下建筑中修建的垂直和倾斜的永久性辅助洞室，称为竖井和斜井。其功能主要是用于通风、排烟、交通运输以及设置管道等。设置斜井或竖井的常见情况是隧道较长，沿线存在埋置不深且地质良好的地段，却又不存在开挖横洞或平行导坑条件。

16.5.1 竖井的构造和计算原理

竖井是由井口、井筒及与水平洞室相邻的连接段组成。接近地表的竖井衬砌，称为井口，竖井与水平洞室相邻的连接衬砌，称为连接段，竖井其余部分，称为井筒，如图 16-14 所示。

竖井的布置应符合下列规定：

1. 井口位置的高程应高出洪水频率为 1/100 的水位至少 0.5m；

2. 平面位置以设在隧道中线的一侧为宜，与隧道的净距宜为 15～20m；

3. 竖井断面宜采用圆形，井筒内应设置安全梯；

4. 井筒与井底车场连接处（或称马头门）应能满足通过隧道内所需的材料和设备的要求；

5. 竖井应根据使用期限、井深、提升量，并结合安装维修等因素，选用钢丝绳罐道、钢罐道或木罐道。

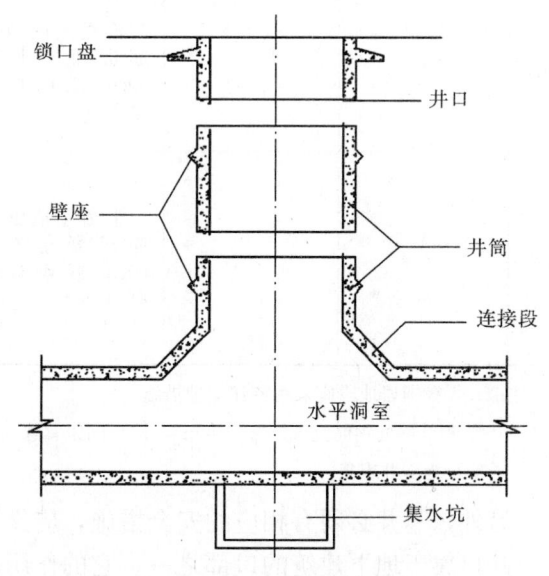

图 16-14 竖井构造图

竖井的衬砌参数见表16-3，竖井的衬砌设计应符合下列规定：

1. 竖井井口应设混凝土或钢筋混凝土井颈，马头门应做模筑混凝土衬砌；

2. 井口段、通过地质条件较差的井身段及马头门的上方宜设壁座，其形式、间距可根据地质条件、施工方法及衬砌类型确定。

竖井衬砌参数　　　　　　　　　　　　　表 16-3

围岩级别	喷锚衬砌		支护衬砌	复合衬砌		
	$D<5m$	$5≤D≤7m$		初期支护		二次衬砌
				$D<5m$	$5m≤D≤7m$	
I	喷射混凝土厚10cm	喷射混凝土厚 10～15cm，必要时局部设锚杆	模筑混凝土或钢筋混凝土厚30cm或砌体厚40cm	—	—	—
II	喷射混凝土厚 10～15cm，锚杆长 1.5～2m，间距 1～1.5m	喷射混凝土厚 15～20cm，锚杆长 2～2.5m，间距1m，配钢筋必要时加钢圈梁	模筑混凝土或钢筋混凝土厚30cm或砌体厚50cm			
III	喷射混凝土厚 15～20cm，锚杆长 2～2.5m，间距1m，配钢筋网，必要时设钢筋圈梁	喷射混凝土厚20cm，锚杆长 2.5～3m，间距1m，配钢筋网，加钢圈梁	混凝土或钢筋混凝土厚40cm或砌体厚60cm	喷射混凝土厚 5～10cm，锚杆长 1.5～2m，间距1m，必要时配钢筋网	喷射混凝土厚 10～15cm，锚杆长 2～2.5m，必要时局部配钢筋网	30cm
IV	—	—	混凝土或钢筋混凝土厚50cm或砌体厚70cm	喷射混凝土厚 10～15cm，锚杆长 2～2.5m，间距1m，必要时配钢筋网	喷射混凝土厚 15～20cm，锚杆长 2.5～3m，间距0.75～1m，配钢筋网	40cm
V	—	—	混凝土或钢筋混凝土厚60cm或砌体厚80cm	喷射混凝土厚 15～20cm，锚杆长 2.5～3m，间距0.75～1m，配钢筋网，必要时配钢圈梁	喷射混凝土厚 20～25cm，锚杆长 3～3.5m，间距0.5～0.7m，配钢筋网，必要时配钢圈梁	50cm

注：1. IV级围岩地段应采用特殊支护措施；

　　2. 钢筋网的钢筋宜选用 $\phi6\sim8mm$，网格间距宜选用 $10\sim20cm$；

　　3. D 为竖井直径。

另外，竖井必须有相应的安全措施，应设置可靠的防坠器。

井口属于地下建筑的口部之一，它的作用是承受井口衬砌的自重和作用于井口衬砌上的地面荷载、围岩压力、水压力等。因此，井口需做衬砌。通常，可用钢筋混凝土或混凝土构筑。井口埋入地表以下的深度，按有关单位经验，当为浅表土层时，宜埋置在基岩以下 2～3m；厚表土层时，应埋置在冰冻线以下 0.25m 以下，并将底部扩大成盘状（锁口盘）。

井筒是竖井的主体部分，通常采用喷锚结构。当井筒采用其他材料构筑永久衬砌结构时，沿井筒全长，需根据地质条件、衬砌结构类型等确定每隔一定深度是否需要用混凝土构筑一圈井筒壁座。井筒壁座能将衬砌结构的重量和其他荷载传递给支撑壁座的围岩。但在较好的围岩中，当采用现浇混凝土衬砌时，由于井筒与围岩间存在着黏结抗剪力，实际上足以支撑一定高度的井筒，故一般可不做壁座。如在表土层和破碎带较厚的情况下，则需穿过软弱层，将壁座搁置在较好的围岩上。

连接段一般为钢筋混凝土构筑而成。竖井与正洞的连接有两种形式，一种是竖井的轴线在正洞的上方与正洞直交；一种是竖井的轴线在正洞的一侧与正洞以平道连接，其平洞长度一般为 15～20m。此外，竖井底部应设置集水坑，以便于抽水机将积水定时排出洞室。

竖井断面形式，一般为圆形。但在特殊用途的竖井中，有矩形、椭圆形以及多跨闭合形框架等形式。从受力特点看，圆形竖井通常是最有利的结构形式；矩形和多跨闭合框架形式的衬砌结构弯矩较大，需要较厚的截面尺寸，此时，竖井衬砌的截面仅承受轴向压力，而无弯矩作用；椭圆形竖井衬砌结构的受力性能介于上述两种形式之间。

竖井围岩压力计算可按有关章节内容进行。竖井结构属于弹性理论空间问题，因此，竖井结构的计算一般根据弹性理论，对于不同竖井形式进行简化计算。

（一）圆形竖井

为了简化计算，按垂直于井筒轴线的环形结构进行内力分析。通常取井筒单位长度作为计算单元，先按筒壁厚度 d 与平均半径 r_0 的比值 d/r_0，来作为薄壁圆筒和厚壁圆筒的界限。据文献 [1] 介绍，当 $d/r_0 \leqslant \dfrac{1}{8}$ 时，可按薄壁圆筒计算；当 $d/r_0 > \dfrac{1}{8}$ 时，可按厚壁圆筒计算。地下建筑中的竖井大多属于薄壁圆筒。

由结构力学可知，薄壁圆筒是一个三次超静定环形结构，其多余未知力可用弹性中心法解出，假定井筒在正常情况下所受的围岩压力是径向均匀分布的，且筒壁仅产生轴向压力，则由平衡条件

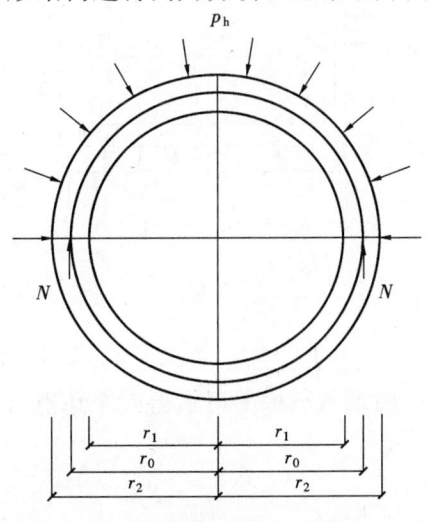

图 16-15　竖井内力计算图

（图 16-15）可得：

$$N = P_h \cdot r_0 \tag{16-5a}$$

或

$$N = \frac{r_1 + r_2}{2} \cdot P_h \tag{16-5b}$$

式中　P_h——竖井围岩水平压力；

　　　r_0——竖井井筒平均半径；

　　　r_1——竖井井筒内半径；

　　　r_2——竖井井筒外半径。

竖井井筒径向的均布围岩压力 P_h 一般随深度而增加，因此，设计计算时可将竖井井筒全长分成若干段，并分别计算各段的径向均布围岩压力和各段的筒壁轴向压力 N，然后确定筒壁厚度。

此外，对于井口段的筒壁由于受其他非对称荷载（如地面荷载等）的影响，处于偏心受压状态，其内力分析应根据荷载最不利组合求解，筒壁强度则按偏心受压构件验算，在此不再赘述。

（二）矩形竖井

矩形竖井井筒截面在侧向均布围压作用下，处于偏心受压状态，其内力分析可按结构力学解超静定结构的一般方法进行。

如图 16-16 所示，假定竖井井筒的长轴为 $2a_1$，短轴为 $2a_2$，并规定使截面内纤维受拉时的弯矩和使截面受压时的轴力为正。根据对称性原理，此时属于结构和荷载双对称结构。

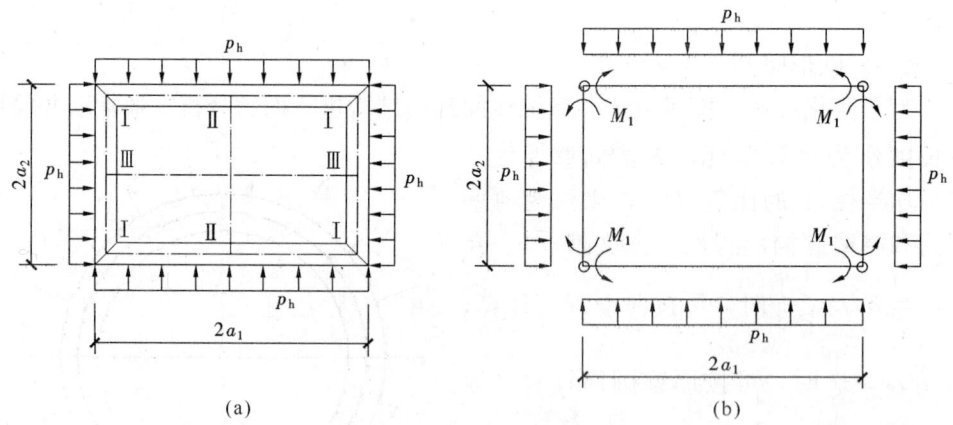

图 16-16　矩形竖井结构计算图

由基本结构图可求得四个角点（截面Ⅰ）的弯矩为：

$$M_I = -\frac{P_h}{3} \cdot \frac{a_1^3 + a_2^3}{a_1 + a_2} \tag{16-6}$$

各杆件跨中弯矩（截面Ⅱ和Ⅲ）为：

$$M_{\text{II}} = -\frac{P_{\text{h}}}{6} \cdot \frac{a_1^3 + 3a_1^2 a_2 - 2a_2^3}{a_1 + a_2}$$

$$M_{\text{III}} = -\frac{P_{\text{h}}}{6} \cdot \frac{a_2^3 + 3a_1 a_2^2 - 2a_1^3}{a_1 + a_2} \tag{16-7}$$

杆件截面 II 和 III 的轴力为：

$$N_{\text{II}} = P_{\text{h}} \cdot a_2$$
$$N_{\text{III}} = P_{\text{h}} \cdot a_1 \tag{16-8}$$

式中各符号含义同前。

根据上述公式即可求得矩形竖井的相应弯矩和轴力，进而确定筒壁厚度。

（三）椭圆形竖井

如图 16-17 所示。假定椭圆形竖井的长轴为 $2a_1$，短轴为 $2a_2$，则根据弹性理论公式，可得到图 16-17 所示截面 I、II 的弯矩及轴力为：

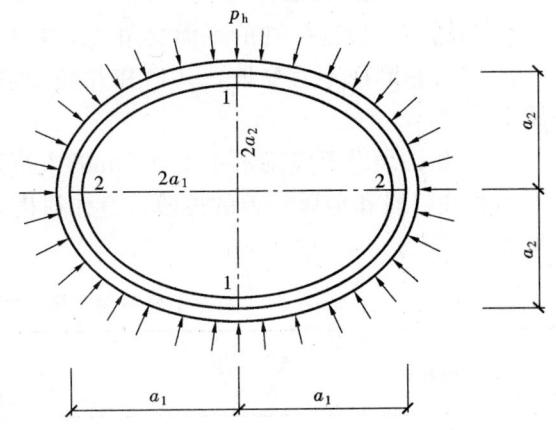

图 16-17 椭圆形竖井结构计算图

$$M_{\text{I}} = P_{\text{h}} \cdot a_1^2 \cdot \lambda \qquad N_{\text{I}} = P_{\text{h}} \cdot a_1$$
$$M_{\text{II}} = -P_{\text{h}} \cdot a_1^2 \cdot \mu \qquad N_{\text{II}} = P_{\text{h}} \cdot a_2 \tag{16-9}$$

式中系数 λ 和 μ 值可由表 16-4 查得。

计算椭圆形竖井截面内力系数 λ 和 μ 　　　　　表 16-4

a_1/a_2	0.5	0.6	0.7	0.8	0.9	1.0
λ	0.629	0.391	0.237	0.133	0.057	0
μ	0.871	0.496	0.283	0.148	0.06	0

根据现行规范进行筒壁强度验算时，由于井筒与围岩紧贴，故可取纵向弯曲系数 $\varphi = 1$。

关于井口锁口盘的计算，也属于弹性理论问题，可假定为嵌固在井筒上的悬臂梁，但计算过程复杂而繁冗，在此不再赘述。

壁座的计算，主要是确定壁座尺寸，以满足壁座的强度要求。此外，壁座底部的地基反力，不得超过容许承载力。具体计算可参考相关文献。

16.5.2　斜井的构造和计算原理

斜井的布置应符合下列规定：

1. 斜井不得设在可能被洪水淹没处，井口位置的高程应高出洪水频率 1/100 的水位至少 0.5m；如设于山沟低洼处，必须有防洪措施。

2. 斜井提升方式应根据提升量、斜井长度及井口地形选择。各种提升方式的斜井倾角规定如下：

（1）箕斗提升不大于 35°；

（2）串车提升不大于 25°；

（3）胶带输送机提升不大于 15°。

3. 与隧道中线连接处的平面交角宜采用 40°～50°。

4. 井身纵断面不宜变坡，井口和井底变坡点应设置竖曲线，竖曲线半径宜采用 12～20m。

5. 斜井必须设置宽度不小于 0.7m 的人行道，倾角大于 15°时应设置台阶。

斜井井口段和地质较差的地段，宜作衬砌。斜井平导横洞及风道衬砌参数可参见表 16-5。

斜井平导横洞及风道衬砌参数   表 16-5

围岩级别	喷锚衬砌	模筑混凝土衬砌	复 合 衬 砌	
			初 期 支 护	二次衬砌
Ⅰ	5cm	20cm	不支护，局部喷射混凝土或水泥砂浆护面	20cm
Ⅱ	5cm	20cm	局部喷射混凝土，厚度 5cm	20cm
Ⅲ	10cm，局部锚杆长 2～2.5m	25～30cm	喷射混凝土厚 5～8cm，局部设锚杆，长 2m	20cm
Ⅳ	—	35～40cm	喷射混凝土厚 8～10cm，拱部设锚杆，长 2～2.5m，间距 1～1.2m，必要时拱部设钢筋网	25～30cm
Ⅴ		45～50cm 必要时设仰拱	喷射混凝土厚 10～15cm，设系统锚杆，长 2.5～3m，间距 1m，设钢筋网	35～40cm，必要时设仰拱

注：1. Ⅳ级围岩地段应特殊设计；

2. 喷锚衬砌仅适用于地下水不发育，无侵蚀性并能保证光面爆破效果的Ⅰ～Ⅲ级围岩地段；

3. 适用于通道宽度不大于 5m，当通道宽度大于 5m 时另行设计。

另外，斜井必须有相应的安全措施；并在适当位置设挡车设备，严防溜车。倾角在 15°以上的斜井应有轨道的防滑措施。

斜井的工作状态，除与地质条件等因素有关外，还取决于斜井轴线与水平线间的夹角。通常斜井的倾角主要取决于提升方式和提升量，并需结合斜井长和井口地形，规范中规定的是不同提升方式的最大倾角。此外，斜井口和井底设置竖曲线是为了斜井的运渣车辆能顺利通过变坡点，不致发生脱轨脱钩现象，以保证牵引和运输的畅顺。

斜井坡度较大，出渣、进料的运输安全要特别强调，规范规定斜井运输车辆一般不允许人员乘坐，且必须设置不小于 0.7m 宽的人行道供上下班工人行走。如洞内发生紧急情况，作为紧急出口，人行道更是不可少，并尽可能的设置台阶，通常斜井倾角大于 15°时应设置台阶。

关于斜井的设计计算（图 16-18），一般可根据其倾角大小作如下简化：

（1）当斜井倾角 $\alpha < 45°$ 时，可按水平洞室进行设计。首先取垂直于斜井轴线的断面作为计算断面，作用在斜井计算断面上的拱部围岩压力，为按相应的水平洞室确定的围岩垂直压力乘以 $\cos\alpha$，而边墙水平压力，与相应的水平洞室确定的水平压力相同。衬砌结构的计算方法与贴壁式直墙衬砌结构相同。

（2）当斜井倾角 $\alpha > 45°$ 时，可按竖井结构进行设计。这时作用在计算断面周围的水平压力，为按相应竖井计算的水平压力乘以 $\sin\alpha$，且计算方法与竖井相同。

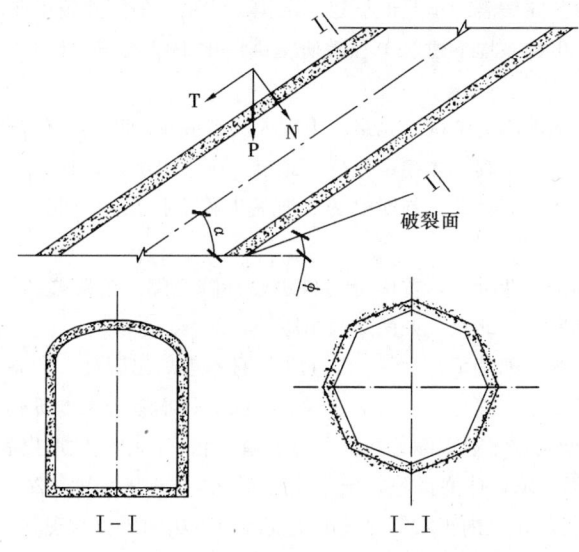

图 16-18　斜井计算简图

思　考　题

1. 简述穹顶直墙结构的形式和构造。
2. 洞门的类型有哪些？适用范围如何？
3. 简述竖井和斜井的特点及计算原理。

参 考 文 献

[1]　重庆建筑工程学院，同济大学，哈尔滨建筑工程学院，天津大学编．岩石地下建筑结构．北京：中国建筑工业出版社，1982.

[2]　同济大学，天津大学，哈尔滨建筑工程学院，同济大学分校，西安冶金建筑学院，上海市隧道建设公司编著．土层地下建筑结构．北京：中国建筑工业出版社，1982.

[3]　天津大学建筑工程系地下建筑工程教研室编．地下结构静力计算．北京：中国建筑工业出版社，1979.

[4]　萧寅生等编．地下静力结构．北京：中国人民解放军工程兵工程学院，1981.

[5]　王思敬等著．地下工程岩体稳定分析．北京：科学出版社，1984.

[6]　徐干成，白洪才，郑颖人，刘朝编著．地下工程支护结构．北京：中国水利水电出版社，2002.

[7]　中华人民共和国行业标准，重庆交通科研设计院主编．公路隧道设计规范．中华人民共和国交通部发布．北京：人民交通出版社，2004.

[8]　白石俊多，北條一郎编著，ケーソン工法．日本鹿岛出版社，1983.

[9]　白石俊多，藤田宏一编著，革新ケーソン工法．日本综合土木研究所，1995.

[10]　张凤祥，傅德明，张冠军编著．沉井与沉箱．北京：中国铁道出版社，2002.

[11]　大内正敏，彭芳乐，孙德新等．压气沉箱工法．岩土工程师，2003，Vol. 15，No. 1.

[12]　彭芳乐，孙德新，大内正敏等．日本压气沉箱工法的历史与现状．岩土工程师，2003，Vol. 15，No. 2.

[13]　孙德新，彭芳乐，大内正敏等．压气沉箱工法的几种现代技术及其应用．岩土工程师，2003，Vol. 15，No. 1.

[14]　刘建航，侯学渊主编，基坑工程手册．北京：中国建筑工业出版社，1993.

[15]　黄绍明，高大钊主编．软土地基与地下工程．第二版．北京：中国建筑工业出版社，2004.

[16]　吴睿等编著．软土水利基坑工程的设计与应用．北京：中国水利水电出版社，2002.

[17]　华安增，张子新著．层状非连续岩体稳定学．国家首批学术著作出版基金资助出版，1998.

[18]　刘建航，侯学渊．盾构法隧道．北京：中国铁道出版社，1991.

[19]　廖少明．软土盾构法隧道设计与施工的最新研究进展．地下空间，Vol. 18，No5，1998.

[20]　廖少明，黄钟晖．关于我国盾构隧道采用错缝拼装技术探讨．现代隧道技术，2001.6.

[21]　朱合华，崔茂玉，杨金松．盾构法衬砌管片的设计模型与荷载分布的研究．岩土工程学报，2000，Vol. 22，No. 2.

[22]　Zixin Zhang, Kulatilake P. S. H. W, A new stereo-analytical method for determination of

removal blocks in discontinuous rock masses, International Journal for Numerical and Analytical Methods in Geomechanics, Vol. 27, Aug 25 2003, p 791-811.

[23] 张子新,孙钧. 二十一世纪上海大都市发展与地下空间开发. 地下空间,1999,No2.

[24] 孙钧,侯学渊. 地下结构(上、下). 北京:科学出版社,1987.

[25] 孙钧. 地下工程设计理论与实践. 上海:上海科学技术出版社,1996.

[26] 刘建航,侯学渊主编. 软土市政地下工程施工技术手册. 上海市政工程局,1990.

[27] 谷兆祺,彭守拙,李仲奎编著. 地下洞室工程. 北京:清华大学出版社,1994.

[28] 龚维明,童小东,缪林昌,穆保岗编著. 蒋永生主审. 地下结构工程. 南京:东南大学出版社,2004.

[29] 张庆贺主编,朱合华、黄宏伟副主编. 地下工程. 上海:同济大学出版社,2005.

[30] 地下连续墙设计与施工手册. 日本建设机械化协会编. 祝国荣,夏明耀,高秀理译. 北京:中国建筑工业出版社,1983年.

[31] 上海市教育委员会组组,曾进伦,王聿,赖允型编著. 夏明耀主审. 地下工程施工技术. 北京:高等教育出版社,2001.

[32] 姚大钧,吴志宏,张郁慧,软弱黏土中管幕工法之设计与分析. 岩石力学与工程学报,第23卷,增2,2004.7.

[33] 葛金科,饱和软土地层中管幕法隧道施工方案研究,上海公路,2004.1,p38-42.

[34] 钟骏杰. 新型的地下暗挖法-管幕工法的设计与施工. 中国市政工程,第二期,1997.6.

[35] 李国强,黄宏伟等编. 工程结构荷载与可靠度设计原理. 北京:中国建筑工业出版社,2001.

[36] 赵国藩,金伟良等著. 结构可靠度理论. 北京:中国建筑工业出版社,2000.

[37] 邹天一主编. 结构可靠度. 北京:人民交通出版社,1998.

[38] 高大钊编著. 土力学可靠性原理. 北京:中国建筑工业出版社,1989.

[39] 吴世伟编著. 结构可靠度分析. 北京:人民交通出版社,1990.

[40] 张骏华编著. 结构可靠性设计与分析. 北京:宇航出版社,1989.

[41] 孔瑞莲等编著. 可靠性工程. 北京:航空工业出版社,1996.

[42] 桑国光编著. 结构可靠性原理及其应用. 上海:上海交通出版社.1986.

[43] 余安东编著. 建筑结构的安全性与可靠性. 上海:上海科学技术文献出版社,1986.

[44] 黄宏伟. 岩体变形随机预报理论及其在地下工程中的应用. 同济大学博士学位论文. 1993.

[45] 黄宏伟. 地下工程围岩稳定性的可靠度分析及模糊专家系统初探. 西安矿业学院硕士学位论文.1990.

[46] 况龙川. 软土基坑的可靠性研究. 同济大学博士学位论文.1998.

[47] 徐超. 岩土工程可靠度理论及其在基坑工程中的应用. 同济大学博士学位论文.1997.

[48] 闫强刚. 可靠性理论及其在地下工程应用研究. 同济大学博士学位论文.1999.

[49] 熊启东. 上海地区地基承载力的可靠度分析及分项系数. 同济大学博士学位论文.1998.

［50］ 赵春风. 上海地区桩基础可靠性研究. 同济大学博士学位论文. 1998.

［51］ 廖少明，侯学渊. 基坑工程设计参数的优选与匹配. 岩土工程学报，1998.

［52］ 高乃熙，张小珠编. 顶管技术. 北京：中国建筑工业出版社，1984.

［53］ 管枫年，洪仁济编. 涵洞. 北京：水利电力出版社，1989.

［54］ 顾克明等编. 公路桥涵设计手册. 北京：人民交通出版社，1993.

［55］ 侯学渊，钱达仁，杨林德编. 软土工程施工新技术. 合肥：安徽科学技术出版社，1999.

［56］ 交通部第一公路工程总公司主编. 公路施工手册. 北京：人民交通出版社，2000.

高校土木工程专业指导委员会规划推荐教材
（经典精品系列教材）

征订号	书名	定价	作者	备注
V16537	土木工程施工（上册）（第二版）	46.00	重庆大学、同济大学、哈尔滨工业大学	21世纪课程教材、"十二五"国家规划教材、教育部2009年度普通高等教育精品教材
V16538	土木工程施工（下册）（第二版）	47.00	重庆大学、同济大学、哈尔滨工业大学	21世纪课程教材、"十二五"国家规划教材、教育部2009年度普通高等教育精品教材
V16543	岩土工程测试与监测技术	29.00	宰金珉	"十二五"国家规划教材
V18218	建筑结构抗震设计（第三版）（附精品课程网址）	32.00	李国强 等	"十二五"国家规划教材、土建学科"十二五"规划教材
V22301	土木工程制图（第四版）（含教学资源光盘）	58.00	卢传贤 等	21世纪课程教材、"十二五"国家规划教材、土建学科"十二五"规划教材
V22302	土木工程制图习题集（第四版）	20.00	卢传贤 等	21世纪课程教材、"十二五"国家规划教材、土建学科"十二五"规划教材
V21718	岩石力学（第二版）	29.00	张永兴	"十二五"国家规划教材、土建学科"十二五"规划教材
V20960	钢结构基本原理（第二版）	39.00	沈祖炎 等	21世纪课程教材、"十二五"国家规划教材、土建学科"十二五"规划教材
V16338	房屋钢结构设计	55.00	沈祖炎、陈以一、陈扬骥	"十二五"国家规划教材、土建学科"十二五"规划教材、教育部2008年度普通高等教育精品教材
V15233	路基工程	27.00	刘建坤、曾巧玲 等	"十二五"国家规划教材

征订号	书 名	定价	作 者	备 注
V20313	建筑工程事故分析与处理（第三版）	44.00	江见鲸 等	"十二五"国家规划教材、土建学科"十二五"规划教材、教育部 2007 年度普通高等教育精品教材
V13522	特种基础工程	19.00	谢新宇、俞建霖	"十二五"国家规划教材
V20935	工程结构荷载与可靠度设计原理（第三版）	27.00	李国强 等	面向 21 世纪课程教材、"十二五"国家规划教材
V19939	地下建筑结构（第二版）（赠送课件）	45.00	朱合华 等	"十二五"国家规划教材、土建学科"十二五"规划教材、教育部 2011 年度普通高等教育精品教材
V13494	房屋建筑学（第四版）（含光盘）	49.00	同济大学、西安建筑科技大学、东南大学、重庆大学	"十二五"国家规划教材、教育部 2007 年度普通高等教育精品教材
V20319	流体力学（第二版）	30.00	刘鹤年	21 世纪课程教材、"十二五"国家规划教材、土建学科"十二五"规划教材
V12972	桥梁施工（含光盘）	37.00	许克宾	"十二五"国家规划教材
V19477	工程结构抗震设计（第二版）	28.00	李爱群 等	"十二五"国家规划教材、土建学科"十二五"规划教材
V20317	建筑结构试验	27.00	易伟建、张望喜	"十二五"国家规划教材、土建学科"十二五"规划教材
V21003	地基处理	22.00	龚晓南	"十二五"国家规划教材
V20915	轨道工程	36.00	陈秀方	"十二五"国家规划教材
V21757	爆破工程	26.00	东兆星 等	"十二五"国家规划教材
V20961	岩土工程勘察	34.00	王奎华	"十二五"国家规划教材
V20764	钢-混凝土组合结构	33.00	聂建国 等	"十二五"国家规划教材
V19566	土力学（第三版）	36.00	东南大学、浙江大学、湖南大学、苏州科技学院	21 世纪课程教材、"十二五"国家规划教材、土建学科"十二五"规划教材

征订号	书 名	定价	作 者	备 注
V20984	基础工程（第二版）（附课件）	43.00	华南理工大学	21世纪课程教材、"十二五"国家规划教材、土建学科"十二五"规划教材
V21506	混凝土结构（上册）——混凝土结构设计原理（第五版）（含光盘）	48.00	东南大学、天津大学、同济大学	21世纪课程教材、"十二五"国家规划教材、土建学科"十二五"规划教材、教育部2009年度普通高等教育精品教材
V22466	混凝土结构（中册）——混凝土结构与砌体结构设计（第五版）	56.00	东南大学 同济大学 天津大学	21世纪课程教材、"十二五"国家规划教材、土建学科"十二五"规划教材、教育部2009年度普通高等教育精品教材
V22023	混凝土结构（下册）——混凝土桥梁设计（第五版）	49.00	东南大学 同济大学 天津大学	21世纪课程教材、"十二五"国家规划教材、土建学科"十二五"规划教材、教育部2009年度普通高等教育精品教材
V11404	混凝土结构及砌体结构（上）	42.00	滕智明 等	"十二五"国家规划教材
V11439	混凝土结构及砌体结构（下）	39.00	罗福午 等	"十二五"国家规划教材
V21630	钢结构（上册）——钢结构基础（第二版）	38.00	陈绍蕃	"十二五"国家规划教材、土建学科"十二五"规划教材
V21004	钢结构（下册）——房屋建筑钢结构设计（第二版）	27.00	陈绍蕃	"十二五"国家规划教材、土建学科"十二五"规划教材
V22020	混凝土结构基本原理（第二版）	48.00	张誉 等	21世纪课程教材、"十二五"国家规划教材
V21673	混凝土及砌体结构（上册）	37.00	哈尔滨工业大学、大连理工大学等	"十二五"国家规划教材
V10132	混凝土及砌体结构（下册）	19.00	哈尔滨工业大学、大连理工大学等	"十二五"国家规划教材
V20495	土木工程材料（第二版）	38.00	湖南大学、天津大学、同济大学、东南大学	21世纪课程教材、"十二五"国家规划教材、土建学科"十二五"规划教材

征订号	书 名	定 价	作 者	备 注
V18285	土木工程概论	18.00	沈祖炎	"十二五"国家规划教材
V19590	土木工程概论（第二版）	42.00	丁大钧 等	21 世纪课程教材、"十二五"国家规划教材、教育部 2011 年度普通高等教育精品教材
V20095	工程地质学（第二版）	33.00	石振明 等	21 世纪课程教材、"十二五"国家规划教材、土建学科"十二五"规划教材
V20916	水文学	25.00	雒文生	21 世纪课程教材、"十二五"国家规划教材
V22601	高层建筑结构设计（第二版）	45.00	钱稼茹	"十二五"国家规划教材、土建学科"十二五"规划教材
V19359	桥梁工程（第二版）	39.00	房贞政	"十二五"国家规划教材
V19938	砌体结构（第二版）	28.00	丁大钧 等	21 世纪课程教材、"十二五"国家规划教材、教育部 2011 年度普通高等教育精品教材